KB069141

중국어 어법의 이해

상과 품사 그리고 구문

중국어 어법의 이해
상과 품사 그리고 구문

고려대학교 중국어어법연구회 편

學古房

선생님께서 고려대학교에서 봉직하신지 어느덧 22년이 흘렀습니다. 지난 20여 년 동안 선생님께서는 한국의 중국언어학 발전을 위해 다방면의 노력을 기울이셨고, 이십여 명에 달하는 박사를 키워내셨습니다. 선생님의 학자로서, 교수로서 그리고 지도교수님으로서의 삶을 이 공간에서 다 풀어내기는 어려우나 몇 마디 말로 갈무리하여 풀어내고자 합니다.

중국언어학 연구의 기초를 다지다.

선생님께서 한창 유학을 하시던 1980년대 초, 한국의 중문학계는 아직 '중국어학'이란 분야가 낯설던 시절이었습니다. 그 시절 선생님께서는 일찍이 대만유학의 뜻을 품고 국립대만대학에서 석사공부를 하셨습니다. 선생님께선 처음에 고전산문을 공부하시겠다고 뜻을 품었으나 점차 중국어학 분야로 바꾸셨고 중국성운학을 공부하시기 시작했습니다. 무려 3년이 넘는 시간 동안 중국성운학 전문가 못지않은 탄탄한 기초와 중국언어학 전반에 걸친 기초지식을 쌓고는 다시 중국어법으로 바꾸어 근대한어어법을 연구하셨습니다. 당시 지도교수님이시던 梅廣교수님의 지도 아래 《朱子語類》의 어법을 연구하시고 귀국하셨습니다. 선생님께서는 탄탄한 코스업 중심의 대만대학 대학원 과정의 治學 방법을 토대로 중국언어학 연구능력의 기초를 굳게 다지게 되었고 이를 바탕으로 중국어법 연구에 전념하시게 되었습니다. 아직 중국언어학이 생소했던 8,90년대 한국의 중국언어학계에 선생님의 기초 지식은 다방면으로 작용하여 성운학은 물론 현대어법과 근대한어어법에 이르기까지 한국의 중국언어학 기반 확장에 큰 역할을 하시게 되었습니다.

'相'을 연구하여 불모지를 개척하다.

중국어법학 중 선생님께선 특히 '相'을 연구하셨습니다. 석사과정에서는 근대한어의 相을, 그리고 박사과정에서는 현대한어의 相과 보어를 연구하셨습니다. 시제가 뭔지도 모르는 우리들에게 '상'이란 개념은 하염없이 난해한 이론이었습니다. 그러나 그 매력은 많은 제자들을 매료시켰고 현재 상 및 보어를 연구한 제자들이 다수를 이루고 있습니다. 현대언어학 이론 가운데 어떤 언어이든 상의 연구는 여전히 난해한 분야입니다. 그 난해한 상 연구를 선생님께서는 일찍이 80년대 초에 시작을 하셨고, 그것을 어법 불모지 중국언어학계에 이식하시어 고려대학교의 중국어 상의 연구는 사실상 타의 추종을 불허할 정도의 수준을 보여주고 있습니다.

다양한 어법이론을 개척하다.

선생님께서는 가장 기본적인 전통적 분석방법에서부터 촘스키의 변형생성문법, 그리고 최근의 인지언어학 등에 이르기까지 다양한 현대언어학 이론을 섭렵하셨고, 제자들의 연구를 리드하셨습니다. 본인의 주요이론인 '상'이론에만 머물지 아니하고 중국어를 분석할 수 있는 다양한 방면의 일반언어학 이론의 학습을 강조하셨습니다. 특히 중국학자들의 것을 단순 모방 적용하는 것을 엄히 금하시고 직접 영어 원서를 탐독하여 자신의 어법분석 이론을 장악할 것을 주장하셨습니다. 그리하여 제자들로 하여금 영어 이론서를 직접 읽고 중국어어법 분석에 적용하도록 하는 모범적인 연구 풍토가 유행하였습니다. 이 또한 한국의 중국언어학계로 하여금 자긍심을 갖고 연구에 임할 수 있는 연구 풍토를 갖게 하였습니다.

꼼꼼하게 그리고 엄격하게

선생님께서는 꼼꼼한 治學 방법을 중시하셨습니다. 아 다르고 어 다른 것이 언어이다 보니 언어학 연구일수록 더 그러하겠지만 꼼꼼하게 분석하는 태도는 제자들로 하여금 정밀한 연구자세를 키우게끔 하였습니다. 그리하여 중국어의 이른바 '精彩'라는 말의 의미를 누구보다도 되새기고 실천하게 되었습니다. 그 결과 연구 성과도 '精彩'하게 되었습니다. 선생님께서는 특히 제자들에게 엄격하셨습니다. 심지어 눈물이 나올 정도로 매섭고 혹독한 훈련을 시키셨습니다. 선생님께서는 "내 앞에서는 틀려도 되나 다른 사람 앞에서는 틀려서는 안 된다."라고 항시 말씀하셨습니다. 당시엔 야속하기까지 했지만 지금에서야 그 가치를 알게 된 것 같습니다. 저희도 제자들을 그렇게 키워야 겠다는 다짐을 수없이 하게 됩니다.

현재 선생님께서 키워내신 학자들이 수십 명에 달합니다. 그중에는 선생님과 같이 상이나 보어를 연구한 이도 있고, 각각 다양한 구문을 대상으로 다양한 연구를 하기도 했으며, 각종 품사에 대한 연구도 진행하고 있습니다. 그리고 심지어 고대중국어에 대한 연구를 진행하는 이도 있습니다. 선생님께서는 "일단 어법 항목 하나를 중심으로 깊이 파고 그러고 나서 그것을 바탕으로 확장시켜라."라고 말씀하셨습니다. 많은 제자들이 그 말씀을 깊이 새기고 시작은 좁았지만 점점 깊이 있게 그리고 보다

넓게 자신의 연구 영역을 넓혀왔습니다. 비록 선생님의 뜻을 완벽하게 이루어내지는 못했지만 제자들 저마다 선생님의 말씀을 실천하고자 노력하고 또 노력해왔습니다.

지난 20여 년 간 고려대학교 중문과의 중국어어법이라고 하는 큰 나무의 씨앗을 심고 가꾸어 이제는 그 열매를 수확하게 되었습니다. 저마다 자신의 소질과 능력에 맞는 열매를 맺어 선생님의 뜻을 이룰 수 있게 되었습니다. 선생님께서는 비록 학계를 떠나시지만 당신께서 일구신 이 밭에 우리 제자들의 열매는 또 다른 씨앗이 되어 한국의 중국언어학 발전을 위한 밑거름이 되겠습니다.

이에 선생님께서 저희 제자들과 함께 일군 그 열매를 한 권의 논문집으로 엮어 떠나시는 선생님께 바치고자 합니다.

그동안 저희를 지도하시느라 정말 고생 많으셨습니다. 그리고 중국언어학계의 발전을 위해 크나큰 애를 쓰셨습니다. 중국언어학 연구자들을 대표하여 선생님께 감사드립니다.

2021년 7월 제자 일동

제1부

중국어의 상과 보어

제1부
중국어의 상과 보어

- 현대중국어 결과보어의 결과성, 타동성과 사동성_최규발
- 《朱子語類》中"動 + 賓 + 了""動 + 了 + 賓" 句型的記錄者籍貫分析
  與這兩種句型的變化_崔圭鉢
- 중국어 근접상 표지에 관한 고찰_신경미
- 중국어 동결식의 논항 실현과 사역 연쇄_오유정
- 현대중국어 사동의 형태적 생산성 분석 — V_1V_2 형식의 사동구조를
  중심으로_이봉금
- 'V + 一下'에 대한 통시적 고찰_王帥

현대중국어 결과보어의 결과성, 타동성과 사동성

최규발

1 서론

　현대중국어 결과보어구문에 대한 유형분류, 보어구성성분, 의미지향관계, 의미계층과 사동성, 목적어출현 조건 등에 대한 연구는 詹開第(1985), 顧陽(1992), 陸儉明(1990), 李臨定(1980, 1984), 최규발(1995, 2003), Yafei Li(1995) 등에 의해 다루어졌다. 최근에는 王玲玲(2001), 任鷹(2005), 宋文輝(2007), 施春宏(2008), 何元建(2007, 2010), 鄧思穎(2010) 등의 논저에서 더욱 상세하게 이러한 문제를 다루고 있다.

　'買大了'와 관련된 '寫大了'보어구문에서, 첫째 '예상을 벗어난 결과'라면 어순이 '字寫大了(글자를 너무 크게 썼다)'이고, 둘째 '글자를 실제로 크게 쓴 결과'라면 '寫大了字(글자를 크게 썼다)'라는 어순을 따른다는 점은 문법 전공자라면 이미 다 알고 있는 사실이다. 본고에서는 이러한 '예상을 벗어난 결과'의 문법적 의미가 결과보어에서 어떠한 의미를 나타내는지와, 이 의미 때문에 발생하는 어순변화에 대해서 서술하고

---

* 《중국어문학논집》제109호(2018년 4월) 게재.

자 한다.[1]

결과보어 구문 유형은 관점에 따라 다양하게 세분할 수 있다. 본 논문에서는 '買大了衣服', '喝醉了啤酒', '他使我灌醉了'와 '衣服洗乾淨了媽媽'가 비문이 되는 이유를 밝히기 위하여, 이와 관련된 네 개의 보어구문 유형을 중심으로 분석하고자 한다. '寫大了'의 첫째 용법에 해당하는 첫 번째 유형 '買大了(너무 큰 것을 샀다)'류가 왜 목적어를 가질 수 없는 것과 어순변화에 대해서, 본고에서는 결과성, 타동성으로 설명하고자 한다. 두 번째 유형 '喝醉了'류의 목적어 유무 문제는 주어의 무정성과 어순조작기제와 관련이 있는데, 이 점을 결과성, 타동성, 처치성과 사동성 자질 확보 여부로 설명하고자 한다. 세 번째 유형인 '灌醉了'류와 네 번째 유형인 '洗乾淨了'류에서는 보어구문이 가지고 있는 결과성, 타동성, 처치성, 사동성 유무차이를 통해 보어구문의 변환관계를 구체적으로 밝히고자 한다.

2 결과보어와 결과성

2.1 결과성

현대중국어의 보어는 결과, 정도, 정태, 가능, 방향, 수량, 개사구, 명사구 8가지 종류(최규발 1995)로 나눌 수 있는데, 이 가운데 결과보어와

---

1) 예상을 벗어난 결과로 '字寫大'와 '衣服買大'는 의미구조가 다르다. '寫字'의 '字'는 결과 목적어(동작 후에 새로 생긴 사물이 목적어로 쓰이는 경우)로, 기대에 벗어났다 하더라도 결과물인 글자가 쓰여 있기에 결과가 있다고 말할 수 있다. 그러나 '買衣服'의 '衣服'은 대상 목적어이며, 옷을 사기전부터 존재하는 '衣服'이고 새로 만들어진 결과물이 아니므로, 어떠한 결과도 없다고 말할 수 있다. 鄭守信 (1984:124-125)은 동사의 목적어를 範圍(結果)와 行爲對象(影響)으로 나눔. 이 문제에 대해서 陸儉明(1990)도 〈표 1〉에서 제약작용(1)과 (3)으로 구분했다.

관련이 있는 VR(Verb Resaltative)구문의 결과성에 관해 살펴보고자 한다.

결과는 동작, 행위를 나타내는 동사가 대상자인 목적어에 대하여 모종의 행위 동작을 가하여 그 결과 어떠한 구체적인 상태가 발생, 지속되는 것을 말한다.

(1) 坐塌了椅子。 앉다가 의자를 부셔버렸다.

(2) 跑丢了鞋子。 다니다 신발을 잃어버렸다.

위 예문처럼 '의자가 부서진 상태 발생 → 지속', '신발을 잃어버린 상태 발생 → 지속'이 되는것이 V의 행위 동작의 결과이다. 또한 '喝醉了' 류, '灌醉了'류, '洗乾淨了'류와 같은 VR구문도 R이 명확한 결과를 나타낸다.

이처럼 결과를 나타내는 결과보어와는 다르게, 동상보어(動相補語)[2]는 동사의 형세(phase), 동작의 유형(type), 정도(degree) 등을 나타내는데, '~完' '~着' '~住' '~見' '~到'등이 있다. Li & Thompson (1981:65)은 이 동상보어를 Phase RVCs(단계 또는 국면결과동사복합어)라 일컬으며, 이런 Phase RVCs는 두 번째 동사가 첫 번째 동사의 결과 보다는, 첫 번째 동사에 의해 묘사되는 동작의 형태나 실행된 단계 정도를 나타낸다고 했다. 趙元任(1982:228)은 동상보어를 상태보어(Phase Verbal Complements)라고 일컬었으며, 이러한 보어는 동작의 결과나 목적을 나타내지 않고, 첫 번째 동사의 동작 상태·국면(Phase)을 나타낸다고 하였다.[3]

---

2) 呂叔湘(2001)이 趙元任의 A Grammar of Spoken Chinese (中國話的文法)을 漢語 口語文法으로 번역한 책에서 'Phase Verbal Complements'를 동상보어로 번역함. 최규발·조경환(2010:1-2) 참고.

3) 趙元任은 경성 着」-o jaur 와 중음 着」-jaur 를 구분하여, 경성일 때는 상태보어이

본 장에서 다루는 결과성이란 위에서 서술한 결과(R)와 상태·국면(P)을 포함한 것을 뜻한다. 결과보어를 이루려면 최소한 이러한 결과성을 갖추어야 하는데, 예를 들어 '의자가 부서진 상태 발생→ 지속'과 같은 명확한 결과가 있으면 결과성이 있을 뿐만 아니라, 매우 강하다고 말할 수 있다.

    (3) 唱完。노래를 끝내다.

    (4) 貓逮着(了)個耗子。고양이가 쥐를 잡았다.

    (5) 猜着。추측이 옳다. / 옳게 추측해내다.

(3), (4), (5)처럼 R은 V의 결과나 목적보다는 V의 상태·국면을 나타내거나 V에 의해 실행된 단계 정도 또는 V에 의해 묘사되는 동작의 형태를 나타내고 있다. 예문의 의미가 명확한 결과를 나타내지 않는다 하더라도 일종의 결과 의미를 내포하고 있기 때문에, 다른 형태의 결과보어로 간주할 수 있다. 따라서 이러한 동상보어구문은 약한 결과성을 갖게 된다고 말할 수 있다.

2.2 결과보어와 결과성

앞에서 설명한 바와 같이, 첫 번째 결과보어유형으로 분류한 '買大了'류를 결과성이 있는 결과보어로 간주 할 수 있는지가 본 논문의 출발점

고 중음일 때는 결과보어라 했다. 睡着了」에서 着」을 제 성조 중음으로 읽으면 결과보어로 쓰여 '이미잠들어 꿈나라에 갔다'는 뜻이고, 경성으로 읽거나 경성으로 읽지 않을지라도 상태보어로 쓰이면'처음에 잠자리를 찾지 못하거나, 허가 등을 받지 못하다가 마침내 잠이 들다'라는 뜻이다. 趙는Li & Thompson이 든 예문과는 다른 예문을 들고 있는데, 지속상 着와 결과보어의 차이를'他睡着(je)呐, 可是還沒睡着(jaur)。그는 잠들려 해도 잠들 수 없다'로 설명하고 있다.

이었고, 이 문제를 설명하기 위해 본고에서는 '결과성'이란 용어를 사용하고자 한다. '買大了'와 같은 'VA了'구문에 대해서, 陸儉明(1990)은 형용사를 A1, A2로 분류하였다. A2는 의미지향에 따라 Ⅰ은 'V'자체를 지향, Ⅱ는 행위자, 행위 대상자의 위치 이동거리 지향, Ⅲ은 행위자를 지향, Ⅳ는 행위 대상자를 지향하는 것으로 나누었다. 그리고 다시 제약작용(1)(2)(3)을 설정하였는데, 이는 아래 도표와 같다4)

표 1. VA了 분류에 따른 의미지향과 제약작용

VA了				文法意味	(a) 某種結果의 實現	(b) 豫想을 벗어난 結果
VA1了				洗乾淨	+	-
VA2了	意味指向 Ⅲ,Ⅳ	意味指向 Ⅰ		走快	+	+
		意味指向 Ⅱ		坐近	+	+
		制約作用(1)		買大 買小	-	+
		制約作用(2)	順向	挖大	+	+
			非順向	挖小	-	+
		制約作用(3)		寫大 寫小	+	+

'買大了'와 관련이 있는 제약작용(1)을 살펴보면, V가 나타내는 행위·동작이 V와 관계된 사물의 성질에 대하여 제약작용을 하지 못한다. 예를 들어, '買'의 행위·동작은 그 대상인 사물의 '大小', '長短', '色' 등에 대하여 아무런 영향을 주지 못하기 때문에 목적어를 뒤에 놓을 수 없다는 것이다. 陸儉明의 이러한 설명 또한 가능하나, 본고에서는 세 가지 문제점을 제기하고자 한다. 첫째 '買大了'의 '大'가 행위 대상자를 지향한다는 점, 둘째는 제약작용(1)이며, 셋째는 예상을 벗어난 결과의 문법

---

4) 상세한 내용은 최규발(1995:111~116) 참고.

의미 부분이다. 의미지향관계에서 '買了衣服'+'衣服大了'가 성립하는 듯하지만, 의미구조를 해석해 보면 의미지향관계가 성립할 수 없다. 왜냐 하면 '옷을 샀다+옷이 크다/커졌다'라는 분석이, 보어구문으로서는 의미 구성이 불가능하기 때문이다. '衣服'의大小 등은 제작자의 의도에 의해 지배를 받는 것이지, '買'란 행위가 '衣服'의 大小 등에 대해서 영향을 미칠 수 없기 때문에, 제약작용(1)은 의미가 없다. 또한 '買大了'는 구 구성형식만 결과보어형식을 취했을 뿐이고, '大'에는 사려고 예상했던 크기보다 크다는 의미이지, 예상을 벗어난 결과는 아니다. 즉 결과는 의 복을 구입한 결과이지 너무 크다란 결과는 아니다. 그래서 문법적 의미 자질의 결과성이 없고, 단지 화자가 산 물건에 대해 '너무 커서 입을 수 없다'는 불만, 아쉬움 등의 어기나 느낌을 나타내는 주관적 양태 의미만 이 존재할 뿐이다.

'買大了'의 주관적 양태 표현과 관련해서 '起來'의 문법의미를 살 펴보도록 하자. 최규발(2008)은 '起來2'에서 나타나는 '시작'의미가 상적 (aspectual)인데 비해 '起來3'의 '시작'의미는 시간성이 없다고 설명하였다.

(6) 妄心、妄念、妄想三個詞, 說起來像是一個意思, 但是其中大有
　　分別。
　　'妄心', '妄念', '妄想'이라는 세 단어는 (말하자면) 동일한 의미인 것
　　같지만, 그사이에는 큰 차이가 있다.　　　　　　　　　　(ccl 코퍼스)

위 예문에 쓰인 '說起來'는 '起來3'에 해당하며, 삭제하여도 문장의 구 조나 성립 여부에는 아무런 영향을 주지 않는다. 화제와 진술 사이에 부 가되는 'V起來3'은 진술 부분의 내용이 화제에 대한 화자의 주관적인 판단임을 나타내주는 역할을 하며, 'V起來2'처럼 상황이나 사건의 진행 과정을 서술하지 않는다. ' … 하자면', ' … 한다면'이라는 의미는 상 표

지가 갖는 서실적(realis) 기능과 분명하게 구분된다. 이것은 비서실적(irrealis), 화용적 기능을 하며 화자의 주관적 판단인 양태를 표시한다. 방향보어 'V起來'가 문법화 과정과 주관화를 거쳐 'V起來3'과 같이 화자의 주관적 판단인 양태를 표현하게 되면, '說起話來'가 안 쓰이는 것은 아니지만, 일반적으로 목적어는 전치해서 주제화한다. '買大了'도 결과성이나 타동성5)이 없고 양태의미를 나타내기 때문에 동사의 목적어를 동보구문의 뒤에 놓을 수 없다. 따라서 목적어는 화제화해서 문두에 놓는 것이 자연스럽다. 이처럼 결과성과 타동성이 없는 '買大了'는 자연히 처치성, 사동성도 없게 된다. 이를 표로 정리하면 다음과 같다.

표 2. '買大了'류의 문법적 의미 자질 유무표

	결과성	타동성	처치성	사동성
'買大了'류	-	-	-	-

③ 결과보어와 타동성

3.1 타동성

전통문법에서는 타동성을 목적어를 취할 수 있는 능력으로 본다. 이에 반해 Lyons(1977강범모 역 2013:184-185, 191-192)는 AFFECT(AGENT, PATIENT) 작용적인 것이 타동성이고, 이를 'transitive'라는 용어를 바탕으로 설명하였다. 그는 '통사적으로 직접목적어로 기능하는 표현들로 지

---

5) 일반적으로 논항 두 개를 갖는 동사가 목적어에 영향성이 있는 타동성, '把字句'를 구성할 수 있는 처치성과 사동주와 피사동주에 의한 원인 – 결과사건을 구성하는 사동성은 다음 절에서 상술.

시되는 실체는 행동의 효과를 받는 피행위자인 동시에 이동의 도착점'으로 이해하면서, 'transitive'라는 용어자체가 '행위자가 피행위자에게 작용을 할 뿐만 아니라 그의 행동이 피행위자에게 향한다는 방식의 개념화에 기인'한다고 주장하였다. 연재훈(1997:107-108) 역시 '타동성은 일반적으로 서술동사가 나타내는 행동이 주어인 행위주로부터 목적어인 대상으로 옮겨지는 것을 뜻한다. 목적어 성분에서 보면, 대상이 행위주의 행동에 의해 영향을 받고, 주어성분에서 보면, 행위주가 대상에 대해 영향을 입히는 것을 뜻한다. 따라서 행위주가 의도를 가지고 대상에 영향을 줄수록 타동성은 두드러진다.'라고 설명하였다.

Dixon(2010:116)은 양자의 견해를 모두 포함하여, 타동절은 타동사와 두 핵심 논항 A와 O를 가지는 절이라고 설명하면서, A는 사태가 일어나는데 가장 영향력, 책임이 있는 존재를 가리키며, O는 사태로 인해 가장 현저하게 영향을 받는 존재를 가리킨다고 정의를 내렸다. 이처럼 타동성 논의는, 크게 2가지 방향으로 연구되었는데, 하나는 술어에 요구되는 논항의 수를 기준으로 정의되는 것, 다른 하나는 참여자들의 영향성 관계로 설명되는 방법이다. 전자의 기준은 타동성을 지니는 동사의 가장 기본적인 전제 조건이면서도, 여러 문제점이 제기되었다. 예를 들어 두 개의 명사구를 필수적으로 요구하는 다음의 예들을 타동사로 여겨야 하는 문제점이 있다.

(7) a. 철수와 영이가 결혼했다.

　　b. 나는 너와 다르다.　　　　　　　　　　　　　　(이지수 2008:156)

　　c. 王冕死了父親。 왕면은 부친이 안타깝게 돌아가셨다.

(7a), (7b), (7c)의 예문 모두 두 개의 명사구를 가지고 있지만, 이러한 서술어들에 타동성이 있다고 판단하기 어려운 문제가 있다. 그렇지만, 문

장이 타동성을 지니기 위해서는 반드시 두 개 이상의 명사구가 존재해야 하고, 만약 하나의 명사구만 존재한다면 그 문장은 타동성을 지닐 수 없기 때문에, 논항 수를 기준으로 하는 타동성 조건은 타동성을 논의하기 위한 기본 전제가 되어야 한다.

두 번째 조건은 참여자들의 영향성 관계로 타동성을 이해하는 것인데, 여기서 그 '정도성'의 문제를 언급하고자 한다. 다음 예문을 살펴보자.

(8) a. 형이 동생을 때렸다. → 그래서 동생이 울었다.

b. 산모가 아이를 낳았다. → 그래서 아이가 세상에 태어났다.

c. 사공이 강을 건넜다. → 그래서 강이 변했다?

d. 그 사람이 수많은 고통을 겪었다. → 그래서 고통이 사라졌다?

(연재훈 1997:108)

연재훈(1997:108)은 위의 예문들이 타동성의 정도에 따라서, 대상이 받은 영향성에 차이가 존재한다고 하였다. 우선 (8a),(8b)는 대상의 변화가 예측가능하며, 그 중 (8a)는 대상이 행동의 직접 영향을 받았기 때문에 타동성의 정도에 있어서 '원형(prototype)'에 가깝다. 이에 반해, (8b)는 결과의 목적어로서 '아이'는 결과적 산물이라고 볼 수 있다. 그러나 (8c), (8d)는 타동성의 정도에서 덜 원형적이라고 볼 수 있다.

타동성이라는 것은, 타동성 유무의 개념이 아닌 타동성 정도 개념에 있어서 원형적인가 덜 원형적인가로 구별할 수도 있다. 또 다른 관점으로는, '타동성 변수 열 가지에 대한 높낮이로 타동성 강약을 나타낼 수 있다'라는 타동성 가설이 있는데, Hopper & Thompson(1980:253)은 타동성의 정도를 측정할 수 있는 열 가지 변수를 다음과 같이 제시하였다.

표 3. Hopper&Thompson의 타동성 정도 표

	타동성	
	높음	낮음
1) 참여논항의 수(Participants)	2 또는 그 이상의 논항	1개의 참여논항
2) 서술어의 동작성 의미 특성(Kinesis)	동작성	비동작성
3) 상성(Aspect)	완료	미완료
4) 순간성(Punctuality)	순간적	비순간적
5) 의도성(Volitionality)	의도적	비의도적
6) 긍정성(Affirmation)	긍정	부정
7) 법성(Mode)	실현	비실현
8) 행위성(Agency)	높은 영향력	낮은 영향력
9) 목적어의 피영향성(Affectedness of O)	크게 영향 받은 목적어	영향 받지 않은 목적어
10) 목적어의 개별성(Individuation of O)	개별화된 목적어	개별화되지 않은 목적어

이처럼 타동성은 행위자의 행위성의 정도, 참여논항 수, 피영향성 등의 정도에 따라 그 정도가 달라진다고 볼 수 있다.

이러한 타동성 변수 외에도, 타동성이 동사와 명사 성분사이에 존재하는 일종의 의미 격(Case)관계를 나타낸다고 주장하는 관점이 있는데, 이것은 Holliday(1985)를 대표로 하는 체계기능문법에서 비롯한 개념이다. 타동성을 나타내는 모든 문장은 참여자, 과정, 환경 세 가지 성분으로 이루어진 구조다. 이 성분들을 세분하면 참여자는 동작자, 목표, 행위자, 감지자(sensor), 과정은 물질적, 행위적, 심리적, 관계적 과정으로 나열할 수 있다. 다시 말해 타동성이란 특정 문장에 함께 출현하는 성분들 간에 존재하는 문법, 의미적인 상호 제한성과 관련이 있다는 것으로, Tang(1972), 鄧守信(1983), 胡壯麟(1987) 등이 이와 같은 입장이다(이지현 2010:134 재인용).

3.2 결과보어와 타동성

본 장에서는 서론에서 언급한 네 가지 결과보어 유형의 타동성을 참여자 논항 수, 행위성의 정도, 목적어의 피영향성과 의미적인 상호 제한성 등에 근거하여 분석하고자 한다.[6] 첫번째 유형인 '買大了'류는 위 조건에 부합되는 것이 한 가지도 없기 때문에 타동성이 없고, 결과성도 없다. 그래서 '買大了'류가 정문이 되기 위해선, '買大了衣服'가 아니라 (9a)처럼 주제화나, (9b)처럼 동사복사를 해야만 한다. 만약 (9b)처럼 동사복사를 하게 되면, 참여 논항이 두 개가 되고, 행위자의 의도성, 목적어의 영향성 등으로 인해 타동성이 있다고 말할 수 있는가 라는 문제가 생긴다. 동사복사 구문에 대해 Li & Thompson(1999:422)은 동사복사구문의 목적어가 비지시적이라고 설명하였다. 즉 중복한 동사 부분은 부사어적인 기능만 있고, 구문적으로 하나의 논항 자리를 차지하고 있지만, 논항 기능을 수행 할 수 없다는 것이다. (9c)예문과 같이, 한정명사구 '這件衣服'이 쓰이면 목적어가 비지시적이어야 하는 동사복사구문의 문법규칙에도 어긋난다. 이처럼 (9c)가 비문이기 때문에, '買大'의 피영향성도 존재하지 않는다. 동사를 중복해서 논항이 추가되어도 위에 서술한 이유 때문에 타동성은 존재하지 않는다.

(9) a. 我衣服買大了。 나는 옷을 샀는데 너무 크다.

　　 b. 我買衣服買大了。 나는 옷을 사긴 샀는데 너무 크다.

　　 c.* 我買這件衣服買大了。

---

6) 이지수(2008)가 언급한 열 가지 변항에 대한 한국어 예문을 보면, 참여자 동작성, 순간성, 행위성의 정도, 목적어의 피영향성, 개별성 등에서, 타동과 비타동이 명확하게 구별되어서 동작성, 목적어의 피영향성, 행위성의 정도를 기준으로 삼음. 논항수는 타동성 기본조건으로 채택함.

세 번째, 네 번째 유형은 앞에서 언급한 기준에 적합하기 때문에 타동성을 갖게 되고, 처치성 또한 문제가 없으며, 단지 사동성 유무에 있어서만 차이가 존재한다. 이제 두 번째 유형인 '喝醉了'류의 타동성에 관해 논하고, 이러한 유형이 목적어를 가질 수 없음을 서술하고자 한다.

(10) a. 我喝醉了。나는 취했다.

b. 我喝醉了酒。나는 술에 취했다.

c.*我喝醉了啤酒。

d.*我喝暈了酒。 (宋文輝 2007:142-144)

최규발(1995)은 어휘선택제한의 강약과 추론을 통해 (10b)가 성립하는 것을 설명하였다. 宋文輝(2007)는 郭銳(1995)의 이합사 '喝酒'에 보어 '醉' 삽입설, 보어의 주어논항과 동사의 주어논항이 같기 때문에, 합병되어 동결식의 주어논항이 되면, 목적어논항이 빠져나와 동결식의 목적어논항이 된다는 袁毓林(2001)의 설명으로는 (10c), (10d)가 비문임을 해석할 수 없다고 주장하였다. 그래서 그는 전경과 배경 개념을 사용해서 결과보어구문을 주사건과 부사건으로 나눈 후, 현저성과 예측성 고저를 사용하여 아래와 같이 설명하였다.

(11) a. 〔我 MOVE INTO 醉〕主事件 + 〔我 喝 酒〕副事件

b. 〔我 MOVE INTO 醉〕主事件 + 〔我 喝 啤酒〕副事件

c. 〔我 MOVE INTO 暈〕主事件 + 〔我 喝 酒〕副事件

(11a,b,c)는 (10b,c,d)의 개념구조이다. '喝醉' '喝暈'은 자동변화사건을 나타내는데, '我'는 현저성이 높은 전경이 되어 독립적으로 드러나고, 보어는 배경으로 드러나지만, 결합가를 구성하지 못한다. '酒'는 부사건의

개념성분으로 현저성이 높지 않기 때문에, 비지시적 원형명사인 '酒'가 현저성이 드러나지 않는 동결식 뒤에 출현할 수 있다. 또한 현저성이 낮은 동결식 뒤에는 현저성이 낮은 비지시적 원형명사가 출현하고, '喝醉'와 '酒'는 예측성이 높기 때문에 (10b)는 문법에 맞는 정문이다. 그러나 (10c)는 '啤酒'가 '酒'보다 구체성이 강하고 현저성이 높아 비문이다. (10d)는 '酒'가 현저성이 낮을 지라도, '酒'와 '量'은 예측성이 낮아 비문이 된다는 것이다. (10c), (10d)는 비교적 높은 현저성과 낮은 예측성 때문에 비문이 될지라도, 현저성을 다소 높여줄 수 있고, 문미에 초점을 둘 수 있는 동사복사구문에서는 정문이 된다고 하였다.

宋文輝의 인지문법에 근거한 이와 같은 해석도 어느 정도 일리가 있지만, (10b)가 성립되기 위한 해석을 위한 해석이라는 점은 피하기 어렵다. '喝醉了'류에서 '喝'가 타동성을 갖고 있는 타동사임은 누구나 다 아는 사실이나, '喝醉了酒'에 '酒'가 포함되었다고 해서 '酒'가 목적어이고, '喝醉'가 타동성이 있느냐 하는 점이 문제이다. 이 보어구문에서는 '酒'를 제외한 '啤酒' '高粱酒' '燒酒' '半瓶酒' '這瓶酒' 등이 오게 되면 모두 비문이 된다. 그렇다면 명사성분의 목적어 위치 분포에 의해서 타동성이 없다고 말할 수 있다.

인지문법에서 전경은 경로에 따라 움직여서 탄도체가 되고 배경은 지표가 된다. '술을 마시고', '취하는 것'을 宋文輝처럼 자동변화사건 틀로 이해할 수도 있지만, 본고에서는 취한다는 '개념'의 이동사건으로 보고자 한다. 만약 〔我醉1,2,3 … n〕〔我喝酒1,2,3 … n〕과 같은 개념구조를 형성한다고 가정하면, '我醉'는 전경으로 탄도체가 되고, '我喝酒'는 배경으로 지표가 된다. 보어인 '醉'가 전경이 되면 현저성 또한 높다고 말할 수 있다. 따라서 '喝醉'에서 '喝'는 수단방법을 나타내는 역할만 하게 되고 '醉'의 지배를 받아 타동성을 잃게 되므로, 이합사인 '喝酒' 외엔 다양한 목적어를 가질 수 없다.

그럼 지금까지 살펴본 것에 근거해서, 네 가지 결과보어 유형의 타동성 구성요소의 강약과 유무를 Hopper & Thompson의 타동성 측정표에 따라 비교해 보면 아래와 같다.

표 4. 네 가지 문장유형의 타동성 측정표

	'買大了'類	'喝醉了'類	'灌醉了'類	'洗乾淨了'類
참여 논항수	-	-	+	+
서술어의 동작성	-	+	+	+
Aspect	+	+	+	+
순간성	+	+	+	+
의도성	-	+	+	+
긍정성	-	+	+	+
Mode	+	+	+	+
행위성	-	+	+	+
목적어의 피영향성	-	-	+	+
목적어의 개별성	-	-	+	+.

논항수가 둘 이상이면 타동성이 강해서 +로 표시했고, 한 개이면 -로 표시했다. '喝醉了'류는 목적어 논항에 '酒'외에 다른 명사는 쓰일 수 없어서 -로 표기했다. 동사와 관련된 동작성, 상, 의도성, 긍정성, 법에서만 +가 나타나고, 주어나 목적어와 관련된 부분에서는 모두 -로 나타난다. 그래서 이 측정표에 근거해서 '喝醉了'류는 타동성이 없다고 말할 수 있다. 이처럼 타동성이 없으면 처치성이나 사동성도 없다. 그러나 '喝醉了'류는 어순조작기제[7)]에 의하여 사동성을 띠게 되어 타동성, 처치성

---

7) 彭國珍(2011:90~92)은 '酒喝醉了張三'사동구가 이동을 통해서 '張三喝醉了酒'라는 자동구를 생성하는데 이 과정은〔DoP 張三〔〔Do 喝醉了〕〔CausP 酒 喝醉了 張三〕〕〕이라고 주장한다. 사동구에 대한 Sybesma(1999)의 분석을 따르면〔νp 酒〔ν'

을 갖게 될 수 있는데, 이러한 내용은 다음 장에서 서술하고자 한다. '喝醉了'류의 문법적 의미 자질은 아래 표로 정리할 수 있다.

표 5. '喝醉了'류의 문법적 의미 자질 유무표

	결과성	타동성	처치성	사동성
'喝醉了'류	+	-	-	-

4 결과보어와 사동성

4.1 사동성

한국어의 사동 개념은 일반적으로 '사동주가 피사동주로 하여금 어떠한 일을 하게 하는 것'으로 정의내릴 수 있다. 이익섭·임홍빈(1983:206)은 "사동은 어떤 인물, 즉 사동주가 다른 인물, 즉 피사동주로 하여금 어떤 일을 하게 하는 태의 일종으로서, 국어의 전형적인 사동문은 형용사, 자동사, 타동사의 어간에 사동접미사 '이, 히, 리, 기, 우, 구, 추' 등이 결합된 사동사에 의하여 형성된다."고 하였다. 권재일(1992:155)은 "'원인'과 '결과'라는 두 개의 상황을 하나의 복합 상황으로 표현하는 것"이라 정의 내렸다. 즉 사동이란 사동주가 아닌, 피사동주가 실질적인 행위를 하는 문법범주로서 하나의 문장 안에 원인과 결과의미가 복합 상황으

$\nu 0$ 〔vp Spec〔v′ 喝 〔sc 張三醉了〕〕〕〕인데, 피행위자 주어 '酒'는 경동사 지시어 (Spec νp)위치에서 생성되어 경동사 (ν) 위치에서 사동자 의미역을 받는다. 생성론자의 학설은 이 정도로 약술하고, 본 논문에서는 주동문의 어순조작을 사동성 생성기제로 서술하려 한다. 사동성 생성기제란 논제는 편폭의 제한과 이 논문의 주제에서 벗어나기 때문에, 차후에 1.영 파생 생성, 2.어순조작에 의한 생성, 3.중의적 모호성에 의한 생성, 4.경동사에 의한 생성 등으로 서술하고자 한다.

로 표현되어 있다는 점을 알 수 있다.

김형배(1997:29-31)는 사동주와 피사동주 모두 [±유정성]의 특성을 지닐 수 있으며, 전통적 사동의 개념을 확대하여, 사동이 '어떤 행위자가 어떤 대상에게 직접 또는 간접적으로 작용하여 어떤 결과에 이르도록 하는 것이며, 사동은 시키는 행위에 초점이 놓이는 것'으로 정의 내렸다. Comrie(1989:158-159)도 사동문은 두 가지 사건 즉 사동사건(cause)과 이에 대한 결과(result)사건을 지닌다고 설명하면서, 미시적인 사건(micro-situation)이 하나의 복합적인 거시적 상황(macro-situation)을 구성한다고 설명하였다. 그는 사동법의 실현과 관련하여 어휘적 사동(lexical causative)과 형태적 사동(morphological causative), 통사적 사동(syntactic causative)으로 분류 했다.

한편, Lakoff(1987 이기우 역 1995:63)는 인과관계(사동)개념을 원형의미론적으로 접근하였는데, 인과관계(사동)을 '열 가지의 상호적인 속성으로 이루어진 군집개념(Cluster)'으로 보았다. 그가 제시한 원형적인 10가지 속성은 다음과 같다.[8]

1) 무엇인가를 하는 동작주가 있다.
2) 새로운 상태로의 변화를 경험하는 피동작주가 있다.
3) 속성 1과 속성 2는 단일한 사건을 구성한다. 그것들은 시간적, 공간적으로 겹친다. 동작주는 피동작주와 접촉이 있다.
4) 동작주가 행하는 것의 일부(동작이거나 의지의 실행)는 피동작자 쪽의 변화에 선행한다.
5) 동작주는 에너지의 원천이다. 피동작자는 에너지의 도달점이다. 에너지는 동작주로부터 피동작자로 전이한다.

---

8) 김기유·엄홍준(2015:48,49) 참고.

6) 단일한 명확한 동작주와 단일한 명확한 피동작자가 있다.

7) 동작주는 인간이다.

8) a. 동작주는 그 행위를 의도한다.

   b. 동작주는 그 행위를 제어하고 있다.

   c. 동작주는 그 행위와 변화 양쪽에 주로 책임을 진다.

9) 동작주는 손, 몸 혹은 어떤 도구를 사용한다.

10) 동작주는 피동작자를 보고 있다. 피동작자에 생긴 변화는 지각 가능하며, 동작주는 그 변화를 지각한다.

Lakoff(1987)가 정의한 사동 조건을 모두 충족하는 것이 원형적인 사동이며, 위의 조건들에서 멀어질수록 원형적인 사동에서 멀어진다고 볼 수 있다. 또한 행위자는 유정적이며, 행위자의 의도된 행동이 피행위자의 변화에 선행한다. 즉 사동은 의도된 행위자의 행위 에너지가 행위자로부터 시작해서, 피행위자 쪽에 전이한 후 변화에서 에너지가 종결됨으로써 이루어진다고 할 수 있다.

Lyons(1977 강범모 역 2013:182,184-185,191-192)는 동사를 작용적(operative)동사와 작위적(factitive)동사로 구분하며 논항가 식형(valency schema)을 아래처럼 표시하며, 1)번과 2)번이 합해져서 3)번과 같이 되는 것을 사동성이라 서술하고 있다.

1) AFFECT(AGENT, PATIENT) 작용적 행위성 타동성

2) PRODUCE(CAUSE, EFFECT) 작위적 인과성

3) PRODUCE(AGENT, EFFECT) 작용 작위적 사동성

이와 같은 세 개의 기본 식형들 중에서, 1)은 타동성의 전통적인 개념을 가장 직접적으로 반영하는 것이다. 여기에 속하는 동사들 중 다수가

3)으로 해석될 수 있다는 점에서 사역적이기도 하다.

현대중국어에서 사동의 개념을 나타내는 용어로는 '使役', '使動', '使令', '使成' '致使' 등이 있다. 이러한 용어가 나타내는 의미는 완전히 동일하지 않아서 현대중국어 문법에서는 주로 '致使'라는 용어를 사용하여 사동 의미를 나타내고 있다.

何元建(2007:148-149,2011)은 현대중국어 사동표현을 기본적으로 통사적 사동과 어휘적 사동으로 구분하였는데, 여기서 통사적 사동은 '使', '讓', '叫', '把', 'V得', '給' 등과 같은 통사론적 표지에 의하여 사동법을 실현하는 방법이다. 이러한 통사적 사동은 '원인'을 나타내는 논항과 '결과'를 나타내는 논항이 구분된다는 특징이 있다. 어휘적 사동은 '矛盾', '痛苦', '激動'과 같이 단순어휘 자체에 사동의 의미가 존재하며, 이러한 어휘 사동사에 의해 사동법이 실현되는 경우를 뜻한다.

(12) a. 這個消息使我驚訝。

　　　이 소식은 나를 놀라게 했다.

　　 b. 他的話讓英國記者大受啓迪。

　　　그의 말은 영국 기자에게 큰 깨우침을 받게 했다.

　　 c. 我們打得敵人打敗而逃。우리는 적을 무찔러 패배시키고 도망가
　　　게 만들었다.　　　　　　　　　　　　　　　　　　　(CCL)

(13) a. 種種的行爲矛盾着, 痛苦着自己。

　　　모든 행위들이 자기 자신을 모순되게 하고 고통스럽게 한다.

　　 b. 羅維民的發現激動了兩個人。

　　　羅維民의 발견은 두 사람을 흥분하게 했다.　(何元建 2007:148-149)

(12)는 '使', '讓', 'V得'와 같은 통사적 사동에 의해 표현된 사동구문으로서, (12a)는 '這個消息(원인)'과 '我驚訝(결과)'가 '使'로 구분되고

있다. (12c)의 경우는 (12a),(12b)와는 달리 전형적인 사동표지 '使', '讓'을 사용하지 않고, 동사 뒤에 '得'을 사용하여 동작의 결과를 나타내는 보어가 온 경우이다. 이러한 '得'자 상태보어 구문에서 술어동사나 형용사는 원인을 나타내고 '得'자 뒤의 보어는 결과를 나타내게 되어 원인 – 결과 의미의 사역의미를 나타내게 되는 것이다. (12a), (12b)와 (12c)의 공통점은 '결과 상태의 변화'라는 측면일 수 있는데, 이러한 '결과 상태의 변화'는 타동성의 특징이기도 한다. 따라서 사동구문을 분석함에 있어서, 사동형식의 사동구문(12a), (12b)와 타동형식의 사동구문(12c)을 구분할 필요가 있다. 즉, (12a), (12b)와 (12c)의 차이점은, 전자가 전형적인 사동표지 '讓', '使'를 사용하여 어떤 원인에 의한 상태 변화가 강조된 구문이라면, 후자는 사동자의 어떤 직접적인 행위로 인한 '타동성'이 강조된 구문으로, 그러한 '타동행위'로 인한 상태 변화가 강조된 구문이라고 말할 수 있다.

(13)은 어휘적 사동구문의 예문이다. 중국어의 경우 어휘적 사동법을 사용하여 사동을 실현시키는 경우는 크게 세 가지로 구분할 수 있다. 첫째는 兼類詞를 사용하는 경우, 두 번째는 '放/加/弄 + 형용사/동사'구조의 복합동사를 이용하는 경우, 셋째는 '동사 + 결과보어'구조의 복합동사를 사용하는 경우이다(박미정 2001:52). Comrie(1989:168)는 영어의 die (죽다)/kill(죽이다) 등의 동사에서 'kill'이 이러한 어휘적 사동의미를 지니고 있다고 설명한다. 중국어에서 어휘적 사동의미를 지니는 어휘에는 '豊富', '發展' '端正' '沈' 등과 같은 단어들이 있다. 이러한 단어들 뒤에 목적어가 있으면 사동의미를 나타내게 된다. 또한 고대 중국어에는 형태적 사동이 있었다고도 하지만9) 청탁구별이나 복자음이 없는 현대중국어

---

9) 梅祖麟(2008)은 상고 장면어(藏緬語)에서 's-'가 복자음을 구성하여 사동을 나타냈는데, 상고 중국어에서도 's-'가 사동접미어로 쓰여, '敗*brads > bwai(지다. 자동) → *s-b → *s-p > *prjads > pwai(지게하다. 사역)' 등처럼 형태적 사동이 있었다

에는 없다.

이처럼 현대중국어에서 사동이 실현되는 방법은 다양하다. 그러한 사동문의 공통점은 우선 원인-결과 의미가 분명하고, 사동자의 시키는 행위에 초점이 있다는 점이다. 그리고 어순조작에 의한 무정성 주어문도 Lakoff의 원형 사동과는 다르게 강한 사동성을 띠게 된다.

사동성은 행위자 유·무정에 관계없이, 행위자의 의도된 행위 에너지가 행위자(사동주)부터 시작해서 피행위자에게 전이되고, 피행위자(피사동주) 쪽의 변화에서 사동주의 에너지가 종결될 때의 문법적 성질이라고 할 수 있다. Lyons의 AFFECT(AGENT, PATIENT)란 타동성에서도 사동성이 나타날 수 있지만, PRODUCE(AGENT, EFFECT)의 작용 작위적이란 논항가 식형에 나타나는 성질을 사동성이라 할 수 있다.

사동은 타동과 밀접한 관계가 있다. 앞에서 살펴본 바와 같이 사동의미는 '사동자가 피사동자로 하여금 어떤 행위를 하게 하거나 어떠한 상태에 이르게 하는 것'으로 정의내릴 수 있다. 일반적으로 타동의미는 '동사가 나타내는 행동이 행위주로부터 목적어인 대상으로 옮겨지는 것'이기 때문에 영향성 혹은 결과상태의 변화와 같은 관점에서 살펴보면 의미적으로 사동과 연관성이 있다. 김기혁(2010:148-149)은 Kemmer & Verhagen(1994)과 Newman(1996)이 제시한 타동과 자동의 관계, 사동과 주동 관련성을 언급하며 아래 도표를 사용하여 타동과 사동 사이의 개념적 유사성을 설명하였다.

고도 주장한다.
梅祖隣(2015, 語言硏究 3期)에서는 '*prjads'을 '*prads'로 수정함.

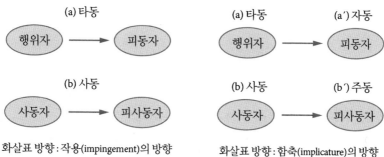

(a) 타동
행위자
피동자
(b) 사동
사동자
피사동자
화살표 방향 : 작용(impingement)의 방향

그림 1. 타동과 사동의 작용의 방향

(a) 타동
(a′) 자동
행위자
피동자
(b) 사동
(b′) 주동
사동자
피사동자
화살표 방향 : 함축(implicature)의 방향

그림 2. 타동과 사동의 함축의 방향

타동과 사동의 작용 방향은 각각 타동의 자동 함축, 사동의 주동 함축과 같다. 타동사는 타동의 행위자가 자동사의 피동자를 함축하고, 사동사는 사동자가 주동의 피사동자를 함축한다. 여기서 작용의 방향과 함축의 방향은 일치하기 때문에 타동과 사동은 의미적 유사성을 가진다고 할 수 있다. 타동과 사동이 유사성을 가지지만 같을 수는 없고 모든 사동은 다 타동이 될 수 있지만, 모든 타동이 다 사동이 될 수는 없다. 박은석(2014:89)은 사동이 대표적인 타동화 기제 중 하나라고 하며 아래와 같은 예문을 들었다.

(14) a. 態度端正了。(형용사문)
태도가 단정하다.
b. 他端正了態度。(사동문, 타동문)
그는 태도를 단정히 했다.

(15) a. 张三死了。(자동사문)
장삼이 죽었다.
b. 李四殺张三了。(사동문, 타동문)
이사가 장삼을 죽였다.

(박은석 2014:89)

위 예문 (14)은 동일한 단어로 사동을 나타내는 영파생 사동이고 (15)는 '死'와 '殺'이 짝을 이루어 사동을 나타내는 보충형 사동이다. (14)처

럼 논항이 하나 밖에 없었던 형용사가 술어로 쓰인 자동사문을 타동화 시킬 수 있다는 점을 보면, 사동이 타동화 기제로서 역할을 수행하고 있음을 볼 수 있다.

郭銳(1995)와 Ya-fei Li(1995)는 '張三追累了李四'[10]라는 중의적 구문을 들어서, 이 구문이 논리상으로 네 가지 해석이 가능하지만, 이 가운데 (16a,b,d) 세 가지 해석만 성립할 수 있다고 설명 했다.

(16) 張三追累了李四。

　　a. 張三追李四, 李四累

　　　장삼이 이사를 쫓다 이사를 지치게 했다. (사동구문)

　　b. 張三追李四, 張三累

　　　장삼이 이사를 쫓다 장삼이 지쳤다. (비사동구문)

　　c. *李四追張三, 張三累

　　d. 李四追張三, 李四累

　　　장삼이 이사를 쫓아오게 해서 즉 이사로 하여금 장삼을 쫓아오게 해서 이사를 지치게 했다. (사동구문)

위 예문 '張三追累了李四'와 같은 문장은 뜻이 중의적인 모호성을 갖게 된다. 생성학자들은 의미역 계층이나 경동사를 사용하여 각기 다르게 설명하지만, 이와 같은 중의적 모호성이 (16a),(16d)처럼 사동성을 생성

---

10) Li(1995)에선 다음과 같이 설명한다. 사동의미역은 논항과 달리 사동계층에 속하고 사동자(causer)와 피사동자(causee)란 두 개의 의미역으로 구성된다. 사동 계층은 피사동자보다 높아서, 높은 계층 사동자가 주어에게 의미역을 부여하고 낮은 계층 피사동자가 목적어에게 의미역을 부여한다. 사동의미역이 논항 의미역보다 우선이고 적합한 구문이 되려면 사동의미역 주어를 가져야 한다. (宋文輝 2007:21 참고) Li의 예문에서는 張三과 李四대신 Taotao와 Youyou를 씀.

한다고 할 수 있다.

4.2 결과보어와 사동성

Lakoff의 원형 의미론적인 사동의 열 가지 속성을 간단히 요약하면, 의도된 행위자(사동주)의 행위 에너지가 사동주로부터 시작해서 피행위자(피사동주)의 변화에서 에너지가 종결될 때의 문법적 의미자질을 사동성이라 정의내릴 수 있다. Lyons의 PRODUCE(AGENT, EFFECT) 작용 작위적이란 valency schema에 나타나는 행위자가 어떠한 결과가 있도록 하는 성질 또한 사동성이라 할 수 있다. 이제 앞 절에서 서술한 사동 관련 기술과 이러한 사동성 개념으로 서론에서 언급한 네 가지 결과보어 유형의 사동성을 서술하겠다.

첫 번째 유형 '買大了'류는 2.1에서 서술한대로 형태론적으로는 결과보어형식이나 의미적으로는 결과성이 없다. 결과성이 없으니 타동성, 사동성도 있을 수 없다. 이처럼 '買大了'와 '買肥了'는 전혀 결과성이 없다. 그러나 '吃貴了', '買貴了'가 결과성이 없을 때는 첫 번째 유형과 같은 의미자질을 갖게 되나, 결과성이 있을 때는 타동성과 사동성을 갖게 되어 아래와 같은 사동문을 생성할 수 있다.

(17) a. 廣東人吃貴了生魚片。

　　　광동 사람이 생선회를 많이 먹어 생선회 값을 오르게 했다.

　　b. 廣東人買貴了這種衣服。

　　　광동 사람이 이런 옷을 많이 사서 옷값을 오르게 했다.

위 결과보어구문의 사동성은 결과보어 '貴'의 품사자질과도 관련이 있고 또 '廣東人'이 사동주 역할을 하는 것과도 관련이 있다. (16)예문에서 말한 것처럼 중의적 모호성에서 사동성이 만들어질 수 있다. 宋文輝(2007:130)는 아래의 예문을 들어 '결과보어'와는 관계 없이 사동화가 이루어 질 수 있음을 설명하였다.

    (18) a. *哈密瓜把他吃飽了。

        b. 哈密瓜把他吃美了。하미과가 그를 아름답게 했다.

        c. *哈密瓜美人。

    (18.a)에서 '哈密瓜'는 '吃飽'의 동사 '吃'의 행위 대상자이고 보어 '飽'와는 아무런 의미역 관계가 없는데, (18.b)의 '哈密瓜'의 상황도 이와 동일하다. 두 예문 모두 주어는 동결식의 보어로부터 의미역을 획득하지 않는다는 李亞非(1995)의 조건에 부합하지만 (18.a)는 비문이고 (18.b)는 정문이다.

    (18.a)에서 사동주와 피사동주는 연계된 예측성이 매우 강해서, '吃'하면 '飽'하게 되고 또는 '吃'는 '飽'의 목적이다. 그런데 '吃'의 대상인 '哈密瓜'는 사람에 대한 반작용이 경시되어서 사동화에 부적합하다.[11] (18.b)에서 '吃'은 '美'를 초래하게 하는데 이는 드문 현상이고, '吃美'는 늘 겪을 수 있는 경험이 아닐 뿐더러, 심각한 인상을 쉽게 형성할 수 있다. 그 가운데 동력 작용이 명확하게 드러나서, 사람이 주관적으로 이러한 결과를 조성하는 '哈密瓜'의 '他'에 대한 영향력이 자못 큼을 인지할 수 있고, '哈密瓜'의 현저성이 높아서 사동주가 될 수 있다. 또한 '吃美'의 '美'는 사동화가 될 수 없어서 (18.c)는 비문이 된다.

---

11) '吃'의 대상인 '哈密瓜'가 사람에 대한 반작용이 경시되어서 사동화에 부적합해서 비문이란 말은 납득하기 어렵다. 예문의 '吃飽'도 '吃美', '喝醉'와 같은 주어지향 보어이므로, 어순조작에 의해 사동성을 부여받아 타동성, 처치성이 생겨 (18.a)가 만들어질 수 있다고 본다.

이와 같은 설명이 사동성 부여에 도움을 줄 수 있지만, 때로는 혼란을 가중시킬 수 있기 때문에 어휘, 통사 사동에 있어서의 사동성 생성기제는 각주7)에서 밝혔듯이 다음에 기회가 주어지면 서술하고자 한다.

두 번째 유형 '喝醉了'류는 타동성이 없으니 목적어가 출현할 수 없지만 설령 '酒'가 목적어로 출현한다 해도 행위자와 행위 대상자를 구성할 수 있으나 사동주와 피사동주를 구성할 수 없어 사동성을 띨 수 없다. 그러나 세 번째 유형 '灌醉了'류는 유정성인 행위자의 사동주와 유정성인 행위 대상자의 피사동주를 구성하고, 원인 사건에서 사동주의 에너지가 시작되어 결과 사건인 목표에서 에너지가 종결되는 가장 전형적인 사동성을 띤 사동문이다. 그래서 사동성이 강해서 타동성과 처치성을 갖는다. 그러면 '喝醉了'로 구성된 비사동구문과 '灌醉了'로 구성된 사동구문의 예문을 비교해 보면 아래와 같다.

(19) a1. 張三使李四喝醉了。장삼이 이사를 취하게 했다.

　　 a2. *張三使李四灌醉了。

　　 b1. *張三喝醉了李四。b2. 張三灌醉了李四。장삼이 이사를 억지로
　　　　 취하게 했다.

　　 c1. 酒喝醉了李四。술이 이사를 취하게 했다.

　　 c2. 酒灌醉了李四。술이 이사를 흠씬 취하게 했다.

　　 d1. *張三把五個人喝醉了三個。

　　 d2. 張三把五個人灌醉了三個。장삼이 다섯 중에서 세 명을 억지로
　　　　 흠씬 취하게 했다.

　　 e1. *張三喝醉了人/一個人/某個人。

　　 e2. ?張三灌醉了人/一個人/某個人。

(19.a1)은 사동사 '使'를 사용해서 통사 사동문을 만들어 사동성을 갖게 되었다. '喝醉了'는 주동문에서는 비사동구인데, 사동사 '使'에 의해서 사동주와 피사동주를 구성하여 사동성이 생성되었다. '張三使李四喝醉了金五'란 예문은 '使'가 '李四'까지만 지배하므로 비문이 된다. (19.a2)는 사동사 '使'와 사동구 '灌醉了'가 함께 출현하면 사동성이 중복되어 비문이 된다. 그러나 '張三使李四灌醉了金五(장삼은 이사를 시켜 김오를 취하게 했다)'란 예문은 자연스럽게 만들어 진다. (19.b1)예문은 원인 사건과 결과 사건을 구성하지만, 주동문에서 '喝醉了'로 구성된 비사동구문은 두 개의 논항이 사동주와 피사동주를 구성하지 못하기 때문에 비문이 된다. 그러나 (19.b2)예문은 앞에서 설명하였듯이 가장 원형적인 사동문이다.

주동문 '他喝醉了酒'에 쓰인 '喝醉了'류는 사동성이 없다. '술에 취하다'란 말이 있으면 '술이 취하게 하다'는 말이 대립적으로 있게 되어 주동과 사동을 이루고, 타동과 자동, 능동과 수동이 짝을 이룬다. 사동을 유형학적 관점에서 보면 한국어는 형태사동이 발달했고 중국어는 어휘사동이 발달 했다. 피사동주 격 실현 양상을 보면 한국어는 주격, 여격, 대격으로 실현되는데 중국어는 어순 교체에 의해서 실현된다(최규발·김은주 2014).

굴절소나 사동 접미사가 없는 현대중국어가 사동을 표현하기 위해서는, 첫째 (19.a1)처럼 사동사 '使'를 사용한다. 둘째 (19.b2)처럼 사동성이 있는 '灌醉'류를 사용한다. 셋째 피사동주의 격 실현이 어순 교체에 의지하듯, (19.c1)처럼 어순에 의해서 실현되는 것이다. '他喝醉了'류가 (19.c1) 처럼 사동문이 되는 것은 어순조작기제에 의해서 '酒'가 문두로 이동하여 사동주 또는 사동 의미역을 받았다고 볼 수 있다.

어순조작기제에 의해 사동성이 생기면, 모든 사동은 다 타동이므로, 자연히 타동성도 생기게 되고 또 처치성도 갖게 되어 '酒把他喝醉了'란 처지구문이 자연스럽게 만들어 진다. (19.c2)와 같은 경우는 '酒'가 사동주가 되어 피사동주를 몹시 취하게 하거나, 다른 사동주가 술로 피사동주를 매우 취하게 하는 의미를 가질 수 있다.

(19.d2)에서 '灌醉'는 결과성, 타동성, 처치성, 사동성을 모두 갖고 있어서, 전체와 부분의미의 把字句 구성이 자연스럽지만, (19.d1)은 비문이 된다. (19.e2)는 피사동주 목적어가 한정, 비한정 여부에 따라 문장 성립 여부를 정할 수 있다. 가령 '人'이 총칭적이거나 비한정이라면 부자연스러운 문장이 된다.

네 번째 유형 '洗乾淨了'류인 아래의 (20.a),(20.b) 예문은 행위성과 영향성이 강하고 논항도 두 개이므로, 타동성과 처치성이 있다. 그러나 (20.c)는 어순조작을 하여도 비문이 되므로 사동성이 없다. (20.d)는 '乾淨'을 '累'로 대체한 '媽媽洗累了衣服(엄마는 빨래를 해서 지쳤다)'구문이 어순조작기제에 의해 사동성을 띤 사동문이다. 그러나 (20.d)와 같은 어순에서는 처치성은 있지만, '媽媽洗累了衣服'와 같은 주동문 어순에서는 처치성이 없다. 현대중국어 결과보어구문의 복잡성은 'V + 累'유형에서 분명히 나타난다. 보어구문이 타동성과 사동성이 있다고 반드시 처치성이 있는 것도 아니고, 타동성과 처치성이 있다고 반드시 사동성이 있는 것도 아니다.

(20) a. 媽媽洗乾淨了衣服。엄마가 옷을 깨끗하게 빨았다.

　　 b. 媽媽把衣服洗乾淨了。엄마가 옷을 깨끗하게 빨아 버렸다.

　　 c. *衣服洗乾淨了媽媽。

　　 d. 衣服洗累了媽媽。옷 빨래가 엄마를 지치게 했다.

이상의 기술을 정리하면 아래의 표와 같다.

표 6. '喝醉了', '灌醉了', '洗乾淨了'류의 의미 자질 유무표

	결과성	타동성	처치성	사동성
'喝醉了'類	+	-(+)	-(+)	-(+)
'灌醉了'類	+	+	+	+
'洗乾淨了'類	+	+	+	-

(+)는 어순조작기제에 의해 사동성 타동성 처치성을 갖게 됨

5 결론

본고에서는 네 가지 결과보어 유형인 '買大了' '喝醉了' '灌醉了' '洗乾淨了' 류의 예문 검증과 분석을 통해서 아래와 같은 문법적 의미자질 유무표를 만들 수 있었다.

표 7. '買大了', '喝醉了', '灌醉了', '洗乾淨了'의 문법적 의미 자질 유무표

	결과성	타동성	처치성	사동성
'買大了'類	-	-	-	-
'喝醉了'類	+	-(+)	-(+)	-(+)
'灌醉了'類	+	+	+	+
'洗乾淨了'類	+	+	+	-

(+)는 어순조작기제에 의해 사동성 타동성 처치성을 갖게 됨

첫 번째 유형인 '買大了'는 '샀는데 너무 크다'라는 화자의 판단 아쉬움 등을 나타내는 양태적 의미만 있을 뿐, 결과성은 조금도 없다. 결과성이 없기 때문에, 당연히 타동성도 없고, 목적어를 취할 수 없다. 따라서 '衣服他買大了', '衣服買大了' 또는 동사 복사를 한 구문만이 정문이 된다.

두 번째 유형 '喝醉了'에서 '酒'가 출현할 경우, '酒'는 허목적어이다. '어휘선택제한', '유추' '이합사에 醉 삽입', '논항 지향의미', '낮은 현저

성', '큰 예측성' 등으로 설명하고 있다. 그러나 많은 예문 검증을 통해서 보면, '喝酒'는 분명 동목구조로 '喝'에는 타동성이 있지만, 동사 복합어 '喝醉'를 구성하게 되면, 결과성은 있으나 타동성은 상실하게 된다. 주동 문에 '喝醉'가 쓰여, 타동성이 없으면 당연히 사동성 처치성도 없다. 굴 절이나 사동 접미사가 없는 중국어는 사동표현에 있어 어순변화조작이 란 기제를 사용해서 '酒'에게 사동성을 부여한다. '酒喝醉了他'구문이 사동성을 갖게 되면 타동성과 처치성도 갖게 되어 '酒把他喝醉了'가 자 연스럽게 생성된다.

세 번째와 네 번째 유형은 Hopper & Thompson의 타동성 정도 표에 의하면 타동성이 완벽한 동사 복합어다. 이렇게 타동성이 강하면, 타동성 과 사동성은 유사성이 있기에 사동성이 있어야 한다. 세 번째 '灌醉'는 Lakoff의 원형 의미론적인 사동의 10가지 속성에 부합해서 전형적인 사 동성을 갖는 예문이다. 그래서 '他使我灌醉了'와 같은 예문은 사동성을 띤 사동사 '使'와 사동성을 띤 '灌醉'가 중복되어 있고 또 Grice의 격률 에도 어긋나 비문이 된다.

끝으로 네 번째 유형 '洗乾淨了'는 Lakoff의 원형 의미론적인 사동의 10가지 속성 중에서 어긋나는 것이 여러 개 있다. 어순 조작에 의해 형성 된 '衣服洗乾淨了媽媽'는, '衣服' '洗乾淨' '媽媽'가 의미 구성을 할 수 없고, '洗乾淨'은 결과성, 타동성, 처치성은 있어도 사동성이 없어서 비 문이 된다. '洗乾淨'의 '洗'로 구성된 '洗累'는 결과성, 타동성, 사동성, 처치성이 모두 있어 '衣服洗累了媽媽'구문이 정문이 되지만, 주동문에 서는 처치성이 없어 '媽媽把衣服洗累了'는 비문이 된다.

모든 결과보어구문을 결과성, 타동성, 사동성, 처치성으로 분석하여 구 문의 성립여부를 전부 밝힐 수는 없지만, 이러한 자질들이 구문생성에 큰 영향을 미친다고 볼 수 있다. 보어를 구성하는 각 동사들의 의미자질 과 기능 분류, 보어구문의 문법적 의미자질, 명사성분의 유, 무정성과 한정, 비한정성 문제, 행위대상 목적어와 결과 목적어 등의 내용들을 추후 종합적으로 분석하게 된다면, 더욱 정확한 보어구문의 의미구조를 밝힐 수 있으리라 생각한다.

| 참고문헌 |

郭銳(1995), 〈述結式配價結構和成分整合〉,《現代漢語配價語法研究》, 168-191, 沈陽 鄭定歐 主編, 北京: 北京語言學院出版社.

屈承熹 著, 潘文國等 譯(2006),《汉语篇章语法》, 北京: 北京語言大学出版社.

권재일(1992),《한국어 통사론》, 서울: 민음사.

김기유·엄홍준(2015), 〈한국어 사동 개념에 대한 원형의미론적 접근〉,《語文論集》64, 31-58.

김기혁(2010), 〈타동의 자동 함축과 사동과 피동〉,《한국어학》46, 145-173.

김성주(2003),《한국어의 사동》, 서울: 한국문화사.

김은주(2017),《현대중국어 어휘 사동문 연구》, 고려대학교 박사학위 논문.

김형배(1997),《국어의 사동사 연구》, 서울: 박이정.

鄧思穎(2010),《形式汉语句法學》, 上海: 上海教育北京大学出版社.

邓守信(1984),《漢語及物性關係的語意研究》, 臺北: 臺灣學生書局印行.

_____(1991), 〈汉语使成式的语义〉,《国外语言学》3期, 29-35, 16.

梅祖麟(2008), 〈上古漢語動詞清濁別義的來源-再論原始漢藏語*s-前綴的使動化構詞功能〉,《民族語文》第3期, 3-20.

梅祖麟(2015), 〈跋嚴學窘先生給《古漢語複聲母論文集》(1998)寫的序—兼論上古漢語動詞清濁別義的來源〉,《語言研究》第3期, 125-127.

박미정(2001),《現代中國語의 使動表現 研究》, 연세대 박사학위 논문.

박은석(2014), 〈현대 중국어 사동문과 타동성〉, 언어와 정보 사회 21, 83-111.

范晓(2000), 〈论"致使"结构〉 中国语文杂誌社编, 语法研究和探索(十), 135-151, 商务印书馆.

宋文輝(2007),《現代汉语動結式的認知研究》, 北京: 北京大学出版社.

송재정(Jae jung Song) 저 김기혁 역,《언어 유형론-형태론과 통사론》, 서울: 보고사.

施春宏(2008),《汉语動結式的句法語義研究》, 北京: 北京語言大學出版社.

沈家煊(2006),〈"王冕死了父親"的生成方式－兼說漢語揉合造句〉, 中國語文 第4期, 291-300.

연재훈(1997),〈타동성의 정의를 위한 원형이론적 접근〉, 언어 22, 107-132.

宛新政(2005),《現代汉语致使句研究》, 杭州: 浙江大学出版社.

王玲玲(2001),《汉语動結結構句法與語義研究》, 香港理工大學 博士學位論文.

袁毓林(2001),〈述結式配價的控制--還原分析〉, 中國語文 第5期, 399-410.

陸儉明(1990),〈'VA了'述補結構語義分析〉,《陸儉明自選集》, 河南教育出版社.

이봉금(2015),《현대중국어 사동구문의 의미연구》, 고려대학교 박사학위 논문.

이익섭·임홍빈(1983),《국어문법론》, 서울: 학연사.

李臨定(1984),〈究竟哪個"補"哪個?〉,《現代漢語補語研究資料》, 495-503, 北京: 北京語言學院出版社.

이지수(2008),〈타동성과 국어 사동표현의 의미〉,《語文研究》36, 145-170.

이지현(2010),〈현대 중국어 피동태 형식의 타동성 및 그에 근거한 범주 고찰〉,《中國語文學論集》65, 132-161.

任 鷹(2005),《現代汉语非受事賓語句研究》, 北京: 北京社會科學文獻出版社.

趙元任 著 丁邦新 譯(1982),《中國話的文法》, 香港: 中文大學出版社.

조진수(2016),〈'타동성'의 문법 교육적 위상 정립을 위한 시론〉, 국어국문학 174, 71-97.

詹開第(1985),〈動結式動詞句與把字句的變換關係〉,《語文論集》第一集, 北京: 外語教學與研究出版社.

詹人鳳(1989),〈動結式短語的表述問題〉,《中國語文》第2期, 105-111.

최규발(1995),《현대한어 결과보어구문의 의미지향 연구》, 고려대학교 박사학위 논문.

_____(2000),〈중국어 결과보어구문의 보어위치이동과 빈어문제〉,《중국학논총》12, 1-18.

_____(2003),〈현대 중국어 결과보어구문의 빈어 출현 제약〉,《중국어문논총》25, 81-103.

_____(2008), 〈방향보어의 문법적 의미 - '起來'를 중심으로〉, 《중국학논총》24, 1-17.

_____· 김은주(2014), 〈韓, 中 사동법의 대조〉, 《韓國漢文學研究》56, 499-548.

_____· 조경환(2010), 〈중국어 PVC에 관한 소고〉, 《중국어문논총》45, 1-18.

_____· 정지수(2010), 〈코퍼스에 기반한 현대중국어 '氣得'구문의 사역성과 비사 역성 試探〉, 《中國語文學論集》66. 49-69.

彭國珍(2011), 《結果補語小句理論與現代汉语動結式相關問題研究》, 杭州: 浙江大学出版社.

何元建(2007), 《生成语言学背景下的汉语语法及翻译研究》, 北京: 北京大学出版社.

何元建(2010), 《现代汉语生成语法》, 北京: 北京大学出版社.

Comrie, B(1989), *Language universals and linguistic typology*, Second edition. oxford: Blackwell.

Dixon, R.M.W.(2010), *Transitivity, Basic Linguistic Theory*, Oxford: Oxford UniversityPress.

Gu,Yang(1992), *The Syntax of Resultative and Causative Compounds in Chinese. Doctoral Dissertation*, Cornell University.

Hopper & Thompson(1980), *Transitivity in Grammar and Discourse*, Language 56.251-299.

Lakoff, G(1987), *Women, Fire, and Dangerous Things: What Categories Reveal about the Mind*. Chicago: The University of Chicago Press, 이기우 역 (1995), 서울: 한국문화사.

Li, Charles N. & Thompson, Sandra(1981), *Mandarin Chinese—A Funtional Reference Grammar*, Berkeley Los Angeles London: University of California Press; 박정구 외 譯(1989/1999), 표준중국어문법, 서울: 한올아카데미.

Lyons, J.(1977), Semantics 2, Cambridge University Press, 강범모 역(2013), 의미론 2, 서울: 한국문화사.

Song,j.j(1996), *Causative and Causation: A Universal-Typological Perspective*, London and New York: Addison Wesley Longman.

Sybesma, Rint,(1999), *The Mandarin VP*, Dordrecht/Boston/London:Kluwer Academic Publishers.

《朱子語類》中"動＋賓＋了""動＋了＋賓"句型的記錄者籍貫分析與這兩種句型的變化

1 緒論

在《朱子語類》中，我們可以看到"動＋賓＋了"與"動＋了＋賓"兩種結構並存共用的現象。對此高歌蒂(Gerty Kallgren 1958)認爲：在帶賓語的句子中，朱熹總喜歡把賓語放在動詞和"了"之間，而這些句子都表示目的實現或動作完成。也就是說，她認爲《朱子語類》完成貌的主要語序是"動＋賓＋了"而"動＋了＋賓"則很少出現。另外，梅祖麟(1980)也認爲：《朱子語類》中"動＋賓＋了"居多數，並推測假使《朱子語類》的確能够代表宋代比較偏南地區的共同語，那麼從"動＋賓＋了"到"動＋了＋賓"的語序變化應先發生在以汴京、燕京爲中心的中原及華北地區，然後才逐漸傳播到江南一帶。

通過文獻調查，可以發現："了"在《敦煌變文》(850-1015)、《花間集》(940)、《祖堂集》(952)裡已有往前移的現象，而在《張子語錄》(1020-1070)、《二程集》(1032-1107)、《燕雲奉使錄》(1123-1126)等文獻中，

---

* 《중국어문논총》제43집(2009년 12월) 게재.

絕大多數的"了"都出現在動賓之間。

本文即擬對《朱子語類》中有關"動＋賓＋了"(以下簡稱"A類")與"動＋賓＋了"(以下簡稱"B類")的語序問題進行分析，並討(1)地域因素是否影響"了"字線性語序，以及(2)A、B兩類句型的內部結構等問題進行討論，從而對A、B兩類句型在《朱子語類》中並存共用的原因作試探討與分析。

在第一節中，我們首先考察記錄者的籍貫是否影響到兩種語的使用;第二節則對與"了"的語序有關的9種句型中使用的動詞進行分析;第三節專門就《朱子語類》中"了$_1$"了$_2$"並用的現象和"動＋了＋賓＋了"形成的問題進行討論;第四節我們將介紹A、B兩類句型與其他特殊句式結合使用的情況;第五節則根據前面的調查分析得出我們的結論。

2 A、B兩類型在使用頻率上是否存在南北差異？

《朱子語類》中的非動詞性"了"總共出現了5242次左右，而且大部分"動＋了"之後沒有賓語或其他補語。其中"動＋了＋賓(約786次)的使用頻率遠遠高於"動＋賓＋了"(約511次)。[1)]

但是與北宋末期的《燕云奉使錄》相比，反映南宋中期一段時期(公元1170-1199年間)白話《朱子語類》在後新句型"動＋了＋賓"的使用比例上卻相對較低。這種現象或許是由於兩種語料在南北地域上的差異而引起的。那麼在《朱子語類》內部"動＋賓＋了"和"動＋了＋賓"兩種句型的使用是否也存在地域上的差異呢?為了解決這個問題，我們對《朱子語類》中這兩種句型記錄者的籍貫作了調查，分析結果如下:

---

1) "是"字謂語句與"動賓"緊密結合而不能插入其他成分的例句除外。

表1. A代表"動＋了＋賓"，B代表"動＋賓＋了"

類型＼省	福建	浙江	江西	江蘇	河北	河南	四川	廣東	安徽	其他	總計	V了O了
A	187	233	187	2	13	22	24	2	2	114	786	10
B	144	187	95	5	7	7	25	4	0	37	511	
A/B	1.29	1.25	1.97	0.4	1.86	3.14	0.96	0.5		3.08	1.53	

根據記錄者的籍貫調查分析，以A/B平均比例為準，江蘇、四川、廣東人使用B型的比例相對較高。但總體上還是新句型"動＋了＋賓"占絕對優勢，並沒有發現明顯的南北差異。

③ 與"了"語序有關句型中的動詞分析

我們還對與"了"語序有關的9種句型中使用的動詞(包括否定副詞和能感動詞)進行了分析(主要用在A類語序中的動詞以下簡稱A型動詞，主要用在B類語中的動詞以下簡稱B型動詞)。我們假設"動＋了＋賓"和"動＋賓＋了"中賓語和"了"的相對語序(或者說動詞與"了"的緊密度)與其結構中的動詞可能有某種關係，並調查了A、B兩類句型以及"動＋了(+賓)＋X"("動＋了＋也"、"動＋了＋賓＋了"、"動＋得＋賓＋了"、"動＋了＋賓＋矣"、"動＋了＋賓＋也")、"動＋賓＋了＋X"("動＋寬＋了＋也")、"動＋卻＋賓＋了"中的動詞。調查結果如下：

(1)　動＋了＋賓(A類，共786例)：340種動詞。動詞的及物性(transitivity)、終結性(telicity)相對較高。

下面是使用次數在5次以上的動詞。

動詞	去[2]	欠	壞	失	殺	做	離	過	忘	枉	遺	看	掉	多	添	廢
總計	35	29	24	22	21	38	18	19	14	12	12	31	11	10	10	11
A類	30	29	24	20	19	18	16	15	12	12	12	11	11	10	10	10
動詞	換	沒	無	闕	倒	少	害	背	費	差	喫	滅	剝	說	枉費	
總計	11	27	66	8	7	8	8	6	7	8	6	5	5	25	5	
A類	10	9	9	8	7	7	7	6	6	6	5	5	5	5	5	

(2) 動＋賓＋了(B類, 511例): 186種動詞。動詞的及物性、終結性相對較低。

下面是使用次數在5次以上的動詞。

動詞	有	無	成	做	沒	說	見	看	理會	不見	讀	得	知	到	克
總計	35	29	24	22	21	38	18	19	14	12	12	31	11	10	10
A類	2	9	0	18	9	5	1	11	3	2	3	0	0	3	3
B類	82	57	21	18	18	17	11	10	10	10	9	9	7	6	5

(3) 動＋卻＋賓＋了(共5例): 4種動詞(帶、離、輸、失)都是常用於A型的動詞。

動詞	失	離	帶	輪
總計	22	18	4	3
A類	20	16	2	2
B類	1	0	1	0
V卻O了	1	2	1	1

《朱子語類》中的"動＋卻＋賓＋了"全部都可以獨立成句。

---

2) "除去"義

(4) 動+得+賓+了(共110例): 44種動詞。既不偏於A型, 也不偏於B型。楊永龍(2001)主張"動+得+賓+了"屬於"動+賓+了, 動"句型, 但根據我們的調查, "動+得+賓+了"句型中動詞的及物性、終結性有的高, 有的低, 有的中立, 數量上既不屬A, 也不屬B。

還有一個很有趣的現象就是與"動+卻+賓+了#"[3)]不同, 大部分的"動+得+賓+了"處在連續事件的前一分句的末尾。

動詞	看	去	見	過	窮	斷制	當	到	理會	立	明	摸	變	複	不見
總計	31	35	30	19	1	1	4	10	29	6	2	1	6	2	13
A類	11	30	1	15	0	0	0	3	3	2	0	0	3	0	2
B類	10	1	11	2	0	0	3	6	10	2	1	0	0	0	10
V得O了	9	3	18	2	1	1	1	1	16	2	1	1	3	1	1
動詞	分別	殺	上	說	成	成就	識	玩味	認	入	積	積疊	占	齊	知
總計	3	21	2	25	23	2	8	1	2	2	1	1	5	1	10
A類	0	19	1	5	0	0	1	0	0	0	0	0	2	0	0
B類	2	1		17	21	0	3	0	0	1	0	0	1	0	7
V得O了	1	1	1	2	2	1	4	1	2	1	1	1	1	1	3
動詞	盡	捉	鑽	稱量	脫	擇	喻	通	包	下	學	行	曉	恤	
總計	2	2	1	1	6	2	1	2	5	4	3	2	7	1	
A類	0	1	0	0	3	0	0	1	3	2	0	0	1	0	
B類	1	0	0	0	0	0	0	0	0	0	2	0	1	0	
V得O了	1	1	1	1	3	2	1	1	2	1	1	2	5	1	

(5) 動+了+也(共14例): 除了轉述動詞(reporting verb)"說"和僅在"動+了+也"中使用的動詞外, 其它動詞屬於A型動詞。

---

3) "#"是完句标记。

動詞	間斷	踏著	忘	複	不到得餓	死	煞高	說	愛看	截斷	粗	差	透徹
總計	1	1	14	2	1	5	1	25	1	2	1	8	1
A類	0	0	12	0	0	4	0	5	0	1	0	6	0
B類	0	0	1	0	0	0	0	17	0	0	0	1	0
V了也	1	1	1	1	1	1	1	1	1	1	1	1	1

(6) 動＋了＋賓＋了(共10例)：9種動詞大部分屬於A型動詞。

動詞	看	麻	損	移	整理	換	結	辦	理會
總計	31	2	2	4	1	11	3	1	29
A類	11	1	1	2	0	10	1	0	3
B類	10	0	0	0	0	0	1	0	10
V了O了	1	1	1	2	1	1	1	1	1

(7) 動＋了＋賓＋也(共6例)：6種動詞中4種屬於A型動詞。

動詞	去	不壞	占	濁	廢	陷
總計	35	1	5	1	11	2
A類	30	0	2	0	10	1
B類	1	0	0	0	0	0
V了O也	1	1	1	1	1	1

(8) 動＋了＋賓＋矣(共1例)：在此句型中使用的1種動詞屬於A型動詞

動詞	總計	A類	B類	V了O矣
倒看	2	1	0	1

(9) 動＋賓＋了＋也(共1例): 在此句型中使用的1種動詞屬於B型動詞。

動詞	總計	A類	B類	VO了也
作	5	0	4	1

由此我們可以得出以下結論:

如前所述，A類語序中的動詞和B類語序中的動詞之間存在着一定的差異。9種句型中緊跟在動詞後面的"了"傾向於與及物性、終結性較高的動詞結合。"動＋了(＋賓)＋X"形式中的動詞傾向於A型詞，並且與"動＋了＋賓＋了"有關系的"動＋卻＋賓＋了"中的動詞也傾向於A型動詞。這時"卻"相當於"動＋了＋賓＋了"中的前一個"了"，而後面的"了"則與前面的"卻"或"動＋了＋賓＋了"中的前一個"了"不同。而"動＋賓＋了"形式中的動詞則傾向於B型動詞，即及物性、終結性較低的動詞。由此可見A、B兩類句型的語序選擇與謂語動詞的特徵有關。

A型動詞所指涉的動作及物性、終結性相對較高，及物性、終結性與動作的結果之間有密切關係，因此表結果的"了"與及物性高的動詞緊密結合。這種現象可以用Bybee(1985)和Bybee et al. (1994)的"關聯性假設(relevance hypothesis)"來進行解釋。關聯性假設認為，與動詞語義的關聯性越密切的範疇，越靠近動詞，並且越容易變化為依附於動詞的語法形態。(Lee 1998:198-202)

"動＋得＋賓＋了"中的動詞比較中立，它既不偏於A,也不偏於B。僅就動詞的選擇問題而言，這種句型中"得"字的性質很難確定，這或許是因為"動＋得"結構大部分可以被視為一個複合詞(如"曉得")。

4 "了₁""了₂"的並用現象以及《朱子語類》中的"動＋了＋賓＋了"

4.1 "了₁""了₂"並用形式的出現問題

太田辰夫(1958:388)認為"'了₁'和'了₂'並用起於明代，宋元時期沒有'了'字並用的情況"，這一說法值得商榷。事實上《朱子語類》中已經出現了兩個"了"的並用現象，如:"大率人難曉處，不是道理有錯處時，便是語言有病；不是語言有病時，便是移了這步位了。"經調查，在《朱子語類》中，這樣的"動＋了＋賓＋了"結構共出現了10次。其中用在全句末尾的真正語氣詞"了₂"有2例。可見，宋代已經存在兩個"了"並用的情況，雖然還比較少見。

梅祖麟(1994)曾經對於"動＋了＋賓＋了"句型的演變形成作了如下推測，他認為晚唐五代的"動賓了也"形式在結構上發生變化，"了"字前移到動賓之間，後來"動＋了＋賓＋也"還發生詞彙興替，"了₂"代替了語助詞"也"。

動＋賓＋了＋也　　＞　　動＋了＋賓＋也　　＞　　動＋了＋賓＋了
晚唐五代　　　　　　　　宋元時期　　　　　　　元末－至今

梅祖麟(1994)認為晚唐五代的早期官話裡"了"字表示完成，語助詞"也"字表示新情況的出現。這時期的(1)"動(＋賓)＋了"是不自由的，因此還需要後續分句或其他成分。(2)"動(＋賓)＋了＋也#"是自由的，可以獨立成句。早期官話中的"了"與現代漢語中表示完成體的"了₁"相當，語助詞"也"與現代漢語中的"了₂"相當。

如前所言，在《朱子語類》中有"動＋了＋賓＋也"(6次)、"動＋了＋賓＋矣"(1次)、"動＋了＋賓＋了"(10次)和"動＋賓＋了＋也"(1次)等幾種功能或形式上類似的相關句型。據此我們可以對梅祖麟的觀點加以修正：南宋時期已經出現了"動＋了＋賓＋也"、"動＋了＋賓＋了"兩種句型共存的情況。而且《朱子語類》中的"也"字無一例外的表示一個句子的完結，但"動＋了＋賓＋了"中的第2個"了"字主要處在連續事件中的前一分句的末尾。因此我們不能簡單地說"了₂"代替了語助詞"也"字。看來現代漢語"動＋了＋賓＋了"的形成過程更為複雜。

魏培泉(2002)主張中古漢語的部分"也"("也₂")繼承了上古漢語

"矣"的功能, 這經過"了也"合並階段, 變成了現代漢語的"了$_2$"。

$$矣 \quad > \quad 也_2$$
$$上古 \qquad 中古 \qquad 現代$$
$$了也 \quad > \quad 了_2$$

《朱子語類》中的"動(＋賓)＋了"是自由形式, 並且"動(＋賓)＋了#"的使用比例遠遠超出"了也#"。《朱子語類》中"動＋賓＋了＋也"句型僅有1例。依照魏培泉的主張, "了也"的合並到了《朱子語類》已經完成。

還有一個值得注意的是《朱子語類》中"動＋卻＋賓＋了"無一例外地可以單獨成句, 是完全自由的。這種句型中的"卻"與"了$_1$"相當, 因此句末的"了"的確是表語氣的"了$_2$"。

4.2 《朱子語類》中的"動＋了＋賓＋了"

《朱子語類》中"動＋了＋賓＋了"形式總共出現了10次:

(1) 某之說卻說高了, 移了這位次了, 所以人難曉。　　(卷16)

(2) 大率人難曉處, 不是道理有錯處時, 便是語言有病；不是語言有病時, 便是移了這步位了。　　(卷16)

(3) 欲變齊, 則須先整理了已壞底了, 方始如魯, 方可以整頓起來, 這便隔了一重。　　(卷33)

(4) 如公說, 則似理會了'洒掃應對'了, 又須是去理會'精義入神', 卻不得。　　(卷49)

(5) 但須先與結了那一重了, 方可及這裡, 方得本末周備。　　(卷67)

(6) 四爻'損其疾', 只是損了那不好了, 便自好。　　(卷72)

(7) 今見看《詩》, 不從頭看一過, 云, 且等我看了一箇了, 卻看那

箇，幾時得再看？ (卷80)

(8) 又曰："為學之道，如人耕種一般，先須辦了一片地在這裡了，
方可在上耕種；今卻就別人地上鋪排許多種作底物色，這田
地元不是我底。 (卷115)

(9) 人要為聖賢，須是猛起服瞑眩之藥相似，教他麻了一上了，及
其定疊，病自退了。" (卷118)

(10) 王質不敬其父母，曰："自有物無始以來，自家是換了幾箇父母
了。" (卷126)

楊永龍(2001)把"動＋了＋賓＋了"分為以下兩種：

E1 ：動＋了＋賓＋了，動
E2 ：動＋了＋賓＋了＃

　　根據他的分析，10個"動＋了＋賓＋了"中7個屬於E1，三個(例1、2、
10)屬於E2。他認為不管是E1還是E2，前一個"了"表示"動＋賓"的完
畢、完成或實現。就後一個"了"的性質而言，E1和E2的性質並不完全
相同。E2的後一個"了"處於句末，它表示實現，兼具提示新信息的功
能。E1的後一個"了"後面還須有後續事件，因此它沒有表示語氣的功
能。但我們對此看法持有懷疑。例(6)中的前一個"了"是補語性質的，
即楊永龍所說的"減"類動詞後面的"了"，相當於"掉"，表結果義，他把
這種"了"叫做"了$_0$"。後一個"了"與"-後"、"然(後)"相當，表示先時，他
把這種"了"叫做"了$_1$"。不過根據他的說法"了$_0$"、"了$_1$"都可以在背景
事件中表示完成或先時。那麼"動＋了＋賓，動"(楊文中的"D1")句型
中有沒有表結果兼表先時的"了$_0$"？如果有的話，E1中表示先時的後一
個"了$_1$"就是多餘的。並且在D1中"了"的先時性是結構引起的，而不是

"了"本身具有的。實際上以下《朱子語類》中D1形式的例句中"了"表結果義, 形式上它又兼表先時性。

(11) 如人家裡有賊, 先去了賊, 方得家中寧。 (卷15)

前一個"了"既然可以表示先時性, 那麼再用一個"了"表示先時性就是多餘的。因此楊永龍對"動＋了＋賓＋了, 動"句型的解釋似乎尚有修改的餘地。

另外, 楊永龍把"動＋了＋賓＋了, (動)"分析成"[[動＋了＋賓]＋了], (動)", 我們也同意這種分析, 因為根據我們的調查, "動＋了＋賓＋了"的動詞大部分是A型動詞。但這與他又把"動＋了＋賓＋了, (動)"歸為"動＋賓＋了, (動)"(楊文中的"B1")形式的特殊形式顯得自相矛盾。

對此問題我們或許可以這樣推測:

① 後一個"了"可能是附加在另外一個謂語動詞上的。例(2)、(4)、(6)、(7)、(9)、(10)中 "V了O了"前面還有一個謂語"是、似、是、等、教、是"。

② 動＋了＋賓＋了, (動)"是臨時組合。即"動＋了＋賓"和"動＋賓＋了"的混合。兩種句型中的"了"都可以表示先時性, 因此"動＋了＋賓＋了, (動)"中為了表示先時性而附加的後一個"了"這解釋是不合理的。"動＋了＋賓"和"動＋賓＋了"不能隨便互換, 因為兩種句型中動詞具有不同的特點。"動＋了＋賓"中的"了"與動詞的及物性參數有關, 僅僅指向動詞, 而"動＋賓＋了"中的"了"指向整個"動＋賓"指涉的事件。

語法化過程中"了"在及物性、終結性較高的動詞後表示結果, 這是由於"了"已虛化為補語成分, 與動詞的範疇關聯性已經很高, 因此可以使用"動＋了＋賓"形式，但及物性、終結性相對較低的動詞仍然使用"動＋賓＋了"形式。後來"了"字語法化爲體標記後，"動＋了＋賓"形式開始占絕對優勢，從而兩種語序之間的區分也慢慢消失。由此我們可以推測：在語法化過渡階段中指向動詞的"了"（"動＋了＋賓"形式中的"了"）與指向事件的"了"（"動＋賓＋了"形式中的"了"）可以用在一個句子裡面，上面所舉《朱子語類》中的8個例句（例2、10除外）即是明証。

5 A、B兩類句型與其他特殊句式結合使用的情況

(1) "把"字句：共5例，主要是"作"類動詞。其語序全屬於B型，但其動詞既不偏於A，也不偏於B。此類動詞及物性、終結性較低。

動詞	總計	A類	B 類	"把"字句(句型)
當	2	0	1	1(B型)
作	5	0	4	1(B型)
做	38	18	18	2(B型)
安排(在)	1	0	1	1(B型)

(2) "被"字句：共13例，12例的句型屬於A類，僅有1例屬於B類（"動＋結果補語"形式的動詞）。被動句主要表示受事的遭受，它選擇高及物性、高終結性的動詞是很自然的。屬於B型的1例中謂語包含着結果補語"著"，很可能是"了"字因爲受到結果補語的影響而被挪到後面。

動詞	開	隔	牽動	擔閣	動	瞞	殺	勝	移	捉	捉著	掇
總計	1	4	2	2	1	1	21	3	4	2	1	1
A類	1	2	2	2	1	1	19	3	2	1	0	1
B 類	0	2	0	0	0	0	1	0	0	0	1	0
"被"字句	1	1	1	1	1	1	1	2	1	1	1	1

(3) 有標記的致使句：共6例，致使動詞有"教"(5個)、"使"(1個)兩種。

動詞	看	麻	無	勝	愛看
總計	31	2	66	3	1
A類	11	1	9	3	0
B 類	10	0	57	0	0
致使句(句型)	1(A型)	2(V了O了, A型)	1(B型)	1(A型)	1(V了也)

(4) "是 … 的"句。

動詞	類型	例句
成	B	又云："氣，是那初稟底；質，是成這模樣了底。(14卷)

6　"了"字語序變化問題

梅祖麟(1981)對完成貌句式"動＋了＋賓"的來源分析如下：

動＋賓＋完成動詞(畢、訖、已、竟)	→	動＋賓＋了	→	動＋了＋賓
①	詞彙興替	②	結構變化	③
魏晉南北朝		唐代		

　　他認為②→③的變化是受到同類格式影響而發生的。動補結構有"動＋補＋賓"和"動＋賓＋補"兩種句式，所以結果補語的這兩種語序促使"了"字挪移。他還認為與"動＋賓＋了"有平行關系的"動＋賓＋不得"從唐到宋變成了"動＋不得＋賓"，這也影響"了"字的前移。後來梅祖麟(1994)通過對閩南語的考察修改了自己的結論。關於"了"字挪移的原因有兩種說法：(1)受結果補語(resultative complement:RC)的影響，(2)受狀態補語(phase complement:PC)的影響。他認為"了"字移前是受到狀態補語影響的。

　　晚唐五代官話的體貌系統由三種格式來構成:"VO了，VP2"、"VO了也"、"VP也"。閩南語至今仍保存着唐末體貌系統的基本輪廓。

	《祖堂集》	閩南話
(甲)	吃飯了便去	飯食了後to⊇去.a
	VO了, VP2	OV了後, VP2
(乙)	吃飯了也	飯食了.a(飯吃完了)
	VO了也	OV了也
(丙)	門開也	門開.a
	VP也	VP也

臺灣閩南話有個句末的語助詞[.a]，表示新情況的出現。[.a]的本字是"也"。閩南話雖然使用表示完成的"了"字，但它不能處在"動＋賓"之間，因此閩南話沒有在結構上與宋元時期"V了O也"相對應的格式。但在其它方言裡有相當於"V了O也"的格式，如廣州話的"V咗[tsɔ]O咯[la]"和蘇州話的"V仔O哉"。

閩南語有"V＋RC＋O"，但沒有"V＋PC＋O"，"V-PC"和單獨賓語在同一句裡出現時，賓語一定要前移。如果晚唐"V＋O＋了"中的"了"是受結果補語影響的話，閩南語既然有"V＋RC＋O"，也就應該有"V＋了＋O"。但閩南語沒有"V＋了＋O"，因為它沒有"V＋PC＋O"。由此可見，在晚唐五代影響"了"前移的不是結果補語，而是狀態補語"卻"。

曹廣順(1986)把表完成的"了"和"卻"聯係起來考察，認爲"了"越過賓語而移到動詞後面是受到完成貌助詞"卻"的影響。他認爲："'卻'在《祖堂集》中用作完成貌助詞，意義和功能近似於現代漢語中的助詞'了'。它形成於唐初，中晚唐以後，在其影響下'了'由動詞變爲助詞。"在唐代，完成貌助詞"卻"出現在"動＋卻"和"動＋卻＋賓"兩種格式中。

《祖堂集》中完成貌表示法，除用"卻"外，也可以用"動(＋賓)＋完成動詞(了、已、訖、竟)"。唐以後它與助詞"卻"所構成的完成貌句式並存，但隨着"卻"的廣泛使用，"動(＋賓)＋完成動詞"句式受到影響，從晚唐五代起，表示完成的動詞"了"就開始出現虛化趨勢，並逐漸前移到"動+賓"之間"卻"的位置上。

　　曹廣順(1995)對近代漢語的動態助詞"卻"、"了"、"着"、"過"、"將"、"取"、"得"作了深入的研究, 并它們共同的演變過程:"實詞——補語——虛詞"。他認爲助詞"卻"產生的時間, 應該在唐代以前, 它的形成產生了一個新的詞類和一個新的語法格式。

　　吳福祥(1998)認爲"了"先在"動+了"格式裡虛化爲動相補語, 然後帶上賓語就形成了"動+了+賓"格式, 卽[動+了]+[賓]>[動+了+賓], 最後"動+了+賓"格式中的動相補語"了"進一步虛化變成完成體助詞。他還把"了"的演變分成"完成動詞"、"結果補語"、"動相補語"、"動態助詞"四個階段。

① 動+賓+了:
　　"了"是完成動詞。
② 動+了
　　甲類"了"是結果補語("食了"、"道了"、"說了"等)
　　乙類"了"是動相補語("得了"、"死了"、"謝了"、"辭了"、"安健了"等)
　　乙類中在"了"前面的成分是:A. 瞬間動詞(如'死'), B. 狀態動詞(如'迷'), C. 形容詞(如'安健'), D. 動補結構(如'長大')
③ 動+了+賓
　　由於"了"字用作動相補語已開始"形態化", 原先"動+了動相補語"格式不能帶賓語的限制被打破, 因此"動+了動相補語"格式開始帶上賓語, 這就形成了"動+了+賓"格式。
　　這種結構變化的動力是跟唐五代其他動相補語所處格式的"類化"有關。

④ 動 + 補 + 了 + 賓

"動 + 了 + 賓"式中的"了"進一步虛化, 到此格式中才是"動態助詞"。

因爲在這個句式中"了"出現在補語後面, 不可能再是補語。

通過《世說新語》中的一句話在後代不同版本中的變化, 我們可略見這種結果補語"卻"往前挪移的現象:

(12)《晉書 · 王衍傳》: "謂婢曰: '擧阿堵物卻。'"

(13) 唐寫本殘卷作: "今婢擧阿堵物。"

(14) 宋本及各本作: "呼婢曰: 擧卻阿堵物。"[4]

"卻"字在禪宗語錄、《敦煌變文》、《二程集》與《朱子語類》等文獻中多表示結果。因此,《助字辨略》和《詩詞曲詞辭彙釋》將"卻"解釋爲"了"。

"得"字, 原爲獲得之意。虛化後, 表"完成"、"旣事"。[5] 潘允中認爲, 在漢代, 助動詞"得"的位置由動詞前轉移到動詞後, "從而演化爲補語, 表示動作所得結果。如: '今臣爲王卻齊之兵, 而攻得十城。'《史記、蘇秦傳》"。下面是其他一些用例, 尤可說明這種日益明顯的虛化趨勢。如:

(15) 至春能鋤得兩遍, 最好。　　　　　　　　　　《齊民要術 · 雜說》)

(16) 秋耕不堪下種, 無問耕得多少, 皆須旋蓋磨如法。　　　(同上)

---

4) 參見楊勇,《世說新語校箋》, 423頁。

5) 周法高,《中國古代语法 · 造句編》: 至春, 能得兩遍, 最好。(《齊民要術 · 雜說》, 189頁)

上文這類"得"與表完成貌的"了"雖有相似之處，但因它是動詞的結果補語，故又有不同。這種動補結構產生於南北朝時期，後又有所發展。如：

(17) 相公问：汝念得多少卷书？远公对曰：贱奴念得一部十二卷，昨夜惚念过。 　　　　　　　　　　　　　　　　　　　　　（《敦煌变文》、177页）[6]

這個"得"字，漢代以前以"得(而)＋動"的並列結構表"可能"、"可以"；在漢代，則以"動＋得"的偏正結構表"達成"、"達到"，如："捕得"、"攻得"；到魏晉南北朝，"得"虛化後，不再表"達成"而表"完成"、"既事"。

按照動詞與各種結果補語的關系，特別是《世說新語》中"卻"字移至賓語之前的現象，對於"動＋賓＋了"變爲"動＋了＋賓"的原因，我們可以說，"了"字是因表示結果、完成的補語(卽"卻"、"訖"、"得"等)"讓位"而往前轉移。

7 結論

綜上所述，我們可以說《朱子語類》中"動＋了＋賓"和"動＋賓＋了"兩種句式並存共用而又存在使用頻率差異的現象，並不是因爲語言使用者或記錄者受到地域方言影響而造成的，而是由於語言形式內部特徵(特別是動的特性)引起的。"了"字從實義動詞發展成表動作結果的補語，其語法地位和句法位置也隨之變化。雖然暫時還不能斷定"動＋了＋賓"是"了"字的前移的結果還是"動＋了"上附加賓語的結果，但我們卻可以推測：在先發生語義變化的前提下，表結果的"了"指向動詞時，它

---

6) 參見，《漢語語法史概要》，234-235頁。

與動詞的結構關係也隨之發生變化。這也可以用“相似性(iconicity)”理論來說明，而關於“了”字語序變化的問題尚待繼續研究。

| 참고문헌 |

[宋]黎靖德 編,《朱子語類》, (1994)中華書局。

曹廣順(1986),〈《祖堂集》中的“底”(地)、“卻”(了)、“着”〉,《中國語文》第3期。

_____(1995),《近代漢語助詞》, 語文出版社。

_____(2000),〈試論漢語動態助詞的形成過程〉,《漢語史研究集刊》第6期。

崔圭鉢(1984),《朱子語類所表現的幾個白話語法現象》, 國立台灣大學中文系
　　　　碩士論文。

姜勇仲(2006),《《朱子語類》詞彙研究》北大博士論文。

蔣紹愚(2005),《近代漢語研究概要》, 北京：北京大學出版社。

林新平(2006),《《祖堂集》的動態助詞研究》, 上海:三聯書店。

劉子瑜(2002),《《朱子語類》述補結構研究》北大博士論文。

劉勛宁(1985),〈現代漢語句尾“了”的來源〉,《方言》第2期。

劉義慶 撰 楊勇 箋,《世說新語校箋》臺北：洪氏出版社。

梅祖麟(1980),〈三朝北盟會編裡的白話資料〉,《書目季刊》第十四卷二期(董同
　　　　龢先生紀念專号), 臺北：學生書局。

_____(1981),〈現代漢語完成貌句式和詞尾的來源〉,《語言研究》。

_____(1994),〈唐代、宋代共同語的語法和現代方言的語法〉,《中國境內語言
　　　　暨語言學》第2期。

_____(1999),〈先秦兩漢的一種完成貌句式〉,《中國語文》第3期。

潘允中(1982),《漢語語法史概要》, 河南：中州書畫社。

太田辰夫(1958),《中國語歷史文法》, 東京：江南書院。

魏培泉(2002),〈《祖堂集》中的助詞“也”——兼論現代漢語助詞“了”的來源〉,載
　　　　《戴璉璋先生七秩哲誕論文集》, 編輯小組《含章光化——戴璉璋先

生七秩哲誕論文集》,臺北：里仁書局。

吳福祥(1998),〈重談"動詞＋了＋賓"格式的來源和完成體助詞"了"的產生〉,
　　《中國語文》第6期。

楊永龍(2001),《《朱子語類》完成體研究》,開封：河南大學出版社。

周法高《中國古代語法‧造句編》,臺北：臺聯國風出版社。

이성하(1998),《문법화의 이해》, 서울：한국출판사.

Kallgren, Gerty (1958) "Studies in Sung Time Colloquial Chinese as Revealed in
　　Chu Hi's Ts'uan Shu" Stockholm: *The Meseum of Far Eastern Antiquities*
　　Bulletin No: 30.

중국어 근접상 표지에 관한 고찰

신경미

1 들어가는 말

본고는 중국어에서 완전한 '상표지(aspect marker)'로 규정하지는 않지만, 시제, 상 및 양태 등과 상호 작용하여 하나의 구체적인 '상적(aspectual)' 구도를 구축하는 '근접상(Proximative aspect)'에 대해 살펴보고, 이에 해당하는 중국어 표지에 대해서도 자세히 고찰해 보고자 한다.

지금까지 중국어 연구에서 '상(aspect)'과 '동작상(aktionsarten)'에 관한 연구는 매우 방대하고 심도 있게 진행되어 왔지만, 상의 의미를 보완하거나 사건을 보다 구체화하는 '상성(aspectuality, 相性)'에 관한 연구는 그에 비해 다소 부족한 실정이었다. 특히 상성표지인 근접상과 관련한 연구는 시작 단계에 머물고 있는데, 이것은 근접상 표지가 상표지에 비해 다소 불규칙하고 불완전한 특징을 가지고 있기 때문이다(이남경 2019:46).

---

*《한중인문학연구》제68집(2020년 9월) 게재.
** 고려대학교 4단계 BK21 중일교육연구단 연구교수.

Kuteva(2001/2006:151)는 근접상을 '동사가 나타내는 상황이 가까이 다가왔다는 시간적 단계(phase)를 설명하는 것'이라고 하였으며, 언어마다 근접상을 표현하는 표지가 다양하게 존재하는데, 이러한 표지들을 '근접어(Approximator)'라고 부른다고 하였다. 이에 해당하는 중국어 예문을 보자.

(1) 差點兒忘了告訴你。
   하마터면 너에게 말하는 것을 잊을 뻔했다.
(2) 明早我就要走了。
   내일 아침에 나는 곧 떠날 것이다. (北京語言大學 BCC)

위의 (1)은 '差點兒'을 사용하여 화자가 발화 시점을 기준으로 과거의 가까운 시점에서 발생할 뻔했던 사건이 결과적으로 발생하지 않았음을 나타내고, 위의 (2)는 '就要 … (了)'를 사용하여 화자가 발화 시점을 기준으로 미래의 가까운 시점에서 곧 발생하게 될 사건이라는 가능성을 나타낸다. 이때 두 사건은 모두 역동적 자질인 '임박성(Imminence)'[1]을 갖기도 한다.

기존의 '差點兒'과 '就要 … (了)'에 관한 연구는 각각의 의미와 기능, 다른 구성 성분들과의 관계, 그리고 의미적으로 유사한 성분들이 활용에 있어서 어떠한 차이점이 있는가가 주를 이루었다(石毓智·白解紅 2007, 張萬禾·石毓智 2008, 宗守雲 2011, 袁毓林 2011, 2013 등).

본고는 이와 달리 새로운 관점에서 상성 성분인 근접상과 관련하여 중국어 성분을 살펴보는 것이 목적이다. 아래에서는 먼저 근접상의 개

---

1) Tania Kuteva, Auxiliation: An enquiry into the nature of grammaticalization, New York: Oxford University Press, 2001, 김주식 옮김, 《문법화의 본질》, 서울: 한국문화사, 2006, p.151.

념 및 분류에 대한 기본적 이해를 마련하고, 다음으로 중국어의 대표적인 근접상 표지의 종류 및 그 특징에 대해서 자세히 설명해 보고자 한다.

2 근접상의 개념과 분류 및 중국어 표지

2.1 근접상의 개념

'상성'은 형태적, 통사적, 의미적 성분들에 의해 표출되는 사건적 속성을 말하고, 상표지와 마찬가지로 사건의 완료상 영역과 미완료상 영역으로 세분화될 수 있다. 이러한 상성 중 하나인 'Proximative aspect(근접상)'란 용어는 König(1993)이 처음으로 도입하였고,[2] 이후 Heine(1994), Heine&Kuteva(1995), Ziegeler(2000), Kuteva(2001) 등의 의해 지속적으로 연구가 진행되어 왔다.

Heine(1994:39)에 의하면, 근접상이란 "동사가 말하는 상황에 거의 도달했다(혹은 '했었다').''라는 의미를 나타내는 것으로 이에 해당하는 영어의 근접상 표지는 'almost(거의~하다)',[3] 'nearly(거의~하다)', 'be about to(막~하려던 참이다)', 'on the verge of V-ing(막~하려고 한다)', 'was on the verge of V-ing, but didn't V(V하려고 했지만, V하지 않았다)' 등이 있다고 하였다.[4] 아래의 예문을 보자.

---

2) Tania Kuteva, Auxiliation: An enquiry into the nature of grammaticalization, New York: Oxford University Press, 2001, 김주식 옮김, 《문법화의 본질》, 서울: 한국문화사, 2006, p.151.

3) 이로 인해 Heine(1992)는 초기에 근접상을 'almost aspect(almost상)'라고 부르기도 하였다.

4) Heine(1994)는 아프리카어의 근접상 표지에 관한 연구를 진행했지만, 영어를 기반

(3) They nearly killed me.

그들은 나를 거의 죽일 뻔했다.

(4) A thief is about to take our money.

도둑이 우리 돈을 빼앗으려고 한다. (Heine 1994:39)

언어마다 근접상을 표현하는 방식은 다양하게 존재하지만, 영어의 근접상 표지로는 (3)의 'nearly'와 같은 어휘적 성분을 사용하기도 하고, (4)의 'be about to'와 같은 문법적 성분을 사용하기도 한다. 위의 예문들에서 'nearly', 'be about to'와 같은 근접상 표지가 존재함으로써 동사가 설명하는 사건이 발화 시점에는 발생하지 않았다는 것을 알 수 있고, 시제와 상관없이 사용이 가능하다는 것도 알 수 있다.5)

위의 (3)은 'nearly'를 통해 과거에 "그들이 나를 죽이려고 했지만, 그 사건은 발생하지 않았다."라는 것을 설명하고, (4)는 'be about to'를 통해 미래에 "도둑이 우리의 돈을 훔치려고 하지만, 그 사건은 아직 발생하지 않았다."라는 것을 설명한다. Kuteva(2001/2006:170-178)는 이러한 현상을 근거로 근접상이 과거시제와 미래시제에 모두 사용된다는 Heine(1994)의 견해에 동의하였으며, 그의 견해에 따라 사건의 단계를 아래와 같이 4가지 유형으로 구분하기도 하였다.

으로 한 것이어서 영어의 근접상 현상도 함께 살펴볼 수 있다.

5) 그러나 Comrie(1976/1998:98-100)는 근접상을 발화 시점 이후에 위치하는 '미래(Futurity)'에만 한정하여 설명하였다. 그는 근접상을 'prospective(전망상)'라고 부르며, '앞으로 일어날 어떤 장면과 관련된 상태'라고 하였다.

(1) Bill is going to throw himself off the cliff. 빌은 절벽에서 자신을 던지려고 한다.

(2) Bill will throw himself off the cliff. 빌은 절벽에서 자신을 던질 것이다.

Bernard Comrie, Aspect: An introduction to the study of verbal aspect and related problems, New York: Cambridge University Press, 1976, 이철수·박덕유 옮김, 《동사 상의 이해》, 서울: 한신문화사, 1998, p99.

표 1. 사건 연쇄 현상[6]

단계	사건 도식의 유형	문맥적 속성
0	사람 X는 항목 Y를 원한다. (Person X wants item Y)	Y는 구체적인 항목을 가리킨다. (Y refers to a concrete item.)
1	사람 X는 Y하기를 원한다. (Person X wants to do Y.)	Y는 동적인 상황을 가리킨다. (Y refers to a dynamic situation.)
2	사람 X는 Y를 겪으려고 한다. (Person X is about to undergo Y.)	X는 Y를 원하지 않는다고 가정할 수 있다. (X can be assumed not to want Y.)
3	객체/개인 X는 Y가 되려고 한다. (Object/Person X is about to become Y.)	X는 Y의 상황으로 곧 들어간다. (X is close to entering situation Y.)

위의 〈표 1〉과 같이 Kuteva(2001/2006)는 사건의 간격을 세분화하고 발화상황에서 그 경계에 따라 각각 다른 정보를 제공한다는 것을 강조하였다. 그리고 근접상은 '발생한 사건(0단계)'이나 '현재 겪는 사건(1단계)'이 아닌 사건에 대한 '의지(volitional)'를 포함한 것이어서 위의 4단계 중 '2단계'와 '3단계'만이 해당한다고 하였다. 여기서 '의지'란 앞서 언급한 '임박한(immediate) 사건'을 나타내는 것으로,[7] 발화 시간에 발생한 사건이 아니라 발화 시간을 중심으로 매우 가까운 과거에 발생할 뻔했거나 매우 가까운 미래에 발생하게 될 사건임을 알게 한다.[8] 그리고 이러한 속성을 갖는 근접상의 활용은 화자의 주관적 시간의 개념과 범위에 따라 선택적으로 사용되는데, 아래에서는 이러한 근접상의 하위 분류를 먼저 구분하고, 각각에 해당하는 중국어 표지도 한 번 설정해 보도록 하겠다.

---

6) Tania Kuteva, Auxiliation: An enquiry into the nature of grammaticalization, New York: Oxford University Press, 2001, 김주식 옮김, 《문법화의 본질》, 서울: 한국문화사, 2006, p.172.

7) 따라서 이러한 근접상을 중국어로 '임박태(臨迫態)'라고도 부른다.

8) Joan Bybee, The Evolution of Grammar, University of Chicago Press, 1994, 박선자 외 옮김, 《문법의 진화-시제, 상, 양태》, 서울: 소통, 2010, pp341-357.

2.2 근접상의 분류 및 중국어 표지

앞서 설명했듯이 근접상은 과거 혹은 미래에 '임박한 사건'을 표현하는 수단으로 동사가 말하는 사건이 과거에 발생할 뻔했거나 미래에 곧 발생한다는 것을 알려준다. 이러한 근접상의 의미와 기능은 동사와 결합하는 언어환경에서 실현되며, 이때 시제의 특성이 주요 변수로 작용한다. 다시 말해 화자가 말하는 사건이 과거사건인가 혹은 미래사건인가에 따라 근접상의 종류도 다르게 사용되는 것이다.

화자가 임박성을 갖는 사건에 대해 설명할 때 시선의 방향은 아래와 같이 두 가지로 나누어질 수 있다.

하나는 화자가 발화 시점을 중심으로 과거의 사건을 '회고적(Retrospective)' 시선으로 관찰한 것으로, 이때 사용되는 근접상의 하위분류는 '좌절상(Avertives)'9)이라고 부른다.

또 다른 하나는 화자가 발화 시점을 중심으로 미래의 사건을 '전망적(Prospective)' 시선으로 관찰한 것으로, 마찬가지로 이때 사용되는 근접상의 하위분류는 '전향상(Prospectives)'이라고 부른다.10) 아래의 예문을 보자.

> (5) He almost won the race. (좌절상)
> 그는 경주에서 거의 이겼었다.
>
> (6) John is about to go to Europe. (전향상)
> 존은 곧 유럽에 가려고 한다.
>
> (Ziegeler 2000:1752, Rhee Seongha 외 2005:244)

---

9) Kuteva(2000, 2001)가 'Avertive'라는 용어를 사용하였는데, 이것은 "사건이 중도에 멈추게 되었다."라는 의미로 '좌절'과 관련 있다고 여겨 한국어에서는 '좌절상'으로 번역되고 있다.

10) 이것을 한국어에서 '전망상', '예정상' 등으로도 부른다.

위의 (5)의 '좌절상'은 화자가 회고적 시점에서 과거에 "이길 직전에 있었지만, 이기지 못했다."라는 뜻으로 어떠한 결과에 도달할 수 있었던 사건이 발화 시점 직전에 불발되었거나 결과에 이르지 못했음을 말한다. 그리고 (6)의 '전향상'은 화자가 전망적 시점에서 미래에 "유럽에 가려는 상황에 거의 도달했다."라는 뜻으로 어떠한 사건이 발화 시점 이후 조만간 발생할 예정임을 말한다. 이와 같이 화자는 근접상을 통해 발화 시점에서 근접한 과거사건과 미래사건에 대한 주관적 시선, 견해 및 심리적 거리감을 표출하고, 그에 따라 근접상도 선택적으로 사용한다.

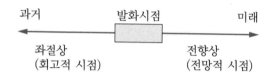

그림 1. 화자의 시점에 따른 근접상

위의 〈그림 1〉과 같이 화자의 시선이 과거의 회고적 시점인가 혹은 미래의 전망적 시점인가, 그리고 해당 사건에 대한 화자의 주관적 시선 과 견해 및 심리적 거리는 어느 정도인가에 따라 좌절상과 전향상을 구 분하여 사용하며, 이때 좌절상과 전향상은 의미적·기능적으로 대칭 관 계를 형성하기도 한다(Kuteva 2001/2006:3).

위와 같은 근접상의 하위분류와 관련하여 중국어의 표현 방식을 살펴 보면, 중국어도 영어의 좌절상 'almost', 'nearly' 등과 같이 어휘적 성분 을 사용할 수도 있고, 전향상 'be about to', 'on the verge of V-ing' 등과 같이 문법적 성분을 사용할 수도 있다. 아래의 예문을 보자.

(7) 差點兒實現了。(좌절상)
   (그것은) 거의 발생할 뻔했다.

(8) 咱們不久就要團圓了。(전향상)

우리는 머지않아 곧 모일 것이다.

(Kuteva 2001/2006:147, 北京語言大學 BCC)

위의 (7), (8)과 같이 중국어도 과거사건을 나타내는 좌절상의 형태와
미래사건을 나타내는 전향상의 형태가 존재한다. 예를 들면, (7)은 '差點
兒'을 통해 '實現(발생하다)'이 과거에 만났던 임박한 사건임을 알 수 있
고, (8)은 '就要 … (了)'를 통해 '團圓(모이다)'이 미래에 만날 임박한 사
건임을 알 수 있다. 따라서 전자는 중국어의 좌절상에 해당하고, 후자는
전향상에 해당한다. 그러나 중국어에는 '差點兒'과 '就要 … (了)' 이외
에도 이들과 유사한 의미와 기능을 갖는 여러 가지 성분들이 존재하고
있다.

표 2. 근접상 분류에 따른 중국어 표지

근접상	
좌절상	전향상
差點兒, 差不多, 幾乎, 險些 등	就要 … (了), 要 … (了), 快(要) … (了), 將(要) … (了) 등

위의 〈표 2〉와 같이 중국어도 좌절상과 전향상으로 구분하여 각각을
표현할 수 있는 다양한 표지들이 존재하는데,[11] 이들이 문장에서 근접상
으로 사용될 때 의미적으로 어떠한 특징이 있는가를 좀 더 자세히 살펴
보도록 하겠다.

---

11) 본고는 근접상과 관련하여 중국어 성분을 살펴보는 것이 주요 목적이므로 이들이
문장에서 사용될 때의 유사점과 차이점에 관한 자세한 설명은 제외하고자 한다.

3 중국어 근접상 표지의 특징

3.1 과거사건 좌절상 '差點兒류'

과거 근접상인 좌절상의 의미는 "was on the verge of V-ing, but didin't V(V하려고 했지만, V하지 않았다)."로 과거에 동사가 말하는 사건이 일어날 수 있었지만, 결과적으로 일어나지 않았다는 것을 설명한다.

앞서 언급한 바와 같이 이러한 영어의 좌절상 성분에는 'almost', 'nearly' 등이 있었고, 중국어에서 이와 유사한 의미와 기능을 하는 성분들은 '差點兒', '差不多', '幾乎', '險些'(이하 '差點兒류'로 칭함) 등이 있다(Kuteva 2001/2006, 宗守雲 2011, 袁毓林 2011, 2013, 左思民 2019 등). 아래의 예문을 보자.

(9) 李萍差點兒上了北大。→ 李萍沒有上北大。
李萍이 북경대학에 들어갈 뻔했다. → 李萍이 북경대학에 들어가지 못했다.

(10) 同學們差不多全來了。→ 同學們沒有全來。
학생들이 거의 다 왔다. → 학생들이 다 오지 않았다.

(11) 電影票幾乎買到了。→ 電影票沒有買到。
영화표를 살 뻔했다. → 영화표를 사지 못했다.

(12) 小漁船險些翻了底。→ 小漁船沒有翻底。
작은 어선이 하마터면 바닥을 칠 뻔하였다. → 작은 어선이 바닥을 치지 않았다. 　　　　　　　　　　　　　　　　　　　　　　(袁毓林 2011:67)

위의 (9)-(12)에서 '差點兒류'의 좌절상 표지들을 사용함으로써 동사가 말하는 사건이 발화 시점까지 발생하지 못하고 바로 직전에 중단되었음을 알게 된다. 예를 들어 (9)는 "李萍이 북경대학에 들어갈 뻔했다."라는 의미로 "李萍이 북경대학에 입학하려고 했지만, 결과적으로 입학하지는 못했다."라는 것을 말하고, (10)은 "학생들이 거의 다 왔다."라는 의미로 발화 시점인 현재까지는 "결과적으로 전부 오지는 않았다."라는 것을 말한다. 이러한 현상에 대해 袁毓林(2011:66-67, 2013:57-59), 左思民(2019:168-170) 등은 중국어의 좌절상 성분들이 "어떤 사건이 발생에 가까웠으나 결국 일어나지 않았다."라는 의미를 나타내어 궁극적 표현은 '沒有VP(VP가 발생하지 않았다)'에 해당한다고 하였다. 다시 말해 '差點兒류'는 자체적 혹은 직접적으로 부정을 포함하지는 않지만, '내재된 부정(implicit negation)'을[12] 포함하고 있는 것이다.[13]

그렇다면 다음으로 좌절상인 '差點兒류'는 어떠한 어휘들과 결합하여 내재적으로 부정을 나타내는가를 살펴보도록 하겠다. 아래의 예문을 보자.

(13) 小明差點兒考上清華大學。
小明은 청화대학에 들어갈 뻔했다.

(14) 蘋果差點兒全爛了。
사과가 다 썩을 뻔했다.　　　　　　　　(袁毓林 2011:67, 宗守雲 2011:62)

위의 (13), (14)를 보면, 좌절상 '差點兒'은 의미적으로 긍정어휘와 공기할 수도 있고, 부정어휘와도 공기할 수 있다.

宗守雲(2011:67)은 '差點兒'이 긍정어휘와 결합할 때 결과적으로

---

12) 袁毓林, 〈"差點兒"和"差不多"的意義同異之辨〉, 《語言教學與研究》 第6期, p.67.
13) 이남경(2019:57-59)에 의하면, 이러한 좌절상들은 현실에서 만난 사건과 완전히 상반된 사건을 묘사하기 때문에 '반사실성(Counterfactuality)'의 특징을 가지고 있다고도 하였다.

'부정의 의미'를 나타내지만, 부정어휘와 결합할 때는 이중부정의 형태로 '긍정의 의미'를 나타낸다고 하였다. 이것은 위의 학자들이 '사건 결과'의 관점에서 '差點兒류'를 설명한 반면 宗守雲(2011:67)은 화자의 주관적 견해를 드러내는 '양태적(modality)' 관점에서 설명한 것이라 할 수 있다.

다시 (13), (14)를 보면, 문장에서 좌절상 '差點兒'로 인해 동사가 말하는 사건들이 모두 현재까지 발생하지 않아 사건의 결과로 보자면, 두 사건 모두 '부정'의 결과를 갖는 것은 당연하다. 예를 들어 (13)에서 '差點兒'이 '考上((대학에)입학하다')과 같은 긍정어휘와 결합해도 사건의 결과는 '입학하지 못했다(沒考上)'라는 부정의 의미를 갖고, (14)에서 '差點兒'이 '爛(썩다)'과 같은 부정어휘와 결합해도 마찬가지로 사건의 결과는 '썩지 않았다(沒爛)'라는 부정의 의미를 갖는다. 그리고 이러한 사건 결과의 부정은 동사가 말하는 행위를 '행위자가 통제하지 못함'을 수반하여 사건의 '불가피성' 및 '의외성'도 포함하고 있다.[14]

하지만 화자의 주관적인 견해를 드러내는 양태적 의미에서 살펴보면, 위의 (13)과 (14)는 분명 차이가 있다.

먼저 (13)의 긍정어휘와 결합한 경우 청화대학에 입학하지 못했다는 것에 대한 '안타까움', '아쉬움' 및 '좌절' 등 화자의 부정적인 견해가 드러난다. 반면 (14)의 부정어휘와 결합한 경우 사과가 다 썩지 않았다는 것에 대한 '다행', '안심' 및 '위안' 등 화자의 긍정적인 견해가 드러난다. 따라서 이들이 나타내는 부정의 의미는 아래와 같이 사건의 결과와 양태적 의미로 구분해서 살펴봐야 한다.

---

14) 이남경, 〈사건의 임박성 표현: 러시아어 근접상에 관하여〉, 《슬라브학보》제34권, 2019, pp.57-59.

표 3. '差點兒류＋V'의 사건 결과와 양태적 의미

差點兒류의 구조	사건 결과	양태적 의미
差點兒류＋긍정어휘	부정	부정
差點兒류＋부정어휘	부정	긍정

마지막으로 중국어 좌절상 '差點兒류'을 포함한 문장을 보면, 아래와 같은 특징이 있다.

(15) 他抱酒不放, 差點兒喝醉。(差點兒＋결과보어)

그는 술을 안고 놓지 않아, 하마터면 취할 뻔하였다.

(16) 他難受得差點兒哭下來了。(差點兒＋了)

그는 괴로워서 하마터면 울 뻔했다.　　　　　　　(北京語言大學 BCC)

위의 (15), (16)에서 '差點兒류'의 성분들은 반드시 '醉'와 같은 '결과보어' 혹은 '了'와 같은 '동상보어(動相補語, phase verb compliment)', 즉 문장에서 사건의 결과를 이끄는 성분들과 공기하고 있다. 이것은 좌절상이 과거사건에 대한 경계를 명확히 하기 위해 동사에 대한 결과 성분을 필요로 한 것으로 여겨진다.

앞서 설명한 바와 같이 상성표지인 근접상 표지는 상표지와 같이 자체적 혹은 직접적이지는 않지만, 구성성분들과의 상호작용과 내재된 의미를 통해 상적 의미를 나타낼 수 있다. 따라서 중국어 좌절상 표지인 '差點兒류'의 성분들도 자체적으로 부족한 기능을 보완하기 위해 결과보어, 동상보어 및 양태 성분 등과의 상호작용을 통해 하나의 구체적인 과거 완료사건에 대한 결과를 나타내는 것으로 생각된다.

3.2 미래사건 전향상 '就要 … (了)류'

미래 근접상인 전향상은 "is on the verge of V-ing, and will V(거의~
하려는 단계에 있고, 곧~할 것이다)"로[15] 미래에 실현될 것으로 예측되
는 사건이 임박했으며, 동시에 해당 사건은 실현될 확률이 높다는 것을
말한다. 이러한 전향상은 미래에 발생하는 사건에 대한 '의도(intention)'
와 '예측(prediction)'을 표현하는 수단이라고 할 수 있다. 그리고 영어의
전향상 성분에는 'be about to', 'on the verge of V-ing' 등이 포함되고,
중국어에는 '就要 … (了)', '要 … (了)', '快(要) … (了)', '將(要) …
(了)'(이하 '就要 … (了)류'로 칭함) 등이 이와 유사한 의미와 기능을 담
당하고 있다. 아래의 예문을 보자.

(17) 他要回來了。그가 돌아오려고 합니다.

(18) 他快要畢業了。그가 졸업하려고 합니다.

(19) 眼看就要下雪了。곧 눈이 오려고 합니다.　　(石毓智·白解紅 2007:35)

위의 (17)-(19)의 '就要 … (了)류'와 같은 전향상 표지들을 사용함으로
써 동사가 말하는 사건이 발화 시점 이후 근접한 시간 내에 실현될 것임
을 알게 된다. 예를 들면, (17)은 "그는 돌아오려고 합니다."라는 의미로
그가 돌아올 시간이 미래에 임박했으며, 해당 사건의 결과가 도래할 확
률이 높다는 것을 말한다. 마찬가지로 (18)도 "그가 졸업하려고 합니다."
라는 의미로 그에게 졸업이 미래에 곧 다가올 사건이고, 동시에 실현될
확률이 높다는 것도 예측할 수 있다.[16]

---

15) Seongha Rhee, 〈Grammaticalization of Proximative Aspect in Korean〉, 《언어과학
연구》 제35집, 2005, pp. 149-168.

16) 위와 같은 현상에 대해 袁毓林(2011:72)은 전향상도 발화 시점인 현재까지 발생하

위와 같이 전향상 '就要 … (了)류'의 표지들도 사건이 임박했다는 것과 해당 사건은 반드시 실현된다는 화자의 주관적 견해, 즉 양태적 특징이 나타난다. 그러나 문말의 '了'의 존재 여부에 따라 양태표지의 종류가 구분되는 것으로 보인다. 아래의 예문을 보자.

(20) a. 我們就要回國。우리는 곧 귀국해야만 한다.
     b. 我們就要回國了。우리는 곧 귀국하려고 한다.
(21) a. 他快要畢業。그는 곧 졸업해야만 한다.
     b. 他快要畢業了。그는 곧 졸업하려고 한다.

위의 (20), (21)을 보면, '了'의 존재 여부에 따라 양태적 의미에 차이가 있다. 먼저 (20a)와 (21a)는 문말에 '了'가 존재하지 않는데, 이때는 어떠한 조건이나 환경에 의해 빠른 시간 내 해당 사건이 실현되어야 한다는 '의무', '허락' 및 '허용' 등을 포함하여 '당위양태(deontic modality)'에 해당한다(Bybee 1994/2010). 예를 들어 (20a), (21a)에서 '我們(우리)'과 '他(그)'는 발화 시점인 현재로부터 가까운 미래에 반드시 귀국해야만 하거나 졸업해야만 하는 어떠한 객관적이고 필수적인 상황과 조건에 놓여있음을 설명한다. 반면 (20b)와 (21b)에서는 양태표지 '了₄'가 존재하는데,[17] '了₄'를 통해 화자의 주관적 견해가 더 명확해진다. 이때는 화자

지 않은 사건이어서 좌절상과 마찬가지로 사건의 결과는 부정의 의미를 내포하고 있다고 하였다.
17) 중국어에서 '了'의 기능은 대략적으로 아래와 같이 네 가지이고
   (1) 我看了一本書。(了₁) 나는 책 한 권을 봤습니다. (완료상)
   (2) 天氣冷了。(了₂) 날씨가 추워졌네요. (어기조사)
   (3) 我們喝咖啡了。(了₃) 우리는 커피를 마셨습니다. (동상보어)
   (4) 這個東西太貴了。(了₄) 이것은 너무 비싸네요. (양태표지)
   여기서 (4)에 해당하는 양태표지 '了₄'는 화자가 자신의 태도 및 견해와 같은 주관

가 해당 사건에 대한 '능력', '의도', '바람' 및 '가능성' 등을 모두 포함하여 '동적양태(dynamic modality)'에 해당한다. 마찬가지로 예를 들어 (20b), (21b)에서 '我們'과 '他'는 발화 시점인 현재로부터 가까운 미래에 귀국 및 졸업에 대한 바람이나 가능성들을 표현하고자 하는 의도가 포함된 것이다.

동적양태는 당위양태보다 더욱 주관적이다. 그것은 동적양태의 경우 동사가 반드시 발생해야만 하는 어떠한 객관적 조건이나 상황이 존재하지 않아 단지 화자가 주관적으로 설정한 환경에서 자유롭게 사용할 수 있기 때문이다. 따라서 전향상 '就要 … (了)류'는 화자의 주관적 견해의 정도성에 따라 문말에 '了'의 부가 여부도 결정된다.

다음으로 전향성은 발화 시점 이후의 사건에 대해 전망함에 있어 좌절상보다 시간 제약이 적고 표현 범위도 넓은 편이다.

(22) 他就要回國了。그는 곧 귀국하려고 한다.

(23) 他下個月就要回國了。그는 다음 달에 귀국하려고 한다.

(朱慶祥 2017:496)

(24) ?小明去年差點兒考上淸華大學。

(25) *蘋果上個星期差點兒全爛了。

위의 (22)-(25)를 살펴보면, 전향상 '就要 … (了)류'는 좌절상 '差點兒류'와 차이가 있다.

먼저 (22), (23)과 같이 구체적인 시간을 나타내는 시간 명사(下個月)의 존재 여부와 상관없이 '就要 … (了)류'의 문장은 모두 성립된다. 이것

적인 관점을 드러낼 때 사용한다. 신경미·최규발, 〈현대중국어 방향보어와 '了'의 관계 고찰〉,《中國語文論叢》제93집, 2019, pp.96-97.

은 화자가 주관적으로 측정한 시간 안에서 '下個月(다음달)'가 빠른 시간으로 여기면 '就要 … (了)류'와 함께 문장을 구성할 수 있다는 것을 말한다. 이와 달리 화자가 '下個月'를 먼 시간이라고 여기면 위의 (23)과 같은 문장은 사용하지 않을 것으로 예상된다.

하지만 (24), (25)의 '差點兒류'는 '去年'과 '上個星期'와 같은 시간명사가 부가되면 사용빈도가 낮거나 비문으로 형성된다. 이것은 '差點兒류'의 경우 대체적으로 객관적이고 구체적인 시간이 아닌 단지 화자가 주관적 견해와 범위 내에서 측정한 근접한 사건에만 사용된다는 것을 말한다. 이들의 차이를 정리하면 아래와 같다.

표 4. 좌절상과 전향상의 시간표현 공기 현상

근접상 종류	시간표현 공기	특징
좌절상 '差點兒류'	×	화자의 주관적 범위 내에서 측정된 근접과거사건에 사용됨.
전향상 '就要 … (了)류'	×	화자의 주관적 범위 내에서 측정된 근접미래사건에 사용됨.
	○	시간 표현에 대한 화자의 주관적 견해에 따라 사용 여부가 결정됨.

위의 〈표 4〉와 같이 '差點兒류'와 '就要 … (了)류'는 시간 표현과 공기 현상에 있어 차이는 있지만, 이들은 모두 전적으로 화자의 주관적인 시간 길이의 인식을 기반으로 한다는 것은 동일하다.

4 나오는 말

본고는 근접상과 관련하여 중국어 성분들에 관하여 자세히 살펴보았다. 근접상은 완전한 상표지는 아니지만, 문장에서 상, 시제, 양태 성분들과의 상호작용을 통해 사건을 구체화하는 상성 성분에 해당한다. 이러한 근접상은 발화 시점을 중심으로 과거에 결과적으로 발생하지 않았거나 미래에 곧 발생하게 되는 사건을 표현하는 수단이었다.

근접상의 하위분류는 과거사건을 나타내는가와 미래사건을 나타내는가에 따라 두 가지로 나눌 수 있는데, 화자의 회고적 시점인 과거사건에는 좌절상을 사용하고, 전망적 시점인 미래사건에는 전향상을 사용한다는 것을 알게 되었다. 그리고 이러한 하위분류에 의해 중국어에 좌절상과 전향상의 표지들도 설정해 보았는데, 좌절상은 '差點兒류'가 담당하고, 전향상은 '就要 … (了)류'가 담당하는 것으로 보았다. 이들은 근접상의 범주 안에서 대칭을 이루고 있으며, 화자의 발화 목적에 따라 선택적으로 사용되기도 한다. 다시 말해 과거사건과 미래사건을 설명한다는 차이가 있을 뿐만 아니라 동일한 영역의 근접상 표지라 해도 화자의 주관적인 시간의 개념과 범위에 따라 그 사용도 달라지게 되는 것이다.

본고는 중국어 연구에서 깊이 다루어지지 않았던 근접상과 관련하여 중국어 성분을 설명해 보았는데, 추후에는 좌절상 '差點兒류'와 전향상 '就要 … (了)류'에 속한 다양한 성분들의 특징 및 활용에서의 차이점을 좀 더 살펴봐야 할 것으로 여겨진다.

또한 이들 외에 다른 중국어 근접상 표지들은 어떠한 것이 있으며, 각각의 의미와 기능은 어떠한가에 대해서도 지속적으로 연구가 진행되어야만 할 것이다.

| 참고문헌 |

김현주(2014), 〈현대중국어 '就要', '快要'와 시간어휘의 공기관계 연구〉, 《中國言語研究》 제54집, 4, pp.93-118.

박성하(2014), 〈현대중국어 '就要'와 '快要'의 어법특성 비교〉, 《中國言語研究》 제56집, pp.173-201.

신경미·최규발(2019), 〈현대중국어 방향보어와 '了'의 관계 고찰〉, 《中國語文論叢》 제93집, pp.96-97.

이남경(2019), 〈사건의 임박성 표현: 러시아어 근접상에 관하여〉, 《슬라브학보》 제34권, pp.45-70.

石毓智·白解紅(2007), 〈將來時的概念結構及其詞彙來源〉, 《外語教學與研究》 第36卷, pp.33-43.

袁毓林(2011), 〈"差點兒"和"差不多"的意義同異之辨〉, 《語言教學與研究》 第6期, pp.66-75.

袁毓林(2013), 〈"差點兒"中的隱性否定及其語法效應〉, 《語言研究》 第33卷, pp.54-64.

張萬禾·石毓智(2008), 〈現代漢語的將來的範疇〉, 《漢語學習》 第5期, pp.27-34.

朱慶祥(2017), 〈"快要 … 了""就要 … 了"與時間狀語搭配問題〉, 《世界漢語教學》 第31卷, pp.496-509.

宗守雲(2011), 〈"差點兒"和"差不多"差異的情態動因〉, 《對外漢語研究》 第1期, pp.60-71.

左思民(2019), 〈漢語"差點兒VP"再探討〉, 《한중인문학연구》 제63집, pp.165-183.

Bernard Comrie(1976), *Aspect: An introduction to the study of verbal aspect and related problems*, New York: Cambridge University Press, 이철수·박덕유 옮김(1998), 《동사 상의 이해》, 서울: 한신문화사.

Bernd Heine(1994), On the Genesis of Aspect in African Languages: The Proximative, *Berkeley Linguistics Society*, pp.35-46.

Debra Ziegeler(2016, Intersubjectivity and the diachronic development of counter-factual 'almost', *Journal of Historical Pragmatics* Volume17, pp.1-25.

Joan Bybee(2994), *The Evolution of Grammar*, University of Chicago Press, 박선자 외 옮김(2010), 《문법의 진화 – 시제, 상, 양태》, 서울: 소통.

Seongha Rhee·Choongmee Myung(2005), Grammaticalization of Proximatives in English, 《언어과학연구》 제33집, pp.243-266.

Seongha Rhee(2005), Grammaticalization of Proximative Aspect in Korean, 《언어과학연구》 제35집, pp.149-168.

Tania Kuteva(2001), *Auxiliation: An enquiry into the nature of grammaticalization*, New York: Oxford University Press, 김주식 옮김(2006), 《문법화의 본질》, 서울: 한국문화사.

중국어 동결식의 논항 실현과 사역 연쇄

1 서론

중국어 동결식(动结式, RVC, Resultative Verb Compound)은 두 개의 동사성 성분(형용사 포함)이 하나의 술어를 형성하여 동작과 그에 따른 결과를 나타내는 특수 구문으로, 그간 많은 학자들의 관심을 받아왔다. 동결식의 논항 실현 문제에 대해서도 적지 않은 연구가 진행되어 왔는데, 동결식을 구성하는 두 동사성 성분이 가진 여러 논항 중 과연 어떠한 논항이 최종적으로 동결식의 논항으로 선택되는지 그 기제를 분석하고 나아가 이를 일련의 규칙으로 귀납하고자 한 것이다(郭銳 1995, 王紅旗 1995, 袁毓林 2001 등). 그러나 여러 다양한 시도에도 불구하고 이를 하나의 규칙으로 제시하기에는 여전히 너무 복잡할 뿐 아니라, 특히 외국인 학습자들이 이해하고 활용하기에 적지 않은 어려움이 있어 보인다.

이에 본고에서는 사역 연구의 대표적 방법론 중 하나인 힘 - 역학론

---

* 《언어와정보사회》제40호(2020년 7월) 게재.
** 가톨릭대학교 중국언어문화학과 조교수.

중국어 동결식의 논항 실현과 사역 연쇄 **89**

(force-dynamic)(Langacker 1991, Talmy 1976, 2000, Croft 1991, 2012 등)을 바탕으로 동결식의 논항 실현 문제를 재해석해보자 한다. 힘 - 역학론과 관련된 다양한 관점 중에서 본고에서 관심을 가지는 것은 Croft(2012)의 사역 연쇄(causal chain)에 관한 논의로, 그는 사역 연쇄를 바탕으로 동사의 논항 선택 및 통사적 실현 기제를 분석하기 위한 보다 구체화된 방법론적 틀을 제시하고 있다.

사실 중국어의 사역 연구에 있어 힘 - 역학론은 결코 새로운 이론이 아니다. 하지만 공교롭게도 동결식은 줄곧 힘 - 역학론이 적용되지 않는 예외적 존재로 여겨졌으며, 특히 목적어를 취하지 않는 자동 동결식이나, 보어가 목적어를 의미지향하지 않는 동결식, '도치 동결식(倒置動結式)' 등 소위 비전형적 동결식은 힘 - 역학론의 한계를 설명하는 주요 반례(反例)로 언급되곤 했다. 그러나 Croft(2012)의 구체화된 분석의 틀은 전형적 동결식의 논항 실현에 대한 직관적인 설명뿐 아니라 이러한 예외적 현상에 대해서도 비교적 설득력 있는 설명을 가능하게 한다. 동결식 전반에 대한 새로운 이해는 물론, 힘 - 역학론의 이론적 보편성에 대해서도 재조명할 수 있는 계기를 제공하는 것이다.

이에 아래에서는 먼저 Croft(2012)의 사역 연쇄론 및 논항 실현의 원칙에 대해 간단히 살펴보고, 이어서 다양한 주어 유형을 중심으로 동결식의 논항 실현 기제에 대한 분석을 진행한다. 나아가 그간 힘 - 역학론은 물론, 기존의 이론으로 설명되지 않았던 동결식의 몇몇 난제(難題)에 대한 새로운 해석을 시도한다. 마지막은 결론이다.

2 이론적 배경

주지하다시피, 전통적으로 사역을 이해하는 관점은 크게 두 가지로 나누어진다. 먼저 사역을 복합 사건을 구성하는 두 사건, 즉 원인 사건과 결과 사건 사이의 관계로 이해하는 경우이다. 사역에 관한 범언어적 비교 연구는 주로 이러한 관점을 바탕으로 이루어졌으며, 이를 통해 두 하위 사건이 각각의 언어에서 어떠한 형태로 표현(encoding)되는지 밝히고자 하였다. 한편, 사역은 사건이 아닌 참여자 사이의 관계로도 파악되는데, Langacker(1991, 2008)의 '당구공 모형(billiard ball)'이나 '동작 연쇄(action chain)', Talmy(1976, 2000)의 '힘의 전달(transmission of force)'과 훗날 사용된 '힘 - 역학(force-dynamic)' 및 '사역 연쇄 사건 틀(causal-chain event-frame)', Croft(1991)의 '사역 연쇄(causal chain)' 등은 모두 사역에 대한 이 같은 이해를 바탕으로 한다.

Croft(1991)에서 보다 개선된 형태로 제시된 Croft(2012)의 '사역 연쇄론'은 이 두 가지 관점을 포괄적으로 수용하고 있어 주목된다. 즉, 각 참여자가 가진 하위 사건을 나타낸다는 점에서 복합 사건론적이지만, 동시에 참여자 사이의 힘 전달 관계가 사역 연쇄(화살표)로 드러난다는 점에서 힘 - 역학론의 관점 역시 반영되고 있는 것이다. 이는 사역 범주에 대한 새로운 이해, 특히 논항의 통사적 실현을 분석하는 데 중요한 실마리를 제공한다.[1]

Croft(2012)가 제시한 사역 연쇄는 다음과 같다.[2]

(1) Sue broke the coconut for Greg with a hammer.

Sue ——→ hammer ——→ coconut ------→ Greg
SBJ   A.OBL   OBJ   S.OBL
           break   for

---

1) 張翼(2014:81), 오유정(2017b:67) 참고.
2) 사실 Croft(2012) 논의의 핵심은 Croft(1991)의 2차원적(dimension) 사역 연쇄를 동사의 상적 요소를 반영한 3차원 연쇄로 확장한 것으로, 예문(1)에 대한 3차원적 분석은 아래와 같다(Croft 2012:214).

상기 도식 중 화살표는 힘이 전달되는 과정을 나타낸다. 이는 시작점 (initiator)에서 종결점(endpoint)까지 이어지는 비대칭의 관계로, 실선은 동사가 제시하는 직접적인 힘의 전달을, 점선은 전치사가 나타내는 간접적인 힘의 전달을 표시한다. 예문 (1)에서 힘은 시작점인 'Sue'에서 도구 'hammer'를 거쳐 종결점인 'coconut'으로 전달되며 'Greg'은 수혜자 (beneficiary)로서 간접적인 영향을 받게 된다. 화살표 아래는 각 참여자가 통사적으로 어떠한 논항으로 실현되는지 보여주는데 'Sue'는 주어로, 'coconut'은 목적어로, 'hammer'는 선행 사격으로 실현된다. 한편 동사 'break'는 사역 연쇄 중 'Sue'에서 'coconut'까지 이어지는 연쇄의 일부분에 현저성을 부여하고, 이는 '동사의 현저 부분(verbal profile)'이 된다. 그리고 이렇게 현저성을 부여받은 부분 연쇄를 중심으로 그 시작점은 문장의 통사적 주어, 종결점은 통사적 목적어로 실현된다(Croft 2012:206). 여기서 한 가지 주목할만한 점은 전치사 'for'가 현저성을 부여

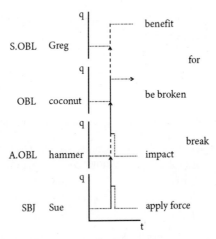

그림 1. Croft(2012)의 3차원 사역 연쇄(three-dimensional representation)

다만 본고에서 관심을 가지는 것은 논항의 통사적 실현과 관련된 부분이므로 상적 요소에 대해서는 고려하지 않고, 2차원 형태의 사역 연쇄를 사용하기로 한다.

한 부분 연쇄가 점선으로 표시되고 있다는 점이다. 즉 주어, 목적어 등 주요 논항뿐 아니라, 도구나 수혜자 같은 주변 논항이 힘의 전달에서 담당하는 역할에 대해서도 포괄적으로 설명되고 있는 것이다. 다시 말해, 사역 연쇄에서 주어 참여자와 목적어 참여자 사이에 위치하는 도구 참여자는 그것의 통사적 실현 여부와 상관없이 사역 연쇄 상에 존재하며 주어에서 시작된 힘은 바로 이러한 중간 참여자를 거쳐 목적어까지 전달되게 된다.

이러한 인식을 바탕으로 그는 다음과 같이 논항 실현의 원칙(argument realization/linking rules)을 제시한다.

(2) 논항 실현의 원칙　　　　　　　　　　　　　　　(Croft 2012:207,221)

　　a. 동사가 현저성을 부여한 부분 연쇄는 주어와 목적어로 구분된다. (만약 존재한다면)

　　b. 사역 연쇄에서 주어는 목적어를 선행한다.

　　　SBJ → OBJ

　　c. 사역 연쇄에서 선행 사격(Antecedent Oblique)은 목적어에 선행하고, 후행 사격(Subsequent Oblique)은 목적어에 후행한다.[3]

　　　A.OBL → OBJ → S.OBL

　　d. 사역 연쇄에서 병합 논항(Incorporated Argument)은 주어와 목적어 사이에 위치한다.

동사는 사역 연쇄 중 일부에 현저성을 부여하게 되고, 이렇게 현저성

---

3) 영어에서는 도구격이 통사적으로 목적어의 뒤에 출현하기 때문에 사역 연쇄 상의 상대적 위치와 통사적 위치에 차이가 발생하게 된다. 따라서 선행 사격과 후행 사격의 위치에 대해 다루고 있는 c항은 이에 대한 보완적 조항으로 볼 수 있다. 하지만 중국어의 경우 이 같은 조항의 보완 없이도 힘의 전달 순서와 통사적 출현 순서가 일치하는 특징을 보인다.

을 부여받은 부분 연쇄의 참여자는 사역 연쇄 상의 위치에 따라 각각 주어 및 목적어 등으로 실현된다. 위 논항 실현의 원칙에 따르면 의미역 층위나 참여자 또는 의미역 관계에 대한 복잡한 설정 없이도 사역 연쇄 상 상대적 위치를 바탕으로 비교적 간단하게 통사 성분의 실현 기제를 파악할 수 있게 된다. 그리고 이미 언급한 것과 같이 여기에는 주요 논항 뿐 아니라 사격에 대한 설명이 포함된다.

한편, 동사(술어)가 현저성을 부여한 사역 연쇄는 사실상 거대한 사역 연쇄망(causal network)을 구성하는 부분 연쇄로, 화자는 의사소통 상의 필요에 따라 이 거대한 사역 연쇄망 중 일부 연쇄를 선택하여 개체화 (individuate)하고, 이를 바탕으로 다양한 문장을 구성하게 된다(Croft 2012:356). 그리고 이러한 관점은 동일한 사건(사역 연쇄)을 나타내는 다양한 언어적 표현을 설명할 수 있는 실마리를 제공한다.

이제 이를 바탕으로 중국어의 예를 살펴보자.

(3) a. 我拿鑰匙開門。나는 열쇠로 문을 열었다.
    b. 我開門。나는 문을 열었다.
    c. 鑰匙開門。열쇠가 문을 열었다.
    d. 門開了。문이 열렸다.   (張翼 2014:83)

(4) 我 ⟶ 鑰匙 ⟶ 門
    SBJ   A.OBL   OBJ
         拿   開   開

"我拿鑰匙開門" 사건에 대한 사역 연쇄는 (4)와 같이 나타낼 수 있다.4) 이를 바탕으로 화자는 필요에 따라 사역 연쇄의 다양한 부분 연쇄

---

4) '拿'는 동사로도 이해될 수 있으나, 여기에서는 '鑰匙'를 주변 논항인 도구로 간주한다.(원 논문인 오유정(2020)의 (4) 및 (7a')에서는 도구격에 대한 힘의 영향을 점선 화살표로 나타냈으나, 도구격에 대해서도 실선을 사용하는 것이 Croft(2012)의

를 현저화하게 되고, 어떠한 부분 연쇄가 현저성을 부여받았는지에 따라 동일한 "我拿鑰匙開門" 사건에 대해 (3a-d)와 같은 다양한 문장의 형태가 사용될 수 있다. 먼저 (3a)는 시작점인 '我'로부터 도구인 '鑰匙'를 거쳐 종결점 '門'까지의 사역 연쇄 전체가 현저한 경우이다. (3b)는 주요 논항에만 관심을 가진 형태로, 도구 '鑰匙'는 통사적으로 실현되지 않았다. 반면 (3c)는 도구 '鑰匙'에서 종결점인 '門'까지의 부분 연쇄가 현저한 경우이다. 이때 본래 힘의 시작점인 '我'는 현저한 부분 연쇄에 포함되지 않았으며, 대신 새로운 힘의 시작점인 '鑰匙'가 통사적 주어로 실현된다. 마지막으로 (3d)는 전체 사역 연쇄 중 종결점의 상태만이 현저한 경우로, 이에 따라 '門'이 문장의 주어로 실현되었다.

3 동결식의 논항 실현

익히 알려졌다시피, 동결식의 논항 실현과 관련하여 이미 중국어학계에서는 다양한 연구가 진행된 바 있다. 대표적으로 郭銳(1995), 王紅旗(1995), 袁毓林(2001) 등이 '논항 승급 원칙(論元提升原則)'을[5] 제시하며 동결식의 논항 선택을 일련의 규칙으로 정리하고자 하였다면, 동결식의 주어(熊仲儒 2004, 熊仲儒·劉麗萍 2006, 施春宏 2008 등)나

틀에 부합하기에 이를 실선으로 수정하였다.) 한편, '開'가 두 개 사용되고 있는데, 첫 번째 '開'는 '열다'의 동작 행위를, 두 번째 '開'는 '열려 있는 상태'를 나타낸다. 다만 이것이 통사적으로는 '開開'가 아닌, 하나의 동사 '開'의 형태로 사용되는 것이다. 이에 따라 중국어의 동사 '開'는 동작과 결과를 모두 포괄하는 특수한 동사, 즉 능격동사(혹은 비대격동사)의 하나로 이해된다.

5) 郭銳(1995)는 6가지 원칙을, 袁毓林(2001)은 7가지 원칙을 제시하였으며, 王紅旗(1995)는 '동결식의 결합가 = 1 + X(보어 의미지향의 변항 수)'로 제시하고 있다. 각각의 원칙에 대한 상세한 설명은 원저 참고.

목적어(李小榮 1994, 董秀芳 1998, 延俊榮 2002 등)등 특정 논항을 중심으로 한 논의 역시 다양하게 진행되었다. 이들의 논의를 종합하면 동결식의 첫 번째 논항, 즉 주어의[6] 기원은 크게 다음과 같이 귀납할 수 있다.[7]

(5) 동사의 행위자
    a. 張三打破了玻璃。 장삼이 유리를 깨뜨렸다.
    b. 爸爸點亮了油燈。 아빠가 등을 밝혔다.

(6) 동사의 수동자
    a. 茅台酒喝醉了他。 마오타이주가 그를 취하게 했다.
    b. 生凍食品吃壞了他的胃。 냉동식품이 그의 위를 탈나게 했다.

(7) 행위 사역자
    a. 我切菜切破了手指頭。 나는 요리 재료를 썰다가 손을 베었다.
    b. 唱軍歌唱濕了每個人的雙眼。 군가를 부르는 것이 모든 사람의 눈시울을 적셨다.

(8) 독립적 요소
    a. 這場饑荒餓死了不少人。 이번 기근으로 많은 사람이 죽었다.
    b. 田間活兒累病了爺爺。 농사 일로 할아버지가 병이 났다.[8]

---

6) 원저에서는 이를 모두 사역자(致事)로 칭하는데, 동결식이 사역 구조를 나타내므로 그 주어는 모두 사역자라는 이해에서 비롯된 것이다. 본고에서 사용하는 '주어'는 통사적 출현 위치에 따른 포괄적 개념에서의 주어를 의미한다.
7) 아래는 熊仲儒(2004) 및 施春宏(2008)의 예문으로 출처는 별도로 표기하지 않는다.
8) 해당 중국어 문장에 대한 한국어 번역은 일부 수용도가 떨어질 수 있으나 논의의 일관성을 위해 모두 주어로 번역하였다. 이는 한국어와 중국어의 언어적 차이에서 비롯된 것으로 한국어 번역이 중국어의 문장 성분을 결정하는 데 영향을 주지 않음은 분명하다.

본격적인 분석에 앞서 한 가지 기억해야 할 점은, 동결식은 그 구문적 특징으로 인해 힘 전달의 종결점이 반드시 부각되어야 한다는 사실이다. 즉, 동결식을 구성하는 첫 번째 동사가 전체 사역 연쇄를 관통하는 '힘'을 나타낸다면, 동결식을 구성하는 두 번째 동사인 보어는 결과상태를 명세화(specify)하므로 사역 연쇄 중 현저성을 부여받은 부분 연쇄는 반드시 종결점을 포함해야 하는 것이다. 결국 동결식의 논항 실현을 결정하는 관건은 힘의 시작점으로, 다양한 참여자가 참여하는 사역 연쇄에서 어느 참여자로부터 시작된 힘이 종결점까지 전달되며 현저한 부분 연쇄를 구성하느냐에 따라 통사적 주어와 목적어, 또한 필요하다면 기타 주변 논항 역시 결정되게 된다.

그럼 동결식의 주어를 충당하는 다양한 요소를 중심으로 동결식의 논항에 대해 살펴보자. 먼저 예문 (5)는 동사의 행위자가 동결식의 주어로 실현된 경우이다.

(5a) 張三打破了玻璃。
　　　장삼이 유리를 깨뜨렸다.

(5a′) [張三 ──────→ (　　　) ──────→ 玻璃]9)
　　　 SBJ　　　　　　 A.OBL　　　　 OBJ
　　　　　　　　　　　 打　　　　　　 破

'張三'은 힘 전달의 시작점이며 '玻璃'는 힘 전달의 종결점이다. 동사 '打'는 사역 연쇄를 형성하는 힘을, 보어 '破'는 힘의 영향을 받은 후 나

---

9) 원저에는 사용되지 않았으나, 현저성을 부여받은 부분 연쇄를 표현하기 위해 '[ ]'를 추가하였다. Croft(2012)에서는 사역 연쇄의 확장 혹은 사역 연쇄망 중 선택되는 부분 연쇄에 대해 언급하고 있으나, 그것을 구체적으로 도식화하여 제시하고 있지는 않다.

타나는 결과상태를 표시한다. 이때 힘 전달의 매개로 '손'이나 '망치' 같은 도구가 존재할 수 있으나 해당 예문에서는 현저성을 부여받지 못하였으며, 사역 연쇄에서도 빈 칸으로 나타난다. 이는 가장 일반적인 사역의 형태이자 전형적 동결식의 예이기도 하다.

다음으로 동사의 수동자가 동결식의 주어로 실현된 예문(6)을 살펴보자.

(6b) 生凍食品吃壞了他的胃。
　　　냉동식품이 그의 위를 탈나게 했다.

(6b′) 他 ——— [生凍食品 ——— 他的胃]
　　　　　　　　SBJ　　　　　　 OBJ
　　　　　　　　吃　　　　　　　 壞

이 경우 사역 연쇄는 시작점인 '他'에서부터 종결점인 '他的胃'까지 이어지지만, 이중 현저성을 부여받은 부분은 '生凍食品'으로부터 '他的胃'까지의 부분 연쇄이다. 따라서 문장의 주어는 동사의 행위자인 '他'가 아닌 수동자 '生凍食品'이 된다. 반면 목적어는 힘 전달의 종결점인 '他的胃'가 된다.[10]

동결식의 주어는 개체가 아닌 행위, 즉 참여자가 참여한 하나의 사건 또는 상황이 될 수도 있는데 (7)과 같은 경우이다.

(7a) 我切菜切破了手指頭。
　　　나는 요리 재료를 썰다가 손을 베었다.

(7a′) [我 ——— (　　) ——— 菜 ——— 手指頭]
　　　 SBJ　　　　　　　　　　　　　　 OBJ
　　　　　　　　切　　　　　　　　　 破

---

10) 수동자가 주어를 충당하는 동결식에 관해서는 아래 4장에서 보다 상세히 다룬다.

이는 동결식이 구성하는 특수한 문형 중 하나인 동사복사문(動詞拷貝句 혹은 重動句)의 예이다. 하지만 사역 연쇄의 관점에서 이러한 사건 주어 역시 비교적 용이하게 설명이 가능한데, 사역 연쇄 자체가 하나의 사건을 사역자로 실현시킬 수 있기 때문이다. 앞서 언급했듯이 사역 연쇄가 거대한 사역 연쇄망의 일부라면, 예문 (7)의 주어로 사용된 행위는 특정 사역 연쇄의 확장으로 이해할 수 있다. 다시 말해, 주어 "我切菜(나는 요리 재료를 썬다)" 자체가 하나의 사역 연쇄를 이루고 있다면, '切'의 힘이 '手指頭'를 종결점으로 하는 후속 연쇄까지 전달되어 확장된 사역 연쇄가 바로 (7)의 형태인 것이다. 또한 이미 언급했듯이 동결식은 그 자체적 특징에 따라 종결점이 주요하게 부각되므로, 사역 연쇄의 힘이 마지막으로 전달된 '手指頭'가 해당 문장의 목적어로 실현된다. 이는 아래 예문(9a-c)를 통해서도 확인할 수 있다.

(9) a. 我切了点菜。[11] 나는 요리 재료를 좀 썰었다.
   b. 我切破了手指頭。나는 손을 (썰어서) 베었다.
   c. *我切破了菜。

만약 현저한 부분 연쇄의 종결점이 '菜'가 된다면, 해당 연쇄의 시작점인 '我'가 주어로, 종결점인 '菜'가 목적어로 실현되어 (9a)와 같은 문장을 형성하게 될 것이다. 반면, 만약 '手指頭'까지 연장된 사역 연쇄가 현저성을 부여받는다면, 그리고 화자의 선택에 의해 도구와 첫 연쇄의 수동자인 '菜'가 현저성을 부여받지 못하고 배경화된다면, (9b)와 같은 문

---

11) 주지하다시피 "我切了菜。"는 단독으로 문장을 형성할 수 없으므로, 이에 따라 문장에 수량 성분을 추가하였다. 다만 이는 상적 차원의 문제로, 술어(동사, 동결식) 및 사역 연쇄에 대한 본고의 분석에는 영향을 주지 않는다.

장이 만들어진다. 한편, 보어 '破'가 명세화하는 대상은 '菜'가 아닌 '手指頭' 이므로, 이 경우 사역 연쇄의 참여자인 '菜'는 문장의 목적어로 실현되지 못한다. 따라서 (9c)는 비문이 된다.

이처럼 '사건 주어'를 취한 이른바 '동사복사문'은 확장된 사역 연쇄의 통사적 실현으로 이해할 수 있다. 힘의 전달이 하나의 시작점에서 종결점까지 한 차례 이루어지는 것으로 끝나지 않고, 또 다른 참여자에게 연속해서 이어지면서 앞의 사역 연쇄가 또 다른 사역 연쇄로 연결되는 보다 복잡한 형태의 사역 연쇄망을 형성하는 것이다. 이는 바꿔 말하면, 복잡하게 연결된 거대한 사역 연쇄망에서 어떠한 부분 연쇄가 현저성을 부여받는지에 따라, 개체 논항을 취하는 동결식은 물론 사건 논항을 취하는 동결식, 즉 동사복사문 등 다양한 형태의 문장이 사용될 수 있음을 의미한다. 그리고 현저한 부분 연쇄 중 힘의 전달을 받은 마지막 참여자가 해당 사역 연쇄의 종결점으로서 문장의 목적어로 실현되게 된다.

마지막으로 동결식의 주어는 동사 및 보어의 논항과 전혀 관계가 없는 독립적인 요소로 충당되기도 한다.

(8a) 這場饑荒餓死了不少人。
　　　이번 기근으로 많은 사람이 죽었다.
(8a′) [這場饑荒 ──────▶ (人) ──────▶ 不少人]
　　　　SBJ　　　　　　　　　　　　　　　　　　　　OBJ
　　　　　　　　　　　　　（　）　餓　　　　　死

상기 예에서 시작점인 '這場饑荒'은 '人'에게 영향을 미치게 되고, 이들은 '餓' 상태에 처하게 된다. 그리고 이 힘은 다시 그중 전체 또는 일부인 '不少人'에게 전달되고 그로 인해 '死'의 결과상태에 이르게 된다. 이때 '死'의 결과상태가 명세화하는 '不少人'이 최종 종결점으로서 목적어가 된다. 이처럼 동사 또는 보어와 직접적인 연관성이 없는 독립적인 요소가 발휘한 힘은 특정 동사로 구체화되지 않고 힘의 영향만을 나타내므로 빈칸으로 처리되었으며, 이에 따라 동사(술어) '餓'는 '使受餓' 즉, '배고프게 하다'의 의미를 나타내게 된다. 이 역시 상기 (7)의 예와 마찬가지로 사역 연쇄의 확장 형태로 해석할 수 있다.

상기 유형 외에도 주변 논항이 동결식의 주어로 실현되기도 하는데, 그 중에서도 도구 논항이 문장의 주어로 실현될 가능성이 가장 높다(施春宏 2008:166). 예문 (3c) 및 아래 예문을 보자.

(10) a. 趙軮老奸巨猾, <u>用美人計</u>害慘了我們。
조앙은 교활하고 간사하여 미인계로써 우리를 해하였다.

b. 儋州一農婦喪盡天良<u>用老鼠藥</u>毒死丈夫。
담주의 한 농부(農婦)는 극악무도하여 쥐약으로 남편을 죽였다.

(11) a. (趙軮的)<u>美人計</u>害慘了我們。
(조앙의) 미인계가 우리를 해하였다.

b. <u>老鼠藥</u>毒死了(農婦的)丈夫。[12]
쥐약이 (농부의) 남편을 죽게 했다.   （施春宏 2008:158）

하지만 이미 언급했듯이, 이러한 주변 논항, 특히 도구가 동결식의 주어로 실현되는 것은 역시나 사역 연쇄의 현저성 부여 여부에 따라 결정되는 다양한 문장 중 하나로, 결코 특이한 경우라 할 수 없다. 해당 사역연쇄에 동작행위의 행위자가 직접적으로 드러나지 않더라도 그러한 힘

---

12) 사실 여기에서 '쥐약'이 도구격인지에 대해서는 이론의 여지가 있다. 누군가가 쥐약을 이용해 독살한 것일 수도 있으나, (6)의 예와 같이 쥐약 자체를 수동자 주어로 분석할 수도 있는데, 특히 동결식의 첫 번째 동사가 '杀'가 아닌 '毒'라는 점에서 이러한 해석이 더 적절하다 볼 수 있다. 하지만 쥐약이 수동자 주어이든 도구 주어이든 본고의 분석에는 크게 영향을 주지 않으므로 여기에서는 원저인 施春宏 (2008)의 해석을 따르기로 한다.

의 전달은 '도구'를 통해서 전달되고 작용하기 때문이다.[13]

4 동결식의 제(諸) 문제에 대한 추가적 논의

앞서 살펴본 것과 같이 동결식의 논항은 현저성을 부여받은 사역 연쇄 상에 존재하는 참여자의 상대적 순서를 바탕으로 실현된다. 그러나 일부 중국 학자들은 동결식의 예를 중심으로 힘-역학론의 한계를 지적해 왔는데, 대표적으로 張翼(2014:85, 2016:3)는 힘-역학론이 다음과 같은 면에서 동결식의 예를 충분히 반영하지 못한다고 지적하였다.

첫째, 사건을 구성하는 개념적 참여자가 하나만 존재할 경우 사역 관계는 힘-역학론을 통해 나타낼 수 없다.

(12) a. 他吃飽了。그는 배부르게 먹었다.(그는 배가 부르다.)

　　 b. 张三喝醉了。장삼은 취하게 마셨다.(장삼은 취했다.)

둘째, 사역 연쇄는 행위자가 스스로 상태 변화를 겪는 경우, 즉 소위 변화류(自變類) 동결식의[14] 사역 관계를 나타낼 수 없다.

---

13) 施春宏(2008:159)에서는 도구 외에도 '여격, 결과, 재료, 방식, 목적, 장소, 범위' 등 다양한 주변 논항이 모두 동결식의 주어(사역자)가 될 수 있다고 하였다. 다만, 그 자신도 인정하고 있듯, 이 같은 논항이 주어로 실현되었을 경우 문장의 수용도는 현저하게 낮아지게 된다.

14) 중국어 동결식의 분류에 대해서는 다양한 견해가 존재하지만 동사와 보어의 의미 관계에 따라 '사역류', '변화류', '평가류'로 구분하고, 이 중 '사역류'를 전형적인 동결식으로, '변화류', '평가류'를 비전형적인 동결식으로 구분하는 것이 대표적이다 (施春宏 2008 등). 다만, 앞 두 유형이 '사역'과 '변화'라는 상호 연관된 의미적 특징을 보이는 반면, '평가류'는 이들과 의미적으로 매우 동떨어진 양상을 보여 이를

(13) a. 他吃飽了飯。 그는 밥을 배부르게 먹었다.(그는 밥을 먹었고, 배가
　　　　불렀다.)

　　 b. 張三喝醉了酒。 장삼은 술을 취하게 마셨다.(장삼은 술을 마셨고,
　　　　취했다.)

예문 (12)는 목적어를 취하지 않는 자동 동결식이며, 예문 (13)은 목적
어를 취하고 있으나 보어가 목적어가 아닌 주어를 의미지향하는 경우로,
얼핏 앞서 살펴본 사역 연쇄의 관점으로는 설명이 어려워 보인다. 특히
두 경우 모두 보어가 목적어가 아닌 주어를 의미 지향하고 있어, 비대칭
적이고 비순환적 특징을 가지는 힘-역학 사역 연쇄와 행위자 자신이 겪
는 상태 변화를 나타내는 위와 같은 예문은 정면으로 배치되는 듯하다.
　　사실 이 문제는 그 유명한 '직접 목적어 제약(DOR, Direct Object Res-
triction)'과도 연관된다. 주지하다시피, 중국어학계에서는 중국어 동결식
의 많은 예문이 이 '직접 목적어 제약'의 반례가 된다고 주장하는데, 역
시나 (12), (13)과 같은 경우이다.15) 하지만 이러한 주장은 재고의 여지가

동결식의 하위부류로 판단할 수 있을지 의구심을 가지게 한다. 즉, 동결식의 의미적
기준 '동작+결과'와 통사적 기준 '동사+동사'를 보다 명확히 하여 이를 새롭게
조명할 필요가 있는 것이다. 이에 대해서는 보다 심도 있는 논의가 필요할 것이며,
후속 연구를 기약한다.

15) Simpson(1983), Levin and Rappaport Hovav(1995) 등에 따르면, 결과 구문의 결과
보어는 반드시 목적어를 취해야 하며 그렇지 않을 경우 문법적으로 비문이 된다.
이 같은 '직접 목적어 제약'에 따라 영어에서는 결과 구문이 목적어를 가지지 않을
경우, 재귀 형태인 'oneself'를 목적어로 취해야 한다.
　(1) a. *John shouted hoarse.
　　 b. John shouted himself hoarse.
반면, 중국어 동결식의 경우 예문 (12), (13)에서 보듯 아예 목적어가 출현하지 않거
나, 목적어가 있더라도 보어가 의미지향하는 것이 목적어가 아닌 주어인 경우가
존재한다. 그리고 이는 모두 '직접 목적어 제약'에 위배되는 것으로 보인다.

있어 보인다. 개념적 사역 구조에 존재하는 사역자와 피사역자의 두 논항 위치(slot)는 사실 서로 다른 개체로 채워질 수도 있고, 하나의 동일한 개체로 채워질 수도 있기 때문이다. 그리고 이것이 통사적으로 실현되는 과정에는 언어별 특수성이 작용하게 된다. 예를 들어, 영어의 경우 이 두 위치는 반드시 서로 다른 형태를 취해야 하며, 따라서 예문 (14)와 같이 재귀 형태의 목적어, 즉 '의사 목적어(pseudo object)'가 사용된다. 반면, 중국어에는 비록 재귀를 나타내는 '自己'가 있으나 그 용법이 일반적 재귀 대명사와는 크게 차이를 보이므로, 영어와 같은 형태로 사용되지 않는다. 그렇다면 이 경우 중국어 화자가 취할 수 있는 방법은 무엇일까? 바로 하나의 문장에 동일한 통사 형태로 드러나는 두 논항 중 하나를 생략하는 것이다.

(14) They yelled themselves hoarse.

They   ⟶   themselves(=they)

SBJ   OBJ

yell   hoarse

(15) 我走累了。 나는 (하도) 걸어서 피곤하다.

我   ⟶   我

SBJ   OBJ

走   累

예문 (15)에서 사역 연쇄의 시작점이 되는 '我'가 '走'의 행위자라면, 종결점의 '我'는 그러한 동작행위의 영향을 받는 수동자이다. 다시 말해, 앞서 살펴본 '他的胃'나 '手指頭'와 같은 신체의 일부가 사역 연쇄의 종결점을 차지하는 것과 마찬가지로 '我'는 신체, 즉 '몸뚱아리'의 나를 지칭하게 되는 것이다.

그렇다면, 이 경우 통사적 주어로 실현되는 것은 과연 시작점의 행위자 '我'일까 아니면 종결점의 수동자 '我'일까? 이는 매우 흥미로운 문제라 할 수 있는데, 본고의 초보적인 견해로는 이때의 주어는 시작점으로서의 행위자가 아닌 종결점으로서의 수동자가 되어야 한다고 생각한다. 이미 수차례 언급했듯이 동결식은 반드시 종결점의 결과상태를 부각해야 하며, 앞선 (3d)의 예에서도 보았듯 사역 연쇄 중 종결점의 상태만이 현저하게 부각될 경우, 바로 이 종결점이 문장의 주어로 실현될 수 있기 때문이다.

만약 이러한 가정이 틀리지 않다면, 동결식과 관련된 또 다른 난제 중 하나인 '도치 동결식'에 대한 새로운 설명 역시 가능해진다. 도치 동결식은 행위자(또는 사역자)가 동결식의 주어가 아닌 목적어로, 수동자(또는 피사역자)가 동결식의 목적어가 아닌 주어로 실현되는 현상으로, 다음의 예와 같은 경우이다.

(16) a. 你們的故事羨慕死我了。
　　　 너희의 이야기가 나는 정말 부러워 죽겠구나.

　　 b. 孩子胃脹、嘔吐，都快擔心死我了，怎麼辦啊？
　　　 아이가 배탈이 나고 토하니 정말 걱정돼 죽겠어요, 어떻게 하죠?

　　 c. 800米跑死我了。
　　　 800미터를 달리고 났더니 힘들어 죽겠다.(달려서 죽겠다.)

(张翼 2016:5)

이는 수동자가 주어를 충당하는 (6)의 경우와 유사한데, 아래 사역 연쇄와 관련 예문을 살펴보자.

(17) a. 茅台酒喝醉了他。(=6a) 마오타이주가 그를 취하게 했다.
　　 b. 他喝茅台酒喝醉了。 그는 마오타이주를 마셔서 취했다.

c. 茅台酒把他喝醉了。 마오타이주가 그를 마셔서 취하게 했다.

d. *他喝醉了茅台酒。

(18) 他 ⟶ 茅台酒 ⟶ 他
　　喝　　　　　　　　　醉

(18)의 사역 연쇄에서 어떠한 부분 연쇄가 현저한지에 따라 (17a-c)의 다양한 문장이 형성될 수 있다. 다만 이미 언급했듯이 '茅台酒'는 보어 '醉'가 명세화한 결과상태의 참여자가 될 수 없으므로, 사역 연쇄의 종결점이 될 수 없다. 따라서 '茅台酒'가 목적어로 실현된 (17d)는 비문이 된다. 이중 (17a)가 바로 도치 동결식의 예인데, 이미 살펴보았듯 이때의 목적어 '他'는 사역 연쇄의 시작점인 행위자 '他'가 아닌 보어 '醉'가 명세화하는 종결점의 '他'이다. 张翼(2016:4-5)에 따르면, 도치 동결식은 주로 행위자가 스스로에게 나타나는 상태 변화에 대한 통제력을 상실하고 예상하지 못했던 극렬한 상태를 나타낼 때 사용되며, 이때 사용되는 동사는 일반적인 동작 동사뿐 아니라 감정적 체험을 나타내는 경우가 많다. 즉, 행위자의 행위에 따른 결과라는 전체 힘의 전달 과정을 부각하기보다는 종결점의 수동자로서 행위자 자신이 처한 예상하지 못한 결과상태를 부각하고자 할 때, 화자는 그러한 결과를 야기한 원인인 '茅台酒'를 시작점으로 하는 부분 연쇄에 현저성을 부여하고, 이를 각각 주어와 목적어로 실현하게 되는 것이다.[16)]

이러한 도치 동결식은 심지어 수동자 주어조차 생략되고 행위자 목적어만이 출현하는 형태로도 사용되는데, 다음 예와 같다.

---

16) 이러한 관점에서 보자면 '도치 동결식'의 '도치'는 사실상 성립하지 않는다고 할 수 있을 것이다.

(19) a. 這情景使老太太驚愕不已, 她連聲叫著 : "嚇死我了。"

이 일은 여사님을 무척 놀라게 했다. 그녀는 계속해서 "깜짝이야(놀
라 죽겠네)"라고 말했다.

b. 咱們坐下歇幾分鍾吧, 累死我了。

우리 앉아서 좀 쉬자. (나) 힘들어 죽겠어.　　　　(BCC 語料庫)

하지만 이 역시 결과적으로 수동자로서의 '我' (상기 예에서는 화자)
자신이 처한 예상치 못한 극렬한 상태를 나타낼 때 취하게 되는 형식으
로, 이때 그러한 상태를 야기한 사역자 혹은 힘의 시작점은 통사적으로
드러나지 않았다. 따라서 '我'가 주어로 출현하는 "我嚇死了"나 "我累
死了" 등에 비해 수동자로서의 피영향성이 보다 강조되고 있다 볼 수
있다.[17]

그렇다면 (13)의 '飯', '酒'와 같이 목적어 위치에 출현하지만, 보어가
의미지향하지 않는 특수한 논항은 어떻게 처리할 수 있을까? 먼저 이들
논항은 매우 중요한 특징을 가지는데, 바로 그 자체로 어떠한 구체적인
개체도 지칭하지 않으며, 비한정적이고 총칭적인 특징을 보인다는 것이
다. 이에 대해 施春宏(2008:145)은 '吃飯, 喝酒, 睡覺'와 같이 일상생활

---

17) 익명의 심사위원께서 지적하셨듯, (16), (19)의 '死'는 결과보어가 아닌 정도보어로
분석되기도 한다. 張翼(2016)에서도 '死'가 어휘적 의미의 '죽다'를 나타내어 명확
한 사역 관계를 드러내는 경우 해당 동결식을 '협의의 동결식'으로, '死'가 정도의
큼을 과장하는 용법으로 사용된 경우를 '광의의 동결식'으로 구분하고 있다. 하지만
이것이 분석의 일관성에 문제를 초래하지는 않는다고 보는데, 정도를 나타내는 '死'
는 실제로 죽었다는 결과 의미의 '死'에서 허화되어 파생된 것으로, 이 둘을 별개의
것으로 보기 어렵기 때문이다. 이는 한국어에서 "배고파 죽겠다."에서와 같이 '죽
다'가 정도의 큼을 과장하여 나타내는 것과 마찬가지이다(오유정 2017a:53). 한편,
도치 동결식의 보어를 충당할 수 있는 단어는 매우 제한적으로, '死'를 제외한 정도
보어는 대부분 도치동결식에 사용되지 않는다(張翼 2016:5).

에서 이루어지는 중요한 사건의 경우 '吃飽, 喝醉, 睡醒' 등 동결식 역시 매우 자연스럽고 일상적인 결과상태를 나타내므로, 이러한 동결식은 이미 일종의 숙어적 특징을 지니게 되었다고 하였다. 그리고 '飯, 酒, 覺'와 같이 특별한 지칭을 가지지 않는 목적어, 즉 '그림자 논항(影子論元 /shadow argument)'을 취할 수 있다 하였다. 하지만 이를 단지 숙어적 표현으로 처리할 수 있을까?

사역 연쇄에서 이러한 비지칭적 특징을 가진 논항은 INI(비한정 공 실례, Indefinite Null Instantiation)로 설명된다. INI는 비특정적(unspecified), 총칭적(generic), 피영향성이 적은(less-affected) 특징을 가지며, 이에 따라 사역 연쇄 중 통사적 논항으로 실현되지 않거나 사격으로 실현되는 참여자이다(Croft 2012:333-337).[18] 이를 사역 연쇄로 나타내면 다음과 같다.

(20) a. 張三喝醉了(酒)。 장삼은 (술을) 취하게 마셨다.

b. 張三 ⟶ (酒) ⟶ 張三
    SBJ   INI   OBJ
        喝   醉

(21) a. 张三喝酒喝醉了。 장삼은 술을 마셨고, 취했다.

b. *酒喝醉了张三。

c. 張三喝醉了酒。(=13b) 장삼을 술을 취하게 마셨다.

d. 张三喝醉了。(=12b) 장삼은 취하게 마셨다.

---

18) 예를 들어, 'read, eat, write' 등과 같은 동사는 "She read/ate/wrote." 등과 같이 명시적 목적어 참여자가 없는 자동적 구조로 사용될 수 있는데, 이때 부재한 참여자가 바로 INI이다. INI의 명칭은 Fillmore(1986), Fillmore and Kay(1993) 등에서 차용한 것이며, 이는 또한 '미명세 목적어(unspecified object)'(Levin 1993:33), 'a-definites'(Koenig and Mauner 2000)등으로도 불린다. 보다 자세한 내용은 Croft(2012:§8.2) 참고

여기에서 중요한 점은 INI는 통사적으로 실현되지 않더라도, 사역 연쇄의 일부로 분명히 존재한다는 것이다. 다만 이러한 참여자는 화제성이 적어 생략되거나 대부분 사격으로 실현된다. (20b)의 괄호 안 '酒'는 (21a)와 같은 동사복사문의 형태로는 실현될 수 있는 반면, 비특정적이고 총칭적인 특징으로 인해 (21b)와 같이 문장의 주어로는 사용될 수 없다.[19] 한편, 중국어에는 이러한 참여자를 통사적으로 드러내기 위한 사격 표지가 존재하지 않으므로, 특별한 사격 표지를 취하지 못한 '酒'는 동결식의 보어와 아무런 의미적 관계를 가지지 않는 '비어있는' 자리인 문미에 출현하여 (21c)와 같은 문장을 형성하거나, 통사적으로 생략된 (21d)와 같은 형태, 즉 목적어를 가지지 않는 자동 동결식의 형태로 사용되는 것이다.

결국 위 (12), (13)과 같은 소위 비전형적 동결식은 사역 연쇄의 반례가 되기보다는 사역 연쇄가 중국어의 언어적 특수성, 즉 다양한 격 표지가 존재하지 않는 특징에 따라 취하게 된 언어적 전략이 통사적으로 반영된 결과라 할 수 있을 것이다.

5 결론

지금까지 많은 연구에서 동결식은 첫 번째 동사가 나타내는 원인 사건과 두 번째 동사, 즉 보어가 나타내는 결과 사건, 이 두 하위 사건의 결합으로 형성된 복합 사건으로 설명되어왔다. 하지만 이러한 관점만으로는 동결식과 관련된 제 문제에 대한 충분한 설명이 어려웠으며, 특히 동결식을 구성하는 두 동사가 가진 여러 논항 중 어떠한 논항이 동

---

19) 한정적 특징을 가진 '茅台酒'가 주어로 사용된 예문(6a)와 비교할 수 있다.

결식의 논항으로 최종 실현되는지에 대한 설득력 있는 분석을 제시할 수 없었다. 이에 본고는 각 참여자의 사역 연쇄 상 상대적 순서에 따라 통사적 논항 실현이 결정된다는 사실을 단순하고도 직관적으로 설명한 Croft(2012)의 사역 연쇄론을 바탕으로 동결식의 논항 실현 문제에 대한 새로운 분석을 시도하였다.

동결식을 구성하는 두 동사 중 첫 번째 동사는 사역 연쇄를 관통하는 힘 자체를 나타내고 두 번째 동사인 보어는 종결점의 상태를 명세화하는데, 이 두 동사와 관련된 여러 참여자 중 동결식의 주어와 목적어로 최종 실현되는 것은 각각 사역 연쇄의 시작점과 종결점을 담당하는 참여자이다. 이러한 사역 연쇄는 화자의 선택에 따라 확장되기도 하고 일부 부분 연쇄만이 현저성을 부여받기도 하는데, 그에 따라 동일한 동결식이 다양한 형태의 문장을 구성할 수 있다. 특히 동결식은 그 구조적 특징으로 인해 보어가 명세화하는 결과상태의 참여자가 반드시 종결점으로 부각되어야 하는데, 만약 그러한 종결점이 힘의 시작점인 행위자 자신이라면 동일한 형태의 시작점과 종결점이 모두 통사적 논항으로 실현되지 않고 그 중 하나가 주어로 실현되며, 이때 통사적 주어로 실현되는 참여자는 시작점의 행위자가 아닌 종결점의 수동자이다. 한편, 보어가 의미지향하지 않아 분석을 어렵게 했던 소위 그림자 논항 역시 사역 연쇄상에는 존재하나 그 총칭적이고 비특정적인 특징으로 인해 통사적 주요 논항으로 실현되지 않는 INI로 일관되게 분석할 수 있었다.

본고의 이러한 논의는 동결식의 논항 실현 기제에 대한 보다 명쾌한 설명을 가능하게 했을 뿐 아니라, 그동안 난제로 이해되었던 동결식의 제 문제에 대해서도 어느 정도 설득력 있는 분석을 제시한 것이라 생각된다. 다만 보다 다양한 예문을 통해 본 논의의 타당성에 대한 추가적인 검증이 이루어져야 할 것이며, 특히 비전형 동결식 중 사역 연쇄의 영향을 받지 않는 소위 '평가류'에 대한 논의 역시 요구된다. 이에 대해서는 추후의 논의를 기약한다.

| 참고문헌 |

오유정(2017a), 〈한어 동결식의 조선어 표현양상 및 의미기능 분석〉, 《중국조선어문》 3, 49-53.

_____(2017b), 〈동결식과 진행상의 공기: 상 윤곽 및 상적 해석의 개념을 바탕으로〉, 《중국학논총》 57, 57-80.

郭銳(1995), 〈述結式的配價結構和成分的整合〉, 《現代漢語配價語法研究》, 北京: 北京大學出版社, 168-191.

董秀芳(1998), 〈述補帶賓句式中的韻律制約〉, 《語言研究》 1, 55-62.

李小榮(1994), 〈對述結式帶賓語功能的考察〉, 《漢語學習》 5, 32-38.

施春宏(2008), 《漢語動結式的句法語義研究》, 北京: 北京語言大學出版社.

宋文輝(2018), 〈再論漢語所謂"倒置動結式"的性質和特征〉, 《外國語》 41(5), 48-60.

延俊榮(2002), 〈動結式"V＋Rv"帶賓語情況考察〉, 《漢語學習》 5, 29-31.

王紅旗(1995), 〈動結式述補結構配價研究〉, 《現代漢語配價語法研究》, 北京: 北京大學出版社, 144-167.

熊仲儒(2004), 〈動結式的致事選擇〉, 《安徽師範大學學報(人文社會科學版)》 32(4), 471-476.

_____·劉麗萍(2006), 〈動結式的論元實現〉, 《現代外语》 29(2), 120-130.

袁毓林(2001), 〈述結式配價的控制——還原分析〉, 《中國語文》 5, 399-410.

張黎(2010), 〈漢語"動作—結果"的句法呈現及其認知類型學的解釋〉, 《對外漢語研究》 1, 32-41.

張翼(2014), 〈致使語義的概念化和句法表征〉, 《外國語》 37(4), 81-87.

____(2016), 〈廣義動結式倒置用法的允准: 基於極量義和範疇化的解釋〉, 《外國語》 39(4), 2-9.

Croft, W. (1991), Syntactic Categories and Grammatical Relations: The Cognitive Organization of Information, Chicago: University of Chicago Press.

Croft, W. (2012), *Verbs: Aspect and Causal Structure*, Oxford: Oxford University Press.

Langacker, R. W. (1991), *Foundations of Cognitive Grammar, Vol. II: Descriptive Application*, Stanford: Stanford University Press.

_____ (2008), *Cognitive Grammar: a Basic Introduction*, Oxford: Oxford University Press.

Levin, B. and Rapparport, M. (1995), *Unaccusativity: At the Syntax-Lexical Semantics Interface*, Cambridge: MIT Press.

Simpson, J. (1983), Resultatives, In Lori, L., Malka, R. and Annie, Z. (Eds.), *Papers in Lexical-Functional Grammar*, Bloomington: Indiana University Linguistics Club, 143-157.

Talmy, L. (1976), Semantic Causative Types, In Masayoshi, S. (Ed.), *The grammar of causative constructions, Syntax and Semantics 6*, New York: Academic Press, 43⁻116.

_____ (2000), *Toward a Cognitive Semantics*, Vol. I, Vol. Ⅱ, Cambridge, MA: MIT Press.

현대중국어 사동의 형태적 생산성 분석
― V₁V₂ 형식의 사동구조를 중심으로

이봉금

1 서론

사동은 실현 형식과 의미에 따른 여러 표현법과 해석이 존재하기에 그 유형에 대해 다양한 견해들이 대두된다.[1] 일반적으로 중국어는 단어 자체가 형태변화를 겪지 않고 의미를 가진 개개의 낱말들이 어순에 의해 통사적 관계를 형성하는 고립어(isolating language)적 특성을 지닌다. 따라서 형태적 사동을 제하고 논하는 경우가 많다.

(1) a. 晚霞映紅了整個天空。 → 저녁놀이 온 하늘을 붉게 물들였다

    b. 新興技術的出現 擴大了語言學的應用範圍。 → 신흥기술의 출

---

* 《언어와정보사회》제37호(2019년 7월) 게재.
** 한양대학교 강사.
1) 사동의 형식적 구성에 따른 분류로는 어휘적 사동과 통사적 사동 이라는 이원론적인 것부터, 어휘적, 형태적, 통사적 사동의 분류 및, 더 나아가 김성주(2003)는 '-시키' 사동을 언급했고, 김형배(2005)는 '어휘-통사', '파생--통사', '합성-통사'와 같은 복합 사동법 또한 사동의 범주에 포함시킨다.

현은 언어학의 응용범위를 넓혔다.

c. 他打傷了這孩子。→ 그는 이 아이를 때려 상처 입혔다.

(2) 那本小說 使 我 感動了。→ 그 책은 나를 감동케 했다.

위 예문들은 중국어의 사동 가운데 가장 보편적으로 활용되고 있는 유형으로, (1)은 사동자 즉'NP1'이 직접적으로 술어인 VP라는 사동행위에 참여하는 어휘적 사동형식으로 구분한다. (1a)는 단일동사 '紅'이 그 뒤 목적어를 수반함으로써 사동을 표현하며, (1b-c)는 어휘의 결합인 '擴大'2)와 '打傷'이 'VP'가 되어 사동을 표현한다. (2)는 'V₁(使, 讓, 叫, 令 …)'이 곧 사동의미를 뚜렷이 해 주는 표지로 작용하기에 유표지 혹은 통사적 사동으로 분류한다.

본 논문은 특별히 (1b-c)와 같이 술어가 복합 형식을 이루는 구조로서 새로운 어휘를 창출한다는 생산성의 특징에 주목한다. 사실 이들 구조와 같이 다양한 유형적 분석이 시도되는 구문도 드물 것이다. 먼저 기본적으로 'NP₁＋VP(V₁V₂)＋NP₂'라는 비슷한 형태를 띠는 이들에 대해 단일 어휘(VP) 사동유형으로 분류한 예가 있다. 예컨대 행위사건(V₁)과, 달성 사건(V₂)이 서로 인과적 사동 의미를 도출하지만 (1b)인 '擴大(VP-a)'의 경우 구조적 융합이 비교적 견고해 현재 단일 어휘로서 인식되는 경우가 많다. 그러나 '打傷(VP-b)'은 그에 비해 융합정도가 낮아 상황에 따라 술어동사나 보어의 교체가 가능하기에 사동의 생산성을 대표적으로 보여준다. 한편 본래 사동 의미가 없는 타동사, 자동사, 형용사와 같은 어근

---

2) 본문에서의 'V₁V₂'형식의 사동구조는 일종의 '동사＋보어'결합으로 이루어진 복합어로 VP가 단일한 사동동사로 쓰이지 않은 것 즉, 결과보어 사동구조를 일컫는다. '擴大'의 경우 넓은 의미에서 단일한 어휘 사동 형식이 아니기에 'V₁V₂'형식의 예로 포함시킨다.

V_1이 V_2라는 또 하나의 어근과의 결합을 통해 자동화 하여 사동 의미를 창출해 낸다는 점에서 통사 구조의 맥락에서 해석하는 의견을 찾아볼 수 있다.[3] 그러나 사실 통사적 사동은 원인과 결과인 각 동사 술어가 NP_1과 NP_2와 결합하는 겸어문의 형식을 취하고 있기에 별개의 사건구조적 분석이 필요하다고 생각된다.

연구의 내용은 우선 일반적인 언어의 생산성 및 사동구조의 형태적 생산성의 정의를 밝히고 각종 언어 안에서 그 실례를 살필 것이다. 이어서 중국어에서 논의되는 형태적 사동의 상황들을 열거하고, 이를 근거로 'V_1V_2' 사동구조를 생산성(productivity)의 개념 안에 어떻게 적용하고 이해해야 할 것인지 고찰할 것이다. 나아가 3장에서는 'V_1V_2' 사동구조가 형태적 결합을 매개로 하는 생성과정의 수단과 규칙성을 상정해 보기로 한다. 특별히 본 연구에서는 이러한 융합 정도가 곧 생산성의 정도 (degree)와도 연관을 맺는다고 가정한다. 이에 형태적 사동유형의 전형성을 놓고 볼 때 각 V_1과 V_2의 결합에서 비롯된 특성 및 융합 정도를 통해 생성되는 전반적인 형태·통사·의미적 규칙을 분석 할 것이다. 이렇듯 현대중국어에도 '형태적 결합과정'에 의한 생산성을 특징으로 하는 사동 유형이 존재한다는 사실을 입증하도록 하겠다.

2 형태적 생산성의 정의 및 특성

중국어에서 문법 단위를 분석하거나 단어들의 문법적 지위를 선정할 때, 또한 각 단위들이 서로 결합하여 또 다른 단위를 생성해 낼 때 고려되는 개념이 바로 생산성이다.(시정곤: 2008) 생산성에 영향을 미치는 요

---

3) 'V_1V_2'구조의 통사적 분석에 관해서는 3.1절에 이르러 언급하도록 하겠다.

인으로는 언어의 시대적 유행 현상을 들 수 있다. 어떤 상황에 대해 특별한 견해를 표출하거나 새로운 개념 또는 대상물에 명칭을 부여하기 위함인 것이다. 그렇다면 'V₁V₂' 사동구조가 생산성과 큰 연관을 맺고 있다는 논의를 펼치기 위해 형태론에서 이해하는 언어 생산성의 개념 정립이 필요하다.

2.1 형태론에 의한 언어의 생산성

언어학에서 말하는 생산성(productivity)이란 화자가 단어형성 규칙에 의해 무한한 단어들을 의식적이든 무의식적이든 새롭게 만들어 낼 수 있는 가능성이다. 생산성에 관해《표준국어대사전》에서는 '조어법에서 어떤 접사가 새로운 어휘를 파생시킬 수 있는 정도'라고 규정하고 있다. 이어서 여러 학자들의 주장들을 보면 Bauer(2001:25), 김익환(2004:5)는 생산성이란 새로운 낱말을 만들어낼 수 있는 가능성 이라고 정의하였다. 원칙상 동일한 접사를 지닌 낱말을 새롭게 생성해 낼 수 있는 확률을 측정하거나 수량화 하는 것도 생산성의 정의 범주에 포함될 수 있다는 것이다. 이광호(2009:15-16)은 생산성에 대해 구별의 필요성을 언급하는데, 첫째, 단어의 결합력은 직관적 판단에 입각할 결합 가능성으로서의 생산성이고, 둘째, 특정한 시점에 한 접사가 어떠한 단어를 만들어낸 결과를 근거로 그 접사가 또 새로운 단어를 만들어 낼 수 있는 확률 가능성이라 하였다. 요컨대 생산성이란 어떠한 접사의 결합에 의해 단어를 생성하는 힘으로 이해할 수 있다. 물론 형태론적 관점에 입각할 때 이들의 주장은 타당하지만 보다 확장된 영역의 주장이 아래 펼쳐진다.

Katamba(1993/1995:83-84)는 '어떤 과정이 매우 일반적이라면 수많은 어형에 적용되어 수많은 단어를 생산해 낼 때 생산적이라고 하였다. 김창섭(1996:14)은 '단어형성이라는 형태론적 과정은 생산성이 높은 경우부터 거의 인정될 수 없음에 이르기까지 기울기가 져있다는 점에서 완전히 생산적일 것이 기대되는 통사부의 규칙과 차이를 가진다.'고 하였다. 시정곤(2006:259-262)는 특정접사가 단어를 생성하는 과정을 넘어 더 넓게는 공시적으로 '어떤 형태론적 과정이 새로운 형태를 만들어 내는 힘'이라고 가정하였다. 박흥수(2010)은 중국어 어근은 접사, 준접사 보다 훨씬 큰 파생력을 보인다고 하였는데, 위치고정의 제한이 없고, 실제 의미를 가지고 어떤 어근과도 결합하여 새로운 의미를 파생할 수 있기 때문에 단어 형성 능력이 매우 뛰어나다고 하였다. 이들의 의견에 동조하여 본 연구에서는 언어가 생성됨에 있어 두 개 이상의 어근이 결합한 복합어 즉, 접사 가 아닌 어근과 어근이 직접적 결합을 통해 형성된 단어 역시 형태적 생산성의 범주 내에 포함시킬 수 있는 자격을 갖출 수 있다고 생각한다. 이 원리는 사동구조에 있어서도 비단 사동접사의 결합 뿐 아니라 특정한 사동의 형성과정 역시 고려의 대상이 되고, 실제로 많은 사동 형태를 생산해 내는 조어법이 존재한다면 곧 생산적일 수 있다는 개념적 범위를 설정하고자 한다.

2.2 사동구조의 생산성

그렇다면 소위 말하는 사동구조 생산성의 기본적 원리가 무엇인지 이해해 보도록 하자. 사동의 여러 표현 범주 가운데 생산성을 큰 특징으로 하는 유형은 형태적 사동(morphological causative)을 꼽을 수 있으며, 그 수단이 매우 다양하며 체계적이다. 즉, 반드시 접사 추가에 의한 결합만이 단어 생산의 수단이 아니라는 것으로 각 언어를 통해 상술한 정의가 반영된 예를 살펴보자.[4]

---

4) 전형적인 형태적 사동과 그 생산성의 이치에 관한 대표적 논의로 Comrie(1981:160)는 예컨대 터키어에서 거의 모든 동사의 뒤에 '-t', '-dir(후자는 모음 조화의 변형을

표 1. 형태적 사동구조의 생산성

언어의 종류	사동 생산성의 형성 조건
한국어	자/타동사, 형용사+접사(-이-, -히-, -리-, -기-, -우-, -구-, -추)
	(가) 자동사+접사: 속이다, 묻히다, 울리다, 숨기다, 깨우다, 일구다, 맞추다
	(나) 타동사+접사: 보이다, 입히다, 들리다(擧), 맡기다, 지우다(負), 갖추다
	(다) 형용사+접사: 높이다, 넓히다, (배를)불리다, 키우다, 낮추다, 늦추다
일본어	자/타동사 + 접사(-(s)ase)
	(가) 자동사+접사: waru/wara-ware-ru,tats-u/tat-ase-ru, nio-u/niow-aseru
	(나) 타동사+접사: tabe-ru/tabe-sase-ru, yom-u/yom-ase-ru
영어	명사/형용사/동사+ 접사(en-, -ize, -ify, -ate)
	(가) 명사어근+접사: carbon/carbonize, harmony/harmonize, beauty/beautify
	(나) 동사 어근+접사: awake/awaken, broke/broken, dispel/dissipate
	(다) 형용사 어근+접사: bright/brighten, pure/purify, equal/equalize
페르시아어	동사+ 접요사(-ān-/-āni-)
	residan/res-ān-dan,jushidan/jush-ān-dan, davidan/dav-ān-dan
	xordan/xor-ān-dan(xor-āni-dan),xandidan/x-an-dāndan(/xand-āni-dan)

위 제시된 언어들 가운데 한국어와 일본어 형태사동은 자동사와 타동사 그리고 형용사라는 통사적 제한성을 띠는 어근 뒤에 일정한 접사를 첨가하는 형식으로 접사 자체는 스스로 특별한 의미를 발휘하지 않는다. 영어 역시 접사를 첨가하는 방식으로 접미사 '-en'의 경우 어근의 마지막

가짐)'을 첨가하는 것과 같이 접사추가에 의해 대응하는 사동 형식을 만드는 방법을 들었다. 또한 접사첨가 외 이 밖의 형태적 기법을 들었는데 즉, 원형적인 형태적 사동이란 사동 술어(사동사)와 비사동 술어(원동사)를 형성하는 수단이 생산적인 것으로, 이상적인 형태사동 유형은 그 어떤 술어라도 알맞은 형태적 수단을 통해 사동식을 만들 수 있는 것이라 하였다. 이러한 논의에 따르면 반드시 접사 추가에 의한 결합만이 단어 생산의 수단이 아님을 지각할 수 있다.

음이 /k/, /t/, /e/, /s/, /d/가 되어야 하며, /n/, /ə/, /l/이 모음이 되어서는 안 되는 등 음운적 제약이 따른다. 형태적 사동법만을 다루어 온 페르시아어 전통문법에서는 일반적으로 동사의 현재어근에 접요사 '-ān-/-āni-' 등을 붙여 사동형 동사를 생성하는데5) 여기서 'dan'은 동사원형임을 나타낸다. 이들은 형태적 사동의 생산성 원리를 가장 보편적으로 보여주는 접사 추가에 의한 사동형성의 조건들이다.

낱말 자체의 형태변화가 불가능한 중국어는 현재 형태적 방법을 주된 사동 수단으로 쓰지 않는다. 그렇지만 과거 몇몇 단어들은 일정한 성조 변화규칙을 통해 자동사와 사동사의 대립을 구분하였는데, 王月婷 (2013:157-159)은 '食', '視', '飲'(타동사)류와 '沉', '施', '脫'(자동사)류들이 사동사로 변할 때 성조 변화하게 됨을 언급하였다. 이 중 '食'류를 들어보자.

표 2. 성조변화에 의한 형태적 사동구조

동사의 종류		형태적 사동의 형성 조건
'食'류 (타동/ 행위동사)	船母入聲	食1: 기본형식 동작을 나타내며 목적어(飯)의 수반이 불필요. 예:《論語·鄕黨》"食不語, 寢不言"
		食2: 동작의미만을 나타내며 목적어(飯)가 필요함. 예:《詩·魏風·碩鼠》"無食我黍", 《左傳·昭公四年》 "食肉之祿"。
	邪母去聲 (사동사)	예:《詩·小雅·甫田》: "我取其陳, 食我農人。"《釋文》: "食我 : 音嗣。"

위 표에 정리된 '食'류의 현상을 보면 일반 동사 뒤에 목적어가 출현하는 경우 상성과 입성 등 비거성이 되지만, 사동사는 거성으로 발음되고

---

5) 곽새라(2014: 26-27) 참조.

있다. 곧 성조 변화라는 수단을 통해 타·사동사를 구분하고 있음을 추측할 수 있다.6) 한편 중국어에도 접사 형식의 추가로 사동을 구성하는 예를 찾아볼 수 있는데, 梅祖麟(2008)은 상·중고시기 청탁음 구분에 의해 자동사와 사동사 현상이 나타날 수 있으며 그 구분은 접두사 *s-의 첨가임을 밝힌다.

표 3. 청탁음에 의한 형태적 사동구조

동사의 종류	형태적 사동의 형성 조건			
敗	*brads	自破	*s-b > *s-p > *prads	破他
別	*brjat	異也, 離也	*s-b > *s-p > *prjats	分別
斷	*duanx	絶也	*s-d > *s-t > *tuans	斷絶
折	*djat	斷也	*s-dj > *s-tj > *tjat	拗折
見(現)	*gians	連繫	*s-g > *s-k > *kien	視也

위 표에서 성모의 청탁음은 's-'로 구분된다고 볼 수 있는데, 'b-p', 'd-t', 'g-k', 'dj-tj' 등의 과정을 거쳐 탁음이 청음으로 변화한 것으로 비록 동사 선택이 제한적이긴 하나 시대성을 반영하는 사동의 파생 양상을 충분히 보여준다. 결국 형태적 사동은 접사의 결합에 중점을 두는 것만은 아니며, 그렇다면 보다 다양하고 원활한 수단으로 이루어질 수 있다는 사실을 포착하여야 할 것이다. 본 연구는 그 한 예로서 중국어 사동유형 가운데 'V₁V₂' 사동구조를 들 수 있다고 본다. 그 이유는 둘 이상의 실질적 의미를 나타내는 어근 결합으로 형성된 복합어로서 특정 상황에 어떠한 새 단어를 창조함에 있어 중점적 요소를 설정할 수 있기 때문이다. 이렇듯

---

6) 예문 가운데 각 동사들의 자 타동(비거성) 및, 사동(거성)의 예까지 모두 든 이유는 각 쓰임의 비교를 보여주기 위함이며, 타동과 사동의 경우 모두 목적어를 수반하지만 성조의 변화를 통해 다른 용법이 될 수 있음을 구체적으로 설명하기 위함이다.

그것이 어떠한 형태론적 과정이든 형성과정에 있어서의 규칙으로 인정받는다면 앞으로 더욱 많은 복합어를 생성해 낼 가능성이 있다고 생각된다.

술어가 'V₁V₂'구조인 결과보어 사동구조는 구성요소인 각 어휘의 결합으로 복합어를 생성한다. V₂인 자동사 혹은 형용사는 술어동사 V₁과 결합하는 과정에서 특정한 동작 또는 상황을 통해 도출되는 결과를 부연하며 다음과 같은 구조적 공식을 세울 수 있다.

결과보어 사동구조: $\underline{V_1(동사/형용사)}$ + $\underline{V_2(동사/형용사)}$
술어   결과보어

다음은 이러한 공식이 적용된 문장이다.

(3) 談話中他哭濕了兩條手絹。
이야기 하는 중 그는 울어 손수건 두 개를 적셨다.

(4) 王彩金在高低不平的田塍上邊跑邊喊, 叫醒了尙在熟睡的鄕親們。
王彩金은 높이가 고르지 않은 밭두렁에서 뛰며 고함질러 깊은 잠에 빠진 마을 사람들을 깨웠다. (북경대 CCL)

위 표현방식에서 '哭濕'는 '울어서 손수건을 적시게' 했고, '叫醒'은 '소리지름으로 인해 그 결과 사람들이 모두 깨는' 등 인과관계를 형성한다. 이처럼 행위주체의 행위인 V₁을 여러 의미로 보충해 주는 독특성으로 말미암아 과연 어느 사동 유형에 귀속시켜야 할지 간단하지가 않다. 본 연구는 (3)-(4)의 '哭濕'와 '叫醒' 등이 단일어가 아닌 원인과 결과 사건을 복합적으로 하나의 사동 상황(causative situation) 안에 그려내는 형태적 결합에 더욱 근접한 형식이 된다고 본다. 또한 야기시키는 사건 V₁과 야기되어진 사건 V₂가 반드시 동시에 일어나지 않기에 시간적 간

극이 있을 수도 있다. 사실 'V₁V₂' 사동구조는 일정한 접사의 도움에 의해 사동을 생성하는 원리가 아니기에 형태적 변화에 의한 사동과 완전히 동일시 할 수는 없다. 그러나 각종 어휘 결합을 통해 실존어 뿐만 아니라 앞으로 생산해 낼 수 있는 잠재어 까지도 고려할 수 있다는 사실은 역시 예외일 수 없는 형태적 생산성의 한 양상임을 지각할 수 있다고 본다.

3 'V₁V₂' 사동구조의 생산성

본 장에서는 'V₁V₂' 사동구조의 생산성에 대한 구체적 의미를 증거로 본 의견을 뒷받침 해 보기로 하겠다. 생산성을 논하기에 앞서 기존에 이가 어떠한 유형으로 인식되고 있었는지 살펴보기로 하자.

3.1 'V₁V₂'사동구조 유형에 대한 기존 견해

'V₁V₂' 사동구조 유형에 대해서는 기존 몇 가지 의견들이 대립하는데, 어휘적 사동(lexical causatives)이라는 주장과 이 밖에도 'V₁V₂'사동구조의 생성이 통사방면에서의 변화라 여기고 통사적으로 고찰해야 한다고 여긴 학자들이 있다. 한편 어떤 구체적인 사동 유형에 귀속시키는 것이 아닌, 'V₁V₂'구조 자체를 강조하여 결과보어 사동구조라 명하는 학자들도 존재한다. 먼저 'V₁V₂'를 하나의 VP로 간주하여 어휘적 사동(lexical causatives)으로 여기는 주장으로 이는 매우 큰 비중을 차지하는 부분이기도 하다.

石毓智(2002)는 '결과보어구조 형성의 본질은 술어 중심 동사와 결과성분'이라고 지적하며 두 개의 독립된 문법성분이 하나의 단일한 문법단위로 융합된다고 언급하였다. 宛新政(2005)은 원인을 나타내는 V₁과 이로 인한 결과 V₂가 서로 직접적으로 부착되므로 한 어휘로 취급하고 '동결식' 또는 '使成句'라 명하였다. 何元建(2007) 역시 VP나 'V₁V₂'결합을 하나의 어휘구조로 보고 능격술어[7]로 작용할 때, 목적어를 대동함으로써 사동구문을 형성할 수 있다고 여기며 다음 예문을 들었다.

(5) a. 一只蛐蛐發了兩戶人家。 귀뚜라미 한 마리가 두 집을 일으켰다.
    b. 羅維民的發現激動了兩個人。 羅維民의 발견은 두 사람을 흥분시켰다.

박미정(2001:66-74)는 자동사나 형용사가 목적어를 수반하는 겸류사나, '동사+결과보어' 결합구조가 모두 한 단어화 되어진 복합어라고 주장하며, '熬白了頭髮', '拔紅了皮膚', '抱疼了胳膊', '背柴火背彎了腰', '背啞了嗓子', '爲你的事我都奔折了腿了', '你別蹦斷了腿' 등과 같은 사동구조를 형성할 수 있다고 하였다. 이수진(2011)은 원인과 결과를 모두 이끌어 내는 하나의 술어동사가 논항과 함께 단문의 형식 구조를 이루는 사동을 어휘사동 이라 하였다. 예로 '타동사 구문(我們就以此統一了思想)'과 자동사 구문(句句鏗鏘, 不知醉了多人), '결과식 동사구문(我打哭了他)' 세 가지 유형으로 포괄하였다. 이들은 자동사나 형용사가 목적어를 수반하는 겸류사나, '동사+결과보어' 결합구조가 한 단어화 되어진 어휘로서 목적어를 수반한다고 여긴 것으로, 물론 이들의 주장은 문장 내 'V₁V₂'의 특성을 잘 반영한다. 하지만, 본 구조가 나타내고 있는 가장 큰 특성이라 볼 수 있는 각 어휘들의 조합으로 인한 다양한 파생성의 추구와 사동의 생산성에 대해서는 간과하였기에, 본 구조에 대해 과연 하나의 단어로 간주함이 옳은 것인가에 대해서는 재 고찰이 필요하다고 본다. 그렇다면 어휘적 사동의 일반적인 형태적 특성을 살펴보자.

---

7) '능격성(作格性, ergativity)'이란 대해 자동사의 주어가 타동사의 목적어와 동일한 방식으로 하고, 타동사의 주어와 별개의 방식으로 취급하는 것이다. 여기서 능격은 행위자가 사동자의 의미를 가져야 한다. Dixon(1979:61) 참고.

먼저 영어의 'die(죽다)-kill(죽이다)', 'eat(먹다)-feed(먹이다)', 러시아어의 'umeret(죽다)-ubit(죽이다)', 중국어의 '死(죽다)-殺(죽이다)', '吃(먹다)-喂(먹이다)' 쌍으로 서로간의 대립으로 이루어진 보충법적 사동이 있다.[8] 또 하나는 한 어휘소가 비사동사 및 사동사의 기능을 겸하는 경우로 Comrie(1981/1989: 170-171)과 Dixon(2000)은 이를 두고 '동형형 사동'이라 하였다. 영어의 'melt', 'fly', 'boil', 'broke', 'persuade', 'stop', 'finish' 및 중국어의 '滅', '沉', '嚇', '凍' 등을 들 수 있다.[9] 이들은 자체적으로 원인과 결과를 이끌어 내는 술어가 'Vi+O', 'VR+O' 형식으로 목적어 논항을 취해 사동구조를 이루기에 김성주(2003:116-121)은 '영파생' 어휘 사동사라고도 하였다.

(6) a. the worker bees feed her. 그 일벌들은 그녀를 먹여 살린다

　　b. 今年他家里喂了兩槽猪。금년 그의 집에서는 돼지 두 구유를 길렀다.

(7) a. Don't try to persuade me! 나를 설득하려고 하지 마라!

　　b. 足球賽中我們隊折了兩個人。축구 경기에서 우리 팀의 두 사람을 꺾어 버렸다.

(6a-b)는 보충법적 사동, (7a-b)는 동형형 사동의 예로, 이를 통해 우리는 어휘적 사동을 다음 세 가지의 특징으로 정리할 수 있다.

첫째, 동사나 형용사 등을 술어로 가지며 단일한 사건을 나타냄으로써 본질적으로 원동사와 사동사 간에 형태적 관련성 및 규칙성이 존재하지

---

8) 이 구조에 대해 Comrie(1981)는 보충 형식(suppletive forms) 사동이라 했고, 김성주(2003)는 보충법적 어휘사동 이라고 하였다.

9) 중국어의 어휘사동에 대해 劉月華 등(1983:122)은 원래 목적어를 수반하지 않거나 혹은 수반할 수 없기 때문에 사동을 표할 수 없는 자동사 혹은 형용사로부터 전환되어 온 것들이라 하였다.

않고 사동 의미의 파생성을 논할 수 없는 형태이다. 둘째, 'VP'의 기저에 원인과 결과 두 사건이 시·공간적 차이 없이 동시에 출현할 뿐 아니라 두 사건 사이에 그 어떤 형식적관계가 존재하지 않는다. 셋째, 문장 안에서 VP 자체는 일종의 활동(activity)만을 나타내며 하나의 동사로만 구성되기 때문에 어떠한 사건의 원인행위와 그를 통해 도달하는 확실한 결과점을 설정하기가 어렵다.

한편 'V₁V₂' 사동구조의 생성이 통사방면에서의 변화라 여기고 통사부분에서 고찰해야 한다는 주장이 있다. 즉, 결과보어 사동구조의 발생에 대해 하나의 연동구조 가운데 두 번째 동사가 자동화 되는 과정이 포함되어 있는데, 이러한 구조의 발생을 통사적 변화로 간주하는 논리이다. 인접한 두 동사는 자주 연용 됨으로써 어휘화가 일어났고, 복합어의 중심이 V₁이 되자, V₂는 본래의 타동사적 기능이 모호해지고 자동사적 용법에 이르게 된 것이다. 결과보어구조의 생산성을 논하기 위해 V₁, V₂가 앞뒤로 연결되어 문법관계를 형성하는 원리의 등장에 대해 잠시 살펴보면, 어휘적 사동용법은 上古시기에는 매우 성행하였으나, 그 쓰임이 점차 줄어들었고, 中古시기를 거치면서 새로운 형태인 '使成式'이 생겨났다. 사실 상고 중국어 사동 용법의 소실과 '使成式'의 발전은 단일 동사로 사동의 기능을 나타내는 어휘적 사동사를 모태로 둔다. 'V₁V₂ + O' 형식의 쌍음화 추세에 관하여 董秀芳(2007:41)은 상고시기 使成式에 대해 병렬구조 혹은 연동구조로서, 첫 번째 동사는 타동사이고, 두 번째 동사는 자동사인데, 임시적으로 타동화 된 결과라 하고, 그 예로서 '战败', '扑灭', '击毁' 등을 들고 있다. 그러나 이들 두 동사의 관계가 느슨하여 종종 이 밖의 성분에 의해 분리되는 상황이 포착되기도 하는데, '战以败之(《韩非子·难一》)'가 바로 그 예이다. 두 동사는 의미상에 있어 시간상 선후 관계가 밀접하며, 인과관계를 형성한데다가, 아울러 두 동사를 연용하는 기회가 비교적 많았기에 점차 어휘화가 진행되어 두 번째 동사가 자동사로 변하면서 결과보어구조 즉 '使成式'으로 발전되었다고 보는 것이다. 이런 연유로 周紅(2004)는 사동표현에 따라 어휘사동과 통사사동으로 구분하였는데, 결과보어 사동구문(動結句)에 대해서는 통사적 사동구문으로 포함시켰다.

하지만 본 논문은 중국어의 경우 V₁이 결과 의미인 V₂와의 직접적인 결합을 통해 사동 의미를 창출한다는 점에서 봤을 때 결국 형태적인 측면에서의 분석이 타당하다고 본다. 즉 뚜렷한 사동사의 출현에 의한 별개의 논항구조를 구성하는 분석적 혹은 통사적 사동 형성과는 다른 맥락에서 바라보는 것이 비교적 합당하다고 생각되는 것이다.

'V₁V₂' 구조에 대해 명확한 유형학적 구분이 없이 술결식 혹은 결과보어 사동구조라는 범위로 따로 구분하여 논하는 예도 존재한다. 呂叔湘(1980)은 두 종류의 V중 하나인 주요동사(V₁)에 대해 그 결과를 나타내는 형용사 혹은 동사(V₂)를 첨가하는 형식을 두고 '동결식'이라 하였다. 郭姝慧(2004)는 문장 술어가 사동동사를 담당하는 구조를 세 종류로 구분하였는데, 첫째, 위 언급한 '보충법적 사동'과 '동형형 사동'처럼 단일한 술어가 등장하는 경우 이를 곧 어휘적 사동구조라 일컬었다. 둘째, 고대 중국어 가운데 동사가 사동동사로 작용하는 경우(焉用亡鄭以陪鄰?)와 형용사가 사동동사로 작용하는 경우(君子正其衣冠), 명사가 사동동사로 작용하는 경우(爾欲吳王我乎?)[10] 등으로 나눴다. 셋째, 현대 중국어에서 어휘수단으로 구성되는 사동동사를 두 가지로 분류하였는데, 하나는 형용사나 자동사와 같은 겸류사가 사동동사로 작용하는 예로서 이는 다수를 차지하는 진정한 사동동사라고 하였다. 다른 하나는 '술보

---

10) 焉用亡鄭以陪鄰?: 당신은 왜 鄭나라를 멸망시키고 이웃나라인 晋나라에 土地를 보태주려합니까?
君子正其衣冠:군자는 그 의관을 바르게 하고.
爾欲吳王我乎: 그대는 내가 오나라 왕 짝이 나게 하려는가?

식 구조' 즉, 결과보어 사동구조로 동일한 하나의 동사술어와 보어가 각각 신축성 있게 보어와 술어동사를 선택할 수 있다고 하였다. 즉, 첫째를 제외하고서는 어휘적 사동이라는 명칭을 사용하지는 않은 것이다. 範曉(2000) 역시 형용사와 사동동사가 겸하는 예로 '端正', '鞏固', '繁榮', '壯大', '密切', '健全', '堅定', '統一', '感動', '麻煩', '委曲' 등을, 사동동사가 자동사와 겸하는 예로 '轉變', '回復', '喪失', '滅亡', '結束' 등을 들었다. 한편 박은석(2017:275)는 'V₁V₂(打死)' 사동구조가 '使成句' 또는 '동보구조'라 불리었는데, 특성상 '비분리술보형 사동'이라 일컬으며 통사 사동과 형태 사동 사이에 있는 사동구조로 이해하였다. 이러한 논의들은 모두 'V₁V₂' 구조에 대해 어휘적 사동이란 언급 없이 결과보어 사동구조라는 명칭과 자체적 범위를 설정하고 있다는 공통점이 있는데, 하나같이 어휘와 어휘의 결합에 의해 수많은 사동 의미를 파생해 낸다는 특징에 완전히 착안하지는 않았다.

본 논문은 결과보어 사동구조가 사동 의미를 생성함에 있어 형태적 관련성 및 규칙성이 존재하는 형태적 사동의 관점에 입각하는데, 사실 이러한 논의는 매우 희소하다. 장내천(2015)는 V₁이 '弄, 加, 放'으로 쓰인 '弄淡', '弄倒', '加粗', '加大', '放飮', '放走' 등의 예를 들어 형태성이 있다고 여긴다. 다만 어휘자체의 동작의미가 약해지면서 사동을 표현하는 문법기능을 가진다는 점에서 준형태적 사동이라 칭한다.

이봉금(2017)은 'VP'와 'V₁V₂'구조가 구조적 형식 안에서 다양한 생산성을 논할 수 있다는 사실을 논하였는데, 이들 술어의 구체적인 지향 대상 차이 및 'V₁V₂' 술어동사 뒤 '了'의 작용 등을 근거로 형태적 사동유형으로 간주될 수 있음에 국한하였을 뿐 결과보어 사동구조의 생산성 및 'V₁V₂'구조의 형태적 융합 과정 및 정도에 의한 구체적인 사동연속체상의 전형성을 논하지는 않았다. 다음은 이렇듯 다소 국한된 소재에 머문

논의들에 대한 보충 및 확장적 설명을 통해 더욱 확고한 주장을 펼쳐보기로 하자.

3.2 'V₁V₂'결합구조 생산성의 각종 근거

'V_1V_2' 사동구조의 각 특성 가운데 사실 생산성에 대해서 집중적으로 다루지는 않았지만 소략하게나마 언급한 학자들이 있다. 龔千炎(1984:94-95)는 오직 구조형식에만 따른다면 거의 모든 동사들이 자동사나 형용사를 수반하여 임시적인 조합을 이룰 수 있다고 하며 이들 조합물의 수량은 무한할 수 있기에 매우 큰 생산성을 가진 형식이라 언급하였다. 範曉(2000)은 'V_1V_2' 구조에 대해 타동사의 하위분류로 대부분 형용사와 자동사에서 비롯되었으며 그 변천과정이 존재한다고 하였다. 오늘날 여전히 어떤 임시적으로 작용하는 자동사나 형용사들이 언젠가는 변화 과정을 거쳐 하나의 사동동사로 자리매김 하게 될 것이며 이렇듯 현대중국어의 'V_1V_2' 종류들이 점차적으로 증가할 것이라고 하였다. 그 예로서 현재 TV광고에 종종 출현하는 '淸潔牙齒', '淸 新空氣', '潔白你的臉' 등이 곧 생산성을 대변해 준다고하였다. 또한 沈家煊(2003:22)는 石毓智(2002)가 언급한 '吃飽', '吃膩', '吃病', '吃胖', '吃窮', '吃暈', '吃累', '吃瘦', '吃吐', '吃煩' 등을 들어 'V_1V_2' 구조가 높은 정도의 생산성을 보이며 거의 모든 단음절 형용사가 V_2를 담당할 수 있음을 증명하였다. 'V_1V_2'구조의 결합과 파생은 직관적 판단이나 자유로운 어휘 결합이 허락되지 않은 일종의 규칙적 파생 개념이기에 그 구성이나 활용에 있어 실제로 검증하는 과정이 요구된다.

이상 결과보어 사동구조가 형태적 결합을 매개로 하는 사동유형의 한 종류가 될 수 있다는 근거를 마련하고, 생산성의 중심이 되는 요소를 파악하기 위해 각 동사와 결과보어 안에 나타나는 전반적인 생성과정의 수단과 규칙성을 상정해 보기로 한다. 이어서 또한 융합 정도에 있어 나타나는 다양성을 살피는데, 본 연구에서는 융합 정도는 곧 생산성의 정도(degree)와도 연관을 맺는다고 가정한다. 즉, 'V₁V₂' 구조의 생산성은 그 융합과 의미에 따라 높고 낮음의 정도를 상정할 수 있는데, 사동 생산성이 높을 때 이 단계 가운데 본질적으로 뚜렷한 제약조건 및 규칙성을 파악할 수 있다고 보는 것으로 이에 관한 구체적 분석을 진행해 보도록 한다.

3.2.1 생산성의 수단과 규칙성

'V₁V₂'라는 언어 단위가 어떠한 형태적 결합 과정을 거쳐 높은 정도의 생산성을 일으키고, 이를 통해 발견되는 중심 요소 및 공통 수단을 설정할 수 있다면 무릇 그가 참여하는 형태적 과정은 생산성 측정의 기준이 될 수 있다.

(8) 他打了那只小狗。→ 그는 그 강아지를 때렸다.

(8)에서 '打'라는 기본동사는 단순히 행위동작 자체만을 묘사하지만, 상황에 따라 V₂와 결합하여 '행위의 진행', '행위의 과정'을 비롯한 '행위가 이루어진 결과상황' 까지 각기 다른 다양한 의미로 구현될 수 있다.

(8′) a. 他打傷了那只小狗。
　　 b. 他打哭了那只小狗。
　　 c. 他打腫了那只小狗。

(8′)는 '打'라는 동작이 각각 어떠한 결과를 도출해냈는지 그 결과상황을 부연하고 있는데, 이를테면 행위주체의 행위를 제시하는 V₁을 여러 의미로 보충하며 사동을 수행하는 것이다.[11] 결국 구조 내 결과보어가

형태상의 한 구성단위로 사용되지만 의미 관계는 이를 넘어 대상논항과 맺게 된다. 그렇다면 '동사+결과보어'형식에 의한 생성과정의 형태·통사적 측면에서의 본질적 수단과 규칙 및 의미적 특성이 무엇인지 상정해 보기로 하자.

첫째, 다양한 형태적 사동 수단들 외에 '어근+어근'이라는 외적인 형태의 결합수단을 설정할 수 있다. 현재 기본적으로 형태적 사동원리를 보편적으로 보여주는 다양한 생산성의 준거들이 존재하는데, 대표적 예로서 Dixon(2000:34)는 아래와 같은 요인들을 들었다.[12]

표 4. 형태적 사동의 형성과정

과정	기본 동사	사동 형식
내부적 변화	tikti: '호적하다'	táikyti: '호적하게 하다'
자음반복 (아랍어)	xarab: '나빠지다' darasa: '배우다' damara: '멸망하다'	xarrab: '나빠지게 하다, 망치다' darrasa: '가르치다' dammara: '전멸시키다'
장모음화	mar: '죽다'	ma: r : '죽이다'
성조변화	nɔ̂(high falling): '깨다'	nɔ̂ (low level): '깨우다'
중첩	bengok: '고함 치다'	be - bengok: '고함치게 하다'

〈표 4〉는 전통적인 형태적 과정에 의한 각종 사동 생산의 예로서, 내부적 변화(internal change)', '자음반복(consonant repetition)', '장모음화 (vowel lengthening)', '성조변화(tone change)' 등과 같은 내부적 요인 및 '중첩(reduplication)'과 같은 외부적 요인의 수단을 보여준다. 이밖에도

---

11) 이성하(2000)에 의하면 어휘화 유형 가운데 하나로서 중국어의 동작 동사는 동작이 발생하는 모종의 방식이 내포되어 있다고 한다.

12) Song(1996)과 Dixon(2000:34), haspelmath(2015:86)에서 제시한 각 예들을 정리한 것이다.

중국어 'V₁V₂' 결합방식의 경우 다양한 형태적 수단 가운데 어근 결합이라는 하나의 외적 수단을 통해 사동을 생성하는 예로 설정될 수 있다고 여겨진다.

사실 다양한 언어 안에서 어휘 결합을 통한 일반 단어의 생성은 매우 보편적이라 볼 수 있는데, 국어의 경우 시정곤(2006)은 '어근 + 어근'에 의한 각종 외적인 결합을 다음과 같이 제시하였다.

가) N + N=N　　　나) V + V=V　　　다) N + Nsf(명사형 접미사)=N
라) adv + adv=adv　　마) adv + N=N

위 공식의 예를 몇 가지 들자면 가)는 '쓰레기 만두', '치약부대', '그물수비' 등 명사 결합으로, 나)는 중세시기 존재했던 '감돌-', '죽살-'과 같은 동사성 어근의 결합으로, 다)는 아침형, 초보꾼 등 명사형 접미사의 결합으로 신조어(임시어)를 만들어 내고 있다. 중국어의 경우 박홍수·제윤지(2017)은 '風'은 '刮風', '吹風' 등과 같은 결합일 경우 본의인 '바람'을 표현하나, 명사성, 형용사성, 동사성 형태소 어근 뒤에 위치하여 '中國風', '休閑風', '頂風', '糾風', 浮誇風, '漲價風' 등을 구성할 경우, '~풍조', '~추세', '~열풍', '~양식'이라는 의미를 표하는데, 이 경우 어근에 더 가까운 준접사 라고 판단하였다. 이 밖에도 '托福熱', '尼采熱', '西學熱', '硬廣告', '硬科學', '網友', '網民'과 같이 '다음절 어근+熱'나 '硬/網+어근' 결합으로 형태적 생산성을 나타낸다고 하였다.

이와 같은 형태적 결합에 의한 언어의 생산성은 중국어 사동생성의 원리에도 반영이 되는데, 중국어는 단음절어(monosyllabic language)라는 특성을 이해하면 될 것이다. 즉 소리를 가지고 있는 한글이나 영어와는 달리 뜻을 가지는 언어로, 일반적으로 중국어 형태소의 성립은 자음과 모음의 배열이 규칙적으로 이루어진 것이 아닌, 1음절 자체가 형태소가 되고, 형태소 자체가 어근이 되는 구조적 원리를 적용하는 것이다.[13] 결과보어 구조와 같은 복합어 역시 둘 이상의 글자가 모여 하나의 단어로 쓰일 때 낱글자 하나하나가 의미가 있는 경우, 그 각각을 형태소로 구분할 수 있다.[14] 이렇듯 어근 결합을 통해 형태적 변화가 없이 다양한 사동 동사를 형성하는 것은 중국어 결과보어 사동구조의 중요한 특징이 된다. 가령 '打破', '嚇暈', '咬腫', '忙丟', '累壞' 등을 ,놓고 볼 때 V_1 혹은 V_2 자체가 생산성을 가지는 것이 아니라 상황에 따라 '$V_1 + x, y, z \cdots$' 혹은 '$x, y, z \cdots + V_2$'의 공식과 같이 상수(常數)인 'V_1'인 의 자리에서 변화의 동인을 제공하거나, 혹은 변수(變數)인 'x, y, z'의 자리에서 결합에 의해 다양한 'Cause'의미를 생성함으로써 그 파생성을 논할 수 있다. 수량상 상대적으로 더 생산적이든, 혹은 덜 생산적이든 간에 새로운 단어들을 창조해 낼 수 있는 가능성은 곧 가능어(잠재어)와도 연결될 수 있는 것으로 생산성을 확인하는 핵심 요소라 할 수 있는 것이다.

둘째, 일종의 어근과 어근 결합 가운데 생성되는 사동 수단으로서 비가시적으로 존재하는 모종의 표지 '而'을 설정할 수 있다. 이는 앞뒤 인과관계의 중간적 매체로서, 사건과 사건을 잇는 접속사적 존재이자 'V_1V_2' 구조가 파생할 수 있는 범위를 확장시켜 주는 기제인 것이다.[15]

---

13) 음절과 형태소는 각각 음운론/형태론 상의 개념이긴 하나, 하나의 문장을 이루는 구성성분은 작은 순위부터 음절, 형태소, 단어, 어절 순서로 나눌 수 있다. 음절은 하나의 종합된 음의 느낌을 주는 말 소리의 단위이고, 형태소는 뜻을 가진 가장 작은 말의 단위이다. 단어는 독립적으로 쓸 수 있는 말이며, 어절은 문장을 구성하는 각각의 마디로 띄어쓰기의 단위이다.

14) 또한 중국어는 고립어로서 낱말들이 대개 형태소를 한 줄로 엮어 놓은 식으로 구성되어 있다. 즉 각종 문법 관계가 다양한 접사의 활용이나 낱말 자체의 내적 변화에 의해서가 아니라 낱말의 배열순서나 개별적인 문법 어조사(particle)의 활용을 통하여 결정된다. 이런 까닭에 전통적인 언어 유형학에서는 중국어를 고립어 또는 분석어(analytic)의 가장 전형적 예로 간주하고 있다. 최영애 (2008:204-205) 참조.

셋째, 의미적 측면에서 볼 때 이는 사동사건의 원인인 V_1만으로는 사동 의미를 나타낼 수 없고, 피사동 사건이자 결과사건인 V_2의 수반에 의해서만이 가능한 것으로, V_2는 V_1에 의한 상태변화의 결과로 사동자의 흐름이 결과사건의 실현에까지 이르게 되는 것이다. 이른바 사동자의 작용에 의한 흐름이 결과사건에까지 이르러 그 결과가 반드시 실현된다는 의미적 규칙을 설정할 수 있고, 그러한 뜻에서 '상태변화 사동' 혹은 '결과사동'이라는 의미범주를 적용할 수 있다.[16] 이렇듯 사동사건과 피사동 사건이라는 독립된 두 술어가 융합하여 전체로 NP2에 격을 부여하는 구조를 형성하는데, 두 어휘의 결합에 의한 것이기에 [+처치], [+결과], [+상태변화] 자질을 더욱 뚜렷이 해주며, 일반 어휘적 사동의 VP보다 피사동의 결과상태가 더욱 분명히 완성됨을 나타낸다.

한편 결과보어 사동구조는 동사와 결과보어의 융합 정도에 있어서 다양성을 보이는데, 이러한 융합 정도는 곧 생산성의 정도(degree)와도 연관을 맺는다고 가정한다. 그리고 생산성의 정도가 높을 때, 이 단계 안에서 구체적 규칙성을 발견할 수 있을 것이다.

3.2.2 융합 정도와 생산성의 관계

이번 절에서는 앞에서 개괄적으로 설명했던 결과보어 사동구조의 생산성 수단과 규칙 등의 상황이 'V_1V_2' 융합 정도와도 관련을 맺게 된다는 사실에 착안하는데, 코퍼스에서 발췌한 관련 예문을 통해 좀 더 구체

---

15) 이봉금(2017) 참조.
16) 소위 중국어 문장에서 보편적으로 나타나는 사동 의미를 '상태변화' 및 '명령·지시', '허락', '방임' 등의 종류로 구분할 수 있다. 그중 모종의 원인으로 인하여 어떠한 결과를 불러일으키는 '상태변화' 사동이란 사동작용에 의한 결과가 반드시 실현된다는 뜻에서 '결과사동' 이라는 의미도 동일하게 적용 한다.

적으로 살피기로 한다.

　王力(1980)은 '推翻', '擴大', '改善', '革新' 등 몇몇의 使成구조에 대해 점차 어휘화되었다고 언급하였고, 龔千炎(1984:95)는 '促成', '帶動', '焚毀', '說服', '推進', '壓縮', '改正', '糾正', '減少', '擴大', '說明', '削弱', '加重', '誇大', '推遲', '逃故', '提高', '說破' 등이 이미 어휘화 되어 '得'나 '不'와 같은 성분의 삽입이 불가능하다고 했다. 그러나 그는 이들 역시 '동사+결과보어'형식의 복합구조임을 인정하였다. 반면에 상술한 石毓智(2000)에서 보인 '吃+X'와 같은 다양한 결합은 융합 정도가 낮기에 지극히 높은 생산성을 보이는 형태적 결합의 양상을 대표한다. Comrie(1989)는 사동 유형의 분류방법에 관해 전형적인 것만이 아닌 사동 형식 연속체의 개념을 적용하였다. 원인과 결과술어의 융합 정도에 의거하여 형태적 사동은 통사적 사동과 어휘적 사동의 중간에 위치한다고 보고 이들 사이에도 유형들이 존재한다고 여긴 것이다.[17] 董秀芳(2007:44) 역시 기본적으로 'V₁V₂' 구조에 대해 어휘화 된 단어라고 주장하지만, 이들이 어휘화되기 까지는 일정한 과도(過渡) 유형이 있기에 어휘화의 정도가 낮은 것에서 높은 것까지의 연속체(continuum)를 형성한다 하였고, 동일한 'V₁V₂' 형식이라도 의미상의 배열이 서로 다르다고 주장하였는데 이는 곧 어휘화의 정도에도 차이가 있음을 인정하는 셈이다.

　다음은 특별히 고정성 및 융합 정도에 따라 생산성 원리를 다시 두 가지로 구분하는데, 그 하나는 'VP-a'류 로서, 이는 V₁과 V₂의 융합 정도가 높아 하나의 단어로 간주되는 것으로 비록 풍부한 생산성의 전형을 보이지는 않으나, 역시 사동 의미의 파생을 나타내기에 간략히 언급해

---

17) 'VP-a', 'VP-b'류 구조에 대해 본 논문은 본래 하나의 어휘였던 자동사나 형용사가 필요에 의해 2 음절로 결합하여 오늘날 견고해진 형식으로 자리잡게 된 것으로 결국 그 출발이 어휘의 결합에 의한 것이기에 형태적 사동이라는 범주 안에서 융합 정도에 따라 분류하였음.

보기로 한다. 다른 하나는 융합 정도가 비교적 낮아 V_1, V_2의 교체가 자율적인 'VP-b' 류로 이는 본 연구의 특징을 가장 잘 보여주기에 각 구조 안에 반영되는 형태 및 통사적 특성 및 규칙성을 더욱 자세히 파악하여 보도록 하겠다.

① 'VP-a(강융합성)'류 구조

어떠한 V_1과 V_2는 비록 어휘와 어휘의 결합양상을 보이나 의미적, 통사적 제한성을 띤다. 때문에 이 구조의 분류를 설정함에 있어 단지 생산성에 의존할 수 있는 것이 아니다. 예컨대 '革新(동＋형)', '感動(동＋동)'과 같이 하나의 단일어로 취급되기도 한다. 그렇다면 이러한 구조를 과연 어휘화(lexicalization) 된 상태라고 일컬어야 하는 것인지, 혹은 '동사＋결과보어'사동과 동일하게 분류해야 하는 것인지가 대두될 수 있으며 이는 매우 중요한 문제이다. V_1과 V_2 사이 기타 성분의 추가 가능 여부에 따라 두 성분의 밀접성을 상정한 예로 박정구(1998:76-77)을 참고하여 보자.

(9) a. *革 (得/不)新 (10) a. 吃 (得/不) 飽
    b. *改 (得/不) 良   b. 看 (得/不) 完
    c. *克 (得/不) 服   c. 聽 (得/不) 淸楚

위 분석을 통해 알 수 있듯이 (10)은 V_1과 V_2 사이 '得/不'와 같은 성분들을 삽입해 정도성을 상정할 수 있는데, 그만큼 융합이 견고하지 않고 자율성이 있어 더욱 광범위한 복합어를 생산해 낼 수 있다. 한편 (9)의 경우 V_1과 V_2가 사이에 가능을 나타내는 '得/不'등의 성분이 삽입될 수 없는 것으로 보아 (10)에 비해 그 구조적 융합이 훨씬 크고 견고하다.

다음 'VP-a'류에 나열된 단어의 종류는 譚景春(1997)과 譚麗(2009), 現代漢語詞典(2002)를 참고로 'V1V2'구조의 것들만 원동사 그대로[18]

작성하였는데, 특별히 정태적 의미의 경우 형용사와 분리되기도 하지만, 구분이 모호하여 형용사에 포함시키고, 동사는 상태와 심리동사로 나누었다. 설정의 기준은 사동동사의 결합종류가 상대적으로 'VP-b'류에 비해 적으며 단 한 번 출현한 수까지도 파생어의 범위에 포함시킨다.[19) 이는 코퍼스 내 주어진 접사와의 결합을 한번 출현한 수 즉, 단발어 까지 모든 파생어의 총수로 나누어 계량적 생산성 지수를 측정한 baayen(1989)를 근거로 한 차준경(1995), 이광호(2001)을 참고한 것으로, 중국어 상황을 고려하여 하나라도 새로운 결합형태를 만들어 낼 수 있을 경우까지 기록한 것이다.

표 5. 'VP-a'류 구조결합의 종류

V₁-/-V₂	'V₁+V₂' 결합의 생산성
형용사	安定, 安慰, 便利, 充實, 繁榮, 堅定, 開闊, 滿足, 明確, 平定, 平整, 普及, 濕潤, 痛苦, 濕潤, 鎭定, 滋潤.
상태 동사	安頓, 保存, 保持, 敗露, 敗壞, 成立, 促成, 促進, 除去, 充滿, 帶動, 奠定, 發達, 發揚, 發展, 發揮, 分裂, 分散, 分立, 袒露, 革新, 粉碎, 化解, 荒廢, 轟動, 集結, 集合, 集中, 結束, 積壓, 建立, 減輕, 減少, 減縮, 健全, 解放, 解決, 解散, 糾正, 開放, 開展, 擴大, 擴充, 擴散, 了卻, 了斷, 了結, 流露, 麻木, 麻醉, 彌合, 凝固, 提高, 統一, 說明, 說伏, 說破, 消失, 泄露, 形成, 壓縮, 緩解, 震動, 震撼, 整頓, 增强, 增高. 振作, 振興.
심리 동사	觸怒, 煩惱, 憤怒, 感動, 感激, 害怕, 麻煩, 委屈, 激動, 激奮, 激怒, 勞累, 冷淡, 迷惑, 惱怒, 淘氣, 討厭, 愉悅, 振奮, 震驚.

---

18) 비록 문장 안에서 이들이 사동 의미를 구체적으로 발휘하기 위해서는 '了'등의 시태조사 첨가가 필요하지만, 예문 안에서만 덧붙이기로 하겠다.

19) baayen(1989), 차준경(1995), 이광호(2001)에서는 코퍼스 내 주어진 접사와의 결합이 한번 출현한 수 즉, 단발어를 모든 파생어의 총수로 나누어 계량적 생산성 지수를 측정한다. 이를 참고로 중국어 상황을 고려하여 하나라도 새로운 결합형태를 만들어 낼 수 있을 경우 기록하였다.

〈표 5〉에서 확인할 수 있듯이 사동동사를 이루는 어휘의 결합종류는 1개에서 4개까지 분포하는데 이 중 2종류 이상 출현한 경우가 대다수를 이루는 것으로 보아 상대적으로 큰 생산력이라 볼 수는 없다. 다음은 'VP-a'류가 인과관계에 의한 사동 의미임을 확인하기 위해 북경대 CCL 및《韓國漢字語辭典》(1996)을 참고로 몇 개의 예문을 발췌하여 각 구조들의 내용 풀이를 정리해 보았다.

(11) 新的理論很少由於理性地說服了對手而得到認可。

새로운 이론은 드물게 상대방을 이성적으로 설득시켰고, 동의를 얻었다.

(12) 他與妻子李順英相濡以沫，生下了6個孩子，家裏常常充滿了歡聲笑語。

그는 아내 이순영과 함께 서로 돕고 의지하며 6명의 아이를 낳았고, 집 안은 늘 즐거운 웃음소리로 가득 찼다.

(13) 他們的觀點分散了經濟計劃的本質，並發展爲資本主義裏的重要力量之一。

그들의 관점은 경제 계획의 본질을 분산시켜 자본주의에서 중요한 힘의 하나로 발전시키는 것이다.

(14) 加上大肆圍湖造田，使洞庭湖的面積和湖容都減縮了一半以上。

게다가 마구잡이로 호수를 간척하여 밭을 만드니, 동정호의 면적과 호 수의 모습이 반 이상 줄어들었다.

생산성 측정에 선정된 'VP-a'류의 '說服', '充滿'은 각각 '알아듣도록 말하여 수긍하게 하다'와 '한껏 채워 가득 메우다'의미로 해석이 되고, '分散', '減縮'는 '갈라져서 흩어지다'와 '덜어서 줄어들게 하다'로 해석 되는데,[20] 이들 구조는 구체적으로 다음과 같은 대표적 속성을 나타낸다.

---

20) '分散'과 '減縮'은 각 V가 대등한 관계의 결합인 연합구조로 해석될 수 없는가란

첫째, V_1과 V_2 성분들은 '~해서(로 인해) ~한 상태가 되다'라는 인과성을 보이지만 화자의 의도에 의해 임의적, 자율적으로 다른 여러 성분들의 교체가 가능한 것이 아니다. 이러한 구조는 성분중 하나가 다른 성분과의 결합 시 제한적인 성분도 존재한다. 둘째, 형태론적 과정이란 특성 어휘의 결합 과정상 생산성이 있느냐의 문제인데, 본 구조로 이루어진 단어가 하나의 결합형태로 인정된다면 각 V_1, V_2가 어휘적 의미를 발휘할 수 있느냐의 여부가 관건이 될 수 있을 것이다. 사실 위 V_1과 V_2의 특성을 보면 동사나 형용사로서 실질적인 의미를 나타내는데, 결합 관계에 있어 각각 NP_1 및 NP_2를 지향하기 보다는 결합 자체가 'NP_2'를 지향하며, NP_2는 수동적(passive)인 참여자로서 사동자의 영향을 받아들여 변화를 체험한다.[21] 그만큼 융합 정도가 견고하여 마치 한 어휘로써 작용하는 것으로 인지되기 쉽다는 뜻이기도 하다. 그러나 문법적으로 비록 '得'나 '不' 성분들에 의한 분리는 불가능 하지만 '而'의 삽입이 가능한 것은 일체화 된 것이 아닌 각 V_1과 V_2가 실질적 의미에 의해 인과구조를 형성한다는 증거라 볼 수 있겠다. 셋째, 주로 이음절 형용사로 구성되어 있는 'VP-a' 구조는 필요조건으로 '了'와의 결합을 통해 완전할 수 있는 경향을 보인다. 이는 본디 상태나 상황만을 표현하고 대상에 대한

의문이 들 수 있다. 한자의 인과관계에 의한 사동의미를 도출하기 위해 '표준국어사전'을 참조하였는데 '分散'은 '갈라져 흩어짐. 또는 그렇게 되게 함.'의 의미를, '減縮'은 '덜어서 줄임', '아껴서 줄임'의 의미를 나타내는 것으로 보아 '~해서 ~한 결과상태가 되다'의 의미로 해석하기로 한다.

21) 비슷한 구조로 V_1과 V_2의 결합에 의해 사동의미를 형성하는 '豊富'나 '活躍'의 예를 들면, '豊'과 '富'는 모두가 '풍성하다', '많다'의 의미를, '活躍' 역시 '활기를 띠다', '활발히 하다'라는 일종의 대등한 의미를 갖춘 어휘들이다. 이들은 각각의 실질적 어휘의미에 의한 인과관계를 형성할 수 없으며, 반드시 둘의 결합을 통해 NP2의 상태변화를 야기하는 일종의 병렬 복합어라 볼 수 있으므로 'VP-a' 구조와는 차이가 있다.

영향을 끼치지 않는 비자주적 성질의 자동사나 형용사가 목적어 수반을 통해 행위자의 작용힘이 목적어에 대한 영향력을 행사하여 변화시키기 위해 요구되는 부가적 수단으로써 완전한 사동의 실현을 보여주는 관건적 작용을 하는 것이다.[22]

생산적인 단어는 어휘가 참여하는 결합과정이라고 일컬을 수 있으며, 다양한 파생력과 생산성을 가질수록 형태론적 특성에 부합할 것이다. 그러나 'VP-a'류와 같이 형태적 과정을 통해 단 하나만이라도 새로운 복합어의 생성을 가능케 하고, 문장 내 사동동사의 역할을 수행할 수 있는 것이라면 곧 생산성이 있다고 판단하는 바이다.

② 'VP-b(약융합성)'류 구조

이번 절에서 논하는 'VP-b'류는 상대적으로 낮은 융합도를 보이는데, 비록 특성상 형태적 변화를 겪지 않는 V_1과 V_2일지라도 고정된 형식으로 다양한 어휘들과 결합할 때 특정한 사동 의미를 형성한다. 대부분의 'V_1V_2' 결합은 각 어휘의 교체가 자율성을 띠기에 사동의 생산성에 있어 가장 부합한 조건을 갖춘다고 볼 수 있으며 곧 형태적 사동의 큰 근거가 된다. 아울러 생산성의 정도가 가장 높은 본 구조 안에서 우리는 보다 구체적 뚜렷한 형태, 통사 의미적 제한 및 규칙성을 이해할 수 있을 것이다.

각 구조들은 일반적으로 '동+동', '동+형', '형+동', '형+형'의 결합으로 나타나는데, 특별히 최규발(1998:174-175)를 참조로 사동 의미만을 형성하는 자·타동의 결합관계를 다음과 같이 구체적으로 재구성해 보았다.

[Vt + Vt] 打破, 喊啞   [Vt + Vi] 打腫, 推醒

[Vi + Vi] 笑倒, 滑倒   [Vi + A] 笑紅, 跑累

---

22) 刘月华(2001:380-381) 참조.

[Vt + A] 咬紅, 改善　　[Vi + Vt] 站動, 跑開

[A + Vt] 忙丟, 瘋殺　　[A + Vi] 忙死, 枯掉

[A + A] 累壞

위 예문에 제시된 '打破', '笑倒', '咬紅', '忙丟', '累坏'는 타동과 자동 그리고 형용사 등 각종 품사성분들이 결합하고 있는 구조로서 뒤따르는 형용사나 동사는 선행하는 동사의 동작행위로 말미암은 결과가 된다. 본 'V₁V₂' 구조의 생산성은 실질적으로 문장 내 서로 결합하여 사동 의미를 생성하는데 중요한 역할을 하는 논항 NP1, NP2와의 관계 역시 필수적이다. 'V₁V₂' 구조가 목적어를 대동하여 사동 의미를 표현하게 되면 타동성 (及物性)과도 연관을 가지게 된다. 타동성이란 술어의 작용이 목적어에 이르러 목적어가 변화한 상태에 따라 그 정도성을 논할 수 있는 것으로, 'V₁V₂'구조는 본래 각 분리된 사건들이 임의적으로 융합되어 나타난 것이므로 구체적인 사동구문 안에서 'VP-a'류 와는 달리 각자 사건이 지향하고 있는 논항이 다르게 나타날 수 있다. 다음은 각 논항들의 관계를 나타내는 예문을 정리한 것이다.

표 6. 'VP-b'류 구조결합의 종류

예문	V_1, V_2의 의미지향
(15) 這部書, 敲醒了民眾的蒙瞶。이 책은 민중의 무지몽매함을 깨우쳐 주었다.	V_1(敲) → 這部書(NP₁) V_2(醒) → 民眾的蒙瞶(NP₂)
(16) 它們襲擊並咬死了當地約150頭牲畜。그들은 현지 약 150마리 가축을 습격해 물어 죽였다.	V_1(咬) → 它們(NP₁) V_2(死) → 150頭牲畜死了(NP₁)
(17) 那些髒衣服洗怕了小姑娘。그 더러운 옷들은 어린 낭자를 두렵게 했다.	V_1(洗) → 小姑娘(NP₂) V_2(怕) → 小姑娘(NP₂)
(18) 解放前鄱阳湖发大水，村里餓死了許多人。해방 전 판양호에 홍수가 발생하여 마을 수많은 사람들을 아사시켰다.	V_1(餓) → 許多人(NP₂) V_2(死) → 許多人(NP₂)

위 용례들을 분석하면 결국 이들 결합의 지향점은 NP₂인데, V₂는 V₁의 자·타동성과는 무관하게 자체적으로 논항을 지향하고 있는 것으로 파악된다.[23] 다음은 동사와 자동사 그리고 형용사 등 각종 품사성분들이 두루 결합하고 있는 이러한 결합구조들의 문법범주상의 종류 및 특성을 명확히 파악하기 위해 다음과 같이 도표로 자세히 정리해 보았다.

V₁-	통사자질	'-V₂' 결합성분	-V₂	통사자질	'-V₁' 결합성분
打- (타)	+자동사	-死, -擾, -驚, -醒, -破, -碎, -倒, -傷, -裂, -斷 …	-破 (자)	+자동사	跑-, 嚇-, 氣- …
	+타동사	-殺 …		+타동사	打-, 沖-, 攻-, 撕-, 刺-, 說-, 穿-, 扔-, 掉-, 投-, 搬-, 抛-, 膨-, 甩 …
	+형용사	-痛, -傷, -擾, -壞, -紅 …		+형용사	忙-. 慌-, -急 …
刺- (타)	+자동사	-死, -哭, -醒, -嚇, -警, -破, -倒, -激, -傷 …	-死 (자)	+자동사	淹-, 氣-, 嚇-, 驚-, 哭- …
	+타동사	-杀 ….		+타동사	打-, 壓-, 逼-, 扔- …
	+형용사	-疼, -痛, -壞, -壞 …		+형용사	饿-, 冷-, 熱-, 悶-, 驚-, 累-, 困- …
哭- (자)	+자동사	-嚇, -驚, -傷, -氣, -醒 …	-光 (형)	+자동사	
	+타동사			+타동사	擦-, 吃-, 磨-, 削-, 刨-, 洗- …
	+형용사	-腫, -壞, -紅, -累, -悶 …		+형용사	
忙- (형)	+자동사	-苦, -死, -醒, -哭 …	-壞 (형)	+자동사	哭-, 氣-, 敗-, 醉-, 淹- …
	+타동사	-遲 …		+타동사	破-, 伤-, 扔-, 烧-, 損-, 毀-, 弄-, 打-, 洗-, 淹-, 燒-, 壓-, 逼- …
	+형용사	-瘋, -悶-, -累, -壞, -乱, -苦 …		+형용사	累-, 困-, 悶- …

23) 이봉금(2017) 참조.

위는 '打-', '破-', '刺-', '推-' 그리고 '-破', '-光', '-死', '-壞' 등 각각 4개씩을 대표적으로 선정한 것들이다.[24] 이러한 V_1과 V_2들은 각각 실질적인 자동사나 타동사 혹은 형용사라는 통사적 자질을 고루 소유하고 있는 어휘들이기에 사동을 형성함에 있어 서로가 결합할 시 어떠한 조건과 규칙을 필요로 하는지 파악할 수 있기 때문이다. 각 어휘적 특성을 분석해 보면 V_1과 V_2는 결합관계에 있어 허의적 이거나 모호한 의미작용을 하는 성분들을 제외하고 실질적 동사나 형용사로서 모두 각자의 동작 행위나 상태를 나타내는 실질적인 의미작용을 하는 성분들을 위주로 한다. 예컨대 '打醒'은 '打(때리다)' 라는 원인 행위에 의해 '醒(깨다)'이라는 실질적 의미로 인한 구체적 '원인-결과'라는 흐름이 작용하는 관계로 볼 수 있다.

이 구조는 V_1이 고정이거나 혹은 V_2가 고정적 위치에 놓인 두 종류로 나눌 수 있는데, 각 구조의 어휘들은 비교적 자율적인 위치이동이 가능하며, 이는 곧 접사의 추가에 의한 사동구조의 경우 접사만이 고정적 위치를 차지하고 있다는 특성과의 큰 차이점이기도 하다. 이에 입각하여 본 연구는 결과보어인 V_2 역시 비록 접사는 아니지만, 다양한 V_1과의 결합을 통한 '생산적 어근'이 될 수 있다고 전제한다. 어근 결합을 통해 임시어를 만들어 내는 것처럼 '打破', '沖破', '攻破'와 같은 어휘 결합 (어근＋어근)에 의한 형태론적 결합과정을 잘 반영한다고 볼 수 있기 때문이다.

다음 〈표 7〉은 'V_1V_2'결합이 매우 다양한 상황 속에서 그 쓰임을 나타내는 생산적 구조임을 증명하기 위해 몇 양상들을 정리한 것이다. 'VP-b'

---

24) 이러한 V1과 V2들은 각각 실질적인 자동사나 타동사 혹은 형용사라는 통사적 자질을 고루 소유하고 있는 어휘들로 사동을 형성함에 있어 서로가 결합할 시 어떠한 조건을 필요로 하는지 파악할 수 있기 때문이다.

류와 같은 복합어는 빈도수가 낮거나 혹은 화자의 의도에 의해 단 한번 일시적 결합으로 출현하는 종류도 있겠지만, 비교적 다양한 V₁과 V₂의 결합으로 이루어지고 일상 언어 가운데 사용빈도수도 매우 높다. 이에 정확성을 위해 북경대 CCL 언어 자료를 통해 각 결합 구조 종류 및 출현 빈도를 조사 한 것으로, 지면의 제약상 일상 언어 가운데 상용되는 것 중 7개 이상의 결합구조를 선택한 것이다. 각 V에 속하는 전체 결합구조 수가 많다는 것은 곧 생산성이 높다는 의미이기도 하며 상황에 따라 다양한 신조어의 창출도 가능할 것이다.

표 7. 'VP-b'류 구조결합의 종류 및 출현빈도

V₁	'-V₂' 결합 종류 출현 빈도	V₂	'V₁-' 결합 종류 출현 빈도
打-	-破(16370), -死(8933), -殺(123), -斷(3968), -傷(1850), -折(1624), -碎(1109) … 惊(4), -調(3), -狂(2),	-死	打-(8933), 餓-(1860), 淹-(988), 燒-(914), 氣-(513), 壓-(334), 逼[(211), 倒-(5), 瘋-(3) 狂-(1), 寒-(2)..
破-	-壞(28054), -裂(2727), -碎(2140), -解(2014), -爛(2061), -敗(480), -傷(224), -惊(4) …	-斷	-打(3968), 切(2674), 折(1116), 截(776), 咬(154), 扭(91), 撑(22), 爛-(2), 碎-(1), 氣-(1), …
推-	-進(43859), -遲(7017), -翻(5026), -開(4272), -倒(1023), -掉(183), -高(130), -醒(114) ….	-倒	顛-(2353), 傾-(1611), 摔-(1533),跌-(1253), 滑-(259), 臥-(230), 刮-(173) …
刺-	-激(13051), -痛(833), -杀(833), -伤(541), -死(306), -破(259), -倒(27), 刺吓(1), 刺惊(1) …	-破	打-(16370), 沖-(2287), 攻-(1351), 撕-(547), 刺-(259), 説-(244), 穿-(116) …
砸-	-碎(389), -死(319), -爛(314), -傷(205), -壞(181), -毀(121), -破(117), -哭.(4), -扁(3), -瘪(1) …	-碎	破-(2140), 打-(1109), 切-(439), 撕-(403), 砸-(389), 搗-(202), 碾-(169), 掉-(1), 吹-(2), 烧-(2),
咬-	-傷(390), -死(312), -破(171), -斷(154), -碎(82), -壞(39), -痛(10), …	-壞	破-(28054), 損-(3203), 毁-(2374), 敗-(2113), 弄-(267), 打-(242), 累-(224) …

중요한 점은 위 'V₁V₂' 구조의 생산성 비교는 상대적인 것으로 즉, 형태론적 과정은 유사한 의미의 파생어를 형성하는 어휘들 간의 상대적 생산성으로 비교하는 것이다. 제시된 빈도 수치는 서로 간의 비교 대상인 12개의 어휘결합 가운데 어떤 것이 사용빈도가 높은가를 파악하기 위한 것으로 생산성과는 큰 관련이 없다. 이렇듯 제시된 생산성 측정에 선정된 'VP-b'를 구성하는 '打-', '破-', '推-', '咬-', '砸', '刺' 그리고 '-壞', '-破', '-死', '-碎', '-倒', '-斷' 등 결합은 사동구조의 구성원으로서 다음과 같은 대표적 속성을 지닌 성분들이다.

첫째, 'VP-b'류 구조와 같은 복합어는 'VP-a'류 구조와 달리 하나의 어휘로 인식되지 않는 경우가 많다. 모두 각자의 동작 행위나 상태를 나타내는 실질적 동사로서, 결합관계에 있어서도 실질적 의미를 나타내기에 각 V를 분석해야 하며, 중간에 '得'나 '不', '而' 등 성분들의 추가에 의한 분리가 가능하다. 둘째, 성분들은 원인에 의한 결과를 보이는 인과관계를 형성하는데, 이로 인해 사동자의 사동작용이 결과사건에까지 이르러 그 결과가 '상태변화'라는 객관적 현실로 실현된다. 예컨대 '破壞'는 '破(파괴하다)'라는 원인 행위에 의해 '壞(망가지다)'라는 구체적 '원인-결과'의 관계로 볼 수 있지만, '放大'의 경우를 보면, 비록 '放'이 '놓다'라는 실질적 의미를 나타낸다 하더라도, 결합 구조 안에서는 '~하게 하다'라는 접사적 의미작용만을 나타내기에 예문에서 제외한다. '滅絕'의 경우 역시 두 성분 간의 관계에는 원인과 결과라는 확실한 인과적 흐름이 적용되지는 않고 '絕'이라는 결과에서 확실한 상태변화를 확인할 수 없기에 논의에서 배제하였다. 셋째, 위 결과보어 구조들은 지금 상용되고 있는 것의 일부로, 두 성분결합이 매우 견고한 것이 아닌, 임시적인 것으로 일일이 사전에 등재되지 않은 것들도 많다. 때와 상황에 따라 화자의 의도에 의하여 더욱 다양한 어휘 성분들의 결합을 생성할 수 있는 가능성까지 내포할 수 있는 구조이기에 그 생산성이 매우 크다고 볼 수 있는 것이다. 'VP-b'류 구조는 상대적으로 자율적인 두 성분의 결합을 통해 단어를 생산해 내는 형태론적 과정을 잘 반영하며, 각양각색의 사동의 파생 및 생산성을 나타내고 있기에 뚜렷한 형태적 사동임을 증명한다. 마지막으로 의미적으로 볼 때 사동자의 작용에 의한 흐름이 결과사건에까지 이르러 그 결과가 반드시 실현되고, 그러한 뜻에서 '상태변화사동' 혹은 '결과사동'이라는 의미범주를 적용할 수 있다.

상술한 내용들을 정리해 보면 형태론적 과정이란 특정 어휘의 결합 과정상 생산성이 크냐 작냐의 문제를 논하는 반면, 어휘화는 결합으로 이루어진 단어가 하나의 화석화가 되어 파생의 원리를 적용할 수 없는 상태에 이르게 되었을 때를 일컫는 것이다. 즉 각 V_1, V_2가 실질적 의미를 발휘할 수 있느냐의 여부가 관건이 될 수 있을 것이다.

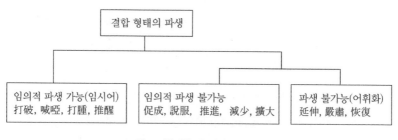

그림 1. 형태론적 과정의 생산성

4 결론

이 논문에서는 형태적 사동의 부재라는 기존의 이분법적 사동의 유형 논의에서 탈피하여 좀 더 신축성 있는 사고를 시도하였다. 사동유형의 구성은 전문적인 사동사 첨가를 비롯하여 그 밖의 다양한 수단과 형식을 통해 실현되는데, 무엇보다 형태적 사동의 가장 큰 특징으로는 생산성

(productivity)을 들 수 있다.

언어학에서 말하는 생산성이란, 단어를 새롭게 생성해 낼 수 있는 확률을 측정하거나 수량화 하는 것을 포함하여 단어를 형성하는 과정(process)까지도 중요한 수단이 된다. 기존의 중국어 문법에서는 결과보어 사동구조에 대해 술어가 형식적으로 융합된 'V₁V₂' 구조를 한 어휘로서 대상에 미치게 되는 영향성 등을 고려하여 이를 어휘적 사동으로 여기는 예가 많았다. 그렇지만 사실 어휘적 사동은 파생적 의미가 매우 취약할 뿐 아니라 명료한 규칙성을 가지고서 생산성을 논하기가 쉽지 않다. 따라서 한 어휘가 'en-','-ify', '-ize','-en' 등과 같은 접사적 성질의 형태소와 결합을 이루거나, 'V₁V₂' 구조를 이루며 자율적인 사동의 생산성을 보이는 결과보어 사동구조와 동일하게 그 유형을 귀납시키기에는 무리가 있는 것이다.

본 논문에서는 사동구조의 형태적 생산성을 논할 수 있는 내·외적인 원리 가운데 '어근＋어근'에 의한 외적인 결합 수단을 설정함에 착안하였다. 'V₁V₂' 사동구조는 이러한 형태적 결합을 입증하는 몇 가지 수단과 절차 즉, 상황에 따라 변화의 동인을 제공하여'~함으로 인해 ~의 상태가 된다'라는 원인에 의한 결과상태라는 인과의미의 표현이 중점이 되는 다양한 'Cause'의미를 생성하는 것이다. 이로써 중국 언어적 특징을 반영한 사동 의미의 파생기제가 존재한다는 사실을 명백히 할 수 있다고 판단한다.

한편 결과보어 사동구조는 동사와 결과보어의 융합 정도에 있어서 다양성을 보이는데, 이러한 융합 정도는 곧 생산성의 정도(degree)와도 연관을 맺는다. 그리고 생산성의 정도가 높을 때, 이 단계 안에서 구체적 규칙성을 발견할 수 있었다. 각 V의 융합 정도에 따라 이는 다시 'VP-a' 와 'VP-b' 두 가지로 분류할 수 있다. 'VP-a'류의 경우, 두 성분의 결합은 때와 상황에 따라 V₁과 V₂를 교체하여 나타낼 수 있는 임시적인 결합이기 보다는 그 결합체의 사용도가 빈번할 뿐만 아니라 높은 융합도를 보인다. 대부분의 경우 의미적, 어휘적 제한성을 띠며 고정적으로 굳어진 형태가 많기에 결합 자체의 생산성도 덜하다고 볼 수 있다. 한편 'VP-b'류 구조는 임시적인 결합 형태이기에 한 어휘가 아닌 'V₁V₂' 구조로 분석하는 것이 적합하다. 대부분 두 성분은 화자의 의도에 따라 자율적인 어휘선택이 가능하고, 더욱 다양한 성분들의 결합을 생성할 수 있는 잠재성까지 내포하기에 형태적 사동에 매우 부합하는 특성을 갖추고 있다.

이상 서로 분리되어 있던 특정한 사건의 원인과 결과 표현을 가능케 한 결과보어 구조가 형태적 사동 의미를 생산한다는 여러 논의를 펼쳤다. 이러한 논리는 현대 중국어 가운데 수많은 어휘와 어휘의 결합을 가능케 하였고, 앞으로도 더욱 새롭고도 다양한 어휘적 결합에 따른 사동 의미의 창출이 가능할 것임을 입증해 준다.

| 참고문헌 |

최규발(2008), 〈현대 중국어 보어 '得'字 構文 연구〉, 《중국어문논총》 36, 15-38.
金立鑫(2009), 〈解決漢語補語問題的一個可行性方案〉, 《中國語文》 322(5), 387-398.
Comrie, B. (1976), Aspect, Cambridge: Cambridge University Press.
곽새라(2014), 〈페르시아어의 사동구문 연구〉, 《언어와 언어학》 65, 21-42.
김성주(2003), 《한국어의 사동》, 한국문화사.
김익환(2004), 〈영어접사의 생산성에 관한 연구〉, 《계명대 국제학논총》 9, 1-16.
김창섭, 《국어의 단어형성과 단어구조》 태학사, 1996.
김형배(2005), 〈파생 사동사의 범주〉, 《한민족 문화연구》 17, 287-306.
박미정(2001), 《現代中國語의 使動表現研究》, 연세대학교 박사학위 논문.
박은석(2017), 〈현대 표준 중국어의 술보형 사동 연속체〉, 《中國語文學誌》 57, 269-307.

박정구(1998), 〈중국어 동보복합어의 내부구조와 외부기능〉, 《중국인문과학》 17, 75-93.

박향란(2012), 〈고대 중국어 사동법에 대한 유형론적 고찰〉, 《中語中文學》 53, 395-413.

박흥수·김영희(2010), 〈준접사의 조어특성에 관하여〉, 《언어와 언어학》 48, 27-42.

시정곤(2006), 〈국어 형태론에서의 '생산성' 문제에 대한 연구〉, 《형태론》 8(2), 257-276.

송철의(1992), 《국어의 파생어형성 연구》, 태학사.

이광호(2009), 《국어파생접사의 생산성과 저지에 대한 계량적 연구》, 태학사.

이수진(2011), 〈현대중국어 어휘 사동의 의미 구조〉, 《中國語文學論集》 70, 221-244.

최영애(2008), 《중국어란 무엇인가》, 통나무.

이봉금(2017), 〈V1+V2' 구조의 사동의미 파생 및 어휘적 사동과의 차이〉, 《中國語研究》 73, 19-43.

장내천(2014), 《한-중 사동표현의 대조연구》, 단국대학교 석사학위 논문.

차준경(1995), 《한국어 파생어의 생산성에 대한 계량적 접근》 고려대학교 석사학위 논문.

최규발(1998), 〈現代 中國語 結果補語의 意味指向〉, 《中國語文學》 31, 173-198.

하치근(1992), 〈파생법에서 어휘화한 단어의 처리 문제〉, 《우리말연구》 2.

Comrie, B(1981), Language universals and linguistic typology, Second edition. Blackwell: Oxford.

Dixon R.M.W(1979), "Ergativity", Language, Vol.55.

_____(2000), Changing valency, Cambridge university press.

Katamba 著(1993/1995), 김경란 외 譯, 《형태론》, 한신문화사.

曹忠军, 祁玲(2001), 〈现代汉语祈使句的语用研究〉, 《喀什师范学院学报(社会科学版)》 4, 63-67.

董秀芳(2007), 〈從詞彙化的角度粘合式動補結構的性質〉, 《語言科學》 1, 40-47.

范晓(2000), 《语法研究和探索》, 北京: 商务印书馆.

郭姝慧(2004), 《现代汉语致使句式研究》, 北京語言大學校 博士學位論文.

何元建(2007),《生成語言學背景下的漢語語法及翻譯研究》, 北京大學出版社.

劉月華 等(1987),《實用現代漢語語法》, 商務印書館.

梁銀峰(2006),《漢語動補結構的産生與演變》, 上海 學林出版社.

龔千炎(1984), 〈动结式复合动词及其构成的动词谓语句式〉,《安徽师大学报》 3, 94-103.

梅祖麟(2008), 〈上古漢語動詞清濁別意的來源〉,《民族語文》 3, 112-136.

沈家煊(2003), 〈現代汉语"动补结构"的类型学考察〉,《世界漢語敎學》 65, 17-23.

石毓智(2002), 〈汉语发展史上的双音化趋势和动补结构的诞生〉,《语言研究》 1, 1-14.

谭丽(2009),《现代汉语使动用法研究》, 首都师范大学 碩士學位論文.

譚景春(1997), 〈致使動詞及其相關句型〉,《語法研究和探索(八)》, 北京:商務印書館.

宛新政(2005),《現代漢語致使句研究》, 浙江大學出版社.

王力(1943/1985),《中國現代語法》, 北京: 商務印書館.

趙元任(1979),《漢語口語語法》, 北京: 商務印書館.

周 红(2004),《現代汉语致使范畴研究》, 华东师范大学 博士學位論文.

朱德熙(1982),《語法講義》, 北京: 商務印書館.

《국어대사전(수정판)》(2006), 민중서림.

《古代漢語詞典(增補本)》(2005), 商務印書館.

《現代漢語詞典(增補本)》(2002), 商務印書館.

'V+一下'에 대한 통시적 고찰

王帥

1 도입

　현대중국어에서 '下'는 출현빈도가 비교적 높은 동량사로, 동량사구 '一下'는 동사 앞에서 부사어로 사용될 수도 있고, 동사 뒤에서 보어로 사용될 수도 있다. '一下'가 어떠한 문장 성분으로 사용되는지 살핀 통계에 따르면, 현대 중국어에서 '一下'가 문장에서 동사나 형용사와 결합하여 보어로 사용되는 경우는 70.49%였다. 이들 가운데 'V+一下' 형식의 출현 비율은 67.58%에 달한다. 반면, '一下'가 문장에서 동사, 형용사, 의성어 혹은 지시대명사 등의 성분과 결합하여 부사어로 출현한 경우는 29.51%였다.[1] 즉, 현대중국어에서 'V+一下'는 '一下'의 가장 대표적인 형식이라고 할 수 있다.

　呂叔湘(1981)이 제시한 바와 같이 'V+一下'와 'V+수사+下'는 서로

---

*《중국어문논총》제99집(2020년 6월) 게재(번역).
** 신구대학교 관광서비스중국어학과 조교수.
1) 高頻(2008 : 3)은 王朔의 소설 19권을 대상으로 보어와 부사어로 사용된 '一下'의 출현 분포를 살폈다.

다른 두 가지의 형식으로, 'V + 一下'와 'V + 一 + 下' 역시 구분하여 살펴볼 필요가 있다.[2] 통시적 시각에서 볼 때 동량사 '下'의 의미는 오랜 변천 과정을 겪었으며, 'V + 一下'와 'V + 一 + 下'는 바로 이러한 역사적 의미 변천의 결과물이다.

현재까지 학계에서 'V + 一下' 형식에 대한 다양한 관점에서의 연구가 이루어졌지만, 이는 주로 공시적 시각에 집중되어 있고 통시적 고찰은 좀 뒤떨어진다고 보여진다. 劉世儒(1965)의《魏晉南北朝漢語量詞硏究》, 金桂桃(2007)의《宋元明淸動量詞硏究》등은 통시적 관점에서 '一下'의 통사, 의미적 변천 과정을 고찰했다. 이 밖에 周娟(2007)은 '下'와 결합하는 동사 부류의 통시적 고찰에 중점을 두었다.

목적어를 가지는 'V + 一下'의 어순문제는 학계의 지속적인 주목을 받아 왔다. 呂叔湘(1981), 朱德熙(1982)에 의하면, 목적어가 대명사일 경우 수량사구는 대명사 뒤에 위치한다. 馬慶株(1984)와 劉月華(1983)는 각각 동사 및 동량사의 하위부류에 근거하여 동량사와 목적어의 어순을 살펴보았다. 方梅(1993)는 동량사와 목적어의 어순문제는 명사의 지시성, 新旧정보 등과 관련이 있다고 했다. 王靜(2001)은 時量성분과 動量성분은 각각 지속시간과 발생 횟수의 측면에서 동사의 개념을 '개체화'하며,

---

2) 呂叔湘(1981)은 양사 '下'가 두 가지의 의미를 가지고 있다고 제시했다. 하나는 동작의 횟수를 나타내는 것이며 '兒化'로 읽을 수 있다. 다른 하나는 재능, 기능을 나타내는 것이다. 수사는 '兩', '幾'에 한하며, '下' 뒤에 '子'자 출현할 수 있고 '兒化'로 읽을 수 있다. 첫 번째 의미는 또한 세 가지 형식이 나타난다. 첫째, '동사 + 수사 + 下' 형식이다. 목적어가 있는 동사구가 있는 경우에는 두 가지의 어순으로 나타난다. 즉, 대명사나 사람을 나타내는 명사는 수사 앞에 위치하며 기타 명사는 수사 뒤에 위치한다. 둘째, '동사 + 一下' 형식이다. 이는 동작이 짧은 시간에 한 번 발생함을 나타낸다. 셋째, '수사 + 下 + 동사' 형식이다. 이는 '속도가 매우 빠름'을 나타내며 수사는 일반적으로 '一'로 쓰여 '一下子'로 표현할 수도 있다. 첫 번째와 두 번째는 문장에서 보어 성분으로, 세 번째는 문장에서 부사어 성분으로 나타난다.

그러한 '개체화'의 정도가 높을수록 동사와 더 가까운 위치에 출현한다고 주장했다.

사실상 목적어를 가지는 'V + 一下' 형식의 어순을 제약하는 요소는 다양하고 그 제약 양상도 매우 복잡하다. 또한 기존 연구는 각자의 연구 목적에 따라 고찰의 시각 또한 완전히 일치하지 않는다. 따라서 본고에서 기존연구의 연구 성과와 문제점에 대해서는 상세히 논하지는 않기로 한다. 본고는 동량사 '下'의 의미적 변천에 대한 고찰을 기반으로, CCL(베이징대학 중국언어학연구센터 코퍼스)의 고대 및 현대 중국어 코퍼스 데이터를 통해 통시적 시각에서 'V + 一下₁'과 'V + 一下₂' 형식에 대해 살펴본다. 나아가 'V + 一下₁'과 'V + 一下₂'의 출현 양상의 변천 과정을 통해 'V + O + 一下'와 'V + 一下 + O' 어순 변천의 통시적 원인에 대해 고찰한다.

2 'V + 一下₁' 및 'V + 一下₂'

2.1 동량사 '下'의 의미 변천

현대중국어 동량사 '下'는 본래 명사로 출현했다. 일찍이 갑골문 시대부터 이미 '下'의 글자 형태가 나타났으며 이는 위와 아래 두 부분으로 구분되었다. 윗부분은 위치의 경계선을, 아랫부분은 '이러한 경계선 아래'라는 의미를 나타냈다. 《說文解字》의 해석에 의하면, '下'는 '아래'("下, 底也。")를 의미한다. 이로써 명사 '下'의 본의는 '아래', '아래에 위치하다'로 볼 수 있다. 고대 문헌자료에서 명사 '下'의 용례는 다수 발견된다. 예를 들면,

(1) 殷其雷, 在南山之下。　　　　　　　　　　《詩經·召南·殷其雷》

우르릉 천둥소리 남산 밑에서 울리네.

(2) 十月蟋蟀入我床下。　　　　　　　　　　　《詩經·豳风·七月》

10월에 귀뚜라미가 상 아래로 들어오네.

(CCL 고대중국어 코퍼스)

이러한 본의를 바탕으로 명사 '下'의 의미가 점차 풍부해지며 '백성', '지위가 낮은 사람', '땅이나 땅 아래' 등과 같은 다양한 파생적 의미가 나타나게 되었다. 아래 예를 보자.

(3) 上天孚佑下民, 罪人黜伏。　　　　　　　　《尙書·湯誥》

하느님은 백성들을 진실로 도우셔서 죄인을 내치시고 굴복시키셨다.

(4) 居上位而不驕, 在下位而不憂。　　　　　《周易·乾卦·第一》

위에 있으나 교만하지 않으며, 아래에 있으나 근심하지 않는다.

(5) 西南四百里, 曰昆侖之丘, 是實惟帝之下都, 神陸吾司之。

《山海經·西山經》

서남쪽으로 400리에 있는 곤륜구라고 불리는 곳은 실제로 천체의 하계 도읍으로 육오라는 신이 맡고 있다.

(CCL 고대중국어 코퍼스)

春秋戰國시기 명사 '下'는 더욱 많은 의미를 파생하였을 뿐 아니라, 품사적으로도 새로운 변화가 나타나게 되었다. 이 시기에 '낙하하다', '위에서 아래로 향하다'라는 '下'의 동사성 의미가 나타나기 시작했으며, 이를 기반으로 '발포하다', '항복하다' 등 동사 '下'의 파생의미가 나타나게 되었다. 고대 문헌자료에서 발견되는 동사 '下'의 용례로는 다음과 같은 예가 있다.

(6) 下視其轍, 登軾而望之, 曰：“可矣”。　　　　　《左傳·庄公十年》

전차에서 내려 제나라 군대의 전차 바퀴의 흔적을 살피고 다시 전차에 올라 수레 앞의 횡목을 부여잡고 멀리 제나라 군대를 바라보고 말하기를：“추격해도 됩니다.”

(7) 令初下, 群臣進諫, 門庭若市。　　　　　《戰國策·齊策》

명령이 처음 떨어지자 모든 신하들이 충언을 드려, 궁은 마치 시장처럼 시끌벅적했다.

(8) 吾恐不能守矣, 欲以城下, 何國之可下？　　　　　《韓非子·十過》

나는 성을 지키지 못할까 두려워 성을 열어 항복하려고 하는데 어느 나라에게 항복해야 하는가?

(CCL 고대중국어 코퍼스)

양사로 쓰이는 '下'는 처음에 동사성 의미로부터 파생되었으며, 이는 동작이 위로부터 아래로 움직이는 횟수를 나타낸다. 이러한 용법은 漢代부터 이미 나타났고 魏晉南北朝시기에 비교적 보편적으로 쓰이게 되었다. 唐代부터 현재까지 '下'는 점차 비교적 사용빈도가 높은 양사의 하나가 되었다. 예를 들면,

(9) 遇黑卵之子于門, 擊之三下, 如投虛。　　　　　《列子·湯問》

문 앞에서 흑난의 아들을 만나 (검으로) 세 번을 쳤으나 허공을 친 것과 같았다.

(10) 人不得高聲唱号, 行者敲弓一下, 坐者扣槊三下。　　　　　《通典》

사람은 큰 소리로 외쳐서는 안 되며 행동하는 자는 활을 한 번 치고 앉아 있는 자는 삭을 세 번 친다.

(11) 若打一下, 諸坊布鼓自鳴；若打兩下, 江河騰沸；若打三下, 天地昏暗。　　　　　《敦煌變文集新書》

(천으로 만든 북)을 한 번 치면 각 동네의 북은 스스로 소리가 나며, 두

번 치면 강은 비등하며, 세 번 치면 하늘과 땅이 컴컴하게 어두워진다.

(CCL 고대중국어 코퍼스)

양사 '下'의 최초 의미는 동작이 위로부터 아래로 움직이는 횟수를 헤아려 확정된 동작의 양을 나타내는 것으로, 이러한 동작의 양은 수사를 통해 확정된다. 따라서 '下'는 수사와 자유롭게 결합하여 '一下', '兩下', '三下' 등 '수사+下'와 같은 수량사구를 형성했다. 이는 현대중국어에서 동량사 '下₁'의 용법에 해당되며 동작이 발생하는 실제 횟수를 헤아리는 데 사용된다.

'下₁'이 폭넓게 사용됨에 따라 그 의미에도 변화가 나타나게 되었다. 宋代 문헌자료인 《朱子語類》에서 이미 '下'의 의미는 변천하기 시작했다. 즉, 확정적인 양을 나타내는 용법은 모호한 양을 나타내는 용법으로 파생하게 되었는데, 이는 현대중국어 동량사 '下₂'의 용법에 해당된다. 예를 들면,

(12) 若被他一下鼓動得去, 直是能生事。　　　　　　　(《朱子語類》)
만약 그의 선동으로 (우리가) 가게 되었다면 정말 무슨 일이 일어났을 것이다.

(13) 圣人下得言語恁地鎮重, 恁地重三疊四, 不若今人只說一下便了, 此圣人所以爲圣人。　　　　　　　(《朱子語類》)
성인이 말씀하실 때 이렇게 신중하고 이렇게 반복해서 하는데 오늘날 사람들처럼 잠깐 말하고 마는 것이 아니다. 이것이 바로 성인이 된 까닭이다.

(CCL 고대중국어 코퍼스)

예문(12)와 (13)에서 '一下鼓動'과 '說一下'의 '一'는 확정적인 양을 나타내지 않는다. 다시 말해서 '一'를 다른 수사로 바꿔 '兩下鼓動' 혹은 '說三下'와 같은 형식으로 사용하지 않는다. 이러한 수량사구 '一下'는 동작

이 발생하는 실제적인 횟수를 헤아리는 기능이 이미 상실되었으며 이는 모호한 '時量'적 의미를 나타내게 된다. 구체적으로, 동량사 '下₂'는 수사 '一'와의 결합이 점차 고정되어 '짧은 시간'의 의미를 나타내게 된다.[3]

출현 위치의 분포를 살펴보자면, 《朱子語類》에서 수량사구 '一下'는 대부분 술어 동사 앞에 출현하며, 이들은 문장에서 부사어로서 '一下 + V' 형식으로 쓰였다. 반면, 술어 동사 뒤에 출현하는 용례는 많지 않았다. 최소한 宋代에는 '一下 + V' 형식이 'V + 一下' 형식보다 더욱 널리 사용된 것이다.

宋代 이후, '下₂'의 용법이 증가함에 따라 '一下₂'의 의미도 점차 허화되기 시작했다. 현대중국어에서 '一下₂'는 '짧은 시간'의 의미를 나타낼 뿐 아니라, 일부 언어환경에서는 화자의 태도를 나타낼 수도 있다.[4]

(14) 你赶快准備<u>一下</u>衣服和生活用品。
　　 옷과 생활용품을 어서 좀 준비해라.

(15) 請看<u>一下</u>這個時間表。
　　 이 시간표를 좀 보세요.　　　　　　　　　　　　(CCL 현대중국어 코퍼스)

---

3) 高頻(2008:17)는 '一下₁'은 문법단위의 측면에서 단어가 아닌 구인 반면, '一下₂'는 이와 다르다고 했다. '一下₂'의 의미적 특징을 살펴보았을 때, '一'와 '下'는 모두 본의가 상실되었으며, '一下₂' 형식에서 '下'는 양사가 아닌 하나의 음절일 뿐이다. 이에 따라 '一下₂'는 구가 아닌 단어로 본다.

4) 김영민(2009)에 의하면, '下₁'가 동작의 횟수를 헤아린다면, '下₂'는 동작의 횟수를 헤아리는 의미는 약화되고 '짧은 시간'을 나타낸다. '下₃'는 '下₂'의 의미로부터 파생된 것이다. 담화에서 '一下₃'는 화용표지(pragmatic marker)로서 청자에게 부탁했을 때 부담을 덜어 주고 화자의 가벼운 어기와 태도를 나타낼 수 있다. '下₃'는 현대 중국어에서 주로 담화에 출현하므로, 'V + 一下'에 대한 통시적 고찰을 위한 본고의 논의에 '下₃'는 포함하지 않기로 한다.

예문(14)와 (15)에서 '一下'는 대화에서 화자가 청자에게 부탁하는 일이 어렵지 않게 가벼이 대응할 수 있는 일임을 나타내는 화용표지로 간주할 수 있다. 일반적으로 말하면, 화용표지로 쓰이는 '一下₂'의 '一'는 강세를 받지 않고 심지어 생략될 수도 있다.

요컨대, '下'는 긴 문법화 과정을 통해 실제적인 의미가 점차 허화되었다. 명사나 동사로 쓰이는 '下'는 공간적 의미를 부각시켜 '아래' 혹은 '위에서 아래로 움직이다'라는 의미를 나타낸다. 이후 양사로 발달한 '下'는 '동작이 위에서 아래로 움직이는 횟수'를 나타낼 뿐 아니라, 이러한 의미로부터 '時量'의 의미가 파생되었으며, 나아가 대화에서 화자의 태도를 나타내는 화용표지로 발전하게 되었다. 이러한 변천 과정을 통해 '下'는 의미적 변화 뿐 아니라 통사 기능적 측면에서도 비교적 큰 변화를 겪은 것이다.

2.2 'V+一下₁' 및 'V+一下₂'에 대한 통시적 고찰

2.1절은 '下'의 의미적 변천 과정을 분석하고, 동량사 '下'의 의미가 '下₁'에서 '下₂'로 파생되는 과정을 살펴보았다. 이러한 과정에서 '下₁'은 수사와 자유롭게 결합하여 동작이 발생하는 실제적인 횟수를 나타낼 수 있는 반면, '下₂'와 결합할 수 있는 수사는 제한적으로 대부분 수사 '一'이며, 이는 모호한 '時量'의 의미를 부각시킨다는 사실을 알 수 있었다. 통시적 측면에서 '下₁'과 '下₂'의 용법의 변천 과정을 고찰하기 위해, 본고는 '下₁'이 여러 다른 수사와 결합하는 경우는 배제하고 'V+一下' 형식만을 고찰 대상으로 삼는다.5)

---

5) 'V+一下₁'와 'V+一下₂'의 차이를 구분하기가 쉽지 않은데 '一下₁'의 수사 '一'는 수량을 헤아리는 실제적인 기능이 있기 때문에 기타 수사로 교체할 수 있다. '一下₂'의 '一'는 수량을 헤아리는 실제적인 의미가 상실되어 기타 수사로 교체할 수 없다.

앞서 언급한 바와 같이 '下'는 唐代부터 점차 동량사로 널리 쓰이게 되었다. 본고는 CCL 고대중국어 코퍼스의 문헌자료를 통하여 唐代부터 民國시기까지 'V+一下' 형식에 출현한 동사를 살펴보았다.

표 1. 唐代부터 民國시기까지 'V+一下' 형식에 출현한 동사

시 기	'V+一下' 형식에 출현한 동사
唐	敲 打 振 杖
五代	震 打 拍 指 振
宋	拊 斫 振 打 揮 掃 拍 擊 卓 拂 扣 劃 敲 說
元	敲 打 看 饒
明	砍 打 鳴 滾 撤 收 推 踢 掌 劈 搖 咬 築 扇 攔 按 斷 送 奉 承 管教 稟報 看望 暢述 傾訴 評判
清	劃 砸 打 掃 嚇 敲 棻 絆 砍 問 看 騙 磕 陪 撞 幇 扯 試 勸 逼 點 指 捽 拍 捏 捱 咬 拉 摸 踢 抱 捅 磕 擰 戳 治 表演 表示 挽回 喜歡 糟蹋 點綴 打聽 懲辦 嚇唬 酬謝 應酬 實驗 責罰 安慰 捉弄 恭維 處置 敷衍 算計
民國	擊 打 溜 玩 等 問 點 迎 害 試 瞧 吻 看 指 砍 拍 瞟 摸 傳 敲 幹 掃 踢 推 騙 防 辦 坑 拉 咬 瞄 拖 望 揍 想 硌 比 捽 贏 砸 嚇 注意 敲擊 教訓 估計 收集 報答 計算 探看 打聽 查對 主持 嘲笑 檢驗 報復 敷衍 說明 留神 巴結 叙述 活動 戲弄 顯示 利用 賣弄 收拾 發泄 聯絡 搜查 懲治 作弄 提携 處罰 領會 宣布 安置 開闊 整理 環視

〈표 1〉에서 알 수 있듯이 宋代 이전에 'V+一下' 형식에 출현한 동사는 대부분 '敲', '打', '振', '拍' 등 '치다'류의 동사였다. 이러한 동사 뒤에 위치하는 '一下'는 '치다'류 동작이 발생하는 횟수를 헤아리며, 수사 '一'는 양을 헤아리는 실제적인 기능을 가진다. 코퍼스 자료에 대한 의미적 고찰을 통하여 용례에 출현한 '一下'는 모두 '동작이 한 번 일어났다'는 의미를 나타내는 '一下₁'에 해당됨을 알 수 있었다.

(16) 師便脫鞋打地一下, 僧云 : "和尚打地作什摩？"　　(五代《祖堂集》)

　　스승이 신발을 벗고 바닥을 한 번 치니 스님이 말하기를 "어찌 바닥을
　　치셨소?"　　　　　　　　　　　　　　　　　　　(CCL 고대중국어 코퍼스)

　　'下'의 의미적 변천 과정에서, 양사 '下'의 초기 의미는 동작이 위에서
아래로 이루어지는 횟수를 헤아리는 것으로, 의미적으로 여전히 동사와
관련된 일부 특징이 남아 있다. 宋代 이전에 '下'가 횟수를 헤아린 '치다'
류 동작은 이러한 특징에 부합된다. 이는 또한 'V+一下₁'의 의미 기능이
기도 하다. 宋代에 들어서도 '一下'와 공기하는 동사로 '치다'류 동사가
여전히 절대적인 우위를 차지했다. 그러나 宋元 이후부터 '說', '看' 등
'치다'류 동사가 아닌 동사의 용례가 지속적으로 나타나기 시작했다. 이
처럼 '一下'와 '說', '看' 등 동사가 공기한 용례는 당시 '一下'가 '一下₁'
의 의미로만 사용된 것이 아님을 보여 준다. '說'나 '看' 등의 동작은 '위
에서 아래로 움직이다'라는 동작의 특징을 가지지 않기 때문이다. 다시
말해, 이 시기의 '一下'는 어떠한 모호한 '時量'을 나타내기 시작하였으
며, 이는 '一下₂'의 용법에 해당된다. 수사 '一'의 실제적인 양을 헤아리
는 의미도 약해지면서, '下₂'와의 결합도 더욱 긴밀하게 되었다.

(17) 元末俺軍師就以此燈爲號, 只看此燈一下, 那埋伏的弓弩, 卽便
　　一時齊發。　　　　　　　　　　　　　　(元《龐涓夜走馬陵道》)

　　원나라 말기 우리 군사는 바로 이러한 등을 신호로 삼았는데 이 등을 보
　　고 매복해 있던 궁사들은 동시에 활을 발사했다.

　　　　　　　　　　　　　　　　　　　　　(CCL 고대중국어 코퍼스)

　　예문(17)에서 '看一下'는 동작 '看'의 '時量', 즉 '짧은 시간량'의 의미
를 나타낸다.

한편, '一下'와 공기한 동사의 음절적 특징을 살펴볼 때, 明代 이전에 'V + 一下' 형식에 출현한 동사는 일반적으로 단음절 동사였으나 明代부터 이음절 동사의 출현빈도가 점차 증가하게 되었다.

다음으로 唐代부터 民國시기까지 'V + 一下' 형식에 출현한 동사의 유형을 살펴보자. 통시적 시각에서 볼 때 'V + 一下₁'과 'V + 一下₂' 형식에서 '一下₁' 및 '一下₂'와 공기한 동사의 유형에는 차이가 나타난다. Xiao&McEnery(2004)는 동작의 동태성(Dynamic), 지속성(Durative), 경계성(Bounded), 종결성(Telicity) 및 결과성(Result) 등 다섯 가지 의미자질에 따라 동사를 활동동사(ACT), 순간동사(SEM), 완수동사(ACC), 성취동사(ACH), 개체층위 상태동사(ILS) 및 단계층위 상태동사(SLS)로 구분했다.[6] 김영민(2009)에 의하면, '一下₁'은 일반적으로 순간동사(SEM)와 공기하며, '一下₂'는 순간동사(SEM), 활동동사(ACT) 혹은 단계층위 상태동사(SLS)와 공기한다.[7] 〈표 1〉의 조사 결과에서 알 수 있듯이, 宋代 이전에 'V + 一下' 형식에 출현한 동사는 대부분 '敲', '拍' 등 순간동사

[6]
표 2. Xiao&McEnery(2004)의 동사 유형

	[±동태성] (Dynamic)	[±지속성] (Durative)	[±경계성] (Bounded)	[±종결성] (Telicity)	[±결과성] (Result)
활동동사(ACT)	+	+	-	-	-
순간동사(SEM)	+	-	±	-	-
완수동사(ACC)	+	+	+	+	-
성취동사(ACH)	+	-	+	+	+
개체층위 상태동사(ILS)	-	+	-	-	-
단계층위 상태동사(SLS)	±	+	-	-	-

[7] 김영민(2009)은 '一下₁', '一下₂'와 공기하는 동사의 유형을 제시하였을 뿐만 아니라, 화용표지인 '一下₃'와 공기하는 동사의 유형에 대해서도 고찰했다. '一下₃'와 공기하는 동사로는 순간동사(SEM), 활동동사(ACT), 개체층위 상태동사(SLS) 및 성취동사(ACH) 등 유형이 있다. '一下₃'는 주로 현대 중국어에서 쓰이므로 본고에서는 언급하지 않는다.

(SEM)였으며, 전형적인 활동동사인 '說' 혹은 '看' 등은 宋元 이후에야 비로소 점차 출현하기 시작했다. 이처럼 '一下₂'와 공기하는 동사 유형을 통해서도 'V + 一下₂' 형식이 대체로 宋代에 나타나기 시작하였음을 확인할 수 있다.

〈표 1〉에 정리된 146개 동사 중 '敲', '拍' 등의 순간동사(SEM)가 약 23.97%, '看', '問' 등의 활동동사(ACT)는 약 61.64%를 차지했다. 즉, 唐代부터 民國시기까지 '一下'와 공기한 동사는 주로 활동동사(ACT)와 순간동사(SEM) 두 유형으로, 이 두 동사 유형의 출현빈도는 85.61%에 달했다.

唐代 이후부터 'V + 一下₁'과 'V + 一下₂' 형식의 사용상황에 대해 보다 정확하게 파악하기 위해, 본고는 CCL(베이징대학 중국언어학 연구센터 코퍼스)를 통하여 'V + 一下' 형식에 대한 데이터를 조사하고, 이를 'V + 一下₁'과 'V + 一下₂' 두 형식으로 구분했다.

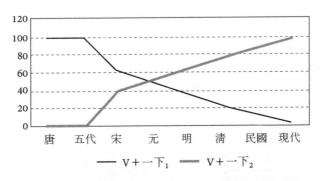

그림 1. 唐代 이후 'V + 一下₁'과 'V + 一下₂'의 사용빈도

〈그림 1〉에서 알 수 있듯이, 唐代 이후부터 'V + 一下₁'과 'V + 一下₂' 형식의 출현빈도에 점차 반전이 이루어지는데, 즉 'V + 一下₁'은 감소세를 나타내는 반면, 'V + 一下₂'는 증가세를 보이고 있다. 元明 이후부터

‘V +ー下₂’의 출현빈도는 ‘V +ー下₁’을 점차 추월하게 되었으며, 현대 중국어에서는 ‘V +ー下₂’의 사용이 절대적인 우위를 점하고 있다.

3 ‘V + O +ー下’ 및 ‘V +ー下 + O’에 대한 통시적 고찰

현대 중국어에서 목적어가 있는 ‘V +ー下’ 형식은 ‘V + O +ー下’ 및 ‘V +ー下 + O’의 두 가지 어순으로 나타난다. 통시적 시각에서 목적어가 있는 ‘V +ー下’ 형식의 어순을 살펴보면, 唐代 이후부터 이미 목적어가 있는 ‘V +ー下’의 용례가 나타남을 확인할 수 있다. 아래 예를 보자.

(18) 黃檗下來見, 以拄杖打板頭一下。　　　　　　　　　　(唐《佛語錄》)
　　　황벽나무 밑에서 만나 주장자로 판자를 한 번 쳤다.
　　　　　　　　　　　　　　　　　　　　　(CCL 고대중국어 코퍼스)

唐代까지는 양사 ‘下’가 널리 쓰이지 않았기 때문에 목적어가 있는 ‘V +ー下’ 형식의 용례는 많지 않다. 唐代 및 五代시기 ‘V +ー下’ 형식은 모두 ‘V + O +ー下’ 어순으로만 출현하였으며, 해당 용례는 각각 4개와 7개였다. CCL 고대 중국어 코퍼스에서 이 시기 ‘V +ー下 + O’ 어순을 취한 용례는 발견되지 않았다.

宋元시기에 들어 양사 ‘下₁’이 널리 사용됨에 따라 이전 시기에 비해 ‘V + O +ー下₁’ 어순을 취한 용례가 다수 발견되었다. 특히 宋代 문헌자료에서 총 118개의 ‘V + O +ー下’ 어순을 취한 용례를 찾을 수 있었다. 그러나 ‘V +ー下 + O’ 어순을 취한 용례는 여전히 발견되지 않았다.

(19) 良久, 揮尺一下曰 : “如是我聞。”　　　　　　　　　　(宋《五燈會元》)

한참이 지나서 자를 휘두르며 말하기를 "이는 석가모니에게서 들은 것이다."

(20) 上堂, 拈拄杖擊禪床一下 …　　　　　　　　　　　(宋《五燈會元》)
법당에 올라가 주장자를 집어 선상을 한 번 쳤다.

　　　　　　　　　　　　　　　　　(CCL 고대중국어 코퍼스)

元代의 양상은 宋代와 대체로 비슷하여, 코퍼스 자료에서 'V+O+一下' 어순의 용례만 발견된다. 그러나 이전 시기에 비해 목적어에 차이가 나타난다. 구체적으로, 이전 시기, 목적어는 대부분 일반명사였으며 특히 공구나 신체 부위를 나타내는 명사가 대부분이었다. 그러나 元代 문헌자료에서는 인칭대명사가 목적어로 쓰이고 있는 용례가 나타나기 시작했다. 다음의 예를 보자.

(21) 見他每帶系烏犀, 衣着白襴, 帽里烏紗, 怎生地使手法, 待席罷敲他一下。　　　　　　　　　　　　　　　　　(元《江州司馬青衫泪》)
그를 보니 띠에 무소뿔이 달려 있고 선비 복장을 하고 오사모를 쓰고 있는데 어떠한 방법을 써서 연석이 끝나고 그를 한 번 쳤다.

　　　　　　　　　　　　　　　　　(CCL 고대중국어 코퍼스)

이 시기, 여전히 '一下₁'의 사용이 우위를 점하고 있었으나, 점차 '一下₂'의 용법이 등장하기 시작했다. 양사 '下'의 의미 역시 동작의 횟수만을 나타내는 공간적 개념에서 '時量'(일반적으로 '짧은 시간량')을 나타내는 시간적 개념으로 파생되었다.

明代 이후의 문헌자료에서는 'V+O+一下' 및 'V+一下+O' 두 어순이 동시에 출현한다. 비록 'V+O+一下' 어순이 여전히 다수를 점하고 있었으나, 'V+一下+O' 어순도 15개의 용례가 발견되었다. 아래 예를 보자.

(22) 朦朧中見一个金甲神人, 將瓜錘<u>扑他腦盖一下</u> … (明《二刻拍案惊奇》)

몽롱한 느낌 속에서 보니 금색 갑옷을 입고 있는 신인이 쇠망치로 그의 머리에 한 번 쳤다.

(23) 鬼<u>推王丞相一下</u>, 看王丞相何如? (明《三宝太監西洋記》)

귀신은 왕승상을 한 번 밀어서 왕승상이 어떻게 될지 보려고 했다.

(24) 是我使棒嚇他, 他就把扇子<u>扇了我一下</u>, 飄飄蕩蕩, 直刮到小須彌山。 (明《西遊記》)

내가 봉으로 그에게 겁을 주었더니 그는 부채로 나에게 한 번 부채질했는데 나를 소수미산까지 날려버렸다.

(25) 黃鳳仙又走到土山之上, 城門之前, <u>推一下門</u>, 叫聲道 : "開 ! " (明《三宝太監西洋記》)

황봉선은 다시 토산 위로 걸어가서 성문 앞에서 문을 좀 밀면서 "열어라!"라고 소리쳤다.

(26) 商生雖然感到悵然絕望, 但始終想向采采<u>傾吐一下委婉曲折的心事</u>, 以表達自己的感情。 (明《剪燈新話》)

상생은 비록 창연하고 절망적으로 느꼈지만 언제나 채채에게 복잡한 심정을 토로하고 자신의 감정을 표현하고 싶었다.

(CCL 고대중국어 코퍼스)

예문(22), (23) 및 (24)는 'V＋O＋一下' 어순이, 예문(25)와 (26)은 'V＋一下＋O' 어순이 사용되고 있다. 明代 문헌자료에서 나타나는 목적어가 있는 'V＋一下' 형식의 어순은 이전 시기와 뚜렷한 차이를 보인다. 먼저, 宋元시기까지는 나타나지 않았던 'V＋一下＋O' 어순의 용례가 明代 문헌에서부터 출현하기 시작했다. 또한 'V＋O＋一下' 어순은 물론이고 새로 등장하기 시작한 'V＋一下＋O' 어순 형식에서도 목적어의 다양화가 이루어지기 시작했다. 좀 더 구체적으로 살펴보자면, 첫째, 唐代부터 宋元시기까지 'V＋O＋一下' 어순의 목적어는 대부분 일반명사였고 공구류나 신체 부위류 명사가 주를 이루었다. 그러나 明代 이후부터 목적어는 일부 유형의 명사에만 한정되지 않고 인칭대명사가 목적어로 쓰이는 현상이 더욱더 보편화 되었다. 둘째, 새로 나타나기 시작한 'V+一下+O' 형식의 목적어로 일반명사뿐 아니라 비교적 복잡한 형태의 명사구도 출현하게 되었다. 이는 현대 중국어 양사 '下'의 용법과 거의 동일한 것이다.

淸代 및 民國시기에는 'V+O+一下'와 'V+一下+O' 두 가지 어순이 모두 전반적으로 증가세를 나타냈다. 'V+O+一下' 어순이 여전히 우위를 점하였으나, 明代 대비, 'V+一下+O' 어순이 뚜렷한 증가를 보였다. 民國시기의 문헌자료에서 'V+一下+O' 어순의 용례는 총 47개였다. 목적어의 사용에 있어, 현대 중국어에서 목적어가 있는 'V+一下' 형식의 용법과 전혀 차이가 없는 것이다.

이상 본고에서는 CCL 고대 중국어 코퍼스 자료를 기반으로 唐代부터 民國시기까지 'V+O+一下'와 'V+一下+O' 두 가지 어순에 대하여 살펴보았다. 이 두 어순이 출현한 용례를 정리하면 아래 〈표 3〉과 같다.

표 3. 唐代부터 民國 시기까지 'V+O+一下'와 'V+一下+O'의 용례 통계[8]

시기	'V+O+一下' 용례	'V+一下+O' 용례
唐	4	0
五代	7	0
宋	118	0
元	6	0
明	38	15
淸	135	33
民國	120	47

---

8) CCL 고대 중국어 코퍼스에 수록되어 있는 각 역사 시기의 문헌자료의 수량에는 다소 차이가 있다. 그러나 전체적으로 볼 때 이러한 차이가 두 가지 어순의 발전 추세를 고찰하는 데에는 큰 영향을 끼치지 않는다고 본다.

〈표 3〉에서 알 수 있듯이 첫째, 唐代부터 民國시기까지 우위를 점한 어순은 'V+O+一下' 어순이다. 둘째, 'V+一下+O' 어순이 점차 증가세를 나타냈다. 고대부터 현대까지 중국어에서 목적어가 있는 'V+一下' 형식에 대하여 전체적으로 파악하기 위하여 본고는 CCL 현대 중국어 코퍼스의 목적어가 있는 'V+一下' 용례 6,000개를 추출하여 'V+O+一下'와 'V+一下+O' 두 가지 어순의 데이터를 각각 고찰했다. 현대 중국어 코퍼스에서 추출된 6,000개의 용례 가운데 'V+O+一下' 어순을 취한 것은 46개뿐으로, 현대 중국어에서는 'V+一下+O' 어순이 절대적인 우위를 점하고 있음을 확인할 수 있었다. 이는 民國시기 이전에 나타났던 양상과는 뚜렷하게 차이를 보이는 것이다. 그렇다면 이 두 가지 어순의 분포 변화를 제약한 원인은 무엇인가?

분명한 점은 그 원인이 단일하지 않다는 것이다. 어순의 변화는 복잡하고 다양한 원인이 영향을 미친 결과라 할 수 있다. 앞서 언급한 바와 같이, 현대 중국어에서 동량사와 목적어의 어순문제는 동량사 연구의 주된 연구 주제의 하나였다. 동사, 동량사 및 목적어의 복잡한 어순에 대해 학자들은 목적어의 성격, 동사의 유형, 동량사의 유형, 목적어를 충당하는 명사성분의 지시성 및 정보성 등 다양한 측면에서 분석을 진행했다. 그리고 이러한 분석들은 'V+O+一下'와 'V+一下+O' 두 가지 어순에 대한 추가적 연구 진행에 중요한 의미를 지닌다고 할 수 있다. 기존연구에서 제시되었던 이러한 견해들은 특히 공시적 연구의 측면에 있어 설득력이 있다는 점을 부인할 수 없다. 그러나 이는 통시적 측면에 있어 이 두 가지 어순의 변천 과정을 설명하기에는 분명한 한계를 가진다.

石毓智(2004:294-295)는 'V+一下' 형식에 대한 구체적인 분석을 진행하지는 않았지만, 현대 중국어에서 '次', '遍' 등 횟수를 나타내는 시간사가 핵심 동사와 목적어 사이에 위치하는 형식은 최근 200~300년 사이에 형성된 것이라 했다. 고대와 근대 중국어에서 동량사의 통사적 위치는 일반적으로 목적어 뒤에 출현하는 것이었으며, 이는 상당히 긴 시기 동안 줄곧 우세 어순이었다. 본고는 唐代부터 民國시기까지 'V+O+一下'와 'V+一下+O' 두 가지 어순의 출현상황에 대해 직관적으로 고찰하기 위해 〈표 3〉의 데이터를 아래 〈그림 2〉와 같이 정리했다.

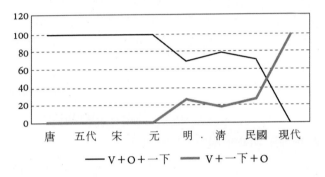

그림 2. 唐代 이후 'V+O+一下'와 'V+一下+O' 어순의 변천 추세

〈그림 2〉는 CCL 고대와 현대 중국어 코퍼스에서 'V+O+一下'와 'V+一下+O' 어순을 취한 용례를 기반으로 하여 어순 변천 추세를 나타낸 것이다. 〈그림 2〉에서 알 수 있듯이 현대 이전 시기의 전형적인 어순이 'V+O+一下'인 반면 현대 중국어에서 전형적인 어순은 'V+一下+O'이다. 흥미롭게도, 이는 〈그림 1〉에서 살펴본 唐代 이후 'V+一下1', 'V+一下2'의 발전 추세와 부합하는 양상을 보인다. 통시적 측면에서 목적어가 있는 'V+一下' 형식의 어순문제를 설명할 수 있는 비교적 설득력 있는 답을 찾을 수 있는 가능성이 제시된 것이다.

石毓智·李訥(2001:162-164)에 의하면, "先秦시대부터 宋元시기까지의 문장 구조와 현대 중국어의 가장 큰 차이 중 하나는 핵심 동사와 목적어 뒤에 X가 위치한다는 점이다." 이러한 통사 위치에는 술어 성분 또한 출현할 수 있으며, 술어 성분은 주어, 핵심 동사 혹은 목적어를 수식하거나 보충 설명한다. 이를 'V+O+X'로 도식화할 수 있다. X는 형용사, 자동사, 시간사, 수량사 혹은 전치사구 등 성분일 수 있다. 이후 핵심 동사 및 목적어 뒤에 있던 술어의 통사적 지위가 상실되면서 'V+O+X' 형식의 'X' 성분은 현대 중국어에서 거의 사라지게 되었다.[9] 이 같은 상황을 바탕으로 보자면, 'X' 위치에 출현할 수 있는 성분으로서 수량사구 '一下'가 'V+O+一下'에서 'V+一下+O'로 변천되는 것 역시 이러한 역사적인 발전 추세에 부합하는 것이라 할 수 있다. 'V+O+一下' 형식이 현대 중국어에서 출현빈도가 상당히 낮으나 이미 사라졌다고 단언할 수는 없다. 그러나 동량사구 '一下'의 위치가 목적어의 앞으로 이동하게 된 것은 어순 변천의 기본적인 추세라고 볼 수 있다.

이밖에도 목적어 성분의 성격 및 동량사 '下'의 의미 변천의 측면에서도 'V+O+一下'가 'V+一下+O'로 변천된 원인을 살펴볼 수 있다. 相原茂(1984)와 甘智林(2005)은 목적어가 있는 'V+一下' 형식의 어순은 목적어의 성격에 따라 제약을 받을 수 있다고 했다. 甘智林(2005)에 의하면, 'V+一下₁' 형식의 목적어가 대명사나 사람을 나타내는 명사일 경우에는 'V+O+一下₁' 어순으로만 나타나는 반면, 목적어가 대명사나 사람을 나타내는 명사가 아닐 경우에는 'V+O+一下₁'이나 'V+一下₁+O' 두 가지 어순 모두로 나타날 수 있다. 또한 '一下₁'은 '兩下₁', '三下₁' 등으로 교체될 수 있으며 이는 동작의 횟수를 나타낸다. 그러나 목

---

9) 石毓智·李訥(2001:164-166)에 의하면, "宋元시대 이전의 문장의 기본적인 형식과 관계는 'S+[(V+O)+(X)]'로 도식화할 수 있다. 'V'와 'X'는 두 가지 독립적인 통사 단위를 가리킨다. 후에 핵심 동사와 일부 'X' 성분이 먼저 융합(incorporation)되어 결국 두 가지 독립적인 통사 단위는 하나가 되었다. … 'X' 자리에 위치하는 주요 성분이 핵심 동사와 융합됨으로써 'X'는 독립적인 통사 위치로서의 지위가 크게 약화되었다. 이로 인하여 'X' 자리에 위치하는 기타 성분에도 통사적인 변화가 일어나게 되었다. 결국 목적어 뒤에 위치하였던 독립적인 통사 위치가 사라지게 된 것이다. 이는 'S+V+O+X⇒ S+V·X+O'로 도식화될 수 있다.

적어가 있는 'V+一下₂' 형식의 어순 제약 기제는 이와 상반된다. 'V+ 一下₂' 형식의 목적어가 대명사나 사람을 나타내는 명사일 경우에는 'V +O+一下₂'나 'V+一下₂+O' 두 가지 어순으로 나타나지만, 목적어가 대명사나 사람을 나타내는 명사가 아닐 경우에는 'V+一下₂+O' 어순만으로 나타나는 것이다. 甘智林(2005)이 제시한 목적어가 있는 'V+一下₁' 과 'V+一下₂' 형식의 어순 제약 기제는 아래 〈표 4〉와 같이 정리할 수 있다.

표 4. 목적어가 있는 'V+一下₁'과 'V+一下₂' 형식의 어순 제약 기제

목적어의 성격	V+一下₁	V+一下₂
대명사나 사람을 나타내는 명사임	V+O+一下₁	V+O+一下₂ V+一下₂+O
대명사나 사람을 나타내는 명사가 아님	V+O+一下₁ V+一下₁+O	V+一下₂+O

이들 두 가지 어순이 공존한 明代 문헌자료에서 이러한 제약 기제를 나타낸 용례를 쉽게 찾을 수 있다. 아래 예를 보자.

(27) 師兄不知, 等我舉釘鈀築他一下。　　　　　　　　　(明《西遊記》)
　　 사형이 모르니까 제가 써레를 가지고 그에게 한 번 쳐 볼게요.

(28) 放定更炮一个, 吹喇叭一聲, 打鼓一下 …　　　　　(明《練兵實紀》)
　　 저녁 8시쯤에 포를 한 번 쏘고 나팔을 한 번 불고 북을 한 번 친다.

(29) 到后來火勢連天, 通明上下, 他就狠起來, 敲一下令牌, 喝聲道 : "風伯何在？"　　　　　　　　　　　　　　　(明《三寶太監西洋記》)
　　 나중에 불타는 기세가 하늘까지 닿아 곳곳이 매우 밝아지자 그는 결연히 영패를 한 번 치고 "풍신은 어디에 계시오?"라고 소리쳤다.

(30) 怎么一个光頭, 就長出一朵千叶蓮花來？不如再奉承他一下。

　　　　　　　　　　　　　　　　　　　　　　　(明《三寶太監西洋記》)

대머리에 꽃잎이 겹친 한 송이의 연꽃이 어찌 생기게 되었는가? 그에게 좀 더 비위를 맞춰 줘 보자.

(31) 我跟從郎君到這里, 已經三年了, 如今希望能够一同前往, 去看望一下翹翹。 (明《剪燈新話》)

저는 서방님을 따라 여기에 온 지 이미 3년이 되었는데 요즘 교교를 좀 같이 찾아가 보고 싶어요.

(32) … 一定要等待郎君見一見面, 能暢述一下心怀, 所以推遲了投生的時間。 (明《剪燈新話》)

(저는) 반드시 서방님을 기다려 한 번 만나서 제 심정을 시원하게 이야기하려고 했기 때문에 환생의 시간을 미루게 됐어요.

(CCL 고대중국어 코퍼스)

예문(27), (28) 및 (29)에서 동사 '築', '打' 및 '敲'는 모두 순간동사(SEM)이다. '一下'는 이러한 동작들의 횟수를 헤아리며, 이는 '一下₁'의 용법에 해당된다. 예문(27)에서 목적어는 대명사로 이는 'V+O+一下₁' 어순으로만 나타날 수 있다. 예문(28)과 (29)에서 목적어는 대명사나 사람을 나타내는 명사가 아닌 일반명사이기 때문에 'V+O+一下₁'과 'V+一下₁+O' 두 가지 어순 모두로 나타날 수 있다. 반대로 예문(30), (31) 및 (32)에서 동사 '奉承', '看望' 및 '暢述'은 모두 활동동사(ACT)이다. '一下'는 동작의 실제적인 횟수를 헤아리는 기능을 상실하고 '짧은 시간량'을 나타내며 이는 '一下₂'의 용법에 해당된다. 예문(30)과 (31)에서 목적어는 대명사 및 사람을 나타내는 명사이고 'V+O+一下₂'와 'V+一下₂+O' 두 가지의 어순으로 나타날 수 있다. 예문(32)에서 목적어는 대명사 및 사람을 나타내는 명사가 아닌 일반 명사이기 때문에 'V+一下₂+O' 어순으로만 나타날 수 있다.

〈표 4〉에서 알 수 있듯이 목적어의 성격이 어떠하든 상관없이 목적어가 있는 'V+一下₁' 형식의 전형적인 어순은 'V+O+一下₁'이다. 그러

나 목적어가 있는 'V+一下₂' 형식의 전형적인 어순은 'V+一下₂+O'이다. 이러한 현상은 '一下₁', '一下₂'의 의미와 관련이 있다고 본다.

앞서 2.1절에서 동량사 '下'의 의미 변천 과정을 살펴본 바와 같이, '一下₁'은 동작이 발생하는 횟수를 헤아릴 수 있고, 이때 수사 '一'는 기타 수사로 교체할 수 있다. 이는 담화 중 어떠한 신정보를 전달할 수 있다. 李興亞(1980)에 의하면, 수량 성분이 문미에 출현하는 '賓補' 형식은 문장에서 양사구를 부각시켜 수량을 헤아리는 의미가 비교적 강하게 나타나고 이때 보어인 양사구는 대부분 강세를 받는다. 다시 말해, 수량 성분이 문미에 출현하는 문장에서 수량성분은 문장의 의미적 핵심 및 초점으로서 신정보를 전달할 수 있다. 반면, 'V+一下₁' 형식에서 'O'가 대명사나 사람을 나타내는 명사라면 'O'가 전달하는 정보량은 거의 영(0)에 가까운 구정보가 된다. 즉, 대명사나 사람을 나타내는 'O'가 문장에서 전달하는 정보량은 신정보를 전달할 수 있는 수량구 '一下₁'보다 훨씬 적고, 이로써 문장의 신정보나 초점을 나타내는 문미의 자리에는 수량 성분인 '一下₁'이 위치하게 되는 것이다. 특히, '一下₁'은 비교적 강한 실제적인 의미를 가지기 때문에 목적어의 성격과 무관하게 'V+O+一下₁' 어순으로 나타날 수 있고, 이것이 바로 전형적인 어순이 된다.

문법화의 영향으로 동량사 '下'의 실제적인 의미는 점차 약화되어 동작의 횟수를 나타내는 의미는 '시간량'을 나타내는 의미로 파생되었다. 수량구 '一下₂'는 '짧은 시간량'을 나타내며 이러한 수량구에서 수사 '一'는 기타 수사로 교체할 수 없다. 이때 수사 '一'는 수량을 헤아리는 기능이 이미 상실된 상태로, 이로써 양사 '下₂'와의 결합 정도는 더욱 강해지게 되었다. 문장에서 '一下₂'는 '一下₁'에 비해 훨씬 허화된 의미를 나타내며, 생략되거나 강세를 받지 않아도 문장의 수용도에 영향을 주지 않는다. 아래 예를 보자.

(33) a. 你帮我<u>照顧</u><u>一下</u>孩子, 我馬上就回來。

아이를 좀 돌봐 주세요. 곧 돌아올게요.

b. 你帮我<u>照顧</u>孩子, 我馬上就回來。

아이를 돌봐 주세요. 곧 돌아올게요.

예문(33a)는 (33b)와 같이 동량사구 '一下'가 생략되거나 강세를 두고 읽지 않아도 비문이 아니다. 즉, 문장에서 전달하는 정보량이 비교적 적은 '一下$_2$'는 일반적으로 문장의 의미 초점이 되지 못해 문미에 출현하지 않는다. 대신 목적어 O가 문장의 신정보나 초점을 나타내는 문미 자리에 위치하게 되고, 이로써 'V+一下$_2$+O' 의 전형적인 어순을 형성하게 된다.

앞서 언급한 바와 같이 〈그림 1〉의 唐代 이후 'V+一下$_1$', 'V+一下$_2$'의 변천 추세는 〈그림 2〉의 'V+O+一下', 'V+一下+O' 어순의 변천 추세는 거의 일치하고, 이로써 이러한 양상이 나타난 원인에 대한 비교적 합리적인 설명을 제시할 수 있게 되었다.

지금까지 목적어가 있는 'V+一下$_1$'과 'V+一下$_2$'의 전형적인 어순을 고찰했다. 그러나 동시에 두 가지 비전형적인 어순에 대해서도 살펴볼 필요가 있다. 목적어가 있는 'V+一下$_1$' 형식에서 'V+一下$_1$+O'는 비전형적인 어순이며, 이는 목적어가 대명사나 사람을 나타내는 명사가 아닐 경우에 나타난다. '一下$_1$'은 전달하는 정보량이 비교적 많기 때문에 일반적으로 문미에 위치하며, '一下$_1$'이 목적어 앞에 출현하는 빈도는 비교적 낮다. 〈표 3〉에서 알 수 있듯이 'V+一下+O' 어순을 취한 용례 가운데 'V+一下$_1$+O' 용례는 淸代 이전에는 나타나지 않았으며 淸代에는 8개의 용례만 나타나 전체 'V+一下+O' 용례의 24.24%를 차지했다. 民國시기에도 8개의 용례만 나타났으며, 이는 해당 시기 전체 'V+一下+O' 용례의 17.02%에 불과한 수치이다. 이에 비해, 목적어가 있는

'V + 一下₂' 형식에서는 'V + O + 一下₂'가 비전형적인 어순이며, 이는 목적어가 대명사나 사람을 나타내는 명사일 경우에 나타난다. '一下₂'의 실제적인 의미가 약화되어 신정보를 전달할 수 없기 때문에 대부분 목적어 앞에 위치하고 목적어 뒤에 출현하는 빈도는 비교적 낮다. 특히 현대 중국어에서 'V + O + 一下₂' 어순은 여전히 사용되고는 있으나 그 사용빈도가 극히 낮게 나타난다.

마지막으로 언급이 필요한 것은 현대 중국어에서 'V + 一下 + O' 어순이 증가한 것은 '一下'의 문법화와 관련이 있을 뿐만 아니라 기타 다양한 제약 요소의 영향이 있었다는 점이다. 예를 들어, 목적어의 길이[10] 등의 요소도 어순을 제약할 수 있다.

4 결론

현대 중국어에서 '下'는 사용빈도가 매우 높은 동량사이다. '下'는 수사와 결합하여 수량사구를 형성하고 동사, 형용사 및 기타 품사와 공기한다. 그 중 가장 널리 사용되는 형식은 'V + 一下'로, 목적어가 있는 'V + 一下'는 'V + 一下 + O'와 'V + O + 一下' 두 가지 어순으로 사용된다. 본고는 CCL 현대 중국어 코퍼스에 대한 조사를 통해, 현대 중국어에서 'V + 一下 + O'가 출현빈도가 높은 전형적인 어순인 반면, 'V + O + 一下'는 출현빈도가 극히 낮은 비전형적인 어순으로 사용되고 있음을 확인할 수 있었다. 그러나 CCL 고대 중국어 코퍼스 문헌자료를 통하여 民國시기까지는 오히려 'V + O + 一下' 어순이 절대적인 우세로 나타났음을 알

---

10) 張博(2007:81)에 의하면, 'VMN' 구조에서 'N'의 길이는 두 가지 의미로 해석된다. 하나는 실제적인 음절수이고, 다른 하나는 통사 구조의 복잡 정도를 말한다. 'N'이 길수록 'VNM' 어순을 취하기 어려워진다.

수 있었다. 이처럼 역사적 시기에 따라 목적어가 있는 'V+一下'의 어순에 차이가 나타나는 것은 분명히 어떠한 제약 요소가 작용한 것으로 볼 수 있다. 목적어가 있는 동량사구의 어순에 대한 기존의 분석은 대부분 공시적 시각에서 출발한 것으로, 어순 연구에 있어 적지 않은 성과를 거두었지만, 규칙에 맞지 않는 용례나 현상을 설명하는 데에는 다소 한계가 있다고 할 수 있다. 이에 본고는 보다 새로운 시각에서 목적어가 있는 'V+一下' 형식의 어순 문제를 살펴보았다.

본고는 각 역사적 시기에 'V+一下' 형식으로 나타난 문헌자료에 대한 검색과 정리를 통해 'V+一下$_1$'와 'V+一下$_2$'의 출현빈도에 매우 뚜렷한 증감세가 나타나고 있음을 확인할 수 있었다. 즉, 'V+一下$_1$'는 감소세, 'V+一下$_2$'는 증가세를 보이며 변천되어 온 것이다. 이같은 조사 결과를 바탕으로 본고는 'V+O+一下'와 'V+一下+O'의 증감 곡선을 작성하였으며, 각 곡선의 형태는 'V+一下$_1$', 'V+一下$_2$'의 증감세와 거의 일치하게 나타났다. 즉, 唐代부터 현대에 이르기까지 'V+O+一下' 어순은 점차 감소한 반면, 'V+一下+O' 어순은 증가한 것이다.

이러한 양상이 나타난 원인을 파악하기 위해, 본고는 '下'의 실제적인 의미가 약화되는 문법화의 측면에서, 즉 동작의 실제적인 횟수를 나타내는 '一下$_1$'에서 모호한 '시간량'을 나타내는 '一下$_2$'의 의미로의 변천을 기반으로 동량사 '下'의 의미를 고찰했다. 대량의 역사 언어 자료에 대한 분석을 통해 아래와 같은 사실을 확인할 수 있었다. 즉, '一下$_1$'은 수량을 헤아리는 실제적인 의미를 가지며 이러한 수량구는 신정보를 전달할 수 있어 목적어 뒤인 문미의 자리에 위치하여 문장의 의미 초점을 나타낼 수 있다. 따라서 'V+O+一下$_1$'가 전형적인 어순이 된다. 반면, '一下$_2$'는 수량을 헤아리는 실제적인 의미가 약화되어 수사 '一'가 '下$_2$'와 긴밀하게 결합하게 되었으며 이들은 신정보를 전달하지 못한다. 이에 따라 이들은 일반적으로 목적어 앞에 위치하고, 목적어가 문장의 의미 초점으

로서 문미에 위치하게 된다. 따라서 'V+一下₂+O'가 전형적인 어순이
된다. 한편, 현대 중국어에서 이러한 어순이 절대적 우세로 나타나고 있
는 것은 'V+一下₂'의 사용이 'V+一下₁'보다 훨씬 보편적인 것과 밀접
하게 관련된다고 할 수 있다.

앞서 언급한 바와 같이 어순을 제약하는 요소는 다원적이고 복잡하다.
본고는 주로 통시적 관점에서 'V+一下' 형식의 변천 추이를 고찰하고,
이를 바탕으로 '一下'와 목적어의 어순을 제약하는 통시적인 요소를 살
펴보았다. 기타 제약 요소에 대해서는 추후의 논의를 기약한다.

| 참고문헌 |

김영민(2007), 〈현대중국어 양사연구〉, 고려대학교 박사학위논문.

_____(2009), 〈'V+O+一下'와 'V+一下+O'의 어순 제약 요소 고찰〉, 《中國語
   文學》54輯, 563-588.

北京語言學院語言教學研究所(1989), 《現代漢語補語研究資料》, 北京：北京
   語言學院出版社.

陳永莉(2007), 〈漢語動賓語序演變的考察與分析〉, 《玉溪師範學院學報》第11
   期, 86-90.

程森鳳(2009), 〈現代漢語動量詞研究〉, 揚州大學碩士學位論文.

_____(2008), 〈也談動量詞的語義特征〉, 《安慶師範學院學報》第8期, 118-121.

甘智林(2005), 〈帶賓"V+一下₁"、"V+一下₂"格式的語序問題〉, 《長沙鐵道學
   院學報》第6卷第1期, 176-178.

高頻(2008), 〈論"一下"〉, 上海師範大學碩士學位論文.

郭先珍(2002), 《現代漢語量詞用法詞典》, 北京：語文出版社.

何傑(2008), 《現代漢語量詞研究》, 北京：北京語言大學出版社.

黃伯榮·廖序東(2003), 《現代漢語》下, 北京：高等教育出版社.

李臨定(1990), 《現代漢語動詞》, 北京：中國社會科學出版社.

劉世儒(1965),《魏晉南北朝漢語量詞研究》, 北京：中華書局.

劉月華(1983),《實用現代漢語語法》, 北京：外語教學與研究出版社.

呂叔湘(1981),《現代漢語八百詞》, 北京：商務印書館.

_____(1982),《中國文法要略》, 北京：商務印書館.

馬慶株(1984),〈動詞後面時量成分與名詞的先後次序〉,《語言學論叢》第13輯, 北京：商務印書館.

全湘燕(2006),〈數量範疇及其表現形式〉, 湖南師範大學碩士學位論文.

邵敬敏(1996),〈動量詞的語義分析及其與動詞的選擇關系〉,《中國語文》第2期, 100-109.

_____(2000),《漢語語法的立體研究》, 北京：商務印書館.

_____(2001),《現代漢語通論》, 上海：上海教育出版社.

邵勤(2005),〈動量詞研究綜述〉,《江蘇教育學院學報》第4期, 69-72.

沈家煊等(2007),《語法化與語法研究》(三), 北京：商務印書館.

石毓智・李訥(2001),《漢語語法化的歷程-形態句法發展的動因和機制》, 北京：北京大學出版社.

王靜(2001),〈"個別性"與動詞後量成分和名詞的語序〉,《語言教學與研究》第1期, 48-54.

相原茂(1984),〈數量補語"一下"〉,《現代漢語補語研究資料》, 604-614.

張斌(2002),《現代漢語虛詞》, 上海：華東師範大學出版社.

張博(2018),〈"紅樓夢"前四十回賓語和動量成分語序研究〉,《重慶科技學院學報》第2期, 79-83.

張伯江・方梅(2005),《漢語功能語法研究》, 南昌：江西教育出版社.

周娟(2007),〈現代漢語動量詞與動詞組合研究〉, 暨南大學博士學位論文.

____(2012),《現代漢語動量詞與動詞組合研究》, 廣州：暨南大學出版社.

朱德熙(1982),《語法講義》, 北京：商務印書館.

Klein, Wolfgang.(1994), Time in Language, London: Routledge; 신수송(2001),《언어와 시간》, 서울: 역락.

Langacker, Ronald W.(2002), Image, Concept, and Symbol: The Cognitive Basis of Grammar, Berlin: Mouton de Gruyter; 나익주(2005),《개념・영상・상징-문법의 인지적 토대》, 서울: 박이정.

Xiao, Zhong-Hua & McEnery, Anthony(2004), A Corpus-based two level model of Situation Aspect, Journal of Linguistics 40, 325-363.

제**2**부
중국어의 품사론

중한 재귀대명사 비교 연구

이은수

1 서론

대용사(anaphor)는 독립적으로 어떤 대상을 지시하지 못하는 명사성 범주를 말하는데, 생성문법에서 대용사는 그 지배 범주 내에서 결속되는 것으로 규정된다.[1]

(1) Binding Condition A　　　　　　　　　　(Chomsky 1981)
An anaphor is bound in its governing category.

(2) The Governing Category
α is the governing category for β if and only if α is the minimal category containing β, a governor of β, and a SUBJECT accessible to β.

---

* 《중국문학연구》제55집(2014년 5월) 게재.
** 충남대학교 중어중문학과 교수.
1) (1), (2)는 Huang & Liu(2001)에서 재인용.

따라서 대용사의 하나인 재귀대명사(reflexive) 역시 위의 '결속조건 A'를 준수하여 '국부 결속'(local binding)될 것으로 기대하게 된다. 그러나 아래에서 볼 수 있듯이 중국어와 한국어의 재귀대명사로 알려진 '自己', '자기', '자신' 등은 지배 범주 밖의 선행사에 의해 '장거리 결속'(Long distance binding)되는 것도 가능하다.

(3) 張三i 認爲 [李四 恨 自己i]。
(4) 영희i 는 [내가 자기i 를 사랑한다고] 생각한다.
(5) 철수i 는 [영희가 자신i 을 보러 왔다고] 믿고 있다.

영어를 중심으로 발전해온 결속이론에 잘 부합하지 않는 재귀대명사의 '장거리 결속' 현상을 설명하기 위해, 학자들은 주로 LF에서 재귀대명사가 연속적으로 이동한다고 주장한다. 예를 들어 Cole, Hermon and Sung(1990)은 중국어 재귀대명사 '自己'의 '장거리 결속'이 실제로는 '국부 결속'(local binding)의 연속이기 때문에 '自己'는 국부 결속과 장거리 결속이 모두 가능하다고 보고 있다. 이러한 접근법은 Huang & Liu(2001)에 따르면 '주어 지향성'[2], '차단 효과' 등 장거리 결속과 관련된 현상들을 어느 정도 설명해 줄 수 있다. 그러나 그들 역시 인정했듯이 이러한 접근법은 '차단 효과'를 온전히 설명하기 어렵다.

'차단 효과'(Blocking effect)란 '自己'의 모든 잠재적 선행사가 인칭 등의 자질 면에서 일치할 때만 '장거리 결속'이 가능하며, 그렇지 않을 경우 '장거리 결속'이 차단되는 현상을 말한다.

---

2) '주어지향성'이란 '自己'의 선행사가 일반적으로 주어라는 것이다. 즉 '自己'가 목적어 등 비주어에 의해서는 결속되지 않음을 뜻한다.

(6) [他i 覺得 [我j 對 自己*i/j 要求 太 嚴格]]。(Huang 1994)

Huang & Liu(2001)에 따르면 '차단 효과'는 잠재적 선행사의 인칭 뿐 아니라 수에 의해서도 영향을 받는다. (7)에서 볼 수 있듯이 '自己'가 보이는 차단 효과는 단수·복수에 따라 비대칭적으로 나타난다.

(7) a. 李四i 說 他們j 常 批評 自己i/j。
    b. 他們i 說 李四j 常 批評 自己*i/j。

장거리 결속 현상을 LF에서의 연속적 이동으로 보는 접근법에서는 위의 비대칭성을 설명하기 어렵다. 만약 '차단 효과'가 수에도 관련된다면 (7)의 두 문장은 모두 차단 효과를 보여야 할 것이기 때문이다. 따라서 통사적인 접근만으로는 '自己'의 '장거리 결속' 현상을 제대로 설명하기 어렵다고 할 수 있다.

한국어 재귀대명사로 시선을 옮겨보면 문제가 좀 더 복잡해진다. 한국어에서 재귀대명사로 볼 수 있는 것들은 여러 개가 있는데, 학자들은 일반적으로 '자기'와 '자신'을 대표적인 재귀대명사로 간주한다. 또한 이 두 재귀대명사는 국부 결속과 장거리 결속이 모두 가능한 것으로 여겨지고 있다.

그러나 모든 학자들이 이에 동의하는 것은 아니다. 예를 들어 Cole, Hermon and Sung(1990)에 따르면 '자신'은 국부 결속과 장거리 결속이 가능하므로 재귀대명사로 볼 수 있지만, '자기'는 장거리 결속만 가능하고 국부 결속은 불가능하기 때문에 재귀대명사로 볼 수 없다.

(8) a. 철수i 는 자신j 을 사랑한다.
    b. 철수i 는 [영희가 자신i 을 사랑한다고] 생각한다.

(9) a. ??존i 은 자기i 를 미워한다.3)

b. 존i 은 [메리가 자기i를 미워한다고] 생각한다.

이렇게 '자기'가 국부적으로 결속되지 않는다는 주장은 '자기'를 중심으로 하는 하는 한국어 재귀대명사에 관한 기존 논의의 기반을 약화시키고 만다. 성광수(1981) 등 소수의 연구를 제외한다면, 통사적인 접근이든 기능적인 접근이든 간에 '자기'의 선행사는 주어 위치에, '자기'는 동일절의 목적어 위치에 있는 예문은 아래 (10)과 같이 일반적으로 재귀대명사 관련 논의에서 가장 기본적이고 올바른 문장으로 여겨져 왔으며, 학자들은 이를 근거로 '자기'에 관한 통사적 또는 기능적인 이론을 발전시켜왔기 때문이다.

(10) a. 존은 자기를 경멸한다.   (홍순성 87)

b. 존이 자기를 비판했다.   (O'Grady 87)

c. 정수가 자기를 좋아한다.   (강범모 98)

그러나 본고에서는 성광수(1981), Cole, Hermon and Sung(1990)의 문법성 판단과 마찬가지로 (9a)나 (10)과 같은 문장은 다소 부자연스럽다고 본다. 이러한 문법성 판단이 옳다면 국부 결속 자체가 어려운 '자기'는 (국부 결속이 가능한 '자신'과 달리) 생성문법의 틀 내에서 논의를 진행하기가 어렵게 된다. 또한 한국인의 어감에 있어서 '자기'와 '자신'은 그 기능이 유사하다고 여겨지므로 이들 중 하나만을 재귀대명사로 다른 하나는 재귀대명사가 아닌 것으로 구분하기도 어렵다. 따라서 본고에서는

---

3) (8), (9)의 예문과 문법성 판단은 Cole, Heromon and Sung(1990)의 것이다. 특히 (9a)와 같은 문장은 대부분의 연구자들이 올바른 문장으로 여기는데 반해 그들은 이를 부자연스런 문장으로 간주한다.

재귀대명사 '자기'와 '자신'에 관련된 언어 사실들이 순수 통사적인 접근
보다는 기능적인 접근을 통해 설명되어야 한다고 본다.

중국어와 한국어의 세 재귀대명사는 '차단 효과'면에서 차이를 보이기
도 한다. 앞서 언급했듯이 차단 효과는 잠재적 선행사들이 인칭 등의 자
질을 달리 할 때 장거리 결속이 차단되는 현상을 말한다.[4]

(11) a. 張三i 膽心 我j 會 批評 自己*i/j。

b. 我i 膽心 張三j 會 批評 自己?i/j。

(12) a. 그i 는 내j 가 자기i/*j 를 원망한다고 생각한다.

b. 나i 는 그j 가 자기*i/j 를 원망한다고 생각한다.

(13) a. 철수i 는 내j 가 자신i/j 을 원망한다고 생각한다.

b. 나i 는 철수j 가 자신??i/j 을 원망한다고 생각한다.

'自己'는 인칭 면에 있어서 비대칭적인 차단 효과를 보인다. (11)에서
'自己'의 장거리 결속은 1인칭에 의해서는 차단되지만 3인칭에 의해서는
차단되지 않는다. 반면 (12)에서 한국어 재귀대명사 '자기'는 그 선행사
가 보통 3인칭에 한정되므로, 내포절 주어든 모절 주어든 그것이 3인칭
일 때만 선행사로 해석되며 따라서 차단 효과를 보이지 않는다. 마지막
으로 (13)에서 '자신'은 오히려 3인칭에 의해서는 차단되지만 1인칭에 의
해서는 차단되지 않음을 보여주고 있다.

앞서 보았던 단수·복수의 차이에 따른 차단 효과의 비대칭성과 마찬
가지로 인칭에 따른 차단 효과의 비대칭성도 재귀대명사 현상이 순수하

---

4) '自己'와 '자신'은 (11), (13)과 같이 차단 효과를 보인다. '차단 효과'는 '국부 결속'
   은 항상 가능하지만 '장거리 결속'은 차단될 수 있다는 것이다. 따라서 '차단 효과'
   의 존재 자체는 우리가 재귀대명사가 있는 문장을 해석할 때 '국부 결속'이 먼저
   일어나고 '장거리 결속'이 나중에 일어남을 암시한다.

게 통사적으로는 설명될 수 없음을 보여준다. 더욱이 위의 예문이 보여주듯이 중국어 재귀대명사 '自己'와 한국어 재귀대명사 '자신'은 흥미롭게도 인칭 면에서 서로 상반되는 차단 효과를 보여준다.

이와 같이 중국어와 한국어의 재귀대명사 '自己', '자기', '자신'은 기능적으로는 유사해보이지만 여러 면에서 차이를 보이기도 한다. 따라서 본고에서는 이들이 나타내는 공통의 기능이 무엇인지, 또 이런 동일한 기능에도 불구하고 '차단 효과'나 '국부 결속' 여부 등 관련 현상이 왜 각각의 재귀대명사마다 다르게 나타나는지에 관해 기능적인 측면에서 그 해답을 모색해보고자 한다.

2 중한 재귀대명사의 기능

2.1 중국어 재귀대명사 '自己'의 기능

2.1.1 '自己'와 Logophoricity

결속이론으로 잘 설명되지 않는 중국어와 한국어 재귀대명사의 장거리 결속 현상을 설명하기 위해 많은 학자들은 'Logophoricity'(화자지향성)의 개념을 도입한다. 예를 들어 Huang & Liu(2001)는 '自己'의 국부 결속과 장거리 결속을 구분하여, 국부적으로 결속되는 것은 '대용사', 그 외 장거리 결속되는 것은 화용적인 'logophor'(화자지시사)라고 주장했다.

'Logophoricity'는 Clements(1975) 등의 논의를 바탕으로 Sells(1987)가 보충 정리한 개념이다. 서아프리카 언어들에는 일반적인 대명사와는 다른 대명사가 존재하는데, 이 대명사는 말이나 생각, 느낌, 의식 상태 등을 전달할 때 그 주체가 되는 개체를 선행사로 삼는다. Sells(1987)는 여러 언어에 나타나는 장거리 결속 재귀대명사가 'logophoricity'에 민감하며,

이 개념은 다음 세 하위 개념으로 나눌 수 있다고 주장했다.

(14) a. source: 의사전달의 의도적 행위자
　　 b. SELF: 명제의 내용이 기술하고 있는 정신 상태나 태도의 소유자
　　 c. pivot: 명제의 내용이 평가되는 시공의 위치에 관련된 개체

Huang & Liu(2001)는 이러한 'logophoricity'를 바탕으로 중국어 재귀대명사 '自己'의 장거리 결속 현상을 설명하고 있다. 위 세 가지 요소 중 몇 가지가 허용되는지는 언어마다 달라질 수 있는데, 중국어의 장거리 결속 '自己'의 경우 source와 SELF는 쉽게 그 선행사가 되지만 pivot은 상대적으로 선행사가 되기 어렵다고 한다.

(15) a. 李四i 說 [張三 常 批評 自己i]。
　　 b. [自己i 的 小孩 沒 得獎] 的 消息 使 李四i 很 傷心。
　　 c. ? [張三 來看 自己i] 的 時候, 李四i 正在 看書。

그들의 설명에 따르면, (15c)는 화자가 '李四'에게 단지 감정 이입을 했을 뿐, 그의 정신적 상태나 믿음을 나타내지는 않는다. 따라서 그들은 장거리 결속되는 '自己'가 'logophoricity'의 하위 요소 중 보다 핵심적인 source와 SELF는 허용하지만 pivot은 쉽게 허용하지 않는 것으로 보고 있다.

Huang & Liu(2001)는 몇 가지 증거를 통해 '自己'의 '장거리 결속'이 '국부 결속'과는 구별된다는 점을 보이고 있다. 먼저 '自己'의 선행사가 문장에 나타나지 않는 경우 '自己'는 보통 1인칭 대명사에 결속되는 것으로 해석된다.

(16) 這個想法, 除了自己, 只有三個人贊成。

'自己'가 선행사 없이도 1인칭 대명사에 결속되는 현상은 통사적으로 설명될 수 없다. 그러나 '自己'를 logophor로 간주한다면 이 현상은 쉽게 설명된다. 왜냐하면 '화자'는 언제나 source로 볼 수 있으므로 이 경우에도 '自己'가 source에 의해 결속된다고 볼 수 있기 때문이다.

Huang & Liu(2001)는 '의식성'(consciousness) 해석의 여부 또한 장거리 결속과 국부 결속의 차이를 보여준다고 주장한다. 장거리 결속되는 '自己'가 그들의 주장대로 source와 SELF를 선행사로 삼는다고 가정한다면 이러한 선행사는 전달되는 관련 사건을 의식하고 있는 것으로 해석될 수밖에 없기 때문이다. 따라서 아래 대립쌍에서 볼 수 있듯이 '自己'의 '장거리 결속'은 '의식성'이 있는 것으로 해석될 때만 허용된다고 볼 수 있다.

(17) a. 張三i 誇獎了 [[常常 批評 自己i 的] 那些人j]。
     b. ??張三 誇獎了 [[後來 殺死 自己i 的] 那些人j]。

'국부 결속'에서는 이러한 의식성 해석이 필수적이지 않다. 예를 들어 (18)은 '張三'이 누군가를 비판하면서 그가 비판하는 대상이 자기 자신 또는 자신의 친구임을 모를 경우에도 자연스런 문장으로 여겨진다.

(18) a. 張三i 批評了 自己i。
     b. 張三i 批評了 自己i 的 朋友。

Huang & Liu(2001)는 'logophoricity' 개념을 통해 장거리 결속되는 '自己'의 여러 특징적인 현상들을 설명해내고 있다. 그러나 본고에서는 이들의 연구에도 몇 가지 한계가 있다고 본다.

첫째 '장거리 결속'의 경우에도 '의식성'을 동반하지 않는 것으로 해석 가능한 경우가 간혹 있다.

(19) 張三i 不喜歡 [那些 批評 自己i] 的 人。　(王瑩瑩·潘海華 2012)

(19)는 장거리 결속되는 '自己'를 내포하고 있으므로 Huang & Liu(2001)의 주장이 옳다면 (19)는 '의식성'을 동반하는 것으로 해석될 것이라고 예상할 수 있다. 그러나 비판받는 사람이 자기 자신이라는 것을 '張三'이 모르는 상황에서도 (19)는 자연스럽다고 한다. Huang & Liu(2001)에 따르면, '自己'의 장거리 결속은 반드시 의식성 해석을 동반 해야만 가능한데, 해당 상황을 의식하지 못하는 것으로 해석이 가능한 pivot을 선행사로 삼고 있는 (19)가 왜 자연스럽게 받아들여지는지 그들의 이론으로는 설명할 수 없다.

Huang & Liu(2001)가 제시한 다음 대립쌍은 pivot의 경우 '의식성' 해석 없이도 문법성이 개선될 수 있음을 보여준다.

(20) a. ?*張三 誇獎了 [[後來 殺死 自己i 的] 那些人j]。
     b. ?張三 誇獎過 [[後來 殺死 自己i 的] 那些人j]。

위 두 문장은 둘 다 '自己'의 선행사가 해당 상황을 의식하는 것으로 해석될 수 없다. 그러나 Huang & Liu에 따르면 (20b)와 같이 화자의 관점이 개입되면 문법성이 개선되는데, 이는 화자의 관점이 개입되어 '自己'의 선행사에 화자로부터 '가상'의 '의식성'이 주어지기 때문이라고 한다.

그런데 pivot은 관점의 주체이므로 여기에 다시 화자의 관점이 개입된다면 '차단 효과'에서와 같이 두 관점의 충돌이 일어날 것으로 예상할 수 있다. 하지만 (20b)는 이러한 관점의 충돌 없이 문법성이 개선되고 있다.

만약 Huang & Liu(2001)의 주장 대로 (20b)에서 외부 화자가 관점의 충돌 없이 '張三'에게 '가상의 의식성'을 줄 수 있다고 한다면, 사실상 장거리 결속되는 모든 '自己'에 대해서도 동일한 설명을 적용할 수 있을 것이다.

(15) a. 李四i 說 [張三 常 批評 自己i]。

　　　b. [自己i 的 小孩 沒 得獎] 的 消息 使 李四i 很 傷心。

(15)의 두 문장에서 '自己'는 source와 SELF에 의해 장거리 결속되고 있다. 이러한 예에서도 우리는 화자가 3인칭 명사구 '李四'에게 '가상의 의식성'을 부여한다고 본다. 즉 화자의 관점 부여에 의한 화자의 의식성 부여는 pivot에만 적용되는 것이 아니라 모든 장거리 결속 '自己'에 적용된다는 것이다.

둘째 Huang & Liu(2001)는 '의식성' 해석이 장거리 결속 '自己'에만 국한되는 것이므로 '국부 결속'과 구별되는 '장거리 결속'만의 특성으로 볼 수 있다고 주장하고 있다. 그러나 실제로 국부적으로 결속되는 '自己' 역시 '의식성'을 갖는 것으로 해석되는게 보다 일반적이다. 예를 들어 (18)은 비판받는 사람이 자기 자신, 또는 자기 친구라는 것을 모르는 상황에서도 자연스럽다고 한다. 그러나 (18)의 보다 더 일반적인 해석은 '張三'이 의식성을 갖는 것이며, '張三'이 의식성이 없는 것으로 해석하려면 오히려 굳이 그런 특수한 환경을 가정할 때만 가능하다.

(18) a. 張三i 批評了 自己i。

　　　b. 張三i 批評了 自己i 的 朋友。

이렇게 본다면 '의식성'은 장거리 결속되는 '自己'에만 국한된 것이 아니라 '국부 결속'을 포함하는 '自己' 전체의 일반적인 특성으로 볼 수 있다.

마지막으로 문장 내에 선행사가 나타나지 않아 담화 상에서 3인칭에 결속되는 '自己'에 대해 Huang & Liu(2001)는 명확하게 설명할 수 없다. 그들의 견해로는 문장 내에 선행사가 없으면 담화 상에서 결속되어야 하는데, 외부 화자는 항상 'source'이므로 '自己'는 화자에 결속될 것으로 예측하게 된다. 그러나 Pan(2001)이 제시한 (21)은 일반적으로 화자가 아닌 청자에 결속되는 것으로 해석되며, 만약 담화 상 제3자가 현저한 존재라면 '自己'가 제3자에 결속되는 것도 가능하다고 한다. 따라서 그들의 이론은 문장 내에 선행사가 없는 '自己'의 결속 현상을 올바르게 설명하지 못한다고 할 수 있다.

(21) 自己爲什麽不去呢?
     Why didn't self(you) go?

2.1.2 '自己'와 Perspectivity

장거리 결속되는 '自己'를 Logophoricity로 설명하려는 접근법에서는 '장거리 결속'이 '국부 결속'과 '의식성' 면에서 차이를 보인다고 전제한다. 그러나 앞서 살펴보았듯이 장거리 결속과 국부 결속을 포함하는 모든 '自己'는 '의식성'을 갖는 것으로 해석되는 게 일반적이다. 또한 담화 결속되는 '自己' 역시 source인 외부 화자에게 반드시 결속될 필요 없이, 청자든 그 외의 제3자든 담화 상에서 현저한 대상에 의해 결속된다. 또한 (20)의 대립쌍을 통해 살펴보았듯이 pivot의 경우에도 '自己'는 일반적으로 의식성을 갖는 것으로 해석되어야 하므로 '의식성'을 갖지 않는 것으로 해석될 경우 그 문법성이 떨어지지만, 다시금 화자의 관점이 개입되어 '가상의 의식성'이 부여되면 문법성이 다시 회복된다.

이와 같이 '自己'를 내포하는 올바른 문장은 그것이 국부 결속된 것이든 장거리 결속된 것이든 일반적으로 '의식성' 해석을 동반하게 된다. 그런데 선행사가 '의식성'을 갖는 것으로 해석되는 이유는 화자에 의해 선행사가 관점을 부여받기 때문이라고 볼 수 있다. 만약 외부 화자가 어떤 대상에게 '관점'(perspective)을 부여할 때 '自己'가 사용되는 것이라고 본다면, 관점을 부여받은 '自己'의 선행사는 자연스레 의식성을 갖는 것으로 해석될 것이기 때문이다.

장거리 결속에서 source, SELF와 달리 pivot은 '自己'의 선행사가 잘되지 못하지만, 화자가 pivot에 다시 '가상의 의식성'을 부여할 때 문법성이 개선된다는 Huang & Liu(2001)의 관찰 역시 동일하게 설명될 수 있다. source, SELF와 pivot은 '自己'를 내포하는 절에 대해 갖는 지위가 다르다. 화자가 source나 SELF에게 관점을 부여한 경우, source와 SELF의 위치는 '自己'를 내포하는 절의 내용을 발화하는 주체이거나 그 절의 상황을 경험하는 경험주를 나타낸다. 따라서 source와 SELF는 '自己'를 내포하는 절의 상황을 의식하고 있는 것으로 해석될 수밖에 없다. 반면 화자가 pivot에게 관점을 부여한 경우, 즉 '自己'의 선행사가 pivot인 경우에는 pivot이 '自己'를 내포하는 절의 상황을 반드시 의식하게 되는 위치가 아니다. 그런데 '自己'는 화자가 어떤 대상에게 관점을 부여할 때 그 대상의 관점에서 상황을 기술함을 나타내므로, 그 지시 대상이 '自己'에 의해 관점을 부여받았으면서도 '自己'를 내포하는 절의 상황을 의식하지 못하는 것으로 해석될 경우 문장은 부자연스럽게 된다. 따라서 이 경우에는 다시금 화자의 관점을 개입시켜야만 문장의 문법성이 개선될 수 있다는 것이다.

따라서 본고에서는 화자가 어떤 대상에게 관점을 부여하여 그 대상의 관점에서 해당 상황을 기술함을 나타낼 때 '自己'가 사용되며, 화자에 의해 관점을 부여받은 대상은 자연스레 '의식성'을 갖는 것으로 해석된다고 본다. 또한 이러한 관점의 부여와 그에 따르는 의식성의 부여는 국부 결속과 장거리 결속의 구분 없이 이루어진다고 본다.

2.2 한국어 재귀대명사 '자기', '자신'의 기능

이번에는 국어의 재귀대명사 '자기'와 '자신'이 '장거리 결속'되는 예를 살펴보자.

(22) a. 철수i는 영희가 항상 자기i를 비판한다고 말했다.
    b. 철수i는 영희가 항상 자신i을 비판한다고 말했다.

(23) a. 자기i 아이가 상을 받지 못했다는 소식이 철수i를 슬프게 했다.
    b. 자신i의 아이가 상을 받지 못했다는 소식이 철수i를 슬프게 했다.

(24) a. ?영희가 자기i를 보러 왔을 때, 철수i는 책을 읽고 있었다.
    b. ??영희가 자신i을 보러 왔을 때, 철수i는 책을 읽고 있었다.

'자기'와 '자신'이 '장거리 결속'되는 예는 이 두 재귀대명사가 중국어 재귀대명사 '自己'와 여러 면에서 유사함을 보여준다. '자기'와 '자신'의 경우에도 source와 SELF가 선행사가 되는 문장은 자연스러운데 반해 pivot이 선행사가 되는 문장은 다소 부자연스럽다. 또한 (24)가 부자연스러운 이유는 '자기'나 '자신'의 선행사인 '철수'가 '영희가 철수를 보러왔다'는 사실을 의식하는 것으로 해석되기 어렵기 때문이다. 즉 (24)가 부자연스러운 이유는 단순히 그것이 pivot이기 때문이라기보다는 문장 내에서 pivot이 '의식성' 해석을 필수적으로 받지는 못하는 위치에 있기 때문이라는 것이다.[5]

(20)과 마찬가지로 pivot을 선행사로 하는 (25)의 두 문장은 선행사인 철수가 '자기'를 내포하는 절의 상황을 의식하는 것으로 해석될 수 없다. 가령 (25a)에서 그 사람들을 칭찬하는 철수는 훗날 그들이 철수를 죽이게 된다는 것을 당연히 모른다. 따라서 '자기'의 선행사가 의식성을 갖지 못하는 것으로 해석되는 (25a)는 매우 부자연스럽다. 그런데 (25b)와 같이 화자의 관점이 다시 개입되면 문장의 문법성이 다소 개선된다.

(25) a. ?*철수i는 훗날 자기i를 죽이게 되는 그 사람들을 칭찬했다.
　　 b. ?철수i는 훗날 자기i를 죽이게 되는 그 사람들을 칭찬한 적이 있다.

따라서 본고에서는 '自己'와 마찬가지로 '자기'와 '자신'의 사용 역시 화자가 어떤 대상에게 관점을 부여하여 그 대상의 관점에서 상황을 기술함을 나타낸다고 본다. 물론 화자로부터 관점을 부여받은 대상은 자연스레 해당 상황을 의식하는 것으로 해석된다. 이렇게 본다면 재귀대명사 '자기', '자신' 그리고 '自己'는 그 기능이 동일하다고 볼 수 있다.

그런데 기존 연구에 따르면 '자기'와 '자신'은 '국부 결속'과 '장거리 결속' 중 어느 쪽에 선호도를 보이는지, '국부 결속'이 특별한 제약 없이 이루어지는지와 '의식성'의 정도 차이 등 여러 면에서 차이를 보인다. 여기에 다시 중국어 재귀대명사 '自己'까지 논의에 포함시킨다면 '차단 효과' 등에서도 세 재귀대명사가 차이를 보인다. 따라서 이들 세 재귀대명사가 만약 기능 면에서 동일하다면, 이러한 여러 가지 차이가 왜 나타나는지에 관해 다시 설명해야만 할 것이다.

---

5) 그런데 (24)의 두 문장 중에서 '자신'을 포함하는 b가 '자기'를 포함하는 a보다 더 부자연스럽게 느껴진다. 앞으로 논의하겠지만 이는 '자기'의 경우 '분리 가능한 자아'를 나타낼 수도 있어서 의식성 해석이 다소 결여된 상황에서도 쓰일 수 있지만, '자신'은 '분리 가능한 자아'를 나타낼 수 없기 때문으로 보인다.

3 관점 부여 대상의 객관화 정도

3.1 '자기', '자신', '自己'의 차이

한국어와 중국어의 재귀대명사들이 '화자의 관점 부여와 그 대상의 관점에서 상황을 기술함'이라는 동일한 기능을 갖는다고 가정한다면 그 선행사가 갖는 의식성은 자연스레 설명된다. 그런데 그 밖의 여러 면에서 이들 세 재귀대명사는 각각 차이를 보인다.

먼저 '자기'는 '자신'이나 '自己'와는 달리 3인칭만을 선행사로 삼는다. (26), (27)은 홍순성(1987), (28)은 Xue(1992)의 예이다.

(26) a. *나는 자기i를 경멸한다.
     b. 존i은 자기i를 경멸한다.[6]

(27) a. 나는 자신i을 경멸한다.
     b. 존i은 자신i을 경멸한다.

(28) a. 我i 喜歡 自己i。
     b. 張三i 喜歡 自己i。

두 번째 '자신'과 '自己'는 국부 결속과 장거리 결속 모두 가능하지만, '자기'는 장거리 결속에 비해 국부 결속이 꽤 부자연스럽다.

(8)   a. 철수i 는 자신j 을 사랑한다.

---

6) 서론의 (9a)와 (10)에 대한 논의에서 언급했듯이, 본고에서는 '자기'의 선행사가 주어 위치에, '자기'가 동일 절의 목적어 위치에 있는 문장은 다소 부자연스럽다고 본다. 그러나 (26)에서 볼 수 있듯이 '자기'는 확실히 1인칭보다는 3인칭 선행사를 선호한다. 또한 앞으로 논의하겠지만 '자기를' 뒤에 이어지는 술어가 '신체적' 의미가 아니라 '추상적', '심리적' 의미일 경우에는 '자기'가 동일 절 내의 주어를 선행사로 삼는 것이 보다 자연스럽게 된다.

    b.　철수i 는 [영희가 자신i 을 사랑한다고] 생각한다.

(9)　a. ??존i 은 자기i 를 미워한다.

    b. 존i 은 [메리가 자기i를 미워한다고] 생각한다.

(29) a. 張三i 恨 自己i。

    b. 張三i 認爲 李四 恨 自己i。

국부 결속되는 '자기'의 좋지 않은 문법성은 술어의 의미나 화용적인 요소에 의해 다소 개선될 수도 있는데, 이렇게 국부 결속이 허용되는 경우에도 '자기'는 '自己'나 '자신'과 달리 '차단 효과'를 보이지 않는다. 이는 물론 '자기'가 3인칭만을 선행사로 삼기 때문이다.

(11) a. 張三i 擔心 我j 會 批評 自己*i/j。

    b. 我i 擔心 張三j 會 批評 自己?i/j。

(12) a. 그i 는 내j 가 자기i/*j 를 원망한다고 생각한다.

    b. 나i 는 그j 가 자기*i/j 를 원망한다고 생각한다.

(13) a. 철수i 는 내j 가 　자신i/j 을 원망한다고 생각한다.

    b. 나i 　는 철수j 가 자신??i/j 을 원망한다고 생각한다.

'自己'와 '자신'은 '차단 효과'를 보이는데, '차단 효과'란 '국부 결속'은 항상 허용되지만, 인칭 등 자질 면의 불일치로 인해 '장거리 결속'은 차단되는 현상을 말한다. 따라서 '차단 효과'가 있다는 것은 재귀대명사가 있는 문장의 해석에서 '국부 결속'이 먼저 일어나고 다음으로 '장거리 결속'이 일어남을 암시한다.7) 그런데 이들이 보여주는 차단 효과는 인칭 면에서 서로 다르다. 먼저 '自己'는 내포절의 1인칭 명사구에 의해 모절

---

7) 차단 효과가 암시하는 이러한 해석 상의 순서는 아마도 程工(1994)이 언급한 대뇌의 정보처리에서의 경제원칙과 관련되는 것 같다.

의 3인칭 명사구의 결속이 차단되지만, '자신'은 오히려 내포절의 3인칭 명사구에 의해 모절의 1인칭 명사구의 결속이 차단된다.

또 (30)에서 볼 수 있듯이 '자신'은 일반적으로 국부 결속이 선호되지만 '자기'는 장거리 결속이 선호된다. 한편 '自己'는 (31)에서 볼 수 있듯이 잠재적 선행사가 셋일 때 최대절이나 최소절의 주어가 선행사로 선호되고 중간절의 주어는 '自己'를 결속하기 어렵다.

(30) a. 철수는 [영희j가 자신i⟨j을 원망한다고] 생각한다.
    b. 철수는 [영희j가 자기i⟩j를 원망한다고] 생각한다.
(31) 老張i 認爲 小王j 知道 小李k 不 喜歡 自己i/j/k。   (程工 1994)

마지막으로 아래 예에서 세 재귀대명사는 의식성 해석 면에서 차이를 보인다.

(32) a. 철수는 자기i를 비판했다.   (임홍빈 1987)
    b. 철수는 자신i을 비판했다.
    c. 張三i 批評 了 自己i。   (Huang & Liu 2001)

앞에서도 언급했듯이 위 예문의 가장 자연스런 해석은 주어의 지시 대상이 '자기가 자기 자신을 비판한다'는 사실을 의식하고 있는 것이다. 그러나 '자기'와 '自己'를 내포하는 (32a), (32c)는 비판하는 지시 대상이 자기 자신임을 모르는 상황에서도 자연스러운데 반해, (32b)는 그러한 상황에서는 쓰일 수 없다.

본고에서는 중국어와 한국어의 세 재귀대명사가 보이는 이러한 차이가 각 재귀대명사가 관점 부여 대상에 대해 요구하는 객관화 정도의 차이에서 비롯되었다고 보고, 그 연관성을 밝혀보고자 한다.

3.2 관점 부여 대상의 객관화 정도 차이

임홍빈(1987)은 '자기'를 사용할 때 '주관화'와 '객관화'가 동시에 일어난다고 보고 있는데, 본고에서는 이것이 한국어와 중국어 재귀대명사의 공통된 특성이라고 본다. 재귀대명사는 화자가 어느 대상에게 관점을 부여하여 그 대상의 관점에서 상황을 기술할 때 사용된다고 가정한다면, 화자의 관점이 부여되어 그 지시 대상이 '관점의 주체'로 해석된다는 점에서 '주관화'가 일어나며, 다른 한편 화자가 어떤 외부의 대상에게 관점을 부여하고 화자의 관점이 아니라 그 대상의 관점에서 상황을 기술한다는 점에서 '객관화'가 일어난다고 볼 수 있다.

그런데 본고에서는 재귀대명사 사용 시 일반적으로 일어나는 주관화, 객관화 외로도 각각의 재귀대명사가 관점이 부여되는 대상에 대해 요구하는 '객관화'가 따로이 존재하며, 이러한 '객관화' 요구는 각 재귀대명사마다 정도의 차이가 있을 수 있다고 본다. 예를 들어 한국어 재귀대명사 '자기'와 '자신'은 관점 부여 대상에 대해 요구하는 '객관화'의 정도 면에서 차이를 보이는데, '자기'는 '자신'에 비해 보다 강한 객관화를 요구하는 것으로 보인다. 인칭 면에서 볼 때 1인칭과 2인칭에 비해 3인칭은 보다 객관화된 대상으로 볼 수 있다. (26)에서 볼 수 있듯이 '자기'는 일반적으로 보다 더 객관화된 3인칭만을 선행사로 삼는다. 이와 달리 '자신'이나 '自己'는 1인칭과 2인칭을 선행사로 삼는 것도 자연스럽다.

(26) a. *나는 자기i를 경멸한다.

    b. 존i은 자기i를 경멸한다.

(27) a. 나는 자신i을 경멸한다.

    b. 존i은 자신i을 경멸한다.

(28) a. 我i 喜歡 自己i。

    b. 張三i 喜歡 自己i。

그러나 다음의 예문을 통해 임홍빈(1987)이 지적했듯이 '자기'의 선행사가 반드시 3인칭에 한정되는 것은 아니다. 1인칭과 2인칭이라 해도 그 대상을 좀 더 '객관화'할 수 있다면 해당 문장의 문법성이 개선될 수 있다.

(33) a. ?*나는 가끔 자기의 앞날이 걱정됩니다.
 b. ?나도 가끔 자기의 앞날이 걱정됩니다.
(34) a. ??나는 자기 일을 한다.
 b. 내가 언제 자기 고집만 부렸어요.
(35) a. ?? 너는 자기 일을 한다.
 b. 너는 왜 자기 고집만 부리느냐?

(33a), (34a), (35a)는 '자기'가 1인칭이나 2인칭을 선행사로 삼을 수 없음을 보여준다. 그런데 여기에 약간의 수정을 가한 (33b), (34b), (35b)는 문법성이 개선되고 있다. 임홍빈(1987)은 이것이 '타자 시점'이 도입되었기 때문이라고 본다. 예를 들어 (33b), (34b)는 '내'가 '나에 관한 일'을 표현하면서도 '타자 시점'에 의해 '간접'적으로 표현되고 있다. (35)에서도 a와 같이 아무런 전제 없이 말할 경우 문장이 이상하지만, b에서는 2인칭의 행위가 화자의 입장과 비교하여 언급되고 있으므로 역시 '타자의 시점'이 도입되어 보다 자연스러워진 것이다. 본고에서는 이러한 '타자 시점의 도입' 역시 '자기'가 관점 부여 대상에 대해 보다 강한 객관화를 요구한다는 점으로 설명될 수 있다고 본다. 즉 '자기'는 보다 객관화된 대상에게 관점을 부여하므로 일반적으로 3인칭만을 선행사로 삼지만, 1인칭, 2인칭이라 해도 '타자의 시점'이 도입되어 추가적으로 '객관화'될 수 있다면 선행사로 삼을 수 있게 된다는 것이다.

'자기'의 관점 부여 대상에 대한 강한 객관화의 요구는 비단 인칭에 국한되는 문제가 아니다. '자기'는 '자신'과 달리 국부적으로 결속되는 게 그리 자연스럽지 않은데, 이 역시 '자기'의 관점 부여 대상에 대한 객관화 요구와 관련되는 것으로 보인다.

(8) a. 철수$_i$ 는 자신$_j$ 을 사랑한다.

　　b. 철수$_i$ 는 [영희가 자신$_i$ 을 사랑한다고] 생각한다.

(9) a. ??존$_i$ 은 자기$_i$ 를 미워한다.

　　b. 존$_i$ 은 [메리가 자기$_i$를 미워한다고] 생각한다.

(10) a. 張三$_i$ 恨　自己$_i$。

　　b. 張三$_i$ 認爲　[李四　恨　自己$_i$]。

'자기'가 재귀대명사로 쓰일 때, '자기'는 그 지시 대상에 대해 강한 객관화를 요구한다고 가정해보자. (9a)에서 '자기'의 선행사 '존'은 3인칭으로서 어느 정도 객관화의 요구 조건을 만족하지만, 동시에 그것은 '자기'를 포함하는 절의 주어이기도 하다. 그런데 '주어'는 절 내에서 관점의 중심으로 볼 수 있으므로 해당 절 내에서는 그 지시 대상이 강하게 객관화되지 않는다. 따라서 (9a)의 '존'은 3인칭이면서도 절 내에서 '자기'의 지시 대상에 대한 강한 객관화 요구를 만족시키지 못하기 때문에 (9a)의 문장이 부자연스러운 것으로 볼 수 있다. 반면 (9b)에서 모절 주어인 '존'은 '자기'를 포함하는 절의 밖에 위치한다. 따라서 '자기'를 포함하는 절 내에서 '자기'의 지시 대상에 대한 객관화 요구는 여전히 만족된다. 즉 '자기'의 지시 대상은 강하게 객관화될 것을 요구받지만, 이러한 객관화 요구는 '자기'를 포함하는 절 내에서만의 문제라는 것이다.

　원래 '주어'는 일반적으로 '행위자'나 '경험주'의 의미역을 갖는 화자의 관점이 부여되기에 좋은 지위에 있다. 그런데 '자기'는 그것을 포함하는 절 내에서 관점 부여 대상에 대해 강한 객관화를 요구한다. 따라서

'자기'를 내포하는 절의 주어는 이러한 '절 내에서의 객관화 요구'를 어렵게 만들어 '자기'의 선행사가 되기 어려워진 것이다. 반면 '자기'를 내포하는 절 밖의 주어는 '자기'의 지시 대상에 대한 객관화 요구가 적용되는 범위(즉 '자기'를 포함하는 절) 밖에 있으므로 선행사로서 선호된다.

정리하자면 '자기'의 지시 대상에 대한 객관화 요구는 첫째 인칭 면에서의 객관화, 둘째 '자기'를 내포하는 절(국부 영역) 내에서의 객관화로 나타난다. 먼저 인칭 면에서 1, 2인칭은 그 위치에 관계없이 일반적으로 화자에 의해 강하게 주관화되므로 '타자 시점'이 따로 개입되지 않는 한 '자기'의 객관화 요구를 만족시키지 못해 선행사가 되기 어렵다. 다음으로 '자기'를 내포하는 절(국부 영역) 내에서의 객관화 요구를 생각해 보자. '자기'가 내포절에 있을 때 '자기'의 선행사는 3인칭이라 해도 그 선행사가 모절 주어일 때와 내포절 주어일 때는 '객관화'의 양상이 다르게 나타난다. '자기'는 그것을 내포하는 절 내에서 객관화될 것을 요구받게 되는데, 내포절의 주어는 일반적으로 절 내에서 관점의 중심으로 해석되므로 그 지시 대상이 강하게 객관화될 수 없다. 따라서 내포절의 주어는 '자기'의 선행사로 선호되지 않는다. 반면 국부 영역 내의 객관화 요구를 받지 않는 모절 주어는 '자기'의 선행사로 선호된다는 것이다.

'자기'가 '장거리 결속'을 선호한다는 주장에는 다음과 같은 반례가 있을 수 있다.

(36) 병수는 정수가 자기(의) 동생을 사랑한다고 말했다.   (강범모 1998)

(36)과 같은 예문의 논의에서 흔히 '병수'는 장거리 결속 선행사로 '정수'는 국부 결속 선행사로 여겨진다. 그러나 강범모(1998)가 지적했듯이 "하나의 명사구는 문장과 같이 주어를 갖는 결속 이론상의 독자적 근거리 영역을 구성할 수 있다. 따라서 관점에 따라서는 '정수'도 장거리 선

행사라고 할 수 있다." 따라서 자기의+명사구'가 국부 결속되는 예는 사실상 장거리 결속의 예로도 볼 수 있다. 이렇게 본다면 '자기'는 여전히 전반적으로 장거리 결속을 선호한다고 말할 수 있다.

'자신'과 '自己'는 (27), (28)에서 볼 수 있듯이 1인칭, 2인칭, 3인칭 모두를 선행사로 삼을 수 있고, 또 (8), (10)에서 볼 수 있듯이 동절 내의 주어를 선행사로 삼는 것도 자연스럽기 때문에 표면적으로는 둘 다 관점이 부여되는 대상에 대한 객관화 요구가 없는 것처럼 보인다. 또 '자신'은 '自己'와 마찬가지로 국부 결속과 장거리 결속이 모두 가능하다.

그러나 언어사실을 통해 볼 때, '自己'는 관점이 부여되는 대상에 대한 객관화 요구가 없지만, '자신'의 경우에는 관점 부여 대상에 대해 객관화의 요구가 약하게 있는 것으로 보인다. 이런 약한 객관화 요구는 인칭 면에서 나타난다. '자신'은 표면적으로는 모든 인칭을 선행사로 삼을 수 있는 것처럼 보이지만, 1인칭과 3인칭이 잠재적 선행사일 경우 3인칭을 선호하며, 이는 '차단 효과'로 나타나기도 한다.

(11) a. 張三i 膽心 我j 會 批評 自己*i/j。
     b. 我i 膽心 張三j 會 批評 自己?i/j。

(12) a. 그i 는 내j 가 자기i/*j 를 원망한다고 생각한다.
     b. 나 는 그j 가 자기*i/j 를 원망한다고 생각한다.

(13) a. 철수i 는 내j 가 자신i/j 을 원망한다고 생각한다.
     b. 나i 는 철수j 가 자신??i/j 을 원망한다고 생각한다.

앞에서도 언급했듯이 '차단 효과'가 있다는 것은 재귀대명사가 있는 문장의 해석에서 국부결속이 먼저 일어나고 그 다음 장거리 결속이 일어남을 암시한다. 따라서 '자신'이 국부 결속되는 것으로 해석될 때 (13a)에서는 1인칭, (13b)에서는 3인칭에 결속되는 것이 모두 자연스럽다. 그런데 국부 결속 다음으로 장거리 결속으로 해석되는 경우에는 (13a)와 같이 내포절의 주어가 1인칭, 모절의 주어가 3인칭인 경우에는 차단 효과가 나타나지 않지만, (13b)와 같이 내포절의 주어가 3인칭, 모절의 주어가 1인칭인 경우에는 차단 효과가 나타난다. 이러한 현상은 '자신'이 3인칭을 약간 더 선호하기 때문에, 내포절에 3인칭 주어가 있을 경우 국부 영역에서 이 3인칭 명사구를 선행사로 선택하고 나서, 그 다음 장거리 영역에서는 더 이상 (상대적으로 선호하지 않는) 1인칭 명사구를 선행사로 선택하지 않게 된 것으로 볼 수 있다. 반대로 내포절 주어가 1인칭, 모절의 주어가 3인칭일 경우에는, 결속의 순서 상 국부 영역에서 우선 1인칭 명사구를 선행사로 선택하지만, 오히려 장거리 영역에 보다 선호되는 3인칭 명사구가 있으므로 이를 다시 선행사로 삼는 것이 허용되는 것으로 볼 수 있다. 이와 달리 (12)에서는 물론 '자기'가 보통 3인칭만을 선행사로 삼고 또 장거리 결속을 강하게 선호하므로 '차단 효과'가 나타나지 않게 된다.

중국어 재귀대명사 '自己'는 선행사의 인칭에 대한 제약이 전혀 없다. 여기에다 재귀대명사를 포함하는 문장을 해석할 때 먼저 국부 결속으로 해석되고 그 다음 장거리 결속으로 해석된다고 한다면, (11a)에서는 먼저 1인칭 주어 '我'에 국부 결속되는 것으로, (11b)에서는 3인칭 주어 '張三'에 국부 결속되는 것으로 해석된다. 그 다음 다시 장거리 결속으로 해석되려면 화자는 인칭의 변화에 따라 관점을 부여할 대상을 바꿔야 한다. 그런데 재귀대명사 현상은 화자가 어떤 대상에게 관점을 부여하는 것이므로, ('자기', '자신'과 같은 관점 부여 대상에 대한 객관화 요구가 없는 한) 관점 부여의 잠재적 대상이 화자와 제3자라면 물론 화자를 선호하게 될 것이다. 따라서 내포절의 1인칭 대명사는 모절의 3인칭 명사구를 선행사로 받지 못하도록 차단하지만, 내포절의 3인칭 명사구는 모절의 1인칭 명사구를 차단하지 못하는 것이다. 즉 '自己'가 보이는 차단 효과는 단지 '화자의 관점 부여'라는 재귀대명사 사용의 일반적 원리에 의해 생긴 것이다. 이렇게 볼 때 '自己'는 관점 부여 대상에 대한 객관화의 요구가 전혀 없는 것으로 보인다.

이번에는 '의식성'의 문제로 돌아가 보자.

(32) a. 철수i는 자기i를 비판했다.[8]   (임홍빈 1987)
     b. 철수i는 자신i을 비판했다.
     c. 張三i 批評 了 自己i。   (Huang & Liu 2001)

(32a)는 자기가 자기를 비판한다는 것을 철수가 알고 있는 것으로 해석되는 게 일반적이다. 그러나 임홍빈(1987)에 따르면 '철수'의 친구들이 '철수' 욕을 하고 있는데, 우연히 그 모임에 끼게 된 '철수'가 자기 이야기인 줄도 모르고 그들에게 동조하여 자기 자신을 비판하는 상황에서도 (32a)를 말하는 것이 가능하다. Huang & Liu(2001)도 '張三'이 자기가 비판하는 대상이 자기 자신이라는 것을 모르는 상황에서 (32c)는 자연스럽다고 보았다. 따라서 '자기'와 '自己'는 의식성의 해석이 항상 필수적이지는 않다고 할 수 있다. 반면 (32b)는 자기가 비판하는 대상이 자기 자신임을 모르는 상황에서는 발화하기 어려운 것으로 보인다.

본고에서는 '자기'와 '자신'의 이러한 차이가 한국어에서 두 재귀대명사가 역할 분담을 하기 때문이라고 본다. '자기'와 '자신'은 그 한자어가 모두 '스스로'와 '몸'의미의 조합으로서 구성 면에서 유사하다. 그러나 실제 언어 사실을 살펴보면 둘 중에서 '자신'이 보다 더 '신체'적인 의미로 쓰인다.

---

8) '자기'는 국부 결속이 선호되지 않으므로 (35a)도 매우 좋은 문장으로 볼 수는 없다. 그러나 뒤에 다시 논의하겠지만 술어의 의미가 추상적, 심리적일 경우에는 국부 결속도 어느 정도 가능해진다.

(37) a. 철수는 자기 물을 마셨다.

　　 b. 철수는 자신의 물을 마셨다.

　임홍빈(1987)에 따르면 (37a)는 보통 철수 몫의 물 또는 철수 소유의 물을 마신 것으로 이해되지만, (37b)는 '철수의 몸에서 생성된 물'이란 의미로 해석되기 쉽다. 임홍빈은 위의 대조를 통해 '자신'이 '자기'보다 신체적인 의미를 더 강하게 가지므로 [-의식성]의 자질을 띠며, '자기'는 [+의식성]의 자질을 띤다고 보았다. 그러나 본고에서는 '자기'와 '자신' 모두 화자에 의해 관점이 주어진 지시 대상에 의해 상황이 기술됨을 나타내므로, 양자가 모두 [+의식성]을 갖는 것으로 해석된다고 본다. 다만 '자신'은 신체적인 의미가 더 강하게 부각되므로 '자신'에 의해 관점을 부여받은 지시 대상은 단지 '의식의 주체'일 뿐만 아니라 '신체'를 포함하는 심신이 분리되지 않은 의식의 주체로 여겨진다. 반면 '신체' 의미가 강하게 부각되지 않는 '자기'는 신체와는 분리된 의식의 주체, 또는 '정신적 자아'의 의미를 나타낼 수 있다. 다음은 임홍빈(1987)의 예이다.

(38) a. 철수는 자기도 모르는 얼떨결에 그런 실수를 저질렀다.

　　 b. ?철수는 자신도 모르는 얼떨결에 그런 실수를 저질렀다.

(39) a. 철수는 잃어버린 자기를 찾아서 방황하였다.

　　 b. ?*철수는 잃어버린 자신을 찾아서 방황하였다.

　'자기'와 '자신'은 모두 의식성을 가진 주체를 나타낸다. 그런데 '자신'이 재귀대명사로 쓰이면 '정신적 자아'와 '신체적인 자신'이 분리되지 않는 것으로 해석되는데 반해 '자기'가 재귀대명사로 쓰이면 신체와는 분리된 '자아'만을 나타낼 수 있게 된다. 이렇게 '자기'가 '분리된 자아'를 나타낼 수 있다면, 의식성이 다소 결여된 자아를 나타낼 수도 있다. 따라서 (38a)와 같이 의식성 해석이 약화될 수도 있고, (38b)와 같이 '자아'를 잃어버렸다가 다시 찾는 것도 가능하다. 반면 '자신'은 신체를 포함하는 분리 불가능한 자아를 나타내므로 (39a)와 같이 의식성이 약화되어 해석 되는 것도 어렵고, (39b)와 같이 잃어버렸다고 되찾는 것도 불가능하다.

(40) a. 철수는 자기를 발로 찼다.
　　 b. *철수는 자신을 발로 찼다.　　　　　　　　　　(임홍빈 1987)

(41) 蔣介石　狠狠地　打了　自己　一下。　　　　　　(Liu 2003)

(40), (41)은 주어인 '철수' 또는 '蔣介石'이 자기 동상을 차거나 때린 상황을 묘사하고 있다. 상술했듯이 '자기'는 '분리 가능한 자아'를 나타내 므로 (40a)와 같이 철수가 자신과는 별개인 '동상'에 대해서도 '자기'로 표현할 수 있다. 그러나 '자신'은 분리 불가능한 자아를 나타내므로 (40b) 와 같이 '동상'에 대해 '자신'으로 표현할 수 없다. 이렇게 한국어의 두 재귀대명사는 자아의 분리 가능성 해석 여부에 있어서 서로 다른 양상을 보인다. 한편 중국어 재귀대명사 '自己'는 ('자기'와 마찬가지로) 신체적 인 의미가 특별히 강조되지 않아서 분리 가능한 자아를 나타내는 것도 가능하므로 (41)와 같이 동상에 대해 '自己'로 표현할 수 있다.

한국어 재귀대명사들의 역할 분담에서 '자신'은 상대적으로 보다 더 신체적인 면이 강조되고, 반면에 '자기'는 상대적으로 보다 정신적인 면 이 강조되어 쓰인다. 이러한 점은 '국부 결속'될 때 '자기'와 빈번하게 공기하는 술어를 통해서도 발견할 수 있다.

강범모(1998)는 '자기'가 '장거리 결속'이 선호된다는 연구가 있지만 직접 코퍼스를 통해 확인해본 결과 '국부 결속'과 '장거리 결속'에 대한 '자기'의 선호도 차이는 큰 의미가 없을 정도의 미세한 차이라고 간주한 다. 이러한 연구 결과는 우리의 주장과 배치되는데, 본고에서 관찰해왔던 예에서 '자기'는 일반적으로 '장거리 결속'이 선호되고 '국부 결속'의 경우 매우 부자연스러웠기 때문이다.

그런데 우리는 강범모의 예문을 통해 '국부 결속'되는 '자기'를 내포하는 절의 술어가 보통 신체적인 동작과는 거리가 있음을 발견하게 된다. 다음은 강범모(1998)가 코퍼스로부터 제시한 국부 결속의 예이다.

(42) a. 겨우내 얼음 속에서 청정하게 자기를 '가꾸었던' 골짜기의 맑은 물이며 잔디의 속잎이며.

  b. 틈 있는 대로 읽어서 감상하며 자기를 더욱 '가다듬는' 일도 귀중한 일이다.

(42)에서 국부 결속의 술어로 쓰인 '가꾸다', '가다듬다' 등은 신체적인 의미와는 거리가 먼 추상적 의미의 술어이며, 그 목적어가 되는 '자기' 역시 추상적인 '자아'의 개념으로 해석됨을 알 수 있다. 따라서 강범모의 연구 결과는 '국부 결속'되는 '자기'의 용례가 예상보다 많을 수 있음을 보여주기는 하지만, 본고에서는 국부 결속되는 '자기'와 함께 쓰이는 술어가 보통 추상적, 심리적 의미로 제한된다고 본다.

역시 코퍼스를 통해 '자기'를 고찰한 한송화(2013)는 동절의 주어와 공지시하는 목적어 위치에 재귀대명사가 쓰일 때는 거의 '자기'로 실현되지 않고 '자신'으로 실현된다고 밝히고 있다. 강범모(1998)에서 '자기'가 '국부 결속'과 '장거리 결속'이 거의 대등한 비율로 나타난다고 본 데 대해서도 한송화(2013)는 '자기'가 국부 결속될 때는 (43)와 같은 특정 술어들과 연어 관계를 보인다고 지적하고 있다.[9] 이러한 연구 결과 역시

---

9) 한송화(2013)는 이렇게 특정 술어들과 연어 관계를 보이는 '자기'는 대용적 의미가 아니라 어휘적 의미를 가지는 것으로 구분하고 있다.

'자기'가 국부 결속될 때는 주로 '추상적인 자아'의 개념으로 쓰이고 있음을 보여준다고 할 수 있다.

> (43) (자기를) 나타내다, 돌아보다, 드러내다, 발견하다, 버리다, 부정하다, 소개하다, 잃어버리다, 존중하다, 주장하다, 찾다, 포기하다, 표현하다, 희생하다 …

이렇게 볼 때 한국어 재귀대명사 '자기'와 '자신'은 상대적으로 정신적인 면이 강조되는지 신체적인 면이 강조되는지에 따라 역할 분담을 하는 것으로 볼 수 있다. 반면 중국어 '自己'는 아마도 이러한 역할 분담이 없기 때문에 정신적, 신체적인 구분 없이 쓰이는 것으로 보인다.

4 결론

중국어 재귀대명사 '自己'와 한국어 재귀대명사 '자기', '자신'은 그 기능적인 유사성에도 불구하고 선행사의 인칭, 차단 효과, 의식성 등 여러 측면에서 차이를 보인다. 본고는 여러 언어사실을 통해 재귀대명사 현상이 순수 통사적으로는 설명될 수 없다고 보고, 기능적인 측면에서 그 해답을 모색해 보았다.

우선 본고에서는 이들 세 재귀대명사가 동일한 기능을 갖는다고 본다. 이들 재귀대명사의 기능은 화자가 어떤 대상에 관점을 부여하여 그 대상의 관점에서 해당 상황을 기술한다는 것이다. 화자가 어느 대상에 관점을 부여하면 그 대상은 자연히 의식성을 갖는 것으로 해석되므로, 선행사가 의식성을 갖지 못하면 일반적으로 그 문장은 부자연스럽게 된다.

한국어 재귀대명사 '자기'와 '자신'은 관점 부여 대상에 대한 객관화 요구 면에서 차이를 보인다. '자기'는 관점 부여 대상에 대해 강한 객관화를 요구하므로 선행사가 보통 3인칭으로 한정되고 또한 '자기'를 내포하는 절의 주어는 선행사로 선호되지 않는다. '자신'은 관점 부여 대상에 대해 약한 객관화 요구를 보인다. 이러한 약한 객관화 요구는 3인칭에 대한 약한 선호도로 나타나며, 이는 '自己'의 경우와 인칭 면에서 상반되는 차단 효과로 나타난다. 반면 '自己'는 관점 부여 대상에 대한 객관화 요구가 없다. 그런데 재귀대명사로서 '自己'의 기능은 어느 대상에게 화자가 관점을 부여하는 것이므로, 3인칭보다는 1인칭이 관점 부여 대상으로서 선호되며 이로 인해 차단 효과가 나타난 것이다.

'자기'와 '자신'은 정신적 측면이 강조되는지 신체적 측면이 강조되는지에 있어서 약간의 차이를 보인다. '자신'은 신체를 포함해 분리되지 않는 자아를 나타내므로 반드시 의식성을 갖는 것으로 해석된다. 반면 '자기'는 분리된 자아를 나타낼 수 있으며 따라서 의식성 해석이 다소 약화되는 것도 가능하다. 또한 '자기'는 보통 국부 결속이 선호되지 않지만, 국부 결속이 허용될 때는 보통 추상적, 심리적 행위를 나타내는 술어와 함께 쓰인다. 중국어 재귀대명사 '自己'의 경우에는 아마도 이러한 역할 분담이 없기 때문에 '분리된 자아'를 나타낼 수도 있고, 술어의 의미에 관계 없이 국부 결속이 가능하다.

| 참고문헌 |

강범모(1998), 〈문법과 언어 사용〉, 《국어학》, 31.
성광수(1981), 〈국어 재귀대명사에 대한 재고 – 자기와 자신을 중심으로〉, 《한글》, 172.
임홍빈(1987), 《국어 재귀사 연구》, 신구문화사.
한송화(2013), 〈재귀대명사 "자기"의 의미와 기능 연구 – "자기" 와 "자신" 의 말뭉치 용례를 중심으로〉, 《외국어로서의 한국어교육》, 38.

홍순성(1987), 〈한국어 재귀대명사의 특질〉. 《동서문화》, 19.

程工(1994), 〈生成语法对汉语 "自己" 一词的研究〉, 《国外语言学》, 1.

王瑩瑩·潘海華(2012), 〈長距離"自己"的語義-語用解釋理論及其問題〉, 《當代語言學》, 14.

Cole, P., Hermon, G., & Sung, L. M.(1990), "Principles and parameters of long-distance reflexives", *Linguistic inquiry*, 21.

Clements, George(1975) "The Logophoric Pronoun in Ewe: Its Role in Discourse", *The Journal of West African Languages* 10.

Huang. C.-T. J. and Liu, Luther, C.-S.(2001), "Logophoricity, Attitudes, and Ziji at the Interface", *Long-distance Reflexives, vol. 33 of Syntax and Semantics.*

Huang, Y.(1994), *The Syntax and Pragmatics of Anaphora*, Cambridge University Press.

Liu, C. S. L. (2003). "Pure reflexivity, pure identity, focus and Chinese ziji-benshen", *Journal of East Asian Linguistics*, 12.

O'Grady, W.(1987), The interpretation of Korean anaphora: The role and representation of grammatical relations. *Language, 63.*

Pan, Haihua(2001) "Why the blocking effect?" In Peter Cole, Gabriella Hermon and James Huang, eds., *Long Distance Reflexives, vol. 33 of Syntax and Semantics.*

Sells, Peter(1987) "Aspects of Logophoricity", Linguistic Inquiry, 18.

Xue, P.(1992). "The Distribution of Chinese Reflexives", *Working Papers of the Linguistics Circle, 11.*

현대중국어 형용사의 동태적 의미
— '了' 부가를 중심으로

최신혜

1 들어가며

현대중국어에서 형용사 범주의 존재 여부 및 그 경계성을 두고 중국어 법학계에서는 여러 이견들이 있어 왔다. 이는 중국어의 형용사가 유형학적으로 형용사의 보편적인 특징을 지니면서도,[1] 일반적으로 동사에서

---

* 《중국학논총》제69집(2020년 9월) 게재.

** 고려대학교 중어중문학과 초빙교수.

1) Dixon(2004)은 범언어에서 나타나는 형용사의 전형적인 기능을 다음과 같이 제시하였다.

    a. 속성 의미를 나타내는 진술로서, 형용사는 자동사술어(intransitive predicate) 혹은 계사의 보충어(copula complement)로 부호화된다.

    b. 명사구에서 명사를 수식한다.

또한 일부 언어의 형용사는 다음 두 가지 기능을 더 지니기도 한다고 하였다.

    c. 비교구문에서 비교매개변수(parameter of comparison)로 작용한다.

    d. 원형 또는 파생된 방법으로 동사를 수식한다.

중국어의 형용사는 속성 의미를 나타내는 진술문에서 자동사술어로 부호화되며, 명사구에서 명사를 수식하고, 비교구문에 사용되며, 원형 또는 '地'를 더한 형태로 동사를 수식하여, Dixon(2004)이 제시한 형용사의 네 가지 특징에 모두 부합하는 모습을 보인다. (崔信惠 2017 참조)

나타나는 특징을 함께 보이기도 하기 때문이다. 따라서 현대중국어에서 형용사를 동사와 구분되는 독립된 범주로 인정할 것인지, 중국어 형용사의 특징을 어디까지로 볼 것인지와 같은 문제에 대해 오늘날까지 논의가 이어져 오고 있다. 또한, 어떠한 관점과 기준을 선택하는지에 따라 일부 단어의 실제 품사 판별이 학자마다 차이를 보이기도 한다.

현대중국어에서 형용사가 통사적으로 동사와 구분되는 대표적인 특징은 정도부사의 수식을 받을 수 있으며, 빈어를 지니지 않는다는 것이다. 실제로 동사의 경우, 일부 심리동사나 조동사를 제외하고는 정도부사의 수식을 받을 수 없다. 또한, 형용사는 '발생'의 의미를 강조하기 위한 목적을 제외하고는 대체로 빈어와 공기하지 않으므로, 빈어를 지니는 것은 일반적으로 동사의 특징으로 볼 수 있다.[2]

현대중국어에서 형용사를 동사와 구분하기 어렵게 하는 대표적인 요인은 '了'와 같은 상(相) 표지의 부가로 볼 수 있을 것이다. 동사는 시간성의 의미자질을 지니고, 이러한 시간성은 상 표지를 통해 실현된다. 따라서 상 표지를 지니는 것은 동사의 대표적인 특징이다. 형용사는 속성 의미를 나타내고, 속성 의미는 일반적으로 시간의 의미자질을 지니지 않지만, 중국어에서 형용사에 상 표지가 붙는 경우를 종종 볼 수 있는데, 예를 들면 '了'와 공기하여 '변화'의 의미를 나타내는 경우가 그러하다.

(1) a. 妈妈的病好了。 엄마의 병이 나았다.
    b. 电脑坏了。 컴퓨터가 고장났다.
    c. 衣服都湿了。 옷이 다 젖었다.
    d. 鸭蛋都臭了。 오리알이 모두 상했다.　　　　　　　(CCL)

---

2) 현대중국어 형용사의 빈어 공기 현상에 대한 자세한 논의는 최신혜(2020)를 참조하기 바란다.

예(1)의 '好', '坏', '湿', '臭'는 모두 형용사로, 위 예문에서 '了'와 함께 쓰여 해당 형용사가 지니는 속성 의미로 변화되었음을 나타내고 있다. '변화'는 속성이 지니는 '항구적'인 의미에 부합하지 않으며, 오히려 동사가 지니는 '동태적'인 의미에 부합한다고 볼 수 있다. 예(1)에 대응되는 한국어 표현을 보면, 각각 '낫다', '고장나다', '젖다', '상하다'가 사용되었고, 이들은 모두 한국어에서 동사에 해당한다. 이처럼 중국어 형용사에 '了'가 부가된 표현은 한국어에서 대체로 동사 또는 동사로 여겨지는 표현에 대응되는 경우가 많은데, 이러한 현상은 한국어를 모국어로 하는 중국어 학습자에게 있어, 중국어 형용사를 동사와 혼동하게 하는 요인으로 작용하기도 한다.

본고는 현대중국어에서 형용사를 동사와 구분하기 어렵게 하는 대표적인 요인인 '了'[3] 부가를 중심으로, 형용사의 동태적 의미에 대해 살펴보고자 한다. 또한, 중국어에서 이와 같은 특징이 나타나는 이유를 유형학적 관점에서 제시해보고자 한다.

2 형용사와 동사 범주에 대한 고찰

중국어 형용사의 범주를 논하기 위해, 우선 품사 범주에 대해 논한 선

---

3) 형용사 뒤에 출현하는 '了'에 대해서는 각각 '了$_1$'(동태조사), '了$_2$'(어기조사), '了$_{1+2}$'(동태조사＋어기조사)로 보는 관점이 있는데, 절 끝이나 문미에 출현하여 구분이 힘든 경우도 많은 것이 사실이다. 《现代汉语八百词》에서는 '형용사＋了'는 변화의 완성 또는 새로운 상황의 출현을 나타내므로 '了$_{1+2}$'로 볼 수 있다고 하였다. 张国宪(2006)은 '了'가 형용사 뒤에 부가되어 변화를 나타내는 경우를 '了$_{1+2}$'로 보았다. 본고에서 다루는 형용사 뒤에 출현하는 '了' 역시 변화의 의미를 나타내는 것으로 '了$_{1+2}$'에 해당하며, '太＋형용사＋了$_2$'에서처럼 단순히 어기만을 나타내는 경우는 제외한다.

행연구를 살펴보도록 하겠다.

2.1 Langacker의 범주 이론

여기에서는 Langacker의 주장을 중심으로 인지문법에서 바라보는 언어의 품사 범주에 대해 살펴보고자 한다.[4)]

언어가 세계를 반영하여 부호화된 결과물이라는 점에서, 언어의 범주를 살피기 위해 우선 세계에 대해 어떻게 인식하고 있는지를 먼저 살펴볼 필요가 있다. 인지문법에서는 이 세계가 '개체'들과 이 개체들 사이의 '상호 관계'로 이루어져 있다고 본다. 개체들은 언어에서 명사로 부호화되고, 상호 관계는 동사나 형용사 등으로 부호화된다.

Langacker는 윤곽을 어떻게 부여하느냐에 따라 문법 부류가 결정된다고 보았는데, 명사는 '물체(thing)'를 윤곽으로 하고, 동사는 '과정(process)'을 윤곽으로 하며, 형용사는 '비시간적 관계(atemporal relation)'를 윤곽으로 한다고 하였다. 예를 들어, 영어의 'yellow'는 다음과 같은 윤곽 부여에 따라 각각 명사, 형용사, 동사로 구별되어 진다.

〈그림 1〉에서 (a)는 'yellow'가 명사일 때, 색채공간(가능한 색채 감지의 범위)의 한 영역을 윤곽으로 함을 나타낸다. 윤곽화된 부분은 굵은 선으로 표시되었다. 여러 색채 영역 가운데 '노랑'이라는 하나의 지역을 차지함을 보여준다.

(b)는 'yellow'가 형용사일 때의 윤곽 부여를 보여주고 있는데, 도식의 'tr'은 탄도체(trajection)로 관계의 참여자들 중 가장 현저한 개체를 나타낸다. 형용사의 경우, 해당 형용사가 서술하는 대상이 탄도체가 된다. '속성'은 어떠한 개체의 성질을 나타내는 것이므로, 속성을 지니는 개체가

---

4) 2.1절의 내용은 Langacker(1987, 1999, 2008), 김종도(2002)를 참고하여 서술되었다.

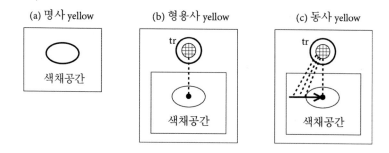

(a) 명사 yellow
색채공간

(b) 형용사 yellow
tr
색채공간

(c) 동사 yellow
tr
색채공간

그림 1. 윤곽 부여에 따른 품사 구분의 예(Langacker)

해당 속성 의미의 탄도체가 되는 것이다. (b)에서 탄도체 내의 빗금 쳐진 원은 이 개체(탄도체)와 연관된 색채 감각을 나타낸다. 따라서 (b)는 탄도체와 연관된 색채 감각이 색채 공간의 노랑 영역과 관계를 맺고 있음을 나타낸다. 예컨대, 'yellow flower(노란 꽃)'는 탄도체인 'flower'와 연관된 색채 감각이 색채공간 가운데 'yellow' 영역 내에 해당함을 나타낸다.

다음으로 (c)는 탄도체의 색이 'yellow' 영역 바깥의 색으로부터 'yellow' 영역 내에 들어가는 과정을 윤곽으로 하고 있다. 굵은 점선들은 시간의 경과에 따른 변화를 나타내주고 있다. 'yellow'가 이처럼 과정을 윤곽으로 하면 동사 범주로 이해되어 '노랗게 되다', '노래지다'의 의미를 나타내게 된다.

이처럼 과정은 시간의 경과에 따라 성분 상태들이 달라져 형상의 변화를 초래하므로 시간적 관계에 해당한다. 반면, 비시간적 관계는 시간의 경과가 형상의 변화를 초래하지 않는다. 즉, 성분 상태들이 시간의 경과에 따라 형상의 변화를 초래하는지의 여부를 기준으로 '과정'과 '비시간적 관계'를 구분하였다.

따라서 Langacker에 따르면, 변화는 과정에 해당하고, 과정은 동사로 부호화된다. 이에 비해, 형용사는 변화 의미를 포함하지 않는 비과정, 비시간적 관계에 해당한다. 이러한 인지문법의 범주 이론에 따르면, 예(1)에 나타나는 변화 의미는 과정에 해당하고, 이는 동사 범주로 이해되어야 할 것이다. 그러나 예(1)의 '好', '坏', '湿', '臭'는 현대중국어에서 대체로 모두 형용사로 보고 있으며, 예(1)과 같은 표현의 경우, 형용사에 '了'가 부가되어 변화의 의미를 나타내는 것으로 설명하고 있다.

2.2 石毓智·白解红(2006)의 영어와 중국어의 형용사

石毓智·白解红(2006)은 위에서 살펴본 Langacker의 주장, 즉 동사는 시간적 관계(과정)를 나타내고, 형용사는 비시간적 관계를 나타낸다는 사실이 중국어의 현실에 부합하지 않으며, 이러한 Langacker의 주장은 그가 의식적 또는 무의식적으로 영어를 일종의 표준적인 언어로 삼아 서술한 것이라 보았다. 이들은 영어와 중국어는 사물의 속성에 대한 인식 면에서 본질적인 차이가 존재한다고 하였다. 이 두 언어의 형용사의 개념화 방식에 분명한 차이가 있으며, 그 결과 의미구조 및 통사 기능에도 차이를 초래하게 된 것이라고 하였다. 이들이 주장하는 영어와 중국어 이 두 언어에서 형용사의 개념화 방식 및 의미구조의 근본적인 차이는 다음과 같다.

(2) a. 영어는 성질 및 그 정도를 정태적(静态的)인 것으로 보고, 형용사의 의미구조 자체에 시간 과정이 결여되어 있다.

b. 중국어는 성질 및 그 정도를 동태적(动态的)인 것으로 보고, 형용사의 의미구조 자체에 시간 과정을 지니고 있다.

예를 들어, 영어에서 사물의 속성을 나타낼 때는 종종 사물을 나타내는 주어와 속성을 나타내는 표현 사이에 이들을 연결해주는 시간 정보를 필요로 하는데, 영어의 형용사가 자체적으로 시간 과정이 결여되어 있기

때문에 표층 형식에서 반드시 동사(be동사 등)를 빌어 시간 정보를 나타
낼 수 밖에 없는 것이라 하였다. 이에 비해 중국어 형용사는 직접 술어로
기능하며, 다른 동사성 성분의 연결이 필요하지 않다고 하였다.

(3) a. These flowers are beautiful.
   a´ *These flowers beautiful.
   b. 这些花十分漂亮。
   b´ *这些花是十分漂亮。   (石毓智·白解红 2006)

또한, 중국어의 형용사는 자체적으로 시간 과정을 지니고 있으므로
형용사 앞뒤에 직접 문법 표지나 시간부사를 붙여 시간 정보를 나타낼
수 있으며, 다른 동사의 도움을 받을 필요가 없는 것이라 하였다. 형용
사에 상 표지 '了'를 부가하는 것 역시 이러한 예에 해당한다고 볼 수
있다.

그들은 고대중국어에서는 형용사의 사동(使动) 용법처럼 형용사와
동사의 통사적 기능이 교차되는 모습이 많이 보이는데, 이 역시 중국어
형용사가 자체적으로 동태적인 시간 과정을 지니고 있음을 알 수 있는
현상이라 하였다. 이에 비해 영어의 형용사는 빈어를 지니는 용법이 없
으며, 고대영어에서 일부 형용사가 접사 '-en'을 붙여 형태를 변화하여
동사로 사용되기도 하였지만,[5] 현대영어에서는 이미 비생산적인 방식
이 되었다고 하였다. 오늘날 영어에서는 'make/have＋N＋A'의 구조로
사역의 의미를 나타내는데, 여기서 동사 'make/have'가 동태적인 시간
과정을 나타내는 작용을 한다고 하였다. 石毓智·白解红(2006)은 영어
형용사가 자체적으로 동태적 시간 과정을 지니고 있지 않기 때문에, 이

---

5) rich-richen, red-redden, black-blacken, wide-widen, strong-strengthen 등이 이에 해
  당한다. (石毓智·白解红 2006)

러한 다른 수단을 빌어 동태적 의미를 나타낼 수 밖에 없는 것이라고 하였다.

그러나 필자는 과연 중국어 형용사가 자체적으로 동태적인 시간 과정을 지니고 있다고 볼 수 있는지 의문이 든다. 우선, 石毓智·白解红 (2006)은 고대중국어에서의 형용사의 사동 용법이 오늘날 현대중국어에도 여전히 존재한다고 하였는데, 실제로 오늘날 현대중국어에서 형용사가 빈어를 지니는 경우는 드물며, 그들이 제시한 '热了一碗饭', '端正学习态度', '丰富我们的生活'에서 '热', '端正', '丰富'의 사동 용법은 현재 《现代汉语词典(第6版)》에 모두 동사 품사의 의미 항목으로 기재되어 있다.

다음으로는 방향성의 문제이다. 石毓智·白解红(2006)은 중국어가 성질을 동태적인 것으로 보고, 형용사의 의미구조 자체에 시간 과정을 지니고 있다고 하였는데, 과연 이들의 주장대로 중국어의 형용사가 자체적으로 동태적 의미를 지니기 때문에 이러한 통사적 특징을 보이는 것인지, 반대로 중국어의 형용사가 동사와 형태적으로 구분되지 않아 하나의 형태로 동사의 통사적 특징을 보임으로써 결과적으로 형용사에 동사의 의미를 포함하게 된 것인지는 좀 더 살펴보아야 할 문제라고 여겨진다. 이에 대해서는 3장에서 구체적으로 살펴보도록 하겠다.

2.3 张国宪(2006)의 변화형용사

张国宪(2006)은 현대중국어 형용사를 [±정태(静态 static)] 의미자질에 따라 '정태(静态)형용사'와 '동태(动态)형용사' 두 유형으로 나누었다. 정태형용사는 시간구조가 균일하여 내재적 자연 시작점과 종결점이 결여되어 있고, 일반적으로 '了', '着' 등의 형태 표지를 지닐 수 없다. 그에 따르면 정태형용사는 대체로 상태를 나타내는 문장에 사용된다.

(4) a. 西山的景色非常优美。 서산의 경치가 매우 아름답다.

   b. 小红比小兰文静。 샤오홍이 샤오란보다 얌전하다. (张国宪 2006)

이에 비해, 동태형용사는 시간구조가 이질적이어서 내재적 자연 시작점과 종결점을 지닐 수 있고, 일반적으로 '了', '着' 등의 상 표지를 지녀야 한다. 따라서 이러한 형용사는 변화를 나타내는 문장에 사용될 수 있다고 하였다.

(5) a. 汽车发动机坏了。 자동차 엔진이 고장났다.

   b. 他的伤已经好了。 그의 상처는 이미 나았다. (张国宪 2006)

그는 정태형용사를 다시 시간성에 따라 '성질(性质)형용사'와 '상태(状态)형용사'로 나누었는데, 성질형용사는 항구적이며, 상태형용사는 임시적인 특징을 지닌다. 한편 동태형용사는 변화 의미를 나타내므로, '변화(变化)형용사'로 칭하였다. 아래 예(6)은 각각 성질형용사, 상태형용사, 변화형용사의 특징을 잘 보여준다.

(6) a. 井水凉, 不像河水, 不能冲澡。 (성질형용사)
      우물물은 차고, 강물 같지 않아서, 목욕을 할 수 없다.

   b. 晚上井水冰凉的, 我不敢冲澡。 (상태형용사)
      밤 우물물은 차디차서, 나는 목욕할 엄두가 나지 않는다.

   c. 水凉了, 可以冲澡了。 (변화형용사)
      물이 식어서 목욕할 수 있게 되었다. (张国宪 2006)

그에 따르면, 변화형용사가 성질형용사 및 상태형용사와 구분되는 특징은 과정성(过程性)이다. 정태형용사는 과정의 의미를 지니지 않지만, 동태형용사, 즉 변화형용사는 과정의 의미를 지닌다는 것이다.

표 1. 张国宪(2006), 성질, 상태, 변화의 시간성 및 과정성 특징

	항구성(恒常性)	임시성(临时性)	과정성(过程性)
성질(性质)	+	-	-
상태(状态)	-	+	-
변화(变化)	-	+	+

이상 张国宪(2006)이 제시한 현대중국어 형용사의 체계를 정리하면 다음과 같다.

(7) 张国宪(2006), 현대중국어 형용사 체계

```
                   ┌ 성질형용사 (항구적)
          ┌ 정태형용사 ┤
 형용사 ┤           └ 상태형용사 (임시적)
          └ 동태형용사 ── 변화형용사 (임시적, 과정적)
```

즉, 张国宪(2006)은 성질형용사와 상태형용사라는 전통적인 중국어 형용사 부류 외에 과정의 의미자질을 지니며, 了와 공기하는 형용사를 '변화형용사'라는 범주를 통해 새롭게 제시하고 있다.

그에 따르면, 변화형용사는 시간부사 '已经'과 상 표지 '了'와 함께 출현할 수 있으며, 이들 변화 의미의 부정은 '没'로 실현된다. 이는 정태형용사가 '不'로 부정되는 것과 대비된다.

(8) a. 花已经红了。꽃이 이미 빨개졌다.

   a′. 花没红。꽃이 빨개지지 않았다.

   b. 米饭已经熟了。밥이 이미 익었다.

   b′. 米饭没熟。밥이 익지 않았다.　　　　　　　　(张国宪 2006)

종합해보면, 石毓智·白解红(2006)과 张国宪(2006)은 모두 현대중국어 형용사 범주 내에 과정의 의미가 포함되어 있다고 보고 있으며, 이는 과정, 즉 변화의 의미는 동사로 부호화되며, 형용사는 비과정에 해당한다는 Langacker(1987, 1999, 2008)의 주장과 상반됨을 알 수 있다.

3 현대중국어 형용사의 동태적 의미

이 장에서는 张国宪(2006)이 제시한 전형적인 변화형용사를 중심으로 현대중국어 형용사의 동태적 의미에 대해 살펴보도록 하겠다. 또한, 중국어 형용사가 동태적 의미를 지니는 원인을 한국어와의 대조 분석을 바탕으로 유형학적 시각에서 고찰해보고자 한다.

3.1 '변화형용사+了'의 한국어 대응 표현

앞서 소개하였듯이, 张国宪(2006)은 시간부사 '已经'과 상 표지 '了'와 공기할 수 있으며, '没'로 부정되는 것을 변화형용사의 특징으로 보고, 이 두 가지 특징을 모두 만족하는 형용사를 전형적인 변화형용사로 보았다. 그는 《汉语形容词用法词典》의 1,066개 형용사 항목 가운데 'NP+已经+___+了', 'NP+没+___', 이 두 구문을 만족시키는 82개의 전형적인 변화형용사 항목을 다음과 같이 제시하였다.6)

---

6) 아래 (9)에서 각 형용사 옆에 제시된 숫자는 《汉语形容词用法词典》에 수록된 해당 단어의 여러 의미 항목 가운데 변화형용사 용법에 해당하는 의미 항목을 나타낸다.

(9) 张国宪(2006)의 전형적인 변화형용사 :

扁 残 长 潮 沉₂ 臭₁ 粗 错₁ 大₁ 低₁,₂ 短 钝 多₂
反 肥₁ 富 干 高 贵 旱 好₂,₃ 黑₁,₂ 红₁ 糊涂₁ 坏₂
灰心 急₁,₂ 贱₁ 骄傲₁ 旧₂ 空 快₁ 辣 烂 老₁,₆ 累 冷
凉 亮 绿 乱 落后 麻 马虎 满₁ 慢₁ 明白 胖 偏 便宜
破 齐₃ 清 轻₁,₂ 浑 晴 热 软₁,₂ 傻₁ 少 湿 瘦₁,₂ 熟₁,₂
松 酥 酸 酸₂ 碎₁ 疼 甜₁ 歪 弯 晚 旺 香₁ 斜 硬1
圆 脏 糟₁ 窄 直₁

필자는 그가 제시한 이들 전형적인 변화형용사의 사전에서의 품사 기재 현황과 이들 의미에 대응하는 한국어 표현을 조사해보았는데, 그 결과 몇 가지 특징을 발견할 수 있었다.

우선, 위에 제시된 82개 항목 가운데 '残', '多₂', '亮', '碎1', '斜'이 5개 항목은 《现代汉语词典(第6版)》에 근거해볼 때, '了'와 공기하는 경우 해당 의미 항목이 동사에 해당함을 발견할 수 있었다. 아래는 이 5개 항목의 《现代汉语词典(第6版)》에서의 뜻풀이 및 품사 표기를 정리한 표이다.

표 2. 残, 多₂, 亮, 碎₁, 斜의 뜻풀이 및 품사

	뜻풀이	품사
残	不完整；残缺	동사
多₂	超出原有或应有的数目；比原来的数目有所增加	동사
亮	光线强；发光	형용사; 동사
碎₁	完整东西破成零片零块	동사
斜	跟平面或直线既不平行也不垂直的；倾斜	형용사; 동사

〈표 2〉에서 '亮'과 '斜'의 경우, 사전에 형용사와 동사의 품사가 모두 제시되어 있었는데, 이 두 단어의 표 안 뜻풀이에서 첫 번째 뜻풀이가

형용사, 두 번째 뜻풀이가 동사 품사에 해당한다. '了'와 공기하는 예는 대체로 동사의 의미 항목에 해당한다. 이들 5개 항목이 '了'와 공기하는 예문은 각각 다음과 같다.

(10) 这部书很好，可惜残了。 《现代汉语词典(第6版)》
이 책은 매우 좋은데, 아쉽게도 훼손되었다.

(11) 这句话多了一个字。 《现代汉语词典(第6版)》
이 문장은 글자가 하나 늘었다.

(12) 天亮了。 《现代汉语词典(第6版)》
날이 밝았다.

(13) 那个杯子也碎了。 《汉语形容词用法词典》
그 컵도 깨졌다.

(14) 墙往外斜了。 《汉语形容词用法词典》
벽이 바깥으로 기울었다.

이들은 모두 동사 의미 항목에 해당하는 경우 '很'의 수식을 받을 수 없는 특징을 보였고, '很'의 수식을 받는 예는 해당 단어의 형용사 의미 항목에 해당하였다. 예를 들어, '很多'의 '多'는 수량이 많음을 나타내는 '数量大'라는 형용사 의미 항목에 해당하며, '很亮'은 '光线强(밝다7))'에 해당하는 형용사 의미 항목에 정도부사 '很'의 수식을 받은 것이다.

(10)′ *这部书很好，可惜很残。

(11)′ *这句话很多一个字。

---

7) '亮'에 대응되는 한국어 표현 '밝다' 역시 형용사와 동사 품사를 지닌다. '불빛 따위가 환하다'의 의미는 형용사에, '밤이 지나고 환해지며 새날이 오다'는 동사에 해당하며, 이는 각각 '亮'의 형용사, 동사 의미에 대응된다.

(12)′ *天很亮。(단, 형용사 의미 항목 '光线强'인 경우 가능)

(13)′ *那个杯子也很碎。

(14)′ *墙往外很斜。

앞서 언급한 대로 변화형용사는 '了'와 공기하는 특징을 지니므로, 필자는 동사로 볼 수 있는 위 5개 항목을 제외한 77개의 전형적인 변화형용사 항목에 '了'가 부가된 표현의 의미를 살펴보았다. 아래는 이들 전형적인 변화형용사에 '了'를 부가한 경우 한국어에서의 대응 표현을 정리한 표이다.

표 3. '변화형용사+了'의 한국어 대응 표현

		한국어 대응 표현			한국어 대응 표현
1	扁了	납작해지다	40	麻了	얼얼해지다, 저리다
2	长了	길어지다	41	马虎了	소홀해지다
3	潮了	눅눅해지다, 축축해지다	42	满1了	차다
4	沉2了	무거워지다	43	慢1了	느려지다
5	臭1了	쉬다, 상하다, 썩다	44	明白了	명백해지다
6	粗了	굵어지다, 두꺼워지다	45	胖了	뚱뚱해지다, 살찌다
7	错1了	틀리다	46	偏了	기울다, 치우치다, 쏠리다
8	大1了	커지다	47	便宜了	싸지다
9	低1,2了	낮아지다	48	破了	낡다, 헐다
10	短了	짧아지다	49	齐3了	갖추어지다, 완비되다
11	钝了	무디어지다	50	清了	맑아지다
12	反了	바뀌어지다, 반대로 되다	51	轻1,2了	가벼워지다
13	肥了	살찌다	52	浑了	흐려지다, 탁해지다
14	富了	부해지다	53	晴了	맑아지다

		한국어 대응 표현			한국어 대응 표현
15	干了	마르다	54	热了	뜨거워지다, 더워지다
16	高了	높아지다	55	软1,2了	부드러워지다, 약해지다
17	贵了	비싸지다	56	傻1了	멍해지다, 미련해지다
18	旱了	가물다	57	少了	적어지다
19	好了	좋아지다, 낫다	58	湿了	축축해지다, 젖다
20	黑了	까매지다, 어두워지다	59	瘦1,2了	마르다, 야위다
21	红1了	붉어지다, 빨개지다	60	熟1,2了	여물다, 익다
22	糊涂了	흐리멍덩해지다	61	松了	느슨해지다
23	坏2了	상하다, 고장나다, 탈나다	62	酥了	바삭해지다, 물렁해지다
24	灰心了	의기소침해지다, 낙심하다	63	酸1了	시큼해지다
25	急了	조급해지다, 초조해지다	64	酸2了	저리다
26	贱了	싸지다	65	疼了	아파지다
27	骄傲了	교만해지다	66	甜了	달게 되다
28	旧2了	낡다, 헐다	67	歪了	기울다, 비뚤어지다
29	空了	비다, 공허해지다	68	弯了	굽다,[8] 구부러지다
30	快1了	빨라지다	69	晚了	늦다
31	辣了	매워지다	70	旺了	왕성해지다, 무성해지다
32	烂了	썩다, 문드러지다	71	香1了	향긋해지다, 향기로워지다
33	老了	늙다, 나이들다	72	硬1了	굳다, 단단해지다
34	累了	지치다	73	圆了	둥그레지다
35	冷了	차가워지다, 추워지다	74	脏了	더러워지다, 지저분해지다
36	凉了	차가워지다	75	糟1了	썩다
37	绿了	파래지다	76	窄1了	좁아지다
38	乱了	어지러워지다	77	直1了	곧아지다
39	落后了	낙후되다, 뒤떨어지다			

〈표 3〉에서 볼 수 있듯이, 이들 전형적인 변화형용사에 '了'가 부가된 표현은 한국어에서 대체로 동사에 대응되거나 또는 형용사 기본형에 '-어지다'가 더해진 동사형에 해당하였다. 우선, '변화형용사+了'의 한국어 대응 표현이 형용사에서 파생되지 않은 동사에 직접 대응되는 경우가 26개였는데, 다음과 같다.

표 4. '변화형용사+了'가 한국어 동사에 대응되는 예

	한국어 대응 표현		한국어 대응 표현
臭1了	쉬다, 상하다, 썩다	麻了	저리다
错1了	틀리다	满1了	차다
肥了	살찌다	胖了	살찌다
干了	마르다	偏了	기울다, 치우치다, 쏠리다
旱了	가물다	破了	낡다, 헐다
好了	낫다	湿了	젖다
坏2了	상하다, 고장나다, 탈나다	瘦1,2了	마르다, 야위다
旧2了	낡다, 헐다	熟1,2了	여물다, 익다
空了	비다	酸2了	저리다
烂了	썩다	歪了	기울다, 비뚤어지다
老了	늙다, 나이들다	晚了	늦다[9]
累了	지치다	硬1了	굳다
落后了	낙후되다, 뒤떨어지다	糟1了	썩다

---

8) '弯了'에 대응되는 한국어 표현 '굽다'는 '한쪽으로 휘다'는 의미의 동사에 해당한다. (《표준국어사전》 참조)
9) '늦다'는 형용사와 동사 품사로 나뉘는데, '晚了'에 대응되는 한국어 표현 '늦다'는 '정해진 때보다 지나다'는 의미의 동사 품사에 해당한다. (《표준국어사전》 참조)

〈표 3〉의 77개의 '변화형용사+了' 가운데 위 〈표 4〉에 제시된 경우를 제외한 나머지는 형용사에 '-어지다'가 더해진 형태에 대응되었다. '反了-반대로 되다', '甜了-달게 되다'처럼 '-되다'형을 띠는 경우도 있었지만, '-지다'형에 대응되는 경우가 대부분이었다. '-어지다'는 보조동사 '지다'가 형용사 뒤에 붙어 해당 형용사가 뜻하는 상태로 됨을 나타내는데, 〈표 3〉에서 '-어지다'형을 지닌 표현은 단어의 자격으로 동사로 등재되어 있는 것도 있고, 단어로 등재되어 있지 않고 형용사에서 파생된 표현의 자격으로 존재하는 것도 있다. '길어지다(长了)', '굵어지다(粗了)', '커지다(大₁了)', '높아지다(高了)', '빨라지다(快₁了)', '차가워지다(冷了)', '맑아지다(清了)'처럼 자주 사용되는 표현의 경우 하나의 단어로 사전에 동사로 등재되어 있는 경우가 많았다. 비록 사전에 한 단어로서 등재되어 있지 않은 경우도 한국어를 모국어로 하는 화자에게는 이들 표현이 형용사가 아닌 동사로 여겨지는데, 이는 형용사 뒤에 해당 상태로의 변화를 나타내는 '-어지다', '-게 되다'의 형태로 인해 동태적 의미가 분명히 드러나기 때문이다.

이처럼 중국어의 변화형용사에 '了'가 부가된 표현은 한국어를 모국어로 하는 화자에게 동태적 의미로 인지되고, 이러한 동태적 의미는 한국어에서 동사 또는 동사형에 대응되고 있다.

3.2 변화형용사의 '了' 부가 의미

현대중국어에서 형용사에 상 표지 '了'가 부가된 표현이 변화의 의미를 나타낸다는 것은 일반적으로 받아들여지는 사실이다. 문제는 이러한 변화의 의미가 '了'와 공기한 형용사 자체의 내적 의미인가, '了'가 부여한 의미인가이다. 앞서 石毓智·白解红(2006)은 중국어 형용사는 성질을 동태적으로 보고, 형용사의 의미구조 자체에 시간 과정을 지니고 있다고 하였다. 张国宪(2006)은 과정의 의미자질을 지니는 형용사를 변화형용사라고 하여, 형용사 범주 내에 동태적 의미를 지니는 부류가 존재한다고 보았다. 즉, 이들은 모두 형용사 내에 이미 과정적, 동태적 의미가 존재한다고 보았다.

3.1절의 〈표 3〉을 통해 우리는 중국어의 변화형용사에 '了'가 부가된 표현이 한국어에서 동사 또는 동사형에 대응됨을 살펴보았다. 역으로 보면, 한국어의 동사 또는 동사형이 나타내는 동태적 의미가 '변화형용사+了'에 대응된다는 것인데, 이로써 동태적 의미는 변화형용사 자체의 의미라기보다 '변화형용사+了' 구조가 나타내는 의미라고 생각해볼 수 있다. 이들 변화형용사가 변화 의미를 나타낼 때는 반드시 상 표지와 공기해야 하며, 대부분 변화형용사 단독으로는 변화의 의미를 나타내지 못하기 때문이다.

(15) a. 臭了的豆腐 → *臭豆腐
　　 b. 酸了的牛奶 → *酸牛奶
　　 c. 脏了的内衣 → *脏内衣　　　　　　　　　　(张国宪 2006)

(15)에서 왼쪽의 예는 변화형용사에 '了'가 부가된 후 뒤에 있는 명사를 수식하는 구조로, 해당 형용사가 나타내는 속성으로 변화된 명사를 나타내어, 각각 '쉰 두부', '쉰 우유', '더러워진 속옷'에 해당한다. 반면 오른쪽의 예는 각각 '취두부', '요구르트', '더러운 속옷'을 나타내는데, 모두 변화의 의미가 없고, 다만 해당 형용사가 나타내는 속성을 지니는 명사를 나타낸다. 특히 '臭豆腐', '酸牛奶'의 경우, 이미 해당 성질을 지니는 한 부류로서 단어로 사용된다. 따라서 왼쪽의 변화의 의미를 포함한 수식 구조를 오른쪽과 같이 '了'가 없는 형태로 대응시키면 변화의 의미를 나타낼 수 없게 되며, 지시하는 바가 달라지게 된다.

또한 〈표 3〉에 제시된 77개의 변화형용사는 BCC와 CCL 코퍼스[10] 검색 결과, 대체로 정도부사 '很'과 공기할 수 있었는데, 정도부사의 수식을 받는다는 것은 정도성 의미자질이 있음을 나타내고, 정도성 의미자질은 속성 의미의 대표적인 특징이므로, 변화형용사가 정도부사 '很'의 수식을 받을 수 있다는 것은, 정태적인 속성 의미를 나타냄을 뜻한다.

(16) a. 他的衣服很湿。(정태적)
　　 그의 옷이 매우 축축하다.

　a′. 他的衣服湿了。(동태적)
　　 그의 옷이 젖었다/축축해졌다.

　b. 水很凉。(정태적)
　　 물이 매우 차다.

　b′. 水凉了。(동태적)
　　 물이 차가워졌다/식었다.

　c. 花很红。(정태적)
　　 꽃이 매우 빨갛다.

　c′. 花已经红了。(동태적)
　　 꽃이 벌써 빨개졌다.

이처럼 변화형용사로 제시된 대부분의 단어는 정도부사의 수식을 받으며 정태적인 속성 의미를 나타내기도 하고, 또 '了'와 공기하여 동태적인 변화의 의미를 나타낼 수도 있다. 따라서 우리는 변화의 의미가 변화형용사의 단어 내적 의미라기보다, 이들 형용사의 정태적 속성 의미에 상 표지 '了'가 부가됨으로써 나타나는 의미라고 본다.

---

10) http://bcc.blcu.edu.cn/ (北京语言大学语料库), http://ccl.pku.edu.cn (北京大学中国语言学研究中心语料库)

77개의 변화형용사 가운데 정도부사 '很'의 수식을 받지 않는 경우는 '错', '反', '坏₂', '熟₁,₂', '歪' 5개였는데, 이들은 비등급형용사와 동태성이 강한 형용사에 해당한다. 이 중 '错', '反', '坏₂', '歪'는 비등급형용사에 해당하는데, 등급형용사가 속성의 척도를 지녀 정도성 의미자질을 지니는 것과 달리, 비등급형용사는 '对-错', '正-反'처럼 중간 단계를 지니지 않는 양분된 개념을 나타내므로 해당 속성을 나타낼 뿐 정도성 의미자질을 지니지는 않는다. 한편, '熟₁,₂'는 각각 '植物的果实等完全长成(여물다)', '(食物)加热到可以食用的程度(익다)'의 의미로 단어 자체에 변화의 의미가 분명하므로, 동태성이 강하여 정태적 속성을 나타내는 정도부사와 공기하지 않는 것으로 볼 수 있다. 코퍼스 검색 결과, '熟'가 '很'의 수식을 받는 경우는 '我跟他很熟', '睡得很熟'처럼 다른 의미 항목으로 사용될 때에 해당하였다.

예(16)을 보면, 변화형용사는 하나의 형태로 정태적 의미와 동태적 의미에 모두 사용되고 있는데, 이들의 한국어 대응 표현은 '축축하다-축축해지다/젖다', '차다-차가워지다/식다', '빨갛다-빨개지다'로 정태적 의미와 동태적 의미의 형태가 각각 형용사와 동사(동사형)로 구분되어 있음을 알 수 있다. 즉, 한국어에서는 정태적 의미는 형용사로, 동태적 의미는 동사 또는 동사형으로 부호화되며, 정태/동태 의미가 형태적으로 구분된다.

3.3 언어 유형에 따른 범주화의 차이

이상 변화형용사가 사용된 예와 한국어의 대응 상황을 통해, 한국어는 동태적 의미를 동사 또는 동사형으로 부호화하며, 형용사로 인지하지 않음을 확인할 수 있었다. 이는 곧 과정적 의미는 동사로 부호화되며, 형용사는 비과정에 해당한다는 Langacker의 주장에 부합하며, 이로써 동사와 형용사의 범주 구분에 대한 의미적 기준에 있어 한국어와 영어는 같은 부류에 속한다는 것을 알 수 있다.

사실 Dixon(2004)이 제시한 기준에 따르면, 형용사가 진술문에 사용될 때의 기능 면에서 한국어는 중국어와 마찬가지로, 계사나 다른 동사의 도움 없이 직접 술어로 기능하여 '동사성(verb-like) 형용사'에 속한다. 영어의 형용사는 진술문에서 직접 술어로 기능하지 않고 계사의 보충어 (copula complement)로 기능하므로 '비동사성(non-verb-like) 형용사'에 해당한다.[11] 이처럼 통사적 기능 면에서 중국어는 한국어와 함께 동사성 형용사로 같은 유형에 속한다. 그러나 의미 측면에서는 위에서 살펴본 것처럼 중국어의 형용사가 한국어나 영어와 다른 특징을 보이고 있다. 앞서 石毓智·白解红(2006)은 영어는 형용사의 의미구조 자체에 시간 과정을 지니지 않기 때문에 직접 술어로 기능하지 못하고 계사나 다른 동사의 도움을 받는 것이라고 보았다. 그러나 한국어는 중국어와 마찬가지로 형용사가 직접 술어로 기능하지만, 형용사의 의미구조 자체에 시간 과정을 지니지는 않는다. 그렇다면, 중국어 형용사가 통사적으로 다른 유형에 속한 영어뿐만 아니라 같은 유형에 해당하는 한국어와도 의미 측면에서 다른 특징을 보이는 이유는 무엇일까. 필자는 앞서 살펴본 중국어 변화형용사와 그에 대응하는 한국어 표현을 통해, 이러한 차이 및 특징이 중국어가 형태 변화가 결여되어 있는 고립어 유형에 해당함으로써 나타나는 것으로 본다.

앞서 우리는 한국어에서 과정의 의미가 동사로 바로 부호화되거나 형용사에 보조동사 '지다'가 붙어 동사형을 띠는 것을 살펴보았다. 영어 역시 과정적 의미는 동사로 바로 부호화하거나 또는 형용사의 속성 의미와

---

11) 대부분의 언어에서 형용사는 진술문에서 자동사술어(intransitive predicate) 또는 계사의 보충어(copula complement)로 부호화된다. (Dxion 2004)

연관된 과정적 의미인 경우, 형용사 뒤에 '-ize', '-ify/fy', '-en', '-ate'와 같은 동사형 접사를 붙여 동사형을 띤다. 즉, 한국어와 영어에서는 과정적 의미가 바로 동사로 부호화되거나, 속성 의미와 관련된 과정적 의미인 경우 보조동사나 접사를 더하는 방식으로 단어 내에서 형태적으로 동사화하는 작업을 거친다. 따라서 형용사와 관련된 과정적 의미라 할지라도 대체로 형태적으로 형용사와 구분되는 특징을 보인다. 이에 비해 중국어는 형용사와 관련된 과정적 의미를 나타내는 데 있어, 단어 자체의 형태적 변화 없이, 동일한 형태에 상 표지를 더하는 방식을 취하고 있다. 즉, 형태적 수단이 아닌, 통사적 방식을 통해 의미의 차이를 실현하고 있다.

단어의 품사는 형식(form), 기능(function), 의미(meaning)적 특징에 따라 분류되는데, 이 중 형식과 기능이 품사 분류의 주요 기준이 된다.[12] 한국어와 영어는 각각 교착어와 굴절어로 형태 변화 및 접사가 비교적 발달되어 있어, 형식적 기준으로도 품사를 구분할 수 있는 특징을 지닌다. 이에 비해 중국어는 고립어로 형태 변화나 접사가 결여되어 있어 형식적 기준으로 품사를 구분하기 어렵고, 따라서 통사적 기능이 품사 분류의 주요 기준으로 작용한다.

중국어 형용사는 상 표지 '了'를 부가하여 변화의 의미를 나타내는데, 상 표지를 지니는 것은 동사의 일반적인 특징이므로, 형용사가 상 표지 '了'와 공기할 때, 통사적 기준으로는 형용사와 동사를 구분할 수 없다. 이처럼 동일한 형태에 상 표지 '了'를 부과한 방식은 형태적으로도, 통사적으로도 동사와의 차이를 나타내지 못한다. 형용사가 상 표지 '了'를 지니는 경우, 분명히 정태적 의미와는 다른 '과정'의 의미를 나타냄에도 불구하고, 이러한 의미적 차이를 반영해줄 형태적, 통사적 차이가 없으므로

---

12) 고영근·구본관(2008:42) 참조.

해당 형용사를 동사와 구분하기 힘든 문제가 초래되는 것이다.

형용사가 상 표지 '了'와 공기하며 변화의 의미를 나타낼 경우, 동태적 의미와 동사적 통사 기능에 근거하여 해당 용법을 동사 품사로 처리할 수도 있을 것이다. 문제는 현대중국어에서 형용사가 '了'와 공기하는 예가 많다는 것이다. 郭锐(2002:197)에 따르면, 2,355개의 형용사 가운데 72%의 형용사가 '了' 또는 '着', '过'를 지닐 수 있는데, 이로써 실제로 대다수의 형용사가 상 표지, 특히 '了'와 공기할 수 있음을 알 수 있다. 따라서 이런 경우를 모두 동사 품사로 처리할 경우, 대다수의 형용사가 동사 품사를 겸하게 되는 문제가 발생하고, 이는 언어의 경제성 측면에서도 바람직하지 못한 모습을 띠게 된다. 현대중국어에서 속성과 관련된 변화의 의미를 나타내는 경우, 해당 단어를 동사로 보기보다 형용사로 처리하는 것은 바로 이러한 이유 때문으로 볼 수 있을 것이다. 그 결과 중국어의 형용사는 정태적 의미와 동태적 의미를 나타내는 용법에 모두 사용되게 되었고, 이로써 하나의 형태로 두 가지 다른 의미자질을 나타내게 되었다고 본다.

이상 한국어와 영어, 중국어의 상황을 단어의 형태, 품사, 의미 간 대응 유형을 통해 정리하면 다음과 같다.

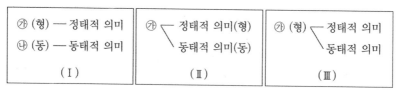

그림 2. 단어의 형태, 품사, 의미 간 대응 유형

한국어와 영어는 대체로 〈그림 2-(Ⅰ)〉과 같이 정태적 의미와 동태적 의미에 해당하는 단어를 구분하여 서로 다른 형태(㉮,㉯)를 지니며 각각

형용사와 동사로 범주화한다. 〈그림 2-(Ⅱ)〉와 같이 하나의 형태가 형용사와 동사의 품사를 겸하는 경우도 있는데, 형용사는 정태적 의미에 대응되고, 동사는 동태적 의미에 대응된다. 앞에서 살펴본 '밝다'나 'yellow'가 이러한 경우에 해당한다. 그러나 한국어와 영어는 〈그림 2-(Ⅲ)〉처럼 하나의 형태가 형용사라는 한 품사로서 정태적 의미와 동태적 의미를 모두 나타내는 경우는 없다. 이에 비해 중국어는 '亮'처럼 하나의 형태에 형용사와 동사 품사를 겸하는 (Ⅱ)유형에 해당하는 예도 있지만, 대다수의 형용사가 하나의 형태에 형용사라는 한 범주로 정태적 의미와 동태적 의미를 모두 나타내는 〈그림 2-(Ⅲ)〉유형에 해당한다. 중국어는 고립어로서 형용사로부터 파생된 동태적 의미에 해당하는 동사 형태가 따로 존재하지 않기 때문에 형용사에 바로 '了'를 부가하는 방식으로 관련된 변화 의미를 나타내고, 이처럼 형용사가 '了'와 공기하며 나타내는 변화의 의미를 형용사 단어 자체의 동태적 의미로 인지하게 된 것으로 보인다. 张国宪(2006)은 전형적인 변화형용사가 대부분 단음절 형용사라고 하였는데, 단음절형용사는 의미가 단순하고 사용빈도가 커서 이러한 동태적 의미로의 확대 과정에도 쉽게 활용된 것으로 볼 수 있다.

4 나오며

본고는 현대중국어 형용사가 상 표지 '了'와 공기하며 동태적 의미를 나타내는 현상을 살펴보고, 이를 한국어 및 영어의 상황과 대조 분석하며 유형학적 관점에서 고찰해보았다.

과정은 동사로, 비시간적 관계는 형용사로 부호화되는 영어나 한국어와 달리, 중국어에서는 비시간적 관계뿐 아니라 과정적 의미도 형용사로 부호화되는 모습을 볼 수 있다. 이에 대해 石毓智·白解红(2006)은 중국어는 성질을 동태적인 것으로 보고, 형용사의 의미구조 자체에 시간 과정을 지니고 있기 때문이라고 보았고, 张国宪(2006)은 중국어 형용사 내에 과정적 의미자질을 지니는 변화형용사라는 범주가 존재한다고 보았다.

그러나 중국어의 변화형용사가 과정적 의미를 나타내기 위해서는 '了'와 같은 상 표지와 공기해야 하며, 이러한 상 표지의 부가 없이는 대체로 변화의 의미를 나타내지 못한다. 또한, 변화형용사는 정도부사 '很'의 수식을 받아 정태적 표현에 사용될 수도 있으므로, 우리는 변화의 의미가 변화형용사의 단어 내적 의미라기보다, 이들 형용사의 정태적 속성 의미에 상 표지 '了'가 부가됨으로써 나타나는 의미라고 본다.

중국어는 고립어로서 형태 변화 및 접사가 결여되어 형용사의 정태적 의미에서 파생된 동태적 의미를 반영하는 형태가 따로 존재하지 않고, 상 표지 '了'를 부가하는 통사적 방식을 통해 동태적 의미를 실현한다. 형용사가 '了'와 공기하며 변화의 의미를 나타내는 경우를 동사로 구별하여 범주화할 수도 있지만, 이는 대다수의 형용사가 동사 품사를 겸하게 되는 현상을 초래하므로, 변화의 의미를 나타내는 경우도 기존의 형용사 품사 범주로 처리한 것으로 볼 수 있다. '了'와 공기하며 변화의 의미를 나타내는 경우 역시 형용사 범주로 보면서, 결과적으로 상 표지의 부가와 같은 통사적 기능을 통해 나타나는 변화의 의미를 형용사 단어 자체의 동태적 의미로 인지하게 된 것으로 보인다.

요컨대, 중국어의 형용사가 통사적 기준에 따라 한국어와 함께 동사성 형용사에 속함에도 불구하고, 의미적 기준에 있어서는 한국어와 달리 과정적 의미자질을 지니는 것으로 여겨지는 것은, 고립어라는 언어 유형으로 인한 차이 때문임을 알 수 있다.

| 참고문헌 |

고영근·구본관(2008), 《우리말 문법론》, 서울: 집문당.

김종도(2002), 《인지문법의 디딤돌》, 서울: 박이정.

박덕유(2007), 《한국어의 相 이해》, 서울: 제이앤씨.

이은수(2003), 〈현대중국어 先時性 표지 '了'〉, 《중국어문논총》 24.

_____(2012), 〈了₂의 시간 의미 고찰〉, 《중국어문학지》 39.

진화진(2012), 〈현대중국어 '没 + 일음절 형용사'의 의미〉, 《중국어문학논집》 72.

최신혜(2018), 〈현대중국어 속성어 범주의 품사적 경계 설정〉, 《중국언어연구》 77.

_____(2020), 〈현대중국어 형용사의 빈어 공기 현상〉, 《중국언어연구》 89.

崔信惠(2017), 《类型学视角下的汉语属性义表达手段研究》, 北京大学博士学位论文.

龚晨(2009), 《"形容词 + 动态助词"结构初探》, 山东大学硕士学位论文.

郭锐(1997), 〈过程和非过程——汉语谓词性成分的两种外在时间类型〉, 《中国语文》第3期.

____(2002), 《现代汉语词类研究》, 北京：商务印书馆.

____(2015), 〈汉语谓词性成分的时间参照及其句法后果〉, 《世界汉语教学》第4期.

李杰(2009), 〈试论发生句和领主属宾句的句式意义的重新审视〉, 《世界汉语教学》第1期.

李泉(1997), 〈现代汉语"形 + 动态助词"考察〉, 《语言教学与研究》第1期.

吕叔湘编(1999), 《现代汉语八百词(增订本)》, 北京: 商务印书馆.

石毓智·白解红(2006), 〈汉英形容词概念化的差别及其句法后果〉, 《四川外语学院学报》第6期.

张国宪(2006), 《现代汉语形容词功能与认知研究》, 北京: 商务印书馆.

Dixon, R.M.W. 2004, Adjective classes in typological perspective, in Dixon, R.M.W and Alxeandra Y.Aikhenvald(eds.)2004, 1-49.

Dixon, R.M.W. & Alxeandra Y.Aikhenvald(eds.) 2004, *Adjective Classes : A Cross-Linguistic Typology*, Oxford University Press.

Langacker, Ronald W.(1987), *Foundation of Cognitive Linguistics Vol.1, Theoretical Prerequisites*, Stanford: Stanford University Press, 김종도 역(1999), 《인지 문법의 토대 I—이론적 선행 조건들》, 서울: 박이정.

_____(1999), *Grammar and Conceptualization*, Cognitive Linguistics Research 14, Berlin: Mouton de Gruyter, 김종도·나익주 옮김(2001), 《문 법과 개념화》, 서울: 박이정.

_____(2008), *Cognitive Grammar: A Basic Introduction*, Oxford University Press, 나익주·박정운·백미현·안혁·이정화 옮김(2014), 《인 지문법》, 서울: 박이정.

사전류

《표준국어사전》, 네이버 사전 (https://dict.naver.com/).

郑怀德·孟庆海(2003), 《汉语形容词用法词典》, 北京：商务印书馆.

中国社会科学院语言研究所(2012), 《现代汉语词典(第6版)》, 北京：商务印书馆.

부정부사 '不'와 '沒(有)'의 뒤에 출현할 수 있는 시간부사의 의미특징 분석

孫貞

1 들어가는 말

Ray. s. Jackendoff는 생성어법의 문헌 중에서 가장 적게 배우고 가장 많이 틀리는 품사가 바로 부사라고 지적하였다. 비록 영어에 대해서 한 말이지만, 중국어에도 똑같이 적용된다. 중국어의 부사는 절반이 닫힌 품사이고, 수량이 많은 편은 아니지만, 내부 구성원의 의미와 어법 성질의 차이가 매우 커서 예로부터 가장 마스터하기 어려운 품사이다. 각종 부사들이 연이어 사용될 때 상황은 더욱 복잡해진다. 본문은 주로 부정부사¹⁾와 시간부사²⁾가 연이어 사용될 때에 어떤 규칙을 따르는지를 살펴보자고 한다. 시간부사의 정의와 범주에 관하여는 약간의 이견이 존재한다. 본문은 시간부사의 광의의 범주를 채택하는데, 즉 무릇 문장 중에 부사

---

* 《중국학논총》제37집(2012년 8월) 게재(번역 및 수정).

** 성결대학교 중어중문학과 조교수.

1) 부정부사는 주로 '不'와 '沒(有)'를 가리킨다.

2) 본문에서 시간부사는 광의의 범주를 가리키는데, 시제, 시간, 빈도, 시간순서 등을 포함한다.

어의 위치에 출현하고, 동작의 행동 혹은 상태변화의 시간, 빈도, 완급, 선후 등 시간관념과 관련된 부사이다.

2 시간부사 및 부정부사 순서에 관한 선행연구

주지하는 바와 같이, 한 문장에서 단어와 단어 사이는 의미상으로 서로 연결되어 있고 서로 의존하며 서로 제약을 하고 있다. 이는 단어와 단어 사이의 순서 및 의미의 결합에 있어서 내재적인 규칙성을 나타내며, 어법형식이 갖는 기능특징을 구현하고, 또 언어의 자연적 논리규칙을 구현하였다. 부사에 관해서는, 앞뒤 위치도 마찬가지로 중요합니다. Jackendoff(1972)는 부사가 출현하는 위치에 따라 부사를 6종류로 나눈 바 있다. Cinque(1999)는 통사와 의미 사이에 가지런하고 체계적인 대응관계가 존재한다고 보았다. 예를 들어, 각각의 부사에는 각각의 기능 투영(functional)이 대응되고 있다고 생각하였다. 그는 여러 언어의 부사 어순을 연구할 때에 중국어의 부사 어순에 대해서도 다음과 같이 기술하였다.

> laoshi-shuo 'honestly' > buxing 'unfortunately' > xianran 'evidently' > xianzai 'now' / yexu 'perhaps' > mingzhide 'wisely' > yiban 'usually' > changchang 'often' > yijing 'already' > bu-zai 'no longer' > zongshi 'always' > yizhi 'continuously' / ganggang 'just' > wanquan 'completely' > hao 'well'

위의 예시에서 알 수 있듯이, '不再'의 앞과 뒤에 모두 시간부사가 출현할 수 있다. '經常', '常常' 뒤에는 '總是', '一直', '剛剛'이 출현할 수 있다.

그는 영어의 부사가 연이어 사용될 때에 보편적인 규칙을 정리하였다3). 그러나 이 규칙들은 고립어인 중국어에서는 그다지 적용되지 않는다. Ernst(2002)도 FEO등급도를 예로 든 바 있다. 여러 부가어가 통사구조에 들어간 후에 하나의 등급이 우에서 좌로 향한다는 것을 설명하고 있다.

$$speech\text{-}act > fact > proposition > event > specified\ event$$

즉, 사실, 명제, 사건, 특정 사건 차원의 순서에 따라 배열한 것이다. 대부분의 시간부사와 부정부사는 사건 측면에 속한다. 물론 이 도식을 이용하여 중국어의 시간부사를 분석하면, 일부 시간부사 역시 주관적인 의식이나 방식의 의미특징을 가질 수 있기 때문에 더욱 복잡해진다.

중국어 연구자들은 각종 부사들이 연이어 사용될 때의 상대적인 위치도 연구하였는데, 그 중에서도 부정부사와 기타 부사가 연이어 사용되는 것에 대한 관심도가 비교적 높았다.

劉月華(1983), 張誼生(1996), 潘靑, 樂玥(2008) 등은 일반적으로 부정부사 '不'는 시간부사 앞에 출현할 수 없지만 시간부사 뒤에 나올 수 있다고 보았다.

袁毓林(2004)은 인지언어학의 관점에서 연구하여, 중국어 부사가 연이어 사용될 때의 순서는 다음과 같다고 보았다.

關聯副詞 > 模態副詞 > 範圍副詞 > 狀態副詞
(양태는 시간과 어기를 포함한다)

---

3) 문장 층위: fortunately Mood > probably Mod > once T > perhaps Mood > necessarily Mod > possibly Mod > usually Asp > again Asp > often Asp > intentionally Mod > quickly Asp > already T > still Asp > just Asp > soon Asp > fast/early Asp
동사구 층위: Asp > frequency > manner/descriptive > locative > temporal

袁毓林는 중국어 부사의 유형이 결코 엄격하지 않다고 보았다. 매 부류의 부사가 모두 關聯, 模態, 範圍, 狀態 등의 특징을 갖고 있다고 볼 수 있다. 그래서 부사의 상대위치는 비교적 자유롭다. 필자도 이 관점에 동의한다. 기타 품사와 다르게 부사의 분류는 대부분 의미에 의거해서 구분한다. 그래서 각 하위분류 내부의 어법분포는 일치성이 결여된다.

시간부사와 부정부사의 상호위치에 대해서, 袁毓林(2004)은 시간부사의 대부분은 모두 비선택성 연산자이기 때문에 일반적으로 부정부사의 앞에 놓인다고 보았다. 개별적으로 부정부사의 뒤에 출현한다. 예를 들면 빈도를 표시하는 시간부사는 출현방식 때문에, 부정부사와 서로 선후가 될 수 있다. 이 점은 토의할 가치가 있다고 본다. 조사결과에 의하면 결코 모든 부정부사 뒤의 시간부사가 모두 방식을 표시하는 특징을 가지고 있는 것은 아니다.

石毓智(2009)는 "S + 體4 + 程度3 + 否定2 + 性質1 + vp"에서, 시간부사는 일반적으로 상(體)에 속한다고 제기하였다. 또, 시간부사는 부정부사의 앞에 나타나야 한다고 보았다

尹洪波(2008)는 연산자 계산방식으로 시간부사와 부정부사의 상대적 순서성을 설명하고, 습관상(慣常體) 시간부사만이 부정부사 '不'의 뒤에 출현할 수 있고, 미래상의 시간부사만이 부정부사 '沒'의 뒤에 출현할 수 있다고 보았다.

상술한 연구결과를 종합해 보면, 모두 시간부사가 부정부사 앞에 출현할 수 있다는 것을 인정하고 있다. 그러면 실제 상황은 도대체 어떠한가? 부정부사 뒤에 오는 경우는 없을까? 이와 같은 문제에 대한 답을 얻기 위해서 우선 코퍼스 조사를 통해 데이터를 분석해 보고자 한다.

3 코퍼스 조사결과 및 분포

본문은 4억7700만자 규모의 북경대 현대중국어코퍼스4)에 대한 검색을 통해 각 시간부사와 부정부사인 '不'와 '沒(有)'의 위치를 조사하였다. 코퍼스 조사결과는 다음과 같다. (한 층위에서의 연이은 사용이 아닌 것은 제거하고, 평서문만 통계하였다. 가상조건문, 반어문과 종속문은 포함시키지 않았다.) 부정부사 '不'가 수식하는 부사는 다음과 같다.

按時　按期　曾　從新　常　經常　常常　常年　從此　當即
重新　及早　趁早　即刻　立即　立刻　連夜　馬上　日夜　時常
時刻　時時　始終　事先　隨即　隨時　事前　同時　先　先行
一再　一直　永遠　預先　在　早已　終年　終日

예문은 다음과 같다.

(1) 因爲事多, 他不常常下鄉, 偶爾回一次家, 朋友們便都感覺得寂寞, 等到他一回來, 他的重要就又增加了許多。有好多好多事都等著他的短腿去奔跑呢。…
일이 많기 때문에, 그는 자주 고향에 가지는 않았는데 가끔 집에 돌아가면, 친구들은 모두 외롭다고 느껴서, 그가 돌아올 때에, 그의 중요성은 많이 늘어났다. 많고 많은 일들이 모두 그의 짧은 발로 뛰어다니기를 기다리고 있었다.

(2) 本人當女婿的水平極差, 至今未能滿師。好在老人極開朗, 並不時時考核, 於是居然也混了下來。
본인의 사위로서의 수준이 매우 떨어져서, 지금까지 하산할 수 없었다.

---

4) 코퍼스 북경대학 한어어언학연구센터
　　인터넷 주소: http://ccl.pku.cn:8080/ccl_corpus/index.jsp?dir=xiandai

다행히 장인·장모는 매우 생각이 탁 트여서 시시때때로 테스트하지 않아서, 그럭저럭 지내왔다.

(3) 最後在安娜口中, 它已轉化爲關於曆史進步的寓言: "石頭跌落下來。但並不一直滾到山底。每次它都落到比起點高幾寸的地方。於是這些推石人又用肩膀抵住石頭、重新奮力向前了。"

최후에 안나의 입에서, 그것은 역사진보에 관한 우화로 변화되었다. "바위는 떨어져 내려왔다. 그러나 계속해서 산 밑으로 굴러온 것은 아니었다. 매번 돌은 시작점 보다 몇 촌 더 높은 것으로 떨어졌다. 그래서 이 바위를 미는 사람들은 다시 어깨로 돌을 받치고 다시 전력을 다해 앞으로 갔다."

(4) 他們雖受梅森公開和不公開的言論影響, 但是對克萊德卻並不早已極端敵視, 也不事前相信他犯了罪——那真是不可想象的事。

그들은 비록 메르센이 공개하고 공개하지 않은 언론의 영향을 받았지만, 클라이드에 대해 결코 이미 극단적으로 적대한 것은 아니고, 또한 사전에 그가 범죄—그 상상할 수 없는 일을 범했다고 믿지도 않았다.

부정부사 '沒'나 '沒有'의 수식을 받는 시간부사는 다음과 같다.

按時 按期 不斷 常 常常 常年 從此 重新 當即 即刻
漸漸 當即 盡快 盡早 立即 立刻 連夜 馬上 起初 起先
仍然 日益 時常 時時 始終 事前 同時 先 一下子
一直 預先 在

예문은 다음과 같다.

(5) 離開集市, 小媳婦沒立即帶領駒子往自己村子去, 卻逛起集市。日頭斜照著街道, 有些耀眼。

정기시장을 떠나서, 며느리는 즉시 망아지를 이끌고 자신의 마을로 가지 못하고, 정기시장을 돌아나녔다. 해는 길을 비스듬히 비추고, 약간 눈이 부셨다.

(6) 但是, 又不能不看到, 如本書作者所指出的, 劉勰"並沒有始終貫 徹這一看法, 有時他又片面誇大了想象活動具有突破感覺經驗 局限的性能", 因而"看不到想象活動必須以現實生活爲依據這 個先決條件"。

그러나 또 반드시 알아야 하는데, 이 책의 작가가 지적한 대로 유협은 시종 이 관점을 관철하지 못했고 때때로 그는 또 일방적으로 상상 활동 을 과장하여 감각경험의 제약을 극복하는 성능을 지녔기 때문에, 상상 활동은 반드시 현실생활이 근거가 되어 이 선결조건의 근거로 해야 함 을 보지 못했다.

(7) 剛開始, 艾希禮沒有盡快把廠子管好, 沒有比思嘉自己經營時多 賺一分的錢,使得思嘉感到驚訝, 失望。他很精明, 又讀過那麼多 書, 完全沒有道理經營不好, 賺不到錢。

막 시작했을 때에, 애쉴리가 최대한 빨리 공장을 잘 통제하지 못하고 사 가 자신이 경영할 때보다 한 푼이라도 더 많은 돈을 벌지 못한 것은 사 가로 하여금 놀라고, 실망스럽게 만들었다. 그는 똑똑하고, 그렇게 많은 책을 읽었는데, 경영을 잘못하여 돈을 벌지 못할 이유는 전혀 없었다.

'不'의 부정도 받을 수 있고, '沒'의 부정도 받을 수 있는 시간부사는 모두 18개이다.

按時 按期 常 常常 常年 從此 重新 當即 即刻 立即
馬上 時常 時時 事前 同時 先 一直 預先 在

일부 예문은 다음과 같다.

(8) 民工返鄕高潮並沒有按期到來。

농민공이 고향으로 돌아가는 절정은 때에 맞게 도래하지는 않았다.

(9) 一是一些中國公司不按合同辦事, 不按期發貨, 造成被動 ; 二是
工廠産(制劑)包裝中文說明不適應越南市場。

첫번째는 중국회사들이 계약에 따라 일을 하지 않고 제때에 출하하지
않아서 피동적이 되게 만들었다. 두 번째는 공장생산(제제) 포장 설명이
베트남 시장에 적합하지 않았다.

(10) 海象的孕期和哺乳期都長達1年。斷乳後的幼海象並不馬上離
去, 而要跟它的母親再生活一段時間。

바다코끼리의 임신기간과 포유기는 길게는 1년에 이른다. 젖을 뗀 어린
바다코끼리는 바로 떠나지 않고, 엄마를 따라서 일정기간을 더 생활해
야 한다.

(11) 他動不動就抬眼望著她, 這時她並不在看他。而她呢, 開頭只是
在他並不在看她時才不斷看著他 ;

그는 걸핏하면 눈을 들어 그녀를 바라보았는데, 이 때에 그녀는 그를 전
혀 보고 있지 않았다. 그녀는 처음에는 단지 그가 그녀를 전혀 보고 있
지 않을 때만, 그를 계속해서 바라보았다.

(12) 也許這件事影響了埃迪, 但球隊其他人並沒有在想這個。對魯
迪病情的擔心, 使其它的事情都顯得微不足道。但是我們輸給
波特蘭的原因就是因爲投籃失准。

아마도 이 일은 에디에게 영향을 주었지만, 구단의 다른 사람은 이것을
생각하고 있지 않았다. 러디의 병세에 대한 걱정은 다른 일들이 모두 기
타의 일이 보잘 것 없도록 만들었다. 그러나 우리가 포틀랜드에게 진 까
닭은 슛이 정확도가 떨어졌기 때문이다.

조사 결과에 따르면 대부분의 시간부사는 부정부사 앞에 출현할 수
있다. 다른 한편으로는 100여 개의 시간부사 중에서 38개의 시간부사
이 부정사 '不'의 뒤에 나타날 수 있음을 발견하였다. 약 33개의 시간부
사는 부정사가 '沒有'의 뒤에 출현할 수 있고, 그 중에 18개의 시간부사

만 '不'의 뒤에도 출현할 수 있고, '沒有'의 뒤에도 출현할 수 있다. 상대적으로, 시간부사가 부정구조를 수기하는 일종의 무표지 구조이고, 부정부사가 시간부사 앞에 출현하는 것은 유표지 구조라는 것을 알 수 있다.

시간부사 중 일부의 앞에는 '沒'가 출현할 수 있고, 일부의 앞에는 '不'가 출현할 수 있으며, 또 일부의 앞에는 두 개 모두 출현할 수 없다. 이러한 상황은 모두 시간부사와 부정부사의 상대적 위치성의 비대칭적 현상에 속한다. 그렇다면 어떤 시간부사가 부정부사 뒤에 나타날 수 있고, 어떤 의미 특징을 가지고 있을까? 이것은 바로 본 논문이 알아보려고 하는 것이다.

이를 종합하면 다음과 같은 사실을 알 수 있다.

장래를 나타내는 부사((將), 최종(終於), 과거(業經)를 나타내는 시간부사는 부정부사 뒤에 출현할 수 없다. 완성, 완료를 나타내는 시간부사 '已經', '剛剛'은 부정부사 뒤에 출현할 수 없다. 짧은 시간을 나타내고 돌발을 표시하는 '馬上', '立刻', '立即'는 부정부사 '不', '沒有' 뒤에 출현할 수 없다. 빈도를 표시하는 시간부사 '常常', '時常', '常', '時時' 등은 부정부사 '不', '沒有'의 뒤에서 출현할 수 있다. 장시간을 표시하는 시간부사 '在'는 부정부사 '不', '沒有'의 뒤에 출현할 수 있다. 이 밖에 일부 논쟁성이 있는 시간부사들, 예를 들어, '按期', '同時', '預先', '事先' 등은 부정부사 '不'와 '沒有'의 뒤에 출현할 수 있다.

더 잘 분석하기 위해서 본 논문은 張誼生(2000a)의 분류를 선택하였다. 이 분류는 비교적 상세한데, 의미도 고려하고 통사도 고려하였다. 그는 시간부사를 4부류로 나누었는데, 각각 시제(時制)부사, 시제(時態)부사, 빈도(表頻)부사, 순서(表序)부사이다. 4개의 대분류는 다시 다음의 몇 개의 소분류로 나뉜다. 시제부사는 시점을 표시하는 것(剛, 立刻, 馬上, 忽然 등)과 시간구간(一直, 始終, 一向, 向來 등)을 표시하는 것으로 나뉜다. 시제부사는 한정적인 것(曾經, 業已, 終將, 遲早)과 비한정적인 것(已, 已經, 快要 등)으로 나뉜다. 빈도부사는 고빈도(老是, 總是 등)와 중빈도(常常, 往往, 經常 등)와 저빈도(偶爾, 有時 등) 3개의 소분류로 나뉜다. 순서부사는 순서를 표시하는 것(先, 陸續, 隨後, 然後 등)과, 중복을 표시하는 것(又, 也, 再, 再三, 重新 등)을 포함한다.

이 밖에 시간부사와 빈도부사가 병렬적인 분류관계인지, 아니면 빈도부사 전체가 시간부사에 들어가는지는 여러 학자마다 의견이 분분하다. 陸儉明・馬真(1984)은 빈도부사를 시간부사 대분류 밑에 놓았고, 馬慶株(2000)는 빈도부사는 습관 혹은 규칙성만을 나타내고, 선시(先時)를 나타내지 않으며, 동시와 후시의 시간관계는 시간부사와 매우 큰 차이를 보이기 때문에 사간부사로 분류하기에 적당하지 않다고 보았다. 張誼生(2000a) 전통적인 의미에서의 통칭하는 시간부사를 두 부류로 나누었다. 즉 시량(時量)을 표시하는 것은 시간부사이고, 동량(動量)을 표시하는 것은 빈도(頻率)부사이다. 張誼生(2000b)《現代漢語副詞探索》에서, 張誼生은 또 다시 시간부사에 대해 분류를 하였는데, 그 의미기능에 근거하여 시제를 표시하는 것, 빈도를 변화시키는 것, 순서를 표시하는 것으로 나누었다. 빈도부사는 시간부사로 분류되었지만 '시상(時體) 혹은 시제(時制)'를 표시하지 않는다. 본 논문은 시간부사가 시제나 상을 나타내는 특징을 갖고 있으며, 빈도부사 역시 이러한 기능을 갖고 있다는 관점을 취하였다. 또 다른 시각에서 張誼生(2000b)분류의 명칭이 너무 많아 학습을 통해 마스터하기에 적합하지 않다고 보고, 張誼生(2000a)의 분류방법을 채택하였다.

본 논문은 부정부사 뒤에 출현할 수 있는 시간부사를 종류에 따라 다음과 같이 정리하였다.

표 1. 시간부사와 부정부사 출현

時間副詞類別 ＼ 否定副詞	不＋	沒(有)＋
1. 시제부사 시간구간	一直 按期 按時 常年 從此 永遠	一直 按期 按時 起初 從此 常年、仍然
2. 시제부사 시점	馬上、立刻、立即、當即 即 刻 連夜 及早 趁早 隨即	當即、馬上、立刻、立即、 連夜、一下子 盡快 盡早 一時 即刻
3. 상부사 한정	曾(只有不曾)	
4. 상부사 비한정	在 早已(只有一例)	在
5. 빈도부사 고빈도	日夜 時刻 終年 終日 始終	始終
6. 빈도부사 중빈도	常 常常 經常 時常 時時 隨時	不斷 常 常常 漸漸 經常 時常 時時 日益
7. 빈도부사 저빈도		
8. 순서부사 순서	同時 先 先行 事先 事前 預先	同時 預先 起先 事前 先
9. 순서부사 복	重新 從新 一再	重新
합계	37	33

위 표에서 알 수 있듯이 시간부사가 부정부사 뒤에 출현하는 분포는 불균형적이다. 그러나 약간의 매우 두드러진 특징도 있다. 예를 들어 시간을 표시하는 것, 중빈도를 표시하는 것, 순서를 표시하는 것, 지속을 표시하는 것은 대부분 모두 '不'와 '沒(沒有)'의 뒤에 출현할 수 있다. 상부사는 과거를 표시하는 것은 '曾' 하나 밖에 없다. 게다가 '不曾'은 마치 원래부터 하나의 단어인 것처럼 느껴진다. 그래서 소홀히 하여 계산에 넣지 않을 수 있다. 지속을 표시하는 것은 '在'와 '早已'가 가능하다. '按時', '按期' 등의 단어는 어떤 이는 상황을 표시한다고 생각하였고 어떤 이는 방식을 표시한다고 생각한다. 본 논문은 陸儉明의 관점을 채

택하여, 그것을 시간부사의 부류로 분류하였다. 그러나 비전형성의 시간부사에 속해야 한다.

이어서 본 논문은 위의 표 중에서 출현한 이러한 시간부사들이 어떠한 공통의 특징이 있는지를 고찰하려고 한다. 이에 앞서 먼저 시간부사 앞의 부정(否定)의 성질과 '不'와 '沒(沒有)'의 분포규칙을 살펴보겠다.

4 시간부사의 부정성(否定性)과 논리성

4.1 시간부사 부정(不定)의 성질

부정은 의미상으로 논리범주이다. 중국어 단문 혹은 절의 부정문장은 일반적으로 두 종류의 논리명제에 대응된다. 한 가지는 직언의 부정명제로, 문장 중의 부정사가 가리키는 것은 명제 중의 부정 연결사이다. 단정의 대상은 명제 내부 단어 사이의 관계이다. 하나는 복합명제 중의 부정명제이다. 부정사가 가리키는 것은 이 복합명제의 부정연결사이다. 단정대상은 전체 부정되는 하위명제이다. 간단히 말해서, 부정은 일종의 판단이다. 논리학상에서 부정명제가 된다. 하나의 명제에 대해서 부정을 가하는 명제이기도 한다. 方立은 전자를 '부분부정문'라고 후자를 '전부부정문'이라고 칭하였다. 이 두 논리함의가 다른 부정문은 일반적으로 다중부사어간의 선형위치의 상대관계를 통해서 구별한다.

논의를 시간부사를 포함하는 부정문에까지 넓혀 볼 수 있는데 부정부사 앞에 시간부사가 출현하면, 이러한 문장은 일반적으로 '내부부정' 혹은 '부분부정'이라고 칭한다. 예를 들면,

(13) 她已經不能再唱了, 這樣你會害了她。
그녀는 이미 다시 노래를 부를 수 없었다. 이렇게 너는 그녀에게 해를 입혔을 수 있다.

(14) 周芳一聽, 立即不說話了。

주방은 듣자마자 바로 말을 그만두었다.

윗 문장 중에 '立即'는 '不說話了'와 같은 일종의 새로운 상황의 출현을 수식한다. 이것은 간단한 판단이다. 의미가 매우 명확하다.

반대로, 시간부사가 부정사 뒤에 출현할 때, 그것을 '외부부정' 혹은 '전부부정'이라고 칭한다. 예를 들면 다음과 같다.

(15) 計算機, 它有CPU、存儲器、鍵盤和顯示器, 只是這台計算機一般不隨時更換軟件。

컴퓨터, 그것은 CPU, 메모리, 키보드, 모니터가 있는데, 단지 이 컴퓨터는 일반적으로 수시로 소프트웨어를 바꾸지 않았을 뿐이다.

(16) 她們這天的見面, 也是巧合, 並沒預先約定。

그녀들은 이날의 만남은 또한 공교로웠다. 미리 약속하지 않았다.

대조를 강화하기 위해서 다시 부분부정과 전체부정의 논리적 차이를 한 번 살펴보겠다.

常常 긍정문

(17) 他常常去學校。

그는 자주 학교에 간다.

(18) 他常常不去學校。

그는 자주 학교에 가지 않는다.('不'가 수식하는 대상은 '去學校'이다.
: 간단한 판단, 부분부정)

(19) 他不常常去學校。

그는 자주 학교에 가는 것은 아니다.('不'가 수식하는 대상은 '常常'이
: 복합판단, 전부부정)

(17)과 (18)은 불완전모순의 관계이다. 다시 말하면, 중간에 하나의 구역이 더 존재한다. 예를 들면, '他偶爾去學校'이다. 그리고 (17)과 (19)는 대립관계이다. 자주 가는 상태이거나, 자주 가는 상태가 아니다. 양자는 단지 그 하나를 선택한다. 교차중첩은 없다. 아래 그림이 나타내는 것과 같다.

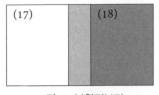

그림 1. 불완전부정

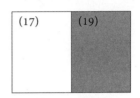

그림 2. 완전부정

그리고, 부정문 부정의 성질은 질과 양의 구별이 있다. 그 중에서 사물 질에 대한 부정은 사물의 존재성을 부정하는 것이다. 즉 사물의 존재 여부이다. 사물의 질에 대한 부정은 즉 이 사물이 수량상에서 무와 동등하다는 것이다. 사물의 양에 대한 부정은 사물수량의 정확성의 부정이다. 즉 반대로 사물 수량의 많고 적음을 추측할 수 있다. 그것은 두 가지 상황을 포함하고 있다. 적거나 많다. 앞에서 시간부사부정을 포함하는 문장으로 보면, 부정의 초점이 시간부사일 때에 그것이 부정하는 것은 사물의 질이 아니라 양의 많고 적음이다.

Givon은 부정은 항상 하나의 이미 발화 쌍방이 모두 알고 있는 명제에 대한 부정이라고 지적하였다. 게다가 인류자연언어의 부정은 논리부정과 다르다. 후자는 단지 진리값을 바꾸고 자연언어의 부정이 언급하는 것은 명제의 화용방면이다. 하나의 명제는 두 부분으로 나눌 수 있는데 한 부분은 전제이다. Givon은 전제하는 실질은 화용성이라고 보았다. 소위 전제는 발화자와 청화자 모두 믿는 것, 혹은 발화자가 생각하기에 청화자가 50%이상 믿을 수 있는 것을 가리킨다. 명제의 또 다른 한 부분은 단정이다. 새로운 정보를 표현하고 단정만이 반박에 대해 개방적이다.

(19) 他不常常去學校。그는 자주 학교에 가지는 않는다.

　　전제 : 他去學校。그는 학교에 간다.

　　단정 : 不常常。자주 ~ 않는다.

명제 : 他去學校, 但不是常常, 可能是偶爾去。

　　　그는 학교에 가지만 자주는 아니고, 아마도 가끔 간다.

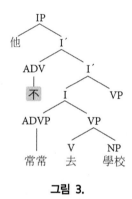

그림 3.

(18) 他常常不去學校。그는 자주 학교에 가지 않는다.

　　전제 : 他不去學校 그는 자주 학교에 가지 않는다.

　　단정 : 常常 자주

명제 : 他不去學校的事情, 不是偶然的, 而是經常發生的

　　　그가 학교에 가지 않는 사정은 우연한 것이 아니고 자주 발생하
　　　는 것이다.

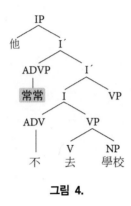

그림 4.

유사한 그 논리구조를 부정(NOT) 판단하는 것은 연결사를 부정하여 판단하는 것이다. 부호를 사용해서 쓸 수 있다. '非P' 혹은 '¬P'이다. 논리식으로 두 가지 종류의 부정식으로 표현한다면 다음과 같다.

(18) ∃x(Sx∧¬Jx)

(19) ¬∃x(Sx∧Jx)

일반적으로 부정의 영역은 부정부사 뒤의 모든 부분을 포함한다. 때로는 심지어 주어를 포함한다. 부정의 초점에 대해 여러 가지 선택이 있다. 만약에 부정영역의 부분이 수량사가 없다면 우선 부정사 뒤의 부사어 부분이다. 예를 들면

(20) 離開人市, 小媳婦沒立即帶領駒子往自己村子去, 卻逛起集來。 日頭斜照著街道, 有些耀眼。

이 문장의 의미를 살펴보면 아래와 같은 여러 가지 경우가 존재한다.

(20) a. 小媳婦帶領駒子往自己村子去, 但不是立即。(시간부사를 부정)
색시는 구자를 데리고 자신의 마을로 갔다. 그러나 즉시는 아니다. (시간부사를 부정한다.)

b. 小媳婦沒帶領駒子往自己村子去, 帶了別的人去了。(목적어를 부정)
색시는 망아지를 데리고 자신의 마을로 가지 않았다. 다른 사람을 데리고 갔다.(빈어를 부정한다.)

c. 小媳婦沒立即帶領駒子往自己村子去, 帶去別的人村子了。(장소를 부정)
색시는 망아지를 데리고 자신의 마을로 가지 않았다. 다른 사람의 마을로 데리고 갔다.(장소를 부정한다.)

d. 小媳婦沒立即帶領駒子往自己村子去, 只是看見了駒子。(동사를 부정)
색시는 망아지를 데리고 자신의 마을로 가지 않았다. 단지 망아지를 보았을 뿐이다.(동사를 부정한다.)

e. 小媳婦沒立即帶領駒子往自己村子去, 什麼事情都沒做。(모든 것을 부정)
색시는 망아지를 데리고 자신의 마을로 가지 않았다. 어떤 일도 하지 않았다.(모든 것을 부정한다.)

예(20)이 부정하는 영역은 부정사 뒤의 전체부분을 포함하고 시간부사 혹은 기타성분이 모두 부정의 초점을 충당할 수 있다는 것을 알 수 있다.

이 몇 종류의 상황은 모두 가능하지만 특정한 초점을 제정하는 상황이 아니면, 20a의 가능성은 가장 크다. 그러나 문맥이 있는 상황에서 혹은 대비초점이 존재하면 b,c,d,e도 존재할 가능성이 있다. 전체적으로 이 상황에는 의미상으로 모호하다.

그러나 반대로 보면, 만약에 시간부사가 부정부사의 앞에 있다면, 예

를 들면,

(21) 周芳一聽, 立即不說話了。
주방은 듣자마자 바로 말을 그쳤다.

간단한 판단문이다. '不說話'은 새로운 상황으로서 부정부사 '不'와 vp가 구성한 하나의 결합이 매우 긴밀한 새로운 성분이 출현하였다.

전체적으로 통사의 각도에서 분석하면, 위치가 높은 부사일수록 영역은 더 크게 전체 사건의 능력이 더욱 강하고, 위치가 낮은 부사일수록 통사적으로 영역은 더 작다. 상응하는 전체사건을 수식하는 능력은 약하다. '핵심위사(核心謂詞)'를 수식하는 능력은 더 강하다.

의미의 각도에서 분석하면, 위치가 더 높은 부사어는 사건주체의 주관 태도 혹은 발화자가 전체사건을 묘사하는 시각을 표시할 가능성이 더 높다. 위치가 더 낮은 부사어는 구체적 동작의 객관방식, 상태, 정도 등의 상황을 표시하여(Ernst 2002) '핵심위사' 혹은 '핵심위사'와 관계가 밀접한 논항성분을 수식한다.

시간부사와 부정부사가 연이어 출현하는 경우, 시간부사가 앞에, 부정부사가 뒤에 출현하는 것이 일반적인 순서이다. 이것은 시간부사가 시제와 관계가 있는 의미를 나타내기 때문이다. 이러한 의미는 문장의 명제의미에 속한다(그래서 그것의 술어동사와의 관계는 어기부사보다 긴밀하다). 그러나 시간부사는 또 술어동사의 논항구조 중의 성분이 아니기 때문에 시간부사와 술어동사의 관계는 상대적으로 비교적 느슨한 편이고, 명제의 외곽의 위치에 출현할 수 있다. 이는 청화자가 인지처리를 하는데 편리하며 빨리 문장이 나타나는 명제의 시제를 구성하여 이에 근거하여 명제의 의미를 획득하고 그 진위를 판단한다.

4.2 '不'와 '沒有'의 분포차이

앞에서 '不'에 이어서 '沒'와 '不'의 차이를 토론하였고, '沒(有)'의 분포를 추측해 보았다. 이 방면에서, 이전 연구자들의 연구성과는 각 관점, 각 방면에서 이미 모두 많기 때문에 다시 더 이야기하지 않겠다. 시간부사의 각 성질, 시간성, 지속성, 주관량 등의 측면에서의 특징을 고려할 때, '不'와 '沒(有)'의 분포범위는 아래와 같이 정리된다.

1. '不'와 '沒'의 사용은 시간을 표시하는 차이를 반영해낼 수 있다. '沒'는 과거의 어떤 시간 구역 중의 가능사건에 대해 부정을 진행한다. '不'는 현재 혹은 장래의 어떤 시간 구역 중의 가능사건에 대해 부정을 진행한다.

> (22) 她不上班。시간은 현재부터 미래까지 연속한다.
> 그녀는 출근하지 않는다.
> (23) 她沒上班。시간은 과거로부터 현재까지 연속한다.
> 그녀는 출근하지 않았다.

2. '沒'는 주로 객관부정에 쓰이고, '不'는 주로 주관부정에 쓰인다.

> (24) 她不學漢語。(주관희망) 그녀는 중국어를 배우지 않는다.
> (25) 她沒學漢語。(객관상황) 그녀는 중국어를 배우지 않았다.

3. '沒'는 지속성을 부정하고, '不'는 비지속성을 부정한다.

> (26) 小劉沒胖。('胖'의 변화가 나타나지 않았다.) 류군은 살찌지 않았다.
> (27) 小劉不胖。류군은 뚱뚱하지 않다.

4. '沒'와 '不'는 사물의 질에 대한 부정일 때는 일치하는 것이다. 그것들의 차이는 사물의 양에 대한 부정에서 표현된다. 왜냐하면 '沒'은 '少於'만을 표시할 수 있다. 그리고 '不'는 '少於' 혹은 '多於'를 나타낼 수 있다.

5. Thomas Ernst(1995)는 또 '不'로 무계를 부정할 수 있음을 제기하였다.

(28) 那個杯子不破。(무계) 그 잔은 안 깨졌다.

(29) 那個杯子沒有摔破。(유계) 그 잔은 깨지지 않았다.

6. '不'는 연속량(連續量) 의미특징을 지닌 단어를 부정하고, '沒'는 이산(離散)의 의미 특징을 가진 단어를 부정한다.

(30) 我沒有書。('書'은 명사이고 이산량의 특징을 갖는다.)
    나는 책이 없다.

(31) 我不難過。('難過'는 형용사이고. 연속량의 의미특징을 갖는다.)
    난 슬프지 않다.

시간부사의 부정구조와 특징을 고찰한 후에, 이하 몇 개의 방면으로 시간부사의 의미특징에 대해서 분석을 진행해 보겠다.

5 부정부사 뒤에 출현하는 시간부사의 의미특정 분석

의미특징 연구는 어휘연구와 문법연구의 중요한 측면이다. 의미특징 (Semantic feature)는 의미성분(Semantic component)이라고도 하며 1900년대 중엽에 제기된 것이다. Bloomfield는《언어》제9장에서 '의미' 중에서 '환경을 구별해야 하는 비차별적 특징과 구별성이 특별히 나타난다'고 제기하고 또 '어떠한 유형(form-classes) 속이라도 하나의 형식은 하나의 성분, 즉 유형 의미(class-meaning)' 을 포함한다'고 제기하였다. 의미는 등급이 있고, 의미특징은 범주적 의미성분인데, 약칭하면 범주 의미이다. 즉 개괄적으로 말하면 최대의 의미이고, 어법범주와 관련이 있다. 의미성분 혹은 의미소는 범주의미와 범주하위 의미소를 포함한다. 통사의 미학연구범주 의미소와 범주의미소의 관계도 범주의미소와 범주하위 의미소 간의 관계를 연구한다. 범주하위 의미소, 즉 비범주성 의미성분는 어휘의미학연구의 대상이고 여기에서 말하는 의미특징은 아니다.

전통적 의미상의 시간부사의 의미특징이 분석하는 요소, 예를 들면 지속성, 순서성, 시제 등의 요소를 제외하고, 본문은 林華勇(2005)이 제기한 통제가능부사/통제불가능부사, 강의도부사(強企望副詞)/약의도부사(弱企望副詞), 李宇明(1996)이 제기한 주관량 대/주관량 소, 石毓智(2000)가 제기한 이산량(離散量)/연속량(連續量)의 4가지 대비적 개념을 채택하여 시간부사가 부정부사 뒤에 출현할 수 있는 상황들에 대한 설명하고자 한다.

5.1 통제가능 / 통제불가능 및 의도 / 비의도의 분석

부사의 통제가능 / 통제불가능, 의도 / 비도는 실제로는 두 개의 대비되는 어법범주이고, 그것들이 통제가능한 의미는 강에서 약으로의 연속성을 갖는다.

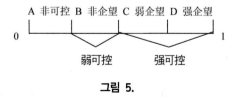

그림 5.

이 중에서 A는 통제불가능부사, B, C, D는 통제가능동사, B는 비의도부사, C, D는 의도부사이다. 부사의 통제가능의미 값을 구간[0, 1]을 설정해 볼 수 있다. 그 중에서 통제불가능부사는 자주동사와 결합할 수 없고, 통제가능의미 값은 0이다. 강의도부사는 '吧'나 명령어기를 부가한 후에 명령문이되고, 통제가능의미 값은 1이 된다. 비의도부사와 강의도부사의 통제가능의미 값은 0에서 1까지 이다. 만약에 '>'로 ''통제가능이 ~보다 강하다'를 표시한다면 다음과 같다.

(1) 강의도부사 > 약의도부사 > 비의도부사 > 통제불가능부사

(2) 의도부사 > 비의도부사 > 통제불가능부사

(3) 통제가능부사 > 통제불가능부사

여기 '통제가능부사'라는 개념을 차용하여, 마찬가지로 'Ad. + (來/去) + V + (O) + (來/去)'문장구조에 들어갈 수 있는가를 기준으로 하여 통제가능부사를 판단할 수 있을까? 또, 통제가능부사 내부에서 명령문에 들어갈 수 있는지에 근거해서 의도의미부사인지를 판단할 수 있을까? 조사에 의하면 시간부사의 범주에 속하는 통제가능부사에는 '馬上, 事先, 同時, 時刻, 再, 經常, 反複, 重新, 繼續, 臨時, 一齊, 一起, 隨時, 暫時' 등이 있고, 의도의미 시간부사에는 '馬上, 趕快, 繼續, 如期' 등이 있다.

비의도의미는 시간부사 Ad.2가 'Ad. + (來/去) + V + (O) + (來/去)' 형식에 들어갈 수 있는지를 가리키지만, 명령문을 구성할 수는 없다. '本來, 曾經, 成天, 早已, 將要, 老是, 有時, 一再'이다.

통제가능시간부사 수량은 매우 적은데, '往往, 本' 등이다.

5.2 주관량이 크다 / 주관량이 작다

주관적인 양에 관해서는 논리적 범주에는 단지 하나의 객관적 양만 있을 뿐이지만, 현실세계에서는 오히려 객관량과 주관량 두 종류를 가질 수 있다. 사람들은 양에 대해 기술할 때, 종종 양에 대한 주관적인 평가를 덧붙여, 이 양이 크거나 작다라고 생각하는데 이러한 주관적 평가가 담긴 양이 바로 주관적인 양이다.

주관량과 가장 밀접한 것은 부사인데, 어기부사와 범위부사외에, 주관량과 관계가 있는 것은 바로 시간부사이다. 예를 들어 다음과 같다.

(32) 7點了，他就起床了。(일찍 일어났다는 것을 표시한다.)

(33) 7點了，他才起床。(늦게 일어났다는 것을 표시한다.)

객관량은 '7시'로, 두 문장은 결코 다르지 않지만, 시간부사인 '就'과 '才'가 서로 다르기 때문에 각각 발화자에 의해 '이르다(早)'와 '늦다(晚)'의 서로 다른 색채의미를 부여받아서, 주관'소'량과 주관'대'량으로 변하였다.

李宇明(1996)은 몇 가지 주관량의 문미 표지단어, '而已', '罷了'와 '呢', '了'를 제기한 적이 있다. 문미에 '而已'혹은 '罷了'를 부가할 수 있고 원래 의미에 영향을 주지 않는 상황에서 문장 속의 시간부사는 '주관소량'을 나타낸다. 이와는 반대로 문미에 '呢'나 어기조사 '了' 등 과장의 의미를 나타내고 원래의 의미에 영향을 주지 않을 경우, 이 문장의 '시간부사'는 '주관대량'을 대표한다고 판정할 수 있다. 문미에 이러한 표지어를 사용할 수 없으면 주관량이 없다고 판정할 수 있고 양자가 모두 들어갈 수 있으면, 주관대량과 주관소량의 이중적 특징을 갖는다. 이러한 기준에 근거하여 본 논문은 부정부사에 들어갈 수 있는 시간부사에 대해 하위분류를 진행하였다.

(34) 他已經來了三天。그는 온 지 이미 3일이 지났다.
    a. 他已經來了三天了！(○)
    b. 他已經來了三天而已。(×)

(35) 他剛剛來了三天。그는 온 지 3일밖에 안 되었다.
    a. 他剛剛來了三天呢！(×)
    b. 他剛剛來了三天而已。(○)

상술한 첨가 비교한 후에 '已經'는 주관대량에 속하고 '剛剛'은 주관소량에 속한다고 판단할 수 있다.

무릇 주관대량 혹은 주관대소량을 겸비하는 경우 기본적으로 모두 부정부사 '不'와 '沒(有)'의 뒤에 출현할 수 있다.

5.3 이산량 / 연속량

이산량과 연속량 이 개념은 石毓智(2000)에서 가장 먼저 제시된 것인데, 중국어의 품사를 정량사(定量詞)와 비정량사(非定量詞), 양대 카테고리로 나눌 수 있다고 보았다. 비정량사는 그 하위부류로 이산량사(離散量詞)와 연속량사(連續量詞)로 나뉜다.

石毓智(2000)는 정량사는 부정될 수 없고, 비정량사는 자유롭게 긍정구조와 부정구조에 사용될 수 있어서, '不'는 연속량사를 부정할 수 없고, '沒'만 이산량사를 부정할 수 있다고 보았다. 부사도 정량사이고, '不'혹은 '沒'에 의해서 부정될 수 없다고 언급하였다.

필자는 부사는 부정될 수 없다는 것은 확실하지 않다고 보는데, 사실시간부사를 제외하고 범위부사, 어기부사, 정도부사 등은 모두 부정될 수 있는데, 부사는 石毓智가 말한 '정량사'가 아님을 알 수 있다. 본 논문은 일부 부사를 '비정량사'로 정정하고, 비정량 부사 밑에 다시 이산성 부사와 연속성 부사를 나눈다. 石毓智는 각 품사별로 이산과 연속을 판단할 수 있는 통일된 기준을 제시하지 않았다. 시간부사는 모두 시간성을 가지고 있기 때문에 무릇 시간축상에서 '시간구간'의 성질로 표현되는 경우, 사건시간 ET와 참조시간 RT는 거리가 있는데, 즉 연속성 부사이다. 무릇, 시간축상에서 '시점'성질로 나타나는 경우, 사건 시간 ET와 참조시간 RT는 거의 거리가 없는데, 본 논문은 이산성 부사라고 보았다. 몇몇 부사는 두 부류를 겸하고 있는데 즉 정량부사이다. 양자가 모두 구비하지 않는 경우는 즉 비정량부사이다. 아래 그림과 같다.

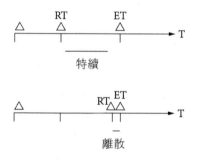

이산과 연속을 판단할 때, 다음과 같이 간단하고 직관적인 방법을 제시하여 검증해 볼 수 있다. 방법은 다음과 같다.

1. 'ADV + VP + 多長時間了' 혹은 'ADV + VP會有多長時間?' 이런 의문문은 연속량 부사인지 아닌지를 판정한다. 예를 들면 다음과 같다.

(36) 你已經學漢語多長時間了 ? (○) 已經 → 연속량 부사
　　 너는 중국어를 배운 지 이미 얼마나 되었지?

(37) 你立刻走了多長時間了？ (×) 立刻 → 이산량 부사

2. 마찬가지로, 'ADV＋VP＋동량사'라는 문장에 들어갈 수 있는지 여부도 이산량 부사를 판단할 수 있다. 예를 들면 다음과 같다.

(38) 我剛剛哭了三回。(○) 剛剛 → 이산량 부사
　　　나는 방금 3번 울었다.
(39) 我總是哭了三回 (×) 總是 → 연속량 부사

이 기준에 근거하여 다음과 같은 결론을 얻을 수 있다.

'剛, 剛剛, 才', '立刻, 立即, 即刻, 馬上, 就, 便, 趕緊, 趕快, 趕忙, 連忙, 急忙, 立馬, 隨即, 迅即, 旋即, 當即, 頓時, 登時, 霎時, 立時, 一下(子)'와 같이 짧은 시간(短時)을 표시하는 부사는 모두 이산량사이다. 반대로, 지속을 나타내는 시간부사는 모두 연속량사이다. 예를 들면, '從來, 從, 向來, 一向, 素來, 素, 曆來, 至今, 正, 正在, 在, 常常, 常, 時常, 往往, 時時, 時刻, 不時, 每每, 永遠, 永, 始終, 直, 老, 總, 一直, 漸, 漸漸, 漸次, 逐漸, 日漸, 日見, 逐步, 還, 還是, 仍, 仍然, 仍舊, 依然, 依舊, 照舊, 照樣, 照常' 등이다.

이상의 분석을 통해서, 부정부사 뒤에 나타난 시간부사의 의미특징을 분류한 결과는 아래의 표와 같다.

표 2. 시간부사의 종류와 특징

특징 / 시간부사분류		통제성			주관성		정량성	
		통제가능부사		통제불가능부사	주관량		비정량부사	
		강의도	약의도		크다	작다	이산량	연속량
시제부사	1. 시간구간	按時 按期 及早 趁早 盡快 盡早	一直	從此 永遠 仍然	按時 按期 永遠 仍然	按時 按期	按時 按期 及早 趁早 盡快 盡早	一直 從此 永遠 仍然
	2. 시점	馬上 立刻 立即	當即 即刻 連夜 隨即	一下子 一時	馬上 立刻 立即 當即 即刻 連夜 隨即 一下子		全部	
상부사	3. 한정			曾				
	4. 비한정			在				在
빈도부사	5. 고빈도		日夜 時刻 終年 常年 終日 不斷	始終	日夜 時刻 終年 常年 終日 不斷 始終			全部
	6. 중빈도		常 常常 經常 時常 時時 隨時1 漸漸	日益 一再	常 常常 經常 時常 時時 隨時 漸漸 日益 一再	常 常常 經常 時常 時時 隨時1 漸漸	全部	全部
	7. 저빈도							

특징 시간부사 분류		통제성			주관성		정량성	
		통제가능부사		통제불가능부사	주관량		비정량부사	
		강의도	약의도		크다	작다	이산량	연속량
순서부사	8. 순서		早已 同時 先	預先 事先 先行 事前 起初 起先	早已 同時 先 預先 事先 先行 事前 起初 起先			所有
	9. 중복		重新 從新		重新			重新 從新

위의 표에서 볼 수 있듯이, 부정부사인 '不' 혹은 '沒(有)' 뒤에 출현하는 시간부사들은 다음과 같은 특징이 있다.

1. 시간구간을 나타내는 부사의 강의도(強企望)는 통제불가능(不可控)보다 많다. 시점을 나타내는 시간부사는 통제가능 측면에서 모두 균질하게 분포한다. 빈도를 나타내는 시간부사들은 대부분 약의도(弱企望)의 통제가능 부사들이다. 순서를 표시하는 시간부사 중에서 통제불가능은 많다.

2. 주관량의 분포는 비교적 규칙적이다. 무릇 주관대량 혹은 주관소량을 겸비하고 있는 경우, 기본죽으로 모두 부정부사 '不'와 '沒有'의 뒤에 나타날 수 있다. 주관량 작은 것은 중빈도를 표시하는 것 외에는 '按時'와 '按期' 두 개밖에 없다.

3. 시제를 표시하는 시간부사는 기본적으로 이산량이다. 중빈도를 나타내는 시간부사는 이산량과 연속량은 모두 구비하고 있는데 그 나머지는 연속량이다. 시간부사 앞의 부정만으로만 놓고 보면, '不'와 '沒'가 연속량과 이산량의 분포를 설명할 수 없다.

이상과 같은 현상은 바로 예스베르센의 부정에 관한 판단을 증명하고 있다. 즉, 인류 언어의 부정사의 함의는 '~보다 적다, 미치지 않는다(less than)'이다. 다시 말하면, 언어의 부정은 완전부정이 아니고 차등부정이다.

고빈도 혹은 중빈도 시간부사의 자유성에 대해서, 마찬가지로 이 부사의 주관량의 크기가 매우 큰 신축성을 가지고 있어서 '미치지 못하다, ~보다 적다'의 양을 허용할 수 있다. 예를 들면, '常常'이 결코 아니고, '偶爾'일 수도 있다. '偶爾'가 아니라면, 동작의 발생을 부정하는 것이고, 이것은 현실 문장의 의미와 또 서로 모순된다.

순서부사와 빈도부사 및 시제부사에 중의 '馬上, 一直' 등은 시간의미를 표시하는 것 외에 (+방식)의 의미특징을 포함하고 있다. 시간의미를 강조할 때에, 부정부사는 그 뒤에 위치한다. 방식을 강조하는 의미일 때에, 부정부사는 그 앞에 위치한다. 부정부사는 '經常' 등 시간부사의 앞 혹은 뒤에 출현하는데, 부정범위가 다르기 때문에 의미도 다르다. 빈도부사 '時常, 往往'가 부정부사의 앞에 위치할 수밖에 없는 이런 부사는 동사를 수식한 후에는 동작의 발생을 이미 긍정한 것이 되므로 다시 부정을 진행할 수 없다. 그러나 어떤 동작이 발생하지 않는 것이 일상적일 수 있기 때문에 부정부사는 앞에 놓일 수밖에 없다. '立即, 即刻' 등의 부사도 (+방식)의 의미특징을 가지고 있는데, 심지어 이러한 (+방식)의 미는 이미 (+시간)의미보다 강하다. '在'는 (+상태)의 의미특징을 포함하기 때문에, 이 세 가지 부사는 반드시 부정부사의 뒤에 위치해야 한다.

6 맺음말

중국어와 같이 주로 허사의 수단으로 어법 의미를 나타나는 언어에 있어서는 이러한 허사 소분류의 순서성을 연구하는 것이 매우 중요하다.

순서성은 다방면에서 연구할 수 있다. 예를 들면 어법적 요소, 의미적 요소, 화용적 요소, 인지적 요소 등 몇 가지 측면에서 설명하는데, 본문은 주로 의미측면에서 이 위치관계를 연구하였다.

본문은 의미측면에서 시간부사와 부정부사의 상대위치가 전형적인 비대칭적 현상이 나타난다는 것을 통해서 "否定副词+时间 副词"의 형식에 들어가는 시간부사의 의미특징에 대해 세밀한 묘사와 분류를 진행하였다. 비록 현재 왜 이러한 비대칭적인 현상이 존재하는지에 대해 강한 설득력을 갖춘 설명이 아직 부족할지만, 연구가 심도 있게 진행될수록 새로운 발견이 있으리라고 믿는다. 본 논문은 집필과 번역의 단계에서 시간이 촉박하고, 능력이 부족하여 적지 않은 오류가 있으니 널리 양해를 부탁합니다.

| 참고문헌 |

廖慶睿(2004),《時間副詞的語序以及篇章功能》, 北京師範大學碩士論文.

林華勇(2005),〈可控副詞和非可控副詞〉,《語言研究》25卷1期.

劉月華(1983),〈狀語的分類和多項狀語的順序〉,《語法研究和探索1》, 北京大學出版社.

陸儉明(1999),〈關於時間副詞〉,《現代漢語虛詞散論》, 語文出版社.

袁毓林(2004),〈多項副詞共現的語序原則及其認知解釋〉,《漢語語法研究的認知視野》, 商務印書館.

潘青,樂玥(2008),〈時間副詞和否定副詞"不"的相對位序〉,《貴州教育學院學報(社會科學)》24卷11期.

石毓智(2001),《肯定和否定的對稱和不對稱》, 北京語言文化大學出版社.

_____(2009),《漢語語法》, 商務印書館.

史金生(2002),《現代漢語副詞的語義功能研究》, 南開大學博士論文.

孫貞(2008),〈時間副詞位於主語前做句首狀語的限制性〉,《西南民族大學學報(人文社科版)》VOL29.

萬瑩(2001),《否定副詞"不"和"沒有"的比較研究》, 華中師範大學碩士論文.

王紅斌(2004),〈後時間副詞作狀語的事件句和非事件句〉,《山西師大學報(社會科學版)》.

張誼生(2004),《現代漢語副詞探索》, 學林出版社.

Guglielmo Cinque(1999), *Adverbs and Functional Heads*, Oxford: Oxford University Press.

Nomi Erteschik-shir(1997), *The Dynamics of focus structure*, Cambridge: Cambridge university Press.

Norbert Hornstein(1990), *As time goes by tense and universal grammar*, Cambridge, MA: The MIT Press.

Ray S. Jackendoff(1972), *Semantic Interpretation in Generative Grammer*, Cambridge, MA: The MIT Press.

Thomas Ernst(1995), *Negation in mandarin Chinese, Natural Language and linguistics Theory* 13, 665-707.

_____(2002), *Syntax of Adjunct*, Cambridge: Cambridge University Press.

현대중국어 '全'과 '都'의 의미기능 비교

홍소영·최규발

1 서론

　명사구는 지시성(referential)을 나타내는 NP와 양화성(quantificational)을 나타내는 NP로 구분된다. 전자는 고유명사와 한정(definite) 혹은 특지(specific)를 나타내는 명사구로 'John', '這個/那個男孩'등을 예로 들 수 있고, 후자는 전칭적(universal)이거나 특칭적(existential)양화 의미를 나타내는 명사구로 '每個人', '兩個男人'등이 이에 포함된다(黃正德 2013:332). 현대 중국어 '都'는 이러한 지시성과 양화성의 특징을 갖는, 선행하는 명사구를 지시할 수 있는 유일한 부사이다(Li & Thompson 1996:322). 다음의 예문을 살펴보자.

　(1) a. 我看了[[每個人寫]的[一篇文章]]
　　　　나는 모든 사람이 쓴 글 한 편을 보았다.

＊《중국어문논총》제70집(2015년 8월) 게재.
＊＊ 홍소영(주저자), 고려대학교 중어중문학과 강사.
　　최규발(교신저자), 고려대학교 중어중문학과 교수.

나는 각 사람이 쓴 글 한 편을 보았다.

b. 我看了[[每个人都寫]的[一篇文章]]

나는 각 사람 모두 쓴 글 한 편을 보았다. (Aoun & Audrey Li 1993)

(1)의 예문은 양화성을 나타내는 NP성분 '每個人'이 사용된 문장이다. (1a)와 (1b)의 차이는 명사구 뒤에 '都'가 사용되었는지 여부와 관련이 있고 기타 다른 성분은 모두 동일하다. 그렇지만 (1a) 문장은 중의성이 있는데, 하나는 '모든 사람이 쓴 글 한 편'이라는 의미이고, 다른 하나는 '각 사람 마다 쓴 글 한 편'이라는 의미가 그것이다. 그러나 (1a)문장에 '都'를 부가하게 되면, 이러한 중의성은 사라지게 된다. 두 문장의 구조는 완전히 일치하기 때문에 그 의미적 차이는, 결국 '都'에 의해 생겨난 것이라고 볼 수 있다(何宏華 2007:119).

(1a) 문장에 '都'와 동일하게 범위부사에 속하면서 '전부', '모두'의 의미를 지니는 '全'을 넣어보도록 하자.

(2) *我看了[[每個人全寫]的[一篇文章]]

동일한 구조에서 '全'을 넣었을 때 문장은 비문이 된다. 그 이유는 '全'은 '都'와 달리 '每NP'와 결합할 수 없기 때문이다. 이러한 사실은 '都'와 '全'이 의미적으로 비슷하고 동일하게 범위부사에 속할지라도 그 사용에 있어서 분명한 차이가 있음을 보여준다. '都'가 지니는 이러한 특징 때문에, 그 동안 많은 학자들은 '都'의 통사적 특징이 무엇인지에 대해서 연구해 왔다. 예를 들어, 蔣嚴·潘海华(1998)는 형식의미론(Formal semantics)의 관점에서, '都'가 '전칭 양화사(Universal Quantifier)'의 의미기능을 수행한다고 주장하였다. 林若望(1998)은 '都'를 광의의 분배 운용자로 간주하였으며, Tomioka & Tsay(2005, T&T로 약칭)는 '都'를 양화 운용자와 분배 운용자의 기능을 모두 갖는 이중 기능 연산자로 보았다. 이처럼 '都'의 의미 성질에 관한 연구는 크게 양화사와 분배자로서의 기능으로 나뉘어 있었다. 그러나 최근 연구에서는 '都'가 전칭 양화사로 사용될 때, '都'의 일부 특징들이 양화의 성질과 어울리지 않는다는 점이 지적되었다. 예를 들어 徐烈炯(2014:498-499)은 한 문장 안에 두 개의 양화사가 함께 존재하는 경우가 있기 때문이라고 주장하였는데, 다음의 예문을 살펴보도록 하자.

(3) a 所有的圖書館都關門了。 모든 도서관은(이) 문을 닫았다.
    b. 所有的圖書館關門了。 모든 도서관은 문을 닫았다.

(진준화 2010:255)

(3a)의 예문에는 '所有'와 '都'라는 전칭의미를 나타내는 양화사가 중복 출현하고 있다. 徐烈炯(2014:498)은 논리적 관점에서 볼 때, '所有~'와 '都'가 함께 출현하는 문장이 '일대일 대응원리(Bijection principle)'를 위배한다고 주장하였다. '일대일 대응원리'란 Koopman과 Sportiche(1982)가 사용한 용어로서 '모든 변항은 단 하나의 운용자(operator)에 의해서 국부적으로 결속되어야 하며, 모든 운용자는 단 하나의 변항을 국부적으로 결속해야 한다'는 원리이다(촘스키 언어학 사전 1998:78). 다시 말해서, 총괄하는 대상은 '圖書館'에 의해 제시되는 변량인데, 운용자인 '所有'와 '都'의 중복 결속을 받으므로, 이중 양화현상이 나타난다는 점을 설명한 것이다. 또한 진준화(2010:255-256)는 '都'가 빠진 (3b)와 같은 예문이 (3a)와 의미적으로 큰 차이가 없다는 점을 설명하면서, "전칭 양화 기능을 담당하는 '都'의 사용은 의미적 상충을 불러 일으켜 의미적 모호를 가져 올 수 있다"고 주장하였다. 따라서 '都'가 '所有', '每個'와 같은 전칭 양화성을 나타내는 NP성분과 함께 사용될 때, '都'의 기능을 전칭

양화 기능만으로는 설명하기 어렵다는 결론을 내리게 되었고 '全' 역시 문장에서 전칭 양화사로 사용될 때 특정한 제약이 따른다는 점을 이해하게 되었다. 본고는 전칭 양화기능 이외에 '都'와 '全'이 수행하는 다른 의미적 기능이 무엇인지에 대해 의문을 갖게 되었고, 다음 장에서 그러한 부사들이 지시하는 NP성분 및 '양화 대상의 범위' 문제에 대해서 구체적으로 논의해 보고자 한다. 이러한 '全'과 '都'의 의미기능을 이해하는 것은, '전칭양화' 의미가 문장의 형식과 어떠한 체계적인 관계를 가지고 있는지 설명해 줄 수 있다. 또한 학습자의 보다 정확한 중국어 사용을 돕고, 효과적인 언어기술의 측면에서 현대 중국어 어법 연구에 도움이 되리라 생각한다.

2 본론

2.1 '全'과 '都'의 전칭의미

　형식의미론에서 전칭(全稱, universal)이란 문자 그대로 '전부를 가리키는 것'이다. "주어 명사가 지시하는 대상들 전체에 대해 남김없이 주장하는 명제를 전칭 명제"라고 하며(여훈근 1997:10), 이러한 명제는 전칭 의미를 나타낸다. 일반적으로 전칭의 개념은 총칭(generic)의 개념과 유사하면서도 다르다고 여겨진다. 총칭은 부류 지시와 관련하여, "어떤 개체 일반에 대해 보편적으로 나타나는 속성을 기술하는 언어표현의 의미특성"이라고 정의 내려진다(전영철 2012:52). 다음의 예문을 살펴보자.

(4) a. The dog is a friendly beast.
　　b. All dogs are friendly beast.　　　　　　　　　(이익환 2000:40-41)

(4a)예문은 총칭해석으로, 특정 개체의 개가 아닌 '개'라는 부류를 집합적으로 지시하는 뜻이다. 화맥에서 고려되는 개 중에서, 일부가 'friendly beast'의 속성을 갖지 않더라도 그 문장은 참이 된다. 이에 반해, (4b)예문은 전칭해석으로, 'All'이라는 전칭 양화사를 사용하여 화맥에서 고려되는 모든 개들이 하나도 빠짐없이 'friendly beast'의 속성을 가져야 함을 나타낸다. 즉 전칭해석은 예외를 인정하지 않으나, 총칭해석은 예외를 인정한다는 점에서 차이점이 존재한다(이익환 2000:40-41).

이처럼 전칭의미와 총칭의미는 국어의 '모든', '대부분'등과 같은 표현들이나, 영어의 'all', 'every' 등과 같이 양에 있어서 차이를 표현하기 위한 어휘 혹은 어법 수단을 통해 표현된다. 이러한 표현들이 사용되지 않는 명사구라 하더라도 '대체로 모두', '보통의', '일반적인'과 같은 의미가 전달 될 수 있다면, 그러한 양화적 의미를 가지는 표현들은 총칭적이라고 부를 수 있다(전영철 2012:54). 형식 의미론에서는 이러한 어휘들이 전체 명사성구에 수량 의미를 부여할 수 있기 때문에, '양화사(quantifier)'라는 용어를 사용하여 설명하기도 한다. 劉丹靑(2013)은 기능적 각도에서, 현대중국어의 전칭의미의 어휘를 양화사의 한 부류로 구분하였는데, 아래와 같이 全/有/無 삼분체계로 나누었다.

(5) a. 全 : 全部, 所有, 一切, 每(個), 個個, (任何)
    b. 有 : 一些, 某些, 有些, 有的, 很多, 大量, 少
    c. 無 : 沒有人, 沒有東西, 沒有任何, (隨便)什麼都不/沒有 …
       (莫 : 古漢語)

여기서 '全'-'有'-'無'는 각각 '전칭'-'특칭(존재)'-'전칭부정'의 의미를 나타내는 양화사의 삼분체계이다. 직관적으로 분석했을 때, '全'은 주어 명사구가 가리키는 것이 화맥에서 고려되는 대상의 전부를 나타내며, '有'는 대상이 되는 실체들 중에서 일부를 가리킬 때 사용하는 표현들이다. '無'는 전칭 부정의미로 대상이 되는 실체가 하나도 없음을 나타낸다. 曹秀玲(2006:15)은 전칭 의미를 나타내는 어휘들을 다시 세 가지로 분류하였다. 첫 번째는 '所有', '一切', '全體/部'와 같이 화역의 전체 구성원에 대한 총괄을 진행하는 어휘들, 두 번째는 '每', '任何', '各' 등과 같이 전체를 구성하는 것 중 하나의 개체를 뜻하지만 전체를 뜻하거나 전체와 관련된 의미를 나타내는 어휘, 세 번째는 '整', '全', '滿', '一' 등과 같이 집합에 대해 하나의 나눌 수 없는 전체로 보는 어휘이다. 이러한 기준에 따라 부사 '全'과 '都'를 분석하면, 모두 전칭의미와 총괄을 나타내는 범위부사이며(黎錦熙 1954; 呂叔湘 1980/2015; 張誼生 2003; 劉月華 외 2005 등), 일반적으로 그 앞에 제시한 인물이나 사물을 지칭하고, 범위를 설명하는데 사용된다. 다음의 예문을 살펴보자.

(6) a. 同學們全來了。학생들이 모두 왔다.
    b. 同學們都來了。학생들이 모두 왔다.
    c. *小李全來了。
    d. *小李都來了。   (周韌 2011:133)

예문 (6a),(6b)에서 '全'과 '都'는 모두 동사 '來'의 앞에 위치하는데, 문장의 주어가 복수 사물일 때 '모두', '전부'의 의미를 나타낸다. 만약 NP성분이 복수 성분이 아닐 경우 (6c),(6d)와 같이 비문이 된다. 이러한 공통적인 특징 때문에, '全'과 '都'는 흔히 호환이 가능하며, 형식의미론의 관점에서 전칭 양화사의 의미기능을 수행한다고 여겨진다. '全'과 '都'의 의미기능에 대해, 張蕾·李寶倫·潘海華(2009)는 '전칭 양화부사(全稱量化副詞)'라는 용어를 사용하였고, 曹秀玲(2006)은 '전칭 한정사(全稱限定詞)'로, T&T(2005)는 '범위 한정사(domain restrictor)'로 분석하므로, 학자들마다 사용하는 용어는 다르지만 '全'과 '都'가 범위 부사로서 총괄과 범위 한정의 의미기능을 수행한다는 면에서 일치된 견해를 보이고 있다.

그러나 이러한 통사적, 구조적 유사함에도 불구하고 '全'과 '都'의 기능은 완전히 일치하지는 않는다. 동일하게 전칭 의미를 나타내면서도 그 범위에 있어서는 '全'에 비해 '都'의 제약이 더 느슨하다고 볼 수 있다. 徐烈炯(2014:499)은 '全'은 전량, 전수를 포함하나, '都'는 반드시 전량, 전수를 포함해야 하는 것은 아니며, 화자가 생각하기에 그 수가 과반 수 이상에 해당할 때 '都'를 사용할 수 있다고 주장하였다. 다음의 예문을 살펴보자.

(7) a. 他們大部分人都在這兒。 그들 대부분 모두 여기 있다.
    b. *他們大部分人全在這兒。
    c. 多數學生都來了。 다수의 학생 모두 왔다.
    d. *少數學生都來了。   (徐烈炯 2014:499)

(7a)의 예문을 살펴보면, '전칭'이 아닌 '대부분'의 사람을 가리킬 때에도 '都'를 사용할 수 있다. 그러나 '全'을 사용하게 되면 (7b)와 같이 비문이 된다. 즉 화맥 안의 모든 대상이 술어가 나타내는 특징을 나타내지 않더라도 '都'는 사용가능하며, 예외를 인정한다는 측면에서 '都'와 '全'은 차이가 존재한다. 그리고 이러한 경우 '都'는 '少數'가 아닌 '多數'인 경우를 총괄하는데, 여기서 '少數'와 '多數'를 결정하는 기준은 개인의 주관성이라고 말할 수 있다. 이 점과 관련하여 王健(2008)은 '都'가 총괄하는 대상이 반드시 전량일 필요는 없으며 '주관적 대량'이면 가능하다고 설명하였다. "'주관량'은 '객관량'과 대립되는 개념으로서 화자의 감정, 태도 등 주관성이 개입된 평가와 관련이 있으며 크게 '주관적 대량'과 '주관적 소량'으로 구분된다. '주관적 대량'이란 화자가 어떤 특정한

수량에 대해서 많다고 생각하는 것을 가리키고, '주관적 소량'이란 화자가 어떤 특정한 수량에 대해서 적다고 생각하는 것을 가리킨다(주기하 2014:397-398)". 따라서 (7a)문장에서 '大部分', '很多' 등의 수식어는 화자의 주관성이 개입된 표현이라고 말할 수 있으며 '都'에 의해 총괄될 수 있다. 그러나 주관량 보다는 객관적인 총량과 관련된 '全'을 사용하게 되면 문장은 허용되지 않는다.

그렇다면, 주관량을 표현하는데 사용 가능한 '都'와 객관량을 나타내는 데 사용되는 '全'이 합쳐졌을 때는 어떠한 전칭의미를 나타낼까? T&T(2005)는 '全'에 '都'가 결합한 '全都'가 포함된 예문을 들어 '全'과 '都'의 차이를 설명하였다.

(8) a. 米都掉到地上了。쌀이 모두 땅에 떨어졌다.
    b. 米全都掉到地上了。쌀이 모두 땅에 떨어졌다.   (T&T 2005:99)

쌀이 전부 땅에 떨어 졌을 때 (8a), (8b)의 문장은 모두 사용가능하다. 그러나 T&T는 쌀의 반만 땅에 떨어진 상황에서 (8a)의 사용은 가능하지만, 항상 최대량의 의미를 나타내는 (8b)와 같은 문장은 사용할 수 없다고 주장하였다. 그렇다면 '全'은 항상 전량을 나타낼 때에만 사용이 가능한 것일까? 王健(2008:134)은 문장에서 '全'은 늘 전량을 총괄하지만 '幾乎'와 같은 어기부사가 '全'을 수식할 때에는 '都'와 호환될 수 있다고 설명하였다. 다음의 예문을 살펴보자.

(9) 北平的戲迷, 幾乎全是行家, 其中許多人上得臺來就能串戲, 是老票友, 甚至可稱為'名票'。
    북평의 연극팬들은, 거의 모두 전문가이다. 그 중 많은 사람들은 무대에 올라 출연할 수 있는 오래된 아마추어 연극 동호인들이며, 심지어, '名

票'라고 불릴 수 있다. (王素萍 《她還沒叫江青的時候》)

'幾乎'는 '거의'의 의미를 지니는 어기부사로서 화자의 주관성이 포함되었다고 볼 수 있다. '全'앞에 '幾乎'가 위치하므로 문장의 의미는 '거의 모두'라는 의미로서 완전한 '전칭' 의미는 아니지만, '全'자체가 가리키는 것은 '전칭'의미이기 때문에 문장은 성립하게 되고, 이러한 경우 '都'와 호환가능하다는 결론을 내리게 된다. 따라서 기본적으로 '全'은 '全'이 가리키는 명사 외연의 최대치를 취하지만, '都'는 '都'가 지시하는 명사 외연의 최대치를 가리킬 수도 있고, 또 그렇지 않을 수 있다는 점을 알 수 있다.

潘海華(2006)는 '집합의 집합' 개념을 사용하여 '都'가 나타내는 전칭 의미를 묘사하였는데, 예를 들어 그는 '大部分'이 포함된 문장을 전칭 양화기호를 사용하여 다음과 같이 표현하였다.

(10) a. 我們班大部分人都沒來。
　　　 우리 반 대부분의 사람은 모두 오지 않았다.

　　b. ∀x(B=我們班&x∈大部分人(B)) → x 沒來]　　(潘海華 2006)

潘海華(2006)는 (10a)문장을 (10b)와 같은 논리식으로 분석하였다. 여기서 '大部分人'은 영어의 'the majority of people'에 해당한다고 말할 수 있으며, 우리 반의 50%보다 더 큰 수일 것이다. 그는 '大部分'을 Most에 해당하는 운용자로 보았고, '우리 반'을 화역(domain)으로, '都沒來'를 진술의 핵심 부분(Nuclear Scope)으로 간주하였다. (10a)의 예문을 논리식으로 분석해 보면, '모든 x에 대해서, 우리 반 학생들로 구성된 집합을 B라고 말했을 때, 우리 반 학생들 중 '大部分人'이라는 성질을 만족하는 집합에 x가 포함된다면, x는 오지 않았다' 고 해석할 수 있다. 즉

'都'가 전칭하는 대상을 '우리 반'이 아닌 '우리 반의 일부'로 간주하므로 '집합의 집합' 개념으로 위의 문장을 분석한 것이다. 따라서 '都'는 화역의 대상 전체를 양화할 수 있을 뿐만 아니라, 언어 환경에 따라 주어가 가진 속성이나, 술어의 특성을 지닐 것으로 합리적으로 예상되는 집합에 대해서도 전칭양화 한다는 결론을 내리게 되었다. 이러한 개념은 순수한 의미의 전칭 양화사로서, 화역의 대상 전체를 총괄하고 양화하는 '全'의 전칭의미와 차이가 있다는 점을 알려준다.

그렇다면, 전칭의미를 나타내는 한정명사구와 '都'가 결합하는 경우, '都'의 전칭의미는 문장에 어떠한 영향을 미치는 것일까? (3)의 예문을 다시 들어보자.

(3) a. 所有的圖書館都關門了。 모든 도서관은(이) 문을 닫았다.
　　b. 所有的圖書館關門了。 모든 도서관은 문을 닫았다.
　　c. ∀x[x∈[|圖書館|] → x 關門了　　　　　　　(진준화 2010:255)

(3a)예문은 하나의 문장 안에 두 개의 전칭양화사, 즉 '所有'와 '都'가 존재한다. 의미적으로 (3a)예문과 (3b)예문은 차이가 없다. (3a)문장을 논리식으로 표현하면, '모든 x에 대해서, x가 도서관인 집합의 일원이라면 x는 문을 닫았다'라고 표현할 수 있으며, '都'가 포함되지 않은 (3b)의 논리식과 차이가 없다. 그러므로 한 문장 안에 두 개의 양화사 '所有'와 '都'가 함께 존재하므로 그들이 서로 영향권에 대한 경쟁을 한다고 말할 수 있다. 이러한 문제에 대해, 徐烈炯(2014:498-499)은 모든 변항은 하나의 운용자에 의해서 결속되어야 하는 '일대일 대응원리'를 들어 (3a)예문에서 '都'의 역할에 대해 의문을 제기하였다.

그러나 촘스키(1998:78)는 일대일 대응원리의 위반, 특히 모든 운용자가 단 하나의 변항을 결속해야 한다는 원칙의 위반이 중대한 비 문법성은 아니고 가벼운 비 문법성을 유발한다고 생각했다. 또한 한 문장 안에 두 개의 강 양화사가 존재할 경우, 영향권에 의한 중의성은 존재하지 않는다(윤홍섭 1997:232). 여기서 강 양화사는 every, most, each와 같은 것들을 말하는데 현대 중국어에서 '所有'와 '都'가 모두 강 양화사에 속한다. 다시 말해서, (3a)의 예문은 양화사의 영향권 경쟁이 있을 수는 있지만, 영향권에 의한 중의성은 존재하지 않는다. 따라서 (3a)예문은 '모든 도서관이 문을 닫았다'는 한 가지 의미만을 갖는다.

지금까지 본고는 '全'과 '都'가 나타내는 전칭의미에 대해서 논하였다. '全'은 전량, 전수를 포함하나, '都'는 반드시 전량, 전수를 포함해야 하는 것은 아니며, 화자의 주관성에 의한 주관적 대량을 나타낼 수 있다는 점을 설명하였다. 다음절에서는 '全'과 '都'가 포함된 문장이 나타내는 집합해석과 배분해석에 대해 살펴보기로 하겠다.

2.2 '全'과 '都'의 집합해석과 배분해석

일반적으로 명사구는 '집합해석(collective interpretation)'을 가질 수도 있고 '배분해석(distributive interpretation)'을 가질 수도 있다. 다음의 예문을 살펴보자.

(11) a. 아이들이 웃었다.
　　 b. 아이들이 모였다.　　　　　　　　　　　　　　　　(강범모 2014:94)

(11a) 문장은 '웃다'와 같은 동사가 복수 명사구의 술어로 사용되었을 때 아이들 하나하나가 그러한 속성을 가졌다는 배분해석을 갖는 문장이고, (11b)는 아이들 하나하나가 '모이다'라는 속성을 가진 것이 아니라 개체들 전체가 집단으로 그 속성을 갖는다는 의미로 집합해석을 갖는 문장이다. 현대 중국어에서 '都'가 지시하는 명사구는 '집합해석(collective

interpretation)'과 '배분해석(distributive interpretation)'을 모두 나타내야
한다(권선아 2010:11). 다음의 두 문장은 복수 구문에서 '全'과 '都'가 사
용되었을 때 집합해석과 배분해석의 차이를 보여준다.

(12) a. 廚師們都在做一道菜。
요리사들은 모두 한 접시의 요리를 만들었다.
요리사들은 모두(각각) 한 접시의 요리를 만들었다.

b. 廚師們全在做一道菜。
요리사들은 모두 한 접시의 요리를 만들었다.　　　(王健 2008:137)

강범모(2014:96-103)는 이러한 집합해석과 배분해석이 가능한 문장의
중의성은 그 원인이 동사구에 있다고 주장하였다. 예를 들어 (12)예문에
서 '만들었다'라는 행동은 개별적인 행동도 가능하며, 단체로서의 행동역
시 가능한 동사이므로, 명사구가 복수일 때 (12a)는 집합해석과 배분해석
모두 나타낼 수 있다. 집합해석을 가질 때는 요리사들은 하나의 동일한
요리를 만들었을 것이라고 해석되지만, 배분해석을 가질 때는 요리사들
이 각각 하나의 동일한 요리를 만들었을 수도 있지만, 각자 다양한 요리
를 만들었을 가능성이 모두 있다. 그러나 (12b)와 같은 경우는 '全'으로
인해 요리사들을 하나의 전체 집합으로 여기게 되고, 이러한 경우 집합
해석만을 갖게 되는 것이다. 王健(2008:137)은 '全'이 총괄하는 대상은
집합전체와 술어부분이 관계를 형성하나, 각각의 개체는 단독으로 술
어와 관계를 형성하지 못한다고 주장하였다. 그러므로 '全'이 사용될
때, '全'이 지시하는 명사구는 전체로서 부각되지만, '都'가 사용될 때,
'都'가 지시하는 명사구는 개체로서 부곽 될 수 있는 것이다. 그래서
진준화(2010:258)도 '都'의 대표적인 기능을 '개체성 부여'라고 설명하
였는데, 여기서 말하는 개체성은 "존재하는 다수의 실체 간에 명확한

경계를 갖는, 각 실체의 독립적인 성질"을 의미한다. 王麗香(2013:36)
은 인지의미적 관점에서 '都'와 '全'의 의미기능을 다음의 그림과 같이
표현하였다.

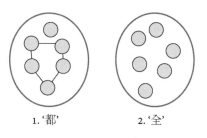

1. '都'   2. '全'

그림 1. 都와 全의 인지적 의미

그림 1은 '都'와 '全'이 각각 복수성 사물을 총괄하는 모습을 나타낸
것이다. 왼쪽 그림에서, 개체들 간에 연결된 실선은 개체들을 묶어 하나
의 집합으로 파악하는 '都'의 기능을 나타낸 것으로, '都'외에도 명사구
의 복수표지 예를 들면, '廚師們'의 '們'과 같은 것들도 이러한 기능을
수행할 수 있다. 그리고 그림에는 개체들과 연결되지 않은 또 다른 개체
가 존재하는데, 이것은 예외의 존재를 인정하는 '都'의 성질을 나타내는
것이라고 말할 수 있다. 이처럼 '都'는 반드시 화역의 대상 전체를 가리
킬 필요가 없기 때문에, 바깥 선은 점선으로 표시되었다.

오른쪽 그림은 하나의 완전한 전체를 나타내는 것으로, 내부의 작은
원이 나타내는 것은 각각의 개체를 나타내는 것이다. '全'은 예외를 인정
하지 않기 때문에, 개체들은 모두 굵은 선 안에 포함되어 있다.

Roberts(1987), Partee(1995) 등은 배분해석이 술어뿐 만 아니라 양화
의미를 표시하는 한정사와도 상관이 있다고 주장하였다. 예를 들어 "영
어의 'every', 'each' 등의 한정사는 'gather'과 같은 집단적 술어와 결합하
지 못하고('*Every student gathered'), 배분적 술어와만 결합할 수 있다

('every student arrived')(강범모 2014:100)." 마찬가지로, 현대 중국어에서 배분해석과 관련이 있는 '每'나 '人人', '次次', '一個人'과 같은 한정사는 '全'과 결합하지 못한다. 다음의 예를 살펴보자.

(13) a. *連張三全(都)參加了活動。

     b. *每個人全(都)來了。

     c. *誰全(都)來了。

     d. *他們全買了一本書。

     e. 他們都買了一本書。 그들은 모두(각각) 책 한권을 샀다.

(李寶倫 외 2009:61)

예문 (13a)는 '連'자문에서 '全'이 사용될 경우 비문이 됨을 나타낸다. '連'자에는 VP를 실현할 수 있는 다른 대상들이 전제되어 있는데, 여기서 '連'자는 NP성분을 다른 요소와 경계화 시키는 역할을 하기 때문에, 이것 역시 개체성과 관련이 있고, 따라서 전체성을 나타내는 '全'이 사용되게 되면 비문이 되는 것이다. (13b)는 '每個人'의 '每'가 하나의 분배운용자 역할을 하며, '全'보다는 '都'와 더 잘 어울린다는 점을 보여준다. 또한 (13c)와 같이 의문대사가 임의지칭을 나타낼 때에도 '全'을 사용할 수 없으며, (13d) 역시 '그들 모두가 함께 한 권의 책을 살 수 없기 때문에, 사용될 수 없다.' 그러나 만약 '都'를 사용하게 되면 위의 문장은 모두 사용가능하다.

하지만 기억해야 할 점은 '每'자와 '都'의 결합은 문장에서 '都'의 위치에 의해 비문여부가 결정된다는 점이다. 다음의 예문을 살펴보자

(14) a. 每個人i 收到的信上面都寫着他/她i 家的地址。

      모든 사람들이 받은 편지에는 전부 그 사람의 집 주소가 쓰여 있었다.

b. [IP每個人i [IP[NP ti 收到的信] … 都寫着他i 家的地址]]

[IP모든 사람들i [IP[NP ti 받은 편지는] … 모두 그 사람의i 집 주소
가 쓰여 있었다]]

c. *每個人i 都收到的信上面寫着他i 家的地址。

d. *[IP[DP[IP每個人i [IP ti 都收到]]的信] … 寫着他i 家的地址]

(黃正德 2013:335-337)

　(14a), (14c)예문의 차이점은 부사 '都'의 위치에 있다. (14a)와 (14c)의
논리표현식은 (14b),(14d)와 같다. (14a)문장에서 '都'는 주절에 출현하였
다. 주절이란 종속절이 있는 문장에서, 종속절에 대하여 주가 되는 절을
뜻하는데, (14b)의 논리표현식에서 확인할 수 있듯이 '都寫着他i家的地
址'가 주절에 속한다. 그리고 '每個人'의 작용역은 문장 전체이다. 이러
한 경우, 문장은 분배 해석을 갖는다. 그러나 (14b)의 문장에서 '都'는
관계절에 출현하였는데, 관계절은 앞의 명사구에 대해 수식하는 역할을
하며, (14d)에서 나타내는 바와 같이 '都收到的信'이 관계절에 속한다.
이러한 경우 문장은 집합 해석을 갖는다. 그래서 (14b)의 문장은 '사람들
이 모두 같은 편지를 받았다'는 의미의 집합 해석을 갖게 되고, 분배운용
자인 '每'와 집합해석은 어울리지 않기 때문에 비문이 된다(黃正德
2013:335-337). 이처럼 '每'와 '都'의 결합에 있어서, '都'의 위치는 문장
의 허용여부를 결정하는 중요한 기준이 된다.

　정리하자면, '全'은 명사구 전체가 하나의 집합으로 술어가 나타내는
성질을 나타냄을 뜻하는 집합해석을 가지며, '都'는 집합해석뿐만 아니
라, 집합의 개체 하나하나가 술어가 묘사하는 성질을 가진다는 배분해
석을 나타낸다. 다음 절에서는 하나의 문장이 하나의 사건을 나타낸다
는 가정 아래 '全'과 '都'가 포함된 문장의 사건의미에 대해 살펴보고자
한다.

2.3 '全'과 '都'의 사건의미

徐烈炯(2014:503-506)은 '都'가 나타내는 전칭의미, 배분성 모두 '都'를 사용하기 위한 충분조건이고 필요조건은 아니라고 주장하였다. 그가 생각하는 필요조건은 다음과 같다.

(15) '都'의 필요조건

화자가 생각하기에 모종의 정도에 있어서 기대치에 도달했거나 또는 초과한다면 문장에서 '都'를 사용할 수 있다.

'모종의 정도의 도달'이라는 '都'의 필요조건이 문장에서 어떻게 실현되는지 다음의 예문을 통해 살펴보도록 하자.

(16) a. 反復: 他上班通常都遲到幾分鐘。

그의 출근은 일반적으로 모두 몇 분씩 늦는다.

b. 相加: 他們大多數人都反對。

그들 대다수 사람들은 모두 반대한다.

c. 累積: 你都快欠我1000元了。

너는 모두 내 돈 1000위엔을 빚졌다.

d. 漸進: 都8點鐘了, 他還沒來。

이미 8시가 되었는데, 그는 아직 안 왔다.

e. 極端: 連最反對的人最後都同意了。

심지어 가장 반대하는 사람조차도 마지막엔 동의했다.

(徐烈炯 2014:504)

徐烈炯(2014:504-505)은 (16a-c)와 같이, 반복이나, 누적의 과정을 거쳐, 전체 수에 도달하거나 혹은 근접하는 것들이 모종의 정도에 도달하는 것이라 생각했다. 또한 (16d-e)와 같이 시간의 점진적인 과정이나, 극단적인 NP성분에 대한 묘사를 통해 어떠한 결과에 도달하는 것 역시 모종의 정도에 도달한 것이라고 여겼다. 모종의 정도에 관한 기준은 객관적인 절대치가 아니라 주관적 절대치인데, 시작점과 점진적 발전과정을 거쳐 최종적인 끝점에 도달하는 것이 바로 '都'가 나타내는 '사건의미'라고 생각하였다.

여기서 사건이란 무엇인가? Smith(1997:35)는 "사건(event)이란 이산적(discrete)이고 경계 지어진(bounded) 개체(entity)"라고 하며 이와 상대적인 개념으로 '상태(state)'를 언급 하였다(최규발·정지수 2010:3 재인용). 최규발·정지수(2006:89)는 '사건'을 다음과 같이 정의하였다

(17) '사건(event)'이란 어떤 개체가 어떤 시간에 어떤 속성을 가지는 것을 말한다. 좀 더 구체적으로 말해 사건은 다음과 같은 조건을 순차적으로 만족 시켜야 한다.
   a. 어떤 개체가 어떤 공간에 있다.
   b. 어떤 개체가 어떤 공간에 어떤 속성을 가지고 있다.
   c. 어떤 개체가 어떤 공간 어떤 시간에 어떤 속성을 가지고 있다.

하나의 문장이 하나의 사건을 나타낸다고 가정한다면, 사건의 발생은 한 상태가 어떤 시간에 다른 상태로 대치되는 것으로 상태 ¬p로부터 상태 p로의 변화이다(Wright 1968). 따라서 상태변화를 나타내는 연산자로서 Become을 가정한다면, 상태 ¬p로부터 상태 p로의 변화를 'Become (P)'라고 정의할 수 있다. Vendler(1967)의 사건의미론에 따라 사건을 '상태'(state), '활동(activity)', '완수(accomplishment)', '성취(achievement)로 나눈다면, 'Become (P)'와 관련이 있는 사건은 완수사건과 성취사건이다. 분명한 증분과정이 존재할 때에는 완수사건, 순간적인 상태변화일 때에는 성취사건으로 구분하는데, '都'자문의 요구조건은, '과정의 유무'가 아닌 '정도의 도달'이기 때문에, 종결점을 지니고 있는 사건이라면 모두

'都'의 사건의미에 해당한다고 말할 수 있다. 따라서 '都'자문은 'Become-∅'사건이라고 말할 수 있다. 이러한 조건에 따라 'Become-∅'에 대해 다음과 같은 정의가 내려진다.

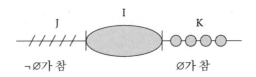

(18) Become-∅가 I에서 참이 되는 필요충분조건은, I의 하한을 포함하는 시 구간 J에서는 ¬∅가 참이고, I의 상한을 포함하는 시 구간 K에서는 ∅가 참일 경우이다.　　　　(Dowty, 1979:140)/(송은정 1985: 45-47) 재인용

(18)의 정의와 마찬가지로, '都'가 나타내는 사건의미는 Become-∅ 사건이다. 한 상태가 어떤 시간에 다른 상태로 대치되면서, 종결점을 지니는 사건이라고 말할 수 있다. 과정이 존재할 수도, 그렇지 않을 수도 있지만, 중요한 것은 화자의 생각에 어떠한 상태 혹은 정도에 도달하게 된다면, '都'를 사용할 수 있다.

그렇다면, '全'이 포함된 문장의 사건의미는 어떠할까? 周韌(2011: 140)은 '全'이 포함된 문장이 아직 발생하지 않은 사건, 즉 미래사건에 출현할 수 없음을 설명하면서, 과거에 발생했거나, 현재 발생중인 사건으로 고(高) 확정성을 지니는 사건이 되어야 함을 강조하였다. 이러한 확정성이 사건의미론에서 종결점의 역할을 수행한다고 가정한다면, '全'이 포함된 문장의 사건의미 역시, 완료사건으로 '都'와 마찬가지로 종결점을 갖는 사건이라고 말할 수 있다. 그러므로 '全'과 '都'가 포함된 문장의 사건의미는 모두 상태변화와 종결점을 포함하는 'Become-∅' 사건이라고 결론내릴 수 있다.

'都'와 '全'이 지니는 이러한 공통점은 한 가지 결론을 내리게 한다. '都'와 '全'은 모두 종결상태와 그 이후의 결과를 부각시키며, '都'와 '全'이 지시하는 명사구는 술어가 묘사하는 이러한 상태에 모두 참여자로 존재한다는 점에서 전칭의미를 나타낸다.

3 결론

본고는 중국어 범위 부사 '都'와 '全'이 나타내는 인지적 의미를 토대로, '都'와 '全'의 의미기능을 분석하였다. 통사적·의미적 유사성으로 인하여 '全'과 '都'는 모두 전칭 양화사로 간주되지만, 둘 사이에는 분명한 차이가 존재한다. 본고에서는 현대 중국어 '全'과 '都'가 나타내는 '전칭의미', '집합 해석과 분배 해석', '사건의미'와 관련된 내용을 통해 이러한 차이점을 논의하였다.

2.1에서는 '全'과 '都'의 '전칭 의미'에 대해서 분석하였는데, 전칭이라는 것은 '주어 명사가 지시하는 대상들 전부를 가리키는 것'으로 '全'과 '都' 모두 동일하게 복수성 사물이나 대상을 총괄한다. 그러나 '全'은 순수한 전칭의미로 하나도 빠짐없음을 강조하는 양화사라면, '都'는 예외성을 인정하는 전칭의미를 나타낸다.

2.2에서는 '全'과 '都'의 '집합 해석과 분배 해석'에 대해 논의하였다. 개체 전체가 한꺼번에 어떠한 행위를 했다는 해석을 '집합해석'이라 하고, 개체 각각이 어떤 행동을 취했다는 해석을 '배분해석'이라고 말한다면, '全'은 집합해석만을 가지지만, '都'는 집합해석과 분배해석을 모두 지닐 수 있다. 따라서 배분해석과 관련이 있는 '每'나 '人人', '次次', '一個人'과 같은 한정사는 '全'과 결합하지 못한다.

2.3에서는 '全'과 '都'이 나타내는 사건의미가 무엇인지에 대해 논의하

였다. 하나의 문장이 하나의 사건을 나타낸다고 가정하면, '全'과 '都'가 포함된 문장의 사건의미는 모두 상태변화와 종결점을 포함하는 Become-∅ 사건이라고 말할 수 있다.

본고는 '全'과 '都'의 의미기능 비교를 통해 '都'가 순수한 의미에서의 양화사이기보다는 문장구조, 상황에 따라 전칭의 범위가 바뀔 수 있는 탄력성 있는 전칭양화사라는 결론을 내리게 되었다. 이러한 탄력성은 '都'가 포함된 문장의 의미를 결정하는데 영향을 주며, 또한 문장의 비문 여부에도 영향을 미친다고 말할 수 있다. 이에 반해 '全'은 객관적 전량, 전수를 포함하는 양화사로서, 화자의 주관성이 개입될 여지가 '都'에 비해 적기 때문에, '全'의 탄력성은 '都'의 탄력성보다 작다고 말할 수 있다. 따라서 '都'와 '全'은 서로 다른 성질과 특성을 지닌 전칭 양화사라고 결론내릴 수 있다.

| 참고문헌 |

강범모(2014), 《양화와 복수의 의미론》, 서울: 한국문화사.

권선아(2010), 《都의 문법화 연구》, 외국어대학교 석사학위 논문.

송은정(1985), 《영어의 상에 관한 연구》, 이화여자대학교 석사학위 논문.

여훈근(1997), 《논리학》, 서울: 대한교과서 주식회사.

윤홍섭(1997), 〈양화사 영향권 관계의 애매성〉, 《영어영문학연구》 39.

이익환(2000), 《영어의미론》, 서울: 한국문화사.

전영철(2012), 〈총칭성과 양화〉, 《한국어 의미학》 39.

주기하(2014), 〈"就"의 주관량(主觀量) 표기(標記) 기능 연구〉, 《中國語文學誌》 48.

진준화(2010), 〈현대중국어 부사 '도(都)'의 의미기능에 대한 인지적 접근〉, 《中國 言語硏究》 32.

최규발·정지수(2006), 〈현대중국어 상(相)표지의 부정〉, 《중국인문과학》 4.

_____(2010)〈현대 중국어 사건의 고정화와 상(aspect)〉, 《中國學論叢》 28.

홍소영(2014),《현대중국어 전칭양화사 '都'의 의미기능 연구》, 고려대학교 석사학
    위 논문.

郭銳(2006), 〈衍推和否定〉,《世界漢語敎學》02期.

曹秀玲(2006), 〈漢語全稱限定詞及其句法表現〉,《語文硏究》04期.

何宏華(2007),《漢語量詞轄域與邏輯式》, 語文出版社.

黃正德(2013),《漢語句法學》, 世界圖書出版公司北京公司.

黎錦熙(1954),《新著國語文法》, 商務印書官.

蔣嚴 · 潘海華(1998),《形式語義學引論》, 中國社會科學出版社.

劉月華 · 潘文娛 · 故韡(2005), 《實用現代漢語語法(上)》, 《實用現代漢語語法
    (下)》增訂本, 김현철 · 박정구 · 오문의 · 최규발 옮김, 서울: 송산출판사.

劉丹靑(2013), 〈漢語特色的量化詞庫: 多/少二分與全/有/無三分〉,《中國語
    文法論叢》, 日本: 白帝社.

呂叔湘(2015),《現代漢語八百詞》, 商務印書官.

潘海華(2006), 〈焦點, 三分結構與漢語'都'的語義解釋〉,《語法硏究與探索(精
    選集)》, 中國語文出版社.

王力(1985),《中國現代語法》, 商務印書官.

王健(2008), 〈'全', '都'和'全都'〉,《殷都學刊》03期.

王麗香(2013),《現代漢語"全都"類總括副詞硏究》, 浙江大學 博士學位論文.

徐烈炯(2014), 〈'都'是全稱量詞嗎?〉,《中國語文》06期.

原口莊輔 中村, 조명윤 역(2003),《촘스키 언어학 사전》, 경기: 한신문화사.

張蕾 · 李寶倫 · 潘海華(2012), 〈'都'的語義要求和特征〉,《言語硏究》01期.

張誼生(2003), 〈範圍副詞'都'的選擇機制〉,《中國語文》05期.

周韌(2001), 〈'全'的整體性語義特徵及其句法後果〉,《中國語文》02期.

Aoun, J. & Y.-H. Audrey Li (1993a) *Syntax of Scope*, Cambridge, Massachusetts:
    MIT Press.

Aoun, J. & Y.-H. Audrey Li (1993b) Wh-in-situ:Syntax or LF? *Linguistic Inquiry*
    24:199-238.

Koopman, H. and Sportiche, D. (1982) Variables and the bijection principle, *The
    Linguistic Review* 2: 139-60.

Li, C.N & S.A. Thompson (1981), Mandarin Chinese: A Functional Reference Grammar, Berkeley; London: University of California press, 박정구 외 옮김 (1996), 《표준중국어문법(수정판)》, 서울: 한울아카데미.

Lin, Jo-wang(林若望) (1998) Distributivity in Chinese and its implications . *Natural Language Semantics* 6:201-243.

Smith(1991) *The Parameter of Aspect(1st edition)*, Dordrecht: Kluwer Academic.

_____(1997) *The Parameter of Aspect(2nd edition)*, Dordrecht: Kluwer Academic.

Tomioka, S., & Tsai, Y. (2005). Domain restrictions for distributive quantification in Mandarin Chinese. *Journal of East Asian Linguistics*,14(2),89-120.

Von Wright, G. H. (1968). *An essay in deontic logic and the general theory of action* North Holland: Amsterdam.

인터넷

북경대 코퍼스 (http://ccl.pku.edu.cn)

제3부
중국어의 구문 및 문장론

유생성과 중국어 문법태의 전환에 관한 연구

조경환

1 서론

유생성(animacy)은 원래 생물학의 개념으로 생물(animate)과 무생물(inanimate)을 통칭하는 용어로 일찍이 Comrie(1989:191)는 '인간 > 동물·식물(비인간 생물) > 무생물'의 유생성 계층(animacy hierarchy)을 제시한 바 있다.[2] 예를 들면 '人'은 '馬'보다 유생성이 높으며, '馬'는 '石頭'보다 유생성이 높다.

전통적으로 유생성은 논항의 중요한 의미 자질로서 정의되어 왔지만, 유생성은 단순히 의미 자질 [±生命]의 문제가 아니라, 논항과 술어 등 구문의 구성 요소가 서로 영향을 미치며 상호 제약하는 역동적인 개념이라고 할 수 있다. 따라서 이러한 유생성은 문장의 의미 해석에도 영향을

---

* 《중국어문학논집》제80집(2013년 6월) 게재.
** 고려대학교 중어중문학과.

2) 王珏(2004:66)는 Comrie(1989:191)의 이러한 분류에 근거하여 명사와 대명사의 유생성 계층을 다음과 같이 제시하였다: 제1인칭 > 제2인칭 > 제3인칭 > 고유명사 > 사람 > 동물 > 미생물 > 식물 > 무생물

미칠 수 있다.

　(1) a. 張三借李四一本書。
　　　　張三은 李四에게 책을 빌려주었다 / 李四로부터 책을 빌렸다.
　　b. 張三借圖書館一本書。
　　　　張三은 도서관으로부터 책을 빌렸다.
　　c. 圖書館借張三一本書。
　　　　도서관은 張三에게 책 한 권을 빌려주었다.　　　　(高莉平 2005:28)

　예문 (1a)에서 '張三'과 '李四'의 유생성 등급은 같은데, 동사 '借'는 쌍방향 동사이므로 이 문장은 중의를 지니게 된다. 그러나 (1b)에서 '張三'은 '도서관'보다 유생성이 높으므로 이 문장은 取得 의미를 지니는 반면, (1c)에서는 주어 '도서관'의 유생성이 '張三'보다 낮으므로 給與 의미를 지니게 된다.

　이와 같이 유생성은 문법 전반에 걸쳐 부호화되어 구문의 의미와 문법 구조를 결정하는데 중요한 역할을 하지만, 기존의 유생성에 관한 연구들은 주로 명사(주어와 빈어의 형태 표지변화)나 술어(동사와 형용사의 형태 표지 변화)에 치중한 경향이 있으며, 유생성이 구문에 어떻게 작용하는지에 관한 설명 또한 부족한 실정이다.

　한편 態(Voice)는 다양한 의미적 통사적 패턴이나 화용적 부호화 패턴을 통해 문장에서 동사의 논항들이 서로 다른 현저성 위상을 받는 문법적 범주라고 할 수 있다. 본고에서 다루고자 하는 態(voice) 범주는 致使(causative) · 被動(passive) · 處置(disposal)인데, 특히 處置(disposal)는 중국어 특유의 能動態(active voice)이자 他動態(transitive voice)라고 할 수 있다. 이에 본고에서는 중국어 態의 대표적인 구문인 把字句, 給字句, 使字句에서의 유생성 변화를 살펴보고, 이러한 유생성의 변화가 구문과 態의 전환에 어떠한 영향을 미치는지에 대하여 살펴보고자 한다.

2 處置에서 致使로의 유생성 변화

유생성의 변화는 구문의 통사적인 변화뿐만 아니라 態의 변화도 가져오는데, 먼저 대표적인 處置(disposal) 구문인 把字句가 어떻게 致使(causative) 의미를 띠게 되었는지에 대해 살펴보도록 하자. 把字句의 유생성은 기본적으로 '把'의 의미와 구문에 기인한다. 다시 말해 '把'자의 원래 의미는 '어떤 물건을 잡다'이며, 초기 把字句는 '어떤 물건을 어디에 두거나 누구에게 준다'(소위 廣義處置式 또는 甲류)이므로, 주어 논항은 有生적이지만, 把-NP는 無生적인 사물이라고 할 수 있다. 이후 '주어(施事)가 어떤 물건이나 사람을 어떠한 영향을 미쳐 변화를 발생시켰다.'라는 소위 狹義處置 (또는 乙류)의 把字句는 주어 논항은 여전히 有生적이나, 把-NP는 有生과 無生일 수 있다. 마지막으로 非處置를 나타내는 遭遇 把字句와 致使 把字句가 출현하게 되는데, 이때 주어 논항과 빈어 논항은 커다란 변화를 겪어 處置 把字句와는 극명한 대조를 이루게 된다. 把字句의 구문 유형과 이에 파생과정에 따른 주어·빈어·동사의 변화는 〈표 1〉과 같이 정리할 수 있다.

이와 같이 把字句의 주어와 빈어의 유생성 변화는 동사의 價(valency) 변화뿐만 아니라, 결과적으로 把字句가 處置범주로부터 致使범주로의 전환을 이끌어내는데, 把字句의 변천 과정에서 유생성의 변화는 다음과 같이 진행된다.[3]

---

3) 把字句의 有生性 변화는 다음과 같이 나타낼 수도 있다(조경환 2012:129).

표 1. 把字句의 파생 과정에 따른 주어·빈어·동사의 변화

	의미	형식	주어	빈어	동사
①	廣義處置	S把OV在處所/S把OV給人 例: 把舜子頭髮懸在中庭樹地.《變文》 舜의 머리채를 앞 뜰 나무에 매달았다.	人	事物	3價
②	狹義處置	S把OVR 例: 師便把火筯放下.《祖堂集》 선사께서 얼른 부젓가락을 집어 던지니.	人	事物·人	2價
③	遭遇	把(個)OV了 例:偏又把鳳丫頭病了.《紅樓夢·76回》 하필이면 또 희봉이 계집애까지 병이 났어.	없음	人	1價
④	致使	C把OVR (C=致事(cause)) 例: 許三觀的吼聲把外面的人全嚇了一跳. 《許三觀賣血記》허삼관의 청천벽력 같은 호령 에 구경 온 사람들이 깜짝 놀랐다.	事件·事物	人	1價

    첫째, 把字句에서의 유생성의 변화는 통사 층위에서보다 의미 층위에서 먼저 포착되며, 이러한 현상은 주어 통제성의 약화, 즉 주관화(subjectification)와 관련이 깊다.[4] 예를 들면 "张三把書放在桌子上"과 "張三把杯子打破了"와 같은 處置類 把字句에서는 '張三'의 빈어에 대한 통제력이 강함을 알 수 있다. 그러나 다음과 같은 把字句들은 통사적으로는 변화가 없지만 의미적으로 미묘한 변화가 발생했음을 알 수 있다.

---

4) 예를 들면 "Sam is going to mail the letter."가 주어(Sam)에 의한 물리적이고 객관적인 이동이라면, "It's going to be summer before we know it."과 같은 경우에 주어(it)는 어떠한 역할을 수행하지 못하는 단계에 이르게 된다(Langkacker 1999:159).

(2) 他把瓶子打破了。 (Teng 1975:30)

    a. 의도적인 處置: 그는 (화가 나서) 그 병을 부셔버렸다.

    b. 비의도적인 處置: 그는 (어떤 일을 하다가 실수로) 병을 부셔버렸다.

(3) 他把我吵醒了。 (邵敬敏 2005:14)

    a. 의도적인 處置: 그가 떠들어서 나를 깨웠다.

    b. 비의도적인 處置: 그가 다른 사람과 떠들다가 본의 아니게 나를 깨웠다.

이러한 주관화가 진행됨에 따라 把字句의 주어는 순수한 施事(agent)가 아닌 일종의 약화된 施事(弱施事)로 변하게 된다(張伯江 2009:43). 또한 같은 비의도류 處置라고 하더라도 유생성의 관점에서 엄밀히 구분하자면 예문 (2) "他把瓶子打破了"가 예문 (3) "他把我吵醒了"보다 먼저 만들어진 유형이라고 할 수 있다. 왜냐하면 "他把瓶子打破了"의 경우에는 處置 把字句와 마찬가지로 有生 주어와 無生 빈어가 쓰인 반면, "他把我吵醒了"의 경우에는 有生 주어와 有生 빈어가 쓰인 것(의도적인 處置)으로 볼 수도 있지만, 비의도적인 處置에서 有生 주어인 '他'는 '他跟別人吵鬧'라는 사건을 나타내는 致事로도 볼 수 있으므로 이는 기본적으로 致使 把字句의 유생성 배열과 일치하기 때문이다.

둘째, 의미 층위에서의 변화가 숙성되면 통사 층위에서의 변화가 생기게 된다. 施事 주어의 통제력 약화 현상이 더욱 심화되어 짧은 기간이지만 施事 주어가 생략된 "偏又把鳳丫頭病了。《紅楼夢·76回》", "先把太太得罪了。《紅楼夢·74回》"와 같은 遭遇 把字句가 출현하는데, 이러한 把字句들은 발생한 사건이 갑작스럽고 뜻밖이라는 遭遇 의미를 전달한다.5) 이후 無生 주어인 致事가 주어 자리를 차지하고, 把-NP 뒤에는

---

5) 이러한 遭遇 把字句는 주어(受事)에만 영향을 미치는 상태변화를 강조하며 이참여자 사건이 일참여자 사건으로 변하는 '中間態(middle voice)' 구문(Maldonado

有生 빈어가 오게 되는 致使 把字句가 출현하여, 處置를 나타내는 把字句와 주어와 빈어간의 유생성간의 첨예한 대립을 이루게 된다.6)

여기에서 고려해야 할 문제는 과연 이러한 유생성의 변화가 과연 把字句에만 한정되는 현상인가라는 점이다. 다시 말해 우리는 유생성의 변화가 把字句를 處置에서 致使 범주로 파생시켰음을 알게 되었는데, 이러한 현상이 구문들의 態(voice) 전환에도 영향을 미쳤는지에 관하여 살펴볼 필요가 있다. 이에 우리는 다음 장에서 給字句를 살펴보고자 한다.7)

3 使役에서 被動로의 유생성 변화

우리는 給字句의 使役에서 被動으로의 유생성 변화를 살펴보기 전에 앞서 給與 동사인 '給'가 어떻게 使役 의미를 나타낼 수 있는지에 관하여 살펴보도록 하자. Xu(2004:368)는 '한 사람이 다른 사람에게 어떤 것을 주다'와 같은 給與 구문은 '어떤 사람이 다른 사람으로 하여금 어떤 것을 하게하다'라는 使役 의미로 쉽게 확대된다고 보았으며, Newman (1996:192-196)은 이에 관하여 좀 더 구체적인 분석을 제시하였다.

(4) a. 他給我東西。그는 나에게 물건을 주었다.

　　 b. 他給我東西吃。그는 나에게 먹을 것을 주었다.

2007/2011:975)과 공통점이 존재한다는 사실은 매우 흥미롭다.

6) 조경환(2009:138) 참조.

7) 給字句는 使役과 被動을 나타내지만, 이 구문에 관한 연구는 敎字句, 讓字句에 관한 연구보다 상대적으로 미비하다.

c. 他給我吃。 그는 나를 먹게 해주었다.

d. 他給我孩子睡覚。 그는 내 아이를 자게 하였다. (Newman 1996:192, 196)

예문 (4a)는 전형적인 給與 사건으로 수여자(giver)가 수령자(recipient)에게 전이된 사물로 어떤 것을 하게 하려는 의도가 존재하는데, 어떤 사람이 다른 사람에게 하나의 사물을 준다는 것은 결국 그 사람이 그 물건을 이용하도록 만드는 것이라고 볼 수 있다. (4b)는 '먹음(吃)'의 행위가 명확하게 표시되어 수여자가 수령자인 나로 하여금 사과를 먹는 것을 가능케 함(enablement)이 좀 더 부각되었으며, (4c)에서는 수여자가 수령자로 하여금 '어떤 것을 먹는 것을 가능케 함'이 의미 초점이 되었으며, 사물의 전이는 상대적으로 약화되었다. (4d)의 경우 (4a-c)와는 달리 어떠한 사물의 전이도 없으며 단순히 '他'가 우리 아이를 자게 하도록 했다는 의미만이 있을 뿐이다.8)

요컨대 給與 동사 자체의 의미와 구문 변화, 현저성의 변화가 給字句는 使役 의미를 지니게 만든 셈이며, 이러한 현상은 《紅樓夢》에서 보이기 시작하였다.

給字句가 어떻게 使役 의미에서 被動 의미로 변천했는지에 관해서도 여러 견해들이 있는데, 먼저 언급되어야 할 것은 모든 使役 동사가 被動 의미를 나타낼 수 있는 것은 아니라는 사실에 유념해야만 한다는 것이다. 이에 관하여 洪波(2010)는 馮春田(2000)의 견해9)에 근거하여 使役

---

8) 洪波(2010:418)는 모습 현저성(Figure Salience)의 변화가 連動 구조를 使役 謙語 구조로 변화시켰다고 본다. 예를 들면 "老太太又給他酒吃。《紅樓夢·8回》"는 두 개의 사건, 즉 給與사건 E1 [老太太給他酒]와 行爲사건 E2 [他吃酒]로 구성된다. 문미 초점의 원칙에 따라 給與 동사가 표시하는 E1보다는 점차적으로 E2가 초점 정보가 된다는 것이다.

9) 馮春田(2000:645)은 使役 동사를 ① 使, 令, 遣류와 ② 教, 叫, 讓류로 구분하였다.

동사는 크게 命令型, 致使形, 容讓型 세 가지 유형으로 구분하였는데, 容讓型만이 被動개사로 변천하였다고 하였다.

(5) 使役동사의 구분(洪波 2010:422)

   ① 命令型: 命, 遣, 派, 의미가 허화되지 않은 使(보내다)

   ② 致使型: 의미가 허화된 使(시키다), 구체적인 使役을 표시하는 敎, 叫, 讓

   ③ 容讓型: 敎, 叫, 讓, 給

洪波(2010:422)에 따르면 ①류는 원형 使役 동사로서 동사 의미가 여전히 강하며, 사역주에 대한 의존성이 강하다. ②류는 ①류 보다 使役 의미가 약해졌지만 여전히 사역주에 의존한다. 洪波(2010)의 ③류는 使役성이 가장 약할 뿐만 아니라 사역주에 대한 의존도가 가장 약하므로 다른 류에 비해 상대적으로 被動化 되기 쉽다.[10]

容讓型 使役동사가 어떻게 被動 의미를 나타낼 수 있는가에 관하여 莊紹愚(2002)는 구문의 관점에서 給字句의 態 변화를 관찰하였는데, 그의 견해를 정리하면 〈표 2〉와 같다.

그는 ①류는 使役동사의 의미특징이 돌출되어 표시하는 동작 행위의 특징이 명확하므로 被動 개사로 전환되기 어려우며, 상대적으로 ②류는 被動 개사로 전환되기 쉽다고 하였다.

10) 使字句가 被動을 표시하지 않는 원인에 대하여 Xu(2006:132)는 馮春田(2000)과 洪波(2010)와는 다소 다른 견해를 제시하였는데, 그녀는 使字句에 사용된 동사의 타동성이 약해 施事가 受事에 구체적인 영향을 미칠 수 없기 때문이라고 보았다.

표 2. 給字句의 구문 변화와 態 변화(莊紹愚 2002)

형식	의미관계	예문
給與式 甲 + 給 + 乙 + N + V	甲이 乙에게 N을 주며, 乙은 VN을 한다.	往常老太太又給他酒吃。 (《紅樓夢·8回》) 외할머님께서는 평소에도 도련님에게 술을 마시게 하였다.
使役式 甲 + V₁ + N + 給 + 乙 + V₂	甲은 N을 乙에게 양도하며, 乙이 V를 하게한다.	贾母忙出幾個小杌子来, 給赖大母亲等幾個高年有體面的妈妈坐了。(《紅樓夢·43回》) 대부인이 걸상을 몇 개 가져오게 해서는 뇌대의 어머니를 비롯한 나이 많은 사람들을 앉게 했다.
被動式 N + 給 + 乙 + V	N: V의 受事, 乙: V의 施事, '給' = '被'	千萬別給老太太, 太太知道。 (《紅樓夢·52回》) 그렇지만 노마님이나 마님께는 절대로 알려지지 않게 해요.

莊紹愚(2002:163)는 給與式에서 使役式으로의 전환 과정에서 두 가지 변화가 발생한다고 하였다. 첫째 통사 방면에서 給與式에서 '給'자 뒤에 있던 NP가 使役式에서는 '給'자 앞으로 이동하였으며, 둘째 의미 방면에서 乙은 '給'의 受事이자 V₂의 施事로 두 가지 역할을 겸하게 되는데, 이는 바로 使役 구문의 謙語 특징과도 일맥상통한다.[11]

莊紹愚(2002:172)는 특히 使役과 被動 전환 조건으로 給字句의 주어 생략에 주목하였는데, 예를 들면 다음과 같다.[12]

---

11) 위의 표에 근거한 給字句의 態에 따른 유생성 변화는 다음과 같다.

給與式	使役式	被動式
[有生-有生-無生]	[有生-無生-有生]	[無生-有生]

12) 이러한 使役態에서 被动態로의 전환에서 주어 생략은 給字句뿐만 아니라, "买了

(6) 千萬別給老太太，太太知道。
    a. (你)千萬別讓老太太，太太知道。(句式 B，使役態)
    b. (这件事)千萬別被老太太，太太知道。(句式 C，被動態)

즉 예문 (6)은 주어가 '你'라면 使役으로 이해되며, '这件事'이라면 被動으로 이해된다는 것이다.

한편 洪波(2005/2010:428)는 인지적인 관점에서 給字句의 使役에서 被動으로의 態 전환에 주목하였는데, 중국어의 被動 구문은 특히 화자의 의외성(不如意)을 나타낸다는 점에서 화용적으로 특별한 내포 의미를 가진다고 보았다. 따라서 給字句가 使役에서 被動으로의 전환과정에서 화자의 이러한 역할을 중시하였다. 다시 말해 容讓型 使役 구문에서 受事 주어에 대한 영향이 화자의 예상을 벗어나 화자는 受事 주어를 감정 이입의 대상으로 삼게 된다. 이에 따라 受事 주어와 V_2간의 被動 관계는 전경 정보가 되어 부각되며, 容讓型 使役행위는 배경 정보가 되어 약화되므로 給字句는 使役에서 被動으로 전환이 된다는 것이다.

(7) 我給你骗了一次，不可能再給你骗第二次了。
    나는 너에게 한 번 속았으므로, 다시 속는 것은 불가능해.

동사 '骗'은 受事 주어인 '你'에 대하여 '화자의 예상을 벗어났다는' 소극적인 영향을 미치므로, 受事 주어인 '你'는 감정이입의 대상이 되며 '你'와 '骗'의 被動 관계 역시 전경 정보가 되어 예문 (7)은 어렵지 않게 被動 구문으로 이해된다는 것이다.

사실 莊紹愚(2002)와 洪波(2010)가 말하는 施事 주어 NP_1의 생략과

四盘羹果，裝做一盒担，叫人抬了。《金瓶梅·7回》"와 같은 叫字句에서도 공통적으로 발견되는 현상이라고 할 수 있다(石毓智 2006:44).

화자의 의외성은 그리 낯선 현상들이 아니다. 다시 말해 이러한 현상들은 앞장에서 언급한 遭遇 把字句의 의미 특징과 일치한다(조경환 2008:117).

   (8) a. 他把個犯人放了。그는 범인을 풀어주었다.

       b. 他把個犯人跑了。그가 범인을 놓쳤다.

       c. 她年輕輕的, 就把個丈夫死了。그녀는 이렇게 젊은데, 남편이 벌써 죽었다.

예문 (8a)에서 (8c)로 갈수록 주어의 통제력은 약화되고 동사의 자주성이 감소함을 알 수 있다. 즉 (8a)의 주어 '他'는 분명한 施事이지만, (8b)의 주어 '他'는 施事라고 보기가 모호한 상태이며, (8c)의 '她'는 확실히 施事가 아니다. 다시 말해 명칭상의 차이만 있을 뿐, 기본 속성은 같다는 것이다.

그렇다면 이렇게 주어의 통제력이 약화되어 급기야 주어가 생략되는 현상과 화자의 의외성이라는 뜻밖의 어기를 지니게 되는 것과는 어떠한 관계가 있는 것일까? 앞에서 언급했듯이 주어의 통제력 약화는 주관화(subjectification)와 관계가 깊은 현상이다. 즉 주관성은 주어와 화자의 상대적인 관계로서 주어의 통제력 약화, 즉 주관화가 진행됨에 따라 화자의 역할은 상대적으로 강화되는데, 이는 의외성이라는 어기와 관련되는 것이다(조경환 2008137-138).

또한 유생성의 관점에서 본다면 의지력 있는 생물(人)이 통제력이 약화됨에 따라 주어 생략 단계를 거친 다음, 사물(事物)로 변한 것이며, 의미역은 다른 논항과의 관계와 구문으로부터 부여받게 된다. 이러한 현상은 같은 변화과정을 겪더라도 致使 把字句의 無生 주어의 경우에는 致事(cause)의 의미역을 부여받는 반면, 被动을 나타내는 給字句의 無生

주어는 受事(patient)의 의미역을 부여받게 된다.

謝曉明(2006:367)은 給字句의 변환 관계에서 '給'자 전후의 NP$_1$과 NP$_2$간의 유생성 관계를 고려하였으며, 이에 따라 給字句의 態가 변화할 수도 있다고 보았다.

(9) a. NP$_1$ > NP$_2$: 趕牛的人給牛踢了一脚。
    b. NP$_1$ = NP$_2$: 我給她说愣了。
    c. NP$_1$ < NP$_2$: 牛給趕牛的人踢了一脚。

예문 (9a)에서 주어 '趕牛的人'가 NP$_2$ '牛'보다 유생성이 높으므로 能動態(處置)로 이해되며, (9b)는 NP$_1$인 '我'와 NP$_2$인 '她'가 유생성에서 같으므로 能動態와 被動態 두 가지 모두로 이해될 수 있으며, (9c)에서는 NP$_1$인 '牛'가 NP$_2$인 '趕牛的人'보다 유생성이 낮으므로 受事로 이해되기 쉬우며 이 문장은 결국 被動態로 이해된다는 것이다.

그러나 給字句의 유생성과 態 변화를 구체적으로 알기 위하여 필자는 청말(青末) 견책소설로 잘 알려진 劉鶚(1857-1909)의《老殘遊記》의 給字句를 조사하여 다음과 같은 결과를 얻었다.

표 3.《老殘遊記》의 給字句 상황

	구문유형	수	예
①	S + 給 + IO	1	只是我給你, 千萬可別连累了我！ (20回) 내가 당신에게 줄테니 절대로 나를 연루시키지 말아야 돼.
②	S + 給 + DO	6	他給了六百吊钱。(14回) 그 자는 육백 조전만 줬다.
③	S + 給 + IO + DO	8	他就給了我一把子。(20回) 그는 나에게 한 다발 주었어.

	구문유형	수	예
④	S + 給 + IO + VP	8	你再給那個老头兒看！(16回) 너는 그 늙은이에게 다시 보여주어라!
⑤	S + V1 + DO + 給 + IO	13	老残拉他坐下, 倒了一杯給他。(5回) 老残은 그를 잡아 앉히고는 한 잔을 따라주었다.
⑥	DO + 給	3	钱給了不要紧。(13回) 돈 준 것은 괜찮네.
⑦	S + 把 + DO + 給 + IO	1	別吃冷猪肉了。把钥匙給我罷。(13回) 찬 돼지고기를 먹을 것 없네. 열쇠를 내어놓게
⑧	S + 把 + DO + 給 + IO + VP	3	小金子連忙跑過來把銀票給許大看。(20回) 小金子가 황급히 달려오더니 許大에게 은자를 보였다.
⑨	S + V + 給 + IO	4	我借給你。(19回) 내가 빌려줄게.
⑩	S + V + 給 + DO	2	人吃了立刻致命, 再三央求吳某分給若幹。(20回) 사람이 먹으면 곧 죽는 독약을 가지고 있음을 알고는 재삼 吳某에게 얻기를 간청하여 약간을 나누어 받았다.
⑪	S + V + 給 + IO + DO	8	許亮又借給他二百銀子。(19回) 許亮은 그에게 또 이백냥을 빌려주었다.
⑫	S + V₁ + DO + V₂ + 給 + IO	15	許亮便取出一百銀子交給他, 說 (19回) 이때 許亮이 은자 백 냥을 그에게 주면서 말했다.
⑬	S + 把 + DO + V + 給 + IO	8	當時人瑞就把上撫臺的禀交給他。(16回) 人瑞는 撫臺에게 보낼 편지를 그에게 주었다.
⑭	S + V + 給 + IO + VP	13	翠花, 你说給我聽聽。(13回) 翠花, 네가 들려주겠니?
⑮	S + V1 + DO + 給 + IO + VP	9	他就拿了一本甚麼書給撫臺看。(13回) 그는 어떤 책 한권을 撫臺에게 보였다.
⑯	S + 把 + DO + V + 給 + IO + VP	4	既不信, 我就把这热的道理开給你看。(10回) 그렇게 못 믿으시겠다면 그 뜨거운 이치를 보여드리죠.
		106	

이상의 표와 같이 《老殘遊記》의 給字句들은 다양한 유형들이 존재하지만, 이 유형들은 임의적인 것이 아니라 상당히 체계적인 망을 구성하는데, 위의 표는 아래와 같은 그림으로 다시 정리할 수 있다.

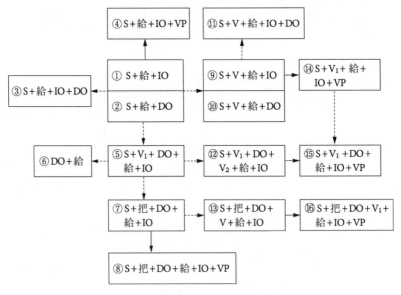

그림 1. 《老殘遊記》의 給字句의 파생도

①류와 ②류는 두 가지의 구조 변화('점선 화살표')를 겪게 된다. 첫 번째 변화는 '給'자 앞에 동사가 '給'자를 개사화 한다(⑨류와 ⑩류). 두 번째 구조적인 변화는 '給'자 앞에 'V₁+DO'가 첨가됨에 따라 연동문이 된다(⑤류). ⑤류 연동문은 역시 두 가지 구조 변화를 겪게 되는데 종적으로는 把字句로 파생하게 되며(⑦류), 횡적으로는 '給'자 앞에 V₂가 오게 된다(⑫류).

다음으로 살펴 볼 현상은 '給+IO' 뒤에 VP가 출현함으로써 IO가 단순히 수령자(與事)가 아닌 施事로서 작용하게 되어 給字句가 使役 의

미를 지니게 하는 구조적인 변화('실선 화살표')가 발생하는 것인데, ①
류 → ④류, ⑦류 → ⑧류, ⑨류 → ⑭류, ⑫류 → ⑮류(⑭류와는 종적으로
파생관계를 가짐), ⑬류 → ⑯류의 변화가 그러하다. 물론 '給＋IO＋VP'
가 모두 使役 의미를 가지는 것은 아니라는 사실에 유념할 필요가 있다.

給字句의 변천과정에서 중요한 것은 讓字句, 叫字句와는 달리 위의
그림 1에서 종적인 확대와 횡적인 확대에서 알 수 있듯이 이중의 구조
복잡화 단계를 거친다는 점이다. 즉《老殘遊記》의 給字句들의 망은 莊
紹愚(2002)의 견해보다 훨씬 복잡하지만 기본적으로 일치한다고 볼 수
있다.

그런데《老殘遊記》에서 被动으로 추정되는 예는 단 하나만 발견될
뿐이다.

(10) 我的亲哥！我有一種藥水, 給人吃了, 臉上不發青紫   (20回)
    형, 나한테 말이야. 사람에게 먹여서 죽여도 얼굴이 파랗게 되지 않는
    독약물이 있어.

사실 위의 예 (10)은 순수한 被動이라기보다는 使役과 被動의 중의적
인 예로 이해할 수 있다. 하나는 내가 약물을 다른 사람에게 먹게 한다는
使役 의미이고, 다른 하나는 이 약물을 다른 사람이 먹는다는 被動 의미
이다. 설령 예문 (10)을 被動으로 간주하더라도, 백여 개의 예에서 단 하나
뿐이므로 被動을 나타내는 給字句의 비율은 지극히 낮다고 할 수 있다.

(11) 예문 (10)의 재분석
    a. 使役態: 我有[一種藥水] [給人吃了]
    b. 被動態: [一種藥水][給人吃了] ＞ [一種藥水給人吃了]

실제로 給字句가 被动 의미를 나타내는 현상은 그리 흔한 것은 아닌

데, 이는 아래의 통계를 통해서 분명히 알 수 있다.

표 4. 給字句와 被字句의 被動 비율(謝曉明 2006:369)

작가	작품	給字句	비율	被字句	비율(%)
池莉	《來來往往》	0/5	0	4/4	100
柳心武	《人面魚》	1/18	5.56%	12/12	100
蘇童	《妻妾成群》	1/54	1.85%	43/43	100
王朔	《過把癮就死》	2/84	2.38%	45/45	100
王小波	《未來世界》	0/120	0	85/85	100

위의 〈표 4〉에서 被字句는 100% 被動을 표시하는데 반해, 給字句는 5% 조차 넘기지 못하고 있다.[13] 이는 給字句의 被動態 표시가 주요 용법이 아닌 상당히 예외적인 용법임을 암시한다.

결국 容讓型 使役류만이 被動을 나타낼 수 있는지에 관해서도 재해석 할 수 있는데, 이는 給字句가 횡적과 종적인 구조 복잡화 단계를 거친 다음, 주어(施事)의 통제성 약화와 생략단계를 거쳐 被動을 표시할 수 있게 된다는 것이다. 이러한 복잡한 단계를 거쳐서 被動을 나타낼 수 있는 給字句가 被动態의 대표구문인 被字句와 다른 양상을 띠는 것은 어찌 보면 너무나 당연한 일인지도 모르겠다.

被動態(passive voice)는 유형학적으로 두 가지 방식을 따른다(Maldonado 2007:838). 첫째는 '施事의 탈 - 초점화(Defocused agent)'로 施事의 초점을 흐리게 하여 施事가 통사적으로 나타나지 않고, 受事를 주어로 표시하는 것이며, 둘째는 '受事의 초점화(patient in focus)'로서 受事를 윤곽

---

13) 石毓智(2006:58)의 《姜昆梁左相聲集》에 관한 통계도 역시 같은 결과를 제시한다. 讓字句는 被動을 표시한 경우가 28%, 叫字句는 3%, 給字句는 1%를 차지한다고 하였다.

부여하고 施事를 배경으로 격하시키는 것이다. 이는 아래와 같은 그림으로 나타낼 수 있다.

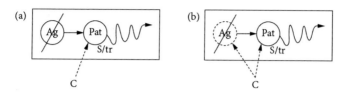

그림 2. 被動化의 두 가지 전략(Maldonado 2007:956)

〈그림 2〉에서 (a)는 受事(patient)의 초점화이며, 그림 (b)는 施事 (agent)의 탈 초점화이다. C는 개념화자(conceptualizer)를 의미한다.

給字句의 경우 有生 施事가 통제력을 잃으면서 과도기와 공백 단계를 거쳐 無生 受事가 주어가 된다는 점에서 [受事의 초점화 → 施事의 탈초점화]를 거친다고 할 수 있다. 이에 반해 被字句의 경우에는 반대 양상을 보인다고 할 수 있는데, 중국어의 被字句의 경우 초기(戰國時期 –兩漢時期)에는 'NP₁ + 被 + V'와 같은 단거리 被字句로부터 'NP₁ + 被 + NP₂ + V'와 같은 장거리 被字句로 발전하였는데, 즉 被字句의 경우 [施事의 탈-초점화 → 受事의 초점화]로 변천하였다(조경환 2010:195).

(12) a. 僧無對, 被棒。
　　　승려가 대답을 못하자 방망이로 맞았다.

　　 b. 僧無對, 被师踏。《祖堂集》
　　　승려가 대답을 못하자 스승에게 밟힘을 당했다.

위에서 제시한《祖堂集》의 첫 번째 예에서는 施事인 '雪峰'이 나타나지 않았으며, 두 번째 예에서는 施事 '雪峰'이 출현하였다.

다음 장에서는 使动(Causative)이라는 하나의 범주 안에서 使役(shiyi)에서 致使(causative)로의 변이 역시 다음과 같은 유생성 효과가 발생하는지를 살펴볼 것이다.

4 使役에서 致使로의 유생성 변화

'使动(Causative)'이란 사역주(causer)가 피사역주(causee)로 하여금 어떤 일이나 행위를 하게 만드는 態(voice)의 일종으로, 일반적으로 'S(사역주)＋CV(使動詞)＋N(피사역주)＋VP' 형식을 취한다(연재훈 2011:89, Grifffiths 2006/2010:117). 중국어에서 使动 범주는 크게 使役과 致使로 구분할 수 있으며,14) 使役 범주는 다시 有意와 致使로 구분할 수 있다(李佐豊 1990/2004, 馮春田 2000, 張麗麗 2005).

본 장에서는 使字句의 변천 과정, 즉 使役에서 致使로, 또 有意致使에서 無意致使로의 변천 과정에서 유생성의 변화가 使字句에서 어떠한 작용을 일으켰는지를 살펴보기 위하여 통시적인 각도에서 使字句를 분석할 것이다. 使字句는 가장 원형적인 使动 구문으로 給字句, 讓字句, 叫字句와는 달리 被動態로 확대되지 않았는데, 이는 앞에서 살펴본 바와 같이 '使'자가 容讓型 使役이 아니기 때문이다(馮春田 2000, 洪波 2010).

먼저 '使'자와 使字句의 변천 과정은 아래의 표와 같이 정리할 수 있다.

---

14) 李佐豊(1990/2004:133)에 따르면 使役(意使)은 ① 주어가 빈어에게 의도를 알리는데, 주어와 빈어는 사람과 국가이며 사물 또는 행위가 아니다. ② 빈어는 주어의 의도에 따라 어떤 행위를 독립적으로 완성한다. 이에 반해 致使는 ① 주어가 사람 또는 국가의 행위이다. ② VP가 나타내는 행위는 빈어가 독립적으로 완성하거나 그러하기를 원하는 행위가 아니다. 張麗麗(2005)는 李佐豊(1990/2004)의 견해에 근거하여 致使를 다시 有意와 無意로 구분하였다. 본문에서는 설명의 편이를 위해 使动은 'Causative'로, 使役은 'shiyi'로, 致使는 'causative'로 표시할 것이다.

표 5. 使字句의 유형과 변천과정

		의미	예
①	使役	사신으로 가다 (보내다)	燕王使使者賀千金。(《戰國策·燕策》) 연왕은 저를 사신으로 보내 대왕께 천금으로 축하토록 하셨습니다.
②	有意 致使	누가(무엇이) 누구 로 하여금 하도록 시키다	平公射鴳, 不死, 使竪襄搏之。(《國語·晉語》) 평공이 메추라기를 쏘았으나 잡지 못하자, 소신 양으로 하여금 이를 잡도록 하였다.
③	無意 致使	어떤 원인(cause)이 피사역주(causee)로 하여금 어떤 일이 나 행위를 하게함	大战七十, 小战四十, 使天下之民肝脑涂地。 (《史記列傳·刘敬叔孙通列传》) 일흔 번 큰 싸움을 하였고, 마흔 번 작은 싸움을 하였습니다. 그 때문에 천하 백성의 간과 골을 땅에 바르게 되었습니다.

위의 표에서 주의할 점은 한 단계에서 다른 단계로 전환되는 과정의 과도기적인 단계가 존재한다는 것이다.

(13) 楚王甚爱之, 病, 故使人問之, 曰。　　　　　　　(《戰國策·秦策》)

초왕이 그를 대단히 아꼈는데, 그가 병이 들고 말았습니다. 사람을 시켜 (보내) 문병까지 하면서 왕은 좌우신하들에게 물었습니다.

예문 (13)에서 '使'자는 '보내다'라는 使役 의미로도 볼 수 있으며, '누구로 하여금 하게하다/시키다'라는 有意致使로도 볼 수 있다.

(14) 若湯之治淮南, 江都, 以深文痛詆諸侯, 別疏骨肉, 使蕃臣不自安。

　　　　　　　　　　　　　　　　　　　　　　　　　(《史記·酷吏列傳》)

장탕은 회남왕과 강도왕의 반란 사건을 처리한 것처럼 냉혹한 판결문으로 제후들을 통렬히 탄핵하여 골육 사이를 이간시키고 번신들을 불안에 떨게 했습니다.

예문 (14)는 有意致使와 無意致使의 과도기적인 예로써 아래와 같이
재분석할 수 있다.

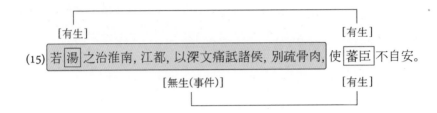

(15) 若 湯 之治淮南, 江都, 以深文痛詆諸侯, 別疏骨肉, 使 蕃臣 不自安。

예문 (15)에서 알 수 있듯이 예문 (14)는 두 가지로 해석될 수 있다.
먼저 주어 '張湯'은 의도적으로 '蕃臣'들로 하여금 불안하게 만들었다는
有意致使 의미와 다른 하나는 '張湯의 냉혹한 판결'이라는 원인이 '藩
臣'들을 불안하게 만들었다는 無意致使로도 볼 수 있다.

使字句에는 '使'자의 기본 의미(누가 누구를 보내다)에 기인하여 기본
적으로 두 개의 有生 논항이 존재한다.15) 따라서 使字句에서 통제성의
약화는 NP₁과 NP₂ 두 개의 논항에서 일어나므로, 본고에서는 Xu(2006)
와 張麗麗(2005)의 견해를 종합하여 使字句의 변천과정에서 다음과 같
은 연쇄 고리가 발생한다고 제시한다.16)

---

15) 물론 NP₁은 有生 논항(王)으로부터 국가라는 無生 논항으로 전환될 수도 있
다. 예를 들면 "楚使子西往救.《史記·伍子胥列传》"에서 주어는 '楚'라는 국
가이지만 실제로는 '楚나라 왕'을 의미한다. 이는 [기관으로 책임자를 대신함
(INSTITUTION FOR PEOPLE RESPONSIBLE)], 즉 [국가는 한 나라의 왕을 나타낸
다]라는 환유현상이라고 할 수 있다.

16) Xu(2006)는 NP1의 통제성 하강만을 중시하였고, 張麗麗(2005)는 NP₂의 통제성 하
강만을 중시하였으므로, 이들은 각각 동전의 한 면만을 본 셈이다. 특히 張麗麗
(2005)의 견해는 문제가 있어 보이는데, 예를 들면 張麗麗(2005:358)에서 有意致使
가 주관성이 가장 강한 유형이며, 그 주어는 화자 자신이며, 화자 자신의 결심과
장악력을 표시한다고 보았다. 그러나 화자가 주어('我')라면 張麗麗의 설명이 맞겠

(16) NP₁의 통제성 하강 > '使'자의 의미 탈색 > NP₂의 통제성 하강 >
    VP의 동작성 하강

《史記·列傳》과《戰國策》의 使字句와 유생성의 관계는 아래의〈표
2〉와 같다.[17]

표 6.《史記·列傳》과《戰國策》의 使字句

사역주	피사역주	《史記·列傳》	%	《戰國策》	%	합계	%
有生	有生	503	75	185	60	688	70
有生	無生	10	1	21	7	31	3
無生(국가)	有生	109	16	45	15	154	16
無生(사건·사물)		38	6	39	13	77	8
無生(사건·국가)	無生	14	2	17	5	31	3
		674	100	307	100	981	100

위의 통계결과에서도 알 수 있듯이《史記·列傳》과《戰國策》에서 [有
生-有生] 배열이 70%를 차지하였고, [有生－無生] 배열은 3%를 차지하
였으며, [無生(국가)－有生]도 16%를 차지하여, 대부분(89%) 使役과 有
意致使를 나타내었다.

[無生(사건·사물)－有生] 배열은 오늘날의 致使(causative) 구문과 일
치하며,《史記·列傳》과《戰國策》에서 이미 無意致使의 예들이 발견된
다.[18]

지만 반드시 그러하리라는 보장이 없다. 더욱이 주어와 화자는 주관화 개념에서
사실상 양극단에 있으므로, 有意致使는 無意致使보다 주관성이 약한 구문이라고
볼 수 있다. 이에 대한 보다 구체적인 분석은 조경환(2012)을 참조바람.
17) 조경환(2012:124-125)의 표들을 재구성한 것이다.
18) 물론 "今王破宜陽, 殘三川, 而使天下之士不敢言。《戰國策·秦策》"과 같이 의양
    을 깨트리고 삼천을 잔폐시킨 대왕의 업적이 천하의 선비들로 하여금 말을 하지

(17) a. 今又案兵, 且欲合齐而受其地, 非使臣之所知也。《戰國策·秦策》
　　지금 우리와의 약속을 어기고 공격은커녕 오히려 제나라와 결합하여
　　땅을 밟고 있으니, 우리나라 신하들로 하여금 어찌할 바를 알지 못하
　　게 하는 군요.

b. 病使人烦懣, 食不下, 时呕沫。　　《史記·扁鵲仓公列传》
　　[기가 흉격 사이에 모여 생긴] 기격병으로, 이 병은 사람의 가슴을 답
　　답하게 하여 먹은 것이 내려가지 못하고 때때로 담을 토하게 합니다.

　예문 (17a)는 의양을 깨트리고 삼천을 잔폐시킨 대왕의 업적이 천하의
선비들로 하여금 말을 하지 못하게 만든다는 有意致使와 無意致使의
과도기적인 예이며, (17b)는 無意致使라고 할 수 있다.
　[無生-無生] 배열은 전체에서 차지하는 비중이 그다지 크지 않은데,
주로 使役과 有意致使를 나타내며 일부 극소수만이 無意致使를 나타낼
뿐이다.

(18) a. 毛先生一至楚, 而使趙重於九鼎大呂。　《史記·平原君虞卿列传》
　　모 선생은 한 번 초나라에 가서 조나라를 구정이나 대려보다도 무겁
　　게 만들었다.

b. 秦使赵攻魏, 魏謂趙王曰。　　《戰國策·魏策》
　　진나라가 조나라로 하여금 위나라를 공격하도록 하였다.

c. 公子無忌为天下循便計, 殺晉鄙, 率魏兵以救邯鄲之圍, 使秦
　　弗有而失天下。　　《戰國策·齊策》
　　위나라 공자 무기가 천하의 편계를 써서 진비를 죽여 버리고 위나라
　　병사를 이끌고 포위당하였던 조나라 한단을 풀어주었습니다. 그리하
　　여 진나라로 하여금 조나라를 차지하지 못한 채 천하를 잃을 수밖에

　못하게 만들었다는 有意致使와 無意致使의 과도기적인 예들도 다수 존재한다.

없도록 하였던 것입니다.

(18a)에서 '모 선생이 초나라에 한 번 갔다 온 사건'은 조나라로 하여금 구정이나 대려보다 무겁게 만들었다는 有意致使이며, (18b)의 [無生-無生]은 모두 국가이므로, 사실상 [有生-有生]의 변이형으로 볼 수 있다. (18c)의 앞의 無生은 원인이 되는 사건이며, 뒤의 無生은 秦나라로 사실상 이 문장은 有意致使에서 無意致使로 가는 과도기적인 문장이라고 볼 수 있다.

우리는 위의 조사를 통해 使字句의 변천과정에서 有生性의 변이는 다음과 같이 유추할 수 있는데, 물론 각각의 단계 사이에는 과도기적인 예들이 존재한다는 사실에 유념할 필요가 있다.

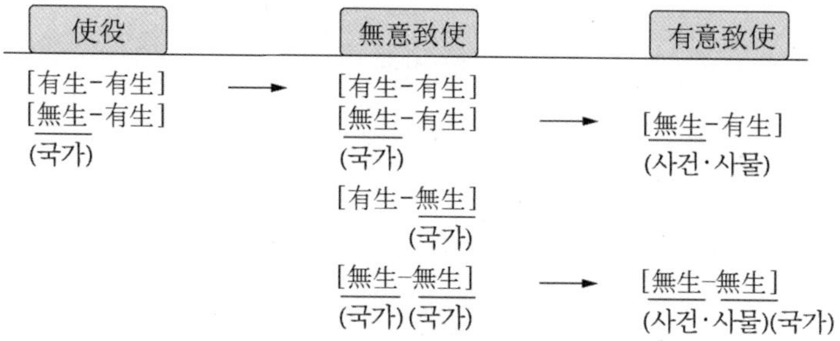

使役	無意致使	有意致使
[有生-有生] [無生-有生] (국가)	[有生-有生] [無生-有生] (국가) [有生-無生] (국가)	[無生-有生] (사건·사물)
	[無生-無生] (국가)(국가)	[無生-無生] (사건·사물)(국가)

그림 3. 使字句의 有生性변이

把字句나 給字句와는 달리 使字句의 경우 초기부터 無生 주어([국가])가 출현한다는 사실은 상당히 특이하다고 할 수 있는데, 이는 사실 '使'자의 원래 의미와 관련이 깊다. 즉 초기 使字句가 "吴王大说, 乃使子贡之越"에서와 같이 '누구를 보내다'는 의미로 주로 쓰이는데, 이때 보내는 사람은 주로 한 나라의 王인 경우가 많았다. 고대에는 王의 뜻이 국가의 뜻이고 王이 바로 국가였으므로, "齐使苏厉为之谓魏王曰"와 같은 문장들이 자연스럽게 출현하였다. 이후 이 無生주어 자리에 국가 대신에 원인이 되는 사건, 사물이 위치하게 되어 無意致使가 출현하게 되었으며 오늘날 대부분의 使字句들이 이 유형에 속하게 된다. 이러한 無生주어의 이른 출현은 확실히 다른 사역 구문인 給字句나 讓字句와는 다른 것인데, 이것을 被動態로의 전환을 막은 원인 중의 하나로도 볼 수 있을 것이다.

이에 使字句의 경우 '使动態(Causative voice)'라는 커다란 범주 안에서 '使役(shiyi)'에서 '致使(causative)'로의 변화이므로 把字句, 給字句와는 달리 주어 생략 현상이 일어나지 않았다.

5 결론

지금까지 유생성과 중국어 態의 전환 과정에 관하여 살펴보았다. 먼저 把字句에서 處置에서 致使로의 전환과정에서는 遭遇라는 과도기적인 과정에서 주어 생략의 단계를 거친다. 給字句 역시 《老殘遊記》의 통계와 분석에서 알 수 있듯이 구문의 복잡화를 통해 [給予 → 使役 → 被動]으로 전환되었으며, 이 과정에서 주어 통제성의 약화와 주어 생략 단계를 거쳐 被動態로 변이되었다. 즉 把字句와 給字句는 각각 處置에서 致使범주, 使役에서 被動 범주로 전환될 때 주어 생략과 뜻밖의 어기라는 과도기적인 중간 단계를 거친다. 이 중간 단계는 사건에 책임이 있는 施事 주어가 필요 없어 이참여자 사건이 일참여자 사건으로 변해 낮은 정도의 사건 정교화를 유발하며, 새로운 정보인 화자의 의외성이라는 자질이 부여된다는 점에서 中間態(middle voice)와 어느 정도 공통점이 존재한다고 볼 수 있다.

(19) 態(voice)의 전환 과정에서 본 유생성의 변화 특징

사실 中間態 구문(middle voice construction)의 성질에 관해서는 학자들마다 의견이 분분한데, 예를 들면 Kemmer(1994)는 타동 구문에서 재귀 구문을 거쳐 中間態 구문이 도출된다고 보았으나, Maldonado (2007/2011:987)는 반드시 재귀 구문을 거칠 필요가 없다고 보고 있다. 또 다른 문제는 中間態 구문에 쓰이는 동사가 일반적으로 타동사에서 파생된 상태 동사(자동사)인 반면, "偏又把鳳丫頭病了"와 같은 遭遇 把字句에 쓰이는 동사는 타동사에서 파생된 자동사로 보기 힘들다는 것이다.

그러나 중국어에서 자동사와 타동사의 구분은 다른 언어에서처럼 그다지 분명하지 않은데, 예를 들면 "把姑娘的東西丟了。《紅樓夢·73回》" 또는 "小鈴把事情忘了"와 같은 把字句에서 비록 '丟'와 '忘'은 원래 타동사이지만 이 문장에서는 그다지 타동적이지 않으며, "把一個孩子跑掉了"와 같이 '사라짐(disappearance)'을 나타내는 把字句와 같이 자동적이라고 하였다(Chappell 1991:582). 실제로 《儒林外史》·《紅楼梦》의 把字句에 쓰이는 '氣', '唬', '嚇'등과 같은 심리 상태·정서 변화를 나타내는 자동사들은 자주 외부 사물이 주체 자신의 변화를 야기하는 타동과 주체 자신의 정서 상황이 만들어낸 상태의 기능을 겸한다고 하였다 (陶紅印·張伯江 2005:328).[19]

---

19) 실제로 다음의 예 "你奶奶可好些了？真是病糊涂了。《紅樓夢 73回》"와 같은 예

(20) 平兒 … 便一五一十的告訴了。把個劉姥姥也唬怔了，等了半天，
忽然笑道 … 。 《紅樓夢·119回》

평아는 … 자초지종을 들려주었다. 유노파도 크게 놀라며 한 동안 멍해
있었다. 한참 만에 갑자기 웃으며 말하길 … .

處置에서 致使로, 使役에서 被動으로 변하는 전환 과정에서의 중간
단계를 中間態로 볼 수 있는지에 관해서는 향후 연구가 좀 더 필요하다
고 할 수 있다.

한편 使字句는 使役에서 致使로의 전환 관계에서 NP₁과 NP₂의 통제
성의 하강을 겪는다. 하지만 把字句나 給字句와는 달리 주어 생략의 단계
를 거치지는 않는데, 이렇게 된 데에는 두 가지 원인이 있다고 사료된다.

첫째, 使役과 致使간의 전환은 處置와 致使 또는 使役에서 被動으로
의 전환과는 달리 使動(Causative)이라는 하나의 커다란 態 범주 안에서
의 전환이다.

둘째, 使字句는 把字句나 給字句 등 다른 구문들과는 달리 초기 단계
부터 [국가]라는 無生주어가 출현한다. 비록 국가이지만 이 같은 無生
주어의 출현은 使字句에서 새로운 전환의 계기를 마련하였는데, 이는 제
1주어인 사역주의 통제성 약화를 의미하며, 또한 환유의 작용으로 인하
여 또 다른 無生주어인 사건주어가 출현할 수 있는 환경을 마련하게 된
다. 결국 [無生(사건·사물) - 有生] 使字句가 출현하여 有生 논항의 통
제성이 상실되므로 無意致使가 출현하게 된다.

그러나 使字句는 使動을 나타내는 구문 의미로 인해 無生빈어의 출
현은 제한적일 수밖에 없었으며, 설령 출현한다 하더라도 역시 국가인

문에서 '病'은 王熙鳳을 어리석게 만들었다는 점에서 타동사와 같은 용법으로 쓰
였음을 알 수 있다. 呂叔湘(1948/2002:184) 역시 이러한 자동사들이 遭遇 把字句
에서는 타동사로 변할 수 있음을 언급하였다.

경우가 많았다. 따라서 使字句에서 NP₁과 NP₂의 통제성 하강은 순차적으로 발생하였으며 이는 '使'자의 의미 탈색뿐만 아니라 통사 변화와 態변화를 이끌었지만, 중간태적인 중간 단계 현상은 보이지 않았다.

(21) 使役에서 致使로의 전환과정에서 본 유생성 변화

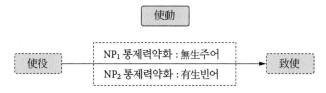

결국 구문의 유생성은 동사와 구문간의 상호작용에 의해 결정되며, 이러한 유생성의 변화는 주관화라는 기제를 통해 구문 각각의 態 전환을 야기했다고 볼 수 있다.

| 참고문헌 |

연재훈(2011),《한국어 구문 유형론》, 서울: 태학사.

이지현(2007), 〈현대 중국어 被動표지 '讓'의 문법화 과정 분석〉,《中國語文學論集》44, 155-173.

전기정(2005), 〈현대중국어 '讓', '叫'의 被動 용법〉,《中國語文學論集》34, 155-175.

조경환(2009),《現代중국어 把字句의 객관성·주관성 연구》, 高麗大學校 博士學位論文. (2012), 〈使字句의 주관화〉,《中國語文學論集》76, 113-132.

馮春田(2000),《近代漢語語法研究》, 濟南: 山東教育出版社.

高莉平(2005),《生命度對漢語句法語義的制約和影響》, 天津大學碩士學位論文.

古川裕(2006), 〈現代漢語的中動語態句式〉,《漢語被动表述問題研究新拓展》, 武漢: 華中師範大學出版社.

莊紹愚(2002),〈給字句,教字句表被動的來源〉,《語言學論叢》26, 159-172.

呂叔湘(1948),〈'把'字用法研究〉,《呂叔湘全集(2002)》2, 169-191, 瀋陽: 辽寧教育出版社.

李佐豊(1990/2004),〈《左傳》的使字句〉,《上古語法研究》, 133-142, 北京: 北京廣播學員 出版社.

邵敬敏(2005),〈致使把字句和省隐被字句及其語用解釋〉,《漢語學習》5, 11-18.

石毓智(2006),《語法化的動因與机制》, 北京: 北京大學出版社.

陶紅印・張伯江(2005),〈無定式把字句近現代漢語的地位问题及其理論意义〉,《中國語文》5, 433-446.

王珏(2004),《漢語生命範疇初論》, 華東師範大學出版社.

謝曉明(2006),〈給字被动句〉,《漢語被动表述问题研究新拓展》, 上海: 華中師範大學出版社.

張伯江(2009),《從施受关系對句式語義》, 北京: 商務印書館.

張麗麗(2005),〈從使役到致使〉,《臺大文史哲學報》62, 119-152.

Chappell, H.(1991), "Causativity and Ba construction", Partizipation, 563-584, Tubingen: Gunter Narr Verlag.

Comrie, B.(1989), Language Universals and Linguistic Typology, Chicago: The University of Chicago Press.

Griffiths Partric(2006), An Introduction to English Semantics and Pragmatics, 박정우(2010) 옮김,《언어 의미학 개설》, 서울: 한국문화사.

Langacker, Ronald(1999), "Losing Control: Grammaticization, subjectification and transparency", Historical Semantics and Cognition, 147-176, Berlin: Mouton De Gruyter.

Maldonado, Ricardo(2007), "Grammatical Voice in Cognitive Grammar", The Oxford Handbook of Cognitive Linguistics, 946-989, 김동환 옮김(2011),《인지언어학 옥스퍼드 핸드북》, 한국문화사.

Newman, John(1996), Give, Berlin: Mouton De Grutyter.

Teng, Shou-hsin(1975), A Semantic Study of Transitivity Relations in Chinese, Taipei: Student Book Co., Ltd.

Xing, Janet Zhiqun(2003), Grammaticalization of verbs in Mandarin Chinese, München: Lincom Press.

Xu Dan(2004), "The Status of Marker Gei In Mandarin Chinese", Journal of Chinese Linguistics Vol 22.

_____(2006), Typological Change in Chinese Syntax, Oxford: Oxford University Press.

현대중국어 도치식 사동문의 통사적제약과 의미

김은주

1 서론

현대중국어에는 다양한 형식의 사동문이 존재하며, 비록 이들이 형식적으로 세부적인 차이를 보일지라도 모두 사동의 의미를 나타내는 사동문으로 분류된다.

(1) a. 這暖心肺的戰友之情使我熱淚盈眶了。

　　 이 따뜻한 전우의 우정이 나로 하여금 뜨거운 눈물을 글썽거리게 했다.

　b. 失敗總是讓我感到氣餒。

　　 실패는 항상 나를 낙담하게 한다.

　c. 最後, 他們把他說服了。

　　 결국, 그들은 그를 설득시켰다.

　d. 這時我軍槍聲四起, 打得敵人落花流水。

＊《중국언어연구》제77집(2018년 8월) 게재.
＊＊ 고려대학교 중어중문학과 강사.

이때 아군의 총성이 사방에서 일어나고, 적들을 모조리 참패시켰다.

    e. 改革開放政策的實施和國家的支援壯大和繁榮了西藏的工業。

      개혁개방 정책의 실시와 국가의 지원은 티베트의 공업을 강대하고 번영하게 만들었다.

    f. 炮火打傷了他的肋部和腿部。

      포화의 불길이 그의 옆구리와 다리를 다치게 만들었다.　　　　(CCL)

  (1)의 예문에서 (a)와 (b)는 통사적 사동문에 속하는 사동문으로 '使', '讓', '叫', '令' 등의 통사적 장치를 통해 사동의 의미를 나타내는 사동문으로 분류되며, (c), (d) 역시 마찬가지로 '把', 'V得'와 같은 외현적 표지에 의해 사동의 의미를 나타내는 사동문에 속한다. 이러한 형식적 표지가 없이도 사동문을 구성할 수 있는데, 예를 들면 예문 (e), (f)와 같이 어휘적 수단을 이용해 사동의 의미를 나타내는 사동문이 이와 같은 경우이다.[1] 그런데 이러한 형식 이외에도 현대중국어에서 사동의 의미를 내포하는 구문 중에는 행위자가 경험자의 신분으로 대상 목적어의 위치에 출현하고 원래 활동의 대상이 되는 객체가 목적어 위치에 출현하는 다소 특이한 형식의 구문이 존재한다.

  (2) a. 那碗麵吃了他一頭汗。

---

1) 현대중국어의 사동문 분류에서 宛新政(2005)의 분류는 많은 연구에서 보편적으로 받아들여지고 있는데, 그가 분류한 여섯 가지 유형은 다음과 같다.

    a. 使字句: 사동 표지 '使', '叫', '讓', '令', '給' 등이 사동의 의미를 형성하는 구문

    b. 把字句: 사동 표지 '把'가 사동의 의미를 나타내는 구문

    c. 使令句: '請', '勸', '命令' 등의 사동사로 사동의 의미를 나타내는 구문

    d. 使成句: '동사＋결과보어＋목적어' 구조의 구문

    e. V得致使句: 'V得＋R(결과보어)'의 형식으로 사동의 의미를 나타내는 구문

    f. 使動句: '자동사/타동사/형용사＋목적어' 구조의 구문

그 국수 한 그릇이 그의 온 머리를 땀범벅이 되도록 만들었다.

b. 這封信抄了我半天。

이 편지 한 통이 나를 반나절 동안이나 베껴 쓰게 했다

(沈陽·何元建·顧陽 2001:117)

　이러한 구문을 다소 특이한 구조로 볼 수 있는 이유는 원래 활동에 참여하는 행위자가 경험자의 신분으로 대상의 위치에 출현하고, 원래 활동의 대상인 객체가 원인자의 신분으로 사동구조에서 주어의 위치에 출현한다는 일종의 도치된(inverted) 통사적 구조 때문이다.

　사동에 관한 많은 연구에서 이러한 구문은 '반전사역구조(反轉使役結構, inverted causative structure)', '도치식 사동문(倒置致使句)', '내현결과식(隱性結果式)' 또는 '결과빈어식(結果賓語式)' 등 다양한 명칭으로 분류되고 있다.[2] 비록 이러한 구문에 대한 명칭은 일치되지 않았을지라도, 행위자와 경험자의 통사적 위치가 서로 도치되어 사동의 의미를 나

---

　2) 이러한 구문에 대해 가장 먼저 주목한 연구는 Gu(1992)와 Li(1999)를 들 수 있는데 이러한 구문이 행위의 주체와 행위의 대상이 전환(反轉)관계를 가지면서 사동의 의미를 나타낸다는 점에서 '反轉使役結構(inverted causative structure)'이라 명명하고, 구조적으로 전환성 술어를 가짐으로써 경험자가 빈어의 위치에 위치하게 되고, 대상이 주어의 위치에 위치하게 된다고 보았다. 이와 같은 맥락으로 郭姝慧(2004)는 이러한 형식의 사동문에 대해 '倒置致使句'으로, 김은주(2018)는 '도치식 사동문'으로 명명하였는데, 이는 모두 행위자와 대상이 서로 위치가 뒤바뀌어 있다는 통사적 구조에 착안한 것이다. 한편, 郭銳·葉向陽(2001)은 이러한 사동 구조를 '隱性結果式' 또는 '結果賓語式'이라 정의하고, 형식적으로는 하나의 술어가 사동 상황을 나타내지만 피사동 사건을 나타내는 '隱性補語'가 포함되어 있는 것처럼 분석될 수 있는 구조라고 하였다. 그러나 박은석(2012)은 이러한 구조에서 모든 경우에 끼워 넣기에 알맞은 결과보어가 있는 것은 아니라는 점을 근거로 이러한 사동문에 대해 '隱性結果式'보다는 '結果賓語式'으로 보는 것이 더욱 타당함을 지적하고, '결과빈어식 사동'으로 명명하였다.

타내고 있다는 점, 술어성분의 뒤에는 항상 수량구가 결과성분으로 출현한다는 점은 공통적으로 관찰되는 특징이라 할 수 있다.

본격적인 논의를 진행하기에 앞서 본고는 이러한 구문의 통사 구조를 'NP₁ + VP + NP₂ + NumP'로 한정하고 도치식 사동문으로 지칭고자 하는데, 사실 이러한 구문의 성격을 어떻게 규정하든 도치된 구조를 통해 분명한 사동의 의미를 나타내고 있기 때문이다. 그러나 현재까지의 사동 연구는 전형적인 사동문에 주로 초점이 맞추어져 왔으며, 도치식 사동문의 범주나 성격과 관련해서는 여전히 논의가 부족한 실정이다. 따라서 도치식 사동문에 대해 보다 정확한 범주 설정과 이해가 이루어지기 위해서는 기존의 단편적인 논의에서 나아가 사동이라는 관점에서 종합적이고 체계적인 분석이 필요하다.

이에 본고는 도치식 사동문의 통사적 출현 양상과 의미적 특징을 통합적으로 살펴봄으로써 사동의 한 유형으로서 도치식 사동문에 대한 이해를 도모하고자 한다.

2 도치식 사동문의 통사적 제약

현대중국어에서 도치식 사동문은 주로 다음과 같은 형식으로 출현한다.

(3) a. 那個瓶子摸了我一手油。 (郭姝慧 2004:101)
    그 병은 그의 손을 기름범벅으로 만들었다.

   b. 那個報告寫了我一晩上。 (上同)
    그 보고서는 나를 밤새도록 보고서를 쓰게 만들었다.

   c. 那個袋子米來來回回搬了我好幾趟。 (上同)
    그 쌀 한 포대는 나로 하여금 옮기는데 몇 번이나 움직이게 만들었다.

d. 一個國際長途打了他兩百塊錢。　　　　(饒宏泉 2007:208)
　　한 통의 국제전화가 나를 이백 원이나 쓰게 만들었다.3)

　　이상의 예문은 본고에서 다루고자 하는 도치식 사동문 형식으로 모두 'NP$_1$ + VP + + NP$_2$ + NumP'의 통사구조를 통해 사동의 의미를 나타낸다. 그러나 앞선 연구들에서 이러한 형식의 구문을 사동의 의미범주에 포함시킬 수 있을 것인지에 대해서는 이견이 존재한다.

　　먼저 郭銳·葉向陽(2001), 周紅(2006) 등은 (3)과 같은 형식을 사동문으로 분류하고 사동의 의미를 나타낼 수 있다고 보는 반면, 宛新政(2005)은 사동의 의미를 나타낸다고 볼 수 없다고 주장하였다. 이러한 형식을 사동문으로 볼 수 없는 이유에 대해 그는 (3)과 같은 구조에서 NP1이 과연 어떠한 결과나 변화를 가져왔는지 명확하지 않고, 시간의 소요가 결과를 보장할 수 없기 때문에 사동의 의미를 나타내지 못한다고 설명하였다. 그러나 郭銳·葉向陽(2001), 周紅(2006)은 (3)과 같은 사동 구조도 사동의 네 가지 요소가 모두 반영되어 있으며, 사동주 즉 NP1으로 인한 피사동주의 변화까지 모두 나타낼 수 있다는 점을 근거로 이 같은 구문을 사동문으로 상정하였다.

　　본고에서는 이러한 구문을 사동문의 한 유형으로 보는데, 사동이라는 관점에서 도치식 사동 구조를 면밀히 검토해보면 사동문을 구성하는 필수구성 요소를 명확히 충족하고 있음을 알 수 있기 때문이다.4) 예문 (3)

---

3) 도치식 사동문의 의미 해석과 관련하여 한국어 직관적으로 다소 어색하게 느껴질 수 있으나 사동구조의 논항관계와 의미를 부각하기 위해 다소 부자연스러운 해석이 불가피함을 밝힌다.

4) 사동의 의미를 나타내는 구문을 사동문이라고 할 때 사동문에는 반드시 네 가지 필수적 요소가 포함되어야 하는데, 이 네 가지 요소의 개념과 관련해서는 이익섭·채완(2000:305) 정의를 참고할 수 있다.

에서 확인할 수 있는 바와 같이 'NP$_1$ + VP + NP$_2$ + NumP'의 구조에서 주어의 자리에 위치한 명사구 NP$_1$은 사동주(causer)의 역할을 수행하고 있으며, NP$_1$의 뒤에 술어성분 VP는 사동 사건(causing event)을 나타낸다. 사동 사건을 구성하는 두 성분 'NP$_1$ + VP'는 다시 목적어 자리에 위치한 명사구 피사동주(causee) NP$_2$로 하여금 'VP + NP$_2$'라는 피사동 사건(caused event)을 야기하며, 이 피사동 사건의 결과는 수량명사구 'NumP'에 의해 함께 표현된다. 따라서 도치식 사동구조는 의미적으로 'NP$_1$이 NP$_2$로 하여금 어떠한 변화나 결과를 야기하도록 하는' 전형적인 사동의 의미를 나타낼 뿐 아니라 네 가지 사동의 필수 요소를 모두 충족하고 있는 것으로 볼 수 있는 것이다. 따라서 이러한 구문 역시 사동문의 범주로 볼 수 있는 여지가 충분하지만 일반적인 사동문과는 구조적으로 차이를 보인다. 그렇다면 도치식 사동문과 일반적인 사동문은 어떠한 구조적 차이가 존재하는지 다음에서 사동문을 구성하는 각 통사성분에 대해 살펴보자.

2.1 NP$_1$의 [−유정성]

도치식 사동문에서 사동주의 역할을 담당하는 논항인 NP$_1$의 위치에는

a. 사동주·제1행위자(first agent): 어떤 행위를 하게 하거나 어떤 상황에 놓이게 하는 사동행위의 원인을 일으키는 참여자. 즉 피사역행위의 교사자(敎唆者, instigator). 구문론적으로는 사동 원인행위를 나타내는 서술어의 주어 구실을 한다.
b. 피사동주·제2행위자(second agent): 어떤 행위를 하게 하거나 어떤 상황에 놓이게 하는 것을 당하는 수행자. 구문론적으로 피사동행위를 나타내는 서술어의 주어가 된다.
c. 피사동 사건(caused event): 피사동행위 사동주의 교사로 피사역주가 어떤 행위를 하게 되거나 어떤 상황에 처하게 되는 것. 구문론적으로는 피사역주가 주어가 되는 서술이다.
d. 사동 사건(causing event): 사동 행위 사동주가 피사역주에게 지시하는 행위. 구문론적으로는 사역주가 주어가 되는 서술이다.

다양한 성분이 출현한다. 일반적으로 사동문에서 NP₁은 사동문을 구성하는 필수논항인 '사동주'에 해당하지만 논항과 술어가 가지는 관계에 따라 좀 더 구체적으로 살펴볼 수 있다.

(4) a. 這筆生意一下子虧了他十來萬。
   이번 장사는 나로 하여금 십 만원의 손해를 보게 했다.

   b. 那把椅子坐了他一屁股水。
   그 의자가 그의 엉덩이를 다 젖도록 만들었다.

   c. 這兩箱書搬了我三趟。
   이 책 두 상자가 나를 세 번이나 옮기게 만들었다.

   d. 這一堆布料做了我整整兩個禮拜。
   이 옷감 한 무더기가 나를 (만드는데) 꼬박 일주일이 걸리게 했다.

(李宗宏 2013:44)

이상의 예문에서 NP₁은 모두 사동 행위를 유발하는 사동주에 해당하는 성분으로 술어와 NP₁의 관계를 구체적으로 살펴보면, (a)는 목적, (b)는 처소, (c)와 (d)는 도구에 해당하는 명사성 성분으로 충당되고 있는 것을 알 수 있다. 그런데 (4)의 예문에서 주목할 만한 점은 NP1에 해당하는 성분은 모두 유정성(animacy) 자질을 지닌 명사가 출현하고 있다는 것인데, 이와 같이 도치식 사동 구조의 NP₁은 대부분 [-유정성]의 자질을 가진 무정명사가 출현한다. 그런데 일부 도치식 사동문에서는 다음과 같은 문제가 발생하기도 한다.

(5) a. 這個研究生考了他整整三年才考上。　　(郭姝慧 2004:105)

(5)의 예문에서 사동주에 해당하는 NP₁의 위치에 출현하는 명사성 성

분 '研究生'은 실질적으로는 유정명사에 해당한다. 그렇다면 유정성 개체도 도치식 사동 구조에서 NP₁의 역할을 할 수 있는가? 사실 (5)의 예문은 다음과 같은 중의가 발생할 가능성이 있다.

(5)′ 這個研究生考了他整整三年才考上。
  a. 이 대학원생은 그를 꼬박 3년을 매달려서 시험에 합격하게 만들었다.
  b. 이 대학원생이라는 신분이 그를 꼬박 3년을 매달려서 시험에 합격하게 만들었다.

(5)′에서 보는 바와 같이 경우에 따라 동일한 성분에 대해 두 가지 해석이 존재할 가능성이 있다. 그 이유는 바로 (5)의 예문과 같은 도치식 사동 구조에서 사동주의 위치에 오는 NP₁이 유정성을 지닐 가능성이 있는 개체가 오는 경우가 있기 때문이다.

이러한 현상에 대해 郭姝慧(2006:43)는 도치식 사동문에서 NP₁의 자리에 '研究生'과 같은 명사가 올 때 '研究生'은 술어 '考'의 목적으로 보아야 한다고 하였다. 따라서 표면적으로는 마치 유정성을 지닌 개체가 NP₁의 역할을 충당하고 있는 것처럼 보이지만 실제로는 '대학원생의 신분, 자격'을 가리키는 추상명사로 보아야 한다는 것이다. 이러한 관찰과 같이 도치식 사동문에서 NP₁의 위치에 유정성을 지닐 가능성이 있는 개체가 오는 경우 의미 지향에 따라 중의가 발생할 가능성이 있다. 그러나 도치식 사동문에서 유정명사가 NP₁의 위치에 출현한다고 해도 실질적인 유정명사로 보기는 어렵다.

이와 같이 도치식 사동문의 NP₁ 성분은 기타 사동문에 비해 다소 제약이 따르는데, 다음의 예문을 통해 확인할 수 있다.

(6) a. 你把她們神秘化了。

너는 그를 신비화시켰어.

b. 我曾經叫你帶我走, 但是你沒這麼做。

예전에 내가 너에게 나를 데리고 가라고 했지만 너는 그렇게 하지 않았어.

c. 他打碎了玻璃伸手進去了窗戶。

그는 유리를 깨뜨리고 손을 집어넣어 창문을 열었다.

d. 他灌醉了你?

그가 너를 취하게 만들었니? (CCL)

예문 (6)은 앞서 분류한 기타 사동문 형식으로 사동주인 NP₁의 위치에 도치식 사동문과 같이 무정명사가 출현하는 경우도 있지만, 유정명사가 출현할 수도 있다. 그러나 도치식 사동문의 경우 NP₁의 위치에는 반드시 [-유정성]의 자질을 가진 무정명사만이 출현할 수 있으며, 이는 원래 활동의 대상이 되었을 무정성 개체가 도치된 형식으로 문두에서 사건을 이끌어내는 도치식 사동문만의 특성이라 할 수 있다.

2.2 VP의 [+과정성]

도치식 사동문에서 술어 성분인 VP의 위치에는 주로 어떠한 동사들이 출현하는지 다음의 예문을 통해 살펴보자.

(7) a. 那個實驗做了他整整一個晚上。 (Gu 1997:13)

그 실험은 그를 하루 종일 실험을 하는데 매달리게 만들었다.

b. 媽媽臨走包的餃子吃了我好幾頓。 (饒宏泉 2007:208)

엄마가 떠나기 전에 만들어 둔 만두는 나로 하여금 몇 끼를 먹게 했다.

c. 這件髒衣服洗了我好幾水才洗幹淨。 (上同)

이 더러운 옷은 나를 몇 번이나 빨래를 하도록 만들고서야 깨끗해졌다.

예문 (7)의 VP성분을 살펴보면 (a)에서는 '做', (b)에서는 '吃', (c)에서는 '洗'가 각각 사동술어의 역할을 담당하고 있다. 이러한 동사들은 모두 목적어 성분을 필요로 하는 타동사들로 도치식 사동문의 VP 역시 마치 기본적으로 타동사적 성격을 지니고 있는 듯 보인다. 그러나 도치식 사동문에 출현하는 VP성분 중에는 원래는 자동사에 속하는 동사가 목적어를 수반하는 경우도 종종 발견된다.

(8) a. 一場手術站了他七八個小時。
    한 차례 수술이 그를 일곱여덟 시간이나 서 있게 만들었다.

  b. 一次感冒病了我兩個星期。
    한 차례 감기가 나를 두 달 동안 병나게 만들었다.

  c. 去年的那場大病躺了我整整三個月。
    작년에 걸린 그 큰 병이 나를 세 달 꼬박 몸져눕게 만들었다.

(李宗宏 2013:45)

목적어의 수반 가능성을 자동사와 타동사의 기준으로 볼 때, 원래는 목적어를 취할 수 없는 자동사가 목적어를 취하면서 사동문을 구성하는 상황은 비단 도치식 사동문에서만 나타나는 상황은 아니다. 현대중국어의 어휘 사동문 가운데는 주동문에서 자동사로 사용되는 어휘들이 목적어를 수반함으로써 사동의 의미를 나타내는 구문이 다수 존재한다.

(9) a. 辛辣的薑汁麻痹了舌頭。
    알싸한 생강즙이 혀를 마비시켰다.

b. 他的堅持和毅力感動了父親。

그의 견고한 의지는 아버지를 감동시켰다.　　　　　　　(BCC)

(9)의 예문에서 알 수 있듯 현대중국어의 어휘 사동문 가운데도 원래
는 자동사의 성격을 가지는 동사들이 일정한 통사적 변환과정을 거치고
난 뒤 사동문에서 타동사로서 술어의 기능을 담당하게 되는 예를 발견할
수 있다. 마찬가지로 도치식 사동문에서도 VP의 위치에는 타동사뿐만
아니라 자동사적 성격을 가진 동사가 출현할 수도 있다.

이 밖에도 도치식 사동문의 VP성분으로는 술어성이 강한 성질형용사
가 출현하기도 하는데, 그 예는 다음과 같다.5)

(10) a. 經費問題愁了我足足一個月。　　　　　　　(郭姝慧 2004:105)

경비문제가 나를 한 달 동안이나 근심하게 만들었다.

b. 這頓飯忙了全家整整一個星期。　　　　　　(饒宏泉 2007:208)

이 밥 한 끼가 온 가족을 일주일 동안 바쁘게 만들었다.

c. 這件事急了我一身汗。　　　　　　　(郭銳·葉向陽 2001:7)

이 일이 나를 온몸이 땀범벅이 되도록 급하게 만들었다.

그렇다면 이러한 성분들을 어떠한 특성이 있는 동사로 규정할 수 있을
까? Gu(1997), 郭姝慧(2004)는 도치식 사동문에서 술어 성분으로 충당

---

5) 마문나(2012:17)는 성질형용사와 상태형용사의 구분기준에 대해 두 가지 기준을 제
시하였다. 첫째는 '很'의 수식여부인데, 성질형용사는 정도성을 나타낼 수 있기 때
문에 정도부사의 수식을 받을 수 있으며, 정도부사를 사용하여 의미가 강화될 수
있는 것이라고 하였다. 둘째는 비교문에서의 사용가능 여부인데, 형용사의 속성자
질이 강할수록 비교문에서 사용할 수 있는 가능성이 높고 성질형용사에 가깝다고
보았다.

될 수 있는 동사들에 대해 활동동사(activity verb)로 규정하고, 상태동사(stative verb), 성취동사(achievement verb), 완수동사(accomplishment verb)는 이러한 구조에 출현할 수 없다고 보았다.6)

(11) *那盤棋贏了甲隊三個鍾頭。
贏那盤棋花了甲隊三個鍾頭。   (Gu 1997:449)
그 장기한판은 갑팀으로 하여금 이기는데 세 시간이나 걸리게 만들었다.

그들의 분석에 따르면, 예문 (11)과 같이 도치식 사동문에서 VP의 자리에 '贏'과 같은 완수동사가 오게 되면 비문법적인 문장이 된다. 그들은 또 완수동사 이외에도 성취동사 역시 도치식 사동 구조에 출현할 수 없다는 점을 지적하였는데, 도치식 사동문에서 VP의 위치에 출현할 수 있는 동사는 오직 활동동사 뿐이라는 것이다.

그러나 사실 이러한 동사의 성격을 규정하는 일은 그리 간단치만은 않다. 그 이유는 바로 중국어 단일 동사의 상적 자질과 분류에 대해 수많은 이견이 존재하기 때문이다. 뿐만 아니라 그들이 제시한 활동동사 중 일부는 어휘 상적 기준에서 볼 때, 성취동사로 분류되는 견해도 존재하므로 이러한 동사를 단순히 활동동사로만 규정하기에는 분명한 한계가 있어 보인다.7) 만약 이러한 동사들을 좀 더 세부적으로 활동동사 또

---

6) 동사의 상적 자질과 관련해 많은 학자들이 Vendler(1967)의 4분법과 Smith(1991/1997)의 5분법을 기준으로 삼고 있다. 이러한 분류에 따르면 활동동사는 [+역동성]과 [+지속성]자질을 가지며 [-결과성]의 자질을 내포한다. 반면 상태동사는 [-역동성]자질에서 차이를 보이는데, [-역동성], [+지속성], [-종결성]의 자질을 갖는다.

7) Yang(1995:57)에서는 Smith(1991/1997)의 견해에 따라 중국어 동사를 분류하였는데, Gu(1997)과 달리 '吃'과 같은 동사에 대해 [+dynamic], [+telic], [-result]의 자질을 가진 성취동사(Accomplishment)로 규정하였다. 중국어 동사의 상적 자질과

는 성취동사 두 유형으로 규정한다고 해도 사동문에서 동사 자체만으로
는 사동사의 기능을 할 수 없으며, 일정한 종결지표(end point)를 필요로
한다.

(12) a.[*]那個瓶子摸我一手油。

　　b.[*]那個實驗做他整整一晚上。

(12)에서 볼 수 있듯 도치식 사동 구조에서 VP로 충당되는 동사 술어
에 '了'가 생략되면 문장은 성립되지 않는다. 이는 도치식 사동문에서
VP를 담당하는 성분이 성취동사와 활동동사 중 어느 유형에 속하든지
'了'의 부가가 필수적이라는 것을 보여주는 것이다.

　이러한 현상은 전체 사동문이 나타내는 상황유형과 밀접한 관련이 있
다. 일반적으로 사동이라는 상황은 하나의 복합사건(complex event)으로,
사동 사건과 결과사건으로 구성되므로 도치식 사동 구조 전체가 나타내
는 상황유형은 기본적으로 완수유형에 속하는 것으로 볼 수 있다. 따라
서 VP는 사동 사건을 나타낼 뿐만 아니라 NumP와 함께 사동 사건으로
인한 모종의 결과사건을 복합적으로 나타낼 수 있어야 하므로 반드시 사
건의 실현이 전제되어야 한다. 즉 도치식 사동 구조에서 VP는 사건의
목표를 성취하거나 그로 인한 상태의 변화까지 나타낼 수 있어야 함으로
[+telic]의 자질을 가진 '了'의 부가가 필수적이며, 'V了'의 형태로 하나
의 완수사건(accomplishment events)을 나타내게 되는 것이다.

　Dowty(1979), Smith(1991/1997) 등은 완수사건에 대해 하나의 과정
(process)을 통해 결과적으로 새로운 상태를 가지게 되는 것으로 정의하
였다.

관련된 문제는 본고의 논의의 대상이 아니므로 자세히 다루지 않기로 한다.

(13) a. He sweeps the floor clean.

    그는 깨끗하게 마루를 쓸었다.

 b. [[He sweeps the floor] CAUSE [BECOME [the floor is clean]]]

(Dowty 1979:93)

Dowty(1979)는 (13)과 같이 하나의 완수사건은 두 가지 명제로 이루어져 있음을 언급하였다. 즉 (13)의 사건 구조에서 첫 번째 명제는 활동이나 상태변화에 의한 과정을 나타내고, 두 번째는 그에 의한 결과를 나타내는 것이다. 이러한 두 가지 명제는 도치식 어휘 사동문이 나타내는 두 가지 사건 명제와도 일치하는데, 도치식 사동 구조에서 원인 사건은 술어 VP 전체를 포함하며, 결과사건 역시 VP의 결과로 나타나는 것이다. 이와 같이 도치식 사동문에서 VP성분으로 출현하는 동사들은 동사 자체만으로는 술어의 기능을 할 수 없으며, [+telic]의 자질을 가진 '了'와 함께 'V了'의 형태로 사동 상황에서 'VP'라는 활동 또는 상태의 변화라는 과정을 통해 모종의 결과를 야기하는 역할을 한다.

2.3 NP$_2$의 [+한정성]

앞서 언급한 바와 같이 도치식 사동문의 가장 큰 특징은 원래 활동의 주체가 되는 행위자가 피사동주를 나타내는 NP$_2$의 위치에 오고, 활동의 대상이 되는 객체가 주어의 위치 NP$_1$의 위치에 출현한다는 것이다. 따라서 NP1은 모두 [-유정성]의 자질을 가지고 있지만 NP$_2$의 경우 NP$_1$과는 반대의 양상을 보인다.

(14) a. 一個炒菜二碗飯吃了他十六元。   (김은주 2018:158)

    반찬 하나에 밥 두 그릇이 그를 60원이나 쓰게 만들었다.

b. 那條蛇嚇了我一身汗。 (苑新政 2005:33)

그 뱀이 나로 하여금 놀라서 온몸이 땀벅벅이 되게 만들었다.

c. 經費問題愁了政府足足一個月。 (중복)

경비문제가 나를 한 달 내내 근심하게 만들었다.

d. 那碗麵吃了張三一頭汗。 (박은석 2012:161)

그 국수 한 그릇이 장삼의 온 머리를 땀범벅이 되게 만들었다.

(14)의 예문을 살펴보면, NP₂는 모두 유정성을 지닌 개체들로 (a)와
(b)는 인칭대명사 '他'와 '我'가 피사동주의 역할을 하고 있고, (c)와 (d)
에서는 기관명사 '政府'와 고유명사 '張三'이 각각 NP₂의 위치에서 피사
동주의 역할을 하고 있다.[8] 이와 같이 도치식 사동문에서 NP₂ 성분으로
는 주로 인칭대명사, 기관명사, 고유명사 등이 출현한다. 그렇다면 NP₂
성분으로 인칭대명사, 기관명사, 고유명사와 같은 형식이 주로 출현한다
는 것은 어떠한 특징으로 볼 수 있는가? 현대중국어에서 명사성 성분은
그 역할에 따라 한정성(definiteness)과 비한정성(definiteness)의 자질을
지니고 있으며, 한정성과 비한정성의 자질을 가진 명사 성분은 통사구조
에서 일정한 형식을 통해 표현된다.

陳平(1987)은 현대중국어의 명사성 성분의 한정성과 관련하여 다음과
같은 등급을 상정하였는데, 이 가운데 인칭대명사를 한정성분의 가장 전
형적인 표현형식으로 보았다.

---

8) Yamamoto(1999:18-21)는 개별적인 인간들로 구성되어 주체적으로 결정을 내리거
   나 어떤 활동을 할 수 있는 것처럼 보이는 조직이나 지리적 개체, 지역사회 등은
   종종 생물처럼 간주된다고 하였고, 박은석(2012:162)에서도 정부, 국가, 학교 등의
   기관을 기관류 명사로 지칭하였는데, 이러한 명사는 사동문에서 유정성을 가진 사
   람처럼 기능을 하는 명사라는 점을 언급하였다.

표 1. 명사의 한정성 등급(陳平 1987:86-88)

A등급	인칭대명사	我們, 你們, 他們, 她們 …
B등급	고유명사	中國, 北京, 三國志 …
C등급	'這/那' + (양사) + 명사	這本書, 那個人 …
D등급	단일 보통명사	手, 字典, 書, 客人 …
E등급	수사 + 양사 + 명사	五個孩子, 三本書 …
F등급	'一' + 양사 + 명사	一個人, 一個農人 …
G등급	양사 + 명사	支煙, 類語 …

陳平(1987)에 의하면 명사성 어휘 형식의 한정성과 비한정성을 A-G 까지 등급화 할 수 있는데, 그가 제시한 7가지 형식에서 한정성은 A-G까 지 점차 약해지고, 비한정성은 A에서 G로 갈수록 점차 강해진다. 이러한 등급에 근거해 도치식 사동문의 NP₂를 살펴보면, 인칭대명사, 고유명사 와 같은 명사성 성분은 A, B등급에 해당하는 전형적인 한정적 표현 형식 으로 볼 수 있다. 이러한 견해에서도 알 수 있듯 인칭대명사나 고유명사 는 다른 지시성분에 비해 형식은 간단한 반면 더 많은 정보량과 강한 한정성을 함축하고 있다. 만약 도치식 사동문의 NP₂ 위치에 출현하는 한정적 성분을 '一個學生'과 같이 비한정적 성분으로 치환하면 문장의 수용성은 떨어지게 되는데, 다음의 예문을 통해 확인할 수 있다.

(15) a. 那個瓶子摸了那個人一手油。
     그 병은 그 사람의 손을 기름범벅으로 만들었다.
   b. ?那個瓶子摸了一個人一手油。
   c. 這本書看了那個學生一個禮拜。
     이 책은 그 학생으로 하여금 보는데 일주일이 걸리게 만들었다.
   d. ?這本書看了一個學生一個禮拜。

(15)의 예문에서 볼 수 있듯 NP2에 해당하는 명사성 성분은 '那個人', '那個學生' 등과 같은 지시사의 수식은 받을 수 있지만 '一個人', '一個學生'과 같이 수량사의 수식을 받을 수는 없는데, 이는 도치식 사동문에서 피사동 사건에 참여하는 피사동주는 반드시 한정적인 개체여야 함을 시사한다. 예를 들어, '一個人', '一個學生' 등은 모두 불특정한 개체를 지시하는 비한정적 성분이지만 '那個人', '那個學生'과 같은 명사성 성분이 출현하는 경우 대상의 범위는 축소되고 한정적 개체를 지시할 수 있다. 이와 같이 도치식 사동문에서 '我', '他', '學生'와 같은 인칭대명사나 고유명사의 출현빈도가 높은 것으로 미루어 볼 때 도치식 사동문의 NP2는 항상 한정적 성분을 요구하며, 불특정 개체인 비한정적 성분이 오는 것을 허용하지 않는다는 것을 알 수 있다.

2.4 NumP의 [+결과성]

도치식 사동문의 가장 큰 특징 중 하나는 바로 'NumP'라는 수량사구 또는 동량사구를 항상 동반한다는 것이다.

(16) a. 這本書看了我一個禮拜。　　　　　　　　　(Gu 1997:13)
　　　　이 책은 나로 하여금 읽는데 일주일이나 걸리게 만들었다.

　　　b. 這篇文章改了我好幾遍。　　　　　　　　(郭姝慧 2004:101)
　　　　이 문장은 나로 하여금 몇 번이나 고치게 만들었다.

　　　c. 那碗麵吃了他一頭汗。　　　　　　　　　　　(중복)
　　　　그 국수는 그를 땀범벅으로 만들었다.

　　　d. 這頓飯吃了我們大半月的工資。　　　　　(김은주 2018:124)
　　　　이 밥 한 끼가 나로 하여금 보름치 월급을 쓰게 만들었다.

郭姝慧(2004), 김은주(2018)는 도치식 사동문의 'NumP'를 결과성분으로 보고 비교적 전면적인 분석을 진행하였는데, 도치식 사동문에 출현하는 결과성분은 주로 시량사로 이루어진 시량성분, 동량사로 이루어진 동량성분, 수사와 양사가 결합된 임시양사 성분,[9] 단위 또는 수량으로 이루어진 수량성분 등이 올 수 있다고 하였다. 이러한 견해에 따라 예문 (16)의 NumP 성분을 다시 살펴보면, (a)의 '一個禮拜'는 시간의 길이를 나타내는 시량성분으로, (b)의 '好幾遍'은 동작의 횟수를 나타내는 동량성분으로 볼 수 있다. 또한 (c)의 '一頭汗'은 수사와 양사가 결합된 임시양사 성분으로 이루어져 있으며, (d)의 '半月的工資'는 금전의 단위를 나타내는 수량성분이 오는 경우로 볼 수 있다. 이와 같이 도치식 사동문에서는 다양한 형식의 NumP가 출현하는데, 이들은 모두 활동이나 상태에 대한 결과를 구체적으로 표상한다.

(17) a. 那碗麵吃了他一頭汗。 (중복)
　　　 그 국수는 그를 땀범벅으로 만들었다.

　　 b. 那個實驗做了他整整一晚上。 (沈陽·何元建·顧陽 2001:128)
　　　 그 실험은 그를 밤새 실험에 매달리게 만들었다.

한편, 沈陽·何元建·顧陽(2001:128)은 (17)과 같은 구문에서 'NumP'에 올 수 있는 결과성분의 성격에 따라 구문의 성격도 달라진다고 보았다. 예를 들어, (a)의 '那碗麵吃了他一頭汗'의 경우 'NumP'는 사동주 '他'의 명확한 상태 변화라는 결과를 내포하고 있지만, (b)의 '那個實驗

---

9) 이러한 수량성분의 명칭과 범위에 대해서는 학자들 마다 조금씩 차이가 있는데 朱德熙(1982/1998)은 '臨時量詞'로 정의하였고, 李臨定(1983)은 성분을 '周邊詞語'라고 정의하였으며, 郭姝慧(2004)에서는 '周邊義' 성분으로 지칭하였다. 본고에서는 '一手', '一頭'와 같은 성분에 대해 朱德熙(1982/1998)에 의해 보편적으로 사용되고 있는 '임시양사'로 지칭한다.

做了他整整一個晚上'과 같은 구문에서 'NumP'는 일종의 시간명사구로 볼 수 있으므로 구체적인 결과를 나타낼 수 없고 단지 어떠한 행위를 하는데 사용된 시간을 나타낸다는 것이다.

그들은 (17)과 같이 시간명사구가 포함된 도치식 사동문을 내현적 동사(隱性動詞) '花'가 포함된 구조로 분석하고,[10] 내현적 동사 '花'는 일반적으로 한정성을 가진 수량구를 목적어로 취한다는 점을 근거로 '花時間/功夫', '花錢', '花力氣/精神' 등과 같이 내현적 동사 '花'를 사용하여 치환이 가능한 구문의 경우 구체적인 행위의 결과를 나타낼 수 없는 것으로 보았다. 그러나 '花錢', '花時間/功夫'의 의미를 내포하고 있는 도치식 사동문이라 할지라도 항상 구체적인 결과를 나타내지 못하는 것은 아니다.

(18) a. 那趟車等了我半個鍾頭。 (Gu 1997:13)
　　　 그 차는 나를 삼십 분이나 기다리게 만들었다.

　　 b. 一頓飯吃了我一千塊。 (李宗宏 2013:46)
　　　 밥 한 끼가 나를 천원이나 쓰게 만들었다.

예문 (18)은 沈陽·何元建·顧陽(2001)이 분석한 바와 같이 내현적 동사 '花'를 사용하여 치환이 가능한 형식이다. 그런데 그들의 분석대로

---

10) 沈陽·何元建·顧陽 (2001:115)은 도치식 사동문의 술어 동사 'VP'를 음성적으로 실현되는 사역 경동사에서 파생된 일종의 영형식의 실의(實義) 동사성 구조라는 점을 논의하였다. 따라서 도치식 사동문이 일종의 비전형적 사동문임을 다음과 같이 통사 사동문과의 치환관계를 통해 더욱 명확히 확인할 수 있다고 하였다.
　a. 那個實驗做了他整整一晚上。→ 那個實驗叫/讓他做了整整一晚上。
　　 그 실험은 그를 저녁 내내 매달리게 만들었다.
　b. 那篇文章改了他一下午。→ 那篇文章叫/讓他改了一下午。
　　 그 문장은 그를 오후 내내 고치도록 만들었다.

NumP에 해당하는 성분이 단지 NP_2가 어떠한 행위를 하는데 소요된 시간이나 비용을 나타내기 위한 기능만을 한다면 사동주인 NP_1은 동작을 받게 되는 대상 목적어로 작용하게 되어 사동의 의미를 구현하지 못한다. 따라서 두 개의 참여항을 가진 (a)의 '那趙車等了我半個鍾頭'라는 사건은 '我等了那趙車'라는 원인사건과 '我花了半個鍾頭'라는 결과사건으로 이루어진 복합사건으로 분석되어야 하며, 마찬가지로 (b)의 '一頓飯吃了我一千塊'라는 사건은 '我吃了一頓飯'이라는 원인사건과 '我花了一千塊的錢'이라는 결과사건이 복합적으로 이루어진 구조로 보아야만 그 의미를 더욱 명확하게 파악할 수 있다.

하나의 사동상황은 항상 사동 사건과 피사동 사건(결과사건)이라는 두 가지 요소를 포함한다. 도치식 사동문에서 사동 사건은 'NP_1+VP'의 구조에서 발생하며, 피사동 사건(결과사건)은 'VP+NP_2+NumP'의 구조에서 발생하는데 사동사건으로 인해 야기된 피사동 결과를 나타낸다. 이와 같이 도치식 사동문의 결과성분은 결코 다른 형식으로 표현될 수 없으며, 오직 NumP라는 형식으로만 출현한다.

3 도치식 사동문의 의미적 특징

사동이라는 개념은 자연언어에 존재하는 태(voice)의 일종으로 사건에 참여하는 참여자들이 술어와 호응하며 갖는 의미적 관계를 나타내는 문법범주이다. 강명순(2001:25)은 태에 대해 하나의 사건이나 행위에 있어서 나타나는 시간의 축 및 인과관계라는 논리적 인식을 토대로 하여 화자가 사건을 바라보는 관점을 변경시키는 전략으로 이해되어질 수 있는 언어현상임을 설명하였다. 사동 역시 이러한 관점에서 분류되는 태의 일종으로 사건에 대한 화자의 인지적 태도 외에도 각 논항의 의미관계, 사동의 형식 등을 분석해 봄으로써 의미적 특징을 관찰할 수 있다.

(19) a. Mother made the child run.
엄마는 아이를 달리게 하였다.

b. Mother made the child urinate.
엄마는 아이의 오줌을 뉘었다.

c. Mother made the child read a book.
엄마는 아이가 책을 읽게 만들었다. (홍기선 2003:308)

예문 (19)는 영어의 통사 사동문에 해당하는 'make'구문으로 의미적으로는 간접사동의 특성을 가진다. 그러나 (19)의 문장을 좀 더 구체적으로 살펴보면, 모두 간접사동의 의미를 가진다하더라도 (a)는 엄마가 아이와 함께 달리며 아이를 달리게 하는 사건을 지시하는 참여 사동으로, (b)는 엄마가 아이가 행동을 수행하는 것을 직접 돕는 보조사동으로, (c)는 아이가 책을 읽는 것을 엄마가 옆에서 감독하는 감독 사동이라는 의미를 내포한다.[11]

이렇듯 사동이라는 형식이 비록 동일한 사건 명제를 가지고 사건을

---

11) 직접사동과 간접사동이라는 개념은 Shibatani(1972)에 의해 제시된 사동의 의미적 변수로 Shibatani & Pardeshi(2002)에서 좀 더 구체적이고 세분화된 분류를 시도하였다. 그들은 사동 사건과 피사동 사건이 시간적 공간적 상황이 겹치는지 겹치지 않는지를 기준으로 시간적 공간적 상황이 겹칠수록 직접 사동에 가깝고, 겹치지 않을수록 간접 사동에 가까운 것으로 보았다. 아울러 사동형식의 직접성과 간접성에 대해 매개성 개념과 연속체 개념을 제시하였는데, 직접 사동과 간접 사동 사이에 '결합식(sociative)사동'이라는 개념을 설정한 것이다. 이러한 견해에 따르면, '사동 사건과 피사동 사건이 시간, 공간상 일치하는지의 여부' 등을 기준으로 '직접 사동'과 '간접 사동' 안에 연속체인 '결합식(sociative)사동'을 설정할 수 있으며, 여기에는 '행동 동참 사동(joint action)', '도움 주기 사동(assitive)', '감동 사동(supervision)' 세 가지 요소가 포함된다. (김은주 2018:158 참조)

표현한다고 해도 형식적 차이나 논항의 의미관계 등과 결부되는 의미적 차이가 반드시 존재하기 마련인 것이다. 다음에서는 도치식 사동 구조의 의미적 분석을 통해 도치식 사동문에서만 관찰되는 의미적 특징을 살펴보고자 한다.

3.1 피사동 사건에 대한 의외성

郭姝慧(2004, 2006)는 도치식 사동문의 의미특성과 관련하여 '손실(受損)'의 특성이 있는 것으로 보고, 이러한 의미특성은 도치식 사동문에서만 나타나는 고유한 의미적 요소라고 보았다. 그렇다면 과연 도치식 사동문이 이러한 의미를 내포하고 있는지 다음의 예문을 통해 검토해 보자.

(20) a. 那篇文章看了我一個星期。

그 문장은 나로 하여금 보는데 일주일이나 걸리게 만들었다.

b. ?那篇文章看了我兩分鍾。

c. 經費的問題愁了我一個月。

경비문제는 나를 한 달 내내 근심하게 만들었다.

d. ?經費的問題樂了我一個月。

e. 一個電話打了他半月工資。

한통의 전화가 나로 하여금 보름치 월급을 쓰게 만들었다.

f. ?一個電話打了他一毛錢。

이상의 예문에서 (a), (c), (e)에 해당하는 형식은 도치식 사동 구조이고, (b), (d), (f)에 해당하는 형식은 도치식 사동 구조에서 술어성분 또는 결과성분을 변환한 형식이다. (a), (c), (e)에 해당하는 예문에서 결과성분은 피사동 행위가 일어난 시간이 비교적 길거나 피사동주의 관점에서 소비된 시간 또는 물질의 손실이 컸음을 나타낸다면, (b), (d), (f)에 해당하는 예문은 피사동 행위가 일어난 시간이 비교적 짧거나 피사동주의 관점에서 큰 손실이 없었음을 의미한다. 그런데, (a), (c), (e)에 해당하는 예문의 경우 통사적으로나 화용적으로도 문제가 없어 보이지만 (b), (d), (f)의 경우 통사적으로는 어느 정도 수용이 가능한 반면 화용적 측면에서 수용성이 매우 낮다. 이러한 점으로 미루어 볼 때, '피사동주에게 어떠한 손실을 야기함' 이라는 의미적 요소는 도치식 사동문의 가장 큰 의미적 특징 중 하나로 볼 수 있다.

이러한 의미적 특징 이외에도 수량성분이 결과성분으로 출현하는 도치식 사동문은 예상 밖의 결과에 대한 '의외성(mirativity)'을 함의하기도 한다.

(21) a. 他們殺死了押送的軍官。　　　　　　　　　　(CCL)
　　　　그들은 호송하던 군관을 살해했다.

　　 b. 那頓飯做了我兩個鍾頭。　　　　　　　(Gu 1997:13)
　　　　그 한 끼 밥은 나를 두 시간이나 밥을 짓게 만들었다.

(21)의 예문에서 (a)와 같은 형식의 어휘 사동문의 경우 사건이 원인이 되는 '殺'는 '死'라는 직접적인 피사동결과를 야기하며, 사동 사건 '殺'와 피사동 사건 '死'는 논리구조에서 필연적인 인과관계를 가지고 있다. 그런데 (b)의 도치식 사동 형식에서 원인과 결과를 분리해보면, 사건의 원인이 되는 '那頓飯'과 결과성분 '兩個鍾頭'사이에는 직접적인 인과관계가 존재하지 않는다. 따라서 이들의 인과관계를 논리적으로 추론해보면, '내가 밥 한 끼를 짓는데 너무 힘들어서 또는 서툴러서 예상한 시간보다 더 많은 시간이 소요되었다'라는 예상 밖의 결과에 대한 화자의 의외성

이 개입될 여지가 것이다. 계속해서 다음의 예문을 보자.

(22) a. 那個報告寫了我一晚上。

그 보고서는 나를 밤새도록 쓰게 만들었다.

b. 這本書看了我一個禮拜。

이 책은 나를 일주일 내내 읽게 만들었다.

마찬가지로, 예문 (22)에서 (a), (b)의 결과성분은 역시 단지 보고서를 쓰는 데, 책을 읽는 데 소요된 시간을 의미하는 것이 아니라 어떤 외부적인 힘이나 원인으로 인해 뜻밖으로 예상한 시간보다 훨씬 많은 시간이 소요되었다는 부정적인 결과를 반영함과 동시에 피사동주는 예상치 못한 피사동 사건에 대해 어떠한 통제력을 행사할 수 없었음을 알 수 있다.

사동문에서 피사동주의 유정성 여부는 피사동 사건에 대한 통제성 (control)을 판단하는 중요한 요소가 된다. 즉 피사동주가 유정성 자질을 지니고 있다면 반드시 피사동 사건에 대해 일정한 통제력을 행사할 여지가 있는 것이다.

(23) a. 我叫他馬上離開這裏, 但是他沒有離開這裏。

나는 그에게 여기서 떠나라고 했지만 그는 떠나지 않았다.

b. 寶珠一直向他打眼色, 叫他不要多管閑事, 但是他不理。

寶珠는 줄곧 그에게 눈치를 주며 쓸데없는 일에 참견하지 말라고 했지만 그는 무시했다.

c. 神仙叫他拿去, 但是他不拿。

신령님이 그에게 (금을)가져가라고 했지만 그는 가져가지 않았다.

(CCL)

예문 (23)은 '叫'字 사동문으로 NP₂인 피사동주의 위치에 유정명사를 수반할 수 있다. 따라서 사동문에서 피사동주 논항에 유정성을 지닌 개체가 오게 되면 사동행위에 대해 일정한 통제력을 행사할 수 있는 가능성이 존재한다. 그러나 도치식 사동문의 경우 피사동주로 항상 유정명사가 출현함에도 불구하고 피사동 사건에 대해 어떠한 통제력도 가질 수 없다.

(24) a. *那個報告寫了我一晩上, 但是那個報告我沒寫一晩上。
그 보고서가 나를 저녁 내내 쓰는데 매달리도록 만들었지만 그는 보고서를 저녁 내내 쓰지 않았다.

b. *這本書看了我一個禮拜, 但是這本書我沒看一個禮拜。
이 책이 나를 일주일 내내 책 보는데 매달리도록 만들었지만 나는 이 책을 일주일동안 보지 않았다.[12]

사동문에서 사동행위에 대한 피사동주의 통제성 여부는 피사동 사건의 부정을 통해 판단할 수 있다. 예를 들어, 사동 사건에 후행하는 절 뒤에 피사동 사건을 부정하는 부정문을 부가하였을 때 문장이 성립되지 않는다면 사동 행위가 이미 실현되었음을 의미하고, 정문이 되면 사동행위가 실현되지 못하였음을 의미한다. 즉 사동의 부정형식이 성립하는 경우 피사동주는 피사동 사건에 대해 통제력을 행사할 여지가 있다는 것이고, 비문이 되면 피사동주는 피사동 사건에 대해 어떠한 통제력도 행사

---

12) 이러한 요소를 피사동 사건의 함의성(implicativeness)이라고 하는데, Song(1996:9-12)에 의하면 피사동 사건의 함의성이란 사동 사건과 피사동 사건 간에 함의 관계가 성립하는지 여부에 관한 것으로 사동 사건과 피사동 사건 사이에 함의 관계가 존재한다는 것은 사동 사건의 진실성이 피사동 사건의 진실성을 보증한다는 것이라고 하였으며, 다음과 같은 예문을 제시하였다.
a. The policewoman killed the terrorist.
b.*The policewoman killed the terrorist, but he didn't die.

하지 못한다는 것이다. 이와 같이 도치식 사동문의 뒤에 피사동 사건을 부정하는 부정문을 부가하면 비문이 되는데, 이를 통해 도치식 사동문에서 피사동주는 피사동 사건에 예측이 불가하고 어떠한 통제력도 행사할 수 없다는 것을 증명한다. 만약 도치식 사동문이 피사동주가 도치되지 않은 형식의 문장이라면, 피사동주는 원래 주어의 자리에서 행위자의 역할을 담당했을 유정성 개체이지만 도치식 사동문에서는 경험자로 취급되므로 피사동 사건에 대해서 어떠한 통제력도 행사할 수가 없는 것이다.

3.2 결과성분의 주관량(Subjective Quantity)

주관량(subjective quantity)이란 언어의 주관성이 언어화된 양범주에 반영되어 형성된 개념으로, 화자가 어떠한 사건이나 상황에 대해 해석하거나 평가를 할 때 나타나는 인지적 요소라고 할 수 있다. 화자가 언어화된 양범주에 대해 어떠한 해석과 평가를 하려면 일정한 기준이 필요하다. 이러한 기준에 근거해야만 화자가 양범주에 대해 '많다'거나 '적다'고 평가할 수 있기 때문이다. 그래서 이러한 기준을 참조량(參照量)이라고 한다. 참조량은 잠재적일 수도 있고 명시적일 수도 있기는 하지만 다 심리적으로 기원된다. 화자가 어떠한 양범주를 평가할 때 참조량보다 많다고 평가되면 주관적 대량(large subjective quantity)으로 평가되고, 반대로 참조량보다 적다고 평가되면 주관적 소량(small subjective quantity)의 의미를 반영하고 있는 것이다.[13]

도치식 사동문에서 이러한 주관성 요소를 판단할 수 있는 근거는 바로 결과성분인데, 피사동 행위에 대한 결과 상태를 반영하는 결과성분에는

---

13) 양해승(2014:134-139)참조.

화자의 주관성이 개입될 여지가 있다. 다음의 예문을 통해 살펴보자.

(25) a. 這件髒衣服洗了我好幾水才幹淨。　　　　　(饒宏泉 2007:208)
　　　 이 더러운 옷은 나로 하여금 몇 번이나 빨래를 하게 하고서야 깨끗해
　　　 졌다.

　　 b. 一趟車等了我足足半個鍾頭。　　　　　(郭姝慧 2004:115)
　　　 그 차가 나를 삼십분 내내 기다리게 만들었다.

　　 c. 那個實驗做了他整整一個晚上。　　　　　(중복)
　　　 그 실험이 그를 저녁 내내 실험에 매달리게 만들었다.

　예문 (25)에서 부사 '好', '足足', '整整' 등은 NumP와 함께 피사동
사건에 해당하는 결과를 나타내는데, 이렇듯 부사와 결합된 NumP는 사
동 사건으로 발생된 결과의 양을 가늠할 수 있게 해준다. 먼저 (a)의 '好
幾水'는 '몇 번이나 빨래를 하게 된 결과'를 나타내고, (b)의 '足足半個
鍾頭'는 '30분이나 기다리게 된 결과'를 나타낸다. (c)역시 '밤새도록 실
험을 하게 된 결과'가 '整整一個晚上'이라는 결과성분을 통해 표현되고
있음을 알 수 있다. 다시 말해 예문 (25)에서 '好', '足足', '整整'와 같은
부사를 통해 사동의 결과로 발생한 시간의 길이가 상대적으로 길고, 동
작의 횟수가 많음을 함의하고 있음을 알 수 있다. 이는 화자의 인지구조
에서 참조량보다 많은 양으로 평가되는 주관적 대량을 나타내는 것이다.
　郭姝慧(2004), 李宗宏(2013) 역시 도치식 사동문의 의미적 특성을 '주
관대량(主觀大量)'으로 보고, NumP의 위치에 어떠한 결과성분이 오든
지 화자의 '주관적 평가에 의한 많은 양'이라는 의미는 변하지 않는다고
하였다.

(26) a. 這本書看了我一下午。
　　　 이 책은 나로 하여금 읽는데 반나절이나 걸리게 만들었다.

b. *這本書看了我一分鐘。

c. 這碗麵吃了他一頭汗。
　　이 국수는 그의 머리를 땀범벅으로 만들었다.

d. *這碗麵吃了他一滴汗。[14]

饒宏泉(2007)는 도치식 사동문의 의미와 관련하여 '주관대량(主觀大量)'의 의미를 가지는 것으로 보고, 나아가 '就(光)', '才' 등의 부사를 공기할 수 있음을 언급하였다. 그는 도치식 사동문에서 '就(光)', '才' 등의 부사가 함께 출현하는 경우에도 사동문이 나타내는 '주관적으로 많은 양'이라는 의미는 결코 변하지 않는다고 하였다.

(27) a. (光)這頓飯就吃了他一個月的薪水。
　　　이 밥 한 끼가 그로 하여금 한 달 치 월급을 다 쓰게 만들었다.

b. 這本書看了我一個禮拜，才看完。
　　이 책은 나로 하여금 읽는데 일주일이나 걸리게 하고서야 겨우 다 읽도록 만들었다.

c. 一個國際長途就打了我二百塊錢。
　　한 통의 국제전화가 나로 하여금 이백 원이나 쓰게 만들었다.

(饒宏泉 2007:210)

그러나 이러한 논의에서 한 가지 주목해야 할 점은 위와 같은 경우 도치식 사동문의 결과성분이 '주관적 대량'을 나타내기도 하지만 다음과

---

14) 도치식 사동문에서 결과성분이 나타내는 주관적 대량 의미는 예문 (26)과 같이 그 치환관계를 통해 알 수 있는데, 예를 들어 (a), (c)의 결과성분에 (b), (c)와 같이 주관적 소량 의미를 내포한 통사적 요소를 개입시켜보면 비문이 되는 것을 확인할 수 있다.

같은 상황에서는 반대의 경향을 보인다는 것이다.

(28) a. 這個實驗只做了他一個上午。

　　　 이 실험은 그로 하여금 겨우 오전 동안만 실험을 하게 만들었다.

　　 b. 那頓飯才吃了他一百塊。

　　　 그 밥은 그로 하여금 겨우 백 원밖에 안 쓰게 만들었다.

　　 c. 這幢樓才蓋了他們一年時間。

　　　 이 건물은 그들로 하여금 (짓는데) 겨우 일 년밖에 안 걸리게 만들었다.

　　도치식 사동 구조에는 경우에 따라 부사어가 출현할 수 있다. 그러나 예문 (28)과 같이 VP의 앞에 '只', '才' 등의 부사어가 함께 출현하는 경우, '一個上午', '一百塊', '一年時間'이라는 결과성분의 원래 의미에도 영향을 미치게 된다. 즉, 그 실험을 하기 위해 걸린 시간이 예상보다 짧았거나, 밥을 먹는데 소요된 비용이 예상보다 적게 걸렸거나, 그 건물을 짓는데 예상보다 적은 기간이 걸렸음을 의미하며 이는 피사동주의 참조량보다 적은 양으로 평가되어 주관적 소량의 의미를 갖게 되는 것이다. 그러므로 도치식 사동문이 나타내는 결과의미는 단지 주관적 대량을 나타내는 것으로만 볼 수 없고, 다른 요소의 개입여부에 의해 주관적 대량을 나타내기도 하고 주관적 소량을 나타내기도 한다.

(29) a. 他只吃了兩個蘋果。

　　　 그는 겨우 사과 두 개 밖에 먹지 않았다.

　　 b. 他竟吃了兩個蘋果。

　　　 그는 사과를 두 개나 먹었다.

　　 c. 才十八歲就結婚。

　　　 열여덟 밖에 안 되어서 결혼을 한다.

d. 十八歲了才結婚。

　　열여덟이나 되어서 결혼을 한다.　　　　　　　　(陸劍明·沈陽 2003:286)

　陸劍明·沈陽(2003:286)은 주관적인 수량의미란 문장 구조에 나타난 수량의미에 대한 주관적인 평가를 말하며, 동일한 수량사가 '대량(大量)'의 의미를 나타내기도 하고 '소량(小量)'의 의미를 나타내는 경우도 있다는 점을 지적하였다. 예문(29)를 통해 알 수 있듯 '兩個蘋果', '十八歲'와 같은 수량사를 포함한 구문에서 화자의 주관적 평가는 문장의 구성요소와 구조에 따라 서로 다르게 나타날 수 있다는 것이다. 따라서 도치식 사동문의 결과성분이 나타내는 주관량 즉 심리적 양은 사실 수량구 자체에서 나타나는 것이 아니라 구문 전체의 통사구조와 발화맥락에 따라 평가될 여지가 있다고 보는 것이 더욱 타당할 것이다.

4 결론

　사동은 범언어적으로 존재하는 개념으로 현대중국어에서도 중요한 의미범주로 자리 잡고 있다. 현재까지 중국어의 사동문과 관련해서 이미 괄목할 만한 연구 성과가 축적되어있지만 전형적인 사동문과 달리 도치식 사동문에 대해서는 과연 사동의 범주에 포함시킬 수 있을 것인지 대한 이견도 많은 탓에 연구 성과가 미비하였다. 이에 본고는 현대중국어에서 'NP$_1$ + V + 了/A + 了 + NP$_2$ + NumP'의 통사구조를 통해 사동의 의미를 나타내는 구문에 대해 행위자와 경험자의 통사적 위치가 서로 뒤바뀌어 있다는 점에 착안하여 도치식 사동문으로 규정하고 각 논항과 술어의 통사적 출현 환경과 의미적 요소를 분석함으로써 도치식 사동문 역시 사동의 성립요건을 충분히 갖추고 있음을 증명하고자 하였다. 그러나 보다 다양한 언어자료를 통한 통사적 검증을 진행하여야함에도 불구하고, 선행연구의 틀을 크게 벗어나지 못했다는 점이 아쉬움으로 남는다. 이러한 아쉬운 점에 대해서는 차후 더욱 활발한 연구가 이루어지기 기대해보며, 본고에서 논의된 내용들을 간략히 정리하는 것으로 결론을 갈음하고자 한다.

		출현양상	특징
통사적 특징	NP₁	무정명사, 추상명사	[- 유정성]
	VP	상태/활동동사, 성질형용사 + 了	[+ 과정성]
	NP₂	인칭대명사, 기관명사, 고유명사	[+ 한정성]
	NumP	시량사, 수량사, 동량사, 임시양사	[+ 결과성]
의미적 특징		[+ 의외성}, [- 통제성]	
		주관적 대량 ↔ 주관적 소량	

| 참고문헌 |

강명순(2001), 〈국어 '태' 의 통시적 연구〉, 충남대학교 박사학위논문.

김은주(2018), 〈현대중국어 어휘 사동문 연구: 형태, 통사, 의미적 특징과 형식 기제를 중심으로〉, 고려대학교 박사학위논문.

마문나(2012), 〈現代中國語 使役意味 AO 形式의 語法特性 硏究〉, 성균관대학교 박사학위논문.

박은석(2012), 〈중국어의 보충형, 동형형, 수량결과빈어형 사동〉, 《중국문학》 제71집.

양해승(2014), 〈한국어의 주관량 표현 연구〉, 《국어학》 제71집.

이익섭·채완(2000), 《국어문법론 강의》, 서울: 학연사.

홍기선(2002), 〈한국어 사동구문의 인지언어학적 분석〉, 《담화·인지언어학회 학술대회 발표논문집》.

陳平(1987), 〈釋漢語中與名詞性成分相關的四組概念〉, 《中國語文》第二期.

郭姝慧(2004), 《現代漢語致使句式硏究》, 北京語言大學博士論文.

_____(2006), 〈倒置致使句的類型及其制約條件〉,《世界漢語教學》第二期.

郭銳・葉向陽(2001), 〈致使表達的類型學和漢語的致使表達〉,《第一屆肯特崗 國際漢語語言學圓桌會議(KRIRCCL-I)》.

李臨定(1983), 〈賓語使用情況考察〉,《語文研究》第二期.

李宗宏(2013),《現代漢語是因突顯類致使構式研究》, 華東師範大學博士論文.

陸劍明・沈陽(2003),《漢語和漢語研究十五講》, 北京: 北京大學出版社.

饒宏泉(2007), 〈倒置致使句補議〉,《安徽師範大學學報》第二期.

沈陽・何元建・顧陽(2001),《生成語法理論與漢語語法研究》, 哈爾濱: 黑龍江 教育出版.

宛新政(2005),《現代漢語致使句研究》, 浙江大學出版社.

周紅(2006),《現代漢語致使範疇研究》, 上海: 復旦大學出版社.

朱德熙(1982/1998),《語法講義》, 北京: 北京大學出版社.

Dowty, David R.(1979), *Word meaning and Montague grammar*, Dordrecht; Boston: D. Reidel Pub Co.

Gu, Yang(1997), On defining causativity and the significance of discourse information. *Text - Interdisciplinary Journal for the Study of Discourse 17.*

Li, Yafei(1999), Cross-Componential Causativity, *Natural Language & Linguistic Theory 17.*

Smith, C.(1991/1997), *The Parameter of Aspect*, Dordrecht: Kluwer Academic.

Song, J.J(1996), *Causative and Causation: A universal-typological perspective*, London and New York: Addison Wesley Longman.

Vendler, Z.(1967), Verbs and Times, *Linguistics in philosophy*, London: Cornell University Press.

Yamamoto, Mutsumi(1999), *Animacy and Reference*, John Benjamins Pub Co.

Yang, Suying(1995), *The Aspectual System of Chinese*, Ph.D. Dissertation, Canada: University of Victoria.

현대중국어 '是 … 的' 실상구문과 '是 … 的' 비실상구문

원춘옥

1 서론

현대 중국어의 '是 … 的'구문은 많이 쓰이는 구문 중의 하나이며 학자들에 주목을 많이 받는 구문 중의 하나이다. 倪兰(2002)은 虚拟事实인 식을 바탕으로 한 '是 … 的'구문은 화자의 주관적인 바람을 강조한다고 하였고 沈家煊(2010)은 '是'의 주관성을 명확하게 언급하고 있다. 그러나 '是 … 的'구문의 주관성에 대한 연구는 아직 없는 실정이다. 张黎(2007:17)에 의하면 가상실상(虛擬事象)이 현실실상(現實事象)보다 주관성이 높다고 하였다. 이에 본고는 '是 … 的'구문을 Langacker의 역동적 진화모형에 근거하여 '是 … 的' 실상구문과 '是 … 的' 비실상구문으로 나눠보기로 한다.

제2장에서는 '是 … 的'구문에 대한 기존연구를 살펴볼 것이다. 제3장에서는 우선 '是 … 的' 실상구문과 '是 … 的' 비실상구문으로 나눌 이론

---

* 본 글은 본인의 박사학위논문을 발췌·수정하였음.
** 대진대학교 창의미래인재대학 조교수.

현대중국어 '是 … 的' 실상구문과 '是 … 的' 비실상구문 **357**

적 근거인 Langacker의 역동적 진화모형을 소개하고 나아가서 '是 … 的' 구문을 실상구문과 비실상구문으로 나눠볼 것이다. 제4장에서는 본 연구 결과에 대해 요약을 할 것이다.

본고에서 사용한 예문들은 학자들의 논문에서 재인용하거나 CCL코퍼스에서 찾은 것이다.

2 '是 … 的'구문에 대한 기존연구

학자들은 우선 '是 … 的'구문의 존재여부에 대해 두 가지 입장을 취하고 있다.

한 가지 입장은 徐静茜(1984), 杨石泉(1997)등 학자들은 소위의 '是 … 的'구문은 판단을 나타내는 '是'와 '的'자구가 합쳐진 것이며 전체 문장을 '是' 판단문으로 본다. 杨石泉(1997:439)은 "소위 '是 … 的'구문은 사실상 마찬가지로 '是' 판단문이며 '的'자구를 '是'자의 목적어로 취하는 '是'자문이다"라고 명확하게 서술했다.

朱德熙는 '是 … 的'구문의 존재여부에 대해 명확하게 언급하지 않았지만 〈'的'字结构和判断句〉에서 '的'자구를 취하는 '是' 판단문으로 취급하여 논지를 펼친 점으로 볼 때 '是 … 的'구문의 존재를 인정하지 않는 것으로 보인다.

다른 한 가지 입장은 '是 … 的'구문의 존재를 인정하지만 '是'와 '的'의 문법적인 기능에 대한 견해가 다르다. 宋玉柱(1978), 赵淑华(1979), 吕必松(1982), 刘月华(2001) 등 대부분 학자들이 여기에 속한다.

赵淑华(1979)는 '是'와 '的'의 기능에 따라 '是 … 的'문을 세 가지로 나누고 있다.

첫 번째, '是'는 술어부분의 주요동사이며 '是'는 ' … 的'과 함께 술어를 이루고, '的'은 구조조사이다. ' … 的'은 생략된 중심어의 한정성 한정어이기 때문에 '的' 앞에는 일반적으로 단독명사, 대명사, 형용사, 동사 등 이다. 이런 문장의 술어는 주어의 類別을 설명한다.

두 번째, '是'는 술어에서 주요동사가 아니고 일반적으로 동사 혹은 부사어 앞에서 강조를 나타내며 '的'은 동사 뒤에서 동태를 나타낸다. 이런 문장은 어떤 동작 혹은 상황이 이미 완성 혹은 실현된 경우에만 쓰인다. 술어부분이 중점적으로 설명하고자 하는 것은 동작 혹은 상황 자체가 아니며 동작상황과 관련된 한 방면이다. 이는 다시 다섯 종류로 나뉜다.

1. 주어 + '是' + 부사어 + 동사 + '的'(+ 목적어)
2. 주어 + '是' + 주술구 + '的'
3. '是' + 주어 + 동사 + '的' + 목적어
4. 주어 + '是' + 동사 + '的' + 목적어
5. 주어 + '是' + 동사(+ 목적어 + 중복된 동사) + '的'

세 번째, '是'와 '的'은 모두 어기를 나타내며, '的'은 항상 문 말에 위치한다. '是 … 的'사이에는 일반적으로 형용사구조 혹은 동사구조가 위치하는데 즉, '是 … 的'은 형용사 술어문에 쓰일 수도 있고 동사 술어문에 쓰일 수도 있다. 이런 '是 … 的'문의 술어는 일반적으로 주어에 대해 해석하고 설명하는 작용을 한다. '是'와 '的'은 때로는 강조, 긍정 혹은 단호한 태도를 나타내고 때로는 완곡한 어기 혹은 완화된 어기를 나타낸다.

赵淑华(1979)의 첫 번째 유형은 대체로 '是' 판단문에 속하는데 대부분 학자들은 이를 '是 … 的'구문으로 보지 않는다. 명칭은 조금씩 다르지만 대부분 두 번째와 세 번째 유형을 '是 … 的'구문으로 보며, '是

…的'구문의 연구는 '是'와 '的'의 품사와 문법적 기능, '是 … 的'구문의 문법적 기능, '是 … 的'문의 초점표시기능 등 분야에서 이루어지고 있다[1].

倪兰(2002)은 처음으로 사실성 인식을 기초로 '是 … 的'구문을 분류하였는데, 아쉽게도 는 앞서 서술한 연구 분야를 넘지 못했다. 사실성을 고려했다는 점에서 유사하지만 본고는 '是 … 的'구문 자체를 실상과 비실상으로 나누었다는 점에서 다르다. 이어지는 제3장에서는 Langacker의 역동적 진화모형을 근거로 '是 … 的' 실상구문과 '是 … 的' 비실상구문으로 나누어 '是 … 的'문의 주관성을 좀 더 자세히 알아 볼 수 있는 기초를 마련하도록 하겠다.

3 '是 … 的' 실상구문과 '是 … 的' 비실상구문

영어에서 일반적으로 be를 계사, 연결동사라 한다. "Alice is a mouse"와 같은 문장에서 이 계사동사는 a mouse와 결합하여 자동사절 "술부"를 이루는데 이런 방식으로 절 술부의 중요한 역할을 하는 명사류를 술부주격(predicate nominative)으로 알려져 있다.

전통문법에서는 be를 명시 가능한 환경에서 순전히 문법적으로 삽입하는 의미 없는 요소(Bath 1967) 혹은 일치관계나 부류 포함 관계를 나타내는 것으로 간주한다. 그러나 Langacker(1987:68-75)는 be는 주요 기능이 시간적이고 상적인 의미 있는 요소라고 주장한다. be는 미완전상적 과정 부류를 나타내는 도식적인 말이다. be는 정적 관계로만 특징 규명되는 안정된 관계의, 시간에서의 지속을 윤곽으로 한다. 모든 성분 상태

---

1) 齐沪扬 张秋杭(2005) 참조.

들이 동일한 것으로 해석되지만 그 성분 상태들이 관계적이라는 것 이외에 성분 상태들의 성질에 대해서 극도로 비명시적인 진짜 동사이다. be가 윤곽결정소이기 때문에 합성표현은 be의 과정적 성질을 물려받는다. ‑그것은 상태적 보어가 나타내는 명시적 관계의 시간에서의 연속을 윤곽으로 한다. 이러한 상태 관계의 "시간화"는 상태 관계를 정형절에서 윤곽 관계로 나타나는 것을 허용한다. 그렇지 않았으면 상태 관계는 정형절에서 배제되었을 것이다.

이에 해당하는 현대 중국어의 표현으로는 '是'가 있다. 영어의 be동사는 "是非"와 "존재"의 개념을 포함하지만 현대 중국어의 '是'는 "是非"와만 관련되고 주관성과 비서술성을 갖는다.[2] 그러나 미완전상적 과정 부류를 나타내고 시간에서의 지속을 윤곽으로 한다는 점에서는 같다고 할 수 있다. 石毓智(2005:4)는 '是'는 강한 시간지속성을 지니고 있다고 한다. 이어지는 3.1에서는 Langacker의 역동적 진화모형을 먼저 알아보도록 한다.

3.1 역동적 진화모형(dynamic evolutionary model)

인지문법의 역동적 진화모형을 알기 위해서는 우선 기본 인식모형(basic epistemic model)을 이해해야 한다. 다음은 Langacker(1991/1999)와 김종도(2002)에 근거하여 설명해 보기로 한다. 기본 인식모형은 〈그림 1〉에 그려진 바와 같다.

---

2) 沈家煊(2010) 참조.

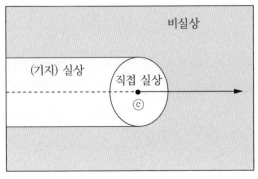

그림 1.

실상(reality)은 현재에까지 실제로 일어난 상황들의 역사라고 정의할 수 있다. 이런 실상도 이론적으로 여러 부분으로 나누어 질 수 있는 것으로 생각한다. 그래서 실상은 개념화자(C)가 실재하는(즉 알려진) 것으로 받아들이는 기지실상(known reality)(특별히 구별할 필요가 없으면 실상이라 부르겠다)과 가상적 상황이나 가능 상황, 반사실적 상황으로 이루어진 비실상(irreality)으로 나누어진다. 기지실상에서 개념화자에게 가장 가까운 즉 가장 최근에 일어난 상황들이 존재하는 실상의 전면을 직접실상(immediate reality)이라 하며, 이곳은 개념화자가 서 있는 곳이며, 이곳에서 실상 전체와 인식적 접촉을 가지는 것으로 가정한다. 실상은 간단하거나 정적인 것은 아니며 진화가 계속되어 실상의 앞선 역사에 의해서 이미 규명된 구조의 복잡성이 증가되는 끊임없이 진화하는 개체이다. 실상을 나타내는 원통은 화살표로 표시된 축을 따라 "자라는" 것으로 상상해야 한다. 여기서 실상이나 비실상이라는 말을 쓴다고 해서, 이 세계가 객관적인 기준에 의해서 확연히 구획지어질 수 있는 것으로 받아들여서는 안 된다. 왜냐하면 인식모형은 객관적인 기준에 의해서 짜여지기보다 통속적 인식을 나타내기 때문이다.

이 기본 개념에서 출발하여 서로 다른 두 모형이 생겨난다. 그 중에

하나가 정교화 인식모형(elaborated epistemic model)이다. 정교화는 개념
화자가 자신이 알고 있는 실상이 이 세계와 세계의 진화 역사를 망라하
고 있지 않다는 사실을 인정하는데서 출발한다. 다시 말하면 개념화자에
게 알려져 있지 않더라도 틀림없이 존재하는 상황들이 있는 실상 영역을
인정해야 한다. 우리는 이 영역을 미지실상(unknown reality)영역이라 한
다. 이 비실상 부분에도 개념화자가 실재를 의심하거나 의혹을 가지는
부분이 있을 수 있는데 이를 미지실상이라 하고, 전연 알려지지 않는 부
분을 무실상(non-reality)이라 한다. 이러한 관계를 기본 실상 모형에 첨
가하여 정교화하면 〈그림 2〉와 같은 정교화 인식 모형이 된다.

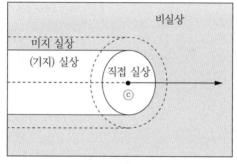

그림 2.

양상조동사는 비실상 지역에 지시된 과정을 놓는데 중의적이어서 뿌
리(root 혹은 deontic)의미나 인식(epistemic)의미로 쓰이는 것은 잘 알려
져 있다.

(1) a. You may leave. [뿌리; 사회적 영역]
　　　당신은 (나 혹은 다른) 권위에 의해서 떠나는 것이 제지되지 않는다.
　　b. She may be tired. [인식; 사고영역]
　　　내가 그녀가 피고하다는 결론을 내리는 것을 내 전제가 막지 않는다.

Sweetser(1984)은 예문 (1)의 양상조동사는 어떤 종류의 역동성을 나타 낸다고 할 수 있으며, 이 역동성이 증거나 논리의 모양으로 나타나서 사 회적 영역이나 사고영역에서 발휘된다고 한다. may는 '잠재적 장벽의 결 여'를, must는 '강요하는, 저항할 수 없는 힘'을, can은 '긍정적인 힘'을, will은 '목표에 이르는 완전한 경로'를 의미한다고 분석한다. 이러한 힘이 사회적 영역에 적용되면 뿌리 의미가 되고, 사고 영역에 발휘되면 인식 의미가 된다고 한다. 그녀는 may의 사회적 영역의 뿌리 의미가 사고 영 역에서는 증거의 힘에 끌려서 어떤 결론에 이르는 인식의미가 된 것으로 본다. 인지문법은 증거가 끄는 힘을 발휘한다고 보아서는 모든 인식의미 를 설명할 수 없다고 보고, 끄는 힘을 발휘하는 것은 증거가 아니라 실상 의 관성이라고 본다. 실상이 현재 상태로 진화했으므로 다른 통로보다 오히려 어떤 통로를 따라 진화를 계속하려고 하는 그러한 경향을 "진화 적 관성"이라고 한다. 실상의 진화적 관성을 이해하려면 실상을 거대한 바퀴에 비유하면 쉽다. 그러면 바퀴의 전면이 직접 실상이고 바퀴가 지 나온 자국이 기지 실상이 된다. 이 바퀴는 한번 구르기 시작하면 관성에 의해서 계속 구르려고 한다. 이관성에 비추어 may를 설명하면 may의 인 식의미는 실상의 관성에 끌려 결론에 이르는 것을 나타내는 것으로 볼 수 있다. 왜냐하면 화자가 이 세계의 구조라든지 실상이 지금 현재에 어 떻게 발전하고 있는가를 생각한다는 것이 바로 증거를 저울질 하는 것을 의미하기 때문이다. 이 때문에 실상의 진화 관성에 근거를 두고, 영어 양상조동사를 분석하면 증거의 힘으로 분석하는 것보다 설득력이 있다.

인식 의미를 진화 관성에 비추어 분석하기 위해서는 우리가 이 세계의 구조에 대해 어떻게 생각하는가에 대한 근본적인 국면들을 구현하고 있 는 이상적 인지모형(ICM)이 필요하다. 첫째는 이 세계는 어떤 일은 가능 한 반면 어떤 일은 그렇지 못한 식으로 구조 지어져 있다는 것이다. 둘째 실상의 작은 부분만이 개념화자에게 알려져 있다는 사실이다. 셋째 앞서 제시한 역동적 개념이다. 이러한 개념들이 통합되어서 이루어진 모형이 〈그림 3〉의 역동적 진화모형(dynamic evolutionary model)이다.

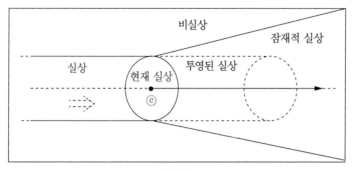

그림 3.

〈그림 3〉은 실상이 시간축을 따라서 자라는 것으로 보이기 위해 실상을 원통형으로 묘사하는 전통을 그대로 물려받았고 원통형의 전면이 실상의 바퀴에 해당하는 현재실상(직접실상)이며, 이곳에서 개념화자(C)가 과거 실상과 미래의 실상을 조감할 수 있는 곳이라는 사실을 나타낸다. 쌍화살표는 실상의 진화적 관성을 나타내고, 단선 화살표는 시간이 움직이는 방향을 나타낸다. 원통의 실선부분은 실제 실상이고, 점선 부분은 투영된 실상이다. 화살표 방향은 거대한 실상의 바퀴가 예상할 수 없는 돌발적인 사태가 없는 경우 실상이 진행될 방향을 나타낸다. 사태가 방해를 받지 않고 진행되어갈 방향으로 진행되면 "사건이 정상 추이"를 따른다고 할 수 있다. 이 정상추이는 현재 실상이 진화의 가능행로에 제약을 가한 결과로서, 세계가 그렇게 되도록 짜여져 있어서 밟아가는 행로이다. 잠재적 실상은 실상이 상궤를 벗어나서 갈 수 있는 가능 범위를 나타낸다. 그러나 실상의 진화가 잠재적 실상 범위를 벗어나는 일은 불가능하므로 거의 언제나 정상 추이를 따르는 것으로 가정한다.

이러한 역동적 진화모형에 따르면 양상조동사는 실상의 진화 관성에 이끌려서, 어떤 사건이나 상황을 투영된 실상이나 잠재적 실상에 위치시키는 기능을 하는 것을 의미한다. 이 두 실상 부분은 시간 영역에 비추어 보면 모두 미래에 해당되기 때문에, 이 두 실상영역과 관련되는 양상조동사들은 미래의 의미를 가진다. 이렇게 보면 양상조동사들의 의미상의 차이는 G에서 멀고 가까움과 두 실상에서 어느 실상에 위치시키는가의 차이라 할 수 있다.

3.2 '是 … 的' 실상구문과 '是 … 的' 비실상구문

현대 중국어의 '是 … 的'구문은 사이에 동사(구)(동사 앞에 여러 수식구가 오는 경우와 주술문도 포함하며 이하 V(P)로 표기함), 형용사(구)(형용사 앞에 여러 수식구가 오는 경우도 포함하며 이하 A(P)로 표기함), 명사(구)(이하 N(P)로 표기함) 등이 올 수 있다. 다음은 현대 중국어의 '是 … 的'구문을 "是 + V(P) + 的", "是 + A(P) + 的", "是 + N(P) + 的"로 나누어서 실상구문과 비실상구문을 구분해 보기로 한다.

3.2.1 "是 + V(P) + 的"

(1) 这本书是借的。이 책은 빌린 것이다.

(2) 她过去是开大卡车的。그녀는 과거에 트럭을 운전했다.

(3) 我是在路上遇见他们的。나는 길에서 그들은 만났다.

(4) 是早申明了的。이미 벌써 (입장을) 밝혔어.

(5) 小李是吸烟的。샤아우 리는 담배를 핀다.

(6) 行为主义教育认为, 既然环境和刺激是不断变化的, 那么, 旨在改变人的行为进而改变人性的教育, 当然也应该是不断变化的。

행위주의 교육은 환경과 자극이 끊임없이 변화하면 사람들의 행위를 바꾸고 나아가서 인성을 바꾸는 것을 목표로 하는 교육도 당연히 끊임없이 변화해야 한다고 한다.

(7) 我们这个官司是肯定要跟你们打的。

우리는 이 소송을 반드시 당신들에게 걸 것이다.

(8) 威胁是吓不倒我们的。

위협은 우리를 좌절하게 할 수 없을 것이다.

예문 (1), (2), (3), (4)는 화자가 현실 속에서 이미 발생한 사건 "借", "开大卡车", "在路上遇见他们", "早申明了"를 바탕으로 하기 때문에 실상의 위치한다고 볼 수 있다. 그러나 이런 사건들은 화자가 발화시점인 현재에 발생하고 있는 것이 아니기 때문에 비직접실상에 놓이게 된다. 예문 (1), (2), (3)의 "借", "开大卡车", "在路上遇见他们"은 '的'에 의존하여 指称形式로 바뀌면서 이미 발생했던 사건 혹은 사건들로 탈바꿈 하는데 "借", "开大卡车", "在路上遇见他们"는 '的'에 문법적으로 서로 의존적이라고 볼 수 있다. 반면 예문 (4)의 "早申明了"는 '的'에 의존하지 않더라도 이미 발생한 사건으로 간주되는데 이 현상은 "早申明了"는 문법적으로 '的'에 의존적이지 않고 화자의 어떤 화용적인 목적으로 이 구조를 사용했다고 볼 수 있다.

(1′) 借。

(2′) 开大卡车。3)

(3′) 在路上遇见他们。

(4′) 早申明了。

---

3) 시간사의 영향을 받지 않는 상황을 살펴보기 위해 "过去"를 생략했다.

예문 (1´), ~(4´)는 문 말의 '的'를 없앤 문장인데 예문 (1´) ~(3´)은 이미 발생한 사건으로 해석할 수 없다. 그러나 예문 (4´)는 그 자체로 문장이 이미 발생한 사건으로 해석이 가능하다. 이런 의미적 차이는 전적으로 '的'에 의한 것으로 보이며 이 때문에 赵淑华(1979)는 '的'을 动态助词로, 宋玉柱(1981/1996)는 时间助词로, 史有为(1984)는 体-时助词로, 邢福义(1991)는 准时态助词로, 张斌(2000)[4]은 时制助词 등으로 보고 있다. 하지만 본고는 이를 '的'이 시제나 상적기능으로 해석하기보다 연속주사[5]를 나타내던 "借", "开大卡车", "在路上遇见他们"가 '的'에 의해 요약주사로 바뀌면서 이미 발생한 사건으로 해석된다고 본다. 예문 (5)는 습관[6]을 나타내는 문장인데 이는 '小李'의 현재 "吸烟"행위를 하고 있다는 것은 아니고 오히려 기회가 있으면 '小李'가 행동하는 방법이라고 할 수 있는 '구조적' 지식[7]이다. 이 문장은 한 번의 사건이라

---

4) 徐阳春(2003:14-16) 참조.

5) 연속주사(sequential scanning)와 요약주사는 (summary scanning)는 주사사슬을 처리하는 방식이다. 요약주사는 주사사슬을 이루는 일련의 주사행위를 일괄적으로 처리하는 방식이고, 연속주사는 주사사슬의 성분행위들을 연속적으로 처리하는 방식이다. 다시 말하면 일괄주사는 주사 사슬 전체를 일괄 조망하는 방식이고 연속주사는 시간의 경과에 따라 성분 상태를 하나씩 따로따로 연속적으로 주사하는 방식이다. 요약주사와 연속주사의 차이는 사진을 검토하는 것과 영화를 보는 것으로 비유할 수 있다. 김종도(2002:229-230), Langacker(1987/1999:153) 참조.

6) 张黎(2007:17)는 추상적인 사리(事理)는 구체적인 사실에 대한 여러 번의 주관적인 관찰과 귀납, 개괄을 통해 얻은 것이라고 한다.

7) Goldsmith와 Woisetschlaeger(1982)은 '구조적' 지식과 '현상적' 지식을 구분하였는데 '구조적' 지식은 '세계의 구조'나 '세계가 어떻게 만들어 졌는지'에 관련되어 있고, '현상적' 지식은 그 틀 안에서 일어나는 일들에 관련되어 있다. 이 기본적인 개념에 의하면 세계가 특별히 구조 지어져 있어서 어떤 종류의 사건은 일어날 수 있는데 반해 다른 사건들은 불가능하다. 일부는 부수적이어서 특별한 환경에서 임시로 발생하지만 세계 구조상 특정적으로 예상된다든지 예측되지 않는다. 다른 한편 어떤 사건들은 세계 구조의 직접적인 표상으로 규칙적이고 예측가능해서 적절

기보다 사건의 보통 추이의 일부라고 볼 수 있기 때문에 비실상 영역의 투영된 실상에 놓이며 사건의 정상추이를 따를 경우 언제나 발생가능하다. 예문 (6), (7)은 모두 조동사가 오는 문장인데, 3.1에서 양상조동사는 실상의 진화관성에 이끌려서 어떤 사건이나 상황을 미래에 위치시키는 기능을 하는데 양태조동사들의 의미상 차이는 G에서 멀고 가까움과 두 실상에서 어느 실상에 위치시키는가의 차이라고 하였다. 때문에 예문 (6)은 '是' 앞에 조동사 "应该"의 출현으로 "不断变化"가 비실상 영역에 위치하게 되고, 예문 (7)은 '是'의 목적어로 오는 "跟你们打"의 앞에 조동사 "要"의 출현으로 "跟你们打"가 비실상 영역에 놓이게 된다. 예문 (8)의 "吓不倒"는 가능보어의 부정형식인데 현대 중국어의 가능보어는 양태(modality)[8]를 나타낼 수 때문에 역시 비실상 영역에 놓인다. 이상 예문 (4)-(8)까지는 '是', '的' 모두 생략이 가능한데 이는 '是 … 的'구문이 어떤 특정적인 화용기능을 위해 쓰이는 구문이 되었음을 시사하는 것으로 보인다.

赵淑华(1979) 등 학자들은 예문 (1)의 "借的" 뒤에 중심명사가 생략이 되었고 전체 문장의 주어가 "书"가 중심명사라고 본다. 이런 문장은 일치함과 부류 포함관계를 나타내는 '是' 판단문이고 주어와 부류 포함관계를 가진다고 한다. 즉 "这是借的(书)。"로 말할 수 있으며 "书"는 "借的书"에 속한다는 것이다. 吕叔湘(1999:534)은 생략으로 볼 수 있

한 전제조건이 만족되면 언제나 일어나리라 기대할 수 있다. 우리가 정상적 추이라고 말할 때는 이러한 사건의 발발을 두고 한 말이다. Langacker(1991/1999:284) 참조.

8) 양태(modality)는 전통적으로 '문장내용이나 명제에 대한 화자의 태도'를 나타내는 것으로 정의되어 왔다. Jesperson(1924:313)은 '문장내용에 대한 화자의 태도', Lyons(1977:452)은 '문장이 나타내는 명제나 그 명제가 기술하는 상황에 대한 화자의 의견이나 태도'라고 정의하고 있다. Palmer(2001:1)에서는 '사건을 기술하는 명제의 상태'와 관련이 있다고 정의한다. 송재목(2009:28) 참조

는 조건을 제시하였는데 그중 하나가 생략성분을 보충하였을 경우 실제로 사용할 수 있는 말이고 보충할 수 있는 단어가 유일해야 한다는 것이다. 그러나 "桃花是红的。" 같은 경우 "桃花是红的花。"처럼 "花"를 보충해 넣을 경우 굉장히 어색한 문장이 되고, 실제로 쓰이기가 어려운 문장이다.

朱德熙(1984/1999)에 의하면 'VP的[9]'는 自指와 转指[10]를 모두 나타낼 수 있지만 自指로 쓰이는 'VP的'는 한정어의 위치에서만 출현할 수 있다. 转指에는 두 가지 기능이 있는데 첫째는 문법기능의 변화인데 즉 명사화되는 것이고, 둘째는 의미기능의 변화이다. 즉 명사화된 명사성 분이 원래의 谓词性성분과 가리키는 바가 다르다. VP 뒤에 '的'이 올 경우 원래 서술(assertion)을 나타내던 VP가 지시(designation)를 나타내는 'VP的'로 바뀐다. 이런 지시형식(指称形式)은 명사가 나타내는 지시형식과 다르게 서술형식(陈述形式)을 통해 나타내는 분석형식(分析形式)이다.

명사 — 食物　改锥　　　教员　　母亲
동사 — 吃的　起螺丝的　教书的　做母亲的

즉 서술을 나타내는 "吃"가 는 "吃的"로 바뀌면서 "食物"를 서술형식으로 지시한다고 볼 수 있는데 이런 경우를 转指라 하고 유일하게 "吃的

---

9) 朱德熙(1984/1999)는 동사와 형용사를 통합하여 谓词라고 칭하고 谓词로 구성된 주술구조를 포함한 각종 구조를 VP로 나타내고 있다.

10) 从语义的角度看，谓词性成分的名词化有两种。第一种单纯是词类的转化，语义保持不变。名词化造成的名词性成分与原来的谓词性成分所指相同，这种名词化可以称为自指。第二种除了词类转化意外，词义也发生明显的变化。名词化造成的名词性成分与原来的谓词性成分所指不同，这种名词化可以称为转指。句法平面上的名词化也有自指和转指的区别。朱德熙(1984/1999:16-18) 참조.

東西"로 쓰일 경우에 "吃的"는 自指로 쓰인다고 볼 수 있다는 것이다. 朱德熙(1978/1999:220)는 "무릇 지시형식이 앞에 오고 분석형식이 뒤에 오는 판단문은 분류(分类)를 나타내고, 분석형식이 앞에 오고 지시형식이 뒤에 오는 경우는 동등(等同)을 나타낸다"고 하였다. 앞에 제시한 예문 (1)과 (2)는 이런 분석과 일치한 것으로 보인다. 그러나 큰 문맥 속에서 예문을 관찰해 볼 경우 반드시 분류와 동등함을 타나내는 것은 아님을 알 수 있다. 다음 예문 (3)을 더 큰 문맥 속에서 살펴보자.

(9) 遇见两个朋友, 好久没见, 就一起来了。 … 我是在路上遇见他们的, 非要来看看, 其实那男的我根本不认识。
친구 두 명을 만났는데 오랜만이어서 같이 왔어. … 나는 길에서 그들을 만났는데 기필코 와서 좀 보겠대. 사실 나는 그 남자 전혀 몰라.

문맥 속에서 예문 (9)의 '我是在路上遇见他们的'는 더 이상 분류로 설명할 수 없으며 '在路上遇见他们的'는 自指로 밖에 설명할 수 없다. 이런 분석으로 본고는 "是＋V(P)＋的"의 "V(P)＋的"도 自指를 나타내고 서술(陈述)기능을 가진 지시(指称)형식으로 본다.

朱德熙의 같은 논문에서는 "현대 한어의 'VP的'가 가리키는 바가 대체로 고대 한어의 'VP者'와 '所VP'가 가리키는 바의 총합이다. 때문에 고대 한어의 'VP者'와 '所VP'는 모두 현대 한어의 'VP的'으로 번역된다."[11]고 한다. 고대 한어의 'VP者'는 주어를 转指하는 기능이 있고 '所VP'는 转指하는 기능이 없어서 서로 상보적이다. 이중 'VP者'는 VP 위치에 주어가 출현할 경우 自指기능도 있으며 이런 自指기능을 하는 '者'

---

11) 大致说来, "VP的"的所指相当于"VP者"和"所VP"所指的总和。因此古汉语里"VP者"和"所VP"译成现代汉语都是"VP"的。朱德熙(1983/1999:23) 참조.

는 명사성 성분과 시간을 나타내는 단어 뒤에 출현할 수 있다.

   (10) 秦攻梁者, 是示天下要(腰)断山东之脊也。   (战国策·魏策四)

      진나라가 위나라를 치려는 것은 천하에 산동 여섯 나라의 중추를 중간

      에서 끊으려 함을 보여 주는 것입니다.

   (11) 此二人者实弑寡君。   (左传·隐公四年)

      이 두 사람이 바로 우리의 왕을 살해했습니다.

   (12) 莫春者, 春服既成。   (论语·先进)[12]

      늦봄 3월에 봄옷이 만들어집니다.

   예문 (10), (11), (12)은 각각 주어가 출현하는 VP, 명사성성분, 시간사
뒤에 '者'가 오는 경우인데 모두 自指를 나타낸다. 예문 (10)의 "秦攻梁
者"는 秦이 梁을 치려는 사건을 정태적으로 나타내고, 예문 (11)의 "此
二人者"는 다른 두 사람이 아니 이 두 사람임을 나타내고, (12)의 "莫春
者"는 다른 계절이 아닌 "暮春" 즉 늦봄을 가리킨다.

   현대 중국어에서도 "V(P)＋的"가 转指로 보기에 어려운 경우가 많은
데 앞에 예문 (2)의 "开大卡车的"는 "卡车司机"를 转指한다고 볼 수도
있고 "开大卡车" 자체를 지시하는 自指로 볼 수 있다. 转指로 볼 경우
예문 (2)는 '是' 판단문에 속한다. 하지만 예문 (3)부터는 "在路上遇见他
们", "吸烟"이 转指할 대상으로 볼 만한 명확한 명사가 없고 '的'와 결
합하여 지시형식으로 바뀌었으나 아직은 서술의 기능을 상실하지 않은
自指로 볼 수가 있는데 이때 "我们"에 대한 서술과 설명으로 볼 수 있
다. 이런 문장은 이미 일치와 부류 포함을 나타내는 판단문의 원형에서
벗어났으며 '是 … 的'구문에 속한다. "开大卡车的"는 转指 할 수 있는

---

12) 이상 예문은 朱德熙(1983/1999:36)에서 재인용.

명사 "卡车司机"가 있고 "早申明了的"는 转指할 수 있는 명확한 명사가 없다는 점에서 차이가 보이지만 "开大卡车的"를 "早申明了的"와 달리 自指로 볼 수 없을 만한 문법구조상 특이사항은 보이지 않는다. 설령 "开大卡车的"가 转指만 나타낼 수 있다고 한다 하더라도 화자가 사물의 분류를 원한다면 의미가 더 분명한 "卡车司机"라는 명사가 있음에도 서술형식의 표현인 "开大卡车的"를 사용하는 이유를 설명할 수 있어야 하는 문제가 남게 된다.

인지문법에서는 "제육"과 "돼지고기"는 의미가 다르다고 본다. "제육"은 개념을 직접적으로 나타내고 합성 경로도 [제육]이라는 하나로 되어 있다. 반면 "돼지고기"는 분석될 수 있는데 "돼지고기"의 의미는 [제육] 뿐만 아니라 개개로 상징화 된 [돼지]와 [고기], 그리고 이들이 합성 구조의 가치와 갖는 관계도 포함한다. "제육"과 "돼지고기"는 같은 합성 구조의 가치에 이르지만 그들의 합성 경로는 다르고 따라서 그들의 의미도 다르다.[13] 이에 비추어 볼 때 "卡车司机"와 "开大卡车的"는 분명히 의미가 다르다. 본고는 화자가 "开大卡车"라는 표현의 사용은 이 표현의 서술기능 때문이며 '的'과 합쳐지는 指称化는 '是'자문의 목적어 자리에는 명사성 성분만 올 수 있다는 제약 때문이라고 본다. '的'는 "开大卡车"를 指称化 시킬 뿐 서술성을 없애지는 않았다는 것이다. 때문에 "开大卡车的"는 서술성을 지닌 지시형식이며 "她"가 과거에 트럭을 운전했다는 객관적인 사실이 '是 … 的'구문에 의해 주관적으로 설명된다.

3.2.2 "是+A(P)+的"

朱德熙(1956/1997)는 형용사를 간단한 형식(简单形式, 성질형용사)과

---

13) 이기동(2005:139) 참조.

복잡한 형식(复杂形式, 상태형용사)으로 나누었다. 간단한 형식이란 형용사의 기본적인 형식으로 단음절 형용사(大, 红, 多, 快, 好)와 일반적인 2음절 형용사(干净, 大方, 糊涂, 规矩, 伟大)를 포함한다. 복잡한 형식에는 다음과 같은 형식들을 포함한다.

① 중첩식: 단음절 – 小小儿, 远远儿 등
　　　　　　2음절 – 老老实实, 干干净净 등
　　　　　　불완전 중첩식 – 糊里糊涂, 古里古怪 등
② 부가성분을 취하는 형용사: 黑乎乎, 红彤彤, 傻里呱唧, 灰不溜秋 등
③ 중첩식이 xyxy인 형용사: 雪白雪白, 冰凉冰凉, 通红通红 등
④ 형용사가 중심어인 구:
　　a. 정도부사와 정도를 나타내는 대명사와 형용사가 이루는 구[14]:
　　　　很大, 那么长 등
　　b. 형용사 병렬형으로 이루는 구: 又高又大 등

朱德熙의 복잡형식 ④는 보통 구(詞組)로 분류하는데 구로 볼 것인지 아님 단어로 볼 것인지는 본고의 연구에 큰 영향을 미치지 않으므로 이에 기초하여 "是＋A(P)＋的"를 살펴보기로 한다. 다음 예문을 보자.

(1) 全场都是黑的。 실내가 온통 깜깜하다.

(2) 教训是深刻的。 교훈은 뼈저린 것이다.

(3) 听你爱人说, 你们过去还是很和睦的。 당신 부인 말을 듣자하니, 당신들은 과거에 그래도 꽤 화목했다고 하더라고요.

---

14) "很, 挺, 非常, 多么"등이 있으며 최고급과 비교급의 "顶, 最, 更＋A(P)＋的"은 전형적인 体词性结构이다. – 朱德熙(1956/1997) 참조.

(4) 这心里虽然是酸酸的。 비록 이 마음은 아렸지만요.

　　예문 (1), (2)는 음절의 차이만 있을 뿐 '是'의 목적어가 모두 성질형용
사이다. 성질형용사는 사물의 성질을 정태적으로 나타내기 때문에 현실
과 비현실을 구분하기기 쉽지 않다. 하지만 "黑的", "深刻的"는 '的'와
결합하면서 서술성을 지닌 지시형식으로 바뀌고 '是'의 시간지속성을 부
여받게 된다. 이 두 예문은 문맥에서 특별한 시간이 제시되지 않을 경우
현재 실상에 놓이게 되며 형용사가 나타내는 성질이 계속 지속됨을 나타
낸다. 그러나 예문 (2)의 '教训是深刻的'가 한 번의 사건에 의한 것이
아닌 '구조적' 지식에 속할 경우 비실상 영역에 속하게 된다. 예문 (3)은
정도부사가 오는 경우이고, 예문 (4)는 형용사 중첩형이 오는 경우이다.
沈家煊(2011)[15])에 의하면 성질형용사에 '很'이 오는 것은 상태성을 증가
하는 방법 중의 하나이다. 또한 朱德熙(1956/1997:5)는 상태형용사가 나
타내는 속성은 양의 개념 혹은 화자가 이런 속성에 대한 주관적인 평가
와 관련이 있다고 한다. 예문 (3)과 (4)는 모두 주어의 상황과 상태에 대
한 설명인데 예문 (3)처럼 "过去"와 같은 시간에 대한 특별한 언급이 없
을 경우 현재 실상에 놓이게 된다. 예문 (3)은 "过去"에 의해 "很和睦
的"가 비직접실상에 놓이게 된다. 예문 (1), (2)는 성질형용사이고 예문
(3)은 성질형용사가 정도부사를 가지는 경우인데 예문 (3)은 정도부사를
통해 주관적으로 형용사가 나타내는 성질의 정도를 판단하고 평가했다
는 점에서 예문 (1), (2)보다 더 주관적이라고 볼 수 있다. 이상 분석을
통해 알 수 있듯이 "是＋A(P)＋的"의 A(P)가 성질형용사이고 '구조적'
지식을 나타내는 경우만 비실상 영역에 놓이고 나머지는 모두 '是 … 的'

---

15) 双音形容词不管是表性质的还是表状态的，都能通过多种手段来增强或恢复摹
　　状性，加'很'只是其中的一种手段。- 沈家煊(2011:6) 참조

실상 영역에 놓인다.

3.2.3 "是+N(P)+的"

현대 중국어의 "是+N(P)+的"는 다음과 같은 문장을 일컫는다.

(1) 书是图书馆的。 책은 도서관의 것 입이다.

(2) 房子是木头的。 집은 나무로 만든 것입니다.

(3) 小李是上海的。 샤우 리는 상해에서 왔습니다.

이상 예문(1)과 (2) 의 주어 "书", "房子"는 사물이고 (3)의 주어 "小李"는 사람이다. "图书馆的", "木头的", "上海的"는 '的'와 합쳐지면서 서술성을 지닌 지시형식으로 바뀌는데 '是'의 시간지속성을 받아 실상 영역에 놓인다. 목적어인 "图书馆的"은 이에 해당하는 명사가 없지만 "木头的"와 "上海的"는 각각 이에 해당하는 "木房", "上海人"이라는 명사가 존재한다.

朱德熙(1984/1999)는 "木头的, 外国的, 我哥哥的"등 명사성분 뒤에 '的'이 출현하는 'N(P)的'는 转指에 속하며 문법기능은 변화가 없지만 의미기능이 변한 것으로 간주하고 있다. 이런 지시형식은 직접 명사로 지시하는 경우와 다른데 이는 서술형식으로 나타내는 분석형식(分析形式)이다. 즉 위 예문 (2)와 (3)의 목적어 "木头的"와 "上海的"는 "木房", "上海人"의 분석형식이다. 이렇게 쓰일 경우 '是'는 전형적인 판단동사로 쓰이고 부류 포함관계를 나타낸다.

朱德熙는 'N(P)的'의 自指기능에 대한 언급이 없었는데 본고는 'N(P)的'는 '的'에 의해 서술성 지시형식으로 바뀌고 自指 할 수 있는 것으로 본다. 예문 (1), (2), (3)의 목적어인 "图书馆的", "木头的", "上海的"는

自指를 나타내며 각각 주어인 "书", "房子", "小李"의 성질 혹은 특징을 설명한다.

앞에 3.2.1에서 "是 + V(P) + 的"의 "V(P) + 的"도 自指 할 수 있음을 논증했는데 고대 중국어에 自指 기능을 하며 현대 중국어의 '的'으로 번역이 되는 "者"가 명사 뒤에 쓰이는 예를 제시했다.[16]

呂叔湘(1942/2004:55)은 고대 한어에 명사가 술어로 쓰일 경우 성질 혹은 상태를 타나내며 형용사와 같은 작용을 한다고 하였다.

  (4) 信如君不君, 臣不臣, 父不父, 子不子, 虽有粟, 吾得而食诸? (论语)[17]
      만약 왕이 왕답지 않고 신하가 신하답지 않으며, 아버지가 아버지답지
      않고 아들이 아들답지 않다면 곡식이 있다 하더라도 제가 어떻게 얻어
      먹을 수 있겠습니까?

张伯江(1994)는 현대 중국어에서 명사가 형용사로 쓰이는 것은 결국 명사의 어떤 성질의미를 추출하여 사용하는 것이며 이런 성질을 갖는 사물로 그런 성질을 나타낸다고 한다. 이에 谭景春(2000)은 현대 중국어의 "现代, 传统, 官僚, 傻瓜, 典型, 土气, 热情, 机械, 猴, 威风, 新潮, 规范, 封建, 港" 등 명사에 내재되어 있는 성질이 형용사로 쓰인 단어들의 의미해석문제를 다루었다.

이상의 연구들은 예문 (1), (2), (3)의 목적어인 "图书馆的", "木头的", "上海的"가 自指를 나타내며 각각 주어인 "书", "房子", "小李"의 성질 혹은 특징을 설명할 수 있음을 뒷받침 해준다고 할 수 있다.

다음 예문을 보자.

---

16) 본고 3.2.1의 예문 (8), (9) 참조.
17) 呂叔湘(2004/1942:55) 재인용.

(5) 诶，老陈，我有一建议。我想趁这个群众刚发动起来啊，同情现代秦香莲的这时候儿啊，由咱们牵头组织一次募捐活动，我估计钱少不了，但是这钱不是给这当事人本人。因为我觉得她受的创伤主要是心灵上的，不是经济上的。

저기 진씨, 내가 건의 한 가지 할게요. 내 생각엔 군중들이 막 동원되기 시작했을 때에, 현대판 친샹리엔을 동정하는 이때에, 우리가 나서서 모금활동을 하는 거예요. 내 생각엔 돈이 적지 않을 거예요. 하지만 이 돈은 당사자 본인에게 주는 것이 아니에요. 왜냐면 그녀가 받은 상처는 주로 마음의 상처이지 경제적인 상처는 아니라고 생각되니까요.

예문 (7)은 "创伤"이 "心灵"의 성질을 갖는 것이지 "经济"의 성질을 갖는 것이 아님을 나타낸다. 앞에 문맥에서는 "创伤"이 "心灵上"의 특징에 맞춰 모금을 하되 모금한 돈은 당사자 본인에 주지 말자는 것이다. 본고는 "心灵上的", "经济上的"를 转指로 볼 경우 自指를 거쳐야만 가능하고 본다. "心灵上的", "经济上的"가 문맥을 떠나서 转指할 경우 무엇을 지칭하는지 알 수 없기 때문에 우선은 이런 성질을 지칭하고 다시 문맥 속에서 일치와 부류 포함관계를 가질 대상을 찾아야 하기 때문이다. 그러나 "心灵上的", "经济上的"가 自指한다고 볼 경우 탈문맥 혹은 문맥 속에서 모두 일치한 설명을 할 수 있다.

4 결론

본고는 Langacker의 역동적 진화모형에 근거하여 현대 중국어의 '是…的'구문을 "是＋V(P)＋的", "是＋A(P)＋的", "是＋N(P)＋的"로 나누어서 실상구문과 비실상구문으로 나누어 보았다. 연구에서 "是＋V(P)＋的"에서 V(P)에 조동사가 출현하는 경우, V(P)가 가능보어인 경우,

"是＋V(P)＋的"가 '구조적' 지식을 나타내는 경우, "是＋A(P)＋的"의 A(P)가 성질형용사이고 '구조적' 지식을 나타내는 경우가 비실상 영역에 놓이고, 나머지 "是＋V(P)＋的"와 "是＋A(P)＋的", "是＋N(P)＋的"는 모두 실상 영역에 놓이는 것을 알 수 있었다. 또한 '是 … 的'구문의 '的'는 앞에 오는 성분을 서술성을 지닌 지시형식으로 바꾸는 문법기능을 지니며 "V(P)/A(P)/N(P)＋的"구조는 自指를 나타낸다.

| 참고문헌 |

凌璧君(2008), 〈句尾'的'的句法语用分析〉, 《语文学刊》第5期.

刘月华(2001), 《实用现代汉语语法》, 商务印书馆.

鲁晓琨(2004), 《现代汉语基本助动词语义研究》, 中国社会科学出版社.

吕必松(1982), 〈关于'是 … 的'结构的几个问题〉, 《语言教学与研究》第四期.

吕叔湘(1942/2004), 《中国文法要略》, 《吕叔湘文集 第1卷》, 商务印书馆.

_____(1999), 〈汉语语法分析问题〉, 《汉语语法论文集(增订本)》, 商务印书馆.

倪兰(2002), 〈'是 … 的'结构话语功能〉, 《语文学刊》第3期.

牛秀兰(1991), 〈关于'是 … 的'结构句的宾语位置问题〉, 《世界汉语教学》第三期.

齐沪扬·张秋杭(2005), 〈'是 … 的'句研究述评〉, 《语言文字学研究》第4期.

沈家煊(2006), 〈关于词法类型和句法类型〉, 《民族语言》第6期.

_____(2009), 〈我看汉语的词类〉, 《语言科学》第1期.

_____(2010), 〈英汉否定词的分合和名动的分合〉, 《中国语文》第5期.

_____(2011), 〈从韵律结构看形容词〉, 《汉语学习》第3期.

_____(2012), 〈"零句"和"流水句"〉, 《中国语文》第5期.

沈敏(2013), 〈'是 … 的'句中'是'字省略问题研究〉, 《齐鲁师范学院学报》第2期.

石毓智(2005), 〈判断词'是'构成连词的概念基础〉, 《汉语学习》第5期.

史有为·马学良(1982), 〈说"哪儿上的"及其'的'〉, 《语言研究》第1期.

_____(1984), 〈表已然意义的"的b"补议〉, 《语言研究》第1期.

宋玉柱(1996), 〈关于'是 … 的'结构的分析〉,《天津师院学报》第4期, 1978/《现代汉语语法论集》, 北京语言出版社.

_____(1996), 〈关于时间助词'的'和"来着"〉,《中国语文》第4期 1981/《现代汉语语法论集》, 北京语言学院出版社.

谭景春(2000), 〈关于由名词转变成的形容词的释义问题〉,《中国辞书论集》.

王启龙(2003),《现代汉语形容词计量研究》, 北京语言大学出版社.

王文格(2010), 〈状态形容词谓语句优先序列及其主观性等级〉,《河南师范大学学报(哲社版)》第5期, 2010.

徐阳春(2003),《关于虚词'的'及其相关问题研究》, 复旦大学博士学位论文, 2003

张伯江(1994), 〈词类活用的功能解释〉,《中国语文》第5期.

_____(2011), 〈现代汉语形容词做谓语问题〉,《世界汉语教学》第1期.

赵淑华(1979), 〈关于'是 … 的'句〉,《语言教学与研究》第1期.

朱德熙(1956/1997), 〈现代汉语形容词研究〉,《现代汉语语法研究》, 商务印书馆.

_____(1961/1997), 〈说'的'〉,《现代汉语语法研究》, 商务印书馆.

_____(1966/1997), 〈关于《说'的'》〉,《现代汉语语法研究》, 商务印书馆.

_____(1983/1999), 〈自指和转指〉,《朱德熙文集 第3卷》, 商务印书馆.

祝东平(2007), 〈'的'用于已然动作的条件〉,《汉语学习》第4期.

Ronald W. Langacker(1987/1999), "Foundations of Cognitive Grammar Ⅰ", 김종도 옮김,《인지문법의 토대(Ⅰ)》, 도서출판 박이정.

_____(1991/1999), "Foundations of Cognitive Grammar Ⅱ", 김종도 옮김,《인지문법의 토대(Ⅱ)》, 도서출판 박이정.

Y. Tsuji(2002/2004),《인지언어학 키워드 사전》, 임지룡 외 옮김, 한국문화사.

송재목(2009), 〈인식양태와 증거성〉,《한국어학》44.

현대중국어 직시동사의 의미기능 연구
— '来+VP'와 '去+VP' 구문을 중심으로

김주희

1 들어가는 말

현대중국어 기본이동동사인 '来'와 '去'에 대해 现代汉语词典(2012)에서는 각각 '다른 장소로부터 화자가 위치한 곳에 도달함[1]'과 '화자가 위치한 곳으로부터 다른 장소에 도달함[2]'이라고 정의하고 있다. 즉, 화자의 위치를 중심(참조점)으로 '来'는 화자의 위치를 향해 다가가는 이동을, '去'는 화자의 위치에서 멀어지는 이동이라는 것이다. 이러한 '来'와 '去'는 현대중국어에서 다양한 통사형식에 사용되어 여러 의미기능을 나타낸다[3].

《중국어문논총》제70집(2015년 8월) 게재.

** 고려대학교 중어중문학과 강사.

1) 从别的地方到说话人所在的地方, 跟'去'相对. 现代汉语词典(2012:768).

2) 从说话人所在地到别的地方, 跟'来'相对. 现代汉语词典(2012:1074).

3) 现代汉语词典(2012:768, 1074)에서 인용. '来'와 '去'가 출현하는 통사형식과 나타내는 의미기능은 훨씬 더 다양하지만 여기서는 본고의 논의내용과 관련이 있는 것만 인용하였다.

현대중국어 직시동사의 의미기능 연구 **381**

(1) a. 你来念一遍。

　　당신이 한번 읽어보세요.

　　당신이 와서 한번 읽어보세요.

　b. 我们贺喜来了。

　　우리가 축하해주러 왔어요.

　c. 你又能用什么理由来说服他呢?

　　당신은 또 무슨 이유를 들어 그를 설득할 수 있는데요?

(2) a. 你们去考虑考虑。

　　당신들이 한번 생각해 보세요.

　b. 我们游泳去了。

　　우린 수영하러 갔었어요.

　c. 要从主要方面去检查。

　　중요한 부분부터 조사를 해야 한다.

　예(1a)와 (2a)에서 '来'와 '去'는 각각 '어떤 일을 하려고 하다'라는 의미를 나타내고, (1b)와 (2b)에서는 '어떤 일을 하러 오다/가다'를 나타낸다. (1c)와 (2c)의 경우, '来'와 '去'에 출현하는 '用什么理由'와 '从主要方面'은 방법, 방향, 태도 등을 나타내고, 후행하는 '说服他'와 '检查'는 목적을 나타낸다4).

　이처럼 '来'와 '去'가 단독으로 문장에 출현할 때는 화자의 위치를 중심으로 서로 상대적인 방향으로의 이동이라는 기본의미를 나타내지만, 예(1a)와 (2a)같이 다른 동사구와 공기하는 경우에는 단순히 이동의미만을 나타낸다고 보기 힘든 경우도 있고, (1c)와 (2c)같이 이동의미를 나타낸다고 판단하기 어려운 것도 있다5). 이를 통해 사전 상에 제시된 '来'와

---

4) 表示前者是方法、方向或态度, 后者是目的. 现代汉语词典(2012:768, 1074)

5) 이때 '来'와 '去'가 나타내는 의미가 대칭적이라고 보기 어렵다. 본고에서는 제3장

'去'의 의미만으로는 '来'와 '去'의 구문 내 의미기능을 충분히 설명할 수 없음을 알 수 있다.

'来'와 '去'에 대한 기존의 연구 결과들을 통해 '来'와 '去'가 동사(구)와 결합해서 구성한 '来＋VP'와 '去＋VP' 형식이 '来'와 '去' 의미변화의 통사적 기제임은 이미 주지하는 사실이다. '来＋VP'와 '去＋VP' 구문에 사용되면서 '来'와 '去'의 의미기능에는 변화가 발생하기 시작한 것이다.

이에 본 논문에서는 '来＋VP'와 '去＋VP' 구문에서 '来'와 '去'가 나타내고 있는 다양한 의미기능을 '이동'과 '직시'의 관점에서 고찰하고자 한다. 구체적으로는, 의미변화 과정에서 '来'와 '去'가 가진 고유의 이동성과 직시성이 어떻게 반영되고 있는지에 대한 고찰을 통해 '来'와 '去' 의미변화 과정의 유사성과 차이점을 살펴볼 것이다.

2 '来'와 '去'의 이동성과 직시성

'来'와 '去'의 의미기능에 관한 연구는 대부분 이동동사로서 '来'와 '去'가 '来＋VP'와 '去＋VP' 구문6)에 출현했을 때의 통사 특징과 이동의미의 변화가 중심이 되어 왔다. 그러나 '来'와 '去'는 이동동사로서 '공간상의 위치이동'을 나타내는 '이동성'뿐만 아니라 공간직시표현의 대표적인 직시소로 '직시성'도 함께 가지고 있는 동사이다. 이에, 본 장에서는

에서 이에 관한 자세한 논의를 진행할 것이다.

6) Goldberg(1995)는 구문을 '특정동사와는 독립적으로 존재하는 형식과 의미의 대응물'로 정의하고, 구문의 문법적 단위 설정을 주장하였다. 이에 따르면 구문이란 문장 안의 단어와는 독립적으로 스스로 의미를 가진 구조이다. 따라서 구문은 단순히 어휘항목의 결합체, 그 이상의 언어단위로서 어휘항목과는 별도로 문장의 의미를 결정하는 중요한 단위이다.(정주리, 〈'-주다' 형식의 구문과 의미〉,《한국어 의미학》, 제19집, 2006: 207).

'來'와 '去'의 이동성과 직시성을 살펴보고자 한다.

2.1 이동동사 '來'와 '去'

2.1.1 이동

Jackendoff(1983:168)는 '이동'이란 시간의 흐름에 따라 어떠한 이동체의 공간적 위치를 변화시키는 것을 말한다고 하였다[7].

Fillmore(1971:697-700)는 어떤 사물이 어느 한 시간 어느 한 장소에 있다가 다른 시간 다른 장소에 놓이게 된다면 그 사물이 '이동'했다고 말할 수 있고 일반적으로 '이동'은 출발점과 종착점, 또는 발원과 목표가 있는 시간과 공간을 전제로 하는 개념이라 하였다[8].

Langacker(2002/2005:271)는 이동동사는 각 성분상태가 이동자와 이동자의 직접적인 위치 사이의 관계를 명시하는 완전 과정으로 간주될 수 있다고 하면서 공간이동동사에 대한 표상을 다음과 같이 제시하였다.

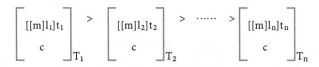

$$\begin{bmatrix} [[m]l_1]t_1 \\ c \end{bmatrix}_{T_1} > \begin{bmatrix} [[m]l_2]t_2 \\ c \end{bmatrix}_{T_2} > \cdots\cdots > \begin{bmatrix} [[m]l_n]t_n \\ c \end{bmatrix}_{T_n}$$

그림 1. 공간이동동사 공식[9]

위의 공식은 이동자 'm'이 위치 'l$_i$'를 점유함을 나타내고, 't'는 개념화 시간, 'T'는 처리시간을 나타낸다. 즉 'm'은 순간 't$_1$'에서는 위치 'l$_1$'을

---

7) 신경미(2013: 12) 재인용.

8) 이남(2012: 14) 재인용

9) Langacker(2002/2005: 271) 인용.

차지하고, 't₂'에서는 'l₂'를 차지하며 이와 같은 방식으로 계속해서 이어지는 위치를 차지한다. 개념화 시간의 폭 [t₁, t₂, t₃, … tn]에서 처음부터 끝까지 이동자는 공간적 경로 [l₁, l₂, l₃, … ln]을 통과한다[10].

이상과 같은 '이동', '이동동사'에 관한 정의와 공식에 근거해 '来'와 '去'의 기본의미를 다시 살펴보자. '다른 장소로부터 화자가 위치한 곳에 도달함'을 나타내는 '来'의 기본의미에는 '출발점(다른 장소)'에서 '도착점(화자가 위치한 곳)'으로의 '시간의 변화에 따른 공간상의 위치변화'라는 '이동' 의미와 '한 장소(출발점)'에서 '다른 장소(도착점)'를 향한 '이동'이라는 '방향' 의미가 함께 내재되어 있는 것으로 볼 수 있다. '去'의 경우도 마찬가지로 '화자가 위치한 곳으로부터 다른 장소에 도달함'이라는 기본의미에는 '출발점(화자가 위치한 곳)'에서 '도착점(다른 장소)'으로의 '이동'과 '방향' 의미가 포함되어 있다. 즉, 이동동사 '来'와 '去'는 [+위치 이동][+방향] 자질을 모두 가지고 있다고 할 수 있다. 이들이 나타내는 '이동'을 도식으로 나타내면 다음과 같다.

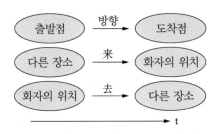

그림 2. 이동동사 '来'와 '去'의 이동도식

---

10) Langacker(2002/2005: 271)는 고도로 도식적인 이 공식은 모든 물리적 이동동사가 공통으로 가지고 있는 것을 표현하는 것이라고 하였다.

2.1.2 '来'와 '去'가 구성하는 이동사건

Talmy(2000b: 42-48)는 '이동'과 관련된 개념들은 단순히 어휘차원에 머물지 않고 함께 하나의 총체적인 틀의 형태로 실현된다고 하며 '이동사건 틀(Motion Event Frame)'이론을 제시하였다. 또한 '이동사건 틀'을 이루는 대표적인 구성요소로 다음과 같은 요소들을 설정하였다[11].

(3) a. 전경: 다른 물체와 관련하여 실제 움직이고 있거나 움직일 수 있는 것으로 간주되는 물체

　　 b. 배경: 전경의 참조점으로 기능하며 전경의 경로나 장소를 특징지어 주는 환경

　　 c. 경로: 배경과 관련하여 전경이 따라간 행로 또는 위치한 장소

　　 d. 이동: 사건에서 이동 또는 처소의 존재

　　 e. 방식: 이동을 실행하는 수단이나 양태

　　 f. 원인: 이동을 발생시키는 외적 요인

---

11) Talmy(2000b: 42-48)에 따르면 '이동사건 틀(Motion Event Frame)'은 '틀 사건 (Framing-Event)'과 '공기 사건(Co-Event)'이 결합한 '복합사건(Complex Event)' 으로, '거시 사건(Macro-Event)'이라고도 한다. 이 '거시사건(이동사건 틀)'을 구성하는 두 사건 중에서 '틀 사건'은 기본적 사건이고, '공기 사건'은 부차적 사건이다. 다시 말해 '틀 사건' 구성요소들 없이는 이동사건 표현 자체가 불가능 한 반면 '공기 사건' 구성요소들은 전부 없어도 상관이 없다고 하였다. '틀 사건' 구성요소로는 〈전경(figure)〉, 〈배경(ground)〉, 〈이동(motion)〉, 〈경로(path)〉이 있으며, '공기 사건' 구성요소에는 〈방식(manner)〉, 〈원인(cause)〉, 〈선행(precursion)〉, 〈가능 (enablement)〉, 〈역가능(reverse enablement)〉, 〈수반(concomitance)〉, 〈공동결과 (concurrent result)〉, 〈연속(subsequence)〉이 있다. Talmy(2000b: 25-27)에서는 '틀 사건'과 '공기 사건' 구성요소들 중 이동사건 구성에 있어 대표적인 요소를 6개로 축소 설정하였다. 신경미(2013: 13-26)에서 인용.

위의 구성요소들은 서로 융합하여 이동사건을 나타내게 되는데, 〈전경〉, 〈배경〉, 〈경로〉, 〈이동〉요소는 이동사건 구성의 필수요소이며, 그 중에서도 〈경로〉요소가 〈전경〉, 〈배경〉, 〈이동〉 사이의 관계를 부여해주는 '핵심 도식(core schema)'이다. 그러므로 이동사건에서 보여지는 〈경로〉요소의 실현 양상에 따라 언어 유형을 구분할 수 있다[12]. 다른 한편으로는 기본적으로 〈이동〉요소를 내재하고 있는 이동동사가 이동사건 구성에 있어 가장 중심적인 역할을 수행한다[13]. 때문에 〈이동〉요소와 융합된 구성요소에 근거해 언어 유형을 구분하기도 한다[14][15].

그렇다면 현대중국어에서 [+위치 이동][+방향] 의미 자질을 내포하고 있는 이동동사 '来'와 '去'가 구성하는 이동사건 표현은 어떠한가? 앞서 언급했던 '来'와 '去'의 기본의미를 다시 살펴보자. '다른 장소로부터 화자가 위치한 곳에 도달함', '화자가 위치한 곳으로부터 다른 장소에 도달함'이라는 의미 속에는 사실 이동사건의 기본 구성요소인 〈전경〉, 〈배경〉, 〈경로〉, 〈이동〉이 모두 포함되어 있다.

---

12) 〈경로〉요소가 이동동사에 융합되어 실현되는 '동사 틀 언어(Verb-Framed Language)'와 위성어에 의해 실현되는 '위성 틀 언어(Satellite Framed Language)'로 구분할 수 있다. Talmy(2000b: 218)참조.

13) 임지룡, 《의미의 인지언어학적 탐색》, (서울: 한국문화사, 2008: 289)

14) 이동사건 표현에서 〈이동〉요소에 융합하여 이동동사에 내재된 구성요소의 종류는 언어마다 차이를 보인다. 예를 들어, 영어 이동동사 'fly'에는 〈이동〉에 〈방식〉요소가, 프랑스어 이동동사 'traverser(횡단하다, 건너다)'에는 〈이동〉에 〈경로〉요소가 융합되어 있다. Ungerer&Schmid(1996/2010: 319) 참조.

15) Talmy(2007: 99)는 이동동사에 나타나는 요소들의 융합 양상에 따라 '공기 사건 언어', '경로 언어', '전경 언어'로 구분하였다.
언어 유형 구분에 대한 Talmy외의 다양한 의견들과 현대중국어 관련 논의는 신경미(2013: 18-34)참조.

(4) '来'와 '去'가 구성하는 이동사건 틀
　　〈전경〉: 이동주체
　　〈배경〉: 화자가 위치한 곳(참조점)
　　〈경로〉: 출발점에서 도착점을 향한 이동
　　〈이동〉: 위치이동

　이동사건 틀에서 〈경로〉요소는 〈배경〉과 관련하여 이동주체가 따라간 행로이므로 앞서 이동동사 의미 자질에서 언급했던 '방향'에 해당한다. '来'와 '去'가 구성하는 이동사건 틀에서 이동하는 주체인 〈전경〉의 이동과정과 이동의 방향을 나타내는 〈이동〉과 〈경로〉요소는 '来'와 '去'이다. 그리고 〈이동〉과 〈경로〉의 참조점인 화자의 위치는 〈배경〉요소가 되는 것이다. 이와 같은 '来'와 '去'가 구성하는 이동사건은 다음과 같이 도식화 할 수 있다.

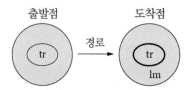

그림 3. '来'의 경로도식

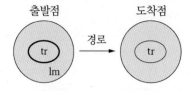

그림 4. '去'의 경로도식

　도식에서 'lm(landmark)'은 이동사건의 〈배경〉요소를, 'tr(trajector)'은 〈전경〉요소를 의미한다. '来'와 '去'가 구성하는 이동사건은 모두 출발점에서 도착점을 향한 공간상의 위치이동이라는 점에서는 동일하지만 두 도식에서 'lm'이 놓여진 위치가 다른데 이는 〈배경〉인 '화자가 위치한 곳'을 이동의 '참조점'으로 하여, '来'는 '화자가 위치한 곳으로'의 이동과 정과 경로를, '去'는 '화자가 위치한 곳으로부터'의 이동과정과 경로를 나타내기 때문이다.

2.2 직시동사 '来'와 '去'

2.2.1 직시

직시(deixis)[16]는 지시(reference), 지적(indicate)을 의미하는 그리스어 'deîksis'에서 차용된 용어로서, 화자의 시공간적 입장이 기준점(point of reference)[17]이 되어 사물을 직접 가리키는데 쓰이는 낱말이나 그러한 문법적 자질이 든 낱말(직시소)을 의미하기도 하고 그러한 기능(직시)을 의미하기도 한다. 따라서 직시 또는 직시소는 발화의 맥락이나 언어행위의 자질들을 언어가 기호화 또는 문법화하는 방법 중의 하나가 되며, 그런 발화의 해석은 발화의 맥락에 대한 분석에 의존한다[18].

직시는 모든 언어에 존재하는 보편적인 언어 현상으로 그 유형으로는 발화 참여자의 위치와 관련하여 묘사되는 공간적 위치를 나타내는 공간 (장소)직시, 발화가 이루어지고 있는 발화 시간과 관련된 시간적 지점을 나타내는 시간직시, 화자와 청자로 대표되는 발화 참여자를 나타내는 인칭직시, 발화 참여자들의 사회적 지위나 관계를 반영하는 사회적 직시,

---

16) 'deixis'에 대응하는 번역 술어는 '직시'외에도 '화시', '상황소', '가리킴말' 등이 혼용되고 있다. 용어 사용에 관한 자세한 논의는 민경모(〈Deixis의 개념 정립에 대한 일고찰〉, 《한국어 의미학》, 제37집, 2012: 27-52)참고.
17) 본고의 '참조점'에 해당한다.
18) 신아사 편, 《영어학사전》,(서울: Shinasa,1990: 321).

발화 안에서 발화 그 자체를 포함해 발화의 한 부분을 언급하는 담화직시가 있다. 가령 한국어의 경우, '이, 그, 저' 등의 지시대명사, '나, 너' 등의 인칭대명사, 시제표지, 장소사, 시간사, 이동동사 '오다, 가다' 등이 대표적인 직시소이다.

직시소가 해석되기 위해서는 기준점인 직시중심(deictic center)이 필요한데 앞서 직시의 정의에서 보았듯이 기본적으로는 화자의 시공간적 입장이 직시중심이 된다. 즉 직시범주는 자기중심적(egocentric)으로 조직되어 있어 발화에서 화자가 직시중심이 되는 것이 무표적인 것이다. 직시유형별로 예를 들어 보면 인칭직시의 중심은 화자가 되어, 화자는 자신을 기준으로 발화참여자 역할에 인칭을 부여한다. 시간직시의 경우 화자는 자신이 발화하는 시간을 기준으로 사건 발생시간을 지시한다. 공간직시는 발화시 화자의 위치가 중심이 되어, 화자는 자신의 위치를 기준으로 사건 발생장소를 가리킨다. 마찬가지로 사회적 직시는 화자의 사회적 지위가, 담화직시는 화자가 발화하고 있는 어떤 지점이 직시중심이 된다[19]. 직시중심은 고정불변의 것이 아니라 다른 참여자나 시간, 장소, 지위, 지점으로 옮겨질 수 있는데 이를 '직시중심의 이동'이라 한다[20].

2.2.2 직시동사 '来'와 '去'

'来'와 '去'가 구성하는 이동사건 표현의 구체적인 예를 한번 살펴보자.

    (5) a. 他来市场买东西了。

---

19) 김주희(2012: 19).
20) 직시중심의 이동을 Fillmore(1997:99)는 '시점 점환(shift in points of view)', Lyons (1977:578-579)는 '직시적 투사(deictic projection)'라 하였다.

그는 시장에 물건 사러 왔습니다.

그는 시장에 와서 물건을 샀습니다.

b. 他去市场买东西了。

그는 시장에 물건 사러 갔습니다.

그는 시장에 가서 물건을 샀습니다. (Lee, Tong King(2008: 10 인용))

예문(5)의 이동주체는 모두 '他'이고, 두 문장 모두 이동주체가 '다른 장소'에서 '市场'으로 이동했음을 표현하고 있다. 그런데 (5a)에는 '来'가 (5b)에는 '去'가 사용되고 있다. '来'와 '去'의 선택에는 발화시 화자가 위치한 장소가 영향을 주고 있는데 '来'를 사용한 경우는 발화시 화자가 '市场'에 있고 이동주체는 다른 장소에서 화자가 있는 '市场'을 향해 이동을 해 왔음을 나타낸다. 반면 '去'를 사용한 경우는 발화시 화자는 '市场'이 아닌 다른 장소, 즉 발화 장소에 있고 이동주체는 발화 장소에서 '市场'을 향해 이동한 것임을 나타내고 있다. 만약 이 두 문장에서 발화시 화자의 위치가 달라지면 문장은 성립하지 않는다. 예를 들어 (5a)의 경우 발화시 화자가 '市场'가 아닌 다른 장소에 있다면 문장에는 '来'를 사용할 수 없다. 마찬가지로 (5b)의 경우도 발화시 화자가 '市场'에 있다면 '去'를 사용할 수 없게 되는 것이다.

'来'를 사용하는 이동사건은 '화자의 위치를 향해 다가가는' 이동을, '去'가 사용된 이동사건은 '화자의 위치에서 멀어지는' 이동으로 해석된다. 이는 '来'와 '去'가 '화자의 위치'를 '참조점'으로 이동경로를 구체화시키기 때문인데, 이러한 기능이 바로 〈2.2.1〉에서 소개한 '직시'에 해당한다. '来'와 '去'는 공간직시소로, '来'와 '去'가 나타내는 이동은 절대적인 '참조점'을 가지고 있는 것이 아니라 '화자의 위치'를 기준으로 방향이 상대적으로 정해진다. 항상 '화자의 위치', 즉 '직시중심'과의 관련에 의해 그 방향이 구체화되는 '직시적'인 특징을 가지고 있어 '来'와 '去'를

'직시동사'[21]라고도 할 수 있는 것이다.

'화자의 위치'를 '참조점'으로 이동의 경로가 구체화되는 '직시적' 특성은 '来'와 '去'가 다른 방향동사 '上', '下', '进', '出', '回', '过', '起'와 구분되는 중요한 지표가 된다. 이와 관련된 Talmy(2000b:53-57)의 〈경로〉요소 세분화에 관한 언급을 살펴보자. Talmy는 〈경로〉는 단순한 구성요소가 아니라 몇 개의 구조적으로 별개인 구성요소로 이루어진 것으로 보는 것이 적절하다고 주장하며 〈경로〉를 방향소(Vector)', '구성소(Conformation)', '직시소(Deixis)'로 세분하였다. '방향소(Vector)'는 배경을 기준으로 이동체가 이동하는 출발(departure), 횡단(traversal), 도착(arrival)의 전체 과정을 모두 포함하는 것으로 가장 구체적으로 객관적인 경로를 나타낸다. '구성소(Conformation)'는 기본배경(fundamental Ground schema)과 전체배경(full Ground object)이 관련되는데 출발, 횡단, 도착의 과정 중 한 곳만을 포착하여 전체적인 이동사건을 이해할 수 있게 한다. 이 역시도 부분적이지만 객관적인 경로를 나타낸다. '직시소(Deixis)'는 '화자를 향하여'와 '화자에게서 멀어지는 방향으로'라는 두 가지 개념이 포함되어 객관적인 대상이 아닌 '화자'를 중심으로 한 주관적인 경로가 설정된다[22]. 신경미(2013:42-45)에서는 이러한 세부요소에 따라 현대중국어 방향동사들을 '上'과 '下'는 '방향소(Vector)'로; '进', '出', '回', '过', '起'는 '구성소(Conformation)'로; '来'와 '去'는 '직시소(Deixis)'로 구분하였다. '방향소'와 '구성소'는 '객관적 경로'를 나타내지만 '직시소'는 '주관적 경로'를 나타낸다.

---

21) '직시동사(deictic verb)'라는 표현은 직시동사 연구의 시초로 여겨지는 Fillmore (1966: 219-227)의 연구에서 사용되기 시작했다. '직시동사' 외에 Yan Huang(2006/2009: 173)은 직시방향어(deictic directionals)로, Talmy(1985: 135)는 '방향(Direction)'의 의미자질이 내포되어 있는 '직시적(deictic)표현'이라는 용어를 사용하였다.

22) Talmy(2000b:53-57)

직시동사로서 '来'는 [＋위치 이동][＋방향][＋화자지향]의 의미 자질을, '去'는 [＋위치 이동][＋방향][＋탈화자지향]²³⁾의 의미 자질을 내재하고 있다고 할 수 있다.

그런데 여기서 [＋화자지향] 자질과 관련해 고려해 볼 문제가 있다. '화자의 위치'를 기준으로 놓고 볼 때 '来'와 '去'가 표현하는 이동은 상대적인 방향으로 진행된다. 하지만 '출발점에서 도착점으로의 이동'이라는 측면에서 볼 때는 둘 다 동일하게 '도착점'을 향한 이동을 보여준다. 이것은 '来'와 '去'가 구성한 이동사건에서 〈배경〉인 '화자의 위치'가 '来'의 경우는 '도착점'에 있고 '去'의 경우에는 '출발점'에 있기 때문이다. 앞서 살펴보았던 예문(5)를 이동사건 구성요소의 관점에서 다시 살펴보자.

(6) a.   他   来   市场   买东西
     〈전경〉   〈이동〉   〈배경〉   〈원인〉
              〈경로〉

   b.   他   去   市场   买东西
     〈전경〉   〈이동〉   〈배경〉   〈원인〉
              〈경로〉

(6a)에서 '他'는 이동하는 주체인 〈전경〉이고, '市场'은 '화자가 위치'하는 〈전경〉 이동의 참조점인 〈배경〉, '来'는 〈전경〉의 이동과정과 이동의 방향인 〈이동〉과 〈경로〉요소이다. 또한 이 문장에는 '来'의 이동을 발

---

23) 일부 논문에서는 '화자의 위치를 향하다'라는 '화자지향성'은 [＋proximal]로 '화자에게서 멀어진다'는 의미는 [＋distal]로 사용하고, 중국 논문에서는 각각 [＋近向]과 [＋远向]을 사용하기도 한다. 여기서 [＋탈화자지향]은 '화자에게서 멀어지는 이동'이라는 의미로 사용하였다.

생시키는 〈원인〉요소인 '买东西'라는 행위가 함께 출현하고 있다. '来'가 표현하는 이동은 〈배경〉인 '市场'을 향해 진행된다. 반면 '去'가 〈이동〉과 〈경로〉요소인 (6b)에서는 〈전경〉과 〈원인〉요소는 (6a)와 동일하지만, 〈배경〉요소로 출현한 '市场'은 '화자의 위치'가 아닌 '去' 이동의 '도착점'이다.

　현대중국어에서 이동동사 '去'가 출현한 문장에 후행성분으로 장소를 나타내는 명사(구)가 출현한다면 그건 모두 '去' 이동의 '도착점'이다. 이러한 상황이 가능한 것은 이동사건의 〈배경〉요소는 '전경의 경로나 장소를 특징 지어 주는 환경'이므로 '화자의 위치' 뿐만 아니라 이동과 관련된 다른 장소도 〈배경〉이 될 수 있기 때문이라 여겨진다. 다시 말해 현대중국어에서 '去'가 표현하는 이동은 '화자의 위치에서 멀어지는 이동' 보다는 '도착점을 향한 이동'이라는 측면이 더 강조되고 있는 것으로 봐야 하는 것이다. 이러한 관점은 통시적인 측면에서 '去'의 의미 변화를 고찰한 관련 연구들에서 이미 충분히 증명이 된 내용이다[24]. 고대중국어에서 '去'는 '출발점'이 강조된 '떠나다(离开)'의 의미로 사용되었고, '去'의 뒤에는 '출발점'을 나타내는 장소목적어가 출현하였다. 그 후 점차 변화과정을 통해 '去'는 '출발점'이 아닌 '도착점'이 강조된 '어디에 이르다(往)' 의미로 사용되었고, '도착점'이 장소목적어로 출현하게 되었다.

　비록 이동사건에서 '도착점'이 〈배경〉으로 출현하지만 '去'가 표현하는 이동사건은 하나의 완전한 과정이다. 이는 '이동'은 반드시 '한 장소에

---

24) '去'의 '到往'의미가 언제부터 보였는지에 대해 갑골문에 이미 존재한다는 주장(任学良1987; 陈年福2001), 汉魏시기에 출현했다는 주장(周迟明1959; 杨克定1992; 崔达送2005),당대이후가 돼서야 출현했다는 주장(曹广顺 1995)등이 있으나 모두 기본적으로 '去'의 '到往'의 출현은 이미 오래전의 일이라는 점에서는 이견이 없다. 左双菊(2011: 61)참조

서 다른 한 장소로'라는 '경로'를 포함하고 있어야 하므로 '도착점'이 있
다면 그 이동의 '출발점'은 필연적으로 존재하기 때문이다. 또한 직시동
사로서 '去'가 나타내는 이동은 항상 '화자의 위치'에서 출발한다는 '직
시적' 특성에 근거해 '주관적 참조점'이 되는 '화자의 위치'는 통사적으
로 실현되지 않아도 되지만 '객관적 참조점'이 되는 '도착점'은 출현해야
한다. 그래서 '来'가 '화자'와 관련된 '주관적 참조점'만 가진 것과 달리
'去'는 '주관적 참조점' 외에 통사적 어휘로 실현되는 '객관적 참조점'을
하나 더 가지고 있는 것이다.

이러한 논의를 근거로 하면 '去'의 의미 자질은 [+위치 이동][+방향]
[+탈화자지향][+도착점지향]으로 나타낼 수 있고 이에 근거해 〈그림
4〉의 '去'의 경로도식은 다음과 같이 수정될 수 있다.

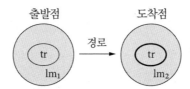

그림 5. 직시동사 '去'의 경로도식

도식에서 'lm₁'은 '화자'와 관련된 '주관적 참조점'이고, 'lm₂'가 통사적
으로 실현되는 '객관적 참조점'이 된다. 직시동사 '去'가 나타내는 것은
'(주관적 참조점에서) 객관적 참조점을 향한 이동'이다.

이상에서 살펴본 '이동'과 '직시'관점에서의 '来'와 '去'의 의미 자질과
동사범주 사이의 관계를 도식으로 표현하면 〈그림 6〉과 같다.

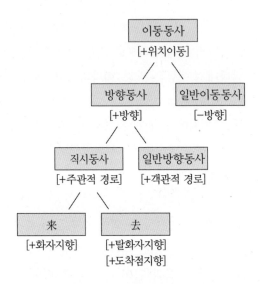

그림 6. '来'와 '去'의 의미 자질과 동사범주[25]

〈그림 6〉에서 제시된 바와 같이, 직시동사로서 '来'는 [＋위치 이동]
[＋방향] [＋화자지향]을, '去'는 [＋위치 이동][＋방향] [＋탈화자지향]
[＋도착점지향]을 의미 자질로 가진다. 이 중 [＋위치 이동][＋방향] 자질
은 '이동성' 특징에 해당하고, [＋방향] [＋화자지향][＋탈화자지향] 자질
은 '직시성' 특징에 해당한다.

---

25) [＋방향]자질은 현대중국어에서 '来', '去', '上', '下', '进', '出', '回', '过', '起'가
다른 이동동사들과 구분이 되는 기준이 될 수 있다. 이 이동동사들을 학계에서는
통상적으로 '방향동사'로 하위분류하고 있다. 방향동사들은 모두 공통적으로 [＋위
치 이동][＋방향] 의미 자질을 가지고 있다. 일반이동동사는 '跑', '逛', '飞', '奔',
'飘' 등과 같이 [＋위치 이동][－방향] 의미 자질을 가진 것들을 가리킨다.

3 '来'와 '去'의 의미기능

본 장에서는 2장에서 살펴본 직시동사로서 '来'와 '去'의 이동성과 직시성 특징을 중심으로 '来＋VP'와 '去＋VP' 구문에서 '来'와 '去'가 나타내는 의미기능을 살펴보고자 한다.

3.1 '来'의 의미기능

현대중국어 '来＋VP' 구문에 출현한 직시동사 '来'의 상황을 살펴보자.

(7) 没事，来我家玩吧。[26]
　　별일 없으면, 우리 집에 놀러 오세요.

(8) 我来参加表弟的婚礼，顺便来看看您。
　　사촌 남동생 결혼식에 참석하러 온 김에 찾아뵈러 왔어요.

(9) 我们就是觉得报道有误，所以才来找你呀。
　　우리는 뭔가 보도가 잘못된 것 같아서, 당신을 찾아 온 겁니다.

(10) 我来找黄医生看病。
　　저는 황 (의사)선생님께 진찰 받으러 왔습니다.

(11) 我是来办理收场的，而不是来继续演出的。
　　전 마무리를 지으러 온 거지 공연을 계속 하려고 온 것이 아닙니다.

예(7)-(11)은 모두 시간 순서에 따라 '먼저 위치 이동 발생, 후 'VP'가 발생'이라는 순차적인 두 동작행위를 나타내고 있다. 예(7)에서 '来'가 나타내는 이동은 '我家'라는 명시적인 참조점을 향한 위치 이동으로, '화자

---

26) 인용표기가 생략된 예문은 모두 북경대학교 현대중국어 코퍼스에서 추출한 것이다.(http://ccl.pku.edu.cn:8080/ccl_corpus)

의 위치' 역시 참조점에 있다. 예(8)-(11)에는 참조점이 명시적으로 출현하지는 않았지만 '来'가 가진 직시적 특징으로 인해 발화시 '화자가 있는 위치'가 참조점이되어, 이 참조점을 향한 위치 이동이 발생했음을 알 수 있다. 뿐만 아니라 이 참조점은 후행하는 'VP'가 나타내는 동작행위가 이루어지는 장소이므로, 주관적 참조점과 동작행위의 이루어지는 장소가 일치한다. 이로 인해 '참조점을 향한' 위치 이동은 실질적으로는 'VP'가 나타내는 '동작행위가 이루어지는 장소를 향한' 이동을, 더 나아가서는 '동작행위의 실행' 자체를 '목표'로 하는 '목적성' 이동으로 해석될 수 있다.

요컨대, 공간범주에서 참조점 전환이 이루어져 행위자가 다른 장소(출발점)에서 동작행위 실행장소(참조점)을 향해 이동했고 그 이동은 동작행위의 실행을 목적으로 발생한 것이다. 이러한 '참조점의 전환'을 통한 목적의미 유추과정은 다음과 같은 도식으로 표현할 수 있다.

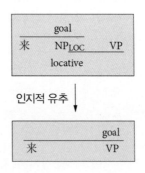

그림 7. '来+(NPLOC)+VP'의 목적의미 유추과정[27]

위의 예(7)-(11)의 '来'의 위치 이동과 'VP'의 동작행위는 시간 순서에

---

27) 김주희(2012: 36) 인용.

따른 순차적인 동작이지만, 〈그림 7〉과 같이 인지적 유추에 의해 두 동작의 순차성 보다는 목적성이 부각된다. 이와 같이 '来'의 '목적성' 이동 의미는 예(11)과 같이 이미 발생한 동작행위의 방식, 수단, 목적 등을 강조하는 구문 '是 … 的' 등과의 공기를 통해 더욱 명확하게 드러난다.

그런데 일부 구문에서는 '来'가 위치 이동을 나타낸다고 보기 어려운 경우도 있다. 아래의 예를 보자.

(12) 剩下的事我来办。
나머지 일은 제가 처리하겠습니다.

(13) 我们来找找有关西部山区的资料。
우리가 서부산악지대 관련 자료를 찾아봅시다.

(14) 刘老师，你来讲事情的经过吧。
리우선생님, 어떻게 된 일인지 선생님이 말씀해 보세요.

(15) 上班时间由她自己来定。
근무시간은 그녀가 직접 정한다.

(16) 你去把洗的衣服晒了吧，我来做饭。
넌 가서 빨래나 널어, 밥은 내가 할 테니.   (陈贤2007: 49 인용)

(17) 妈妈，你还睡一会，我来煮稀饭。
엄마 좀 더 주무세요. 죽은 제가 끓일게요.

(18) 关于这一点，我来想想办法吧。
그 점에 대해서는 제가 방법을 좀 생각해 볼게요.

예(12)-(18)은 모두 인칭대명사가 '来 + VP' 에 선행한 형태인데, 이 문장들에서 '来'는 공간상의 위치 이동을 나타낸다고 보기 어렵다. 앞서 살펴본 '来'가 공간상의 위치 이동의미를 나타내는 경우는 참조점이 화자의 위치에서 동작행위가 이루어지는 장소로 전환된 공간범주에서의 참조점 전환이었다면, 예(12)-(18)에서는 화자가 자신의 위치(주관적 참조점)를 '동작행위의 실행'에 두고 있는 것으로, 인식공간에서 화자는 자신의 위치인 주관적 참조점을 공간상의 위치가 아닌 '동작행위의 실행'에 둠으로써 동작행위의 실행이라는 목표를 향한 심리공간상의 접근을 통해 동작행위 실행에 대한 화자자신의 적극적 의도를 표현하고 있는 것이다.

이 경우 화자와 행위자의 일치여부에 따라 '来 + VP' 구문이 나타내는 의미는 달라진다. 예(12)는 행위자가 1인칭으로 화자가 바로 행위자이다. 화자는 '我 + 来 + VP' 구문을 사용하여 발화상황에서 실행되어야 한다고 여겨지는 동작행위를 실행하는 주체가 됨으로써 자신이 주동적으로 하겠다고 하는 의지를 나타내고 있다고 볼 수 있다. 예(13)에서는 행위자는 화자를 포함하는 '我们'으로 청자에게 동작행위를 함께 실행하자는 '청유'의 의미를 나타내고 있다. 2인칭 행위자가 출현한 예(14)의 경우에는 앞에 출현한 호칭이 가리키는 대상 '刘老师'가 행위자이다. 화자는 청자가 한 명일 수도 있고 여러 명일 수도 있는 발화상황에서 동작행위를 실행할 행위자를 먼저 지정하여 주의를 환기시킨 후, 그로 하여금 동작행위를 다른 누군가가 아닌 바로 '你'가 실행하도록 요구하고 있다. 3인칭인 경우도 마찬가지로 '他/她'가 실행될 동작행위의 행위자임을 나타낸다. '인칭대명사 + 来 + VP' 구문은 또 예(15)와 같이 어떤 일이나 동작행위의 행위자를 이끄는 의미가 있는 '由'와 공기하는 형식으로도 많이 출현하는데 이때는 인칭대명사의 행위자로서의 역할이 더욱 강조된다[28].

---

28) 이러한 '由'를 陈晓蕾(2010: 54)에서는 '책임의미 형식표지'라고 하며 책임의미가 없는 동사들도 '我 + 来 + VP' 구문에 사용되고 형식표지 '由'의 강화를 받아 문장전체가 책임과 관련된 의미를 나타내게 된다고 하였다.

'인칭대명사+来+VP' 구문은 대구형식으로도 출현하기도 한다. 예 (17)은 전형적인 대구법으로 '你'는 '把洗的衣服晒了'를 실행하고 '我' 는 '做饭'을 실행하겠다는 것으로 화자는 발화상황에서 실행되어야 할 여러 동작행위 중 어느 하나를 자신이 맡겠다는 의지를 나타내는 것으로 볼 수 있다. 예(17)의 경우는 일의 분담은 아니지만 실행되어야 할 '煮稀 饭'이라는 동작행위는 '我'가 실행할 테니 상대방은 그 일을 하지 말라는 의미를 나타낸다. 예(18)은 예(13)-(17)과는 달리 구체적인 동작행위가 아닌 '想想办法'라는 심리활동동사가 출현하였음에도 문장이 성립한다. 이는 '来'가 위치 이동을 나타내지 않고 'VP'가 나타내는 행위의 실행을 향한 행위자의 심리공간상의 이동을 나타내기 때문에 가능한 것이다.

이상과 같이 '인칭대명사+来+VP' 구문에서 'VP'는 화자가 발화시 실행되어야 한다고 생각하는 동작행위이고, 화자는 참조점을 그 '동작행 위의 실행'으로 전환시킴으로써 동작행위의 실행에 대한 화자의 심리적 태도를 반영하고 있고, 행위자와 화자의 관계에 따라 구문은 다양한 의 미를 나타낼 수 있다.

3.2 '去'의 의미기능

이번에는 '去+VP' 구문에 출현한 직시동사 '去'의 상황을 살펴보자.

(19) 兴许外面还有饼, 我去找找。
    어쩌면 밖에 아직 샤오빙이 남아 있을지도 모르니, 내가 가서 찾아봐야
    겠다.
(20) 别贫啦, 都去洗手。
    그만 떠들고 다들 가서 손 씻어.
(21) 她住在哪里? 我想去找找她。

그분 어디 살아요? 제가 좀 만나 뵈러 가려고 하거든요.

(22) 先搁你那兒, 回头去取。

일단 네가 가지고 있어, 나중에 찾으러 갈게.

예(18)-(21)에서 '去'는 공간상의 위치 이동을 나타내고 있으며, 위치 이동과 동작행위의 실행도 시간 순서에 따라 순차적으로 발생한다. '去'의 이동에는 주관적 참조점과 객관적 참조점이 필요한데 예문에서 위치 이동의 출발점(화자와 관련된 주관적 참조점)은 발화시 화자와 청자가 함께 있는 공간이고, 도착점이되는 객관적인 참조점은 후행 'VP'가 나타내는 동작행위가 실행되는 장소임을 알 수 있다. 예(18)의 경우는 객관적 참조점 '外面'이 명시적으로 출현하였지만 이 역시 동작행위가 실행되는 장소이다. '去'의 직시적 특징에 근거하여 발화시 화자가 위치한 곳에서 객관적 참조점을 향한 위치 이동이 발생함을 알 수 있다. 이 때 객관적 참조점과 후행 'VP'가 나타내는 동작행위 실행장소의 일치는 '去＋VP' 구문 역시 앞서 살펴본 '来＋VP'가 출현한 예(7)-(11)의 경우와 마찬가지로 공간범주에서 '참조점 전환'이 이루어져 행위자의 '참조점을 향한' 위치 이동은 'VP'가 나타내는 '동작행위 실행장소를 향한' 이동을 나타내고, 더 나아가 '동작행위의 실행' 자체를 '목표'로 하는 '목적성' 이동으로 해석될 수 있게 된 것이다. 예(18)-(21)은 모두 '找饼', '洗手', '找她', '取介绍信'이라는 동작행위를 실행하기 위해서 동작행위 실행장소(객관적 참조점)로의 위치 이동이 발생했음을 나타낸다.

그런데 동일한 'VP'가 사용되었음에도 구문이 나타내는 의미가 다른 경우가 보인다.

(22) 金岳霖多次亲去安慰, 苦口婆心地开导。

진위에린이 여러 차례 직접 가서 위로도 하고 거듭 타일렀다.

(23) 不敢去安慰您, 不敢去爱您。

　　감히 당신을 위로할 수도 사랑할 수도 없습니다.

　　예(22)와 (23)은 모두 '去 + 安慰'의 형태이다. 예(22)는 '安慰'라는 동작을 실행하기 위해 '去'라는 위치 이동이 발생했음을 나타낸다. 명시적으로 출현하지는 않았지만 '安慰'의 동작을 받는 사람이 있는 장소가 '去'의 객관적 참조점이 된다. 발화시 화자는 자신의 위치를 행위자 '金岳霖'과 같은 공간에 둠으로써 이 공간에서 '安慰'의 실행을 위해 동작 행위가 실행될 객관적 참조점을 향해 위치 이동이 먼저 발생했음을 표현하고 있다. 한편, 예(23) 역시 '去 + 安慰'의 형태를 취하고 있지만, 대구를 이루는 '去爱您'과의 비교를 통해 문맥상 '去安慰您'에서도 '去'가 위치 이동의 의미를 나타낸다고 해석하기 어렵다. 예(23)에는 명시적인 장소가 출현하지도 않았고 '爱您'이라는 심리적 행위는 실행을 위한 특별한 공간이 필요한 것도 아니다. 여기서는 '爱您'이라는 심리상태가 참조점이 되어 '去'는 그러한 심리상태로의 변화를 나타내게 된 것으로 볼 수 있다. 이와 같이 '去'가 공간상에서의 실질적인 위치 이동을 나타내지 않는 경우의 예문을 하나 더 살펴보자.

　　(24) 她努力去安慰死者的父母妻子。

　　그녀는 망자의 부모와 아내를 위로하려고 애썼다.

　　예(24)에서는 '死者的父母妻子'가 위치한 곳으로의 이동이 발생한다고 볼 수도 있겠지만 문맥의미상 자연스럽지 못하다. 이 경우는 '安慰死者的父母妻子'라는 행위 자체가 참조점으로 작용한다고 볼 수 있다. 이러한 참조점의 전환으로 인해 공간상의 참조점을 향한 '去'의 위치 이동 의미가 '행위 실행'을 향한 행위자의 심리적 접근 즉, 의도를 나타낼 수 있게 된 것이다. 이러한 의미는 의지와 관련된 '努力'와의 공기로 더욱 명확하게 드러난다.

이처럼 예(22)-(24)에는 모두 동일한 '去安慰'가 사용되었음에도 문맥에서 표현하는 의미는 차이를 보였는데, 이는 '참조점의 전환'에 따른 결과임을 알 수 있었다. 참조점이 상태의 변화나 행위의 실행에 놓이게 된 경우는 시간의 흐름과 관련을 맺게 된다. 이 경우 '去'는 공간범주가 아닌 시간범주 상에서 해석될 수 있다. 발화시간을 주관적 참조점으로 상태의 변화나 행위의 실행이라는 객관적 참조점을 향한 시간상의 추상적 이동을 표현할 수 있는 것이다. 이를 근거로 '어떤 상태가 발생할 것이다', '어떤 행위를 하려고 한다'라는 미래의미를 가질 수 있는 것이다.

3.3 '来'와 '去'의 의미변화

앞서 '来＋VP'와 '去＋VP' 구문에서 직시동사로서 '来'와 '去'가 나타내는 의미기능 고찰을 통해, 다양한 문맥 속에서 '来'와 '去'가 나타내는 의미기능에는 차이가 있음을 알 수 있었다. 이는 통시적 문법화 과정을 통해 '来＋VP'와 '去＋VP' 구문에 발생한 의미변화가 공시적으로 공존하면서 그 의미기능들 사이에 문법화 정도의 차이가 존재하기 때문이다.

'来'와 '去'가 공유한 이동성과 직시성 특징은 '来＋VP'와 '去＋VP' 구문이 유사한 문법화 과정을 겪는 근거가 될 수 있고, 또 다른 한편으로는 이동성과 직시성 내부자질의 차이에 의해 의미변화 과정에서 다른 양상을 보이기도 한다.

'来＋VP'와 '去＋VP' 구문의 의미변화 과정은 '참조점의 전환' 과정이기도 하다. '도착점을 향한 위치 이동'을 나타내는 '来'와 '去'가 명시적 도착점이 출현하지 않는 '来＋VP'와 '去＋VP' 구문에 사용되면서 '도착점'을 다른 곳에 둘 수 있는 참조점의 전환이 가능해 진 것이다. 본래

'来'는 화자의 위치인 '주관점 참조점'을 도착점으로, '去'는 화자의 위치가 아닌 다른 장소인 '객관적 참조점'을 도착점으로 한다. '来＋VP'와 '去＋VP' 구문에 사용된 후 참조점 전환과정에서는 3.1과 3.2에서 살펴보았듯이 '주관적 참조점'과 '객관적 참조점'이 다음과 같은 유사한 전환 양상을 보인다.

'来': 화자의 위치
    (주관적 참조점)
                          ⎤
'去': 화자의 위치가 아닌 다른 장소   ⎬ 'VP'가 실행되는 장소 ⇨ 'VP' 실행 ⇨ 상태나 행위 의도·예측
    (객관적 참조점)
                          ⎦

이상과 같은 참조점의 전환 과정을 통해 '来＋VP'와 '去＋VP' 구문에서 '来'와 '去'는 'VP'와의 관계에 의해 위치 이동의미를 나타내던 것에서 점차 'VP'가 나타내는 동작행위의 실행을 위한 '동작행위 실행장소'로의 '목적성'이동을 나타내게 되고, 동작행위 실행 장소로의 이동은 다시 '동작행위의 실행'이라는 '목표'를 향한 이동을 표현할 수 있게 된다. 그런 다음 행위의 실행은 다시 동작행위 실행에 대한 행위자의 의도나 행위 실행에 대한 예측으로도 해석될 수 있게 된 것이다.

'来＋VP'와 '去＋VP' 구문에서 '来'와 '去'가 나타내는 의미는 크게 위치 이동의미인 경우와 아닌 경우로 구분해 볼 수 있는데 그 안에 반영된 '来'와 '去'의 이동성과 직시성 특징을 살펴보자.

(25) a. 他来买东西了。
        그는 물건 사러 왔습니다.

     b. 他去买东西了。
        그는 물건 사러 갔습니다.

예(25)에서 '来'와 '去'는 모두 '买东西'라는 동작행위의 실행장소를 향한 위치 이동을 나타내고 있다. '买东西'라는 행위가 실행되는 곳은 '来'와 '去'이동의 '도착점'이 된다. 이 '도착점'은 '来'이동의 주관적 참조점 즉, 화자의 위치이고 '去'이동의 객관적 참조점이다. 화자의 입장에서 볼 때 '来'와 '去'가 나타내는 이동은 진행 방향만 다를 뿐이다. 또한 '来', '去'와 후행 'VP'사이의 '목적성' 이동 관계에도 영향을 미치지 않는다. 이는 위치 이동의미를 나타내는 경우 '来'와 '去'는 '来+VP'와 '去+VP' 구문에서 '도착점을 향한 위치 이동'이라는 '이동성' 자질만 발현되는데 '이동성'자질에 있어 '来'와 '去'는 차이가 없기 때문이다.

반면 '来'와 '去'가 위치 이동의미를 나타내지 않는 경우는 상황이 좀 달라 보인다.

(26) a. 我来做饭, 你来洗衣服。
　　　밥은 내가 할 테니, 빨래는 네가 해.

　　b. 我去做饭, 你去洗衣服。
　　　난 밥 할테니, 넌 빨래 해.

(27) a. *我来爱你。

　　b. 尽情地去爱吧, 这是有价值的努力。
　　　마음껏 사랑하라, 그건 가치 있는 노력이니까.

예(26)에서는 '做饭', '洗衣服'와 같은 동작행위를 실행하기 위한 '来'와 '去'의 위치 이동은 발생하지 않는다. 문맥상 이 문장들에서 '참조점'은 '做饭', '洗衣服'라는 '동작행위의 실행' 자체이기 때문이다. 위치 이동을 나타내지 않게 되면서 '来'와 '去'가 가진 '이동성' 자질은 내재가 되고 대신 '직시성' 자질이 발현되게 된다. '직시성' 자질은 항상 '화자'와 긴밀한 관계를 통해 발현되어 '来'와 '去'는 화자와 발화 참여자, 사건

사이의 관계를 나타내는 기능을 하는 성분으로 발전하게 된다. 그런데 '来'는 [+화자지향] 자질을 '去'는 [+탈화자지향] 자질을 가지고 있어 '来'와 '去'가 사용될 때 문장은 화용상의 차이를 보이게 되는 것이다.

'来'는 항상 화자를 지향하므로 화자가 위치한 곳이 도착점이자 참조점이 되는데 예(26a)의 경우 화자는 '做饭', '洗衣服'라는 '동작행위의 실행'에 '주관적 참조점'을 두고 그 행위를 실행하는 행위자가 각각 '我'와 '你'임을 표현하고 있다. 동작행위의 실행을 자신의 심리영역에 둠으로써 목표를 향한 심리공간상의 접근을 통해 행위 실행에 대한 화자 자신의 의도를 표현하고 있는 것이다. 예(27a)가 비문이 되는 이유도 '来'의 [+화자지향] 자질 때문이다. 위치 이동이 발생하지 않는 경우 '来'는 발화 상황의 모든 요소사이의 관계를 나타내는 기능을 해야 하는데 '爱'라는 심리상태동사는 화자 자신만의 감정이므로 다른 발화관련 요소들과 관련이 없기 때문이다.

이와 달리 '去'의 경우는 이동성 자질이 완전히 내재되는 것이 아니라 위치 이동을 나타내는 경우보다는 훨씬 약화된 상태지만 여전히 발현이 된다. [+탈화자지향]과 [+도착점지향] 자질이 모두 반영이 되는 것이다. 그래서 [+화자지향] '来'가 선행하는 행위자를 부각시키는 역할을 하는 반면 '去'는 후행하는 동작행위를 부각시키는 역할을 할 수 있는 것이다. 때문에 예(26b), (27b)와 같이 '去'가 출현했을 때 '做饭', '洗衣服'는 '객관적 참조점'이 되어 화자와 관련된 '주관적 참조점'에서 '객관적 참조점'으로의 위치이동은 시간상의 흐름으로 해석이 될 수 있다. 이는 [+탈화자지향] 자질에 의해 '去'가 나타내는 이동은 항상 주관적 참조점과 객관적 참조점 사이에 일정 거리를 유지해야 하므로 발화 이후에 실행되는 동작행위 '做饭', '洗衣服'는 실행 의도되는 행위이고 '去'는 발화 이후에 그 동작행위가 발생할 것임을 알려주는 기능을 하는 것이다. 이렇게 '去' 시간범주에서 발화 후 실행될 행위를 의도하거나 예측할 수 있으므로 예(27b)와 같이 심리상태동작의 실행도 나타낼 수 있는 것이다.

4 나오는 말

본고에서는 '来＋VP'와 '去＋VP' 구문에서 '来'와 '去'가 나타내고 있는 다양한 의미기능을 '이동'과 '직시'의 관점에서 고찰하였다.

먼저 이동과 직시에 대한 논의를 통해 직시동사로서 '来'에는 [＋위치 이동][＋방향][＋화자지향] 의미 자질이, '去'에는 [＋위치 이동][＋방향][＋탈화자지향][＋도착점지향] 의미 자질이 내재되어 있음을 알 수 있었다. 이 중 [＋위치 이동][＋방향] 자질은 '이동성' 특징에 해당하고, [＋방향] [＋화자지향][＋탈화자지향] 자질은 '직시성' 특징에 해당한다.

'来'와 '去'가 나타내는 여러 의미기능에 대한 고찰을 통해서는 '来'와 '去'의 의미변화 과정에서 보여지는 유사성과 차이점이 그것들이 가진 고유의 이동성과 직시성에 기인한 것임을 알 수 있었다. '来'와 '去'는 공통으로 가진 [＋위치 이동][＋방향] 자질로 인해 유사한 문법화 과정을 거치지만 개별적 자질인[＋화자지향] [＋탈화자지향(-화자지향)][＋도착점지향] 자질의 차이에 의해 문법화 정도의 차이나 화용상의 차이를 보임을 알 수 있었다.

본고의 논의는 '来＋VP'와 '去＋VP'라는 통사형식에 국한하고 공시적인 각도에서 진행되었기 때문에 '来'와 '去'의 많은 의미기능 중 극히 일부만을 대상으로 하였다. '来'와 '去'의 의미기능에 대한 전반전인 이해를 위해서는 앞으로 다양한 통사형식에 출현한 '来'와 '去'에 대한 이동과 직시 관점에서의 연구가 지속적으로 진행되어야 할 것이다. 또한 통시적인 각도에서의 연구도 동반되어야 할 것이다.

| 참고문헌 |

고석주(2007), 〈이동동사 '가다'와 '오다'의 의미〉, 《한국어학》 제36집, 73-97.

구종남(2011), 〈'-어 오다/가다'의 직시적 의미와 상적 특징〉, 《한국언어문학》 제76집, 5-35.

김문기(2008), 〈매인풀이씨 '가다'와 '오다'의 인지적해석〉, 《우리말연구》 제22집, 135-159.

김주아(2011), 〈汉韩"来、去"的对比研究〉, 《중국언어연구》 제36집, 191-203.

_____(2013), 〈汉韩"来/去"的视点差异〉, 《중국언어연구》 제45집, 325-341.

김주희(2012), 《현대중국어 '来＋VP'와 'VP＋来' 연구》, 고려대학교 박사학위논문.

노금송(2009), 〈'가다'와 '去'의 인지의미 대조연구〉, 《한국언어문화학》 제6집2호, 77-99.

박종한(1992), 〈현대중국어 동사 '来'와 '去'의 문법적 특성 -의미를 중심으로〉, 《성심여대 논문집》 제24집, 33-50.

신경미(2013), 《현대중국어 'VX来'와 'VX去' 구조 연구》, 고려대학교 박사학위논문.

이남(2012), 《한중 방향성 이동동사 구성의 대조 연구》, 부산대학교 박사학위논문.

이정화(2009), 〈한국어 직시적 이동사건의 의미에 대한 말뭉치연구〉, 《한국어의미학》 제29집, 177-199.

임지룡(2000), 〈한국어 이동 사건의 어휘화 양상〉, 《현대문법연구》 제20집, 23-45.

_____(2008), 《의미의 인지언어학적 탐색》, 한국문화사.

염철(2015), 《한국어와 중국어 이동동사 대조 연구》, 경북대학교 박사학위논문.

진현(2010), 〈이동사건의 한중 유형학 분석과 대조〉, 《중국언어연구》 제33집, 155-176.

전수태(1987/2009), 《국어 이동동사 의미 연구》, 박이정.

정윤철(2002a), 〈'来'와 '去'의 공간적 기준점 문제〉, 《중국언어연구》 제14집, 127-144.

_____(2002b), 〈중국어 '来'와 '去'의 의미 확장 양상 고찰〉, 《중국학연구》 제23집, 1-16.

채희락(1999), 〈이동동사의 정의와 분류〉, 《현대문법연구》 제15집, 79-100.

허성도(2002), 〈现代汉语의 '来/去' 구문 연구〉, 《중국언어연구》 제15집, 27-59.

楚艳芳(2013), 〈汉语事态助词"来"的形成过程〉, 《宁夏大学学报(人文社会科学版)》 第3期, 24-29.

陈思(2013), 《叙事语篇中空间指示语的认知阐释》, 西南大学 硕士学位论文.

陈贤(2007), 《现代汉语动词"来、去"的语义研究》, 复旦大学 博士学位论文.

陈乐平(2005), 〈位移动词"来/去"语用含义分析〉, 《韶关学院学报社会科学》26卷 第11期, 84-86.

陈晓蕾(2010), 〈"人称代词 + 来2 + VP"构式语义分析——以"我来2VP"为例〉, 《云南师范大学学报(对外汉语教学与研究版)》 第3期, 52-58.

东琰(2003), 〈关于"去 + V + N"和"来 + V + N"式状中结构〉, 《苏州科技学院学报》 第2期, 100-104.

范桂娟(2014), 〈说"来"和"去"的对称问题〉, 《理论月刊》 第4期, 77-79.

范立珂(2014), 〈句法分布与概念变化的对应与互动——谈"来/去"的三种"位移概念"〉, 《语言教学与研究》 第1期, 59-66.

甘露·甘霖(2009), 〈浅析由"来"、"去"构成的连动句〉, 《中州大学学报》 第4期, 79-81.

高增霞(2004). 《现代汉语连动式的语法化视角》, 中国社会科学院研究生院 硕士学位论文

郭莉(2002), 〈英语动词"come, go"和汉语动词"来、去"的内在指示意义比较〉, 《乐山师范学院学报》 第2期, 65-69.

郭开创(2010), 〈从 "去" 语义指向角度看 "去 + VP" 和 "VP + 去"〉, 《河北理工大学学报》 第2期, 114-115.

郭春贵(1987), 〈试论连谓结构"来/去 + VP"中的虚化动词"来/去"〉, 第二届国际汉语教学讨论会论文选, 242-254.

李先银(2013), 〈表达祈使的"去"在对话语境中的主观化与叹词化〉, 《世界汉语教学》 第2期, 192-201.

李慧敏(2011), 〈空间隐喻与位移事件结构"去VP"中的"去"〉, 《安徽师范大学学

报(人文社会科学版)》第6期, 730-734.

梁银峰(2007),〈目标标记"来","去"的形成过程〉,《汉语趋向动词的语法化》,上海学林出版社

陆俭明(1985),〈关于"去＋VP"和"VP＋去"构式〉,《第1届国际汉语教学讨论会论文选》, 18-33.

栗会(2008),《"来/去"趋向义的对称与不对称》,广西师范大学 硕士学位论文

李沛(2011),《现代汉语连动结构间"来/去"使用情况之考察》,华中师范大学 硕士学位论文

沈雪(2014),〈地点指示"来"、"去"的语用意义浅析〉,《教育教学论坛》第52期, 78-79.

孙斐(2005),《"来"和"去"的语法化及其相关问题研究》,上海师范大学 硕士学位论文

唐秀伟(2010),〈动词前"来/去"考辨〉,《北方论丛》第4期, 63-65.

田建伟(2010),《"来、去"的语法化演变动因与机制》,暨南大学 硕士学位论文

王凤兰(2008),〈论现代汉语表示目的的"来"〉,《学术交流》第5期, 144-147.

_____(2013),〈也谈"去＋VP"与"VP＋去"〉,《语言与翻译》第3期, 8-12.

尉方语(2013),〈"来/去"在空间位移中的参照点分析〉,《课程教育研究》第26期, 12-13.

吴一安(2003),〈空间指示语与语言的主观性〉,《外语教学与研究》第6期, 403-410.

张贺(2012).《关于趋向动词"来/去"的立足点问题》,吉林大学 硕士学位论文

张言军(2015),〈第三人称叙事视角下"来/去"选择的约束条件〉,《汉语学习》第2期, 49-56.

郑东珍(2008),〈论现代汉语"来V"和"去V"的不对称性〉,《泰安教育学院学报岱宗学刊》第1期, 1-3.

左双菊(2011),〈"来/去"语义泛化的过程及诱因 〉,《汉语学习》第3期, 59-64.

Langacker, R.W.(2002), *Concept, Image, and Symbol*, Berlin; New York: Mouton de Gruyter, 나익주(2005),《개념, 영상, 상징》, 박이정.

Levelt, W. J. M(1989), *Speaking : from Intention to articulation*, Cambridge, Mass:

MIT Press, 김지홍 옮김(2008), 《말하기 : 그 의도에서 조음까지》, 나남.

Talmy, L.(1985/2007), Lexical Typologies, *Language Typology and Syntactic Description* vol.3, 2nd ed,, Cambridge, UK; New York: Cambridge University Press, 66-168.

_____(2000a), *Toward a Cognitive Semantics* Vol, 1, Cambridge, Mass: MIT Press.

_____(2000b), *Toward a Cognitive Semantics* Vol, 2, Cambridge, Mass: MIT Press.

Lee, Tong King(2008), The Semantic Behaviour of Mandarin lai in Series Verb Constructions, *California Linguistic Notes*, 18(2): 1-30.

Ungerer, F & H-J. Schmid(1996), *An introduction to Cognitive Linguistics*, London &NewYork: Lonngman. 임지룡·김동환 옮김(2010), 《인지언어학 개론》, 태학사.

中国社会科学院语言研究所词典编辑室编(2012), 《现代汉语词典(제6판)》, 商務印书馆.

신아사 편(1990), 《영어학사전》, Shinasa.

이정민·배영남·김용석(2000), 《언어학사전》[3판 개정증보판], 박영사.

예문출처: http://ccl.pku.edu.cn:8080/ccl_corpus

현대중국어 '一+양사+NP' 구문의 지시성 고찰
― 내재논항의 고정화(Grounding) 양상을 중심으로

김영민

1 들어가는 말

현대중국어에서 '一+양사+NP' 구문은 수량구로 사물의 수량이 '하나'임을 나타낸다.

(1) 我買了一本書和一枝鋼筆。[1]
　　나는 책 한 권과 만년필 한 자루를 샀다.

위의 예문 (1)은 '내'가 책 '한 권'과 만년필 '한 자루'를 샀다는 것을 나타낸다. 이러한 화자의 발화를 청자의 각도에서 보면, 청자는 화자인 '내'가 책 '한 권'과 만년필 '한 자루'를 샀다는 것을 알지만, 어떠한 책과 만년필인지에 대해서는 명확하게 알지 못한다. 이처럼 '一+양사+NP'

---

　* 《중국어문논총》제60집(2013년 12월) 게재.
　** 중앙대학교 아시아어문학부 강사.
　1) 본 글에 쓰인 예문 가운데 출처를 명기하지 않은 것은 인터넷(http://goole.co.kr, http://www.baidu.com)과 베이징대 코퍼스(http://ccl.pku.edu.cn:8080/ccl_corpus)에서 추출한 것이다.

구문은 수량을 나타내는 기능 외에 청자가 식별할 수 없는 대상을 나타내는, 이른바 비한정의 의미 기능도 가지고 있다.

'一+양사+NP'구문이 나타내는 비한정 의미는 특정적(specific)으로, 혹은 비특정적(non-specific)으로 해석될 수 있다.

(2) a. 我想買一份禮物給你, 那個禮物很漂亮。
내가 너에게 선물을 하나 사주고 싶은데, 그 선물은 매우 예쁘다.

b. 我想買一份禮物給你, 你想要甚麼?
내가 너에게 선물을 하나 사주고 싶은데, 너는 뭘 원하니?

위의 예문 (2a)와 (2b)에서 동일하게 쓰인 '一+양사+NP'구문인 '一份禮物'는 후속 절의 영향으로 그 의미가 상이하게 해석된다. (2a)의 경우 후속되는 '那個禮物'로 인해 '一份禮物'는 특정성(specificity)이 실현되는 반면, (1b)의 경우는 비특정성(non-specificity)을 나타낸다.

이와 같이 '一+양사+NP'구문은 다른 수량구와 달리 다양한 의미 기능과 지시 특징을 가지고 있음을 알 수 있다.

본 논문에서는 Langacker(1987, 1991, 1999, 2004, 2008, 2009)의 고정화(Grounding)이론을 적용하여 내재논항에 위치한 '一+양사+NP'구문의 고정화 양상을 분석하고, '一+양사+NP'구문이 다양한 지시 특징을 나타내는 근본적인 원인을 규명하고자 한다. 이러한 문제의 해결은 궁극적으로 원형명사와 '一+양사+NP'구문의 의미 기능의 차이점을 설명할 수 있는 단서를 제공할 수 있을 것으로 예상된다.

2 '一+양사+NP'구문의 지시 특징

한정(definite)/비한정(indefinite)[2])에 대해서는 여러 견해가 있으나, 일반적인 언어학적 정의는, 화자가 임의의 NP성분을 발화하는 경우 청자가 그 대상을 담화 가운데 특정 사물과 일치시켜 담화 가운데 존재하는 같은 부류의 여러 실체 사이에서 구분할 수 있을 것이라고 예측하는 경우 이 NP를 한정적이라고 한다. 한편, 화자가 여기기에 청자가 이를 구분하지 못할 것이라고 예측하는 경우 비한정적이라고 한다.

Lyons(2005)는 친숙성(familiarity)[3], 식별가능성(identifiability)[4], 유일성(uniqueness)[5], 포괄성(inclusiveness)[6]등이 한정성(definiteness)의 특징이라고 언급하면서, 이 가운데 식별가능성은 친숙성을, 포괄성은 유일성을 함의하기 때문에 식별가능성과 포괄성이야 말로 한정성의 본질적인 주요 의미성분이며, 한정성과 대립되는 비한정성은 식별가능성이 결여(non-identifiability)되어 있으며, 포괄성에 있어 중립적이라고 하였다.

'一+양사+NP'와 관련하여, 呂叔湘(1944/1999)은 "'一個'는 수량 겸

---

2) 한정/비한정 개념은 '지시(reference)' 개념과 연결된다. '지시'는 담화 환경에 근거한 발화의미(utterance-meaning)로, 특수한 상황에서 화자(발화 주체)와 발화된 사물간의 관계를 나타내거나, 발화된 단어와 그것이 대표하는 실제 사물간의 관계를 표현한다. (Lyons, 1995:294, 299 참고.)

3) 영어의 한정표지 'the'는 NP성분이 지시하는 대상이 화자와 청자 모두에서 매우 친숙하다는 것을 나타낸다. 화자가 청자와 친숙성(familiarity)을 공유하고 싶지 않은 경우에는 비한정 표지 'a'를 쓴다. (Lyons, 1999:3 참조.)

4) Lyons(1999:5-6)에 따르면, 한정 표지의 사용은 청자가 NP가 지시하는 지시체를 식별할 수 있는 위치에 있음을 나타내며, 특히 지시하는 대상이 실제 세계에 존재하는 실체인 경우 청자가 NP가 지시하는 바를 확정할 수 있도록 도와주는 기능을 한다.

5) 한정 표지는 단지 하나의 실체가 특정 담화의 유일한 지시 대상임을 만족시킨다. 한편, 비한정 표지는 유일성을 나타내지 않는 것이 아니라, 비-유일성(non-uniqueness)을 나타낸다. 따라서 비한정 표지는 유일성에 있어 중립적이다.(Lyons, 1999:8 참조.)

6) 유일성이 단수 가산명사와 관련된 개념인 반면, 포괄성(inclusiveness)은 복수명사와 불가산명사 앞에 한정 표지를 부가하는데 적용된다. 즉, NP가 지시하는 대상이 NP가 묘사하는 언어 환경 가운데 모든 개체의 총화라는 것을 가리킨다. (Lyons, 1999:11 참조.)

비한정성을 나타내는 관사로[7], '個'는 단위사이지만, 다른 단위사와는 달리 때로는 특정 언어의 부정관사(indefinite article)와 같은 역할을 한다[8]"고 하였다. 陳平(1987)은 실제 담화에서 명사구가 나타내는 지시성에 근거하여 명사구를 한정(定指 identifiable), 비한정(不定指 non-identifiable)로 구분하였으며, 중국어의 명사구를 분류하여 한정성 등급을 설정한 바가 있는데, '一 + (양사) + 명사' 형식의 명사구는 한정성은 갖지 못하고 비한정성만을 가진다고 설명하고 있다[9]. Chen(2003)에서는 '一 + 양사'의 문법화 과정과 용법에 대해 언급하면서, '一 + 양사'가 영어의 부정관사와 매우 유사한 문법화의 과정을 겪었음을 주장하였다. 이를 통해 '一 + 양사(+ NP)' 구문은 영어의 'a'와 유사한 성격을 띠는 대표적인 비한정 표지임을 알 수 있다[10].

Chen(2003:1171)에서 제시한 영어의 부정관사와 유사한 문법화를 겪은 '一 + 양사(+ NP)' 구문의 문법과 과정을 살펴보자[11].

---

(3) a. 수사 (numeral)

這件事不難辦, 我只要一個鍾頭就夠了。

이 일을 처리가 어렵지 않아서, 나는 한 시간이면 충분하다.

b. 비한정 특정 지시(nonidentifiable specific reference)

他去年買了(一)幢房子。

그는 작년에 집 한 채를 샀다.

c. 비한정 비특정 지시(nonidentifiable nonspecific reference)

他想買(一)幢房子, 什麼房子都行。

그는 집 한 채를 사고 싶어 하는데, 어떤 집이라도 상관없다.

d. 비지시적 용법(non-referential use)

他是(一)個買賣人。

그는 장사꾼이다. (Chen 2003:1171)[12]

예문 (3)에서 제시한 '一+양사(+NP)' 구문은 영어의 'a'와 마찬가지로 수량을 나타내는 수사 용법부터 시작하여 비한정적 용법을 거쳐서 비지시적인 용법으로의 문법화의 과정을 거치며, 문법화 과정에서 '양화(quantification)'와 '지시(referentiality)'의 의미 기능이 탈색되면서 내포

적 변화과정을 수반한다. 영어에서 부정관사 'a'의 문법화 과정은 아래와 같다. (Chen 2003:1170)

a. NUMERAL:I need an hour and a half.

b. PRESENTATIVE USE:A man came up the front stairway.

c. NONIDENTIFIABLE SPECIFIC REFERENCE: He bought a house last year.

d. NONIDENTIFIABLE NONSPECIFIC REFERENCE:

He wants to buy a house in this area; any house will do.

e. NON-REFERENTIAL USE:He is a good chef.

12) Chen(2003:1171)에는 영어 'one'의 문법화와 마찬가지로 두 번째 단계에 '대상 제시 용법(presentative use:一架飛機從我們頭上飛了過去.'을 설명하고 있다. 그러나 대상 제시 용법은 본 글의 논의 방향과 다소 차이가 있다고 보아, 예문에 포함시키지 않았다.

(connotation)와 총칭성(genericity)자질을 나타내는 표지가 되었음을 알 수 있다[13]. 또한 문법화의 단계가 높을수록, 즉 (3a)보다는(3b)가, (3b)보다는 (3c)가, (3c)보다는 (3d)가 수사 '一'의 생략이 자유로우며, 일반화 관사(generalized article)로 문법화된 (3d)의 경우는 구체적인 어휘의미가 있는 양사보다는 일반양사 '個'를 사용하는 빈도가 현격히 높아진다는 견해를 피력하였다. 특히, 문법화의 마지막 단계인 (3d)의 '一+양사'의 경우는 Heine(1997)이 언급한 '일반화 관사(generalized article)'[14]와 그 의미 기능이 유사함을 알 수 있다.

내재논항에 위치한 비한정 명사류 '一+양사(+NP)'가 이처럼 다양한 지시 특징을 가질 수 있는 근본적인 원인은 무엇일까?

이어지는 장에서는 인지문법의 고정화 이론에 근거하여 이상의 질문에 대한 해결 방안을 모색하고자 한다.

3 한정/비한정 명사류[15]의 고정화 도식

김영민(2013)에서 논의한 바와 같이, 고정화는 현재 담화 속에서 화

---

13) Givón(1981:51). Chen(2003:1179) 재인용.

14) Heine(1997:73)의 일반화 관사(generalized article)는 단수 명사뿐 아니라 복수 명사나 물질 명사와 같이 모든 유형의 명사와 공기할 수 있으며, 음운적으로도 강세(stress)를 주어 발음하지 않거나 생략된다는 특징이 있다. Chen(2003:1179) 재인용.

15) 명사류는 일반적인 언어학 용어인 명사구(noun phrases)와 유사하다. 그러나, 명사류는 명사구와 달리 구(phrase) 형태가 아닐 수도 있으며, '유형(type)', '실례(instance)', '고정화' 등과 같은 개념과 관련되어 있다. 반면, 명사구는 이러한 개념들과는 전혀 무관한 형태적인 특징만을 반영한 개념이다. Langacker(2008:123, 310) 참조. 본 장절 이후부터는 고정화 이론을 중심으로 논의가 진행되므로 내용의 필요에 따라 인지언어학 용어인 '명사류(nominal)'를 중심으로 사용하겠다.

· 청자의 의식이 윤곽부여한 사물의 실례에 향하도록 하여 의도된 명사류 지시체(nominal referent)를 구분하거나 확인하는 과정으로, 화자와 청자가 서로에게 관심을 기울일 뿐 아니라 무대 위에 올려진 특정한 실례 't'에 대해 동일한 심리 지시를 하는 것이다[16]. 실제 담화에서 이러한 과정은 화자와 청자 간의 끊임없는 상호작용으로, 개념화자(C)의 초점영역(D) 가운데 특정 목표물(t_1)이 초점으로 존재하는 기본(baseline)단계, 새로운 목표물(t_2)이 인지역(F)에 진입하여 개념화자에게 인지되는 가능성(Potential)단계, 새로운 목표물(t_2)이 개념화자의 초점영역에 진입하여 개념화자가 이를 파악하는 활동(Action)단계, 개념화자의 초점영역 안에 t_2가 임시적으로 고착되는 결과(Result)단계가 끊임없이 이루어진다. 이를 도식화하면 〈그림 1〉과 같다.

〈그림 1〉의 결과(result)단계에서 화자와 청자의 공통적인 초점영역 안에 실례 't_2'가 고착화됨으로써, 실례 't_2'는 화자와 청자가 공통적으로 식별 가능한(identifiable) 한정성을 획득하게 된다.

Langacker(2009:178-9)는 한정 고정화(definite grounding)는 명사 지시체가 청자에 의해 확인될 수 있는 것으로, 청자의 인식역(epistemic dominion, R_H) 안에 위치함으로써, 해당 명사류는 문장의 시제나 양상 등의 정보에 영향을 받지 않는다고 하였다. 한편, 비한정 고정화(indefinite grounding)는 청자가 이전에 식별하지 못한 실체를 환기하는 것으로, 청자의 입장에서 지시체는 가상의 개체이며, 그것을 포함하고 있는 문장

---

16) 고정화 도식(Langacker, 2009:87 인용)

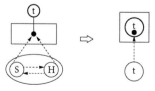

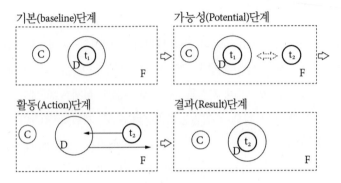

그림 1. 담화 층위에서의 고정화 도식(Langacker 2009:168-9 참고)

혹은 후속되는 문장에서 추가적인 정보를 얻어야 비로소 명사류의 지시 대상을 파악할 수 있다고 하였다. 이를 도식화하면 아래와 같다.

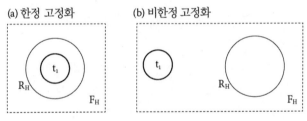

그림 2. 한정/비한정 고정화 도식(Langacker 2009:179 참고)

그림 2(a)에서 한정 고정화로 윤곽부여된 실례 't_1'는 청자의 인식역 내에 확립된다. 한편, 그림 2(b)와 같이 비한정 고정화에서 실례 't_1'는 청자의 인지역(F_H) 내에 위치하지만, 청자의 인식역(R_H) 안에 확립되지 못함을 알 수 있다.

(4)   a. He married the Norwegian. [definite]
         그는 노르웨이인과 결혼했다.

b. He wants to marry a Norwegian. She is rich. [specific indefinite]

그는 노르웨이인과 결혼하고 싶어 한다. 그녀는 부유하다.

c. He wants to marry a Norwegian. But she has to be rich [non-specific indefinite]

그는 노르웨이인과 결혼하고 싶어 한다. 그런데 그녀는 반드시 부유해야만 한다. (Lanacker(2009:179) 인용)

위의 예문 (4a)의 'Norwegian'은 한정 고정화 요소인 'the'로 인해 화자와 청자가 이를 실제로 존재하는 개체(actual entity)로 인식하고 있다. 또한, 그 실재성(actuality)은 시제나 양상과 같은 절(clause)의 고정화 요소에 영향을 받지 않는다. 반면, (4b)와 (4c)에서 'Norwegian'은 비한정 고정화 요소인 'a'로 인해 화자의 발화로 청자의 인지역으로 유도되나, 청자에게는 여전히 식별불가능한 대상으로 인식된다. (4b)의 경우는 후속되는 절에 의해 실재성을 획득하는 반면, (4c)의 경우는 후속되는 문장에 의해서도 여전히 실재성을 획득하지 못한다. 이와 같이 비한정 고정화의 경우, 특정성은 절의 고정화 요소를 통해 확정된다.

Langacker(2009:95)는 비한정 명사류는 한정 명사류와 달리 본질적인 가상성(intrinsic virtuality)의 특징을 띠고 있다고 주장한다. Langacker (2008:290)에 따르면, 한정 명사류가 지시하는 지시체는 유형의 실재적인 (actual) 실례로 명사류를 포함하는 절에 전혀 영향을 받지 않고 대상을 다른 실례들로부터 구분해 낼 수 있는 반면, 비한정 명사류는 가상성을 띠고 있기 때문에 고정화된 실례는 유형의 실재적인 실례일 수 없으며, 절의 고정화 여부 혹은 후속되는 상황을 통해 그 실재성(actuality)을 부여받을 가능성이 있다고 한다. 즉, 비한정 명사류는 청자에게 있어 일시적인 가상성(provisional virtuality)을 가진 대상으로 해석된다는 것이다.

본 논문에서는 앞의 예문(3)에서 제시한 바와 같이 내재논항의 비한정

성분인 '一+양사+NP' 구문이 양화를 나타낼 뿐 아니라, 비한정-특정, 비한정-비특정의 지시 기능, 한걸음 더 나아가 비지시의 의미 기능을 하는 일반화 관사로까지 문법화될 수 있는 동인을 바로 Langacker가 주장하는 비한정 명사류의 '일시적인 가상성' 때문이라고 본다. 또한 Lyons(1999)가 언급한 한정성의 특징인 식별가능성 역시 가상성의 해소를 통해 획득될 수 있다고 본다.

지시대명사 등의 한정 고정화 요소에 의해 고정화되는 명사류는 현재의 인지역 안에 특정한 유형(type)의 실례(instance)가 하나밖에 없음을 나타낸다. 따라서 한정 고정화된 명사류는 화자와 청자 모두 식별이 가능하다. 이와 달리, 비한정 고정화 요소에 의해 고정화된 명사류는 실례를 단지 청자의 인지역(F_H) 안으로 끌어들이는 기능만을 할 뿐이다. 따라서 비한정 고정화 요소에 의해 고정화된 명사류는 유일하게 지시되는 대상도 아닐뿐더러 가상성을 띠고 있기 때문에 청자는 이에 대한 식별이 불가능하다. 이에 청자는 일시적인 가상성을 해소하고 비한정 명사류의 실재성을 확보함으로써 화자와 동일한 심리 지시를 실현해야 하는 것이다.

이어지는 장에서는 실제 중국어 표현을 통해 내재논항에 위치한 '一+양사+NP' 구문이 가상성을 해소하는 방식에 따른 지시 특징의 차이를 고찰하고, '一+양사+NP' 구문의 다양한 지시 특징이 의미적인 측면에서 어떠한 기능을 하는지 분석하고자 한다.

4 '一+양사+NP'구문의 의미 기능

전술한 바와 같이, 한정 명사류에 대해 화자와 청자는 특정 유형의 실례에 대해 동일한 심리 지시를 할 수 있을 뿐 아니라, 해당 실례를 실제

로 존재하는 대상으로 인식한다. 반면, 비한정 명사류의 경우에는 가상성
으로 인해 청자가 이를 다른 실례와 식별하지 못한다.

본 장에서는 Langacker(2009)의 주장을 중국어에 적용하여 3장에서 제
시한 가설을 검증하고, 다양한 지시 특징을 나타내는 '一+양사+NP'구
문의 의미 기능을 고찰하고자 한다.

앞서 살펴보았던 예문 (2)를 다시 보자.

(5) a. 我想買一份禮物給你, 那個禮物很漂亮。
    내가 너에게 선물을 하나 사주고 싶은데, 그 선물은 매우 예쁘다.

   b. 我想買一份禮物給你, 你想要甚麽?
    내가 너에게 선물을 하나 사주고 싶은데, 너는 뭘 원하니?

예문 (5a)에서 내재논항으로 비한정 명사류인 '一份禮物'이 쓰였다.
화자는 자신이 청자에게 사주고 싶은 선물이 무엇인지 구체적으로 알고
있으나, 청자는 화자가 발화한 '一份禮物'가 '선물 하나'이라는 것 외에
구체적으로 어떤 선물인지 식별이 불가능하다. 이 경우 청자에게 있어
이 '선물'은 실재적으로 존재하는 대상이라기보다는 가상적인 대상으로
인식된다. 그러나 화자의 후속 발화를 통해 '선물'은 실재성을 부여 받게
된다. 한편, 예문 (5b)에 쓰인 동일한 형식의 '一份禮物'는 이어지는 화
자의 발화를 통해 청자뿐 아니라 화자에게도 가상의 실례로 인식되고 있
으며, 이 실례는 실재성을 획득하지 못했음을 알 수 있다. 위의 예문(5a)
와 (5b)에 대한 도식은 〈그림 3〉과 같다.

〈그림 3〉은 〈그림 2(b)〉의 도식에 화자의 인식역을 추가한 것으로, 예
문 (5a)에 해당되는 〈그림 3(a)〉는 비한정 실례 'tᵢ'가 화자에게는 실재의
개체로 인식되지만, 청자에게 있어서는 여전히 실재성을 확보받지 못한
가상의 상태로, '비한정-특정'의 지시 특징을 나타내고 있음을 도식화 한

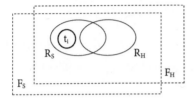 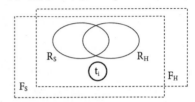

(a) 비한정특정(Specific Indefinite)　　　**(b) 비한정 비특정(Non-specific Indefinite)**

그림 3. 비한정 특정/비특정 고정화 도식(Langacker 2009:179 참고)

것이다. 예문 (5b)에 해당되는 〈그림 3(c)〉의 비한정 실례 'ti'는 청자의 인식역의 밖에 위치하고 있을 뿐 아니라 화자의 인식역에도 포섭되지 못해, 청자와 화자 모두에게 실재성을 얻지 못한 가상의 상태로, '비한정 비특정'의 지시 특징을 나타내고 있음을 도식화한 것이다.

'一+양사+NP'구문은 비한정의 표지로 쓰일 뿐 아니라 상기 예문 (3)에서 논의한 바와 같이 비지시(non-referential)의 표지와 일반화된 관사의 의미 기능까지도 나타낼 수 있다. 그렇다면 이러한 '一+양사+NP'이 어떠한 문장과 담화 환경에서 이상의 다양한 의미 기능을 하는 것일까?

이에 대해 앞서 논의한 예문 (3)의 Chen(2003)의 용례와 유사하지만, 좀 더 긴 담화 맥락이 주어진 예문을 추출하여, 상하 문맥을 통해 '一+양사+NP'구문이 어떠한 의미 기능을 하는지 고찰해 보고자 한다.

(6) a. 他的11歲的女兒雯雯也得到爸爸一份禮物, 一盤《獅子王》錄像帶。
그의 열 한 살 된 딸 원원 역시 아버지로부터 선물을 하나 받았는데, 〈라이온킹〉 비디오테이프이다.

b. 只要您聽話, 您也會得到一份禮物的, 比如一枝長蠟燭甚麼的。
당신이 말을 잘 듣기만 하면, 당신도 선물을 받게 되실 거예요. 가령 기다란 양초 같은 것으로요.

예문 (6a)에 쓰인 비한정 명사류 '一份禮物'는 과거에 이미 일어난 사건을 나타내는 현실(realis) 사건에 쓰였으며, 화자의 후속되는 발화를 통해 청자는 '一份禮物'의 가상성을 해소하고 해당 실례에 대해 화자와 동일한 심리지시에 성공함으로써 이에 대한 식별에 성공하게 된다. 이와 달리 (6b)는 아직 일어나지 않은 비현실(irrealis) 사건을 나타내고 있으나, (6b)의 '一份禮物' 역시 화자의 후속되는 발화를 통해 청자는 비한정 명사류의 가상성을 해소하고 실례에 대해 화자와 동일한 심리지시에 성공하게 된다. 이처럼 비한정-특정성을 나타내는 내재논항 '一+양사+NP'는 현실문에서든 비현실문에서든 대체로 후행하는 절에서 화제(Topic)가 되어 화제 연쇄(Topic Chain)를 이루거나, 그에 대한 상세기술이 부가되는 경향이 있다.

(7) 我有個外國的學生, 到我家來看我, 跟我聊天, 聊著聊著突然就跟我說, 教授, 畢業之際想跟你要件禮物, 作爲紀念。
한 외국인 학생이 우리 집에 와서 나와 담소를 나누었다. 한참 이야기하다 갑자기 나에게 '교수님, 졸업할 때 즈음 선생님에게 기념될만한 선물 하나 받고 싶어요.'라고 하였다.

예문 (7)은 이미 일어난 사건을 기술하고 있지만, 외국인 학생의 발화는 과거 시점에서 아직 일어나지 않은 사건을 언급하고 있으므로 비현실의 성격을 띠고 있다. 청자인 '교수님'뿐 아니라 화자인 '외국인 학생' 역시 '一'가 생략된 '件禮物'이 무엇인지 알지 못하며, 후속 발화를 통해서도 가상성을 해소할 수 없다. 이처럼 내재논항인 '(一)+양사+NP'가 비한정-불특정의 지시 특징을 나타내는 경우, 문장은 대체로 비현실의 특징을 띠고 있으며, '(一)+양사+NP'는 후행하는 절의 화제가 되기 어렵다. 또한 후행하는 절은 대체로 'V+(一)+양사+NP'가 나타내는 사건에 대한 상세 기술이 이루어지는 경향이 있다.

(8) a. 過母親節, 孩子們都給母親買件禮物, 作母親的幷不計較禮物
      輕重。
      어머니날이면, 자녀들은 대게 어머니를 위해 선물을 사며, 어머니는
      결코 선물의 경중을 따지지 않는다.

   b. 買點禮物給太太, 不一定要有甚麼特別原因。
      선물을 사서 부인에게 주는 것이 꼭 특별한 이유가 있을 필요는 없다.

예문 (8a)와 (8b)는 실제 발생한 혹은 아직 발생하지 않은 사건을 나타
내는 것이 아니라 일반적인 습관을 나타내는 습관문임을 알 수 있다. 또
한 내재논항인 '(一)+양사+NP'은 비지시 성분으로, 선행하는 'V'와 함
께 '買禮物(선물 사기)'라는 동작의 구성요소로 기능하고 있으므로 가상
성은 전혀 해소되지 않고, 청자뿐 아니라 화자 역시 이에 대한 식별이
불가능하다. 따라서 후행하는 절의 화제가 되는 것을 전혀 불가능하며,
후행하는 절에는 대체로 'V+(一)+양사+NP'가 실현하는 동작으로 유
발되는 연쇄 동작, 혹은 그에 대한 진술(comment) 내용이 보인다. 이처
럼 내재논항인 '(一)+양사+NP'가 비지시성을 나타내는 경우, 문장은
대체로 비사건문의 특징을 보이며, '(一)+양사+NP'는 선행하는 'V'와
함께 동작의 구성요소로 기능한다. 또한 후행하는 절에는 '(一)+양사+
NP'가 아니라 'V+(一)+양사+NP'과 관련된 진술이 이루어지는 경향이
있음을 알 수 있다.
　이상의 논의를 통해 내재 논항으로 쓰이는 '一+양사+NP'구문은 본
질적인 가상성으로 인해 다양한 지시 특징을 갖게 되었으며, 각각의 지
시 특징에 따라 구문 및 담화 맥락에서 상이한 의미 기능을 하고 있음을
알 수 있다. 이를 아래와 같이 요약할 수 있다.

표 1. 'ㅡ+양사+NP'구문의 지시특지에 따른 의미 기능

의미 기능 \ 지시 특징	비한정-특정	비한정-불특정	비지시
문장의 종류	사건문 (현실, 비현실)	사건문 (비현실)	비사건문 (습관문)
가상성	×	○	○
식별가능성	○	×	×
화제연쇄	○	×	×
'(ㅡ+)양사+NP'를 포함한 선행절과 후속절간의 관련성	强	弱	微弱
후속절의 특징	내재논항인 'ㅡ+양사+NP'에 대한 상세기술	내재논항을 포함한 'V(+ㅡ)+양사+NP'에 대한 상세 기술	'V(+ㅡ)+양사+NP'로 유발된 연쇄 동작, 진술

5 나가는 말

본 논문은 현대중국어 명사류의 고정화 문제에 관한 고찰의 일환으로, 중국어의 고정화 요소 가운데 비한정성을 나타내는 'ㅡ+양사+NP'구문이 내재논항으로 쓰이는 경우 나타나는 지시 특징과 고정화 양상을 분석하여 'ㅡ+양사+NP'구문이 다양한 지시 특징을 나타내는 근본적인 원인을 규명하고, 다양한 지시 특징을 나타내는 'ㅡ+양사+NP'구문의 의미 기능의 차이점 밝혔다.

본 논문에서는 'ㅡ+양사+NP'구문이 문법화를 통해 다양한 지시 특징을 나타내는 근본적인 동인은 비한정 명사류의 '일시적인 가상성(provisional virtuality)'이라고 보았으며, 가상성의 해소여부 및 이를 위한 문장 형식에 따라 'ㅡ+양사+NP'구문이 다양한 의미 기능을 하고 있음을 증명하였다.

| 참고문헌 |

김영민(2011), 〈현대중국어 명사구 양화 표현이 나타내는 양의 성격 고찰〉,《중국
　　　언어연구》제37호.

_____(2013), 〈현대중국어 명사류의 고정화 연구〉,《외국학연구》제24호.

김종도(2000), 〈명사와 명사구〉,《논문집(수원대학교)》제18호.

_____(2002),《인지문법의 디딤돌》, 서울: 박이정.

陳平(1987), 〈釋漢語中與名詞性成分相關的四組概念〉,《中國語文》第2期.

儲澤祥(1997), 〈名詞空間義及其對句法功能的影響〉,《語言硏究》第2期.

劉丹靑(2008), 〈漢语名詞性短語的句法類型特徵〉,《中國語文》第1期.

呂叔湘(1984/1999),《漢語語法論文集 增訂本》, 北京: 商務印書館.

龙涛(2004), 〈量詞對名詞空間義的表達〉,《湖南科技大學學報》第5期.

龍濤·陳崇介(2011), 〈對量空間義的區分: 名詞的屬性義表達(一)〉,《湖南師範
　　　大學學報》第1期.

完權(2009), 〈入場理論: 認知語法的新進展〉,《外國語》第32卷 第6期.

王秀卿·王廣成(2008), 〈漢語光幹名詞短語的語義解釋〉,《現代外語》第31卷
　　　第2期.

魏紅·儲澤祥(2007), 〈"有定居後"與現實性的無定NP主語句〉,《世界漢語敎學》
　　　第3期.

謝應光(2006), 〈認知語法中的背景設置概念〉,《山東外語敎學》第1期.

朱德熙(1982/1998),《語法講義》, 北京: 商務印書館.

E. Vyvan & M. Green(2006), Cognitive Linguistics: An Introduction, Edinburgh:
　　　Edinburgh University Press. (임지룡·김동환 옮김(2008),《인지언어학 기
　　　초》, 서울: 한국문화사).

Chen, Ping(2003), Indefinite determiner introducing definite referent: a special use
　　　of 'yi'ond' + classifie' in Chinese, Lingua Vol. 113:1169-1184.

Günter Radden, René Driven(2007), Cognitive English Grammar, Amsterdam/
　　　Philadelphia: John Benjamins Publishing Company. (임지룡·윤희수 옮김
　　　(2009),《인지문법론》, 서울: 도서출판 박이정).

Langacker, Ronald W.(1987), Foundations of Cognitive Linguistics I: Theoretical Prerequisites, Stanford: Stanford University Press. (김종도 역(1999), 《인지 문법의 토대 I》, 서울: 도서출판 박이정).

_____(1990), Concept, Image, and Symbol: The Cognitive Basis of Grammar, Berlin/New York: Mouton de Gruyter. (나익주 옮김(2002), 《개 념·영상·상징: 문법의 인지적 토대》, 서울: 도서출판 박이정).

_____(1991), Foundations of Cognitive Linguistics II: Descriptive Application, Stanford: Stanford University Press.(김종도 역(1999), 《인지문 법의 토대 II》, 서울: 도서출판 박이정).

_____(1999), *Grammar and conceptualization*, Berlin/New York: Mouton de Gruyter. (김종도·나익주(2001), 『문법과 개념화』, 서울: 박이정).

_____(2004), Remarks on Nominal grounding, *Functions of Language*, Vol. 11:77-113.

_____(2008), *Cognitive Grammar: A Basic Introduction*, New York: Oxford University Press.

_____(2009), *Investigations in Cognitive Grammar*, Berlin/New York: Mouton de Gruyter.

Lyons, John.(1995), *Linguistic Semantics: An introduction*, Cambridge/New York: Cambridge University Press.

Lyons, Christopher.(1999), *Definiteness*, Cambridge/New York: Cambridge University Press.

현대중국어 '정도부사+명사' 구문에 대한 인지적 접근
— '很+명사' 구문을 중심으로

전기정

1 들어가는 말

많은 문법서에서 중국어 명사는 수사나 양사 등의 수식을 받을 수는 있으나 부사의 수식은 받지 않고, 부사는 주로 동사, 형용사를 수식하지 명사는 수식하지 않는다고 설명하고 있다. 그러나 실제로는 '很漢子, 太明星, 非常城市, 有點青春, 十分陽光, 最上海'와 같이 정도부사가 명사를 수식하는 구문이 자주 발견된다.

일찍이 1920년대부터 郭沫若, 曹禺 등 작가들의 작품에서 '정도부사+명사' 구문이 가끔 발견되기는 하였으나, 소수의 문학작품에서만 사용되고 실제 구어에서는 잘 사용하지 않았기 때문에 黎錦熙, 呂叔湘, 朱德熙 등의 학자들은 이 구문의 존재 자체에 대해 부정적인 태도를 취했다.[1]

---

* 《중국어문논총》제104집(2021년 4월) 게재.
** 선문대학교 외국어자율전공학부 교수.
1) 姚雙雲(2007:2) 참조.

그런데 이후 '정도부사+명사' 구문이 문학작품에서 뿐만 아니라 다양한 영역에서 점차 광범위하게 사용되자 1990년대 중반부터 많은 학자들이 이 구문에 관심을 가지고 다양한 분석을 시도하게 되었다. 于根元(1991), 張國安(1995), 陳一民(1999) 등은 여전히 부사는 명사를 수식할 수 없다고 주장하며, 很氣派가 很有氣派에서 有가 생략된 것처럼 일부는 동사가 나타나지 않아 생긴 것이라고 했다. 鄒韶華(1990), 胡明揚(1992), 邵敬敏(2001) 등은 명사의 형용사화를 주장했는데, 대표적으로 鄒韶華(1990)는 '부사+명사' 구문에서 명사는 비록 명사의 신분으로 출현하는 것이지만, 때로는 형용사로 쓰이거나 혹은 형용사의 부분적인 문법 특징을 가질 수 있다고 했다.[2]

이에 반해 張誼生(1996, 1997), 邢福義(1997), 施春宏(2001), 邵敬敏·吳立紅(2005) 등은 이 구문의 객관적 존재를 인정하면서 그 의미 특징에 대해 연구했다. 張誼生(1996)은 명사가 '가늠의 의미[量度義]'를 가지고 있거나 임시적으로 그러한 의미를 부여 받으면서 부사가 명사의 기능에 변화를 촉진한다고 했고, 施春宏(2001)은 명사의 묘사적 의미 특징 때문에 명사가 부사와 결합할 수 있는 것으로 보았다.

또한 최근에는 인지적 관점에서 '정도부사+명사' 구문을 연구하는 학자들도 많아졌다. 대표적으로 劉正光·崔剛(2005)은 탈범주화(Decategori-zation)를 통해 '부사+명사' 구문을 설명했으며, 丁加勇·戴瑋(2007)는 이상인지모형(ICM) 이론에 근거하여 '정도부사+사람을 가리키는 명사' 구문을 분석했고, 王寅(2011)은 구문문법 이론의 '강요, 현저성, 상속, 통합'의 관점에서 '부사+명사' 구문을 논의했다.

이와 같이 '정도부사+명사' 구문에 관해서는 지금까지 많은 학자들이 관심을 가지고 연구를 진행하여 어느 정도 성과를 거두었다. 그런데 최

---

2) 徐杏雨(2007:3), 姚雙雲(2007:2-3), 劉正光·崔剛(2005:37) 등 참조.

근에는 '정도부사+명사' 구문이 구어체를 기반으로 하는 웹소설, SNS 등에서 더 자유롭게 활용되는 경향이 있는데, 기존의 연구는 대부분 문학작품이나 신문 등 문어자료에 대한 분석에만 머무르고 있다는 한계가 있다.

이에 본고에서는 문어자료뿐만 아니라 구어자료까지 포함하여 '정도부사+명사' 구문에 대해 고찰하고, 부사의 수식을 받지 않던 명사가 어떻게 정도부사의 수식을 받을 수 있는지 그 이유를 인지언어학적 관점에서 해석하고자 한다. 이를 위해 본고에서는 문어와 구어자료를 모두 아우르고 있는 北京語言大學 BCC 말뭉치를 대상으로 정도부사와 명사의 결합 양상을 조사하고, 그 결과를 바탕으로 정도부사와 결합하는 명사의 종류와 특징에 대해 분석할 것이다.

❷ '很+명사' 구문에 출현하는 명사의 종류와 특징

北京語言大學 BCC 말뭉치는 문학작품(30억 자) 외에 신문(30억 자), 과학기술(30억 자), 종합(10억 자)뿐만 아니라 微博(30억 자)까지 포함하고 있어, 문어자료부터 구어자료까지 다양한 영역의 중국어 현황을 고찰할 수 있다는 장점이 있다. 본고에서는 BCC 말뭉치에서 정도부사 중 가장 광범위하게 사용되면서 출현빈도도 높은 很과 결합하는 명사의 양상을 조사하였다.[3]

정도부사 뒤에 나오는 명사에는 추상명사, 구체명사, 고유명사 등이 있는데, BCC 말뭉치는 추상명사와 구체명사가 포함된 보통명사(n)와 고

---

3) 張誼生(1997:140)에 따르면 정도부사 중 很, 最, 太, 非常, 比較, 十分, 挺, 特, 有些, 頂, 相當, 特別, 絕對, 更, 好의 순서로 출현빈도가 높다. 또한 BCC 말뭉치를 대상으로 한 본고의 조사에서도 정도부사 중 很의 출현빈도가 가장 높게 나타났다.

유명사인 인명(nr)과 지명(ns)을 따로 나누고 있어서 본고에서는 먼저 보통명사에 대한 조사를 진행한 후 고유명사에 대해 따로 조사했다.[4]

2.1 보통명사

먼저 很과 결합한 보통명사는 종류가 다양하고 출현횟수도 많다. 그중 출현횟수가 50개 이상인 명사를 출현횟수 순으로 나열하면 다음과 같다.

牛(2163), 經典(1918), 美味(902), 時尚(791), 低調(782), 專業(700), 暴力(588), 精神(563), 文藝(537), 蛋(521), man(438), 悲劇(415), 稀飯(396), 變態(394), 陽光(338), 白癡(319), 雷(297), 幻想(277), 淑女(270), 狗(262), 娘(251), 爺們(243), 女人(236), 內涵(232), 感性(228), 個性(220), 理性(211), 紳士(210), 潮(188), 男人(186), MAN(185), 藝術(182), 垃圾(160), 孩子氣(150), 青春(149), 水(143), 熱血(139), 激情(139), 溫情(135), Man(114), 入味(113), 新潮(105), 神經(104), 規律(96), 奇葩(95), 爺們兒(93), fashion(93), 速度(92), 風騷(91), 高調(91), 美貌(89), 八卦(89), 冰(89), 利害(85), 技巧(84), 忠心(84), 少女(82), 神經質(80), 油(77), 氣質(76), 罪惡(74), 詩意(69), 智慧(67), 正義(62), 菜(62), 人性(61), 山寨(57), 醜(57), 油菜(57), 極品(57), 私人(56), 眞相(54), 豪氣(53), 特色(52), 職業(51), 流氓(50)[5]

BCC 말뭉치에서 很과 결합하고 있는 명사 중 출현횟수가 50회 이상인 명사는 총 76개이다.[6] 위에서 나열하고 있는 명사는 크게 추상명사와

---

4) 정도부사와 결합하는 명사에는 추상명사, 구체명사, 고유명사 외에 방위명사와 장소명사도 있다. 그런데 BCC 말뭉치에서 조사한 결과 방위명사와 장소명사의 종류와 출현횟수가 많지 않아 본고의 논의에서 배제했음을 밝혀둔다.

5) 괄호 안의 숫자는 출현횟수를 나타낸다.

구체명사로 나눌 수 있는데,[7] 이 중 다수를 차지하는 것은 美味, 時尚, 低調, 專業, 暴力, 精神, 文藝 등과 같은 추상명사이다.[8]

그럼 이하에서는 추상명사와 구체명사의 양상에 대해 좀 더 자세히 살펴보기로 한다.

2.1.1 추상명사

추상명사는 객관 세계의 구체적인 사물이나 현상과는 직접적인 연관 관계가 없고, 주로 사람이나 사물의 상태, 성질, 가치경향을 나타낸다.

---

6) 10-49회 출현한 명사의 종류는 총 216개로 뒤의 〈부록〉에 첨부해 놓았다.

7) 본고에서는 76개의 명사 중 經典, 美味, 時尚, 低調, 專業, 暴力, 精神, 文藝, 悲劇, 幻想, 內涵, 感性, 個性, 理性, 潮, 藝術, 孩子氣, 靑春, 熱血, 激情, 溫情, 入味, 新潮, 神經, 規律, 奇葩, fashion, 速度, 風騷, 高調, 美貌, 八卦, 利害, 技巧, 忠心, 神經質, 氣質, 罪惡, 詩意, 智慧, 正義, 人性, 極品, 私人, 眞相, 豪氣, 特色, 職業는 추상명사로, 牛, 蛋, man, 稀飯, 變態, 陽光, 白癡, 雷, 淑女, 狗, 娘, 爺們, 女人, 紳士, 男人, MAN, 垃圾, 水, Man, 奇葩, 爺們兒, 冰, 少女, 油, 菜, 山寨, 醜, 油菜, 流氓은 구체명사로 분류했다.

8) 邵敬敏·吳立紅(2005:18)은 《現代漢語分類詞典》에 출현하는 명사를 대상으로 정도부사와의 결합 가능 여부를 조사했는데, 21,000개의 명사 중 880개인 4.2%만 정도부사와 결합이 가능한 것으로 나타났다. 또한 정도부사와 결합이 가능한 880개 중 추상명사가 590개(약 67%), 구체명사가 290개(약 33%)로 추상명사가 정도부사와 결합할 가능성이 훨씬 큰 것으로 나타났다. 이는 본고의 조사 결과에서도 유사하게 나타났다. 본고의 조사는 전체 명사를 대상으로 한 것이 아니라 很과 결합하는 명사 중 출현횟수가 50회 이상 되는 명사 76개만을 대상으로 했지만, 很과 결합하는 76개의 명사 중 추상명사가 47개(약 62%), 구체명사가 29개(약 38%)인 것으로 나타났다. 즉, 정도부사와 결합하는 명사 중 추상명사가 구체명사 보다 2배 정도 더 많은 것으로 나타난 것이다.

(1) 有人說, 黑社會的人都<u>很暴力</u>。[9]

어떤 사람이 조폭들은 다 폭력적이라고 말했다.

(2) 在浙江, 有這樣一張成績單：它<u>很個性</u>, 不只記錄考分, 還爲每位考生的答題情況提供診斷。

저장에는 점수를 기록할 뿐만 아니라 모든 수험생의 답안에 대한 진단을 제공하는 개성적인 성적표가 있다.

위의 예문 (1)과 (2)에 나오는 暴力와 個性은 사람이나 사물의 성질이나 가치경향을 나타내는 추상명사인데 很의 수식을 받고 있다. 추상명사 중에서는 '美味, 低調, 專業, 悲劇, 內涵, 熱血, 激情, 溫情, 新潮, 高調, 美貌, 正義, 私人, 眞相, 豪氣, 特色' 등과 같이 단어 자체가 형용사 형태소를 포함하고 있거나, '靑春, 集體, 個人, 文化, 技術, 權勢, 興致, 理性, 感性, 資本主義' 등과 같이 명확한 속성을 나타내거나 뚜렷한 이미지를 나타내는 특징을 지닌 것들이 很의 수식을 받을 가능성이 많다.[10]

(3) 莫名其妙我覺得我們兩個<u>很悲劇</u>。

뜬금없이 나는 우리 둘이 비극적이라고 느껴졌다.

(4) 穿着以前的校服, 覺得自己還是<u>很青春</u>。

예전의 교복을 입으니 자신이 아직 젊게 느껴졌다.

위의 예문 (3)과 (4)에서는 각각 형용사 형태소를 포함하고 있는 추상명사인 悲劇와 명확한 속성이나 이미지를 나타내는 특징을 지닌 추상명사 靑春이 정도부사 很과 결합하고 있다.

---

9) 본고에 나오는 예문은 대부분 北京語言大學 BCC 말뭉치(http://bcc.blcu.edu.cn/)에서 인용한 것임을 밝혀둔다.

10) 邵敬敏·吳立紅(2005:14-15) 참조.

姚雙雲(2007:23)은 추상명사는 명사 중에서 가장 전형적이지 않은 구성원으로, '정도부사 + 명사'의 구문에서 품사가 바뀔 가능성이 가장 많다고 했다. 또한 추상명사 중 '科學, 理想, 衛生' 등은 이미 명사와 형용사 겸류사가 되었으며, '青春, 哲理, 詩意' 등 일부 명사는 비록 아직은 형용사가 되지는 않았지만, 형용사화 되는 중이라고 했다. BCC 말뭉치에서 조사한 很과 결합하고 있는 추상명사 중에도 '美味, 低調, 精神, 理性, 風騷, 新潮, 正義' 등은 이미 사전에 형용사와 명사의 품사를 모두 가지는 겸류사로 분류되어 있다.

    (5) 他喝了幾口香檳, 味道的确<u>很美味</u>。
        그는 샴페인을 몇 모금 마셨는데, 확실히 맛이 좋았다.

    (6) 他向郭祥<u>很精神</u>地打了一個敬禮。
        그는 구어샹을 향해 씩씩하게 경례를 했다.

위의 예문 (5)와 (6)의 美味와 精神은 사전에서도 명사와 형용사 겸류사로 분류하고 있다.

중국어 형용사는 크게 성질형용사와 상태형용사로 구분하는데, 雪白, 冰冷, 火熱, 滾燙, 綠油油, 紅通通, 火辣辣 등의 상태형용사는 이미 정도가 매우 높음을 나타내기 때문에 정도부사의 수식을 받을 필요가 없다.11) 이에 반해 성질형용사는 추상적인 속성을 나타내므로 정도에 있어 차이가 존재하고 정도의 양도 가변적이다. 邵敬敏 · 吳立红(2005:13)은 성질형용사가 가진 [+속성]의 의미 특징이 실제로는 [+정도의 양]이라

---

11) 그런데 최근에는 사람들의 정도에 대한 표현 욕구가 점차 강해지면서 상태형용사 앞에 정도부사를 붙이는 예가 발견되기도 한다. 이에 대해 邵敬敏(2007:7)은 상태형용사가 오래 사용되면서 원래의 높았던 정도가 엷어지고, 약화된 것이라고 주장했다.

는 의미 특징을 함의하고 있다면서, 정도부사에는 비록 [+속성]의 의미 특징은 없지만, [+정도의 양]의 의미 특징을 가지고 있기 때문에 성질형용사와 의미적으로 맞아떨어져 서로 결합할 수 있다고 분석했다. 그들의 논리에 따르면 위의 형용사 형태소를 포함한 추상명사와 [+속성]의 의미 특징을 가진 추상명사는 [+정도의 양]이라는 의미 특징을 가지기 때문에 [+정도의 양]을 나타내는 정도부사 很과 결합할 가능성이 크다.

2.1.2 구체명사

본고에서는 객관 세계의 구체적인 사물이나 사람을 지칭하는 구체명사를 다시 세부적으로 '淑女, 娘, 爺們, 女人, 紳士, 男人' 등과 같이 사람을 가리키는 명사,[12] '蛋, 陽光, 垃圾, 水, 菜' 등과 같이 사물을 가리키는 명사, '牛, 狗[13]' 등과 같이 동물을 가리키는 명사로 나누어 분석하고자 한다.

먼저 사람을 가리키는 명사의 예를 살펴보자.

(7) 她說話的聲音很男人, 但笑聲却很女人。
그녀가 말할 때 목소리는 남성스러운데, 웃음소리는 여성스럽다.

(8) 我一定會很紳士地照理她的。
저는 분명 신사적으로 그녀를 돌볼 수 있습니다.

---

12) 張誼生(1997:136)에 따르면, 정도부사의 수식을 받는 사람을 가리키는 명사는 '官僚, 瘊三, 市儈, 流氓, 天才, 市民, 農民, 贵族, 學究, 權威, 绅士, 傻瓜, 笨蛋, 小市民, 王八蛋, 哥們兒, 英雄, 好漢, 江湖骗子, 奶油小生' 등과 같이 주로 사회적인 계층이나 사회적 역할을 나타내는 경우가 많다.
13) BCC 말뭉치에서 狗는 일음절형태소의 명사로서 很과 결합한 경우보다 狗血처럼 이음절형태소로서 很과 결합한 경우도 많았다.

예문 (7)와 (8)에는 사람을 가리키는 명사 男人, 女人, 紳士가 왔는데 이들 예문에서 很이 지향하는 것은 뒤에 오는 구체명사가 가리키는 실체가 아니다. '很 + 구체명사' 구문에서 很이 지향하는 것은 구체명사의 개념적 의미가 아니라 내포적 의미이다.[14] 내포적 의미는 개념적 의미에 더 부가된 의미로서 사회, 계급, 계층, 집단, 개인 등이 하나의 단어에 내포적 의미를 부가할 수 있다.[15] 예문 (7)과 (8)에서 很이 수식하는 男人, 女人, 紳士와 같은 단어들이 가리키는 것은 이들 단어가 대표하는 내포적 의미이다. 男人과 女人에 대한 내포적 의미는 사회적 변화와 시대상에 따라 달라질 수 있겠지만, 일반적으로 男人은 씩씩하고, 용감하며, 힘이 세다는 내포적 의미를, 女人은 현숙하고, 우아하며, 부드럽다는 내포적 의미를, 紳士는 점잖고 교양이 있으며 매너가 좋다는 내포적 의미를 가진다. 사람을 가리키는 명사 앞에 很을 부가하게 되면 그 단어가 가진 내포적 의미가 很에 의해 활성화되어, 그 단어에 함축된 묘사적인 특징이 이 구문의 중심 의미가 된다.

다음으로 사물을 가리키는 명사의 예를 살펴보자.

(9) 孩子們很陽光, 充滿朝氣。
    아이들은 찬란하고 생기가 가득하다.

---

14) Leech(1981)는 의미를 (1) 개념적 의미, (2) 내포적 의미, (3) 문체적 의미, (4) 감정적 의미, (5) 반영적 의미, (6) 연어적 의미, (7) 주제적 의미와 같은 7개의 유형으로 나누었다. 7개의 유형은 다시 개념적 의미와 연상적 의미, 주제적 의미로 요약될 수 있는데, 이 가운데 연상적 의미는 (2) 내포적 의미에서 (6) 연어적 의미까지를 모두 포함하는 것이다. 개념적 의미는 협의의 의미로서 인식적 내용과 외연적 내용을 말하고, 내포적 의미는 개념적 의미로는 포착되지 않는 주변적 의미, 함축적이며 주관적인 의미를 말한다(邵敬敏 · 吳立紅(2005), 한국민족문화대백과사전(http://encykorea.aks.ac.kr/) 등 참조).

15) 劉曉峰(2002:80) 참조.

(10) 想想都知道這種會議<u>很垃圾</u>。

생각만 해보아도 이런 회의가 쓰레기 같다는 걸 알 수 있다.

예문 9)와 10)에 나오는 사물을 가리키는 명사는 어떤 임시적인 비유 의미를 획득하기 위해 차용되는 대상이다.[16] 이러한 사물 앞에 很을 삽입하는 순간 그것은 사물 명사 자체가 가리키는 개념적 의미가 아닌 함축적이며 비유적인 내포적 의미를 나타낸다. 예컨대 很陽光에서 陽光은 해가 비추는 빛이라는 사전적이고 개념적인 의미가 아니라 햇빛을 떠올리면 연상되는 따뜻하고, 활발하며, 찬란하다는 내포적 이미지를 가지게 되고, 很垃圾의 垃圾 역시 쓸모없게 되어 버려야 될 것들이라는 개념적 의미가 아니라 회의 내용이나 진행이 불필요하거나 엉망진창이어서 쓰레기 같다는 내포적 의미를 나타낸다. 劉茜(2009:130)에 따르면, 사물을 가리키는 명사는 사람을 가리키는 명사보다 객관적인 지칭의 의미가 더 명확한데, 지칭의미만 있고 함축이나 비유의미가 없는 사물명사는 부사의 수식을 받기가 어렵다. 예컨대, 大街, 樓房, 電視, 鉛筆 등은 개념적 의미 외에 함축적이고 비유적인 내포적 의미가 거의 없기 때문에 很의 수식을 받기가 어렵다.

다음으로 동물을 가리키는 명사의 예를 살펴보자.

(11) 重點中學的學生, 個個都<u>很生</u>, 雖然年紀小, 但心比天高。

중점학교 학생들은 개개인이 다 대단해서 비록 나이는 어려도 눈이 하늘보다 높다.

(12) 劉小菲發現大家都能處變不驚、臨危不亂 ; 相較之下, 她還是<u>很菜鳥</u>。

---

16) 이와 관련한 은유, 환유에 대해서는 3.3에서 다시 논의하고자 한다.

류샤오페이는 모두가 다 무사태평하고 위기 앞에서도 침착한 데 반해 상대적으로 자신은 여전히 햇병아리 같다는 것을 알게 되었다.

동물명사가 사용된 경우는 일반적으로 그 동물에게서 연상되는 내포적 의미가 있다. 예 11)의 牛는 '황소고집'이라는 말이 있을 정도로 고집이 세고 완고한 이미지를 대표하며, '대단하다'는 의미로도 사용된다. 다음으로 예 12)의 菜鳥는 햇병아리이다. 우리말에서도 '햇병아리 사원'이라고 하면 떠오르는 사회 초년생이나 신참, 생초보의 이미지가 있는데, 중국어에서도 동일하다. 동물의 경우 대표적으로 떠오르는 특정 이미지가 없으면 很의 수식을 받기가 어렵다.[17]

한편, BCC 말뭉치에서 발견된 특이점은 구어자료에서 很 뒤에 man, fashion처럼 영어 명사를 넣어 사용하는 예가 자주 발견된다는 것이다. 다음의 예를 살펴보자.

(13) 從小就覺得會打籃球的很man。
어렸을 때부터 농구를 잘하는 사람은 남자답다고 느꼈어요.

(14) 許多新款都很fashion！
많은 신상품들이 다 패셔너블해요!

최근에는 특히 젊은이들이 사용하는 구어체를 바탕으로 하는 웹소설이나 SNS에서 정도부사와 영어 명사를 결합하여 사용하는 예문이 자주 발견된다. 특히 BCC 말뭉치 조사에서 man의 경우 MAN, Man으로 대소문자를 구분하여 각각의 출현횟수를 나누고 있는데, 이를 하나로 통합하

---

17) 邵敬敏·吳立红(2005:16)은 蚯蚓, 海馬, 企鵝 등 비유적 의미가 적은 동물은 很의 수식을 받기가 어렵다고 했다.

면 총 737회로, 186회 출현한 很男人 보다도 출현빈도가 훨씬 더 높게 나왔다.

이처럼 중국어와 영어를 섞어서 쓰는 현상은 GG(哥哥), MM(妹妹), LP(老婆), SB(傻逼) 등과 같이 한어병음을 부호처럼 축약하여 쓰거나 BF(Boy Friend), GF(Good Friend 또는 Girl Friend) 등과 같이 영어 자모를 축약하여 사용하는 경우와 더불어 구어자료에서 자주 발견된다.

아직까지 '정도부사＋명사' 구문과 관련된 연구에서 영어 명사가 정도부사와 결합한 예에 관해서는 거의 언급된 바 없지만, 이미 구어자료에서 상당히 많이 발견된 만큼 이에 대한 심도 있는 연구가 더 필요해 보인다.

2.2 고유명사

BCC 말뭉치 조사에서 고유명사는 정도부사와 결합하기는 하지만 보통명사와 비교하면 그 출현횟수가 매우 적은 것으로 나타났다. 출현횟수가 50회 이상인 경우는 거의 없기 때문에 본고에서는 출현횟수가 5회 이상인 경우를 모두 나열할 것이다. 또한 BCC 말뭉치에서는 지명과 인명을 각각 분리하여 태깅을 하고 있지만 다음의 지명과 인명이 모두 고유명사에 속하므로 본고에서는 고유명사로 묶어 나열하고자 한다.

中國(104), 英倫(39), 日本(19), 巴黎(18), 韓國(16), 美國(15), 上海(15), 臺灣(15), 北京(13), 歐洲(11), 瓊瑤(11), 英國(10), 香港(10), 法國(9), 好萊塢(9), 王家衛(9), 成都(8), 意大利(7), 希臘(7), 王朔(7), 北歐(6), 江南(5), 德國(5)

BCC 말뭉치에서 5회 이상 출현한 고유명사는 총 26개로 그 중 지명이 23개, 인명이 3개로 인명보다는 지명이 훨씬 더 많았다. 다음의 예문을 살펴보자.

(15) 記者很奇怪, 在美國生活了這麼多年的她, 怎麼一張口總是說著
中國最傳統的東西, 就連穿衣打扮也<u>很中國</u> —— 一襲白色的裙,
扎着兩個小辮子。
기자는 미국에서 그렇게 오래 살았던 그녀가 어떻게 말끝마다 중국의
가장 전통적인 것을 입에 올리고 옷차림새마저도 중국스러운지 - 흰색
치마에 머리를 양 갈래로 땋았다 - 를 이상하게 생각했다.

(16) 老舍先生筆下的北京"<u>很北京</u>"; 季先生筆下的濟南"<u>很濟南</u>"。
라오서 선생님 글에서의 베이징은 베이징스럽고, 지 선생님 글에서의
지난은 지난스럽다.

위의 예문에 나오는 中國, 北京, 濟南의 경우 실제 지명을 가리키는
것이 아니라 이 지역이 가진 속성의 집합을 나타낸다. 다시 말해 이 지역
에 살고 있는 사람들만이 가진 개성이나 독특한 특징, 지역적 특색 등을
가리키며, 이러한 특징들은 일반적으로 많은 사람들이 공감하는 것이다.
특정 지역에 대한 특징이 한 가지가 아니라 여러 가지일 수 있기 때문에
때로는 앞뒤 문맥에서 그 지역의 어떠한 부분에 초점을 맞추어 묘사하고
있는지 세부적으로 밝히기도 한다. 예컨대 예문 15)에서는 중국인들이
가진 여러 가지 특징 중 흰색 치마에 머리를 양 갈래로 땋는 여성의 차림
새에 대해 중점적으로 묘사하고 있다.

다음으로 인명 앞에 很을 붙이는 경우, BCC 말뭉치 조사에서는 琼瑶,
王家衛, 王朔 등의 고유명사가 발견되었다.

(17) 據說劇情<u>很琼瑶</u>。一場精彩的比賽, 到後面看的有些游離。
듣자하니 극의 스토리가 충야오스럽더라. 흥미진진하다가 나중에 보면
약간 겉도는 느낌이 들어.

(18) 早期的冯小剛作品包括他的三部賀歲片, 我覺得都很王朔, 都很王朔式。就是他的人物是一些滑稽的, 然後多少帯有一點社會的邊緣性, 然後講話是滔滔不絕的, 但是經常地嘴裏没正經話, 就是王朔式的調侃, 王朔式的戲仿。

신년작 세 편을 포함한 초기 펑샤오깡의 작품을 나는 다 왕쉬스럽고, 다 왕쉬식이라고 생각한다. 즉, 그의 인물은 약간 익살스럽고, 어느 정도는 사회적 주변성을 띠고 있다. 또 말은 끊임없이 하면서도 그렇다고 진지한 데는 없어서 왕쉬식의 조소와 왕쉬식의 패러디를 하고 있다.

지명과 마찬가지로 예문 속의 琼瑶와 王朔는 그 사람 자체를 가리키는 것이 아니라 그들이 작품을 이끌어가는 방식이나 내용, 특징 등과 같은 속성의 집합을 나타낸다. 그런데 특히 특정 인물 앞에 很을 붙일 경우에는 지명도가 있고, 대화 쌍방이 모두 아는 사람이거나 전형적인 이미지를 가진 인물이어야 한다. 만일 잘 알려져 있지 않은 인물인 경우에는 최소한 대화 쌍방은 잘 알고 있거나, 앞뒤 문맥을 통해 그 사람이 어떠한 특징을 가졌는지 추측이 가능해야 한다. 그러므로 很의 수식을 받는 인물 고유명사의 종류는 제한적일 수밖에 없다.

본고의 조사에서는 작가, 영화감독 등 예술계 종사자들이 나왔는데, 姚雙雲(2007), 張琳鵬(2020) 등의 연구에서는 很의 수식을 받는 인물 고유명사로 雷鋒, 啊Q, 葛朗臺, 林黛玉, 陳世美, 竇娥 등이 포함되었다. 중국인에게 있어 雷鋒은 남을 기꺼이 도와주는 사람, 啊Q는 굴욕을 당하면서도 정신승리법으로 스스로를 위로하는 사람, 葛朗臺는 전형적인 구두쇠, 林黛玉는 예쁘지만 허약하고 걱정이 많은 사람, 陳世美는 출세 후 변심한 남자, 竇娥는 억울한 사람이라는 전형적인 이미지를 가지고 있다. 때로는 어떤 사람의 특징을 세부적으로 묘사하기 어렵거나 복잡할 때 이러한 인물 고유명사 앞에 很을 붙여 묘사하면 간단한 표현으로도 다양한 의미를 나타낼 수 있고, 그 인물을 형상화하기가 더 쉬워진다.

이는 한국어에서도 마찬가지이다. 예컨대 "그 사람은 참 스크루지 같아."라고 표현하면 그 사람이 얼마나 구두쇠이고 돈 쓰는 걸 싫어하는지 자세히 설명하지 않아도 상대방이 쉽게 이해할 수 있을 것이다.

이상에서는 很과 결합하는 명사의 특징을 크게 보통명사와 고유명사로 나누어서 살펴보았다. 그럼 다음 장에서는 일반적으로 중국어 명사는 정도부사의 수식을 받을 수 없다고 알려져 있는데 어떻게 명사가 정도부사의 수식을 받을 수 있게 되었는지 그 이유를 인지언어학적 관점에서 해석해 보고자 한다.

3 인지언어학적 해석

앞서 밝힌 바와 같이 劉正光·崔剛(2005)은 범주화 이론을 도입하여 '정도부사+명사' 구문에 대한 해석을 시도했다. 그들은 많은 의미성분을 가진 명사 중의 어떤 성분이 문맥적인 요소로 인해 채택이 되면서 명사가 탈범주화한 후 형용사가 되었다고 주장했다. 그러나 본고에서는 '정도부사+명사' 구문 중의 명사가 명사로서의 범주를 완전히 벗어나 형용사가 되었다고는 보지 않는다. 이에 대해 먼저 범주화와 원형이론에 대해 살펴본 후 중국어 '정도부사+명사' 구문의 범주화 문제에 대해 논의하고자 한다.

3.1 범주화와 원형이론

범주화의 사전적 의미는 비슷한 성질을 가진 것들을 일정한 기준에 따라 모아 하나의 종류나 부류로 묶는 것이다. 아리스토텔레스 시기부터 1970년대 초기까지는 객관주의적 시각으로 범주화를 바라보고, 구성원의 공통적인 특징에 기초하여 범주화가 이루어지는 것으로 보았다. 이와 같은 범주화에 대한 전통적인 이해방식을 '고전적 범주화이론'이라고 한다. Taylor(1989:22-24)는 고전적 범주화이론의 기본 가정을 "첫째, 범주는 필요충분 자질의 결합에 의하여 정의된다. 둘째, 자질들은 이분법적이다. 셋째, 범주들 사이의 경계는 명확하다. 넷째, 범주의 구성원들은 모두 동등하다."로 정의했다. 고전적 범주화이론은 오랜 시간 동안 당연한 것으로 받아들여져 왔으나, Wittgenstein 이후 많은 학자들에게서 비판을 받게 된다.[18]

Wittgenstein(1953)은 가족 유사성(Family Resemblance)을 들어 주요 자질 중 하나만 부족하더라도 그 대상을 해당 범주에서 제외하는 고전적 범주화이론을 비판했다. 가족 유사성이란 가족들 사이에는 체격, 얼굴 모양, 눈 색깔, 걸음걸이, 기질 등의 면에서 서로 닮지만, 특정한 자질들을 가족 구성원 모두가 공유해야 하는 것이 아니라 그 중 몇몇 자질만이 중첩되고 교차된다는 것이다.[19] Wittgenstein에 의하면 모든 게임이 공유하는 단 하나의 속성 집합은 존재하지 않지만, 가족 유사성에 의해 게임의 집합은 통합되어 있다. 게임이라는 범주에는 고정적 경계가 없으므로 범주가 확장되어 새로운 게임 종류가 소개될 수 있고, 한 범주에서도 좋은 사례와 나쁜 사례가 존재할 수 있으며, 그 범주에 좀 더 중심적인 구성원이 존재할 수 있다.[20]

고전적 범주화이론을 비판하며 범주화에 대한 새로운 시각인 '원형이론'을 주장한 Rosch(1975:544-545)는 범주는 필요충분조건인 공통 속성들을 통해 구성되는 것이 아니라 인지적 초점의 기능을 하는 원형에 의해 형성된다고 주장한다. 원형이론에 따르면 인간의 인지작용인 범주화

---

18) 박정운(2000:68-69), 모지향(2018:37-42) 등 참조.

19) Wittgenstein(1958:67) 참조.

20) 이기동(2000:118) 참조.

는 이원적이고 논리적인 현상이 아닌 전반적이고 종합적인 유사성에 의해 이루어지는 자연스러운 현상이다. 즉, '원형'을 중심으로 원형과의 전반적인 유사성의 정도를 통해 범주에 대한 구성원의 소속여부가 결정되면서 범주가 형성된다. 따라서 범주의 구성원들은 그 자격이 동등하지 않고 원형적인 것과 주변적인 것으로 나뉘며 정도성을 갖는다. 우리가 한 대상을 특정한 범주에 소속되는 것으로 지각할 때, 해당 범주의 원형과 비교하여 그 대상의 소속 여부를 결정한다는 것이다. 따라서 그 대상이 원형과 유사하면 할수록 범주화가 용이해지고 그 범주에 대한 소속이 더 명확해진다.[21] '새'라는 범주를 예로 들어보면 제비나 참새는 전형적인 구성원으로 볼 수 있지만, 타조, 펭귄 등은 날개는 있으나 날 수 없으므로 주변적인 구성원으로 볼 수 있다.

그럼 다음 절에서는 범주화와 원형이론의 각도로 很과 결합하는 중국어 명사에 대해 논의하고자 한다.

3.2 중국어 명사의 범주

고전적 범주화이론이 범주 내 구성원들이 동등하고, 범주들 사이의 경계가 명확한 것으로 파악하는 것처럼 기존의 중국어 품사 분류 체계는 품사 간 경계도 명확하고, 동일한 품사 내 구성원들이 동등하다는 것을 기본으로 상정하고 있다. 그러나 실제로는 동일 품사 내에서도 전형적인 구성원이 있는 반면에 다른 품사와의 경계가 모호하여 분류하기가 애매한 비전형적인 구성원도 있다.[22]

---

21) 모지향(2018:42, 46) 참조.

22) 袁毓林(1995:154-155)도 중국어 품사를 원형 범주의 일종이라고 보았다. 즉 사람들은 문법 특징 분포상의 가족 유사성에 근거하여 단어의 품사를 나누는데, 유사성을 많이 가진 단어가 이 품사의 전형적인 구성원이 되고, 유사성이 비교적 적은 단어

품사는 단어를 문법적인 성질의 공통점에 따라 나눈 부류(class)라고 할 수 있다.[23] 중국어 명사는 "첫째, 사람 혹은 사물의 명칭을 나타낸다. 둘째, 수량사의 수식을 받을 수 있다. 셋째, 부사의 수식을 받을 수 없다. 넷째, 체언으로서 주로 주어, 목적어로 쓰이며, 일반적으로는 술어, 보어, 부사어로는 쓰이지 않는다."와 같은 문법적인 특징이 있다.[24] 그런데 세 번째 특징과 네 번째 특징은 서로 상관관계가 깊다. 정도부사의 수식을 받을 수 없으면 술어, 보어, 부사어로는 잘 쓰이지 않으나, 일단 정도부사의 수식을 받으면 주어, 목적어로 사용되기 보다는 술어, 보어, 부사어로 사용되는 경향이 있기 때문이다. 따라서 하나의 특징으로 묶어 논의를 진행해도 무방할 것이다.

그럼 본고에서 논의하고 있는 구체명사, 고유명사, 추상명사는 명사라는 범주에 얼마나 많은 가족 유사성을 가지고 있는지 살펴보고자 한다. 먼저 桌子, 椅子 등과 같이 사물의 명칭을 나타내는 구체명사는 一張桌子, 一把椅子처럼 수량구의 수식을 받을 수는 있으나, *很桌子, *很椅子처럼 앞에 부사의 수식을 받을 수 없다. 그러나 앞선 2장에서도 살펴보았듯이 蛋, 陽光, 垃圾, 水, 菜 등은 사물의 명칭을 나타내는 구체명사로, 수량사의 수식을 받을 수 있다는 점에서 桌子, 椅子 등과 같은 특징을 가지고 있지만, 객관적인 개념적 의미 외에 내포적 의미를 나타낼 수 있기 때문에 很의 수식을 받을 수 있다는 차이점이 있다.

다음으로 고유명사는 사람이나 장소의 고유한 명칭을 나타내고는 있으나 수량사의 수식을 받을 수는 없다.[25] 또 고유명사는 很의 수식을 받

들은 비전형적인 구성원이 된다는 것이다.

23) 이연희(2011:39) 참조.
24) 朱德熙(1982:41), 方緒軍(2000:113-114) 등 참조.
25) 명사는 양사와 결합할 수 있는지의 여부에 따라 양화명사와 비양화명사로 나눌 수 있는데, 고유명사, 장소명사, 시간명사 및 기타명사(수사＋명사성 형태소로 구성된

기가 어려우나 앞선 2.2에서 살펴보았듯이 사람들에게 보편적으로 알려진 전형적인 특징이 있는 지명이나 인명은 很의 수식을 받을 수 있다. 그러나 그 수는 상당히 제한적이다.[26)

마지막으로 추상명사는 사람이나 사물의 명칭을 나타내지는 않으나, 수량사의 수식을 받을 수 있다. 그러나 대부분의 추상명사는 도량형 양사, 용기류 형상류 양사와는 결합하지 않고, 種, 類, 派 혹은 부정양사 點兒, 些 등과만 결합하는 경향이 있다.[27) 또한 추상명사 중 상당수가 정도부사의 수식을 받을 수 있다. 다음의 예문을 살펴보자.

(19) 她的穿戴很時尙。그녀의 패션은 트렌디하다.

(20) 他叙述得很專業。그는 전문가답게 설명했다.

(21) 他很專業地打消了我的疑慮。그는 전문가처럼 나의 의심을 없애주었다.

위의 예문 (19)-(21)에서 時尙과 專業의 앞에는 很이 와서 각각 술어, 보어, 부사어로 사용되었다. 이와 같은 특징은 오히려 사람이나 사물의 모습과 성질, 혹은 동작이나 행위의 상태를 설명하는 품사인 형용사가 가지는 특징과 유사하다. 실제로 일부 사전에서 時尙과 專業를 형용사로 분류하기도 한다.

이와 같이 명사라는 동일 품사 내에서도 桌子, 椅子와 같이 문법 특징

명사: 八卦, 二線, 一生 등, 명사성 형태소+방위사로 구성된 명사: 街上, 地下, 事前 등, 명사성 형태소/양사+数로 구성된 명사: 人数, 倍数, 次数 등)가 양사와 결합할 수 없는 비양화명사에 속한다(方緖軍(2000:136-145) 참조).

26) 劉苗(2009:129)은 명사는 추상명사에서 사람명사, 사물명사, 고유명사로 갈수록 정도부사의 수식을 받기가 어려워진다고 했다.

27) 方緖軍(2000:138-139) 참조.

의 분포상 가족 유사성을 많이 가진 전형적인 구성원도 있는 반면, 專業, 時尚과 같이 가족 유사성을 적게 가진 비전형적인 구성원도 있으며, 고유명사처럼 중간단계에 있는 구성원도 있다. 또한 같은 구체명사 안에서도 桌子, 椅子에 비해 蛋, 陽光, 垃圾, 水, 菜 등은 덜 전형적인 구성원에 속하게 된다.

이로 볼 때 고전적 범주화이론에서 말한 것처럼 명사 범주 내의 구성원들이 모두 동등하고, 범주들 사이의 경계가 명확한 것이 아니라 실제로는 가족 유사성을 많이 가져 쉽게 소속 여부를 결정할 수 있는 전형적인 구성원도 있는 반면에 형용사와의 경계가 모호하여 명사로 분류하기가 애매한 비전형적인 구성원도 있다.

일단 전형적인 명사 범주에서 멀어지고 비전형적인 구성원이 되어 형용사와의 경계가 모호해질수록 '정도부사 + 명사' 구문에 들어갈 가능성은 더 높아진다. 정도부사는 [+ 정도의 양]이라는 의미 특징을 가지는데, 비전형적인 명사일수록 형용사가 가지는 [+ 정도의 양] 의미 특징을 가지기 쉽기 때문이다. 앞선 2.1.1에서 밝혔듯이 형용사 형태소를 포함한 추상명사와 [+ 속성]의 의미 특징을 가진 추상명사는 [+ 정도의 양] 의미 특징을 가지기 때문에 [+ 정도의 양]을 나타내는 정도부사 很과 결합할 가능성이 크다. 이들 중 상당수는 이미 형용사와 명사의 품사를 겸하는 겸류사인 경우가 많으며, 아직까지는 명사로만 표기되어 있다 하더라도 앞으로 이것들이 겸류사로 사전에 등재될 가능성이 커 보인다. 그렇다고 해서 劉正光·崔剛(2005)이 주장한 것처럼 명사가 완전히 탈범주화하여 형용사가 된 것은 아니며, 범주의 원형에서 멀어져 경계가 모호해져 나타나는 현상이라고 볼 수 있다.

3.3 은유와 환유를 통한 '정도부사+명사' 구문의 확대

우리는 일반적으로 원형에 대한 가족 유사성에 의해 사물을 범주화하는데, 주로 은유와 환유의 방식을 통해 범주를 체계적으로 확대할 수 있다. 은유는 두 개의 개념영역이 존재하여, 하나의 개념을 다른 개념을 통해 이해하는 것인 반면, 환유는 하나의 개념영역만을 가지고 있어, 환유적 사상은 영역들 사이에서가 아니라 하나의 영역 안에서 이루어진다. 즉, 은유에서는 근원영역 구조의 논리가 목표영역 구조의 논리에 사상되지만, 환유에서는 영역 안의 하나의 실체가 동일한 영역 속의 다른 실체를 대신하거나 한 부분이 그 영역 전체를 대신하기 위해 사용된다.[28]

명사가 정도부사의 수식을 받는 순간 이 명사가 부각시키는 것은 그것이 가리키는 개념적 의미가 아니라 내포적 의미이다. 추상명사는 원래 사람이나 사물과 같은 실체를 가리키는 것이 아니므로 정도부사의 수식을 받기가 쉽다. 반면에 구체명사나 고유명사는 사람이나 사물, 동물, 지명 등 실체를 나타내므로 상대적으로 很의 수식을 받기는 어렵지만, 은유와 환유 등의 방식을 통해 그 실체가 나타낼 수 있는 내포적 의미를 활성화하면 很의 수식을 받을 수 있다.

먼저 은유의 방식이 사용된 예를 살펴보자.

(22) 黃君與領導的關系就很鐵。 황쥔과 간부의 관계는 매우 단단하다.

(23) 看來移动互聯网眞的很泡沫! 보아하니 모바일 인터넷은 정말 거품이군!

예문 22)에서는 관계가 단단하다는 것을 철을 들여 비유하고, 예문 23)에서는 모바일 인터넷이 껍데기만 있고 실질적인 내용이 없다는 점을 들

---

28) 이기동(2000:98) 참조.

어 거품에 비유했다. 이 비유의 방식은 목표영역과 근원영역이 서로 다른 개념영역이므로 은유에 속한다. 鐵에 很을 부가하면 철이라고 하면 떠오르는 쉽게 변하지 않는 단단함과 강인함이라는 내포적 의미를 활성화하고, 泡沫에 很을 부가하면 역시 거품이 나타내는 개념적 의미가 아니라 쉽게 꺼지는, 겉만 번지르르하고 실속은 없다는 내포적 의미를 활성화하게 된다. 앞선 2.1.2에서 들었던 구체명사 陽光, 垃圾, 牛, 菜鳥 등도 은유의 방식을 통해 함축적이고 비유적인 내포적 의미를 활성화하여 '정도부사＋명사' 구문에 사용되었다.

다음으로 같은 영역 안에서 다른 실체를 대신하거나 부분이 전체를 대신하는 환유가 활용된 경우를 살펴보자. 앞선 2.2에서 언급했던 예문 (15) - (18)에 나온 中國, 北京, 濟南, 瓊瑤, 王朔 등과 같은 고유명사의 경우 정도부사와 결합하면 환유의 방식을 통해 내포적 의미를 활성화하여 실제 지역이나 인물을 가리키는 것이 아니라 이들 지역이나 인물이 가진 속성의 집합을 나타낼 수 있다. 환유가 사용된 다른 예문을 살펴보자.

(24) 那家咖啡店布置得有一種很巴黎的感覺。
  이 카페는 파리 같은 느낌을 주도록 인테리어를 해놓았다.

(25) 我承認我很孩子氣。나는 내가 유치하다는 걸 인정한다.

예문 (24)의 카페는 여러 가지 특징이 있겠지만 그 중 인테리어가 파리에 있는 것처럼 되어 있다고 볼 수도 있고, 또 다른 관점에서 보자면 파리라는 도시가 가지는 여러 가지 특징이나 속성이 있는데 그 중 일부가 이 카페의 인테리어가 주는 느낌과 일치한다고 볼 수도 있다. 예문 (25)는 내가 가진 외모나 성격 등 여러 가지 면 중에서 어린아이 같이 성숙하지 못하고 유치하다는 속성을 대표적으로 들고 있다.

이와 같이 명사는 개념적 의미보다 내포적 의미를 다양하게 많이 가질

수록 정도부사와 결합할 수 있는 가능성이 커지는데, 정도부사의 수식을 받기 어려운 구체명사나 고유명사도 은유와 환유 등의 방식을 통해 내포적 의미를 활성화하면 很의 수식을 받을 수 있다. 따라서 은유와 환유의 방식을 통해 很과 결합할 수 있는 명사의 종류는 앞으로도 계속 확대될 수 있다.

4 나오는 말

본고에서는 구어자료까지 포함된 北京語言大學 BCC 말뭉치를 대상으로 정도부사 很과 명사의 결합 양상을 조사한 후 '정도부사+명사' 구문을 인지언어학적으로 해석했다.

조사 결과, 很과 함께 결합하는 명사 중 대다수는 추상명사가 차지했다. 추상명사는 명사의 범주로 보면 가장 비전형적인 구성원에 속한다. 다음으로 구체명사는 개념적 의미보다는 내포적 의미를 많이 가질수록 很과 결합하기 쉬우며, 내포적인 의미를 거의 가질 수 없는 구체명사는 전형적인 명사의 구성원으로 很과 결합할 수 없다. 고유명사의 경우 여러 가지 속성이나 특징을 가지고 있거나 대표적인 연상적 의미가 있을 경우에만 很과 결합하고 그렇지 않은 경우에는 很과 결합하기 어려웠다.

이와 같은 특징을 바탕으로 본고에서는 인지언어학의 범주화와 원형이론을 통해 비전형적인 명사 구성원일수록 정도부사와 결합하기 쉬우며, 전형적인 구성원이라 하더라도 은유와 환유 등의 방식을 통해 내포적 의미를 활성화할 경우 정도부사와 결합할 수 있음을 밝혔다.

본고에서는 구어자료까지 포함된 BCC 말뭉치를 통해 很과 결합하고 있는 명사의 양상을 조사했는데, 기존의 연구 성과에서는 논의되지 않았던 很과 영어 명사를 결합하여 사용하는 예가 상당수 발견되었다. 이는 한어병음이나 영어자모를 부호처럼 축약해서 쓰는 현상과 더불어 SNS나 웹소설에서 자주 발견되는 구어체적 특징이다. 편폭상의 제한으로 인해 이에 대한 진일보한 논의는 앞으로의 연구 과제로 남겨 두고자 한다.

| 참고문헌 |

모지향(2018), 〈대명동사 분류에 대한 고찰 및 원형이론의 활용 가능성에 관한 연구〉, 서울대학교 석사학위논문.
박정운(2000), 〈범주화와 언어학〉, 《한국어 의미학》 7.
方緒軍(2000), 《現代漢語實詞》, 上海: 華東師範大學出版社.
徐杏雨(2007), 〈"副 + 名"結構研究〉, 南京師範大學 碩士學位論文.
邵敬敏(2007), 〈論"太"修飾形容詞的動態變化現象〉, 《漢語學習》 第1期.
_____·吳立紅(2005), 〈"副 + 名"組合與語義指向新品種〉, 《語言教學與研究》 第6期.
施春宏(2001), 〈名詞的描述性語義特徵與副名組合的可能性〉, 《中國語文》 第3期.
王薇(2008), 〈副詞 + 名詞結構的認知意義分析〉, 《寧波廣播電視大學學報》 第4期.
王寅(2011), 《構式語法研究(下卷): 分析應用》, 上海: 上海外語教育出版社.
姚雙雲(2007), 〈"程度副詞 + 名詞"結構的多角度研究〉, 華中師範大學 碩士學位論文.
于根元(1991), 〈副 + 名〉, 《語文建設》 第1期.
袁毓林(1995), 〈詞類範疇的家族相似性〉, 《中國社會科學》 第1期.
劉正光·崔剛(2005), 〈非範疇化與"副詞 + 名詞"結構〉, 《外國語》 第2期.
劉苗(2009), 〈範疇化與原型理論對"程度副詞 + 名詞"結構的解釋能力〉, 《深圳大學學報(人文社会科學版)》 第1期.
劉曉峰(2002), 〈"副 + 名"結構的語義分析〉, 《鹽城師範學院學報(人文社會科學版)》 第2期.
이기동(2000), 《인지언어학》, 서울: 한국문화사.

이현희(2011), 〈범주로서의 품사와 품사 전형성〉, 《한국학연구》 39.

張國安(1995), 〈關於副詞修飾名詞問題〉, 《漢語學習》 第6期.

張琳鵬(2020), 〈基于槪念整合理論淺談對"程度副詞 + 名詞"結構的再認識〉, 《靑年文學家》 第36期.

張誼生(1996), 〈名詞的語義基礎及功能轉化與副詞修飾名詞〉, 《語言敎學與硏究》 第4期.

_____(1997), 〈名詞的語義基礎及功能轉化與副詞修飾名詞(續)〉, 《語言敎學與硏究》 第1期.

丁加勇·戴瑋(2007), 〈漢語"程度副詞 + 指人名詞"結構中的理想認知模型〉, 《湖南人文科技學院學報》 第3期.

朱德熙(1982), 《語法講義》, 北京: 商務印書館.

陳一民(1999), 〈關於名詞前的副詞〉, 《湘潭師範學院學報》 第1期.

鄒韶華(1990), 〈名詞性狀特徵的外化問題〉, 《語文建設》 第2期.

邢福義(1997), 〈"很淑女"之類說法的語言文化背景的思考〉, 《語言硏究》 第2期.

和樹美·杜兆金(2018), 〈淺議漢語中"很 + 名詞"格式的合理性及其發展趨勢〉, 《銅陵職業技術學院學報》 第2期.

Rosch(1975), Cognitive reference points. *Cognitive Psychology* 7.

Taylor(1989), *Linguistic Categorization: Prototypes in Linguistic Theory.* Oxford: Clarendon Press.

Wittgenstein(1953), *Philosophical Investigations.* New York: Macmillan.

高地(48), 潮流(46), 大衆(46), 童話(46), 重地(45), 肉(44), 基礎(43), 小孩(43), 悲情(43), 色(42), 小孩子(42), sb(42), 色情(42), 義氣(42), 性格(42), 官方(42), 卡通(42), 米粒(41), 中性(41), 小女(41), 碉堡(40), 親人(39), 直覺(39), 多糖(38), 君子(37), 家常(36), 厚臉皮(36), 喜劇(35), 營養(35), 天才(34), 屎(34), 俗套(34), 經濟(33), 童眞(33), 高價値(33), 表面(33), 白菜(31), 哲學(31), 奇迹(29), 傻氣(29), 大雨(29), 雞婆(29), BT(29), 英雄(29), 怕生(29), 瓜(28), 眞理(27), 大氣(27), 田園(27), 喜氣(26), 小器(26), 物質(26), 靚仔(26), 公主(26), 戲劇性(25), 功利(25), 罪過(25), 死心眼(25), 狼(25), 對味(25), 女性(25), 黑皮(25), 河蟹(25), 小人(24), 本能(24), 原則(24), 邪氣(24), 個人(24), 爽氣(23), 土鱉(22), 富態(22), 意境(22), 哲理(22), 學生(22), 哥(22), 好成績(22), 主流(21), 雞肋(21), 病態(21), 戲劇(21), 冷門(21), 靚女(21), 難度(21), 高難度(21), 偶像(21), Fashion(21), 大塊(20), 老派(20), 烏龍(20), 平民(20), 本色(20), 商業(20), 野性(20), 綠色(20), 內傷(20), 黑色(20), 漫画(20), 男性(20), 小我(19), 村(19), 安適(19), 民族(19), 高科技(19), 鄕村(19), 標準(19), 長時(19), 强力(18), 光棍(18), 學術(18), 學院(18), 低地(18), 活力(18), 娘們兒(18), 難處(18), 大件(17), 元氣(17), 風情(17), 大人(17), 國際(17), 磁性(17), 高分(17), 鄕土(17), 高才(17), 大偏差(17), 平價(16), 難事(16), 孩子(16), 機車(16), 正氣(16), 路人(16), 原版(16), 智能(16), 草(16), 江湖(15), 常規(15), 雞巴(15), FASHION(15), 女王(15), 口水(15), 多雲(15), 熱氣(15), 歉意(15), 大片(15), 压力(14), 骨干(14), 長命(14), 概念(14), 王(14), 大頭(14), 仙女(14), 高潮(14), 魅力(13), 猪(13), 氣氛(13), 味道(13), 好天(13), 負責人(13), 家(13), 細節(13), 文化(13), 小家子氣(13), 朋友(13), 實力(12), LOVE(12), 老公(12), 道理(12), 效率(12), 大媽(12), 大叔(12), 鳥(12), 墨迹(12), 情緒(12), 虎(12), 本質(12), 知己(12), 累心(12), 質感(11), 切題(11), 灰色(11), 鄰家(11), 美感(11), 童趣(11), 娃娃(11), 差異(11), 心情(11), 夢(11), 時間(11), 感情(11), 技術(11), 空白(11), 形式(11), 娘娘腔(11), 苦命(11), 快手(11), 風(11), 忿(11), 快感(11), 勢力(10), 女生(10), 多頭(10), 酱油(10), 規矩(10), 妹子(10), 鴕鳥(10), 废话(10), 策略(10), 趣味(10), 貴婦(10), 生態(10), 冷風(10), 低濃度(10), 市儈(10), 高層次(10), 阿彌陀佛(10), 巴士(10), 驢(10) (총 216개)

현대중국어 '的'자 구문에서의 '的'의 기능과 성격

孔淵

현대중국어에서 조사 '的'는 사용빈도가 매우 높으며,[1] '的'자 구문의
필수 구성 요소이다. 중국언어학계에서 '的'자 구문에서의 조사 '的'의 기
능과 성격에 관한 연구는 매우 활발하게 전개되어 왔으며, 다양한 연구
성과를 이루어 왔다. 지금까지 수행된 연구들은 대부분 '的'가 차지하는
통사위치를 구분하지 않고 구 층위와 문장 층위의 '的'자 구조를 분리시
키지 않았다. '的'자 구문 속의 조사 '的'의 기능과 성격에 대해서 '명사화
기능'(朱德熙 1983, 袁毓林 1995, 2003), '과거시제 기능'(宋玉柱 1978)
'과거시제·완료상을 동시에 지니는 시상(時相) 기능'(馬學良·史有為,
1982), '증거양태 기능'(李訥·安珊笛·张伯江 1998), '특정 인지적 영역
의 특정 구성원을 확정하는 기능'(石毓智 2000), '사태를 구별하는 기능'

---

* 본 글은 본인의 박사학위논문을 발췌·수정하였음.
** 협성대학교 중국·통상문화학과 조교수.
1) 國家語言文字工作委員會의 통계에 따르면, 조사 '的'의 출현빈도는 4.2557%로 매
우 높게 나타났으며, 사용빈도 면에서 1위를 차지하고 있다. 陳一凡·朱亮(2002)에
서 인용.

(木村英樹 1999), '的' 앞에 있는 성분에 의해 표현된 사태에 청자의 주의를 이끄는 기능'(完權 2013) 등 관점을 제시하였으며 '的'의 성격은 각각 구조조사(結構助詞), 시상조사(時體助詞) 또는 준시상조사(準時體助詞), 동태조사(動態助詞)), 어기사(語氣詞) 등으로 규정하였다.

　본문에서 인지언어학의 '참조점 – 목표' 인지모형과 환유이론을 바탕으로 구 층위의 '的'자 구조와 문장 층위의 '的'자 구조를 연계하는 관점에서 현대중국어 '的'자 구문에서의 '的'의 기능을 분석하고 조사 '的'의 기능이 확장되는 근본적인 원인을 밝히는 작업을 진행하고자 한다. '的'자 구문에서의 조사 '的'의 기능과 성격을 살펴보기 앞서 먼저 현대중국어의 '的'자 구조를 자세히 살펴보고자 한다.

1 현대중국어 '的'자 구조의 재분류

　조자 '的'는 北宋 시기에 처음으로 등장하였으며 초기에 구 층위의 구조에서 사용되다가 그 기능이 점차 확대되어 南宋·元 시기에 처음으로 문장 층위에 진입하였다.[2] 조사 '的'의 기능이 확장된 근본적인 원인과 '的'자 구문에서의 조사 '的'의 성격과 기능을 명확히 하기 위해 본 장에서는 우선 현대중국어 '的'자 구조에 대해 재분류하는 작업을 진행하고자 한다.

1.1 형태적 특징에 의거한 '的'자 구조의 분류

　중국어에서 허사의 기능은 그것이 쓰인 통사구조로부터 제약받기 때문에 서로 다른 구조에서 사용되는 같은 형태의 허사가 서로 다른 의미

---

　2) 劉敏芝(2008:80-81,115-116)를 참조하기 바란다.

와 기능을 갖게 될 가능성이 있다. 중국어가 지니는 이러한 특징을 고려하여 본문은 우선 조사 '的'가 이루는 구조의 형태적 특징에 근거하여 현대중국어의 '的'자 구조를 분류한다.

현대중국어에서 구 층위에 출현하는 조사 '的'는 구조조사이며 주로 두 문장성분 사이에 위치하는 'X的Y'구조(예컨대 '媽媽的書房(엄마의 책방)')와, 다른 문장성분 뒤에 위치하는 'X的'구조('的字結構'3)라고도 불린다. 예컨대 '媽媽的(엄마의 것)')를 이룬다. 문장 층위에 출현하는 조사 '的'는 서술어와 목적어 사이 위치하여 'X的O'구문을 이루거나 문미에 위치하여 'X的'구문을 이룬다.

구조의 형태적 특징에 따라 현대중국어의 '的'자 구조는 아래의 〈표 1〉로 구분하여 요약할 수 있다.

표 1. 현대중국어 '的'자 구조의 분류

중국어의 '的'자 구조			
'的'자 구(구 층위)			
X的Y	Y=N/Pron	X=N/Pron(P)[4]	예) 媽媽的書房 엄마의 서재
		X=V(P)[5]	예) 她哥哥買的房子 그녀의 오빠가 산 집
		X=A(P)[6]	예) 廉價的公寓 저렴한 아파트
		X=P(P)	예) 對这件事的态度 이 일에 대한 태도
		X=의성의태어	예) 潺潺的溪水 졸졸 흐르는 계곡물
	Y=V/Adj.	X=N(P)[7]	예) 小說的出版 소설의 출판
			예) 夏季的炎熱 여름의 더위

---

3) 기존의 연구에서 '的字結構'는 전문용어로 '媽媽的'(엄마의 것), '已經畢業的'(이미 졸업한 학생) 등과 같은 '的' 뒤에 중심어가 출현하지 않는 구를 가리키며 본문에서 말하는 '的'자 구조의 개념과는 다르다. 본문에서 말하는 '的'자 구조는 구 또는 문장 층위의 구조를 모두 포함한다.

	X=P(P)	예) 對故鄕的懷念 고향에 대한 그리움
		예) 對朋友的眞誠 친구에 대한 진심
X的8)	X=N/Pron(P)9)	예) 媽媽的 엄마의 것
	X=V(P)10)	예) 賣房子的 집을 파는 사람
	X=A(P)11)	예) 廉價的 저렴한 것

'的'자 구문(문장 층위)

X的Y (X的O)	X=V(P)12)	예) 是哪個點的戲？ 누가 희극을 시켰어?
	X=A(P)13)	예) 是他先紅的臉. 그는 먼저 얼굴을 붉혔다.
X的	X=성어 또는 관용표현 등	예) 那兒還沒安路燈, 黑燈瞎火的 … 거기는 아직 가로등을 설치하지 않아서 칠흑 같이 어둡다.
	X=V(P)14)	예) 我們是可以幫你治傷的。 우리는 너의 상처를 치료해 줄 수 있어.
	X=A(P)15)	예) 床可是乾淨的, 至少被單是乾淨的。 침대는 깨끗해. 적어도 시트는 깨끗해.
	X=구별사	예) 她的豪爽是天生的。 그녀의 호탕함은 타고 난 것이다.
	X=Adv.	예) 城基對變化所引起的突變是隨機的。 염기쌍의 변화가 일으키는 돌연변이는 무작위적이다.
	X=조동사	예) 您要是不樂意出門, 一直呆在家裏也可以的。 외출하기 싫으시다면, 집에 쭉 계셔도 돼요.

4) 'X的O'구에서 관형어 X와 중심어 Y가 모두 명사성 성분일 경우 X는 연합구조(예 컨대 '工人農民的權利(공장 노동자와 농민의 권리)'), 동등(同位)구조(예컨대 '爸 爸一個人的實驗室(아빠 혼자만의 실험실)'), 수식구조(예컨대 '整年的收入(한 해 의 수업)'), 수량사구'(예컨대 '第二位的選手(2위 선수)') 등과 같은 통사형식을 취 할 수 있다.

5) 'X的O'구에서 관형어 X가 V(P)이고 중심어 Y가 명사성 성분일 경우 X는 주술구조 (예컨대 '我畫的畫(내가 그린 그림)'), 술목구조(예컨대 '喜歡學習的學生(공부를

좋아하는 학생)'), 술보구조(예컨대 '花不完的錢(다 쓰지 못하는 돈)'), 겸어구조(예 컨대 '不要四鳳走的人(사봉을 못 떠나게 한 사람)'), 연동구조(예컨대 '來找茬的人 (트집을 잡으러 온 사람)'), 수식구조(예컨대 '不懂的問題(이해하지 못 한 문제)') 등과 같은 통사형식을 취할 수 있다.

6) 'X的O'구에서 관형어 X가 A(P)이고 중심어 Y가 명사성 성분일 경우 X는 성질형용 사(예컨대 '甜的西瓜(달콤한 수박)' 상태형용사(예컨대 '筆直的馬路(곧은 대로)'), 성질형용사 또는 상태형용사의 중첩구조(예컨대 '酸酸的橘子(새콤한 귤)', '雪白雪 白的圍裙(새하얀 앞치마)'), '성질형용사 + 접미사'구조(예컨대 '濕漉漉的衣服(흠 뻑 젖은 옷)'), '부사 + 성질형용사'구조(예컨대 '很聰明的孩子(매우 똑똑한 아이)') 등과 같은 통사형식을 취할 수 있다.

7) 'X的O'구에서 관형어 X가 N(P)이고 중심어 Y가 A(P) 또는 V(P)일 경우 X는 연합 구조(예컨대 '小說雜誌的出版(소설, 잡지의 출판)'), 동등구조(예컨대 '他一個人的 痛苦(그 사람 혼자만의 고통)'), 수식구조(예컨대 '先進技術的發展(선진기술의 발 전)'), 수량구조(예컨대 '20年的探索(20년간의 탐색)' 등과 같은 통사형식을 취할 수 있다.

8) 'P(P) + 的'구조 또는 '의성의태어 + 的'구조는 중심어를 떠나서 독립적으로 사용될 수 없기 때문에 'P(P) + 的'구조와 '의성의태어 + 的'구조를 취하는 'X的'구는 존재 하지 않는다.

9) 'X的'구에서 X가 N(P)일 경우 X는 연합구조(예컨대 '工人農民的(공장 노동자와 농민의 것)'), 동위(同位)구조(예컨대 '爸爸一個人的(아빠 한 사람의 것)'), 수식구 조(예컨대 '整年的(한 해의 것)'), 수량구조(예컨대 '第二位的(2위를 차지하는 것)') 등과 같은 통사형식을 취할 수 있다.

10) 'X的'구에서의 X가 V(P)일 경우 X는 주술구조(예컨대 '我畫的(내가 그린 것)'), 술 목구조(예컨대 '喜歡學習的(공부를 좋아하는 사람)'), 겸어구조(예컨대 '不要四鳳 走的(사봉을 못 떠나게 하는 사람)'), 연동구조(예컨대 '來買房的(집을 구입하러 온 사람)'), 수식구조(예컨대 '不懂的(이해하지 못 한 것)') 등과 같은 통사형식을 취할 수 있다.

11) 'X的'구에서의 X가 A(P)일 경우 X는 성질형용사(예컨대 '酸的(신 것)'), 상태형용 사(예컨대 '雪白的(새하얀 것)'), '성질형용사 + 접미사'구조(예컨대 '濕漉漉的(흠뻑 젖은 것)'), 성질형용사 또는 상태형용사의 중첩형(예컨대 '酸酸的(신 것)' 또는 '雪 白雪白的(새하얀 것)'), '부사 + 성질형용사'구조(예컨대 '很聰明的(매우 똑똑한 사 람)')등 통사형식을 취할 수 있다.

위 표에서 'X的Y'구, 'X的'구는 구 층위의 '的'자 구조이며 'X的O'구문, 'X的'구문은 문장 층위의 '的'자 구조이다. 위의 표에서 보듯이 조사 '的'는 구 또는 문장 층위의 매우 다양한 구조에 출현할 수 있으며 이들 중에서 구 또는 문장 층위에 모두 출현할 수 있는 'X的Y'구조는 X가 VP 또는 AP이고, Y가 명사성 성분인 동시에 X와 Y는 술목관계를 가지는 구조이다. X와 Y의 통사 관계를 명확하게 나타내기 위해 본문에서는 이러한 구조를 'X的O'구조를 지칭한다. 구와 문장 층위에 모두 출현할 수 있는 'X的'구조는 X가 VP 또는 AP인 경우이다. 또한 〈표 1〉에서 보듯이 문장 층위에만 출현하는 '的'자 구조는 X가 부사, 조동사인 'X的'구조가 있다.

---

12) 'X的O'구문에서의 X가 V(P)일 경우 X는 수식구조(예컨대 "我1998年結的婚。 나는 1998년에 결혼했다."), 방향보어를 가진 술보구조(예컨대 "阿裏是昨天打來的電話。 아리는 어제 전화를 걸어왔다."), 주술구조(예컨대 "是瓦特發明的蒸汽機。 와트가 증기기관을 발명했다.") 등과 같은 통사형식을 취할 수 있다.

13) 'X的O'구문에서 X가 사동(致使) 의미를 가진 A(P)일 경우 X는 주로 수식구조(예컨대 "是他先紅的臉。 그는 먼저 얼굴 붉혔다."), 연동구조(예컨대 "他搬煤髒的手。 그는 석탄을 나르느라 손이 더러워졌다."), 주술구조(예컨대 "我熱的飯菜。 나는 음식을 데웠다.") 등과 같은 통사형식을 취할 수 있다.

14) 'X的'구문에 출현하는 V(P)는 일반적으로 주술구조(예컨대 "他知道的。 그는 안다."), 술목구조(예컨대 "張三是喜歡這條弄堂的。 장삼은 이 골목을 좋아한다."), 술보구조(예컨대 "這張牌打不得的。 이 패를 꺼낼 수가 없다."), 겸어구조(예컨대 "我可是一直不讓他去的。 나는 줄곧 그를 못 가게 했다."), 연동구조(예컨대 "我們是來找樂器的。 우리는 악기를 찾으러 온 것이다."), 수식구조(예컨대 "我是民國十五年春天回到灰城的。 나는 민국 15년 봄에 회성에 돌아왔다.") 등과 같은 통사형식을 취할 수 있다.

15) 'X的'구문에 출현하는 A(P)는 성질형용사 (예컨대 "這葡萄果然是酸的。 이 포도는 역시 시다."), '부사＋성질형용사'구조(예컨대 "這孩子很聰明的。 이 아이는 매우 똑똑하다."), 상태형용사(예컨대 "女子站在暗處, 只有圍裙是雪白的。 여자는 어두운 곳에 서 있는데 앞치마만 새하얗다."), 성질형용사 또는 상태형용사의 중첩형(예컨대 "這葡萄酸酸的。 이 포도는 시다." 또는 "這條圍裙雪白雪白的。 이 앞치마는 눈처럼 새하얗다.") 등과 같은 통사형식을 취할 수 있다.

1.2 구와 문장 층위에서 동형 '的'자 구조의 기능 차이

X가 VP 또는 AP인 'X的O'구조와 'X的'구조는 구 또는 문장 층위에 모두 출현할 수 있지만 문장 속에서 차지하는 통사위치와 기능이 서로 다르다. 구 층위의 '的'자 구조는 주로 문장의 주어, 목적어 자리에 출현하고16) 문장 층위의 '的'자 구조는 일반적으로 문장의 서술어 자리에 출현한다.17) 구와 문장 층위에서 동형 '的'자 구조의 기능 차이는 아래의 〈표 2〉로 요약할 수 있다.

표 2. 구와 문장 층위 동형 '的'자 구조의 기능 차이

	주어	서술어	목적어	관형어
구 층위의 '的'자 구조	+	±	+	±
문장 층위의 '的'자 구조	-	+	±	-

위의 표는 아래의 용례로 설명할 수 있다.

(1) a. 他哪兒來錢買的車啊?

그는 어디서 돈이 구해서 차를 샀어?

b. 我以後坐自己買的車。

---

16) 일부 구 층위의 'X的'구조는 문장의 서술어 자리에 출현하여 "這雙鞋牛皮的。(이 신발은 소가죽이다.)" 등과 같은 명사술어문을 구성할 수 있다. 또한 左思民(2008) 에 의하면 일부 법률 조문에서 'X的'구조는 후치성 관형어로 사용할 수 있다.(예컨 대 "當事人對決定不服的, 可以申請復議。 당사자가 결정에 불복하는 경우 재심을 신청할 수 있다.")

17) 문장 층위의 '的'자 구조는 '想', '以為', '認為', '聽說', '據說', '是' 등 동사의 목적어 로 사용되는 경우가 있다. 예컨대 "我以為昨天是他關的燈。 나는 어제 그가 불을 껐 다고 생각했다.", "母親說, 真糊塗, 那是我打電話通知的她。 어머니께서 참 헷갈렸 다며, 그건 당신께서 그녀에게 전화로 알려주셨노라고 말씀하셨다."등이 있다.

나는 나중에 내가 산 차를 탈 거야.   (BCC 코퍼스)

(2)   a. 你不買別人也會買的。
         네가 안 사면 다른 사람이 살 것이다.

      b. 我們買的是三等坐席。
         우리가 산 것은 3등석이다.   (BCC 코퍼스)

　예문 (1)에서 밑줄 친 부분은 중국어의 'X的O'구조이다. 용례 (1a)에서
의 '買的車'는 문장의 서술어이며 주어, 목적어, 관형어 자리에 일반적으
로 출현할 수가 없다. (1b)에서의 '買的車'는 문장의 목적어이며 일반적
으로 서술어 자리에 출현할 수가 없다. 예문 (2)에서 밑 줄 친 부분은
중국어의 'X的'구조이다. 용례 (2a)에서 서술어 자리에 출현하는 '會買
的'는 문장 층위의 'X的'구조이고 일반적으로 문장의 주어, 관형어, 목적
어 자리에 출현할 수 없다. (2b)에서 주어 자리에 출현하는 '我们買的'는
구 층위의 'X的'구조이고 일반적으로 문장의 서술어 자리에 출현할 수
없다. 구와 문장 층위에 위치하는 동형 '的'자 구조를 살펴보는 이유는
문장 층위의 조사 '的'의 기능을 구 층위의 구조조사 '的'와 연계하여 살
펴보기 위해서이다.

2 '的'자 구문에서 시간 의미와 양태 의미의 유래

　본문은 기존의 연구에서 '是 … 的'구문으로 통합된 'X的O'구문과 'X
的'구문이 서로 다른 구문이라고 주장했다. 그 이유는 다음과 같다.
　첫째, 'X的O'구문과 'X的'구문이 나타내는 시상 의미와 양태 의미가
서로 다르다. 'X的O'구문은 과거·완료상의 시상 의미만 나타내는 반면
'X的'구문은 과거·현재·미래나 완료·진행·지속 등을 모두 나타낼 수

있다. 또한 'X的O'구문은 화자의 긍정, 확신을 나타내지 않는 반면 'X的'
구문은 화자의 긍정과 확신을 나타낸다.[18]

둘째, 현대중국어 '的'자 구조의 분류에서 보듯이 'X的O'구문과 'X的'
구문에서 서술어 핵심성분 X가 취할 수 있는 품사와 통사형식이 서로
다르다.

셋째, 'X的O'구문과 'X的'구문이 가진 기능이 서로 다르다. 'X的O'구
문은 사건을 서술하는 구문이며 'X的'구문은 사건, 상황, 상식 등을 나타
내는 동시에 사건, 상황, 상식에 대한 화자의 긍정과 확신도 나타낸다. 즉
'X的'구문은 기본적으로 화자가 세상에 대한 인식을 나타내는 구문이다.

---

18) 관련 용례는 아래와 같다.
(1) a. 她是在火車站對面的一家咖啡館裏給他打的電話。
　　　그녀는 기차역 맞은편의 한 카페에서 그에게 전화를 걸었다.
　a′. *她明天在火車站對面的一家咖啡館裏給他打的電話。
　b. 我也是從他同父異母兄弟那兒知道的這件事。
　　　나도 그의 이복동생으로부터 이 일을 알았다.
　b′. *我明天從他同父異母的兄弟那兒知道的這件事。

(2) a. 實際上當時的設計工作三分之二都是我一個人做的。
　　　사실 당시 디자인 작업의 3분의 2는 나 혼자 했다.
　b. 和尚望著書生一眼, 道: "我吃的。"
　　　스님이 선비를 보고는 "내가 먹을 거야."라고 말했다.
　c. 我妻子的爲人, 你是知道的。
　　　내 아내가 어떤 사람인지 너는 안다.(BCC 코퍼스)

위의 예문 (1)은 현대중국의 'X的O'구문이다. 과거를 나타내는 예문(1a)가 정문인
반면, 미래 의미를 가진 '明天'이 출현하는 예문 (1b)는 비문이다. 이는 'X的O'구문
이 가진 시간 의미는 미래 의미와 상충된다는 것을 의미한다. 예문 (2)는 현대중국
어의 'X的'구문이다. 예문 (2a)는 과거를, 예문 (2b)는 미래를, 예문 (2c)는 현재를
나타낸다. 이는 'X的'구문이 과거, 현재, 미래의 시간 의미를 모두 수용할 수 있다는
것을 의미한다.

과거·완료상 사건을 나타낼 수 있다는 점에서, 과거·완료상 사건에 대한 화자의 긍정과 확신을 동시에 나타내는 'X的'구문이 과거·완료상 사건만 서술하는 'X的O'구문과 매우 유사하기 때문에 기존의 많은 연구는 조사 '的'의 통사위치를 구별하지 않고 'X的O'구문과 'X的'구문을 같은 구문으로 간주하여 연구를 진행해왔으며 두 구문의 기능 혼돈을 일으켰다.

이상에서 설명한 세 가지 이유로 본문은 중국어의 '的'자 구문을 'X的O'구문과 'X的'구문으로 나누고 'X的O'구문이 지닌 시간 의미, 'X的'구문이 지닌 양태 의미를 각각 살펴보고자 한다.

'X的O'구문이 가진 시간 의미의 유래는 주로 두 가지 가설이 제기된 바가 있다. 杉村博文(1999)은 초점을 확정하는 'V的(O)'구문이 'V了O'구문의 조응형식이며 'V的(O)'구문이 가진 시간 의미는 'V了O'구문에서 유래된 것으로 보았다. 木村英樹(2003)는 과거 사건을 나타내면서 사건의 행위자, 시간, 장소, 방식, 도구, 원인, 목적 등을 강조하는 'V的(O)'구문이 지닌 시간 의미가 사물(entity)의 실존성에서 유래한 것으로 보고 시간 의미는 구문의 전제인 'V了O'에서 유래한다고 주장했다. 구문의 시간 의미 유래에 대해 袁毓林(2003)도 'V了O' 전제설을 제기한 바가 있다. 그는 'V了O'가 선행 화행에서 언어의 형식으로 출현하지 않아도 문맥이나 담화환경에서 내포될 수 있기 때문에 'V的(O)'구문이 나타내는 시간 의미는 구문의 전제인 'V了O'에서 유래된다고 보았다.

전제설은 杉村博文(1999)이 제기한 조응설의 약점을 극복하고 'V的O'구문이 왜 과거·완료상의 시상 의미를 나타내는지에 대해 설명할 수 있게 되었지만 'V了O'를 전제로 하는 언어형식이 왜 'V的O'인지를 설명하지 않았다. 다시 말해 수많은 언어구조 중에서 'V了O'를 전제로 한 언어구조는 왜 'V的O'의 형식을 취해야 하는지를 여전히 설명하지 않았다는 것이다. 'V的O'구조는 습관에 의해 전제인 'V了O'와 연결되었는지 아니면 'V的O'구조의 내재적 특징 때문에 'V了O'와 연결되었는지에 대해 확인할 필요가 있다.

다른 한편으로 'X的'구문이 지닌 긍정과 확신의 의미 유래에 대해 기존의 연구에서는 대부분 '是'가 가진 긍정, 판단의 의미에서 유래한 것으로 보거나 판단문 자체가 가진 판단의 의미에서 유래한 것으로 보고 있다. 呂叔湘(1984:54)는 '是'의 기능이 기본적으로 긍정을 나타내고 판단과 강조도 모두 긍정으로 볼 수 있으며 긍정과는 단지 약하고 강한 차이가 있을 뿐이라고 설명한 바가 있다. 張和友(2004:4-10)는 구문이 가진 양태 의미는 '是'의 의미가 아니고 판단문 자체의 의미라고 주장했다. 그에 의하면 'X是Y'구조는 X와 Y의 의미비교 관계 속에서 단언의 의미를 갖게 되며 '是'는 단지 단언의 표지라고 했다.

'X的'구문이 가진 긍정, 확신의 의미 유래에 대해 본문은 張和友의 의견에 동의한다. 그 이유는 첫째 선진(先秦) 시기에 동사 '是'가 출현하기 이전에 판단, 긍정의 의미를 가진 판단문이 이미 존재했기 때문이다.[19] 판단, 긍정의 의미는 '是'에 의해 생긴 것으로 보기 어렵고 '是'는 단지 판단, 긍정을 나타내는 표지로 보는 것이 합당하다. 둘째 등장 초기부터 '是'와 공기하지 않는 '的'자 구문이 존재하기 때문이다.[20] '是'가 출현하지 않는 '的'자 구문이 가진 긍정, 확신의 의미는 '是'에서 유래한다고 주장하기 어렵다. 이상의 두 가지 이유로 본문은 'X的'구문이 가진 긍정과 확신의 의미가 판단문 자체의 의미에서 유래한 것으로 본다. 하지만 張和友(2004)는 구문이 갖게 된 양태 의미는 왜 '확신'인지를 설명하지

---

19) 동사 '是'는 동동사(同動詞), 판단동사, 계사라고도 불리며 일반적으로 先秦 시기에 출현하였고 魏晉 시기에 보편적으로 사용되기 시작했다고 보고 있다. 이와 관련해서는 李佳奇(2018)를 참조하기 바란다.

20) 등장 초기에 '是'가 출현하지 않는 '的'자 구문의 용례는 劉敏芝(2008:80-81, 115-116)를 참조하기 바란다.

않았다. 다시 말해 언어구조가 나타낼 수 있는 여러 양태 의미 중에서 'X的'구문이 왜 확신의 양태 의미를 가지게 되었는지를 확인해야 하는 것이다.

2.1 이론적 배경

기존의 연구에서 모호하거나 다루지 않았던 문제들을 해결하기 위해 본문은 인지언어학에서 제시한 '참조점 – 목표'(reference point-target) 인지모형과 환유(metonymy)이론에 입각하여 구와 문장 층위에 위치하는 동형 '的'자 구조를 연계선상에서 살펴봄으로써 조사 '的'의 기능이 확장된 심층적 원인을 분석하고자 한다.

2.1.1 '참조점–목표' 인지모형

인지언어학에서 제시한 '참조점 – 목표' 인지모형은 인간의 사유 활동의 기본적인 인지구조로 일상생활에서 매우 빈번하게 사용된다. 참조점은 심리적으로 다른 개체에 접근할 목적으로 소환된 현저한 개체로 어떤 개념이 '배달될 수 있는' 심리적 '주소'이다.21) 예컨대 우리는 북극성을 참조점으로 하여 목표인 북두칠성의 위치를 찾아낼 수 있다. 언어에서도 이러한 '참조점 – 목표' 구조가 존재한다. 담화환경에서 개념화자는 의도된 참조점(intended reference)을 통해 청자의 주의를 지시대상에 이끌기 위해 여러 가지 언어적 혹은 비언어적 수단을 사용한다. 언어적 수단 중하나는 바로 '참조점 – 목표' 구조이다. 다음의 대화를 보자.

(3) A : 請把我的雨傘拿過來。내 우산 좀 가져와 줘.

----

21) Langacker(1999:292)에서 인용.

B : 這麼多傘, 哪把是你的傘？우산이 이렇게 많은데, 어떤 게 네 거야?

A : 黑的那把。검은색 그거.

B : 黑的有三把。你說的是哪一把傘？검은색이 세 개야. 네가 말한 것은 어느 것이야?

A : 手柄是木頭的那把傘。손잡이가 나무로 되어 있는 그 우산.

B : 是這把嗎？給。이거야? 자, 여기 있어.

　이상의 대화에서 '我的雨傘(나의 우산)'은 담화 참여자가 공동주의 (joint attention)를 달성해야 하는 목표이고, '黑色(검은 색)', '木頭手柄 (나무 손잡이)'은 청자가 목표를 식별해낼 수 있게 도와주는 참조점이다. 화자 a는 우산의 색깔과 손잡이의 재질 등을 참조점으로 청자 b의 주의 를 자신이 지시하는 우산으로 이끌고, 최종적으로 b로 하여금 자신의 우 산을 가져오도록 하는 의사소통 목적을 달성한다. 참조점을 통해 목표로 도달하는 과정은 〈그림 1〉로 요약할 수 있다.

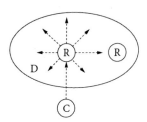

C = 관찰자/개념화자(conceptualizer)　R = 참조점(reference point)
T = 목표(target)　D = 영향권(dominion)　----▶ 심리적 경로(mental path)

그림 1. 참조점-목표 인지모형

　구 층위의 'X的O'구조는 '참조점 - 목표' 인지모형에 바탕을 둔 구조 로 볼 수 있다. 예컨대 구 층위에 위치하는 '哥哥買的房子(오빠가 산

집)'와 같은 '관형어 – 중심어' 구조에서 관형어 '哥哥買'는 과정성 참조점으로, 중심어 '房子'는 목표로 볼 수 있으며 관형어의 수식으로 세상의 수많은 집들 중에서 특정한 집을 구별하게 한다.[22]

2.1.2 환유(metonymy)

인지언어학자들은 환유가 일종의 수사기법일 뿐 아니라 인류의 보편적 사유방식을 나타낸다고 보고 있다. 수사학에서 논의되어온 비유법 차원에서의 환유와 구별하기 위해 인지언어학에서 환유를 '개념적 환유(conceptual metonymy)'라고 부른다.

여러 학자들은 인지적 참조점이라는 측면에서 환유에 대한 정의를 내렸다. Lakoff & Johnson(1980:35)은 '환유는 한 실체를 사용하여 관련된 다른 실체를 지시하는 것'이라고 하였고 Radden & Kövecses(1998:39)에 의하면 '환유는 동일한 이상적 인지모형(Idealized Cognitive Model:ICM) 내에서 한 개념적 실체(매체, vehicle)가 목표라는 다른 개념적 실체(목표, target)에 정신적 접근을 제공하는 인지 과정'이라고 하였으며 Taylor (2002:590)는 '환유는 기본적으로 실체 e를 지시하는 어떤 표현이 주어진 영역 안에서 e와 밀접하게 관련된 다른 실체에 대해 사용되는 과정'이라고 정의했다.

위의 정의에 따르면 '개념적 환유'도 참조점을 가진다. 환유구조에서 참조점과 목표는 하나의 ICM 내에서 공존하고 '전체 → 부분' 또는 '부분 → 부분'의 관계를 가진다.[23] 참조점과 목표를 하나의 전체, 즉 하나의

---

22) '참조점 – 목표' 구조는 소유관계나 사물의 물리적·추상적 위치관계를 분석할 때 많이 적용되는 인지모형이지만 Langacker(1991:170-172)에서 소유동사(have), 소유 표현뿐만 아니라 은유나 환유까지도 참조점 모형에 관련지어서 분석해야 한다고 하였다.

사물(entity)로 인식하는 환유는 참조점과 목표를 각각 두 개의 사물로 인식하는 '참조점 – 목표' 구조와 구별된다.

환유는 인지적 영역에서 일어나는 지시전이(referential transference)이며 환유의 매체와 목표는 개념적 관련성[24]에 의해 연결된다. 이러한 점에서 'X的'구조는 환유 성격을 가진 구조로 볼 수 있다. 예컨대 '種地的(농사는 짓는 사람)'란 표현은 농사를 짓는 행위로 이러한 행위를 하는 특정한 사람을 지시하므로 관련성에 바탕을 둔 환유의 구조로 볼 수 있다.

다음으로 '참조점 – 목표' 인지모형과 환유이론으로 구와 문장 층위에 모두 출현할 수 있는 동형 'X的O'구조와 'X的'구조에서 X의 시간 특징에 대해 알아보고자 한다. 아래의 분석에서는 'X的O'구조와 'X的'구조를 나누어 각 구조의 시간 의미를 살펴보도록 하겠다.

2.2 'X的O'구조에서 X의 시간 특징과 구문의 시간 의미

杉村博文(1999)에 의하면 시간성 표지를 부가하지 않는 무표적 'X的O'구조는 '已然'[25]의 의미를 가진다. 아래의 용례는 'X的O'구조가 가지

---

23) Radden & Kövecses는 환유의 유형을 '전체-부분', '부분-부분'이라는 두 가지 포괄적인 범주로 나누었다. 이 각각의 범주에 많은 ICM이 포함되어 있으며, 이런 ICM은 다시 다양한 환유 유형을 인가한다. 이 중에서 '전체-부분' 환유는 사물과 부분 ICM, 척도 ICM, 구성 ICM, 사건 ICM, 범주와 구성원 ICM, 범주와 특성 ICM 등 6개의 ICM이 포함되며 '부분-부분' 환유는 행동 ICM, 지각 ICM, 인과성 ICM, 생산 ICM, 통제 ICM, 소유 ICM, 포함 ICM, 위치 ICM, 기호와 지시 ICM, 수정 ICM 등 10개의 ICM이 포함된다. 김동환(2019:11-13)에서 재인용.

24) 이성하(1998:231-240)와 김동환(2019:3)은 관련성을 연속성 또는 인접성(contiguity)이라고도 하였다.

25) '已然'에 대한 정의는 학자마다 다르다. 馬學良·史有爲(1982)는 문장이 지닌 '동작이 과거에 완료되었거나, 상황이 과거에 실현되었다는 의미'를 '已然義'로 정의하였다. 張斌(2001:336)은 "'已然'은 발화시점을 기준으로 과거와 현재를 포함된다.

는 이러한 시간의 의미를 잘 보여준다.

(4) a. 我買的書 내가 산 책

　　a′. *我買的書(我)還沒買。

　　b. 她做的蛋糕 그녀가 만든 케이크

　　b′. *她做的蛋糕(她)還沒做。

　예문 (4)의 a와 b는 모두 구 층위의 'X的O'구조이다. a′과 b′에서 보듯이 시간성 표지가 없는 경우 구 층위의 'X的O'구조는 과거·완료상의 시상 의미를 가지며 '沒有'로 부정할 수 없다. 구조가 가진 시간 의미는 '참조점-목표' 인지모형을 통해 설명할 수 있다.

　앞서 설명했듯이 구와 문장 층위에 모두 출현할 수 있는 'X的O'구조는 X가 VP 또는 AP의 경우이다. 구 층위의 'X的O'구조에서 X와 O는 관형어와 중심어의 통사관계를 지니며 X는 과정성 참조점, Y는 목표로 볼 수 있다.

　沈家煊(1999), 沈家煊·王東梅(2000)에 의하면 실제 시·공간 속의 특정 목표를 구별해내기 위해 참조점은 반드시 목표를 구별할 수 있는 충분한 정보를 가져야 하며 화자나 청자가 모두 접근할 수 있어야 한다.

　'X的O'구조가 가지는 시간 의미는 위의 참조점 선택 기준과 관련된다. 일반적으로 발화시점에 이미 존재하고 시간의 흐름에 따라 변하지 않는 사물(entity)은 청자와 화자가 모두 접근 가능하기에 참조점으로 더 자주 사용된다. 언어의 경제성 원리에 의해 이러한 참조점은 예문 (4a), (4b)처

'已然'과 대응하는 '未然'은 미래를 가리킨다"고 하였다. 龍海平(2007:1)은 사건 또는 상황의 시간이 발화행위 이전에 위치할 때 문장 자체가 지니는 시간 의미를 '已然義'로 정의하며 이는 시제의 각도로 내린 정의라고 하였다.

럼 무표적 형태를 취한다. 이와 반대로 발화시점 이후에 위치하고 시간의 흐름에 따라 변할 수 있는 사물(entity)은 화자와 청자가 파악하기 어려워서 참조점으로 자주 사용되지 않는다. 이러한 사물이 참조점으로 사용될 때 예문 (5)처럼 유표적 형태를 취한다.

   (5) a. 我要買的書还沒買。

        내가 사려고 하는 책은 아직 사지 않았다.

     b. 她想做的蛋糕還沒做。

        그녀가 만들고 싶은 케이크는 아직 만들지 않았다.

위의 예문에서 보듯이 'X的O'구조에 '要'와 '想' 등 조동사가 출현할 경우 구문에서의 '買'와 '做'는 모두 미래에 일어날 행위·동작으로 해석된다. 즉 구 층위의 'X的O'구조에서 미래 의미를 함유하는 표지가 출현하지 않을 경우 X는 묵시적으로 과거의 의미를 지닌다는 것이다.

과거의 의미뿐만 아니라 'X的O'구조에서 무표적 동사 X는 [+telic]의 의미자질도 부여받아 경계를 가진 행위·동작을 나타낸다. 그 이유는 앞서 설명했듯이 참조점이 청자와 화자가 모두 파악할 수 있어야 하기 때문에 시간의 흐름에 따라 변화할 수 있는 지속 또는 진행 중인 과정보다 더 이상 변화하지 않고 경계가 지어지는 과정이 더 쉽게 파악되며 참조점으로 더 자주 사용된다. 이러한 참조점은 아래의 용례 (6a)처럼 일반적으로 무표적의 형식을 취한다.

   (6) a. 他讀的書很多。

        그가 읽은 책은 매우 많다.

     b. 燈罩把光投在年少的剛泉正在讀的書上。

        전등갓이 어린 강천이 읽고 있는 책에 빛을 비추었다. (BCC 코퍼스)

동사 '讀'는 지속동사로 [-telic]의 의미자질을 갖지만 'X的O'구조에서 무표적 형식을 취할 경우 전체로서의 개체(entity)로 인식되어 예문 (6a)에서 보듯이 [+telic]의 의미자질을 지니게 된다. 반면 지속동사 '讀'가 'X的O'구조에서 [-telic]의 의미자질을 유지하려면 예문 (6b)처럼 진행상 표지와 공기해야 한다. 즉 구 층위의 'X的O'구조에 지속 또는 진행 표지가 출현하지 않을 경우 X는 묵시적으로 완료상의 의미를 지닌다.

'X的O'구조가 문장 층위로 진입할 때 X는 문장의 서술어가 되고 무표적 형식을 취하는 X의 시상 의미는 문장 서술어의 시상 의미가 되므로 아래의 용례에서 보듯이 'X的O'구문에서 진행상, 지속상 등 상 표지는 출현할 수 없다.

(7) a. *她是在火車站對面的一家咖啡館裏在給他打的電話。
    b. *她是在火車站對面的一家咖啡館裏給他打著的電話。

다시 말해 'X的O'구문에서 X는 무표적 형태만 취할 수 있으며 과거·완료상(perfective)의 시상 의미를 나타낸다. 'X的O'구조가 'V了O'를 전제로 삼는 것은 습관에 의한 것이 아니라 무표적 형식을 취한 'X的O'구조 자체가 과거·완료상의 시상 의미를 가지기 때문이다.

2.3 'X的'구조에서 X의 시간 특징과 구문의 양태 의미

다음으로 'X的'구조 속 X의 시간 특징을 살펴보자. 앞서 설명한 바와 같이 X가 VP나 AP일 경우 'X的'구조는 구와 문장 층위에 모두 출현할 수 있다. 예컨대 아래와 같다.

(8) a. 讓我哭鼻子的就是你。
     날 울리는 놈은 바로 너야.

b. …, 但是熊二可是很愛哭鼻子的。

…, 하지만 슝얼은 매우 잘 운다 (google)

(9) a. 一枚鑽戒。瑞特, 一定要買一個<u>很大的</u>。

다이아몬드 반지 하나요. 라이트, 반드시 아주 큰 걸 사와야 돼요.

b. 任何人在五年裏變化都是<u>很大的</u>。

누구든 간에 사람은 5년 동안의 변화가 매우 클 것이다. (BCC 코퍼스)

예문 (8)은 X가 VP인 'X的'구조이다. 예문 (8a)에서의 '讓我哭鼻子的'는 구 층위에 위치하는 'X的'구조이며 문장의 주어이다. 예문 (8b)에서의 '很愛哭鼻子的'는 문장 층위에 위치하는 'X的'구조이며 문장의 서술어이다. 예문 (9)는 X가 AP인 'X的'구조이다. 예문 (9a)에서의 '很大的'는 구 층위에 위치하며 문장의 목적어인 반면 예문 (9b)에서의 '很大的'는 문장 층위에 위치하며 문장의 서술어이다.

'X的'구조에서 VP 또는 AP가 지니는 시간 특징은 구조의 환유(metonymy)적 성격과 관련된다. 앞서 설명한 바와 같이 환유의 매체와 목표는 개념적 인접성(conceptual contiguity)에 의해 연결된다. Lakoff (1987a:77-90)에서 다음과 같은 환유 인지모형을 제시했다.[26)]

a. 어떠한 문맥에서 어떤 목적을 위하여 이해되어야 할 '목표'개념 A가 있다.

b. A와 다른 개념 B를 포함하는 개념 구조가 있다.

c. B는 A의 일부이거나 그 개념구조 안에서 A와 밀접하게 관련되어 있다. 전형적으로, 개념 구조 속에서 B의 선택은 유일하게 A를 결정할 것이다.

---

26) 환유 인지모형에 대한 Lakoff의 설명은 임지룡(2017:202-203)에서 재인용.

d. A와 비교해 볼 때 B는 이해하거나, 기억하거나, 인식하는 데 더 쉽 거나 또는 주어진 문맥에서 주어진 목적을 위하여 직접적으로 더 유용하다.

e. 환유 모형은 A와 B가 한 개념 구조 속에서 어떻게 관련되어 있는가 에 관한 모형이다. 즉 그 관계는 B로부터 A의 함수로 명시된다.

위의 설명에 의하면 구 층위의 'X的'구조에 출현하는 참조점 X(개념 B)와 'X的'구조가 지시하는 대상(개념 A)은 같은 인지적 영역에 위치한 다. 참조점 X의 선택기준은 하나의 인지적 영역에 위치하는 개념 A와 개념 B의 인접성이며, 시축과 직접적인 관계를 맺지 않는다. 환유의 성격 을 가진 'X的'구조에서 X가 무표적 형식을 취할 때 시축과 직접적인 관 계를 맺지 않는 것은 아래의 용례를 통해 설명할 수 있다.

(10) a. 紅的 빨간 것
    b. 吃的 먹는 것(먹는 사람)
    c. 哭鼻子的 훌쩍거리는 사람

위의 용례에서 a부터 c까지의 순서대로 X는 점차 지시대상의 내연적 이고 항구적인 특징에서 외연적이고 일시적인 특징으로 변해가지만 구 조가 가진 은유적 성격 때문에 용례 b, c에서의 X는 역시 관련성에 의해 동일한 인지적 영역에 위치하는 지시대상과 연결되며 시축과 직접적인 관계를 맺지 않는다.

'X的'구조가 문장 층위로 진입할 때 구조 속 X가 가진 시간 특징은 바로 문장 서술어의 시간 특징이 된다. 구문의 서술어 X 자체가 시축과 직접적인 관계를 맺지 않기 때문에 시간 의미를 함유할 수 있는 표지와 공기할 경우 구문은 과거, 현재 또는 미래를 모두 나타낼 수 있다.

(11) a. 我也是從他同父異母兄弟那兒知道的這件事。

　　　 나도 그의 이복동생으로부터 이 일을 알았다.

　　b. 蘇茜已經死了，他知道的。

　　　 소천은 이미 죽었다. 그는 안다.

　　c. 您總有一天會知道的。

　　　 당신은 언젠가 알게 될 것이다. 　　　　　　　　　　(BCC 코퍼스)

　　예문 (11)의 서술어동사는 모두 '知道'이다. 예문 a는 몰랐던 일을 알
게 된 과거의 사건을 나타내고 b는 현재에 알고 있다는 상황, c는 미래에
알게 될 상황을 나타내면서 사건 또는 상황에 대한 화자의 긍정과 확신
도 나타낸다. 위의 용례에서 보듯이 'X的'구문은 초시간적 특징을 지니
며 각종 시간성 표지에 의해 과거, 현재, 미래를 나타낸다.

　　다음으로 'X的'구문이 가지는 '확신'의 양태 의미를 살펴보고자 한다.
'X的'구문이 가진 확신의 의미는 기존의 일부 연구에서 판단문의 판단
의미에서 유래한다고 하였다. 본문에서는 구문이 지닌 '확신'의 의미는
판단문의 판단 의미 외에 판단문의 주어와 서술어 사이에 존재하는 일치
관계와도 관련된 것으로 본다. 이를 설명하기 우선 아래의 전형적인 판
단문의 용례를 살펴보자.

(12) a. 那的俺自會的，索甚麼你教？ 　　　　　(《原本老乞大》09 左:05)

　　　 그것은 내가 이미 할 줄 아는 것인데 너에게 가르쳐달라고 하겠어?

　　b. 說的都識的。 　　　　　　　　　　　(《雜劇·薛仁貴衣錦還鄉》)

　　　 말한 사람들은 내가 모두 아는 사람들이다.

　　예문 (12a)에서의 '那的'(NP₁)와 '俺自會的'(NP₂), (12b)에서의 '說
的'(NP₁)와 '都識的'(NP₂)는 각각 동일한 사물을 지시한다. NP₁과 NP₂
를 병치하여 'NP₁, NP₂'의 구조를 이루는 경우 주어 NP₁과 서술어 NP₂

는 일치관계를 가지며 구문은 판단의 의미를 가진다. 'NP₁, NP₂'구조가 가지는 판단의 의미에, NP₁과 NP₂가 가진 일치의 의미를 더 하여 'X的' 구문은 비로소 확신의 의미를 가지게 된다. NP₁과 NP₂ 사이에 일치관계 가 존재하지 않는다면 구문은 '확신'의 의미를 가지기 어려울 것이다. 본 문은 'X的'구문이 지니는 '확신'의 의미는 '판단'과 '일치' 두 가지 의미 의 공동 작용에 의해 생긴 것으로 본다.

3 '的'자 구문에서 조사 '的'의 성격과 기능

'的'자 구문에 출현하는 조사 '的'의 성격과 기능에 대해서 朱德熙 (1983)는 명사화 가설을 제시한 바가 있다. 이 가설은 구와 문장 층위에 위치한 조사 '的'의 기능을 통일된 시각으로 바라볼 수 있는 장점이 있지 만 문장 층위에 출현한 '的'의 통사적 특징을 충분히 설명하지 못 하는 문제가 있다. 아래의 예문을 보자.

(13) a. 三天之後, 他也許會為身體健康而感到慶幸的。
　　　삼일 후에 그는 건강해서 다행이라고 생각할지도 모른다.

　　a′. 三天之後, 他也許會為身體健康而感到慶幸。
　　　삼일 후에 그는 건강해서 다행이라고 생각할지도 모른다.

　　b. 如果在從前, 我肯定會一走了之的。
　　　이전 같으면 나는 분명히 가버렸을 것이다.

　　b′. 如果在從前, 我肯定會一走了之。
　　　이전 같으면 나는 분명히 가버렸을 것이다.　　　(BCC 코퍼스)

예문 (13)에서 보듯이 일부 '的'자 구문에서 문미에 위치하는 '的'가 생략될 수 있다. 구조조사 '的'로 이루어진 'X的'구조에서 '的'는 생략할 수 없는 필수성분이므로, 위의 예문에서 생략이 가능한 '的'는 구조조사로 볼 수 없다는 것을 의미한다.

기존 연구의 문제점을 해결하기 위해 본문은 앞서 분석의 토대로 조사 '的'의 통사적 위치에 따라 'X的O'구문과 'X的'구문을 나누어 각 구조에서의 '的'의 기능과 성격을 살펴보고자 한다.

3.1 'X的O' 구문에서의 '的'의 성격과 기능

'的'의 성격 구분에 있어 무엇보다 '的'자 구문이 가진 시간 의미 또는 양태 의미를 구조의 의미로 귀속할지 아니면 구조 속 특정 성분의 의미로 귀속할지를 먼저 확인해야 한다.

馬學良·史有爲(1982)에 의하면 언어에서 특정 의미·기능을 나타내는 매개체에는 세 가지가 있는데 첫 번째는 특정 구조(문장 또는 구 층위, 외현적 또는 내현적 구조를 모두 포함)이고, 두 번째는 구조 속 특정 문장성분(허사와 실사 모두 포함)이며, 세 번째는 구조와 특정 문장성분의 결합이다. 하지만 특정 의미·기능의 매개체가 허사로 증명될 수 있는 경우 해당 의미·기능은 구조나 '구조+특정 문장성분'의 의미로 귀속하기보다 허사의 의미로 귀속하는 것이 바람직하다.

필자는 馬學良·史有爲(1982)의 의견을 동의한다. 그 이유는 두 가지가 있다. 첫째, 허사는 독립적으로 사용할 수 없어서 허사가 가지는 의미·기능은 언제나 그것이 사용되는 특정 구조에서의 의미·기능이다. 허사로 귀속시킬 수 있는 의미·기능을 구조나 '구조+특정 문장성분'의 결합으로 귀속시킨다면 어휘의 의미가 없고 어법 기능만 담당하는 허사가 가진 의미·기능은 모두 사라질 수 있다. 둘째, 문법화의 진행에 따라 동일한 허사가 사용될 수 있는 구조가 점차 확대될 수 있기 때문에 특정 의미·기능을 특정 허사의 의미·기능으로 귀속시켜야만 서로 다른 구조에 출현하는 허사의 기능을 동일한 관점에서 다룰 수 있기 때문이다.

용례 비교를 통해 'X的O'구문이 지니는 시간 의미를 구조 속 허사 '的'에 귀속시킬 수 있을지를 먼저 살펴보자.

(14) a. 她在火車站對面的一家咖啡館裏給他打的電話。

　　 그녀는 기차역 맞은편의 한 카페에서 그에게 전화를 걸었다.

　a′. 她在火車站對面的一家咖啡館裏給他打電話。

　　 그녀는 기차역 맞은편의 한 카페에서 그에게 전화를 한다.

(BCC 코퍼스)

(15) a. 兩人前年結的婚。

　　 두 사람은 작년에 결혼했다.

　a′. *兩人前年結婚。　　　　　　　　　　(BCC 코퍼스)

위의 용례에서 보듯이 'X的O'구문에서 '的'가 출현하지 않으면 구문이 나타내는 시간 의미는 예문 (14a′)처럼 변하게 되거나 예문 (15a′)처럼 비문이 된다. 이것은 구문이 가진 시간 의미가 구조 속 허사 '的'에 귀속될 수 있는 것을 의미한다. 반면 시간 의미 또는 양태 의미가 '구조＋특정 문장성분'의 의미 또는 구조 자체의 의미로 귀속되면 'X的O'구문과 'X的'구문에 출현하는 '的'는 모두 구조조사로 볼 수밖에 없다. 앞서 설명한 바와 같이 이는 '的'자 구문의 기능, 구문 속 '的'의 통사적 특징과 모순되는 문제를 초래할 수 있다.

'X的O'구문에서 시간 의미를 가진 '的'의 성격을 판단하기 위해 우선 언어에서 시간개념과 관련되는 두 개의 범주에 대해 알아보자. 언어에서 시간과 관련되는 범주는 크게 시제(tense) 범주와 상(aspect) 범주로 나뉜다.

시제는 절대시제와 상대시제로 나눈다. 상황의 시간을 발화시간과 관

련 짓는 절대시제는 일반적으로 '현재(present)·과거(past)·미래(future)'
식의 삼분시제나 '과거(past)·비과거(non-past)' 혹은 '미래(future)·비미
래(non-future)'식의 이분시제로 구분된다.27) 상대시제는 상황의 시간을
발화시간 이외의 다른 참조시간과 관련 짓는 것으로 선시(先時)·동시
(同時)·후시(後時)가 있다.28)

언어에서 시간과 관련되는 또 다른 범주는 상 범주가 있다. Smith
(1991, 1997)에 의하면 상은 상황의 시간적 구조 그리고 그 시간적 구조
를 살펴보는 방식을 나타내는 이원적 범주이다. 상은 일반적으로 어휘
층위의 상황상과 어법 층위의 관점상으로 양분된다. Xiao & McEnery
(2004)에서 상황상은 동작류와 상황류로, 관점상은 단순관점상과 복합관
점상으로 구분된다.29)

Lyons에 의하면 상과 시제의 다른 점은 시제는 직시적 범주(deictic
category)에 속하며 발화시간과 관련되는 반면 상은 직시적 범주가 아니
다. Hans Reichenbach에 의하면 상은 발화시간과 무관하고 기타 참조시
간(reference time)과 연관 짓는다고 했다.30) 김종도(2002:230-234), 顧陽
(2007), 최규발(2011) 등에서는 과정(process)의 실례화에서 시제와 상이
가지는 기능에 대해 언급한 바가 있는데 그들에 의하면 시제는 시간 영
역에서 위치잡기를 맡고 있어서 과정 유형을 시간의 축에 위치시키는 반
면 상은 과정 유형의 양화 기능을 가진다.

사건의 서술에 있어 시제와 상이 가지는 기능에 대해 林若望(2017)은
다음 용례를 들어 설명했다.

---

27) 관련 내용은 이명정(2010b:30-39)을 참조.
28) 관련 내용은 李鐵根(2002)을 참조.
29) 이명정(2010b:30-43)에서 재인용.
30) 孫英傑(2007:1-19)를 참조.

(16) a. John was writing a letter (at three o'clock).
　　　존은 세 시에 편지 한 통을 쓰고 있었다.

　　b. John wrote a letter yesterday.
　　　존은 어제 편지 한통을 썼다. 　　　　　　　　　　　(林若望 2017)

그에 의하면 시제는 사건을 시축에 위치시키는 기능을 가지며 상(관점상)은 사건을 관찰하는 방식, 즉 사건을 하나의 전체로 바라보는지 아니면 사건의 일부만 바라보는지를 나타낸다. 예문 (16a)는 'be'동사의 과거형 'was'와 동사 'write'의 진행형 'be writing'을 통해 과거의 불완전한 사건을 나타낸다. 예문 (15b)는 동사 'write'의 과거형 'wrote'와 영표지 형식을 취한 완료상(perfective)을 통해 과거에 일어난 전체로서의 한 사건을 나타낸다. 다시 말해 사건의 서술에 있어서 시제와 상이 모두 참여하는 것이다. 'X的O'구문에서 '的'의 시간 의미는 구조속의 X가 가진 시상 의미에서 유래하기 때문에 '的'는 구조 속의 X가 가진 시상 의미를 모두 지닐 수밖에 없다. 구조 속 '的'(이하 '的$_T$'로 지칭)의 시상 특징을 완료상 표지 '了$_1$'과 경험상 표지 '過''의 비교를 통해 확인하고자 한다.

3.1.1 '的$_T$'와 완료상 표지 '了$_1$'의 차이

이은수(2003, 2004)는 중국어 완료상 표지 '了$_1$'이 기본적으로 전달하는 의미는 '선시성'이라고 주장했다. 그는 다음 예문을 들어 '了$_1$'이 가진 선시성을 설명했다.

(17) a. 明天下了課給我打個電話。
　　　내일 수업을 마치면 나한테 전화해라.

　　b. 你應該趁此機會去外國賺點錢, 有了錢, 什麼事情都好辦。
　　　넌 꼭 이 기회를 잡아서 외국에 나가 돈을 좀 벌어야 해. 돈이 생기면 무슨 일이든 하기가 편하니까.

이은수(2003, 2004)에 의하면 '了₁'이 연속사건 중의 선행사건을 나타내는 절에 출현할 경우 '了₁'은 단지 어떤 상황이 참조시간(후행사건 발생시간) 이전에 발생했음을 나타낸다. 상대적 선시성을 지닌 '了₁'이 과거사건과 미래사건의 기술에 모두 사용할 수 있는데 반해 'X的O'구문에 출현하는 '的'는 절대과거만을 나타낸다. 아래의 용례에서 보듯이 'X的O'구문에 의해 서술된 사건은 반드시 발화시점 이전에 위치한다.

(18) a. 兩人前年結的婚。
　　　두 사람은 재작년에 결혼했다.
　　a′. *兩人明年結的婚。
　　a″. *兩人明年結的婚, 就去國外定居。　　　　　　　　(BCC 코퍼스)

위의 예문에서 보듯이 조사 '的'가 과거시간을 나타내는 부사어 '前年'과 공기하는 (18a)는 정문인 반면 미래시간을 나타내는 부사어 '明年'과 공기하는 (18a′)는 비문이 다. (18a″)는 '的ₜ'가 '了₁'처럼 사건을 다른 참조시간 앞에 위치하여 상대적 선시성을 나타내지 못 하며 발화시간과 연결되어 절대과거를 나타내는 것을 보여준다. 이는 'X的O'구문에서 '的ₜ'가 발화시점과 직접적인 관계를 맺어 시제의 성격과 기능을 지닌다는 것을 의미한다.

3.1.2 '的ₜ'와 경험상 표지 '過'의 차이

'的ₜ'와 경험상 표지 '過'는 모두 절대과거를 나타내지만 기능의 측면에서 양자는 역시 차이를 보인다.

이은수(2008), 최규발·정지수(2010), 정지수(2011)는 경험상 표지 '過'

의 특징을 분석한 바가 있는데 그들에 의하면 '過'는 특정한 하나의 사건만을 나타내는 것이 아니라 사건의 집합(class)을 나타내며 과거에 불특정한 사건이 적어도 한 번 이상 일어났음을 의미한다고 했다. 다시 말해 '過'는 단일 과정(process)만을 나타내는 것이 아니라 과정의 비공집합을 나타내는 것이다.[31] 반면 '的T'는 사건의 집합을 나타내지 않으며 특정한 하나의 과거사건만 나타낸다. 예컨대 아래와 같다.

(19) 他斷過兩次腿。 그는 다리가 한 번 부러진 적이 있다. (이은수, 2008)

(20) a. *他斷的兩次腿。

　　a´. 他昨天斷的腿。 그는 어제 다리가 부러졌다.

위의 용례에서 보듯이 '過'는 사건의 비공집합을 의미하는 수량사구와 공기할 수 있는 반면 '的'는 '過'처럼 수량사구와 공기하여 집합 성격을 가진 복수의 사건을 나타내지 못한다. 수량사구와 공기하지 못 하는 것은 '的T'에 의해 표현된 사건이 단독 사건인 것을 의미한다.

또한 앞서 설명했듯이 'X的O'구문에서 지속상 표지나 진행상 표지가 출현할 수 없다. 이를 미루어보아 '的T'가 완료상의 의미를 지닌다고 볼 수 있다. 이상의 설명을 종합해보면 '的T'는 절대과거와 완료상의 기능을 가진다는 것을 알 수 있다. '的T'는 구문 명제에 의해 표현된 사건의 실례에 과거·완료상의 시상 의미를 부여하여 청자로 하여금 현실세계의 수많은 사건 중에서 특정 시상 정보를 가진 사건을 식별하게 한다.[32]

---

31) 이와 관련해서는 이은수(2008:382)를 참조.

32) 하나의 표지가 시상, 또는 시상과 양태를 모두 나타내는 현상에 대해서 Bybee, Perkins & Pagliuca(1994), 張濟卿(1996), 李鐵根(2002), 이은수(2003, 2004), 左思民(2007), 徐晶凝(2008), 이명정(2010a), 林若望(2017), 이지현(2017) 등에서 논의한바가 있는데 이들 연구에 의하면 중국어의 상 표지는 상 기능뿐만 아니라 시제

다른 한편으로 조사 '的'는 문장 층위의 'X的O'구조에서만 시상 의미를 가지며 '的'의 시상 기능이 아직 전문화(specialization)[33]되지 않았다는 점을 감안하면 '的_T'는 아직 문법화의 초기단계에 속해있는 문법소로 보이며 엄격한 의미의 시상표지로 볼 수 없다.[34]

'的'가 'X的O'구문에서 시상 기능을 가지며 '的'의 시상 기능은 'X的O'구문에서만 존재한다는 사실에 근거하여 본문은 구문 속 '的_T'의 성격을 시상 기능을 가진 준시상조사(準時體助詞)로 규정한다. 상의 측면에서 서술어와 목적어 사이에 출현하는 조사 '的'는 완료상의 특징을 보이며 시제의 측면에서는 절대과거를 나타낸다.

3.2 'X的'구문에서의 '的'의 성격과 기능

앞서 설명한 바와 같이 'X的'구문의 기능은 과거사건을 서술하는 것이 아니라 과거, 현재, 미래의 사건, 상황 또는 상식에 대한 화자의 긍정과 확신을 나타내는데 있다. 'X的'구문이 가진 긍정과 확신의 의미는 판단문의 주어와 서술어 사이에 존재하는 일치관계와 판단문이 가진 판단의 의미에서 유래한 것이다. 우선 예문 비교를 통해 구문이 가진 긍정과 확신 의미를 문미에 위치하는 '的'에 귀속시킬 수 있을지 살펴보자.

(21) a. 前日我到張家去过一趟的。

또는 양태의 기능도 가질 수 있다고 한다.

33) 문법소가 특정한 문법기능을 전담하게 되는 것을 전문화라 한다. 관련 내용은 이성하(1998:265)를 참조.

34) 이명정(2010b:38)에 의하면 중국어는 형태화 정도가 가장 낮으며 분석적 언어 형태를 가진 고립어로서 완결상황(completive), 결과상황(resultive), 선시상(anterior) 등 추상성 정도가 비교적 낮은 상 범주를 가지는 반면에 완전상(perfective)이나 과거시제(past) 등 추상성 정도가 높은 범주가 생기기는 매우 어렵다고 하였다.

그저께 나는 장 씨 집에 다녀왔다.

a´. 前日我到張家去過一趟。

그저께 나는 장 씨 집에 다녀왔다. (BCC 코퍼스)

(22) a. 偶爾這樣恐怕還是有必要的。

가끔은 그럴 필요가 있을지도 모른다.

a´. *偶爾這樣恐怕還是有必要。 (BCC 코퍼스)

위의 예문 (21)에서 a는 'X的'구문이며 a´는 문미 '的'가 출현하지 않는 구문이다. 예문의 의미 비교에서 알듯이 문미 '的'가 출현하지 않는 a´는 긍정, 확신의 의미를 나타내지 않으며 문미 '的'가 가진 a만이 화자의 긍정과 확신을 나타낸다. 예문 (22)에서 문미 '的'가 출현하는 a는 화자의 확신과 긍정을 나타내는 반면 '的'가 출현하지 않는 a´는 비문이다. 예문 비교를 통해 알 수 있듯이 문미 '的'는 긍정과 확신의 양태 의미를 나타내며 일부 'X的'구문에서는 문장의 필수 구성 요소이기도 한다. 문미 '的'가 출현하지 않으면 긍정과 확신의 의미가 없어지거나 문장이 비문이 되기 때문에 긍정과 확신의 의미는 역시 문미 '的'에 귀속할 수 있다. 본문은 양태 의미를 가진 '的'를 '的ₘ'으로 지칭한다.

앞서 본 바와 같이 '的ₘ'로 이루어진 'X的'구문은 과거, 현재, 미래의 사건, 상황, 또는 상식에 대한 화자의 긍정과 확신을 나타낸다. 구문이 나타내는 의미는 Radden & Dirven(2009:269-273)이 제시한 현실(factual reality)과 비현실(irreality)의 개념으로 설명할 수 있다. 그들에 의하면 "발전되는 현실 모형에서 우리가 과거에 발생했던 것으로 알고 있는 상황들은 기지의 현실(known reality)"이고, "우리가 현재의 순간에 경험하는 상황은 당면한 현실(immediate reality)이"며, "기지의 현실과 당면한 현실은 모두 사실적 현실(factual reality)을 소유하고 있다." 또한 "우리가 과거나 현재의 경험으로부터 다소 안전하게 예측할 수 있는 미래의 상황은 투영된 현실(projected reality)"이고, "실현될 수 있는 잠재력을 가지고 있는 것으로 우리가 판단하는 현재나 미래의 상황은 잠재적 현실(potential reality)"이며, "우리가 모르는 사건들 ⋯ 단지 상상하거나 발생하기를 원하는 상황들은 비현실(irreality)에 속한다"고 하였다. 그들이 제시한 발전되는 현실의 모형은 아래 〈그림 2〉로 표현된다.

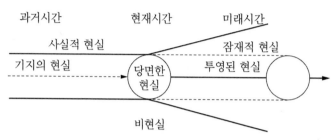

그림 2. 발전되는 현실의 모형(Radden & Dirven 2009:270)

Radden & Dirven(2009)이 내린 정의에 의하면 '的$_M$'은 개념화자가 현실 또는 비현실을 인식하고 이를 받아들이는 관점을 나타내는 기능을 지닌다고 볼 수 있다.

(23) a. 前日我到張家去過一趟的。
      그저께 나는 장 씨 집에 다녀왔다.

   b. 這類動物在高原上是存在的。
      이런 동물은 고원에서 존재한다.

   c. 媽媽一定會答應的。
      엄마가 틀림없이 허락해 주실 것이다.

   d. 偶爾這樣恐怕還是有必要的。
      가끔은 그럴 필요가 있을지도 모른다.

   e. 阿蘭忙說: "這使不得的, 使不得的！"

아란은 "이러면 안 돼, 안 돼!"라고 급히 말했다.   (BCC 코퍼스)

예문 (23)에서 a는 과거에 일어났던 사건을, b는 지금 당면한 상황을, c는 앞으로 일어날 가능성이 매우 큰 미래의 상황을 나타내며 d와 e는 상황의 실존과는 무관하고 단지 '의무나 당위성' 등에 대한 화자의 생각, 즉 비현실을 나타내는 것이다.

다음으로 통사적 측면에서 문미 '的'의 성격을 살펴보고자 한다. 아래의 예문 (24)에서 보듯이 일부 'X的'구문에 위치하는 문미 '的'는 생략될 수 있는 통사적 특징을 지닌다. 이는 전형적인 어기사의 통사적 특징이며 구조조사 '的'가 가진 통사적 특징과는 다르다.

(24) a. 這個買賣一定會成功(的)。

　　　이 장사는 반드시 성공할 것이다.

　　b. 也許一切都會很好(的)。

　　　아마 모든 것이 잘 될 거예요.

　　c. 您的錢肯定不夠(的)。

　　　당신의 돈은 분명히 충분하지 않을 것입니다.

　　d. 咖喱鷄很好吃(的)。

　　　카레치킨은 매우 맛있습니다.　　　　　　　　(BCC 코퍼스)

구조조사 '的'가 단어 또 구 뒤에 위치하여 '的'자구조(的字結構)를 이루는 경우 '的'는 구조의 필수성분으로 생략될 수가 없다. 하지만 위의 용례에서 문미 '的'는 모두 생략될 수 있다. 구문에서 조사 '的'가 생략될 수 있는 것은 '的'가 생략될 수 없는 '的'자구조의 통사적 특징과 모순되기 때문에35) 용례에서의 문미 '的'는 구조조사로 볼 수 없다는 것이다.

---

35) 'X的'구문에서의 '的'를 구조조사로 보는 경우 'X的'는 서술어 자리를 차지하는

위의 예문 (24)에 출현하는 '的'는 긍정과 확신을 나타내며 화자와 직접적인 관계를 맺는 양태표지로 보는 것이 합당한다.

또한 아래의 예문에서 보듯이 일부 'X的'구문에서 문미 '的'는 문장의 필수 성분으로서 생략될 수 없는 경우도 존재한다.

(25) a. 然而說到希望, 卻是不能被抹殺的。
　　　 그러나 희망은 말이야, 말살되어서는 안 된다.

　　 a′. *然而說到希望, 卻是不能被抹殺。

　　 b. 所以機會對每個人來講都是公平的。
　　　 그러므로 기회는 모든 사람에게 공평하다.

　　 b′. *所以機會對每個人來講都是公平。　　　　　　(易平平 2008)

위의 예문에서 생략될 수 없는 문미 '的'는 '的'자구조 속 구조조사 '的'와 유사한 통사적 특징을 가진다. 일부 'X的'구문에서 생략될 수 있고, 일부 'X的'구문에서 생략될 수 없다는 사실은 조사 '的'가 문법화의 연속변이(cline)[36] 과정에 처해있으며 '的'가 지닌 통사적 특징이 점자 변해가고 있다는 것을 의미한다. 즉 문미에 위치하고 긍정과 확신을 나타내는 '的'도 문법화 진행과정에 처해있고 아직 전형적인 어기사가 아니라는 것을 의미한다.

문법화 과정에서 문법화 후 단계에 있는 문법소는 문법화 전 단계의 기능과 통사적 특징을 가질 수 있는 문법화 특성에 근거하여 본문은 'X

'的'자구조로 보아야 한다.

36) 이 용어는 Halliday(1961:249)에서 처음으로 언어학 이론에 적용했다. 문법화 현상이 토막토막 끊어지듯이 분절적인 것이 아니라 마치 경사면을 따라 흩어져 있는 것처럼 언어 변화가 어떤 경로를 따라 연속적으로 배치되어 있음을 가리키는 것이다. 이성하(1998:135-137)에서 인용.

的'구문에서 양태 기능을 가진 문미 '的'를 문법화 전 단계인 공간범주에 귀속시키는 것보다 문법화 후 단계인 양태범주에 귀속시키는 것이 더 합당하다고 본다. 'X的'구문에서 '的'는 화자의 긍정과 확신을 나타내기 때문에 본문은 이러한 '的'의 성격을 인식양태[37] 의미를 나타내는 어기조사로 규정한다.

4 결론

본문에서 '的'자 구문의 시간 의미 또는 양태 의미의 유래를 밝히기 위해 우선 구조의 통사적 특징에 따라 현대중국어의 '的'자 구조를 'X的Y'구조와 'X的'구조로 재분류했다. 구 층위와 문장 층위에 모두 출현할 수 있는 '的'자 구조는 X가 VP 또는 AP인 경우이며 'X的Y'구조인 경우 X와 Y는 술목관계를 지닌다.[38] 구 와 문장 층위의 동형 '的'자 구조를 살펴보는 이유는 문법화의 연장선상에서 조사 '的'의 시간 기능 또는 양태 기능의 유래를 파악하기 위해서다. 앞서의 분석을 통해 본문에서는 다음과 같은 결론을 도출하였다.

첫째, 'X的O'구문에서 조사 '的'가 지닌 시상 의미는 서술어의 핵심성분인 X가 지닌 시상 의미에서 유래된 것이며 '的'는 과거·완료상의 시상의미를 가진다. 본문에서는 구문 속 조사 '的'의 성격을 준시상조사로 규

---

37) Palmer(1979, 1986)와 Coates(1983)는 영어 'may, can, must, ought to, should, shall will, dare, need, is to, would rather, had better, be bound to, be able to, have to, have got to, be going to' 등 17개의 서법조동사가 가진 의미적, 통사적 특징을 근거하여 양태범주를 인식양태, 의무양태, 동적양태 등 세 가지 하위 범주로 나눈 바가 있다. 관련 내용은 徐晶凝(2008:6-7, 14-15)을 참조.

38) 본문에서 술목관계를 지닌 'X的Y'구조를 'X的O'구조로 지칭한다.

정한다. 조사 '的'는 명제에 의해 표현된 사건의 실례에 과거·완료상의 시상 의미를 부여하는 기능을 가진다.

둘째, 'X的'구문에서 '的'가 지닌 확신과 긍정의 의미는 판단문이 가진 판단 의미와 판단문의 주어와 서술어가 지닌 일치의미가 공동작용하여 생긴 것이다. 본문에서 구문 속 조사 '的'의 성격을 어기조사로 규정한다. 조사 '的'는 세상에 대한 화자의 긍정과 확신을 나타내는 기능을 가진다.

| 참고문헌 |

공연(2019a), 〈助詞 "的"功能的同一性和差異性考察〉, 《중국어문논총》 93집, 71-90.
_____(2019c), 〈對現代漢語 "X的O"句的考察〉, 《중국어문논총》 95집, 59-83.
김동환(2019), 〈환유와 인지 - 인지언어학적 접근법〉, 서울: 한국문화사.
김종도(2002), 《인지문법의 디딤돌》, 서울: 박이정.
정지수(2011), 〈현대중국어 총칭문과 경험문 대조분석 - 실례화와 고정화 중심으로〉, 《중국어문학논집》 67집, 145-165.
이명정(2010a), 〈現代漢語體貌標記的範圍、層次及其與時態標記和情態標記的關係〉, 《중국어문논총》 46집, 165-204.
_____(2010b), 《현대중국어 상 체계 분석》, 고려대학교 박사학위논문.
이성하(1998), 《문법화의 이해》, 서울: 한국문화사.
이은수(2003), 〈현대중국어 先時性 표지 '了'〉, 《중국어문논총》 24집, 1-19.
_____(2004), 〈현대중국어 상 표지 '了'의 시간 의미〉, 《중국언어연구》 19집, 251-272.
_____(2008), 〈경험상 표지 '過'의 시간 의미〉, 《중국어문학지》 32집, 365-397.
임지룡(2017), 《인지의미론》, 서울: 한국문화사.
최규발(2011), 〈현대중국어 상 표지로의 문법화 조건 - 존재동사와 이동동사를 중심으로〉, 《중국학논총》 31집, 67-86.
최규발·정지수(2010), 〈중국어 상 표지 '過'의 의미, 통사적 특징과 부정 현상〉,

《중국인문과학》 37집, 273-294.

陳一凡·朱亮(2002), 〈二十一世紀初漢語字、詞流通頻度統計〉, 中國中文信息學會漢
　　　字編碼專業委員會第8屆年會、中國計算機學會中文信息技術專業委員會
　　　第6屆年會暨漢字輸入技術與應用硏討會論文集(http://www.yywzw.com/
　　　jt/srh/hlg01-03.htm).

顧陽(2007), 〈時態、時制理論與漢語時間參照〉, 《語言科學》第4期, 22-38.

李佳奇(2018), 〈古代漢語系詞"是"的語法化研究綜述〉, 《文學教育·下》第6期,
　　　22-23.

李訥·安珊笛·張伯江(1998), 〈從話語角度論證語氣詞"的"〉, 《中國語文》第2
　　　期, 93-102.

李鐵根(2002), 〈"了"、"着"、"過"與漢語時制的表達〉, 《語言研究》第3期(2006), 1-13.

劉敏芝(2008), 《漢語結構助詞"的"的歷史演變研究》, 北京: 語文出版社.

林若望(2017), 〈再論詞尾"了"的時體意義〉, 《中國語文》第1期, 3-21.

龍海平(2007), 《已然義"是…的"類句式的多角度考察》, 華中師範大學 博士學
　　　位論文.

呂叔湘(1984), 《漢語語法論文集》, 北京: 商務印書館.

馬學良·史有爲(1982), 〈說"哪兒上的"及其"的"〉, 《語言研究》第1期, 60-70.

木村英樹(2003), 〈"的"字句的句式語義及"的"字功能的擴展〉, 《中國語文》第4
　　　期, 303-314.

宋玉柱(1978), 〈關于"是…的"結構的分析——語法筆記一則〉, 《天津師院學
　　　報》第4期, 75-76.

杉村博文(1999), 〈"的"字結構、承指與分類〉, 《漢語現狀與歷史的研究》, 北京:
　　　中國社會科學出版社.

沈家煊(1999), 〈轉指和轉喻〉, 《當代語言學》第1期, 3-15.

_____·王東梅(2000), 〈"N的V"和"參照體-目標"構式〉, 《世界漢語教學》第4
　　　期, 25-32.

史有爲(1984), 〈表已然義的"的b"補議〉, 《語言研究》第1期, 249-255.

石毓智(2000), 〈論"的"的語法功能的同一性〉, 《世界漢語教學》第1期, 16-27.

完權(2013), 〈事態句中的"的"〉, 《中國語文》第1期, 51-61.

徐晶凝(2008),《現代漢語話語情態硏究》, 北京: 昆侖出版社.

易平平(2008),《"是 … 的"結構中"是"、"的"隱現考察》, 北京語言大學 碩士學位論文.

袁毓林(1995), 〈謂詞隱含及其句法後果——"的"字結構的稱代規則和"的"的語法、語義功能〉,《中國語文》第4期, 241-255.

_____(2003), 〈從焦點理論看句尾"的"的句法語義功能〉,《中國語文》第1期, 3-16.

張斌 외(2001),《現代漢語虛詞詞典》, 北京: 商務印書館.

朱德熙(1983), 〈自指和轉指——漢語名詞化標記"的、者、所、之"的語法功能和語義功能〉,《方言》第1期, 16-31.

左思民(2008), 〈"的"字結構諸功能中的語體功能〉,《修辭學習》第3期, 10-18.

Langacker, Ronald W.(1987,1991), Foundations of Cognitive Grammar, vol. I , II , Redwood City: Stanford University Press(牛保義·王義娜·席留生·高航 譯(2013),《認知語法基礎》, 北京: 北京大學出版社).

_____(1999), Grammar and Conceptualization, Berlin:Mouton de Gruyter(김종도·나익주 옮김(2001[2003]),《문법과 개념화》, 서울: 박이정).

Lyons, John(1977), Semantics vol. II , Cambridge: Cambridge University Press(강범모(2013),《의미론 2-의미와 문법, 맥락, 행동》, 서울: 한국문화사).

Radden, G. & Dirven, R(2007), Cognitive English Grammar, Amsterdam: John Benjamins Publishing Company(임지룡·윤희수 옮김,《인지문법론》(2009), 서울: 박이정).

중고중국어 'V+(O)+令/使+(O)+XP' 구문의 구문론적 해석

박원기

1 도입

중고중국어 시기는 중국어의 역사에서 중국어의 유형적 변화가 진행되는 시기로 사실상 분석어로서의 전환이 완성되어 가던 시기이다. 그리하여 이러한 유형론적 변화를 대표할 수 있는 중요한 현상들이 등장하였는데, 이 가운데 가장 손꼽을 만한 사건은 바로 使動용법의 소멸과 술보구문의 정착이다. 사동용법은 일반 동사가 '使動'의 의미로 쓰이는 현상으로 상고중국어의 대표적인 형태현상이었다. 이것은 일종의 굴절적인 형태현상으로 대표적인 어휘적 使成式구문이다. 주장하는 학자들에 따라 그 소멸 시기가 다소 차이가 나고 있으나 사동용법의 형태현상은 일반적으로 중고시기에 이르러서는 그 자취를 거의 감추게 되었다고 알려지고 있다. 따라서 중고시기에는 이를 대신하는 새로운 구문들이 쏟아져 나오게 되었는데 그것이 바로 술보구문이다.

* 《중국어문논총》제99집(2020년 6월) 게재.

** 원광대학교 중국학과 교수.

술보구문은 기존의 굴절형 어휘적 사성식구문과는 다른 이른바 우언적 사성식구문이다. 그리고 이러한 대규모의 유형적 변화의 한 일환으로 함께 거론할 수 있는 것이 바로 치사성 겸어구문의 발전이다. 이것은 비록 이미 상고중국어 초기부터 등장하였고 사성식구문과는 성질이 약간 다른 구문이지만 근본적으로 '致使性'이란 차원에서는 맥을 같이한다. 치사성 겸어구문은 상고시기에 이미 상당한 발전을 이룬 상태이나 중고시기에 와서는 또 다른 차원의 다양한 발전적 면모를 보여준다. 그리하여 그것의 유형이 보다 분화하여 훨씬 다양한 하위 구문들이 출현하게 되었다. 그런데 여기서 바로 중요한 현상이 나타난다. 그것은 바로 치사동사인 '令'과 '使'가 기존의 使令²⁾류의 겸어구문에서 사령류 또는 비사령류동사들과 사용되면서 특이한 구문을 형성하게 되었다는 점이다. 우언적 사성식구문이 출현하기 시작한 중고시기에는 기본적으로 술보구문이 그 주요 기능을 담당하면서 성장하고 있었지만, 이것과 '치사성'이라는 면에서 공통분모를 갖는 또 다른 유사한 구문이 등장하여 중고시기의 주요 치사성 구문으로 자리하게 된 것이다. 이 구문은 현대중국어에서는 찾아보기 어려운 독특한 구문으로 이른바 'V + (O) + 令/使 + (O) + XP'³⁾구문이라고 한다.

본고에서는 기존의 본 구문과 관련된 연구들을 검토하면서, 거기에 존재하는 문제점들을 바탕으로 'V + (O) + 令/使 + (O) + XP'구문에 대한 새로운 성격 규명과 판별기준을 제시하고, 나아가 그것의 각종 하위 구문들을 소개하면서 구문문법적인 해석을 시도하고자 한다.

---

2) '使令'이란 '누군가에게 무엇을 시키는 행위'를 말한다. 이것은 어떤 대상을 필수적으로 필요로 하며 모종의 의도를 갖고 그 대상에게 시켜서 행위를 유발하거나 결과를 유발하는 것이다. 이와 더불어 본고에서는 '致使'란 개념을 주로 사용하는데, 이것은 어떤 원인에 의해 결과가 발생하는 것을 말한다. 따라서 '使令'은 '致使' 개념을 기초로 하고 있다.
3) 'XP'에는 타동사, 자동사, 형용사 및 관련 구가 올 수 있기 때문에 이와 같이 표현함.

문제제기 및 'V+(O)+令/使+(O)+XP'구문의 판별기준

2.1 'V+(O)+令/使+(O)+XP'구문의 기존 연구에 대한 검토

이른바 'V+(O)+令/使+(O)+XP'구문과 관련한 연구 성과는 현재까지 다수 존재한다. 일찍이 呂叔湘이 《中國文法要略》에서 '蒸之使熟' 등의 예를 언급한 이래로, 魏培泉(2000), 趙長才(2000) 등이 술보구조의 발전을 언급하는 과정에서 이 구문을 함께 다루었다. 이 외에 전문적으로 본 구문만을 다룬 논문으로는 古屋昭弘(2005), 楊作玲(2009), 劉文正·祝靜(2015), 程亞恒(2017) 등이 있고, 이 외에 牛順心(2004), 車志亮(2012) 등은 그들의 학위논문에서 다른 문제와 함께 이것을 언급한 바 있다.

이들 기존 연구에서는 무엇보다 본 구문의 성격 문제에 대해 주목하였다. 그리하여 앞의 魏培泉(2000), 趙長才(2000) 등은 주로 이것을 연동구조, 술보구조, 겸어구조 중에서 어느 것에 귀속시킬 것인가에 대한 토론을 중심으로 논의하고 있다. 이들에 비해 古屋昭弘(2005), 楊作玲(2009), 劉文正·祝靜(2015), 程亞恒(2017) 등은 중고시기 또는 특정 문헌, 그리고 본 구문 자체에 대해 한정하여 이 구문에 대한 상세한 분석을 시도하였다. 이들 중 古屋昭弘(2005)은 특히 《齊民要術》에 출현하는 'V+令/使+VP'구문을 대상으로 논의하고 있는데 이 구문이 고대중국어 여러 문헌 가운데 《齊民要術》에서 가장 많은 출현비율을 보여주고 있기 때문이다.[4] 그 외에 楊作玲(2009), 劉文正·祝靜(2015), 程亞恒(2017) 등은 이 구문의 기본 특징을 바탕으로 통시적인 발전과 그 문법화 과정을 다루며 매우 상세한 공시적 분석도 하였다.

---

4) 車志亮(2012)의 학위논문 역시 《齊民要術》의 통사구조를 다루면서 함께 본 구문의 형식, 의미적 특징을 상세히 분석하였다.

이상의 기존 연구들에서 이미 'V + (O) + 令/使 + (O) + XP'구문의 형식, 의미적 특징과 그것의 발전 과정 심지어 唐宋시기까지의 변화과정이 상세히 언급되고 있다. 그 가운데 특히 楊作玲(2009)과 劉文正·祝靜(2015)의 연구가 가장 상세한 분석을 하고 있다. 먼저 楊作玲(2009)은 고대중국어의 우언식 사성식을 크게 A식(치사동사+O+V), B식(Vt+(O)+치사동사+Vi), C식('Vt+치사동사+O+Vi'), D식('Vt+O+Vi'格式), 그리고 E식('Vt+Vi+O'格式)의 다섯 가지로 나누어 이들 간의 관계를 토대로 본 구문의 생성과 특징을 분석하였다.5) 그에 따르면 본 구문은 戰國시대에 출현하였고, 중고시기에 가장 활발히 운용되다가 元代이전에 소멸되었다고 한다. 이 가운데 가장 기본은 B식으로 이것의 변형으로 C식 및 목적어가 없는 형식이 탄생했고, B식 자체는 A식의 확장으로 형성된 것이라고 주장하고 있다. 그는 또 이후 'V得C'구문과의 유사성도 거론하면서 唐宋이후 'V得C'구문과의 경쟁상황 및 그 이후의 소멸과정까지도 다루고 있다. 한편, 劉文正·祝靜(2015)은 牛順心(2004) 등의 기존 연구를 비판하면서 이 구문의 판별 기준 자체에 대해 언급을 하고 있다. 그리하여 특히 운율적인 요소를 감안하여 네 글자 형식의 '蒸之使熟'과 같은 것만을 인정하고 있고, 네 글자의 구두점을 벗어나는 형식은 본 구문에서 배제시켰다. 또한 이들은 '令/使' 뒤의 성분을 'VP(동사구)'와 'AP(형용사구)'로 나누었는데, 전자의 VP는 앞의 동사와 시간적 선후 관계가 있으며 일종의 구체적 사건이라 하였고, 후자의 AP는 모종의 결과적 상태라 하였다.6) 그리고 전자는 '令/使'의 어휘적 의미가

---

5) 여기서 A식은 치사동사가 출현하는 겸어구문이다. 그리고 B식과 C식이 'V + (O) + 令/使 + (O) + XP'구문에 해당되며, D식은 VOC 隔開式 술보구문, E식은 일반 동결식구문이다.

6) 이렇게 XP의 종류를 분류하여 使令동사들이 사용되는 구문까지 포함시킨 점은 비교적 탁월한 견해라 할 수 있다.

여전히 남아 있고 후자는 허화하여 순수한 致使의미만 존재한다고 주장한다. 이들 역시 이 구문의 탄생 시기는 戰國시대로 보고 있으며 기본적으로 의미·통사적인 요소를 바탕으로 화용적인 요소와 운율적인 요소 모두가 투여되어 본 구문이 형성되었다고 본다.

이상과 같이 기존 연구 내용을 간략히 정리할 수 있는데, 이들의 견해 중 일부는 본고에서 계속 접수하여 분석의 기초로 삼을 수 있겠으나 일부 견해는 근본적인 재고와 수정을 필요로 한다. 따라서 아래에서는 기존 연구의 문제점과 이를 극복할 수 있는 새로운 관점을 소개하고자 한다.

2.2 'V+(O)+令/使+(O)+XP'구문의 성격과 판별 기준

앞서 살펴본 기존 연구를 토대로 'V+(O)+令/使+(O)+XP'구문의 성격을 살펴보면, 이것은 일차적으로 치사성 겸어구문과 밀접한 관련이 있음을 알 수 있다. 그 가운데서도 전문적인 치사동사 '令'과 '使'의 용법이 보다 더 확장된 형식이다. 이미 先秦시기부터 어휘적 의미가 없는 순수 치사용법의 '令/使'가 발달하기 시작했으며 魏晉南北朝시기에 이르러서는 전문적으로 결과상태를 나타내는 독특한 기능이 대거 출현하여 사용되기도 하였다. 예를 들면 아래와 같은 불경의 예가 그러하다.

(1) 二十里, 作一客舍, 計挍功作, 出錢顧之, 安止使人, 飲食敷具,
悉皆令足。　　　　　　(賢愚經, 권10(四八)須達起精舍品第四十一)
이십 리마다 객사 하나씩을 짓게 했고, 그렇게 계획을 세우고선 돈을 내어 인부를 고용해 그를 시켜 각종 음식과 방석, 이불 등이 풍족하게 했다.

(2) 適畫一處, 忘失余處, 重更觀看, 復次下手, 忘一畫一, 不能使成。
　　　　　　　　　　　　(賢愚經, 권3(一七)阿輸迦施土品第十七)
화가는 한쪽을 그리면 다른 쪽을 잊어버리고 그래서 계속 보고 계속 그렸다. 그렇게 하나 잊고 하나 그리고 하여 그려낼 수가 없었다.

위의 예에서 볼 수 있듯이 앞에서 어떠한 내용을 진술하고 그 내용이 결과적으로 이러한 결과상태에 이르게 했다는 식의 서술을 '令/使'를 통해 하고 있는데, 여기서 '令/使'는 한편으로 '결과'를 유도하는 역할도 하지만 동시에 그 결과에 필히 도달하게 하다라고 하는 강한 힘을 표현하고 있다. 즉, '결과에 도달하기까지의 강제력'을 의미하는 것이다. 이런 식으로 당시에는 '令/使'를 이용한 결과 표현이 매우 자연스러울 정도로 상용되고 있었다. 그리하여 본고에서는 기본적으로 楊作玲(2009)의 관점에 동의하여 A식의 확장이라고 본다. 그러나 그는 본 구문의 범위를 단지 "의미상 Vt가 [-使令]이고, O는 Vt의 피동작주이며, Vi의 경험주이고, Vt와 Vi 사이에는 使成의 의미관계가 있는 것"으로 제한해 버렸다. 즉, 그의 의견에 따르면 첫 번째 동사로 출현하는 Vt가 使令의 의미가 없어야 한다는 것인데, 그러면 '炙之令溫'과 같은 유형만이 이에 해당한다. 그러나 중고시기의 각종 문헌을 찾아보면 '勸令進', '遣令長休', '迫令自殺'과 같이 Vt가 어느 정도 使令의 의미를 포함한 것을 다수 발견할 수 있다. 게다가 楊作玲(2009)은 使令동사 뒤의 성분을 'Vi' 즉, 자동사로만 한정하고 이 자동사와 관련이 있는 목적어의 의미성분을 '경험주'로만 제한했는데 위의 예에서 볼 수 있듯이 꼭 그렇지만은 않은 상황이다. '勸令進'에서 볼 수 있듯이, 使令性의 '勸'이란 동작이후 그것의 목적어는 '進'이란 행위를 하게 된다. 이것은 목적어가 경험주가 아니란 것이다. 이 경우 VP를 결과가 아닌 일반 행위로 봐야 한다. 따라서 그 의미적인 범위를 좀 더 넓힐 필요가 있다. 게다가 이 점에 있어서는 劉文正·祝靜(2015) 역시 VP가 결과만이 아니라 구체적인 사건일 수도 있다고 보고 있어, 본고에서는 使令동사 뒤에 출현하는 VP의 범위를 결과뿐 아니라 일반 동작행위까지 확장하고자 한다. 이렇게 하면 본 구문의 의미적인 범위가 단지 결과 상태를 나타내는 것에서 일반 행위를 나타내는 것까지 확장될 수 있다.

그 다음으로 劉文正·祝靜(2015)은 본 구문의 형식적인 범위를 운율적 요소를 중심으로 네 글자 정도로 제한하고 있다. 그러나 이 역시 재고의 여지가 있다. 이들은 특히 六朝시대에 네 글자씩 음보를 맞춰 글을 짓거나 말을 하는 것이 유행했기 때문에 이것이 하나의 단위가 되어 언어 전반에 영향을 주는 것으로 보고 있다. 물론 이것은 어느 정도는 사실일 수 있다. 그런데 실제 언어 상황을 살펴보면 꼭 그런 것만은 아니다. 예를 들어 다음의 예를 보자.

(3) 奇與黃門侍郎鍾繇<u>誘催部曲將宋曄、楊昂令反催</u>。

(後漢書, 열전44, 양진)

기와 황문시랑 종요가 이각의 부곡장 송엽, 양앙을 꼬드겨 이각를 배신하게 했다.

(4) 使入賊中, **誘令劫掠**。 　　　　(後漢書, 열전48, 우부개장)

그들을 적중에 들이고, 그들을 유인해 가서 **빼앗게** 했다.

이 문장에서 예(3)과 (4)에는 동일한 동사 '誘'가 등장하고 있고 전체 의미도 "목적어를 꼬드겨 VP를 하게 만들다."이다. 그러나 전자는 문장이 긴데 반해 후자는 劉文正·祝靜(2015)가 말한 대로 네 글자 규격에 맞는 형식이다. 이들에 따르면 이 둘 중 '誘令劫掠'만이 'V + (O) + 令/使 + (O) + XP'구문에 해당한다. 그러나 '誘令劫掠'은 위의 '誘催部曲將宋曄、楊昂令反催'와 길이만을 제외하고 기타 형식이나 의미적 차원에서 볼 때 사실상 동일한 구조로 볼 수 있고, 심지어 출현 동사도 똑같다. 이들의 주장대로라면 (3)의 형식은 단지 운율적 요소를 맞추지 않고 있기 때문에 이 구문에 해당되지 않는다는 것인데, 이러한 주장은 접수하기가 곤란하다. 즉, 다른 형식·의미적 조건을 따지지 않고 단순히 운율적 요소만을 기준으로 한다는 것은 매우 불합리한 면이 있다.

이와 같이 모든 문헌이 네 글자씩 음보를 맞춰 이 구문을 구성할 필요가 있는 것도 아닐뿐더러 설사 불경 같이 습관적으로 네 글자를 맞추는 경우라 하더라도 이 구문이 꼭 그 글자수를 맞춰 구성되어야 하는 것도 아닐 수 있다는 것이다. 일반적으로 중고시기의 불경들은 거의 대부분이 4음절 음보로 구성되어 있다. 그러다보니 마치 이 구문이 반드시 네 글자를 맞춰서 구성되어야 하는 것처럼 보일 수 있다. 그러나 그렇게 네 글자 안에서 충분히 'V+(O)+令/使+(O)+XP'가 갖춰질 수도 있겠지만 이것은 어디까지나 운율적인 단위일 뿐이기 때문에 그 자체가 강제적이고 필수적인 통사적 단위가 되어 의미와 형식의 결합을 강요하거나 제한할 수는 없는 것이다. 그래서 그 범위를 넘어서서도 충분히 하나의 구문이 구성될 수 있다고 본다. 사실 'V+(O)+令/使+(O)+XP'구문을 구성하는 데 있어서 중요한 조건은 운율이나 글자수가 아니다. 그보다 이 구문이 형식·의미적으로 하나의 독립적이고 완벽한 하나의 문법적 구문이 될 수 있는 그 자체적인 형식·의미적 기준이 중요하다. 이와 관련하여 아래에서 자세히 소개하기로 한다.

한편, 劉文正·祝靜(2015)의 견해 중 동의할 수 없는 또 다른 사항은 바로 이 구문에 존재하는 치사동사 '令' 또는 '使'의 의미적 성격문제이다. 이들은 이 구문의 의미를 일반 행위를 나타내는 VP와 결과 상태를 나타내는 AP로 나누면서, 전자의 '令/使'는 어휘적 의미가 살아 있고, 후자의 것은 허화하여 치사의미만 존재한다고 하였다. 그러나 이 역시 문제가 있다. 예를 들어, '勸令進'의 경우 뒤가 VP이고 일반 행위를 나타낸다고 해서 여기서의 '令'이 使令의 의미가 여전히 남아 있다고 보는 것인데, 사실상 '勸令進'의 사령의미는 '勸'자체가 어느 정도 내포하고 있는 것이다. 그리고 '令'은 그러한 使令의미의 致使性을 보다 부각시키는 차원의 기능을 할 뿐이다. 왜냐하면 치사성 겸어구문 중에는 '令'이 없이 '勸+O+V'로만 구성하여 그 使令의미를 나타내는 예가 부지기수이기 때문이다. 따라서 정리하자면, 'V + (O) + 令/使 + (O) + XP'구문의 모든 하위 구문에 있는 '令/使'는 기본적으로 모두 '致使'의미만을 나타내는 매우 허화된 성분이라고 할 수 있다.

다만, 우리는 여기서 이러한 '令/使'의 기능과 관련하여 한 가지 짚고 넘어가야 할 문제가 있다. 그것은 바로 이 구문과 유사한 형식으로 구성된 VOC 隔開式 술보구문인데, 이것과의 비교를 통해 본 구문의 성격을 규명할 필요가 있다. 실제로 《齊民要術》에는 아래와 같이 두 구문이 함께 출현하기도 한다.

(5) 炊飯熟爛, 曝令乾。 (齊民要術, 飱飯第八十六)
  밥을 불을 때서 푹 익히고, 볕에 쬐어 말린다.

여기서 '炊飯熟爛'은 'VOC' 隔開式 술보구문이고, '曝令乾'은 'V + (O) + 令/使 + (O) + XP'구문이다. 사실 'V + (O) + 令/使 + (O) + XP'구문과 'VOC' 隔開式 술보구문은 기본적으로 '결과'를 나타낸다는 점에서 공통점을 갖고 있다. 그리고 이 점은 무엇보다도 V와 XP 자리에 출현하는 성분들과 'VOC' 隔開式 술보구문의 V, C 자리에 출현하는 성분들이 일부가 공유되고 있는 것을 통해서도 증명되고 있다. 위의 '炊飯熟爛'이 바로 그러한 예의 하나이다. 그렇다면 동일한 시대에 어찌해서 유사한 의미를 갖는 비슷한 형태의 두 구문이 함께 공존하고 있던 것일까? 이것은 일차적으로 치사성 겸어구문의 발달과 매우 밀접한 관련이 있다. 여기에 등장하는 '令/使'는 치사성 겸어구문 중 치사동사류의 일원이다. 즉, 당시는 치사성 겸어구문이 매우 발달한 상태였고, '令/使'는 바로 이 구문의 흥성을 상징하고 있다. 또한 치사동사를 통해 결과상태(즉, 致使)를 전문적으로 나타내는 새로운 용법이 중고시기에 매우 유행하기도 하였다. 그리고 동일시기에 이른바 술보구문도 함께 구문화하여 활약을 하고 있었다. 그런데 이 두 구문이 그 기저에 '致使性'이란 공통분모를 공유하고 있기 때문에, 당시에 각기 다른 기원에서 출발했음에도 불구하고 치사성이란 공통요소를 바탕으로 한 지점에서 만나게 된 것이다.

비록 두 구문이 공통분모를 갖고 있긴 하나 당시 화자들은 이 두 구문의 용도를 좀 다르게 봤을 가능성은 있다. 그것은 바로 일차적으로 두 구문의 기원에서 찾을 수 있다. 즉, 두 구문이 공통적으로 '결과'를 나타내고 있긴 하나 'V+(O)+令/使+(O)+XP'구문은 보다 치사성 겸어구문에 가까운 의미를 나타내고, 'VOC' 隔開式 술보구문은 술보구문 자체의 결과적 의미에 치중했다. 이것은 쉽게 말하면 두 구문의 기능이 유사하면서도 조금 다른 특징을 갖고 있다고 할 수 있는데, 이러한 면모는 특히 程亞恒(2017)의 분석을 통해서도 드러난다. 그는 이 구문과 'VOC' 隔開式 술보구문의 비교를 시도하였다. 그는 먼저 중고시기 'VOC' 隔開式 술보구문을 두 가지 유형으로 구분하였다. 첫째는 객관적 결과형으로 '吹歡羅裳開(바람이 불어 님의 치마가 날린다)' 같은 예가 대표적이고, 둘째는 주관적 목적형으로 '當打汝口破(너의 입을 때려 깨뜨려야 한다)' 같은 예가 대표적이다. 즉, 형태상 비슷하게 보이는 隔開式 술보구문이라 해도 의미상 이렇게 두 가지 유형으로 나눌 수 있는데, 그에 따르면 이중 'V+(O)+令/使+(O)+XP'구문은 주관적 목적형에 가깝다고 한다. 그러면서 그는 비록 'V+(O)+令/使+(O)+XP'구문이 주관적 목적형의 隔開式 술보구문과 가깝긴 해도 그것의 使令의미로 인해 사령류 겸어문과 훨씬 더 가깝다고 결론짓고 있다.

程亞恒(2017)가 말한 목적형, 결과형이란 말은 본고에서 언급하는 'V+(O)+令/使+(O)+XP'구문의 하위 구문 중 '행위형', '결과형'과는 다른 개념이다. 그가 말한 목적형, 결과형의 개념은 기본적으로 모두 본고에서 말한 결과형에 속한다. 즉, '어떤 행위로 인한 결과상태'라는 점에서는 동일하다는 것이다. 다만, 그가 목적형과 결과형으로 다시 나눈 것은 행위자의 '의도성' 유무에 따라 나눈 것이다. 즉, 동일한 隔開式 술보구문이라 해도 '吹歡羅裳開'류는 행위자의 의도에 의한 것이 아닌 결과상태이고, '當打汝口破'는 행위자의 의도에 의한 결과상태인 것이다. 이렇게 볼 때, 'V＋(O)＋令/使＋(O)＋XP'구문 중, 'VOC' 隔開式 술보구문과 유사한 결과형은 사실 두 가지 모두에 다 해당될 수도 있지만 그의 말대로 행위자의 의도를 반영하는 용법을 전담해서 표현하는 것으로 볼 수 있다. 그의 이러한 주장은 위에서 언급한 'V＋(O)＋令/使＋(O)＋XP'구문 자체의 태생적인 성격과도 관련이 깊고, 아울러 구문 내에 포함된 '令/使'라는 치사동사와도 관련이 깊다. 앞의 (1),(2)의 예에서 봤듯이, '令/使'는 원래 결과의미를 부각시키지만 그 결과에 도달하기까지의 강제력을 나타내고 있는 것이다. 그렇기 때문에 그 강제력은 한편으로 의도성으로 발현되고 있다.

정리하자면, 'V＋(O)＋令/使＋(O)＋XP'구문의 성격은 그것이 복합적인 의미기능을 갖고 있기 때문에, 겸어구문, 연동구문, 술보구문 중 어느하나에 속한다고 규정하기가 어렵다. 그 보다 오히려 使令의미이든 결과의미이든 화자의 의도성을 부각시키기 위한 전문적인 구문으로 따로 설정하는 것이 옳다고 본다. 그렇게 본다면 기존의 치사성 겸어구문에서 기원하였으나 이후 의미기능이 다양화하면서 치사성 겸어구문에서 독립한 또 하나의 새로운 구문으로 정의할 수 있다.

그렇다면 위의 내용에 근거하여 본고에서 생각하는 'V＋(O)＋令/使＋(O)＋XP'구문의 성격과 판별기준을 아래와 같이 제시할 수 있다.

2.2.1 형식적 기준

ⅰ) 목적어는 치사동사 앞에 올 수도 있고, 뒤에 올 수도 있다. 즉 한 군데만 나와서 아래의 둘 중 하나만을 취해야 하고 목적어가 출현하지

않을 수도 있다.

'V₁+O+令/使+VP/AP' 또는 'V₁+令/使+O+VP/AP'

또는 'V₁+令/使+VP/AP'

목적어가 치사동사 앞뒤 모두에 나오면 이는 이 구문이 아니다. 이중 V₁은 타동사이며 VP/AP의 동사는 자동사나 형용사, 또는 타동사일 수도 있다.

(6) 有司空觺五月五日鴝鵒舌, <u>教令學語</u>。　　　　　(幽明錄)

한 참군이 오월오일에 구관조의 혀를 자르고, 그에게 말을 배우게 시켰다. (타동사인 경우)

(7) 臣愚以爲可推錄所在, <u>召該令還</u>。　　　　(後漢書, 열전69, 유림)

신이 생각하기에 그를 소재지에서 임용하셔서 該를 불러 오게 하십시오.(자동사인 경우)

ii) 목적어는 최대 한 번 나올 수 있으나, 타동사 V₁의 목적어는 치사동사의 목적어와 동일해야 한다.

iii) 부사가 치사동사 앞이나 뒤에 올 수 있다.

(8) <u>浇常</u>令潤澤。　　　　　(齊民要術, 安石榴四十一)

물을 뿌려 항시 축축하게 한다.

iv) 부사가 치사동사 앞에 삽입될 수 있으나 부정부사가 있는 경우는 이 구문으로 보지 않는다.

ⅴ) V₁ 뒤에 목적어가 올 수도 있으며, 처소를 나타내는 전치사구가 올 수도 있다. 이것을 'V₁+(O)+X+令/使+XP'이라고 칭한다.

(9) 至冬, <u>竪草於樹間令滿</u>。　　　(齊民要術, 種槐、柳、楸、梓、梧、柞第五十)
겨울이 되면 풀을 나무 사이에 **빽빽**이 세운다.

vi) 뒤의 동사가 타동사일 경우, 목적어가 올 수 있고, 그 외의 경우 수량보어 등 기타 성분이 올 수도 있다. 그리하여 여기서는 XP로 표현한다.

2.2.2 의미적 기준

ⅰ) 기본적으로 V_1을 통해 XP라는 제2의 행위 또는 결과가 이루어지나, 이들 간에는 의미적으로 '인과관계'를 기초로 하며, V_1과 치사동사의 대상은 동일하여 하나의 '일체적 행위'가 되어야 한다.

ⅱ) 이 구문은 '使令'의미가 있는 하위 구문도 있고, 없는 것도 존재한다. 그러나 그에 관계없이 모두 '의도성'을 표현한다. 따라서 본 구문의 기본적인 의미자질을 [±使令性], [＋의도성]으로 정한다.

ⅲ) 형식상 'V_1＋(O)＋令/使＋(O)＋XP'라 하더라도 앞의 V_1의 행위가 뒤의 XP행위를 유발하는 행위가 아니고 단순히 시간 순서에 의한 연속 행위인 경우는 배제한다.

ⅳ) V_1과 XP의 인과관계가 약하고 서로 간에 인과적 연관성이 없이 각각 독립된 행위로 볼 수 있는 경우는 이 구문이 아니다.

ⅴ) V_1과 치사동사의 목적어가 다른 경우, 앞의 행위와 뒤의 행위 간의 인과적 관계가 있다하더라도 각기 다른 독립된 행위로 볼 수 있기 때문에 이 구문이 아니다.

(10) <u>食之令人</u>有澤。　　　　　　　　　　(齊民要術, 椰)
그것을 먹으면 사람을 윤기 나게 한다.

vi) 부정부사가 있는 경우는 앞의 V_1과 뒤 XP가 의미상 연속성이 떨어지게 된다. 즉 부정부사는 그것의 초점의미가 강하여 앞의 행위와 뒤의 행위가 연관이 되어 있더라도 뒤의 행위를 보다 부각시키는 역할을 함으로써 뒤 행위의 독립성이 부각되는 효과가 있다. 그러므로 치사동사 앞에 부정부사가 있으면 이 구문이 아니다.

(11) 牢捉, <u>勿令</u>腳動。　　　　　　　(齊民要術, 養牛、馬、驢、騾第五十六)
나귀를 꽉 잡아 발이 못 움직이게 하다.

이상이 바로 본 구문의 형식·의미적 기준이다. 여기서 언급했듯이 의미적으로 V_1과 XP사이에 이루어지는 일련의 관계는 기본적으로 '인과관계'여야 하며, 특히 하나의 '일체적 행위'로 볼 수 있어야 하는 것이 매우 중요하다. 따라서 劉文正·祝靜(2015)이 주장한 것처럼 단순히 구두점에 의해 또는 운율단위에 의해 형식을 제한하는 것은 옳지가 않으며, 바로 하나의 대상에 대해 행해진 일련의 일체적 행위인지 여부를 중요한 판별 기준으로 봐야 한다. 아울러 하나의 고유한 형식·의미적 특징을 갖는 구문이기 때문에 본 구문의 당시 다른 유사 구문과 다른 의미적 차별성으로 전문적으로 [의도성]을 부각시키기 위한 구문으로 봐야 한다.
본고에서는 이 구문을 하나의 '형식·의미의 쌍'인 구문으로 보기 때문에 아래와 같은 상자도형으로 이 구문의 형식·의미적 특징을 표현하고자 한다.

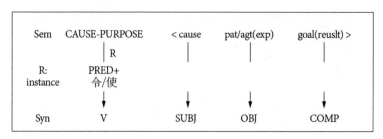

그림 1. 'V+(O)+令/使+(O)+XP'구문의 구문의미 표현

여기서 기본 형식은 치사성 겸어구문의 것과 대동소이하다. 의미역의 cause, pat/agt(exp), goal(reuslt) 그리고 통사성분인 SUBJ(주어), OBJ(목적어), COMP(보어)는 모두 기본적으로 치사성 겸어구문과 일치한다. 즉, 이 구문도 역시 치사자(cause)역할을 하는 주어가 피행위주(pat) 또는 경험주(exp)로 하여금 PRED(술어동사)의 행위를 통해서 모종의 목적적 행위(goal)나 결과상태(result)를 유발하게 하는 것이다. 다만 본 구문만의 차별적인 의미는 바로 'PURPOSE(의도성)'으로 나타난다. 그리고 이 과정에서 PRED(술어동사)는 치사동사인 '슈/使'와 융합하여 작용하는데 바로 이 점이 일반적인 치사성 겸어구문과 다른 점이다.[7]

3 'V+(O)+令/使+(O)+XP'구문의 하위 구문 분석

3.1 'V+(O)+令/使+(O)+XP'구문의 하위 구문 분류

'V+(O)+슈/使+(O)+XP'구문은 뒤에 출현하는 XP의 성격 그리고 V와 XP와의 관계에 따라 크게 '행위형'과 '결과형'으로 분류할 수 있다.

---

7) 일반적인 치사성 겸어구문의 경우에도 '결과'를 나타내는 하위 구문이 있다. 대표적으로 호칭정명류나 임면추천류인데, 이들은 V1의 행위를 통해 정명이 되거나 임명이 되는 결과가 도출됨을 표현한다. 그러나 본고에서 말하는 결과형은 기존의 치사성 겸어구문의 결과형과 다른 점이 있다. 그것은 바로 호칭정명류나 임면추천류에 출현하는 동사들은 그 사령도가 매우 강하고 기본적으로 使令의미가 있는 반면, 본 구문의 결과형에 출현하는 동사들은 그렇지 않다는 점이다. 오히려 使令의미가 없는 동사들이 이러한 결과형에 출현할 수 있다. 호칭정명류나 임면추천류의 결과는 使令행위를 통해 이루어지는 결과를 말하는 것이고, 본 구문의 결과는 동작 행위로 인해 자연적으로 발생하는 결과상태를 말하는 것이다. 바로 이러하기 때문에 본 구문은 기존의 치사성 겸어구문과는 또 다른 구문의미를 표현하고 있다고 볼 수 있다.

행위형은 V₁의 행위로 인해 피동작주(pat)가 행위주의 목적에 해당하는 어떤 행위를 하는 것을 말한다. 이것은 使令류의 동사인 '使, 命, 遣, 勸, 逼, 說' 등이 V₁로 출현하는 전형적인 치사성 겸어구문의 유형이다. 이 유형은 사실상 치사성 겸어구문의 연장선에 있으며 단지 V₁과 XP 사이에 치사동사인 '令/使'가 삽입되어 있을 뿐이다. 이것은 또한 사령류동사의 성격에 따라 직접적으로 사령의미를 나타내는 '외현성 사령류동사형'과 함축적으로 사령의미를 나타내는 '내포성 사령류동사형'으로 분류할 수 있다.[8) 외현성 사령류동사형의 경우 호칭정명, 임명, 명령, 파견, 소환, 권유, 요청, 허가 등의 동사들로 구성되며 동사 자체가 비교적 강한 使令 의미를 내포하고 있다. 이에 반해 내포성 사령류동사형은 외현적으로 使令의 의미가 잘 드러나지 않으나 구문의 '강요' 작용으로 使令의미를 갖고 궁극적으로 致使性까지 갖게 되는 경우를 말한다.

그리고 결과형은 '炙之令溫'이나 '煮令熟', '洗令淨', '曝令乾' 등과 같이 XP가 동작에 의한 결과상태를 나타내는 것을 말한다. 이 경우는 사실상 중고시기 함께 유행하던 隔開式 술보구문과 유사하다. 결과형을 구성하는 동사들은 기본적으로 사령류가 아닌 동사들이 대부분이다. 또한 XP에 출현하는 성분은 대체로 형용사가 많다. 그 외에 자동사도 다수가 출현하며 상태성이 강한 술목구조의 형식도 출현하고 있다.

본고에서는 중고시기 본 구문의 하위 구문을 관찰하기 위해 아래와 같은 중고 문헌들을 조사하였다. 이 문헌들은 모두 5~6세기 문헌들로 중고중국어를 대표하는 비교적 구어성이 강한 문헌들이다.[9) 본고에서는 이들

---

8) 외현성 사령류동사형과 내포성 사령류동사형과 관련하여 박원기(2017a,b)을 참고하기 바란다.

9) 이 가운데 《後漢書》는 기타 문헌에 비해 비교적 문어적인 문헌이나 당시 구어의 영향을 많이 받아 구어적인 요소가 일정정도 반영되어 있기에 본 연구에서는 포함시켰다.

문헌을 중심으로 다양한 본 구문의 하위 유형들을 조사하였다. 각 문헌들에 출현하는 'V+(O)+令/使+(O)+XP'구문의 총 수량은 아래와 같다.

표 1. 중고시기 'V+(O)+令/使+(O)+XP'구문 출현 문헌

문헌유형	문헌	'V+(O)+令/使+(O)+XP'구문 총 출현 회수
역사서	後漢書	37예
소설류	世說新語	13예
	幽明錄	14예
불경류	百喩經	11예
	賢愚經	121예
잡서류	齊民要術	434예
	洛陽伽藍記	3예

3.2 행위형 하위 구문

각 문헌별 행위형 하위 구문의 출현 횟수 상황은 아래와 같다.

표 2. 외현성 사령류동사형의 출현 상황

	後漢書	世說新語	幽明錄	百喩經	賢愚經	齊民要術	洛陽伽藍記
V+O+令/使+XP	10	5	3	2	31	3	1
V+令/使+XP	22	6	8	5	54	0	1
V+令/使+O+XP	1	0	1	0	6	0	0
V+(O)+X+令/使+XP	0	0	0	0	0	0	0
총계	33	11	12	7	91	3	2

표 3. 내포성 사령류동사형의 출현 상황

	後漢書	世說新語	幽明錄	百喻經	賢愚經	齊民要術	洛陽伽藍記
V+O+令/使+XP	2	0	0	1	2	0	1
V+令/使+XP	1	1	0	0	1	0	0
V+令/使+O+XP	0	0	0	0	0	0	0
V+(O)+X+令/使+XP	0	0	0	0	0	0	0
총계	3	1	0	1	3	0	1

먼저 외현성 사령류동사형의 각 형식별 예를 보면 아래와 같다.

3.2.1 V+O+令/使+XP

(12) 憲等豫有謀焉, 永元十年, 梁棠兄弟徙九眞還, 路由長沙, **逼瑰令自殺**。　　　　　　　　　　　　　　　　　　　(後漢書, 열전13, 두융)

두헌 등은 모반에 참여하였고, 영원 10년, 양당 형제는 구진에서 유배하다 다시 돌아왔고 장사를 거쳤는데 두괴를 압박해 그로 하여금 자살하게 하였다.

(13) 紹使洛陽方略武吏司察宦者, 而**促董卓等使馳驛上**。

　　　　　　　　　　　　　　　　　　　　　(後漢書, 열전59, 두하)

원소는 낙양방략무리를 시켜 환관을 관찰하게 하고, 동탁 등을 재촉해 그들에게 역도로 나아가게 하다.

(14) 驃騎**勸之令仕**。　　　　　　　　　　　(世說新語, 栖逸5)

표기장군이 그에게 벼슬을 권했다.

(15) 將至吳, 峻密**敕左右令入閤門放火以示威**。　(世說新語, 規箴16)

오에 이르러, 몰래 좌우에 명을 하여, 창문에 들어가서 방화를 함으로써 시위하도록 명했다.

(16) 又**課民無牛者令畜猪**。　　　　　　　　　(齊民要術, 서)

소가 없는 이에게는 돼지를 키우게 독촉했다.

(17) 我緣彼世自行十善, 又以**勸民令行十善**。

(賢愚經, 권2(一四)降六师品第十四)

나는 그때 스스로 십선을 행했고 또 백성들에게 권해 십선을 행하게 했다.

(18) 於時輔相, 見兒歡喜, 即**召相師令占相之**。

(賢愚經, 권11(五二)無惱指鬘品第四十五)

이에 재상은 아들을 보고 기뻐, 즉시 관상가를 불러 관상을 보게 했다.

(19) 梵志逐怒, 即取兒殺, 以酥熬煎, **逼我使食**。

(賢愚經, 권3 (一六)微妙比丘尼品第十六)

범지가 노해 나의 아이를 취해 죽이고 그것으로 음식을 만들어 나에게 먹으라고 강요했다.

(20) 或有**聽放男女奴婢人民令出家者**。

(賢愚經, 권4 (二三)出家功德尸利苾提品第二十二)

혹은 남녀 노비들이 출가할 수 있게 허락하였다.

(21) 其母**告之令自方便**。 (洛陽伽藍記 卷第二 龍華寺)

그 어미는 소종에게 고해 스스로 좋은 방법을 찾게 시켰다.

(22) 終祚**呼奴令買犬**。 (幽明錄, 종조)

종조가 하인을 불러 개를 사오라고 시켰고 쥐가 말했다.

(23) 佛亦如是, **教諸眾生令得解諸法壞故不常, 續故不斷**。 (百喻經, 62)

부처 역시 이러하여, 여러 중생을 계도하여 그들로 하여금 일체가 모두 항상된 것이 아니며 계속 끊어지지 않고 이어져 있음을 깨닫게 하였다.

3.2.2 V+令/使+XP

(24) 林宗以此異之, 因**勸令遊學**。 (後漢書, 열전58, 곽부허)

임종이 이에 기이하게 여겨, 맹민에게 권해 나가서 공부하게 권하다.

(25) 憲、篤、景到國, 皆**迫令自殺**。 (後漢書, 열전13, 두융)

헌, 독, 경이 봉지에 도착하자 모두가 그들에게 자살하라고 재촉하였다.

(26) 遂奔曹操, 而<u>說使</u>襲取淳于瓊<u>等</u>。　　　(後漢書, 열전64, 원소유표)

조조에게 투항하여 조조를 설득해 순우경 등을 습격하라고 하다.

(27) 或言玄能者, 融<u>召令</u>算。　　　　　　　(世說新語, 文學1)

혹자가 정현이 잘 한다고 하여 마융은 정현을 불러 계산하게 했다.

(28) 二人欢極, 丞相便<u>命使</u>入己帳眠。　　　(世說新語, 雅量16)

허, 고 두 사람이 매우 즐겁게 놀자, 승상은 허, 고 둘로 하여금 자기의 장막 안에 가서 자라고 명령했다.

(29) 尋下迎問, 致敬爲禮, <u>請令上殿</u>。(賢愚經, 권8(四〇)大施抒海品第三十五)

바로 내려와 영접하고 예를 올리고는 그를 모여 전에 오르게 했다.

(30) 父王葬薨, 葬送畢訖, 諸王臣集, <u>勸令嗣位</u>。

(賢愚經, 권2(一四)降六師品第十四)

부왕이 죽고 장례가 끝나자 신하들이 모여 태자에게 왕위를 계승하라 권했다.

(31) 汝兒已死, 以檀膩鞾, 與汝作婿, 令還有兒, 乃<u>放使去</u>。

(賢愚經, 권11(五三)檀膩鞾品第四十六)

너의 아들은 이미 죽었으니, 단니기를 너에게 줄테니 그를 남편으로 삼아 아이를 갖도록 해라. 그런 다음 그를 돌려보내라.

(32) 我母所約, 着好衣者, 體上大衣, <u>教使愛護</u>。

(賢愚經, 권7(三七)梨耆彌七子品第三十二)

어머니가 말씀하신 좋은 옷 입으라는 것은, 몸에 큰 옷을 입어 그것을 잘 아끼라는 겁니다.

(33) 佛便允然, <u>聽使为道</u>。　　　(賢愚經, 권13(六五)蘇曼女十子品第五十八)

부처가 허락하여 그들이 도를 닦게 했다.

(34) 莊帝信其眞患, <u>放令歸第</u>。　　　(洛陽伽藍記 卷第二 平等寺)

장제는 원공이 진짜 말을 못하는가 하고는 그를 놓아주어 돌아가게 했다.

(35) 便告求哀, <u>長人語令前去</u>, 從命前進。　　　(幽明錄, 치룡)

그 남편이 도움을 청하자 거인은 그에게 말해 앞으로 가게 했고 그 말을 따라 앞으로 갔다.

(36) 順以死生之隔<u>語使去</u>。　　　　　　　　　(幽明錄, 여순)

순은 죽은 자와 산 자의 길이 다름을 말하여 망처를 가게 했다.

(37) 善知識師以方便故, <u>教令</u>坐禪, 觀十二緣起, 漸積衆德, 獲阿羅漢。

(百喩經, 25)

선지식은 방편이 있어서 그에게 좌선을 하게하여, 십이연기를 보고 점
차 중덕을 쌓아 아라한을 얻게 했다.

(38) 乃至傍人<u>教使</u>修行, 不肯修行, 而作是言。　　　(百喩經, 7)

옆에 있는 사람이 그에게 수행하라고 시키자 수행하려 하지 않고 이렇
게 말한다.

3.2.3 V+令/使+O+XP

(39) 玄瞋目呼曰: "姦人無狀, 玄豈以一子之命而縱國賊乎!" <u>促令</u>兵
進。　　　　　　　　　　　　(後漢書, 열전41, 이진방진교)

교현이 눈을 부릅뜨고 말했다. "간사한 자가 너무나도 사악하니, 교현이
어찌 한 사람의 명으로 나라의 도적을 놔줄 수 있겠습니까!" 하고는 병사
들에게 전진공격하라고 재촉했다.

(40) 何緣諸王不來承貢! 今當<u>加威令</u>彼率伏。

(賢愚經, 권7(三六)大劫賓寧品第三十一)

어찌하여 중토의 왕들은 나에게 조공을 바치지 않는 것인가! 지금 위협
을 가해 그들로 하여금 복종하게 해야 겠다.

(41) 我今當<u>教令</u>其反戒. 吾攝衣鉢, 不亦快乎。

(賢愚經, 권3(一六)微妙比丘尼品第十六)

내가 지금 그들에게 기율을 버리라고 하고 나도 의발을 버리면 즐겁지
않겠는가!

(42) 太守不應, 意甚不樂, 催使吏爲作主人。　　　(幽明錄, 청하군 태수)

태수가 대답하지 않았으나 내심 기분이 나빠 부하들에게 재촉해 장례준
비를 하게 했다.

외현성 사령류동사형에 출현하는 동사는 다음과 같다.

① 명령파견소환류: 命, 劫, 逼, 誘, 召, 促, 呼, 徙, 逐, 迫, 遣, 敕, 留, 唤, 送, 課, 牽, 催, 仰, 募, 會, 驅, 雇, 加威, 發遣, 敕語
② 요청류: 請, 付, 要,
③ 권면계도류: 勸, 說, 叱, 呵, 語, 告, 讓, 曉, 教, 宣, 布告, 化, 感, 譴讓, 呵叱, 豫告, 勸請, 告下, 教化, 布與, 敕曉, 感悟
④ 용납허가류: 聽, 放, 聽放, 縱放

출현동사들은 기본적으로 타동사들이며 치사성 겸어구문에도 출현하는 전형적인 사령류동사들이다. 사령의 강도가 비교적 센 명령파견소환류는 물론 중고시기에 새롭게 등장한 용납허가류[10]에 이르기까지 거의 모든 외현성 사령류 겸어구문에 출현하는 동사들이 이 구문에 그대로 사용되고 있다. 여기에 출현하는 사령류동사들의 강도가 비교적 세긴 하지만 화자의 의도성을 좀 더 강화시킬 목적으로 본 구문에 참여하게 된 것이고 그 기능은 '令/使'를 중심으로 이루어진다.

외현성 사령류동사형의 구문의미 표현은 아래와 같이 나타낼 수 있다.

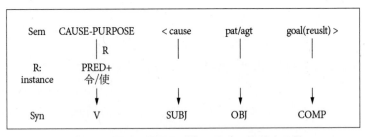

그림 2. 외현성 사령류동사형 구문의 구문의미 표현

---

10) 이는 '聽'이나 '放' 등을 주요 동사로 사용하여 "~로 에게 허락하여 ~하게 하다"라는 의미를 나타내는 하위 유형을 말한다.

기본적으로 치사자가 구체적인 행위를 통해 어떤 목표한 행위에 이르
게 하는 의미를 표현하고 있다. 다만, 이때의 행위는 위에서 언급한 사령
류동사들이고 여기에 '令/使'가 보조적으로 참여하고 있다. 이것은 XP가
일반 행위이기 때문에 'goal'로 표현되고 있으며, 겸어에 해당하는 목적
어는 그 XP의 행위자가 된다. 바로 이러하기 때문에 치사성 겸어구문과
맥을 같이 한다고 볼 수 있다.

그 다음, 내포성 사령류동사형의 각 형식별 예를 보면 아래와 같다.

3.2.4 V+O+令/使+XP

(43) 陰緩<u>生口</u>令得亡歸。　　　　　　　　　　　　(後漢書, 열전9, 경엄)
　　　몰래 포로에 대한 경계를 풀어 그들이 도망가게 했다.

(44) 但欲<u>制坎</u>令容棺槨。　　　　　　　　　　　　(後漢書, 열전29, 류조순)
　　　너희들은 그저 구덩이를 파서 그 구덩이가 나의 관을 받아들이게만 하거라.

(45) 經少時間, 其卵便剖, 出一鳥鶵, 毛羽光潤. 長者愛之, <u>與子</u>使弄。
　　　　　　　　　　　　　　　　　(賢愚經, 권13(六六)婆世躓品第五十九)
　　　조금 지나자 그 알이 부화하여 병아리 하나가 나왔는데 털이 빛났고 장
　　　자는 그것을 아껴 아들에게 주어 놀게 했다.

(46) 子淵<u>附書一封</u>令達其家云。　　　　　　　　　(洛陽伽藍記 卷第三, 大統寺)
　　　자연은 편지 한통을 부쳐 그의 집에 도달하게 하면서 말했다.

(47) 經十二年, 得藥來還, <u>與女</u>令服, 將示於王。　　　　　　(百喩經, 15)
　　　12년 후, 약을 갖고 와서 그 딸에게 주어 복용케 했고 왕에게 보였다.

3.2.5 V+令/使+XP

(48) 宜小<u>挺緩</u>令得逃亡。　　　　　　　　　　　　(後漢書, 열전8, 오개진장)
　　　포위를 좀 느슨히 하게 하여 그들을 도망가게 하다.

(49) 養令翮成, **置使飛去**。 (世說新語, 言語76)

그 새를 잘 요양시켜 날개(翮)가 성해져서 그것을 놓아주어 날아가게
했다.

(50) 復以鉄棒, **打令奔走**。 (賢愚經, 권13(六三)佛始起慈心緣品第五十六)

옥졸은 다시 쇠몽둥이로 그들을 때려 달리게 했다.

이 구문에 사용되는 동사들에는 "緩, 制, 置, 與, 打, 附, 挺緩, 遺與"
등이 있다. 이들의 의미는 '만들다', '놓다', '주다', '때리다', '느슨하게 하
다' 등으로 외현적으로 使令의 의미가 거의 드러나지 않는 것들이다. 내
포성 사령류동사형의 치사성 겸어구문은 이미 漢代부터 출현하기 시작
하였고 중고시기에는 참여동사가 매우 다양화된 상태이다. 그래서《後漢
書》에 이미 '分, 生, 結, 聚, 著, 下, 舍' 등의 동사들이 출현하고 있었
다.[11] 내포성 사령류동사형의 경우는 동사들의 의미를 특정한 유형으로
귀납할 수 없는 것이 특징이며 바로 그러한 이유로 구문강요를 강하게
받는 편이다. 그리하여 使令의미가 외현적으로 드러나지 않았음에도 불
구하고 치사성 겸어구문에 출현하고 있고, 본 구문에서도 평행하게 출현
하고 있다. 이 하위 구문의 구문의미는 아래와 같이 표현된다.

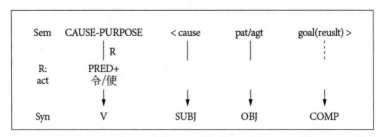

그림 3. 내포성 사령류동사형 구문의 구문의미 표현

---

11) 이와 관련해서는 박원기(2019)를 참조하기 바란다.

본 구문에 비록 '令/使'라고 하는 치사동사가 있으나 이것은 전체 구문의 의도성을 부각시키는 차원의 기능만을 하고 있으며, 출현하는 동사의 使令의미를 직접적으로 나태내지는 않는다. 따라서 본 구문에 출현하는 상기의 일반 동사들은 구문 자체의 강요에 의해 使令의미를 나타내는 것으로 볼 수 있다. 위의 그림에서 내포성 사령류라고 해도 역시 치사자의 행위로 인해 어떤 목적을 수행하는 것으로 되어 있기 때문에 'goal'로 표현된다. 그래서 위의 예들을 보면, XP에 해당하는 내용들이 '도망가다, 수용하다, 날아가다' 등으로 치사자의 의도에 부합하는 행위가 나타나고 있다. 다만, 내포성이기 때문에 그 동작 자체의 참여자역에는 'goal' 자체를 상정할 수 없어서 점선으로 표현하고 있다.

3.3 결과형 하위 구문

각 문헌별 결과형 하위 구문의 출현 횟수 상황은 아래와 같다.

표 4. 결과형 하위 구문의 출현 상황

	後漢書	世說新語	幽明錄	百喩經	賢愚經	齊民要術	洛陽伽藍記
V+O+令/使+XP	1	0	1	2	11	154	0
V+令/使+XP	0	0	1	1	13	251	0
V+令/使+O+XP	0	1	0	0	3	13	0
V+(O)+X+令/使+XP	0	0	0	0	0	13	0
총계	1	1	2	3	27	431	0

전체 문헌들 중에서 《齊民要術》의 출현비율이 압도적으로 많다. 이것은 문헌의 성격상 작물의 재배, 가축의 사육, 음식의 조리 등과 같이 실제 생활에 필요한 내용을 설명하는 것으로 되어 있기 때문에 주로 "어떤

대상을 어떻게 처리해서 어떻게 만들다."라는 식의 표현이 주를 이루고
있다. 그래서 행위형의 표현보다는 결과형의 표현이 자연적으로 많이 출
현하고 있다. 물론 이 문헌의 성격 자체가 구어적인 성격이 상당히 강한
것도 기본적인 원인이 되고 있다. 그 외의《賢愚經》같은 불경의 경우,
전체 편폭에 상대적으로 본 구문의 출현비율이 높은 편이다. 그리고 행
위형은 물론 결과형까지도 높게 나타나고 있는데, 기타 문헌에 비해 불
경이 당시 구어의 상황을 특히 더 직접적으로 반영하는 경향이 강하기
때문에 본 구문의 비율 역시 높게 나타나고 있다. 그러한 현상은《百喩
經》도 유사한 상황이나 다만 그 편폭이 작아 절대적인 출현양이 적을
뿐이다. 이러한 구어성이 강한 자료들에 비해 상대적으로 문어적 성격이
강한《後漢書》는 전체 편폭이 대규모임에도 불구하고 본 구문의 출현비
율은 대체로 낮다. 다만, 문헌의 내용적 특성상 주로 "누가 누구에게 무
엇을 하게 시키다." 등의 행위가 다수 출현하기 때문에 행위형 하위 구문
의 비율이 매우 높게 나타나고 있다.

결과형의 각 형식별 예를 보면 아래와 같다.

3.3.1 V+O+令/使+XP

(51) 夫人欲**試**寬**令**恚, 伺當朝會, 裝嚴已訖, 使侍婢奉肉羹, 翻汙朝衣。

(後漢書, 열전15, 탁노위류)

부인은 유관을 시험하려고 그를 화나게 만들었는데, 그가 조회에 왔을
때, 옷을 잘 차려 입고오자, 시녀를 시켜 고기와 음식을 받들고 오게 해
서 그의 옷을 더럽히게 했다.

(52) 薅訖, 決去水, **曝根令堅**。 (齊民要術, 水稻十一)

김매기가 끝나면 물을 터주어 배수시키고, 볕이 뿌리를 쬐게 하여 뿌리
를 견고하게 한다.

(53) 以三升赤小豆, 三升秫米, 並炒之令黃。

(齊民要術, 作菹、藏生菜法第八十八)

삼승의 적소두와 삼승의 찹쌀을 함께 볶아서 누렇게 한다.

(54) 八月初, 踏其苗令死。 (齊民要術, 種蘘荷、芹第二十八)

팔월 초에 그 묘목을 밟아 죽인다.

(55) 若十石米酒, 炒三升小麥令甚黑。 (齊民要術, 法酒第六十七)

열석의 미주라면 삼승의 소맥을 볶아서 검게 한다.

(56) 以酒淹, 痛挼之令如粥狀。 (齊民要術, 柰、林檎第三十九)

술로 채워 크게 흔들어서 마치 죽처럼 하게 한다.

(57) 淘米四斗使淨。 (齊民要術, 笨符本切麴并酒第六十六)

쌀 네 말을 씻어 깨끗이 한다.

(58) 便於席上攤之使冷。 (齊民要術, 造神麴并酒第六十四)

자리에 널어서 식힌다.

(59) 於时尊者, 尋化其女令作白骨。 (賢愚經, 권13(六七)優波鞠提品第六十)

이때 존자는 갑자기 그녀를 백골로 만들었다.

(60) 若我有福應爲王者, 當有妙衣自然而出, 賑給萬民使無穷乏。

(賢愚經, 권13(六四)頂生王品第五十七)

만약 내가 왕이 될 복이 있다면, 당연히 자연히 여러 옷이 절로 나와 만민에게 주어 궁핍이 없게 할 것이다.

(61) 以君體德令茂, 貪結親援, 因遣小兒已具宣此旨。 (幽明錄, 견충)

그대는 덕을 체득하여 이를 아름답게 하였고, 결혼을 하길 원해 제가 아이를 미리 보내 그 뜻을 밝힌 적이 있습니다.

(62) 乃於楼上得一磨石, 磨刀令利。 (百喩經, 18)

위층에서 숫돌 하나를 얻어 칼을 날카롭게 갈았다.

3.3.2 V+令/使+XP

(63) 養令翮成, 置使飛去。 (世說新語, 言語76)

그 새 날개를 잘 요양시켜 날개가 성해져서 그것을 놓아주어 날아가게
했다.

(64) 薅令常净。　　　　　　　　　(齊民要術, 种韭二十二)
잡초를 뽑아 항시 깨끗하게 한다.

(65) 於旦暮潤時, 以樓構作壠, 以手散子, 即勞令平。

(齊民要術, 種胡荽二十四)

아침저녁 축축할 때, 고랑을 만들어 손으로 종자를 뿌리고 고무래질을
해서 평평하게 한다.

(66) 盤上調和令均, 擣使熟。　　　　(齊民要術, 作醬等法第七十)
접시 위에서 잘 섞어 고르게 하고 찧어서 잘게 만든다.

(67) 鹽、豉汁、薑、椒末調和令鹹淡適口。　　(齊民要術, 炙法第八十)
소금, 메주물, 생강, 고춧가루 등을 같이 섞어서 약간 짜게 만들어 입에
맞게 한다.

(68) 炊黍米三斗三升為再餾黍, 攤使極冷。　(齊民要術, 法酒第六十七)
쌀 세말 세되를 때서 다시 쪄서, 잘 널어서 식힌다.

(69) 著杓中, 以匙痛攪令散, 瀉著熟乳中, 仍以杓攪使均調。

(齊民要術, 養羊第五十七)

술지게미를 국자에 놓고 숟갈로 확실히 저어서 흩어지게 한 후 익은 우
유가 있는 병에 쏟아 국자로 저어서 고르게 한다.

(70) 象師散闍將象至會, 尋使工師作七鐵丸, 燒令極赤。

(賢愚經, 권3(二一)大光明王始發道心緣品第十六)

코끼리 조련사 산사는 코끼리를 끌고 대중 앞으로 가서, 급히 대장장이
를 시켜 철환 일곱 개를 만들고 뜨겁게 빨갛게 달구게 했다.

(71) 尋敕嚴具五百白象, 金銀校飾極令殊妙。

(賢愚經, 권9(四二)善事太子入海品第三十七)

바로 오백 마리 흰 코끼리를 데려다가 금은으로 장식해 매우 아름답게
하게 했다.

(72) 惡舌者作鴟鵶鵂鶹, 惡聲人聞皆咒令死。　　　　(幽明錄, 조태)

말을 함부로 했던 자들은 모두 올빼미나 부엉이가 되어서 그 악성을 듣는 자들마다 모두 죽으라고 저주했다.

(73) 用稻穀麩水浸令熟, 和泥涂壁, 故得如是。　　　　(百喩經, 39)

곡식의 껍질을 써서 물로 담가서 그것을 발효시킨 후, 진흙과 함께 벽에 바르면 이렇게 된다.

3.3.3 V+令/使+O+XP

(74) 取炊底釜湯淨洗, 以布拭令水盡。(齊民要術, 養牛、馬、驢、騾第五十六)

솥의 아래에 있는 뜨거운 물로 닦아내고 천으로 닦아서 물을 없앤다.

(75) 濕勞令地硬。　　　　(齊民要術, 권1, 耕田一)

습할 때 갈아엎어 땅을 딱딱하게 해야 한다.

(76) 如渾, 椎令骨碎。　　　　(齊民要術, 炙法第八十)

통째로 하여 쳐서 뼈를 부수다.

(77) 云何撥濟令各安隱。　　(賢愚經, 권10(四九)大光明始發無上心品第四十二)

세존께선 전에 어떻게 구제를 하시어 저들 각자를 평온케 하셨나이까?

3.3.4 V+(O)+X+令/使+XP

(78) 埋樹枝土中令生, 二歲已上, 可移種矣。　　(齊民要術, 栽樹第三十二)

나뭇가지를 땅에 심어 살아나게 하고 이년 뒤에 옮겨 심을 수 있다.

(79) 綿濾著瓷、漆盞中令凝。　　　(齊民要術, 種紅藍花、梔子第五十二)

비단으로 자기와 칠기 잔에 걸러서 넣고 굳힌다.

결과형에 출현하는 동사는 치사성 겸어구문에 출현하는 전형적인 동사들과는 약간 다르다. 그 유형을 확연하게 정할 수 없을 정도로 의미가 매우 다양하며, 모종의 결과를 유발할 수 있는 의미를 가진 동사는 모두 출현할 수 있다. 다만, 모두가 타동사여야 한다. 한편, XP부분의 형식은 일반적으로 가장 많이 출현하는 것이 단음절 또는 이음절의 형용사나 자동사이지만, 형용사 앞에 '極'과 같은 부사가 있는 형식, '鹹淡適口'와 같은 비교적 복잡한 四字格의 형식, '作白骨'와 같은 술목형식 등 매우 다양한 형식들이 출현하고 있다. 그러나 의미상으로는 모두가 공통적으로 모종의 결과상태를 나타낸다. 즉, 행위형은 치사자의 행위를 통해 또 다른 행위를 하게 만드는 것이지만, 결과형은 목적어로 하여금 행위를 하게 하는 것이 아니라 결과상태가 되게 만드는 것이다. 따라서 이것의 구문의미는 다음과 같이 표현할 수 있다.

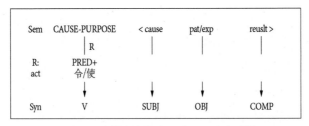

그림 4. 결과형 하위 구문의 구문의미 표현

이 그림에서 볼 수 있듯이 결과형 하위 구문은 목적어가 직접적인 행위를 하는 것이 아니기 때문에 경험주로 표현할 수 있고, 'goal'이 아니라 'result'로 표현할 수 있다. 결과형 하위 구문의 의미상의 가장 큰 특징은 앞의 사령류동사형에 비해 使令의 의미가 없다는 점이다. 사령류동사형은 외현성이든 내포성이든 일반적으로 XP가 어떤 행위를 하게 하는 使令의 의미를 갖는다. 그러나 결과형은 이것과는 사뭇 달라 사실상 치사성 겸어구문의 전형적인 구문의미와는 약간 다른 성격의 구문의미를 표현한다고 볼 수 있다. 이것은 바로 형식·의미적으로 치사성 겸어구문의 형식을 상속하고 있긴 하나 의미상으로 사실상 완전히 다른 유형의 구문으로 구문화가 발생한 것으로 볼 수 있다. 다만, 일련의 구문의미 표현을 통해 알 수 있듯이 구문들 간의 동기화와 더불어 기본적인 면모가 상속되고 있음을 확인할 수 있고 그 저변에 '致使性'이란 공통분모를 공유하고 있음을 알 수 있다.

4 결론

중고중국어의 'V + (O) + 令/使 + (O) + XP'구문은 기본적으로 치사성 겸어구문의 致使의미를 상속하였고, 특히 치사동사가 전문적으로 결과를 나타내는 용법이 발달하면서 행위자의 의도성을 강조하는 것을 특징으로 하여 출현한 매우 특이한 구문이라고 볼 수 있다.

상고시기 굴절형의 어휘적 使成式인 使動용법이 쇠퇴하면서 이것의 반대급부로 점차 우언적 使成式이 등장하였는데 이것이 바로 술보구조이다. 그러나 중국어의 치사성은 술보구조 이외에 또 다른 구조에 의해서도 표현되고 있었으니 그것이 바로 'V + (O) + 令/使 + (O) + XP'구문이다. 이 두 구문은 서로 경쟁 관계에 있었지만 한편으로 그 의미기능이 조금씩 달랐기 때문에 수 백년 간 동시에 공존할 수 있었다. 이 가운데 'V + (O) + 令/使 + (O) + XP'구문은 그것의 독특한 의미기능으로 인해 치사성 겸어구문에서 독립하여 독자적인 구문의미를 표현하는데 사용되었고, 술보구문과도 차별화되는 의미기능으로 특히 중고중국어의 치사구조를 대표하고 있다. 고대중국어를 연구하는 다수의 학자들이 중국어의 치사구조의 연구에서 술보구조를 중심으로 연구를 진행하는 경우가 많다. 그러나 실제 언어 상황을 관찰해보면 당시에 그에 못지않게 고대 중국인들에 의해 상용되었던 'V + (O) + 令/使 + (O) + XP'라고 하는 또 다른 치사구문이 존재했음을 확인할 수 있다. 따라서 향후 이 구문에 대해서도 많은 이들이 깊은 관심을 갖고 보다 진일보한 연구를 진행해 주기를 기대한다.

| 참고문헌 |

몽산 관일 역(2008), 《賢愚經》, 서울: 두배의 느낌.

박원기(2015), 《百喩經의 언어: 중고중국어의 세계》, 서울: 학고방.

_____(2017a), 〈史記》致使性 겸어구문의 확정 및 분류 문제 고찰〉, 《中國語文論叢》 81집, 1-42.

_____(2017b), 〈《史記》致使性 겸어구문의 구문론적 해석〉, 《中國語文論叢》 83집, 1-36.

_____(2018), 〈《左傳》致使性 겸어구문의 분류 및 구문론적 해석〉, 《中國語文論叢》 87집, 1-31.

_____(2019), 〈《後漢書》致使性 겸어구문의 분류〉, 《中國語文論叢》 93집, 29-69.

임동석 역주(2013), 《洛陽伽藍記》, 서울: 동서문화사.

장정해 역주(2000), 《幽明錄》, 서울: 살림출판사

車志亮(2012), 〈《齊民要術》句法研究〉, 河南師範大學碩士學位論文.

程亞恒(2006), 《〈左傳〉兼語句研究》, 貴州大學 碩士學位論文.

_____(2007), 〈古漢語兼語句中的若干問題〉, 《語文學刊》 第9期, 102-104.

_____(2017), 〈中古漢語"V1＋O＋令/使＋V₂"句式探源〉, 《漢語史研究集刊》, 제23輯, 122-130.

范曉(2000), 〈論致使結構〉, 《語法研究與探索(十)》, 中國語文雜志社.

古屋昭弘(2005), 〈齊民要術中的使成式 Vt＋令＋Vi〉, 《中古漢語研究》, 第2輯.

漢語大詞典編纂委員會(1995), 《漢語大詞典》, 上海: 漢語大詞典出版社.

解惠全·崔永琳·鄭天一(2008), 《古書虛詞通解》, 北京: 中華書局.

李佐豊(2003), 《上古漢語語法研究》, 北京: 北京廣播學院出版社.

林琳(2010), 《上古使令類兼語動詞的演進和發展》, 暨南大學 碩士學位論文.

劉世英(2002), 〈漢語兼語結構的象似性探討〉, 《渝西學院學報》 第4期, 59-62.

劉文正·祝靜(2015),〈上古, 中古和近代漢語的"V令XP"〉,《漢語史研究集刊》, 第20輯, 132-151.

劉鑫鑫(2008),《上古漢語中的兼語句》, 西南大學 碩士學位論文.

劉亞科(2008),〈《幽明錄》兼語句研究〉, 牡丹江大學學報, 第6期, 84-92.

劉義慶(1967),《幽明錄》, 台北: 藝文印書館.

劉永耕(2000),〈使令度和使令類動詞的再分類〉,《語言研究》第2期, 8-13.

_____(2013),〈使令動詞和致使詞〉,《新疆大學學報》第1期, 93-96.

劉振平(2016),〈也談"使"的語義演變和語法化〉,《信陽師範學院學報》第3期, 112-116.

劉月華 等(2003),《實用現代漢語語法》, 北京: 商務印書館.

繆啓愉·繆桂龍(2006),《齊民要術譯註》, 上海: 上海古籍出版社.

呂叔湘(1982),《中國文法要略》, 北京: 商務印書館.

牛順心(2004),〈漢語中致使範疇的結構類型研究〉, 上海師範大學博士學位論文.

歐陽小英·樊花(2009),〈《論語》,《孟子》兼語句考察〉,《牡丹江大学学报》第7期, 29-34.

司馬遷[漢](2006),《史記》, 北京: 中華書局.

孫書杰(2015),〈先秦兩漢新兼語式的發展及其影響〉,《河北大學學報》第3期, 56-61.

孫園園(2005),〈《搜神記》兼語句研究〉, 淮北煤炭師範學院學報, 第5期, 144-146.

王　演(2011),《構式語法研究(上卷): 理論思索》, 上海: 上海外語教育出版社.

王志敬(2006),〈藏漢語古今兼語結構格局比較〉,《西藏大學學報》第2期, 109-111.

汪維輝(2007),《《齊民要術》詞彙語法研究》, 上海: 上海教育出版社.

魏培泉(2000),〈說中古漢語的使成結構〉,《歷史語言研究所集刊》, 제71本

蕭紅(2008),《《洛陽伽藍記》句法研究》, 北京: 中國社會科學出版社.

徐丹(2003),〈"使"字句的演變—也談"使"字句的語法化〉,《語法化與語法研究(一)》, 商務印書館, 224-238.

許　萌·董曉光(2011),〈從題元理論看現代漢語兼語句〉,《語言應用研究》7월호, 50-51.

許嘉璐 主編(2004),《二十四史全譯》, 漢語大詞典出版社, 2004.

楊　哲(2010),〈兼語構式淺析〉,《文教資料》11월호, 23-24.

楊伯峻·何樂士(2001),《古漢語語法及其發展》, 北京: 語文出版社.

楊大然(2006),〈兼語句的語義分類及其空語類的句法分布〉,《解放軍外國語學院學報》第1期, 23-28.

楊作玲(2009),〈中古"Vt＋使役動詞＋O＋Vi"格式流變的探析〉,《南開語言學刊》, 第2期, 81-89.

游汝杰(2002),〈現代漢語兼語句的句法和語義特徵〉,《漢語學習》第6期, 1-6.

于　濤·郭作飛(2007),〈論古代漢語"請"字句〉,《社會科學家》第3期, 200-202.

張　禕(2013),〈中古漢語兼語句研究〉, 蘇州大學 碩士學位论文.

張建中(1990),〈《史記》的使動用法和"使""令"兼語式〉,《廣西師範大學學報》第4期, 33-41.

張撝之(1996),《世說新語譯注》, 上海: 上海古籍出版社.

張小英(2015),〈《齊民要術》致使動詞研究〉, 湖南大學碩士學位論文.

张穎煒(2016),〈《齊民要術》使令類兼語結構分析〉, 南通大學學報, 第6期, 69-75.

張玉金(2001),《甲骨文語法學》, 學林出版社.

_____(2003),〈論殷墟甲骨文中的兼語句〉,《古籍整理研究學刊》第1期, 51-59.

_____(2004),《西周漢語語法研究》, 北京: 商務印書館.

張宗祥(1996),《洛陽伽籃記合校》, 揚州: 江蘇廣陵古籍刻印社.

趙長才(2000),〈漢語述補結構的歷時研究〉, 中國社會科學院研究生院博士學位論文.

趙小東(2004),〈《世說新語》兼語句研究〉, 四川師範大學 碩士學位论文.

鄭繼娥(1996),〈甲骨文中的連動句和兼語句〉,《古漢語研究》第2期, 29-31.

中國社會科學院語言研究所詞典編輯室編(2005),《現代漢語詞典(第5版)》, 商務印書館.

中華大藏經編輯局編(1983),《中華大藏經》, 北京: 中華書局.

周紹良(1997),《百喻經譯註》, 北京: 中華書局.

周正穎·邱月(2005),〈今文《尚書》兼語句研究〉,《古漢語研究》第1期, 41-48.

Adele E. Goldberg(1995), *Constructions: A Construction Grammar Approach to Argument Structure*, Chicago & London: The University of Chicago Press.

_____(2006), *Constructions at Work*, New York: Oxford University Press.

Elizabeth C. Traugott & Richard B. Dasher(2001), *Regularity in Semantic Change*, New York: Cambridge University Press.

Elizabeth C. Traugott & Graeme Trousdale(2013), *Constructionalization and Constructional Changes*, New York: Oxford University Press.

William Croft(2001), *Radical Construction Grammar*, New York: Oxford University Press.

현대 중국어의 정형과 비정형 연구

장흥석

1 서론

정형(finiteness)이라는 말은 라틴어 가운데의 'finitus'로서 처음에는 인칭대명사 'ego, ut, ille' 등의 정형에 사용되었는데, 이 단어들은 '확정적'이고 '구체적'이며 '지정하는 것'을 의미하였다. 정형은 동사와 단문에게 문법 분류를 해주는 용어이다. 정형동사는 동사 혹은 조동사의 문법 형식으로 원칙적으로 한 문장에는 다만 하나의 동사만이 이런 특징을 가질 수 있고, 이 동사는 가장 복잡한 형태 표지(marker)를 가지어 관련된 언어가 가지고 있는 문법 범주, 예를 들어 시제, 일치 관계 등을 표지(標識)한다. 비정형동사는 각종 술어 중심어로 쓰이지 않는 동사의 문법 형식으로 주로 과거분사(participle), 부정식(infinitive)과 동명사(verbal noun)를 포함한다.[1] 이탈리아어는 인칭에 따라서 동사의 형태 변화가 뚜렷한 언어로서 정형의 특징을 가지고 있다.

---

*《중국어문학논집》제124호(2020년 10월) 게재.

** 강원대학교 중어중문학과 강사.

1) R. L. Trask(1993) 參考.

표 1. 이탈리아어 'parlare' 직설법 동사 변화

	현재	단순 과거	현재완료	과거완료
1인칭, 단수	parlo	parlai	ho parlato	avevo parlato
2인칭, 단수	parli	parlasti	hai parlato	avevi parlato
3인칭, 단수	parla	parla	ha parlato	aveva parlato
1인칭, 복수	parliamo	parlammo	abbiamo parlato	avevamo parlato
2인칭, 복수	parlate	parlaste	avete parlato	avevate parlato
3인칭, 복수	parlano	parlarono	hanno parlato	avevano parlato

〈표 1〉은 '말하다'의 의미에 해당하는 이탈리아어 동사 'parlare'를 인칭과 시제별로 나타낸 변화이다.[2] 인칭과 수에 따라서 동사가 각각 형태가 변하는 것을 알 수 있다. 인칭과 동사 사이에 엄격하게 일대일의 일치(Agreement) 관계가 있다. 주어인 대명사를 생략하고 영주어(null subject)인 pro를 사용할 수 있다. 스페인어도 이탈리아어와 같은 유형의 언어이다. 중국어는 이탈리아 언어처럼 동사의 형태 변화가 발달하지는 않았다.

어떤 현상이 일부 언어에서는 명시적(overt)으로 나타난다면, 다른 언어에서는 이러한 현상이 아마 어떤 방식으로든 잠재적(covert)으로 존재할 것이다. 다시 말해서, 어떤 언어의 명시적인 표현은 아마 보편 문법(Universal Grammar)의 요구를 반영하였을 것이고, 이런 요구는 반드시 표층 구조와 논리식에서 만족되어야 하는데, 즉 다른 언어의 음운에서는 결코 사람들이 관찰할 수 있는 명시적인 표현 형식이 없다는 것이다.[3] 따라서, 중국어에서도 정형과 비정형이 있다는 가설을 세울 수 있으며, 중국어 정형과 비정형 연구를 통하여 언어의 공통성(principle) 연구를

---

2) 이 외에도 동사 변화로 직설법에는 부정과거, 제1미래, 제2미래, 대과거가 있고, 접속법에 현재, 과거, 현재 완료, 과거 완료, 제1조건법, 제2조건법이 있다.

3) Chomsky(1987:68) 參考.

개념화 한다. 중국어는 동사가 형태 변화가 없기 때문에 그동안 정형과 비정형에 대한 판단 기준이 일치하지 않았고 심지어 정형과 비정형이 존재하지 않는다고 주장하는 학자들도 있다.[4] 기존 연구를 살펴보면 이탈리아어나 영어와 같이 형태 변화가 있는 언어를 중심으로 이루어졌다. 형태 변화가 없는 언어는 거의 거론되지 않았다. 동사가 굴절이 되는 언어인 영어에 편중되어 정형과 비정형에 대한 판단 기준을 연구하려고 하여 중국어 정형절의 정의를 내리기 어렵게 만들었다. 영어의 형태적인 특징인 시제와 일치에 초점이 맞추어져 정형과 비정형을 구별하려고 하여 정형과 비정형의 본연의 특성을 잃어버렸다. 영어의 판단 기준을 근거로 하여 정형과 비정형에 대한 기준을 해결하지 못한 채 다른 여러 판단 기준을 설정하여 보고 적용하려고 하였지만 소수 연구자가 제시한 기준은 명확하지 않을 뿐만 아니라 여러 언어에 적용할 수가 없다. 아직까지도 정형과 비정형을 구별할 적절한 기준을 찾지 못하였다. 이에 따라서 중국어에서 정형과 비정형을 구별하는 기준을 분석하고 체계적으로 분류할 필요가 있다.

하지만 중국어의 경우에는 동사의 굴절(inflection)이 일어나지 않는데, 어떠한 요소로 시제를 구현하는가? 중국어에서 정형과 비정형의 특성을 가진 문장이 되기 위한 요소는 어떤 기준으로 나누어지는가? 주어와 술어의 일치 관계는 어떻게 나타나는가? 정형과 비정형의 문장에서 공범주 영역의 주어가 출현하는가? 정형 문장과 비정형 문장은 어떻게 생성되어 투사되는가?

본고에서는 중국어에도 정형과 비정형이 존재한다고 가설하고, 생성 문법의 관점에서 중국어의 정형과 비정형의 매개변인(parameter)을 세부

---

4) 朱德熙(1985), 黃衍(1992), 徐烈炯(1994), 胡建華(2001) 등이 정형과 비정형의 구분이 존재하지 않는다고 하였다.

적으로 분석하고 연구한다. 특히, 초기 연구 성과에서 도출해낸 대명사 주어 생략(pro-drop) 언어의 매개변인을 응용하여 다른 문형에 적용하여 보는 것과 동시에 연구 범주를 확장하여, 중국어의 여러 문형에 적절한 정형과 비정형의 조건을 검토하고 연구하여 본다. 기존에 단어 중심으로 연구하던 범위를 단문 범위로 확장하여 살펴본다. 중국어 정형과 비정형을 구별하는 진정한 기준을 찾아내고 이것을 구체적으로 분류하고 그 특징을 연구하고자 한다.

2 기존 연구

중국어의 정형과 비정형에 대한 연구는 그동안 이탈리아어 유형 언어의 일치 관계와 시제를 타나내는 굴절소(Inflection)가 존재하지 않는다는 사실에 국한되어 비정형절의 PRO 존재 여부와 그 특징만을 주로 연구해 왔다. 주로 단어의 단계에서 검토되고 고찰되었다. 정형과 비정형에 대한 초기 연구는 黃正德(1983, 1988), Li, Y-H(1990), 湯廷池(2000)를 들 수 있는데, 黃正德(1983:141~146)는 정형과 비정형이 존재한다고 제기하며 더욱 추상적인 문법 단계에서 여전히 정형과 비정형을 분별해낼 수 있다고 하였다. 그는 문장의 동사가 '准備, 設法, 勸, 逼, 請' 등이면 동사 뒤에 나오는 성분은 비정형절 성질이고, 동사 '說, 告訴, 知道' 등의 뒤에 따르는 절은 정형 성질의 성분이라고 하였다. 그는 또 정형절과 비정형절을 판단하는 세 가지 기준도 제시하였다. 첫째, 문장의 첫 번째 동사가 '准備, 設法, 勸, 逼, 請' 등이면 종속절에는 정태동사가 나타날 수 없고, 둘째, 문장의 동사가 '准備, 設法, 勸, 逼, 請' 등이 첫 번째 동사이면 종속절에 '着, 了, 過' 등의 상 성분이 나타날 수 없고, 셋째, 문장의 첫 번째 동사가 '准備, 設法, 勸, 逼, 請' 등이면 종속절의 영주어(null subject)는 주절 이외의 성분과 공지시(coreferential) 할 수 없다고 하였다. 실례를 들면 다음과 같다.[5]

(1) 我預料[他明天會來]。 나는 그가 내일 올 거라고 예상한다.
(2) 我准備[PRO 明天來]。 나는 내일 올 것을 준비한다.

예문 (1)의 술어 '預料'는 동사 '說, 告訴, 知道' 등과 같은 부류의 동사로서 종속절은 정형절이 올 수 있어 정태동사 '會'가 나와 문장이 성립하였다. 예문 (2)는 술어가 '准備'로서 종속절에는 정태동사가 없이 영주어 PRO가 주어 '我'를 지시하고 있어 제시한 기준을 만족한다.

그는(1988:247~264) 또한 생성 문법 시각에서 중국어 정반의문문에 대하여 연구하고, 아울러 정형절과의 관계에 대하여 논술하였다. 굴절형태소인 I 아래의 의문 자질 [+Q]가 중국어의 정반의문문을 유발한다고 주장하였다. 의문 자질 [+Q]를 포함하고 있는 문장은 정형절이고 그렇지 않으면 비정형절이라고 하였다. 특히 논문의 이론 틀 확립을 위하여 생성 문법 공범주 이론에서 제시되는 대명사 PRO와 pro에 대하여 직접 소개하였다.

Li(1990:21~22)는 정태동사만이 중국어의 정형과 비정형을 구분할 수 있다고 하였다. 중국어 정태동사 '會'와 '要'가 이미 미래를 나타내는 상 표지로 바뀌어 그것들은 정형절에서만 나타날 수 있고, '告訴'와 '說服' 유형의 동사를 구분하여 전자는 정형 종속절이 따르고 후자는 비정형 종속절이 따른다고 하였다. 실례를 들면 다음과 같다.

---

5) 본고의 실례는 北京大學 漢語語言學硏究中心의 漢語語料庫와 語言文化大學의 BCC 語料庫에서 조사하였고, 일부 관련 예문들은 기존 논문에서 발췌하였다. 예문에서 별도로 표기하지 않는다.

(3) *我勸[他會來]。 나는 그가 올 것을 권하였다.

(4) 我告訴他[火車會開]。 나는 그에게 기차가 출발할 것이라고 알려주었다.

예문 (3)의 술어는 '勸'으로 '說服' 유형으로서, 종속절이 비정형절이 와야 하는데 정태동사 '會'가 와서 문장은 성립하지 않는다. 예문 (4)는 술어가 '告訴'로서 종속절에 정태동사 '會'가 사용되어 조건을 만족하였다.

黃正德(1988)는 정형절의 조건으로 의문 자질 [＋Q]를 들기도 하였는데, 湯廷池(2000:191)는 만약에 술어 동사 혹은 형용사가 정반의문문을 형성할 수 있으면 이 술어나 형용사를 포함하고 있는 문장은 정형절이고, 만약에 술어 동사나 형용사가 외현적 형태를 가지지 않는 PRO를 주어로 하면 이 술어 동사 혹은 형용사를 포함한 문장은 비정형절이라고 서술하였다.

그들의 연구 후에 李京廉, 劉娟(2005)은 겸어문, 연동문, 동사구 주어문, 동사구 보어문에서 '시간'의 의미를 나타내는 부사 '已經', '正', '在', '正在', '將要'가 들어가 문장이 성립할 때는 정형 문장이고 그렇지 않으면 비정형 문장이라고 하여, 이 시간 부사를 정형 문장과 비정형 문장을 구분하는 기준으로 삼았다. 문장의 의미와 종류에 따라서 검증 결과가 차이가 있지만 각각의 문형 사이에 역시 어휘의 교차 현상이 존재하였다.

상술한 학자들은 모두 정형과 비정형의 존재를 인정하며 그 차이에 대하여 연구하였다. 하지만 정형과 비정형의 판단 기준은 서로 일치하지 않았으며 영주어의 존재 여부와 영주어의 위치특징 및 정반의문문의 형성 여부 등 일부 자질로 비정형절이 되는지를 판단하였다. 본질적인 차이와 판단 기준을 제시하지 못하였다.

장흥석(2010)에서는 정형의 판단 기준으로 대명사 주어가 생략이 가능한 언어의 매개변인으로 세 가지 기준을 제시하였는데 즉, 주어 생략, 도치, 이탈리아어 유형 언어의 T에 해당하는 기능사가 있다. 기능사는 정형절과 비정형절을 구별하는 충분조건일 따름이라고 논하였다.

T.Lin(2015)은 정형과 비정형을 구분하는 세 가지 조건으로 정태동사, 목적어 도치 현상과 목적어의 양화 범위(scope)를 제시하였다. 정태동사는 기존의 학자들이 이미 제시하였던 기준이고, 도치는 대명사 주어 생략 언어에 나타나는 특징으로 장흥석(2010)에서 기존에 연구하였다. 세 번째 조건인 목적어의 양화 범위는 목적어에 나타나는 양화사가 넓은 범위로 해석되는 것이다. 이러한 조건에서는 주어가 한정되지 않은 것을 가리켜야 하는데 비한정 의미의 구가 주어로 사용되려면 특정한 것을 지칭하는 의미를 지녀야 한다. 그리고 목적어의 주어로 사용된 '수사+양사+명사' 구조도 특정한 것을 지칭하기 때문에 세 번째 조건도 성립하지 않는다.

후속 연구로 장흥석(2019)에서는 범위를 확장하여 연동문의 정형과 비정형의 판단 기준으로 주어 생략과 시간 정보 표지를 검토하여 보았다. 대명사 주어 생략이 가능한 언어의 특징을 연동문의 범주에까지 확장하여 정형과 비정형절의 판단 기준과 조건을 검토하여 보았다.

3 정형과 비정형의 판단 기준

Chomsky(1981, 1982)의 지배 결속 이론 단계에서는 공범주 이론이 주요한 내용으로서 정형절을 판단하는 기준은 내현적 주격 대명사인 pro의 존재여부였고, 비정형절을 판단하는 기준은 내현적 영격 대명사 PRO의 존재여부였다. 하지만 기존 연구를 통하여 살펴본 결과 정형과 비정형의 판단 기준은 단일한 기준으로 단정할 수 없으며 언어마다 다름을 알 수 있다. 본 장에서는 중국어의 정형과 비정형의 구분에 있어서 공범주의 대명사에 국한되어 기준을 세우지 않고 정형과 비정형의 근본적인 개념과 함께 판단 기준을 검토해보고자 한다.

3.1 정형 판단 기준

정형의 특성을 판단하는데 있어서 술어가 중심인 동사의 문법 변화 형식을 살펴보는데, 이 변화 형식은 언어에 따라서 다양하게 나타난다. 중국어의 문장에서 중심동사로 사용되는 동사도 일련의 문법 변화 형식이 있고 그 외의 동사와 대립한다. 아래에서 정형의 특성을 판단하는 기준을 살펴보자.

3.1.1 동사 형태 변화 일치

중국어의 주어는 술어의 진술 대상으로 술어가 말하는 사람이 누구인지 혹은 사물이 무엇인지를 가리키는 문장성분이다. 술어는 이러한 주어에 대하여 진술하고 주어가 어떠한지 혹은 무엇인지를 설명하는 문장 성분이다. 이탈리아어나 스페인어처럼 동사의 형태 변화가 발달한 언어는 각각의 인칭별 주어에 따라 술어의 형태가 변화한다. 중국어 어순에 따라 나눈 6개의 문형과 특수 구문에서 실례를 들어 주어와 술어의 형태 변화를 살펴보자.[6] 먼저, 6개 문형의 실례를 들면 다음과 같다.

(5) 他走了。그는 갔다.

(6) 他覺得可笑極了。그는 정말 웃기다고 생각한다.

(7) 她圓滿地完成自己的學業。그녀는 원만하게 자신의 학업을 완성하였다.

(8) 他們聽得懂北京話。그들은 베이징 말을 알아들을 수 있다.

(9) 我讀了關於中國歷史的書籍。나는 중국역사에 관한 서적을 읽었다.

(10) 在酒吧, 我的老師慢慢地喝完了一瓶啤酒。술집에서 나의 사장님이 천천히 맥주 한 병을 다 마셨다.

---

6) 6개의 문형과 특수구문은 장흥석(2019)에서 參考하였다.

예문 (5)~(10)의 술어는 '走', '覺得', '完成', '聽', '讀', '喝'인데, 술어의 주어가 각각 '他', '他', '她', '他們', '我', '我的老師'로 1인칭, 3인칭, 복수를 나타내는 인칭대명사인데, 주어의 인칭과 수에 따라서 동사 자체가 변화하는 것 없이 그대로 사용되거나 동사의 뒤에 조사나 보어가 함께 사용되고 있다. 다른 언어에서 화자가 이야기 하려고 하는 말에 해당하는 것을 변화가 아닌 첨가에 의해서 동일하게 사용하고 있다. 다음은 특수 구문인 이중목적어문, 연동문, 겸어문, 존현문의 주어와 술어를 살펴보자.

(11) 他告訴我一個故事。 그는 나에게 하나의 이야기를 알려주었다.

(12) 天天我下了課就跑到他家。 날마다 나는 수업이 끝나고 그의 집에 달려갔다.

(13) 同事們讓他去檢查。 동료들은 그로 하여금 검사받으러 가도록 하였다.

(14) 膝頭上爬着一個五六歲的孩子。 무릎 위에 5~6세의 아이가 기고 있다.

예문 (11)은 이중목적어문이고 예문 (12)는 연동문, 예문 (13)은 겸어문, 예문 (14)는 존현문인데 예문들의 술어는 각각 동사 '告訴', '下', '讓', '爬'로서 술어의 주어는 각각 '他', '我', '同事們', '膝頭上'으로 3인칭, 1인칭, 3인칭 복수, 장소이다. 주어가 인칭과 수가 변화하였지만 동사는 그대로 사용되고 있다. 인칭이나 구문의 변화에도 동사는 형태가 변화가 없다.

상술한 내용 가운데에서 우리는 중국어의 주어는 인칭이나 수에 따라서 술어인 동사의 형태가 변화하지 않는 것을 알 수 있다. 즉, 동사의 형태는 근본적으로 변화가 없고 필요한 성분이 첨가되어 다른 언어의 형태 변화에 따른 의미를 대체한다. 다만 중국어 동사의 형식 변화로는 의미적으로 동작의 양이 적고 시간의 길이가 짧음을 나타낸다거나 여러 문장 유형에서 활용되어 기본 의미가 파생되어 사용하는 동사 중첩 형식이 있다. 하지만 중첩 형식은 이탈리아어 유형의 언어처럼 인칭이나 수에 따라서 동사의 형태가 변하는 것은 아니다. 이탈리아어나 스페인어 유형의 말에서는 주어의 인칭이나 수에 따라서 이에 대응하는 동사의 형태 변화가 모두 있다. Jaeggli and Safir(1989)는 영주어의 출현 조건에 대하여 영주어가 사용되는 것은 언어의 형태가 풍부한지에 의해서도 결정되지 않고 동사의 굴절 형태나 주어와 동사가 일치해야만 하는 지에 달려 있지도 않다고 하였다. 대명사 주어 생략 언어 동사의 굴절 변화는 반드시 고르고 획일적이어야 하는데, 즉 이탈리아어 유형의 언어처럼 각 인칭에 따라 동사가 변화하든지, 중국어와 같이 모든 인칭과 그 수에 따른 동사가 변화가 없어야 한다는 '형태 일치 원칙(Morphological Uniformity Principle)'을 제시하였다. 중국어나 이탈리아어 유형의 말이 형태 일치의 언어로 양자 모두 주어를 생략할 수 있는 경우이다.

3.1.2 유표지 시간 정보

중국어는 동사가 형태 변화가 없기 때문에 시제를 판단하는 말로서 가장 중요한 것은 시간 정보 표지이다. 동사의 형태 변화가 발달한 이탈리아어 유형의 언어는 동사의 시제 변화를 보고 문장의 시제를 판단하고 분별한다. 하지만 중국어에서는 동사가 형태 변화가 없기 때문에 문장 가운데 사용된 시간을 나타내는 어휘에 의하여 시제를 판단한다. 이러한 어휘가 주절에 사용되는지 종속절에 사용되는지에 따라서 문장의 종류가 나누어진다. 문장에는 시간에 관련된 어휘가 사용된 문장이 있기도 하고 시간에 관련된 어휘가 사용되지 않은 문장도 있다. 시간을 나타내는 말이 문장 가운데 나타나 있다면 우리는 쉽게 그 문장의 시제를 판단할 수 있다. 이러한 시간을 알려주는 말은 중국어에서 다양하게 나타난다. 중국어의 대표적인 6개의 문형과 특수 구문 가운데 사용된 시간 정보 어휘를 살펴보도록 하자.

(15) 明天星期六。 내일은 토요일이다.

(16) 我剛到加拿大。 나는 막 캐나다에 도착하였다.

(17) 記者參觀了他們的養殖場。 기자는 그들의 양식장을 참관하였다.

(18) 在肯德基, 我的學生剛剛吃完了兩個漢堡堡。 KFC에서 내 학생이 방금 햄버거 두 개를 다 먹었다.

　예문 (15)~(18)은 6가지 문장 형식 가운데 1문형, 3문형, 5문형, 6문형 으로서 예문 (15)는 시간명사 '明天'이 술어 '星期六'의 앞에서 문장의 미래 시간을 나타내고 있고, 예문 (16)은 시간부사 '剛'이 술어 '到'의 앞 에서 '방금'이라는 시간 정보를 나타내고 있다. 예문 (17)~(18)은 술어 '參觀'과 '吃'의 뒤에 시태조사 '了'가 사용되어 과거의 시제를 나타내고 있다. 예문 (18)에서는 시간부사 '剛剛'도 술어 '吃'의 앞에 사용되었다. 시간의 정보를 표시하는데 있어서 술어의 앞에는 시간명사, 시간부사가 사용되었고 술어의 뒤에는 시태조사가 사용되었다.
　특수 구문으로는 이중목적어문, 연동문, 겸어문, 존현문에서 시간 정보 를 나타내는 표지가 출현하는 것을 살펴 볼 수 있다.

(19) 我給他們看了我們在印度所拍的許多照片。
　　 나는 그들에게 우리가 인도에서 찍은 많은 사진을 보여주었다.

(20) 我們下了課一起回宿舍吧!
　　 우리는 수업이 끝나고 함께 기숙사로 돌아가자!

(21) 這個陌生人已經請了他喝下不少酒。
　　 이 낯선 사람은 이미 그에게 적지 않은 술을 마시도록 권하였다.

(22) 七號監獄跑了一個犯人。

7호 감옥에서 범인 한 명이 도망갔다.

예문 (19)~(22)는 중국어의 특수구문으로서 예문 (19)는 이중목적어문의 술어 '看'의 뒤에 시태조사 '了'가 사용되어 과거를 나타내고 있다. 예문 (20)은 연동문으로서 술어 '下'의 뒤에 시태조사 '了'가 사용되어 미래 시제에서 완료의 의미를 나타내고 있다. 예문 (21)은 겸어문으로 겸어동사인 '請'의 앞에 시간부사 '已經'과 V₂의 뒤에는 시태조사 '了'가 사용되어 과거의 의미를 나타내고 있다. 예문 (22)는 존현문에서 소실의 의미를 나타내는 문장으로 술어 '跑'의 뒤에 시태조사 '了'가 사용되어 과거의 의미를 나타내었다.

3.1.3 무표지 시간 정보

문장 가운데 시간과 관련된 어휘가 없이 서술되는 문장도 있다. 6개의 문장 형식 가운데는 2문형, 4문형에서 시간 정보 표지가 나타나지 않는 문장이 있다. 실례를 들면 다음과 같다.

(23) 她非常擔心他的安全。그녀는 그의 안전을 매우 걱정한다.

(24) 這本書寫得還不錯。이 책은 꽤 괜찮게 썼다.

예문 (23)~(24)에서 문장 전체적으로 살펴보면 시간의 의미를 나타내는 어휘가 존재하지 않는다. 하지만 우리는 대화의 전후 부분이나 문장의 앞뒤 맥락이 있다면 이 문장의 시제나 시간의 의미를 알 수 있다. 단일한 문장에서는 화자가 객관적인 사실이나 존재, 성질이나 상태를 나타낼 때 현재를 의미한다. 그리고 명령이나 요청을 나타내는 문장은 과거를 나타낼 수 없어 현재나 미래를 나타낸다. 예문 (23)에서 화자인 그녀는 그의 안전을 매우 걱정한다는 의미로서 현재의 시제임을 알 수 있다. 그리고 예문 (24)에서는 화자가 이 책은 매우 잘 써졌다고 평가하는 의미로 역시 현재 책을 보면서 책의 내용에 대한 상태를 나타내는 것을 알 수 있다.

특수 구문 가운데에서도 시간의 정보를 나타내는 표지가 없는 문장이 있다.

(25) 我送他一套大禮服, 讓他結婚的時候穿。
　　나는 그에게 결혼할 때 입으라고 예복 한 세트를 선물할 것이다.

(26) 城裏人騎自行車上下班。
　　도시 사람들은 자전거를 타고 출퇴근을 한다.

(27) 老板請秘書和書記外出吃飯, 又輪不到我們。
　　사장님이 비서와 서기에게 외출하여 밥을 먹자고 요청하여, 우리에게는 또 순서가 돌아올 수 없다.

(28) 桌子上有一台電腦。
　　책상 위에는 컴퓨터 한 대가 있다.

예문 (25)~(28)은 각각 이중목적어문, 연동문, 겸어문, 존현문으로 문장 가운데 시간과 관련된 어휘가 없지만 하나의 문장을 이루고 사용되고 있다. 의미적으로 살펴보면 예문 (25)는 그가 결혼할 때 입게 하기 위해서 예복을 선물할 것이라는 미래의 시제를 나타내고 있다. 바로 뒤에 나오는 단문에서 '결혼할 때'라는 시제를 암시하는 말이 사용되어 시제를 예측할 수 있다. 예문 (26)은 도시인들이 자전거를 타고 출퇴근한다는 현재의 객관적인 상황을 나타내는 의미이고, 예문 (27)은 사장님이 비서와 서기에게 외출하여 밥을 먹자고 요청하는 현재의 사실을 나타낸다. 예문 (28)은 책상 위에 컴퓨터가 한 대 있다는 객관적인 현재의 존재 상태를 나타낸다. 시제를 나타내는 어휘가 없지만 예문에는 모두 시간의 정보를 표시하고 있다. 시간 정보 표지가 없지만 앞뒤 문맥이나 문장 자체에서 나타내는 의미로 시간의 정보를 알 수 있고, 게다가 하나의 문장을 이루고 있어 정형절 문장이다.

3.1.4 대명사 주어 생략

이탈리아어 유형의 언어에서는 정형절의 대명사 주어가 외현적으로 드러나지 않는다. 이 주어의 위치에 사용되는 공범주를 pro라고 한다. 즉, pro는 기저 생성(base generation)된다. 문장 가운데 사용될 때 지배를 받고 격(case) 표지를 가지고 있다. pro는 [+pronominal, -anaphor]의 자질을 갖는 공(empty) 대명사인데 지시 기능을 갖는 대명사의 자질은 가지고 있고 대용사의 자질은 없다. 즉, 조응성 자질은 가지고 있지 않다. 그리고 pro는 결속이론(Binding theory)의 두 번째 항목인 '대명사적 성분은 지배 범주 내에서 자유롭다'라는 내용7)의 제약을 받는다. 지배결속이론시기에 정형절의 존재를 판단하는 기준이 문장에서 pro가 존재하느냐의 여부로서, 대명사 주어가 생략되고 이 생략된 자리에 pro가 나올 수 있을 때 이를 정형절이라고 판단하였다. 이탈리아어 유형의 언어는 대명사 주어가 생략이 가능하여 생략된 그 자리에 pro가 올 수 있다. 중국어도 대명사 주어가 생략되는 언어로서, 의미적으로 표현이 분명하기만 하다면 주어를 생략할 수 있다. 주어의 생략은 구조적으로 주어의 자리에 주어가 없는 통사적인 생략과 단문, 복문, 대화문에서 주어가 없는 경우의 화용적 생략 두 가지로 나뉜다. 예를 들면 다음과 같다.

(29) (　)上課了, (　　)趕快回敎室! 수업을 시작하였어, 얼른 교실로 돌아가자!

---

7) A pronominal is free in its governing category.

(30) (　)看到別人有困難, 他總是熱情幫助。 다른 사람이 어려움이 있
    는 것을 보고, 그는 늘 친절하게 도와준다.

(31) A: (　)什麼時候回啊? 언제 돌아오세요?

    B: (　)下午兩點回, 請你放心。 오후 두 시에 들어갑니다. 당신 안
    심하세요.

예문 (29)는 비주술문의 술어문으로서 주어가 나타나지 않았다. 일상생
활의 상황을 서술한 것인데, 짧은 단문이 이어져서 사용되었다. 예문 (30)
은 앞의 단문이 뒤의 단문의 시간의 의미를 나타내는 경우로 두 단문의
주어가 같기 때문에 앞에 나오는 주어가 생략되어 사용되지 않았다. 예문
(31)은 A와 B 두 사람 사이의 대화문으로서 대화문에서 주어가 생략된
경우이다. 이러한 경우를 화용적 주어 생략이라고 하는데 매우 빈번하게
발생한다. 상술한 예문에서 주어의 자리에는 문법 기능이나 의미가 있는
영주어가 들어간다. 이 영주어는 조응성 자질은 없고 지칭 성질은 가지고
있다. 이러한 성질을 가지고 있는 것이 pro에 해당한다. 黃正德(1983:147)
는 대명사 주어 생략 언어의 원칙으로 pro는 반드시 그것에 가장 가까운
SUBJECT, 즉 가장 두드러지는 명사성 성분으로 식별해야만 하고, 그것은
정형절의 주어나 'AGR' 혹은 명사구의 중심성분인 'N'이라고 하였는데,
이는 중국어의 pro가 이탈리아어 유형의 언어처럼 굴절소(INFL)에 의해
서만 주어를 식별할 수 있는 것이 아니라는 것을 말한다. 중국어에서도
이탈리아어 유형의 언어처럼 대명사 주어가 생략되고 영주어인 내현적
주격 대명사 pro가 올 수 있는데 이것은 서로 공통된 사항이다. 하지만
생략된 주어를 식별하는데 있어서는 서로 다른 매개변인을 가지고 있다.

3.2 비정형 판단 기준

비정형 문장에서 사용되는 동사는 중심 술어로 사용되지 않는 단어이

다. 단문 가운데서 독립적으로 사용할 수 있다. 주어나 목적어에서 사용될 수 있고, 일부 접속사의 뒤나 개사구, 그리고 특수구문에서 연동문과 겸어문에서 나타날 수 있다. 아래에서 비정형을 판단하는 기준을 살펴보도록 하자.

3.2.1 주어와 목적어 내의 무표지 시간 정보

한 문장 내에서 주어나 목적어 부분에 단문이나 주어가 생략된 술어가 사용되면 역시 동사가 나오는데, 이때에도 시간 정보가 사용되는지 살펴볼 수 있다. 주어 부분은 보통 명사나 대명사가 사용되지만 동사구나 문장 혹은 주어가 생략된 동사가 나올 수도 있다. 실례를 들면 다음과 같다.

(32) 吃飯是人的第一需要。
　　　밥을 먹는 것은 사람의 첫 번째 욕구이다.

(33) 菜販子比種菜人賺得多是事實。
　　　채소 장수가 채소를 재배하는 사람보다 돈을 많이 버는 것은 사실이다.

(34) 睡覺可以恢復我們的精神。
　　　잠을 자는 것은 우리의 정신을 회복시켜줄 수 있다.

예문 (32)~(34)는 문장 전체의 술어가 각각 '是', '是', '恢復'로서 동사가 사용되었는데, 주어 부분에도 동사가 또 하나 사용된 예문이다. 예문 (32)는 是자문에서 주어 부분에 동사 '吃'가 사용되었는데 '밥을 먹다'라는 하나의 사건으로 그 앞에는 시간 정보 표지가 나타나지 않는다. 예문 (33)도 또한 是자문인데 주어 부분이 比자 비교문으로서 매우 길다. '채소 장수가 채소를 재배하는 사람보다 돈을 많이 벌다'라는 현재의 사실을 나타낸다. 이렇게 비교문으로 이루어진 주어 부분에서 동사는 '賺'이 사용되었는데 그 앞에는 아무런 시간 정보 표지가 사용되지 않았다. 예문 (34)는 문장의 술어가 '恢復'로서 주어 부분에 '잠을 자다'의 의미인 동사 '睡覺'가 나왔는데, 그 앞에는 어떤 시간 정보를 나타내는 어휘가 나타나지 않았다. 예문 (32)와 마찬가지로 주어 부분이 하나의 사건을 나타낸다.

주어 부분이 대명사로서 앞의 문장 전체를 받을 때, 앞의 문장에도 시간 정보 표지가 사용되지 않는 경우가 있다. 실례를 들면 다음과 같다.

(35) 憎恨別人、妒忌別人等, 這些都是負面的思維方式。
　　 다른 사람을 증오하고, 질투하는 등 이러한 것은 모두 부정적인 사유방식이다.

예문 (35)는 대명사 '這'의 앞에 문장 '憎恨別人, 妒忌別人等'의 문장이 사용되었는데, '다른 사람을 증오하고 질투하다'라는 하나의 사건을 의미하고 있다. 이 문장 내에는 시간에 관련된 어휘가 사용되지 않았다.

문장 가운데 목적어에도 동사가 술어로 쓰이는 단문이 나온다. 이러한 동사는 인지, 감각, 지각 및 감정을 나타내는 동사가 주로 사용된다. 예를 들어 '希望', '喜歡' 등의 동사이다. 그리고 주관적인 의미를 뜻하는 동사인 '知道、估計、喜歡、怪、埋怨' 등이 있다.

(36) 我只看見過煮粥的人收拾鍋灶。
　　 나는 다만 죽을 끓이는 사람이 부뚜막을 정리하는 것을 본적이 있다.
(37) 吳老先生希望復旦歷史系繼續參與這項有意義的工作。
　　 오 선생님은 복단 역사과가 계속 이 의의가 있는 일에 참여하기를 희망한다.
(38) 我最喜歡看國產電影和長豐新電影。
　　 나는 국산 영화와 장풍의 새 영화를 보는 것을 가장 좋아한다.
(39) 我們就知道他們的父親是教書先生, 不是勞動者。

우리는 그들의 아버지가 선생님이시고 노동자가 아니시라는 것을 안다.

(40) 學者的, 估計大大超過這個數字。

학자는 크게 이 숫자를 초과하였다고 예측한다.

예문 (36)~(40)에서 술어는 각각 '看見', '希望', '喜歡', '知道', '估計'로서 술어 뒤에는 모두 하나의 단문을 목적어로 가지고 있다. 예문 (36)에서는 목적어의 주어가 '煮粥的人'이고 술어가 '收拾'인데 술어의 앞뒤에는 시간과 관련된 의미를 나타내는 어떤 어휘도 없다. 목적어 가운데 외현적인 주어를 가지고 있다. 예문 (37)에서는 목적어의 주어가 '復旦歷史系'로서 목적어 내에 주어가 있고 술어가 '參與'인데, 이 예문에서도 술어의 앞뒤에는 시간을 제공해 줄 수 있는 관련된 정보가 없다. 예문 (38)에서는 목적어의 주어는 생략되어 있고 술어는 '看'인데 술어의 앞뒤에는 시간과 관련된 의미를 나타내는 어휘가 없다. 생략된 주어 자리에는 영주어 PRO가 나오고 PRO는 주어와 동일한 지표를 갖는다. 예문 (39)에서는 목적어의 주어가 '他們的父親'이고 술어가 '是'인데 문장 내에는 술어의 앞뒤에 시간과 관련된 의미를 나타내는 어떤 어휘도 없다. 예문 (40)에서는 목적어의 술어가 '超過'로서 동사구가 나왔는데, 목적어의 주어는 생략되어 있고 문장 내에는 술어의 앞뒤에 시간과 관련된 의미를 나타내는 표지가 없다. 생략된 주어 자리에는 역시 PRO가 나올 수 있고, PRO는 주어와 동일한 지표를 갖는다.

3.2.2 개사구나 일부 접속사 뒤의 무표지 시간 정보

일부 개사나 접속사가 사용된 문장에서도 그 뒤에 동사 혹은 동사구가 나와 사용된다. 접속사가 사용된 문장은 의미적으로 서로 깊은 관계를 가지거나 서로 다른 문장의 성분이 되지 않는 단문으로 이루어진 문장이다. 의미의 비중이 한쪽으로 편중되는 편정 유형의 경우에는 의미의 중점이 뒤에 있는 단문에 있다.

(41) 因爲下雨, 火藥被雨水淋濕了。

비가 와서 화약이 빗물에 젖었다.

(42) 除了吃飯和睡覺, 一門心思想着要上新台階。

밥을 먹고 잠을 자는 것 이외에, 하나의 생각은 새로운 목표에 오를 것을 생각하고 있다.

(43) 爲了掙錢, 人們往往無所不用其極。

돈을 벌기 위해서 사람들은 늘 나쁜 일을 하는데 모든 수단을 다 쓴다.

예문 (41)은 접속사 '因爲'의 뒤에 주어가 생략된 동사 '下雨'가 사용되고 있다. '비가 오다'라는 하나의 자연 현상이라는 사실을 의미한다. 예문 (42)는 접속사 '除了'의 뒤에 동사구 '吃飯'과 동사 '睡覺'가 사용되고 있다. 이는 '밥을 먹다'와 '잠을 자다'라는 두 가지 사건을 나타낸다. 예문 (43)은 개사 '爲了'의 뒤에 동사구 '掙錢'이 사용되고 있다. '돈을 벌다'라는 하나의 사건을 나타내고 있다. 예문 (41), (42), (43)에서 주어가 모두 생략되어 있는데 영주어 PRO가 나올 수 있고, 술어의 앞뒤로는 시간과 관련된 의미를 가진 어휘가 모두 나타나지 않았다.

3.2.3 연동문과 겸어문 내의 무표지 시간 정보

동사가 두 개 이상 사용되는 연동문에서는 시간의 정보를 나타내는 표지가 V_1의 앞뒤에 나오기도 하고, V_2의 앞뒤에 나오기도 한다. 기존에는 시간 정보 표지가 연동문의 V_1 앞뒤에만 나오는 것으로 인식되어 '주어+V_1'의 구조에서 V_1의 앞뒤에 시간 정보를 나타내는 어휘가 출현한다고 생각하였다. 하지만 시간 정보 표지는 V_1뿐만 아니라 V_2의 앞뒤에도 사용되어, 시간 정보 표지가 출현하여 중심 동사로서 사용되는 부분을 정형절이라고 하고 그렇지 않은 부분을 비정형절이라고 하였다.[8] 먼저 V_1의 앞부분에 시간 정보 표지가 사용된 실례를 보면 다음과 같다.

(44) 現在玻爾已經去挪威度假了。
지금 폴은 이미 노르웨이에 휴가를 보내러 갔다.

(45) 他關了門倒在床上蒙着頭大哭起來。
그는 문을 닫고 침대에 누워 머리를 가리고 통곡하기 시작했다.

예문 (44)에서 동사 V_1은 '去'인데 과거를 나타내는 시간부사인 '已經'이 그 앞에 사용되었다. 이 때 V_2 '度假'의 앞에는 영주어 PRO가 있다. PRO는 주어와 같은 지표를 갖는다. 예문 (45)에서는 동사 V_1이 '關'인데 과거의 의미를 나타내는 시태조사 '了'가 V_1의 뒤에 사용되었다. 이때도 V_2 '倒'의 앞에 영주어 PRO가 있다. PRO는 주어와 동일한 지표를 갖는다.

두 번째 동사인 V_2의 뒤에도 시간 정보를 나타내는 말이 올 수 있다.

(46) 他來醫務室取走了化驗單。그는 의무실에 와서 화학 분석표를 찾아갔다.

(47) 我坐起來打了個哈欠。나는 앉아서 하품을 하였다.

예문 (46)에서 V_2는 '取走'인데 그 뒤에는 시태조사 '了'가 나와서 과거의 시제를 나타내고 있다. 예문 (47)에서는 V_2가 '打'인데, 그 뒤에는 '了'가 나와서 과거의 시간을 나타내고 있다. V_1 앞에는 문장 전체의 주어가 있기 때문에 별도로 영주어가 필요로 하지 않는다. V_2 뒤에는 시태

---

8) 장홍석(2019) 參考.

조사 '了' 이외에도 '過'도 나올 수 있다.

(48) 我到公司找過他。 나는 회사에 그를 찾으러 간 적이 있다.

(49) 他去北京旅行過。 그는 베이징에 여행하러 간 적이 있다.

예문 (48)의 V₂는 '找'인데 그 뒤에는 시태조사 '過'가 사용되어 과거의 경험을 나타내고 있다. 예문 (49)에서도 V₂는 '旅行'인데 그 뒤에 시태조사 '過'가 사용되어 역시 과거에 경험한 일을 의미하고 있다. 예문 (48)과 (49)도 전체 주어가 있어 영주어 PRO가 출현하지 않았다.

연동문과 더불어 동사 V₁과 V₂를 가지고 있는 대표적인 문장은 겸어문으로 술어 V₁의 목적어는 술어 V₂의 주어로서 사용되는 겸어를 가지고 있는 문장이다. 겸어문의 동사 V₁의 앞에는 시간 정보를 나타내는 말이 올 수 있을 뿐만 아니라 V₁의 뒤에도 시간을 나타내는 말이 올 수 있다.

(50) 我已經請他來北京。
나는 이미 그에게 베이징에 오라고 요청하였다.

(51) 這已經夠使趙玉山頭痛。
이것은 이미 조옥산으로 하여금 충분히 머리 아프게 하였다.

(52) 在他生日那天, 他請了很多朋友來家裏做客。
그의 생일인 그 날에, 그는 매우 많은 친구들에게 방문하러 오라고 청하였다.

예문 (50)에서 V₁은 '請'으로서 그 앞에 시간부사 '已經'이 나와서 과거의 시간을 나타내고 있고, V₂인 '來'의 앞에는 영주어가 있다. 예문 (51)은 V₁이 '使'인데 그 앞에 시간부사 '已經'이 나와서 역시 과거에 발생하였던 일을 나타내고 있고, 동사 V_2 '頭痛' 앞에는 영주어가 있다. 예문 (52)에서는 V_1이 '請'으로서 그 뒤에 시태조사 '了'가 나와서 과거 시간의 의미를 나타내고 있고 V_2 '來'의 앞에는 영주어가 있다.

겸어문의 V_2의 뒤에도 시간의 의미를 나타내는 말이 와서 시제를 나타낸다.

(53) 努力使他成了傑出的演說家。

노력은 그로 하여금 뛰어난 연설가가 되게 하였다.

(54) 我請他吃了飯, 找不到話說。

나는 그에게 밥을 먹자고 요청하였는데, 할 말을 찾을 수 없었다.

(55) 老師讓他回答了那個問題。

선생님은 그로 하여금 그 문제에 대답하도록 하였다.

예문 (53)에서 동사 V_2는 '成'으로서 그 뒤에는 시태조사 '了'가 와서 과거의 의미를 나타내고 있다. 예문 (54)에서는 V_2가 '吃'인데 그 뒤에 시태조사 '了'가 와서 역시 과거 시간을 표시하고 있다. 예문 (55)의 V_2는 동사 '回答'이고 그 뒤에도 시태조사 '了'가 사용되어 과거의 의미를 나타낸다. V_2의 뒤에는 시태조사 '了'가 모두 사용되었다. 예문 (53), (54), (55)는 모두 전체 문장의 외현적인 주어가 있어 영주어 PRO가 나타나지 않았다.

비정형 동사가 각종 술어의 중심으로 쓰이지 않는 동사의 문법 형식으로서 주어와 목적어에 사용되기도 하였고, 동사가 최소 두 개는 사용되는 겸어문과 연동문에도 사용되어 문장을 이루었다. 중국어는 술어 부분이 동사나 동사구가 사용되기도 하고, 명사구나 단문 등이 사용되며 여러 요소들이 협조하여 공통적으로 시간 정보 의미를 표현한다.

3.2.4 비정형절 대명사 생략

PRO는 내현적 영격 대명사로서 일반적으로 대명사적 대용사라고 한다. PRO는 pro가 기저에서 생성되는 것처럼 역시 기저에서 생성된다. PRO는 대명사류의 자질 [+pronominal]과 대용사의 자질 [+anaphor]를 모두 가지고 있다. 결속 원리의 이론에서 '첫 번째, 대용사는 그의 지배범주의 내부에서 결속되어야 한다', '두 번째, 대명사류는 그의 지배범주의 내부에서 자유로워야 한다'라는 내용의 작용을 동시에 받는다. 그리고 지배되지 않는 위치에만 나타난다. 가장 전형적인 예를 든다면 영어의 부정사나 동명사의 주어의 위치를 들 수 있다. 이 조건을 PRO 정리(PRO theorem)라고 한다. 선행어(Antecedent)[9]와 영격 대명사 PRO의 관계는 결속관계가 아닌 통제 관계이다.

중국어에서 비정형절로서 내현적 주어가 출현할 수 있는 문장은 주어와 목적어에 사용되는 단문이나 동사가 최소 두 개는 사용되는 겸어문과 연동문에 나타난다. 이 외에도 개사구나 일부 접속사와 함께 사용된 단문에서도 나타날 수 있다. 문장의 중심으로 사용되는 술어가 있고 그 이외의 술어가 또 사용되는 문장이다. 영어에서는 부정사나 동명사의 주어 위치에 PRO가 사용될 수 있는데 부정사나 동명사의 주어 위치는 시태 성분, 즉 시제 성분이 사용되지 않는 주어의 자리이다. 시제 요소가 나타난다면 영주어 PRO가 분포할 수 없다. 또한 부정사나 분사 또는 개사나 동사의 보어로도 사용될 수 없다. PRO는 보어의 위치에 나타날 수 없다. 영어와 비교하였을 때 중국어에서도 영주어 PRO가 사용될 수 있다면 시제 성분이 사용되지 않는 지배되지 않는 위치에서 출현한다. 중국어의 실례를 통하여 살펴보았을 때, 상술한 비정형절이 출현할 수 있는 단문에는 시제 정보 표지가 나오지 않는다. 중심 술어 이외에 술어가 주어나

---

9) 대명사 또는 조응어가 가리키는 표현을 말한다.

목적어에 사용된 상술한 예문에서 술어 앞에는 시간 정보 표지가 나오지 않는다. 겸어문에서는 예문 (53)~(55)처럼 V₂의 뒤에 시태조사가 나오기도 하는데 이는 일부 단어가 그들이 속한 그 부류의 모든 규칙을 따르지 않는 것이다. 즉 겸어문의 비정형절 동사가 정형 성질의 동사처럼 그 뒤에 시태조사가 사용되었다. 연동문에서는 기존에 시간 정보를 나타내는 요소는 한 곳의 동사 전후에 나타난다고 하였다. 하지만 연동문에서도 예문 (46)~(49)처럼 V₂의 뒤에 시간 정보 표지인 시태조사 '了', '過'가 사용되었다. 이 때문에 시간 정보 표지가 사용되지 않은 술어 부분을 비정형절이라고 하였다. V₂ 앞의 영주어는 술어의 뒤에 시간 정보 표지가 나오지 않는 비정형절에서 출현한다. 즉, 중국어의 PRO는 문장의 특성에 따라 경우에 따라서 출현하기도 하는데 생성문법에서 정의하는 비정형절에서는 PRO가 일률적으로 출현한다. 중국어는 한 문장의 비정형절 특성의 동사 앞부분에 주어가 생략되어 있고 시간 정보 표지가 없을 때 영격 대명사인 PRO가 나온다.

4 정형과 비정형의 통사적 투사

동사의 형태 변화가 발달한 언어에서는 굴절소 T가 주어와 일치 관계를 형성하며 수형도에서 투사된다. 중국어에서는 주어와 동사가 형태 일치 관계를 형성하며 시제는 시간 정보 표지인 시간부사, 시간명사, 시태조사에 의하여 투사한다. 시간 정보 표지는 문장 가운데 부사어로 사용되어 이는 부가어(Adjunct)에 해당한다. 정형과 비정형의 요소를 가진 문장이 어떻게 투사되는지 살펴보고 문장의 구조와 의미역의 변화가 어떻게 이루어지는지 알아본다.

4.1 정형절의 투사

시간 정보 표지로 사용되는 것은 시간명사, 시간부사, 시태조사 '了', '過'인데 이 때 시간명사나 시간부사는 부사어로 사용되어 부가어 역할을 한다. 시태조사 '了', '過'는 접사적인 성질을 가진 강성 핵(head)으로 술어의 뒤에 부가된다. 부가어(Adjunct)는 술어의 주어도 아니고 보충어도 아닌 요소로서 사건이 일어나는 시간, 장소 또는 방식을 명시하는데 사용되는 수의적 성분을 가리키기도 하고 확대된 성분을 만들기 위해서 다른 성분에 부가되는 성분을 가리키기도 한다.[10] 시간명사나 시간부사는 사건이 일어나는 시간을 나타내는데 사용되었다. 부가어는 최대 투사(maximal projection)에 대하여서만 부가(adjunction)되고 논항인 NP나 CP에는 부가되지 않는다. NP나 CP를 제외한 VP나 vP, TP에 부가된다. 이와 같이 최대 투사에 부가되기 때문에 자질(feature) 검사는 하지 않는다.[11] 부가어는 표층 구조(surface structure)에서 생성되어 최대투사에 바로 병합(merge)된다. 다른 위치로 이동하지 않는다. 부가어는 문장에서 구의 오른쪽이나 왼쪽에 부가하는데 시간명사나 시간부사는 상술한 최대 투사의 왼쪽에 부가된다. 부가어는 또한 자체가 한 덩어리로 이루어진 것으로 부가어로부터 어떤 요소를 적출(extraction)하면 안 된다.[12] 시간명사나 시간부사는 부가어로서 VP에 부가되어 구의 왼쪽으로 병합된다. VP의 동사 술어는 일반적인 동사로서 행위의 의미를 나타낸다. 黃正德 (1997:45-89)는 경동사를 '사건 술어(eventuality predicate)'로 여기고, 경동사는 술어 부분의 핵심 성분으로 동사를 분류할 뿐만 아니라, 문장이

---

10) 이홍배(1999:660) 參考.

11) 부가어 투사원리로서 어떤 의미형태 X가 어떤 의미형태 Y를 수식하고 X와 Y가 통사적으로 a와 b로 인식되면, a는 b나 b의 핵에 부가하여 투사된다.(Sportiche(1988) 參考)

12) 강명윤(1998:18) 參考.

나타내는 사건에 대하여서도 분류의 작용이 있다고 논하였다.[13] 우리는 경동사 이론에 근거하여 정형절 문장에서 VP의 의미 구조 가운데 내현적으로 '행위'의 의미를 나타내는 경동사 'DO'가 있음을 가설할 수 있다. 정형과 비정형을 나타내는 문장 내에서 이 경동사는 구체적인 동사의 의미가 실현되어지는 상황을 제약하며 '행위'의 의미를 나타낸다고 규정한다. 실례를 직접 들어 수형도 상에서 통사적 투사를 진행하여 보자.

(56) 中國社會已經經歷了百多年的現代化過程。
중국 사회는 이미 백여 년의 현대화 과정을 경험하였다.

예문 (56)은 부가어 '已經'이 술어 '經歷'의 앞에 놓여 있고, 문장은 경동사 'DO'를 포함한 하나의 복잡한 사건 구조이다. 심층 구조(Deep structure)는 경동사를 함유하고 있어 VP 패각(shell)구조를 형성하고 있다. 예문 (56)은 시제구 TP가 〈그림 1〉과 같이 투사를 시작하며 수형도를 그려나가게 된다. 부가어 '已經'은 표층 구조에서 생성되어 논항이 아닌 TP2에 부가된다. 투사가 진행되기 이전에 어휘부(lexicon)에서 여덟 개의 어휘 계열(lexicon array) {中國社會, 已經, DO, 經歷, 了, 百多年, 的, 現代化過程}을 먼저 선택하고, 이 여덟 개의 어휘 계열을 각각 서로 대응하는 위치에 각각 투사하면, 〈그림 1〉의 기초 생성 구조를 형성한다. 예문 (56)의 술어 V의 심층 구조는 시태조사 '了'를 포함한 TP구조이다. 수형도에서 위아래 의미역의 배열되는 순서는 모두 의미역 부여 일관성 가설(Uniform theta assignment hypothesis)을 따라서 투사된다. 예문 (56)은 〈그림 1〉과 같이 나타낸다.

---

13) Chomsky(1995)가 최소주의 방안 단계에서 논한 경동사 이론에 대하여 그 내용을 수정하고 확장한 것이다.

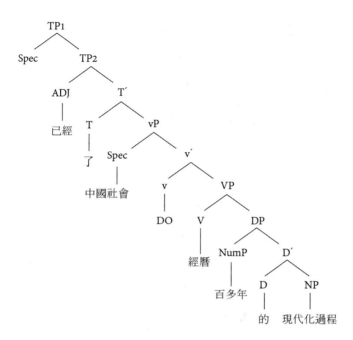

그림 1. 예문 (56)의 심층구조

    예문 (56)의 기초 생성 구조를 형성할 때, 조사 '了'는 TP의 중심어로 선택된다. '百多年的現代化過程'은 한정어구로서 VP의 목적어 위치에 투사되는데, 수사구 '百多年'은 수식어의 위치에 놓이고 '的'는 한정어의 중심어(head)로서 사용된다.[14] 행위 경동사 'DO'는 vP의 주어 '中國社會'에게 '행위자'의 의미역을 부여한다. 동사 '經歷'는 목적어 '百多年的現代化過程'에게 '비행위자'의 의미역을 부여한다. 경동사 DO는 외현적인 음성 형태가 없을 뿐만 아니라, 접사적 속성을 지닌 강성 핵이기 때문에 실재 의미를 가지고 있는 술어 동사가 인상(raising)되어 이 경동사에 부가되어야 한다. 따라서 아래의 술어 V인 '經歷'를 이끌어 경동사 v의 위치

---

14) 彭家法(2009:167)는 이 '的'를 부가어 연구 가운데서 명사적인 수식 관계를 나타내는 부가어 표지라고 명명하였다.

로 이동시키어 이것과 병합한다. 즉 〈그림 2〉와 같이 나타낸다.

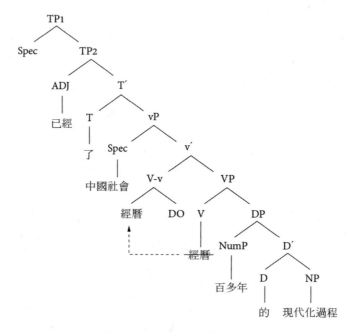

그림 2. 예문 (56)의 V 인상(Raising)

마지막으로, TP의 EPP(extended projection principle) 특징[15]을 만족시키기 위해서 vP의 주어 '中國社會'는 TP의 명시어(Specifier) 위치로 인상한다. 주어 '中國社會'는 정형절의 주어로서 만약에 생략된다면 영주어 pro가 위치한다. 접사적 속성을 지닌 시태조사 '了'도 반드시 동사 '經歷'의 뒤에 부가되어야 한다.[16] 따라서 동사 '經歷'는 조사

---

15) 문장마다 반드시 주어가 있어 주어의 자리에 투사되어야 한다는 것으로, 이 특징은 강성 자질(strong feature)을 나타낸다.

16) 정형의 특성을 가진 문장에서 동사 V뒤에 시태조사 '了'가 없을 경우에는 동사가 T의 위치로 인상할 필요가 없으므로 vP가 주어진 문장의 최대투사가 된다.

'了'의 위치로 인상하여, 전체 투사 과정은 모두 완성된다. 부가어 '已經'은 중심어나 보충어와 달라서 표층 구조에서 생성되어 이동하지 않고 그 자리에서 병합된다. 최대 투사인 TP에 좌측으로 부가되며 자질 검사를 하지 않는다. 투사과정이 끝날 때면 모든 해석할 수 없는 특징 (uninterpretable features)은 제거된다. TP의 영역에서 모든 문장은 음성화 혹은 문자화(spell-out)하고 연산은 다시 발생하지 않을 것이다. 이것은 예문 (56)의 정형절 문장의 전체 투사 과정이다. 예문 (56)의 최대 투사 TP는 〈그림 3〉과 같다.[17]

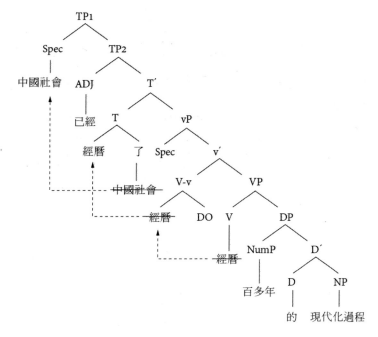

그림 3. 예문 (56)의 최대 투사

---

17) Chomsky(2001), 『Beyond explanatory adequacy』에서 CP의 출현은 기능적으로, 본고는 CP의 투사를 생략한다.

상술한 수형도에서 '中國社會'와 '經歷'는 직접적인 의미관계는 없고, '中國社會'는 결코 '經歷'의 논항이 아니며, 경동사 'DO'의 논항이다. '中國社會'의 의미역도 동사 '經歷'가 부여한 것이 아니고 경동사 'DO' 가 부여한 것으로, '中國社會'는 경동사 'DO'로부터 '행위자' 의미의 역할을 부여 받았음을 알 수 있다. 동사 '經歷'와 직접적인 의미 관계가 있는 것은 한정어구인 DP '百多年的現代化過程'이고, '百多年的現代化過程'은 '經歷'의 유일한 논항으로, '經歷'는 '百多年的現代化過程'에게 '비행위자' 의미역을 부여한다. '百多年的現代化過程'은 비행위자로서 동작 행위를 받는 동작의 대상을 나타낸다.

4.2 비정형절의 투사

비정형절은 시간 정보 표지를 가지고 있지 않고 문장 내에서 주어나 목적어 혹은 연동문이나 겸어문에서 사용된다. 개사구나 일부 접속사 뒤에서도 사용되었다. 동사인 술어의 앞에 명시적인 주어가 오기도 하고 때로는 생략되어 영주어 PRO가 오기도 한다. 이 술어는 단독으로 사용되기도 하고 그 뒤에 목적어가 나와서 술어와 함께 구 구조를 형성하기도 한다. 정형절과는 다르게 시간 정보 표지가 나타나지 않기 때문에 시간의 의미를 가지는 부가어가 사용되지 않는다. 실례를 들어 살펴보자.

(57) 大家很喜歡談論這個話題。
사람들은 이 화제를 논의하는 것을 매우 좋아한다.

예문 (57)은 경동사가 'DO'인 vP구조이다. 그리고 경동사 'DO'의 앞에는 부가어 '很'이 표층구조에서 생성되어 vP에 부가되어 있다. 주어인 '大家'와 영주어 'PRO'는 동일한 지표(indices)를 가지고 있다. 영주어가 주어 '大家'를 지시하고 있다. 투사가 진행되기 이전에 어휘부에서 아홉 개의 어휘 계열 {大家i, 很, DO, 喜歡, PROi, 談論, 這, 個, 話題}를 먼저 선택하고, 이 아홉 개의 어휘 계열을 투사하면 〈그림 4〉의 기초 생성 구조를 형성한다. 예문 (57)의 경동사 DO의 심층 구조는 vP구조로 아래와 같이 〈그림 4〉로 나타낸다.

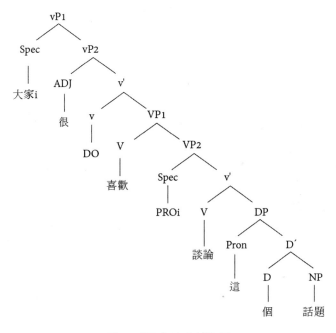

그림 4. 예문 (57)의 심층 구조

상술한 수형도에서 경동사 'DO'는 vP의 주어 '大家'에게 행위자의 의미역을 부여한다. '談論'은 목적어인 '這個話題'와 하나의 동사구 VP를 구성한다. VP의 명시어 자리에는 영주어 PRO가 위치하였다. PRO는 주어와 동일한 지표를 가지고 있다. 부가어 '很'은 각각 최대투사인 vP2에 부가되어 있다. 경동사 'DO'는 외현적 음성 형태가 없는 내현적 형태로서, 접사적 속성을 지닌 강성 핵으로 실재적인 의미를 가지고 있는 술어 동사가 인상되어 이 경동사에 부가 되어야 한다. 따라서 아래의 술어 V 인 '喜歡'을 이끌어 경동사 v의 위치로 이동시키어 경동사와 함께 병합한다. 즉 아래의 〈그림 5〉와 같이 나타낸다.

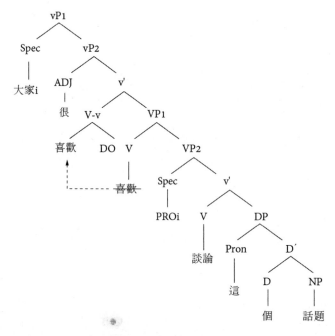

그림 5. 예문 (57)의 V 인상

술어 V인 '喜歡'이 경동사 v의 위치로 인상되어 이것과 병합하여, 전체 투사과정은 모두 완성된다. 부가어 '很'은 표층 구조에서 생성되어 그 자리에서 병합되고 이동하지 않는다. 최대 투사 vP2의 좌측으로 부가되며 자질 검사도 하지 않는다. 더 이상 인상이나 자질 검사가 필요 없어 투사 과정이 끝날 때면 모든 해석할 수 없는 특징은 제거된다. vP의 영역에서 모든 문장은 음성화 혹은 문자화하고 연산은 다시 발생하지 않을 것이다. 이것은 예문 (57)의 비정형 구문을 포함한 구조의 전체 투사 과정이다. 비정형 구문에서 시간과 관련된 어휘가 사용되지 않아 수형도에서 투사되지 않았고 술어 '談論'의 앞에 주어가 생략되어 영주어 PRO가 출현하였다.

5 결론

언어 가운데 정형과 비정형의 개념은 존재하여 부분적인 문법 범주는 명시적으로 존재하고 일부 문법 범주는 잠재적인 형식으로 존재한다. 이탈리아어 유형의 언어는 정형과 비정형을 판단하는 가장 중요한 요소가 동사의 시제와 굴절 여부이다. 중국어의 경우에는 동사의 굴절이 일어나지 않아 여러 요소의 통사적인 수단으로 시제를 구현한다. 혹은 잠재적인 문법 범주의 형태적인 표기가 없으면 반드시 의미 범주를 통하여 나타날 것이다. 본고는 중국어에도 정형과 비정형이 존재한다고 가설하고 생성 문법의 관점에서 중국어의 정형과 비정형의 매개변인을 세부적으로 분석하고 연구하였다. 기존 연구 성과를 응용하고 단어에 치중하던 연구 범위를 단문으로 확장하여 다른 문형에 적용하며, 중국어의 정형과 비정형을 구별하는 진정한 기준을 찾아내고 이것을 구체적으로 분류하고 그 특징을 연구한 결과 다음과 같은 결론을 도출해 내었다.

첫째, 주어와 동사 술어의 일치 관계는 형태 일치 원칙에 따라서 모든 인칭과 그 수에 따른 동사가 변화가 없다. 중국어의 동사는 이탈리아어나 스페인어처럼 굴절이 일어나지 않는다. 동사가 현재형, 과거형, 과거분사 형태 등으로 형태 변화가 일어나지 않는다. 다만, 동사가 중첩하여 나란히 사용되거나 술어로 사용되는 동사의 뒤에 시태조사나 보어가 첨가되어 이탈리아어 유형의 언어가 굴절되면서 표현되는 의미를 나타낸다. 동사 자체의 형태가 변화하는 것이 아니라 다른 요소가 첨가되어 화자가 원하는 의미를 전달한다.

둘째, 문장 내에서 시제는 시간 정보 표지와 여러 요소가 함께 나타낸다. 중국어는 동사가 굴절을 하지 않기 때문에 시제 표현 방식이 이탈리아어 유형의 언어와 다르다. 술어의 앞에서 시간부사, 시간명사가 주로 사용되고 술어의 뒤에는 시태조사 '了', '過'가 사용된다. 시간부사나 시간명사는 부가어로서 수형도에서는 최대 투사에 부가된다. 문장 내에서는 술어의 앞에 위치하여 부사어로 사용되었다. 시태조사 '了', '過'는 접사적인 성질을 가지고 있어 술어의 뒤에 부가된다. 시간 정보 표지가 사용되지 않았지만 하나의 문장으로 성립되어 사용되는 문장은 객관적인 사실이나 현재의 상태 등의 의미를 나타낸다. 이때 문장의 특성상 객관적인 사실이나 존재, 성질의 의미나 앞뒤 문맥의 의미를 고려하여 해당 문장의 시제를 알 수 있다.

셋째, 정형 문장의 판단 기준으로는 '동사 형태 변화 일치, 유표지 시간 정보, 무표지 시간 정보, 대명사 주어 생략'의 네 가지를 들 수 있다. 동사 형태 변화 일치는 중국어의 주어와 동사 술어가 인칭과 그 수가 서로 일치한다는 것이다. 동사가 형태 변화가 없기 때문에 첨가에 의하여 의미를 전달한다. 두 번째 기준인 유표지 시간 정보는 시간부사, 시간명사, 시태조사 등이 시간에 관련된 의미를 나타내 준다는 것이다. 세 번째, 무표지 시간 정보는 문장의 술어 앞뒤에는 시간 정보 표지가 없지만 하나의 문장을 구성하면서 문장 자체의 의미나 앞뒤 문맥에 의하여 그 시간 의미를 알 수 있다. 넷째, 대명사 주어 생략 기준은 이탈리아어 유형 언어의 특징으로서 중국어에서도 주어가 생략된다. 생략된 주어는 앞뒤의 문맥에 의하여 그 주어를 pro로 보충할 수 있다. 일치에 의하여 생략된 영주어를 보충하는 이탈리아어 유형의 언어와 상이하다.

넷째, 비정형 문장의 판단 기준으로는 중심 술어 이외의 동사가 사용되고 시간 정보 표지가 나타나지 않는 구문과 영주어 PRO에 의하여 판단한다. 시간 정보 표지가 나타나지 않는 구문으로는 첫 번째, 주어와 목적어에 동사나 동사구가 사용되는 문장이다. 목적어에 동사구가 오는 경우에는 주어가 생략되지 않고 직접 나오기도 한다. 이때에는 영주어 PRO가 사용되지 않는다. 두 번째는 개사구나 일부 접속사의 뒤에 동사나 동사구가 온다. 세 번째는 연동문과 겸어문의 두 번째 동사구가 시간 정보 표지가 나오지 않을 경우 비정형 문장의 특성을 가지고 있다. 이때 V_2의 앞에는 영주어가 올 수 있다. 하지만 동사 V_2의 뒤에 시간 정보를 나타내는 시태조사가 나오기도 하는데, 이때는 정형의 특성을 나타낸다. 넷째는 영주어 PRO의 출현 여부인데, 중국어의 비정형 문장에서는 주어와 목적어에 동사나 동사구가 사용되면 그 앞에 나올 수 있고, 개사나 일부 접속사에 사용된 동사나 동사구 앞에도 올 수 있다. 연동문이나 겸어문에서는 V_2의 앞뒤에 시간 정보 표지가 나오지 않을 경우에 PRO가 나온다. 하지만 이탈리아어 유형의 언어에서는 비정형절에서 일률적으로 영주어가 사용된다.

다섯째, 정형 성질을 가진 문장은 시간 정보 표지인 시간부사, 시간명사가 사용되는데 이는 문장 가운데서 부가어로서 논항이 아닌 최대투사에 부가되어 투사된다. 최대 투사인 VP, vP, TP의 좌측에 부가되고 표층 구조에서 생성되어 바로 병합한다. 시태조사는 접사적인 강성 자질을 가지고 있기 때문에 술어를 인상시키어 술어의 뒤에 부가된다. 동사 술어는 행위의 의미를 가지고 있는데, 이는 경동사 DO로서 구체적인 동사의 의미가 실현되어지는 상황을 제약한다. 비정형 성질을 가진 문장은 술어의 앞뒤에 시간 정보 표지가 나오지 않을 경우 PRO가 출현하는데, 주어와 동일한 지표를 가진다. 겸어문에서는 PRO가 V_1의 목적어와 동일한 지표를 가지기도 한다.

정형과 비정형의 특징을 연구하고자 정형과 비정형의 개념에 근거하여 가장 근본이 되는 특징을 살펴보았고 중국어에서는 어떻게 적용되는지 면밀히 검토하고 분석하여 보았다. 기존에 영주어의 존재 여부로 판단하던 정형과 비정형의 구분에서 벗어나 단문 범위로 확장하여 좀 더 근본적으로 정형과 비정형의 판단 기준을 세분화 하였다. 정형의 특성을 나타내는 데는 시간 정보 표지뿐만 아니라 여러 가지 요소가 관련되어 있으며, 비정형의 특성은 중심 술어가 아닌 그 외의 동사 술어에서 나타남을 확인하였다. 동사의 형태 변화는 없지만 이탈리아어 유형의 언어처럼 정형과 비정형 문장이 존재하는 공통 성질을 가지고 있다. 다만 정형과 비정형을 표현하는 방식에 있어서 서로 다른 매개변인을 가지고 있다.

| 참고문헌 |

강명윤 옮김(1998), 『촘스키 언어학 사전』, 한신문화사.
이홍배 옮김(1996), 『지배・결속이론』, 한신문화사.
이홍배 옮김(1999), 『최소주의 통사이론과 영어』, 한신문화사.
장흥석(2010), 「중국어의 정형(finite)절 연구」, 『中國語文論叢』 第44輯.
_____(2013), 「현대 중국어 부가어 연구」, 『中國語文學論集』 第81號.
_____(2019), 『장흥석의 참 쉬운 중국어 문법』, 글로벌콘텐츠.
_____(2020), 「연동문의 정형절과 비정형절 연구」, 『中國語文學論集』 第115號.
程工(1999), 『語言共性論』, 商務印書館.
戴曼純(2007), 「廣義左向合竝理論」, 『現代外語』 第2期
戴維 克裏斯爾 編(2000), 『現代語言學詞典』, 商務印書館.
登思穎(2010), 『形式漢語句法學』, 上海教育出版社.
顧陽(2007), 「時態、時制理論與漢語時間參照」, 『語言科學』 第4期.
胡建華(1997), 「英、漢語空語類的分類、分布與所指比較研究」, 『外國語』, 第5期.
_____(1999), 「空語類研究中語法與語用的分工」, 『外語研究』, 第2期.

黃衍(1992), 「漢語的空範疇」, 『中國語文』 第5期.

黃正德(1983), 『漢語生成語法』, 黑龍江大學科研處.

_____(1988), 「漢語正反問句的模組語法」, 『中國語文』 第4期.

_____(2007), 「漢語動詞的題元結構與其句法表現」, 『語言科學』 第4期.

李京廉·劉娟(2005), 「漢語的限定與非限定研究」, 『漢語學習』 第1期.

李臨定(1986), 『現代漢語句型』, 商務印書館.

李亞非(2007), 「論連動式中的語序-時序對應」, 『語言科學』 第6期.

呂叔湘(1980), 『現代漢語八百詞』, 商務印書館.

孟琮(2000), 『漢語動詞用法詞典』, 商務印書館.

彭家法(2009), 『附加語句法語義研究』, 安徽大學出版社.

沈陽(2001), 『生成語法理論與現代漢語語法研究』, 黑龍江教育出版社.

石定栩(2002), 『喬姆斯基的形式句法』, 北京語言文化大學出版社.

石毓智(2001), 「漢語的限定動詞和非限定動詞之別」, 『世界漢語教學』 第2期.

湯廷池(2000), 「限定子句與非限定子句」, 『LANGUAGE AND LINGUISTICS』 1.1.

溫賓利(2002), 『當代句法學導論』, 外語教學與研究.

徐烈炯(1994), 「與空語類有關的一些漢語語法現象」, 『中國語文』 第5期.

趙世開(1986), 「語言結構中的虛範疇」, 『中國語文』 第1期.

朱德熙(2005), 『語法講義』, 商務印數館.

張興錫(2008), 『普遍語法原則與現代漢語兼語句研究』, 北京師範大學博士論文.

Alexiadou, A(1997), 『Adverb Placement』, Amsterdam. John Benjamins

Chomsky, N(1981), 『Some Concepts and Consequences of the Theory of Government Binding』, The MIT Press.

Chomsky.Noam(1982), 『Lectures on Government and Binding』, Foris PubliBation.

_____(1986), 『Barriers』, The MIT Press.

_____(1987), 『Generative Grammar』, Kyoto University of Foreign Studies.

_____(1995), 『The Minimalist Program』, The MIT Press.

_____(1998), 「Minimalist inquiries」, 『MIT Occasional Papers in linguistic』, (15).

_____(1999), 「Derivation by phase」, MIT OBBasional Papers in LinguistiBs 18.

_____(2001), 『Beyond explanatory adequacy』, The MIT Press.

_____(2005), 「On phase」, The MIT Press.

Ernst(2002) 「The syntax of Adjunct」, CAMBRIDGE UNIVERSITY PRESS.

Huang,C-T.James(1997), 「On lexical structure and syntactic projection」, 「Chinese language and linguistic」,(3).

JIANHUA HU, HAIHUA PAN, and LIEJIONG XU(2001), 「Is there a finite vs. nonfinite distinction in Chinese?」, 「Linguistics」 39-6.

Li,Y.-H.Audrey(1990), 「Order and Constituency in Mandarin Chinese」, DordreBht: Kluwer.

Lin,Tzong-Hong(2015), 「Tense in Mandarin Chinese sentences」, 「Syntax 18」

R. L. Trask(1993), 「A Dictionary of Grammartical Terms IN Linguistics」, Psychology Press.

Sportiche, D.(1988), 「A Theory of Floating Quantifiers and Its Corollaries for Constituent Structure」, 「Linguistic Inquiry」, 19(3).

| 집필진 소개 |

최규발   고려대학교 중어중문학과 교수

신경미   고려대학교 4단계 BK21 중일교육연구단 연구교수

오유정   가톨릭대학교 중국언어문화학과 조교수

이봉금   한양대학교 중문과 강사

王 帥   신구대학교 관광서비스중국어학과 조교수

이은수   충남대학교 중어중문학과 교수

최신혜   고려대학교 중어중문학과 초빙교수

孫 貞   성결대학교 중어중문학과 조교수

홍소영   고려대학교 중어중문학과 강사

조경환   고려대학교 중어중문학과 강사

김은주   고려대학교 중어중문학과 강사

원춘옥   대진대학교 창의미래인재대학 조교수

김주희   고려대학교 중어중문학과 강사

김영민   중앙대학교 아시아어문학부 강사

전기정   선문대학교 외국어자율전공학부 교수

孔 淵   협성대학교 중국·통상문화학과 조교수

박원기   원광대학교 중국학과 교수

장흥석   강원대학교 중어중문학과 강사

중국어 어법의 이해

상과 품사 그리고 구문

초판 인쇄 2021년 8월 1일
초판 발행 2021년 8월 16일

편 저 자 l 고려대학교 중국어어법연구회
펴 낸 이 l 하운근
펴 낸 곳 l 學古房

주   소 l 경기도 고양시 덕양구 통일로 140 삼송테크노밸리 A동 B224
전   화 l (02)353-9908 편집부(02)356-9903
팩   스 l (02)6959-8234
홈페이지 l www.hakgobang.co.kr
전자우편 l hakgobang@naver.com, hakgobang@chol.com
등록번호 l 제311-1994-000001호

ISBN 979-11-6586-406-4   93720

값: 35,000원